综合卷

赣事好商量

江西省政协宣传文史网络中心 编

中国文史出版社

图书在版编目（CIP）数据

赣事好商量：2023. 综合卷 / 江西省政协宣传文史
网络中心编 . -- 北京 : 中国文史出版社，2023.12
ISBN 978-7-5205-4473-3

Ⅰ．①赣… Ⅱ．①江… Ⅲ．①中国人民政治协商会议
－地方委员会－工作－江西－文集 Ⅳ．① D628.56-53

中国国家版本馆 CIP 数据核字（2023）第 218852 号

责任编辑：全秋生

出版发行：中国文史出版社
地　　址：北京市海淀区西八里庄路 69 号　　　邮编：100142
电　　话：010 － 81136602　　81136603　　81136606 （发行部）
传　　真：010 － 81136655
印　　装：廊坊市海涛印刷有限公司
经　　销：全国新华书店
开　　本：787 毫米 ×1092 毫米　　　1/16
印　　张：54
字　　数：860 千字
版　　次：2024 年 1 月北京第 1 版
印　　次：2024 年 1 月第 1 次印刷
定　　价：198.00 元（全 2 册）

出版说明

    "走在前、勇争先、善作为"，在赣鄱上下深入学习贯彻习近平总书记考察江西重要讲话精神的时候，我们编辑出版这套《赣事好商量2023》（上下卷）。

    "有事好商量，众人的事情由众人商量，是人民民主的真谛"。"赣事好商量"是江西省政协践行全过程人民民主，充分发挥专门协商机构作用创立的协商品牌，列入省委深改项目持续推进，人民政协制度优势转化为治理效能，不断展现"活跃跃创造"，赢得上下点赞"好口碑"。

    2023年，是全面贯彻落实党的二十大精神开局之年。该书上卷是综合卷，分为"报道篇""案例篇""采访篇""副刊篇"，下卷是征文卷，分为"研讨篇""征文篇"。全面梳理一年来，江西省政协系统落实"全面发展协商民主"新要求，深化"赣事好商量"协商品牌建设的理论与实践最新成果。

江西省政协宣传文史网络中心

2023 年 12 月 8 日

目　录

报 道 篇

案 例 篇

采 访 篇

·唱响协商品牌　彰显文化自信——"书法之乡"政协行·

·走向我们的小康生活——最红高铁沿线政协行（2020 年）·

·传承红色基因　助力开局起步——省际沿线政协行（2021 年）·

·奋进新征程　建功新时代　迎接二十大　委员在行动——赣江沿线政协行（2022 年）·

副 刊 篇

报道篇

一年来，《人民政协报》持续关注，《江西政协报》、江西政协网、"江西政协"和"赣事好商量"微信公众号，充分报道全省各级政协组织，深入学习贯彻习近平新时代中国特色社会主义思想和党的二十大精神，在党委坚强领导下，践行全过程人民民主，发挥专门协商机构作用，深化"赣事好商量+"品牌建设的生动实践。

新时代担当新使命　新征程谱写新篇章

——江西省政协深入贯彻落实党的二十大和中央政协工作会议精神履职纪实

◎赣协宣

党的二十大擘画了全面建成社会主义现代化强国，以中国式现代化全面推进中华民族伟大复兴的宏伟蓝图，同时也为人民政协提供了更加宽广舞台，提出了新的更高要求。十三届江西省政协坚持以习近平新时代中国特色社会主义思想为指导，全面贯彻落实党的二十大和中央政协工作会议精神，深入学习贯彻习近平总书记关于加强和改进人民政协工作的重要思想和视察江西重要讲话精神，在中共江西省委的正确领导下，进一步提高站位、明确方位、找准定位，履职尽责，担当作为，各项工作实现良好开局，努力在谱写中国式现代化江西篇章的生动实践中，彰显政协之为、贡献政协之力。

一、把握方向性：坚持政治统领，筑牢思想根基

人民政协是政治组织，政治属性是第一属性，旗帜鲜明讲政治是第一位要求。江西省政协党组书记、主席唐一军要求："要以政治建设为统领，以主题教育为契机，坚持用党的创新理论武装头脑、指导实践、推动工作，做到旗帜鲜明讲政治、坚定清醒把方向。"

铸牢政治忠诚。始终把政治建设摆在首位，把对党忠诚作为最基本的政治素养、最根本的政治要求、最重要的政治品格，深刻领悟"两个确立"的决定性意义，增强"四个意识"、坚定"四个自信"、做到"两个维护"，不断提高政治判断力、政治领悟力、政治执行力，做到坚定清醒、心明眼亮。

时时对标对表，保持步调一致，始终在思想上政治上行动上同以习近平同志为核心的党中央保持高度一致。

加强党的领导。全面贯彻新时代党的建设总要求，始终把党的领导贯穿于政协工作的各方面全过程，充分发挥党组把方向、管大局、促落实的重要作用，着力构建上下贯通、执行有力的组织体系，实现党的组织对党员委员的全覆盖、党的工作对政协委员的全覆盖，做到党中央提倡的坚决响应，党中央决定的坚决落实，党中央禁止的坚决杜绝，切实担负起党和人民赋予的政治责任。

强化凝心铸魂。始终把学深悟透习近平新时代中国特色社会主义思想作为首要政治任务，把学习贯彻习近平总书记最新重要讲话精神和党中央决策部署列为"第一议题"，与学习贯彻党的二十大精神紧密结合，与学习贯彻习近平总书记关于加强和改进人民政协工作的重要思想紧密结合，深学深悟、笃信笃行，坚定对马克思主义的信仰、对中国特色社会主义的信念、对实现中华民族伟大复兴的信心，做习近平新时代中国特色社会主义思想的坚定信仰者和忠实实践者。充分发挥江西红色资源优势，大力弘扬井冈山精神和苏区精神，加强革命传统教育，从思想上正本清源、固本培元，做新时代红色基因的传承者、弘扬者。

坚持正确政治道路。始终以党的旗帜为旗帜、以党的方向为方向、以党的意志为意志，通过制度运行、民主程序和有效工作，努力把党的主张转化为各党派团体和各界人士的广泛共识和自觉行动，不断增进对中国共产党领导和中国特色社会主义的政治认同、思想认同、理论认同、情感认同，坚定不移走中国特色社会主义政治发展道路，确保政协工作始终沿着正确方向砥砺奋进。

二、把握全局性：紧紧围绕中心，倾力履职尽责

围绕中心、服务大局是人民政协履行职能的重要原则。始终胸怀"国之大者"，自觉把政协工作放到党和国家中心任务中谋划推进，聚焦完整、

准确、全面，贯彻新发展理念、构建新发展格局、推动高质量发展，聚焦"作示范、勇争先"目标要求和"五个推进"重要要求，多建睿智之言，多献务实之策，为谱写中国式现代化的江西篇章贡献智慧和力量。

紧扣中心选题立项。立足"党政所想、形势所需、群众所盼、政协所能"，紧盯江西高质量发展的全局性、战略性、关键性问题，确定了"加快推动我省铜产业高质量发展""加快构建具有江西特色的现代职业教育体系"等16个协商议题，既对标中央精神，又结合江西实际，走好履职"最先一公里"。同时，根据新形势新变化，及时优化调整，将"促进锂电新能源产业高质量发展"调整为第三次月度协商课题，深入开展调研，积极献计出力，助推党中央决策部署和省委、省政府有关政策举措落实落地。

自觉践行履职为民。坚持人民至上，始终把促进民生改善、增进民生福祉作为履职的重要着力点，常怀为民之心，善提利民之策，多行惠民之举，走好新时代党的群众路线。通过全省6000多个协商议事平台，助力解决百姓难心事、烦心事、揪心事，做到言为民所建、策为民所献、利为民所谋，切实做社情民意的积极反映者、矛盾纠纷的有力化解者、民生福祉的大力促进者、群众利益的坚定维护者、解决"急难愁盼"问题的真情助推者。

深实开展调查研究。深入贯彻党中央关于大兴调查研究的工作要求，大力弘扬寻乌调查精神，把情况摸清、把问题找准、把建议提实，做到调查不深不协商、研究不透不议政。唐一军先后赴全省11个设区市调研，深入街道社区、田间地头、企业车间，了解社情民意，倾听基层呼声，为推动经济社会和政协事业高质量发展把脉开方、建言献策。围绕"加强农田水利设施建设与管护"课题，省政协调研组面对面访谈基层干部、种粮大户二百余人次，收集意见建议八十多条，做到问计于民、问需于民。

务实管用建言献策。坚持问题导向、目标导向、效果导向，把握着眼点、聚焦关键点、找准切入点、紧抓落脚点，创设月度协商会形式，在深入调研中摸清情况，在深度协商中谋划良方，确保议有成果、做有成效。十三届江西省政协首场协商会议，围绕"加快文旅消费全面恢复和提质升级"献计出力，协商成果得到省委、省政府主要领导肯定，省文旅厅专题研究吸纳。今年以来，省政协共开展 8 次协商会议、报送政协专报 11 期，全力助推江西高质量发展。

三、把握团结性：聚焦中心环节，汇聚奋进力量

人心是最大的政治，共识是奋进的动力。省政协始终坚持大团结大联合，牢牢把握加强思想政治引领、广泛凝聚共识这一履职工作的中心环节，充分发挥统一战线凝聚人心、汇聚力量的重要法宝作用，努力寻求最大公约数，画出最大同心圆。

注重加强引领，统一思想认识。坚持把凝聚共识融入履职全过程各方面，强化统战组织功能，做好思想政治工作，努力把党的主张转化为社会各界的共识和行动，着力唱响江西发展的好声音，弘扬克难奋进的正能量，汇聚团结拼搏的大合力，着力稳预期、强信心、聚人气、汇合力。举行专题通报会，搭建知情明政平台，引导委员进一步认清形势、把握大势、保持定力、增强信心，统一思想、统一步调、统一行动。持续深入开展委员联系走访民营企业活动，宣传党的政策，协调解决问题，助推经济回升向好。

注重发挥优势，团结各界群众。认真贯彻落实党的二十大新部署新要求，将健全委员联系界别群众工作机制列为年度全面深化改革重点项目，研究制定《关于十三届省政协主席、副主席、秘书长联系界别工作的意见》《委员联系服务界别群众工作办法》，为发挥界别优势作用、密切联系群众提供制度支撑。围绕界别群众思想认识的困惑点、利益冲突的交织点、现实矛盾的多发点，认真做好解疑释惑、协调关系、理顺情绪、化解矛盾的工作，促进社会和谐稳定。

注重深化联谊，凝聚发展合力。坚持做好联络联谊工作，定期走访联系民主党派、工商联，认真听取他们对做好新时代人民政协工作的建议，主动邀请党派团体参加政协专题议政性常委会会议等重要会议和履职活动，为各民主党派和工商联在政协履职营造良好氛围、创造更好条件。积极推动湘赣粤港澳中医药全产业链协同发展联盟有关工作，深化与港澳委员的

协同联动，更好发挥港澳委员的重要作用。

四、把握实效性：强化担当实干，着力提质增效

新征程是充满光荣和梦想的远征，没有捷径，唯有实干。"履职成效怎么样，就看我们怎么干。"政协要实现新发展、开创新局面，必须始终保持奋发有为的精神状态，勇于担当，善于作为，不断推动政协工作提质增效，以高质量履职服务高质量发展。

以创新理念推动事业发展。坚持在传承中发展、在守正中创新，积极探索推动新时代人民政协事业高质量发展的新思路、新举措、新方法，做到干中求进、改中求好、常做常新、与时俱进，使政协工作更加朝气蓬勃、充满活力，体现时代性、把握规律性、富于创造性。建立重点情况通报会制度，为委员更好知情明政、把握形势任务拓宽渠道；践行全过程人民民主，创设月度协商会，丰富协商形式，形成年度协商与月度协商相贯通、专题协商与常委会协商相结合的协商议政工作新格局；举办省市县三级政协主席读书会，搭建交流平台，提升全省政协工作整体效能。

以务实作风担牢职责使命。大力弘扬求真务实、真抓实干的优良作风，引导广大委员增强责任感使命感，充分发挥在本职工作中的带头作用、政协工作中的主体作用、界别群众中的代表作用，不骛虚声，埋头苦干，既建言立论又建功立业，既务虚献计又务实出力。今年以来，广大政协委员强化责任担当，务实履职、积极作为，撰写反映社情民意信息 10225 条，同比增加 3000 多条，数量质量双提升。

以质量导向提高履职实效。始终把提质增效作为重要目标和价值追求，高站位谋划、高水平协商、高质量建言，出台加强和改进调查研究的工作办法，严把履职成果质量关，使每一条对策建议都行得通、做得到、有价值、好操作。完善委员履职考核评价体系，建立跟踪问效机制，既看"做了多少"，更看"做得怎样"，确保干一件是一件、做一桩成一桩，使政协真正成为推动高质量发展的重要力量。

五、把握关键性：狠抓自身建设，夯实履职之基

人民政协担当新使命、展现新作为、作出新贡献，关键在党的建设，关键在队伍建设。省政协全面贯彻新时代党的建设总要求，强化政治引领，着力强基固本，以自身建设新成效推动政协事业新发展。

提高思想政治素质。坚持传承和发扬政协读书学习的优良传统，把提高委员、干部的思想理论素养作为队伍建设的首要内容，推进书香政协建设，营造浓厚学习氛围。充分发挥各专委会习近平新时代中国特色社会主义思想学习座谈会和机关青年理论学习小组的功能，持续加强政治理论学习，更好掌握政协履行职责必需的各方面知识，丰富理论素养，优化知识结构，把学习成果转化为思想共识和工作成效。

切实加强能力建设。举办十三届新任省政协委员培训班，组织江西省全国政协新任委员参加全国政协新任委员培训班，持续加强理论武装、业务学习和专业培训，引导委员准确理解把握新征程人民政协新使命新任务，着力提高政治把握能力、调查研究能力、联系群众能力、合作共事能力，真正做到"懂政协、会协商、善议政，守纪律、讲规矩、重品行"。坚持激励约束并重、服务管理并行，将省政协委员全部编入专委会，增强委员的组织归属感和履职责任感，努力做到建言资政更有用、凝聚共识更有效、增进团结更有力。

着力创建模范机关。以党建为引领，推动工作提标、服务提质、干部提能、运转提效，优化调整机关内设机构工作职责，全面梳理现有规章制度，有序推进"立、改、废"工作，提高组织化、规范化、科学化水平，以高水平机关建设服务保障政协高质量履职。在省直机关"两优一先"表彰大会上，省政协机关荣获"打造模范机关先进单位""先进基层党组织"等6项表彰，展示了良好形象。

深入推进全面从严治党。大力弘扬自我革命精神，牢记"三个务必"，把严的基调、严的措施、严的氛围长期坚持下去。坚决扛起管党治党政治

责任，严格落实中央八项规定精神，持续纠治形式主义、官僚主义，坚决反对特权思想和特权行为，坚定不移推进党风廉政建设和反腐败斗争，着力建设风清气正的政治生态。加强管理监督，引导委员干部自觉增强纪律意识、规矩意识，锻造过硬队伍，充分彰显政协组织的新风范、政协机关的新风貌、政协队伍的新风采。

征程万里风正劲，踔厉奋发正当时。新时代新征程，江西省政协将坚持以习近平新时代中国特色社会主义思想为指导，全面贯彻落实党的二十大和中央政协工作会议精神，以更加饱满的状态、更加务实的作风、更加有力的举措、更加扎实的工作，奋力推进新时代人民政协事业高质量发展，为谱写中国式现代化的江西篇章贡献智慧和力量。

原载《人民政协报》2023 年 8 月 19 日第 1 版

"持续打造'赣事好商量'品牌
提升市县政协工作质量和水平"理论研讨会召开

6月26日至27日，"持续打造'赣事好商量'品牌　提升市县政协工作质量和水平"理论研讨会在南昌召开。

会议创新"会场研讨＋现场观摩"形式，共收到40篇论文，5个设区市政协、7个市辖区政协在会上作交流发言，对南昌市西湖区"幸福圆桌会"示范点建设、市区政协同题共答提案办理成果、社区协商议事活动留下深刻印象。"赣事好商量"创立四年来，在党委、政府重视支持下，各地政协有序跟进，品牌越来越响氛围浓，平台越来越实作用大，做法越来越好气象新，经验越来越多可推广。70多个"赣事好商量＋"品牌，6000多个基层协商平台，助推经济社会发展、民生难事破解，群众真切感受人民政协在身边、新样子。

会议强调，要紧密结合主题教育，深刻领悟"两个确立"的决定性意义，学深悟透习近平新时代中国特色社会主义思想，习近平总书记关于加强和改进人民政协工作的重要思想、视察江西重要讲话精神。聚焦"作示范、勇争先"目标要求，大兴调查研究之风，把握政协协商和基层协商关系，发挥市辖区政协与县政协一样又不一样优势，用心用情用力把"赣"事商量好。更加自觉加强思想政治引领，广泛凝聚共识力量，用助推全面建设社会主义现代化江西的担当作为、实际行动，体现增强"四个意识"、坚定"四个自信"、做到"两个维护"，交出新时代新征程人民满意答卷。

原载《江西政协报》2023年6月30日第1版

"书法之乡"政协行在永新启动

3月8日,"唱响协商品牌 彰显文化自信——书法之乡政协行"联合采访报道活动,在红色名县、"全国书法之乡"永新县正式启动。吉安市政协副主席巴庚明、省政协办公厅分管领导参加。

联合采访组先后走进李页俚委员教育基地、贺子珍纪念馆、三湾改编纪念馆,追随红色足迹,感悟革命精神,汲取奋进力量。在社区委员工作室、县政协书画院,委员书法家现场挥毫泼墨,大家进行面对面交流,感受传统文化魅力、基层工作活力。大家表示,要深入学习宣传贯彻党的二十大精神,弘扬井冈山精神,创新报道形式,讲好市县政协发挥专门协商机构作用,持续打造"赣事好商量+"品牌,服务全面建设社会主义现代化江西最新最美故事。

省、市、县三级政协人携手同行,从"最红高铁沿线政协行"到"省际沿线政协行",从"赣江沿线政协行"再到"书法之乡政协行",已连续开展四年,成为我省政协宣传思想工作品牌。

(杜 宁 吴金凤)

原载《江西政协报》2023年3月10日第4版

"赣事好商量"2.0 版升级进行中
党政"一把手"与委员面对面成常态

"我们与名校结对，实现优质教育资源共享。"开学伊始，距离乐平市区最远的乡镇——十里岗镇中心小学校长杨勇分享喜讯。这是"乐事平商·书记委员面对面"专题协商取得的具体成果。

"完善配套服务体系，进一步优化营商环境，促进园区高质量发展。"德兴市开展的"市长与政协委员面对面"重点提案专题办理协商，同样成效明显。

崇义、莲花、定南、青山湖……今年以来，江西各地党政"一把手"与政协委员面对面协商，一桩接着一桩。

一、建立健全制度机制

"人民政协是国家治理体系的重要组成部分，人民政协事业是党和国家事业的重要方面。加强党对政协工作的领导，是做好政协工作的根本保证，也是各级党委的重大政治责任。"

在省政协十三届一次会议闭幕会上，省委书记尹弘强调，各级党委、政府及有关部门要坚持把政协工作摆在重要位置，大力支持政协参政议政，自觉接受政协民主监督，积极采纳政协意见建议，认真办理政协提案，推动形成重视政协工作、支持政协事业的良好氛围。

今年 6 月，省委常委、南昌市委书记李红军参加市政协议政性常委会会议。这也是他连续第二年参加。

同月，赣州市政协围绕"培育壮大县域经济，增强县域经济综合实力和竞争力"课题,召开首次"赣事好商量·委员市长面对面"专题协商会。该课题由市长李克坚点题,并专门到会与常委们开展面对面协商。

"党委、政府对政协工作越来越重视,委员履职底气越来越足。"市政协主席徐兵说,市领导与委员双向沟通的"商量"平台,是更好发挥人民政协专门协商机构作用,将政协制度优势转化为助力打造革命老区高质量发展高地的有益探索与实践。

今年年初,新干县委书记谭晓艳点题,经县委研究,确定将"聚焦城中村改造提升 补齐城市建设短板"列为县政协专题协商课题之一。

9月5日,谭晓艳与政协委员深入交流,共同寻找破题之法,专题协商会开了3个小时。去年11月,她还参加了"加强生态环境保护与整治 打好蓝天碧水净土保卫战"专题协商会。

党政主要负责同志每年出席1至2次县政协重要协商活动。这是新干县委、县政府贯彻落实党的二十大精神、省委办公厅《关于加强和改进新时代市县政协工作的二十条措施》的具体举措。新干县政协主席曾溅明说,党政重视增强了委员荣誉感和责任感,推动主体作用发挥,聚焦中心工作、热点难题破解,履职尽责。

二、精准建言要求更高

为了做好"培育壮大县域经济,增强县域经济综合实力和竞争力"这个市、县共答题,赣州市政协61名委员参与调研。

调研组主动与市长、15个市直单位协商对接。市政协委员喻玺深感这种全过程协商"收集意见更精准、情况了解更透彻"。

寻乌县成立了由政协委员、职能部门相关负责人共同组成的课题组,县长何善祥全程指导。

5个月时间,通过实地调研、座谈交流、个别访谈相结合的方式,掌握第一手资料。

"在深寻对口支援合作上,练好内功、主动融入,防止泛化,杜绝无实际意义的单位合作、签约、互访活动"……协商会上,5 名政协委员围绕协商课题畅所欲言。

正因为调查研究深入,所以问题把脉精准,对策建议提得实在。"发言得到县长充分肯定,辛苦没有白费,很有成就感。"寻乌县政协委员陈选芝说起参会场景仍然十分激动。

有着同样感受的,还有与县委书记面对面协商,为基层干部减负松绑的铜鼓县政协委员。

"想着第一次与书记面对面协商,发言的时候打算收着点说。没想到书记打消了我的顾虑,让摊开来,照实里讲。"县政协委员陈俊杰连连表示"意料之外"。

"当然要讲细点,有辣味没关系,书记就喜欢一针见血地谈问题、提建议。"县政协委员李建军参加了 3 次书记县长与委员面对面协商,分享感受体会。

三、协商成果落地见效

针对老旧小区物业管理需求大、呼声高,建成仅 8.7% 比例偏少问题,今年 7 月,东湖区政协"洪城协商·委员区长面对面"协商会后,区住建局、区城管局、区民政局等相关部门即组成综合考核小组,对该区 64 个老旧居民区改造后的物业服务工作进行实地考核,逐项测评打分;彭家桥、百花洲、墩子塘街道 8 个社区,先后解决雨污分流、化粪池主管渗漏、安装电动车充电桩等难题;截至 8 月底,业主委员会或物业管理委员会组建率超过 80%,业主委员会党组织覆盖率超过 70%,物业服务企业党组织覆盖率高达 92%。

在上栗,县委书记利军主持召开《关于加快建设赣湘合作产业园区,激发高质量发展新活力的建议》重点提案督办座谈会后,完成赣湘合作工业园内交通隐患排查整治、改善企业用水用电用气审批、启动道路改造提升规划、增设工业园社区代办事项,提升服务企业水平,解决企业实际困难,进一步优化提升园区营商环境。园区企业纷纷对政协提案表示肯定，并点赞上栗服务效率和速度。

上犹县政协"做强做大茶叶产业，助力乡村振兴发展"首场"委员县长面对面"专题议政性协商会议上，针对茶产业总量还不大、品牌还不响亮、市场认可度还不高等瓶颈问题，县农业农村局、县财政局、县自然资源局等部门负责同志现场"答题"并兑现。及时拟定了《加快上犹县茶产业高质量发展三年行动方案（2023—2025）》，县财政每年安排1000万资金用于茶产业发展，对发展茶产业给予用地指标和占补平衡指标倾斜；在梅水乡园村、水径村，油石乡清溪村打造智慧标准化茶园，推进建设智能农情监测系统、可视化监控系统等应用场景。

一件件群众关心事，在面对面协商中得到解决；一个个委员"金点子"，在面对面协商中，转化为党政部门举措。

（杜 宁 郭世安 程庆长 刘宇轩 陈 锦 陈慧明 裘 洁 柳 萍 张声华）

原载《江西政协报》2023年9月15日第1版

一年来开展一千三百余次协商活动，推动解决民生实事近八百件——

"吉事广议"协商忙　深接地气故事多

"太接地气了！"这是一位市民对"吉事广议"协商平台的由衷点赞。到 2023 年 11 月，这个由吉安市政协创建的"赣事好商量＋"品牌，刚好满周年。

"推进协商事项向基层延伸、协商平台向基层延伸，推进委员下沉基层，推进政协协商与基层协商有效衔接"，一年来，"赣事好商量·吉事广议"协商平台开展协商活动一千三百余次，推动近八百件民生实事得到解决，百姓感受到政协离自己很近、委员就在身边。

一、小广场又成了"好去处"

吉州区古南镇街道桃树下社区，小广场上，欢笑声、音乐声、球拍声交织，其乐融融。

居民刘铁庆说："真是要感谢政协委员帮我们说话，才又有了今天这个好去处。"

原来这本是大家喜欢的健身锻炼的地方。但是，因年久失修，地面坑洼不平，水泥乒乓球台破旧不堪，有来打球者还滑倒骨折……最后都去不成了，居民意见很大。

下沉到社区的尹德飞委员，很快听到这个反映，随即开展实地调研。但他发现，改造小广场涉及城管、园林绿化等部门，街道、社区或委员个人都难以牵头协调解决，便把此社情民意信息作为协商议题反映到区政协。

于是，区政协把"吉事广议"协商会直接开到现场。委员来了，职能部门的同志来了，周边的市民也来了。

"这个小广场是哪个单位管理呢？"

"以前是我们市园林绿化中心，但现在因机构改革职能没明确，我们不好介入。"

"这不属违章，城管局管不了。"

委员发问，两个职能部门的同志都道出自己的难处。

居民们看着、听着，对这样的"协商"都感到很新鲜。有的表示怀疑，这样你推我推，还能解决问题吗？

一次协商不成，又开了一次。这次，参与的人就更多了。政协委员，居民代表，街道、社区干部，市、区相关职能部门都聚到了一起。

不仅人多热闹，还真有了结果。经过反复协商讨论，大家最后形成一致意见：拆除水泥球台和平整改造地面由区城管局负责，购置和安装新的户外标准乒乓球桌由市园林绿化中心负责。

虽然明确了责任分工，但是，新的问题又接踵而来。有居民提出，拆掉乒乓球台，平整路面，改跳广场舞；有的强烈反对，要求保留原样。双方各执一词。

大家商量后，赞成不变的占多数。这样，很快就开工了。

不到一个月时间，小广场焕然一新！

二、香樟树下真情解心结

"多亏镇里乡贤委员的参与，帮我解开了藏在心里的'疙瘩'……"曾某英动情地说。

日前，泰和县塘洲镇洲头村可热闹了。镇里的乡贤委员与村民三三两两，在香樟树下同坐一条板凳。热闹，是因为大家共同见证了村民曾某英和韦某妹在调解协议书上签字、握手、言和。

至此，一场历时两年的建房纠纷，在乡贤委员的协商调解下，画上了圆满句号。

其实，曾某英和韦某妹互为邻居多年。去年 2 月，为方便自家车辆进出，韦某妹在征得曾某英同意的情况下，改变围墙大门朝向。

然而，不巧的是，改建后，曾某英连续多日出现身体不适，她便将"不顺"归结于"风水"，要求韦某妹拆除大门，韦某妹自是不同意。

为此两家经常争吵，曾经"好得不能再好"的两户人家，也将"肚皮官司"从村里一路打到了县里。

为平息纠纷，镇村曾多次组织干部上门调解，均未果。

时机来了。今年 10 月，县政协委员、塘洲镇乡贤联谊会副会长刘建华担任塘洲政协委员工作室轮值长，例行进驻洲头村"香樟树下社情民意联系点"收集社情民意。

在听说了曾某英、韦某妹因建房纠纷导致"老死不相往来"一事后，他考虑到此纠纷仅涉及两户群众，第一时间想到通过"吉事广议 + 乡贤委员工作室 + 香樟树下话和谐民意点"协商解决此事。

谁知由刘建华主导的第一次微协调并不顺利，韦某妹和曾某英均坚持己见，"各说各的理，各唱各的调"。

刘建华并不气馁，他深知，第一次调解属于"探深浅"，一次不成，还需两次、三次……

最终，依靠发挥本乡本土熟人优势。对韦某妹，他巧打"乡情牌"，联合村干部和亲属，从乡风民俗、村规民约入手，说掏心窝子的话，劝其放低姿态，争取对方谅解，消解不满情绪。

对曾某英，则等其思想松动后，联合法律、心理专家从法律和道德层面，动之以情，晓之以理，以法入理，最终打消了曾某英"妨碍风水"的顾虑。

待双方态度缓和后，刘建华再组织镇村干部、乡贤委员、村民代表、双方亲属围坐在村口香樟树下，当面锣、对面鼓。

也正因为敞开说、广泛议，在宽松和谐的气氛里既"通了气"，更"顺了气"，最终双方达成一致并成功和解。

三、把大花园"搬"到居民家门口

"看看这别致的网红桥、绚丽的彩灯，干净整洁的环境，真是赏心悦目，没想到家门口变成了美丽的大花园……"居民郭红红将美景分享到微信朋友圈，立即引来好友羡慕眼光。

这个地方叫十八口塘，是万安县芙蓉镇的一个城中村。此前，因历代修筑城墙等都在此处取土，挖出了十八个大大小小的土坑，长年雨水灌泡成了水塘，再加上无活水来源，成了臭水沟。

县政协委员何殷、江小勇下沉到这里，收集社情民意时，得知群众整治十八口塘的呼声十分强烈。

两位委员多次深入实地调研，走家串户征求群众意见，并召集 10 名群众代表共商整治方案。

方案有了，该如何实施？

通过政协提案和社情民意专报两条途径及时向县委、县政府建言献策。

当地党委和政府高度重视，立即启动十八口塘片区综合整治改造。

改造前，政协委员也没闲着，就征拆等矛盾进行化解，并监督工程质量，进行现场民主监督。

一年后的十八口塘实现了华丽转身：断头路打通了，水循环畅通了，"一汪清水穿城过"，新建的十八滩文化展示馆，也让城中村顿时化为"城中景"。

为基层反映一些重要问题、为群众解决一些重要困难、为乡镇提出一些重要建议，更好服务基层、推动发展，正是"吉事广议"协商平台建设的初衷。

四、议出产业发展"金点子"

走进永丰县瑶田镇湖西村上和坪油茶套种粉防己基地，一派忙碌景象。只见"农博士"正指导工人们在地里来回穿梭，有的忙着为油茶剪枝，有的忙着固定粉防己的爬藤网。

这是政协助力特色产业发展带来的可喜变化。

全面乡村振兴，第一位的是产业兴。这个说起来容易做起来难，镇政协工作联络组不等不靠，知难而进。组织社情民意信息联络员实地调研，和下沉政协委员走访村民、种植大场大户、农业技术专家、收购客商，收集意见建议。

冒着热气的"民情"收上来，情况摸清楚了。下一步怎么干？开协商议事会议！

会上，村民代表、下沉的县政协委员和县农业农村局、县林业局、乡镇分管领导等相关部门同志你问我答，气氛热烈。

最后，采纳村民建议，建立油茶套种粉防己基地。这样，既可防止土地抛荒，又能增加收入，一举多得。

县林业局分管领导梁小青趁热打铁表示，油茶新造只要超过 1 亩就有产业奖补，新增滴灌设施、高产技术以及油茶林套种草本中药材等还有单独奖补。

土地由村委会落实，种植能手负责种植和日常管理，种植大户组织统一销售，镇政府牵头成立技术服务队提供技术服务。

更给力的是，镇政府分管农业副镇长还带领村委干部、种植能手到其他县和本县一些村庄现场"取经"，了解粉防己种植环境、技术、市场等情况，给大家吃了一颗"定心丸"。

五、小厂做大信心更足了

"听说政协委员会下来开展协商，我尝试扫描张贴在村委会门口的社情民意信息二维码，上报我的情况。没想到真的帮我解决了这个难题，'吉事广议'真行，能干事！"吉安县永和镇木材厂负责人尹志华感叹道。

尹志华的舒心事要追溯到十年前。

当年为配合新农村建设，尹志华将位于张巷村委的工厂所在地让出来，镇政府承诺其在现址——永和镇儒林路旁经营木材厂。

然而弹指一挥间，十年间儒林路已成为圩镇的繁荣之地，再加上木材厂噪声、污染问题严重困扰周边群众，理应迁走。

但尹志华却不认可。今年5月，镇政协工作联络组干事刘云的手机后台显示，尹志华通过"码上办"反映了木材厂拆迁协商不妥社情民意信息。

镇党委副书记、政协工作联络组组长刘襄远获悉此事后，敏锐地意识到镇"重点项目"——木材厂搬迁难题即将破解。

经镇党委研究，同意将该社情民意信息纳入基层协商议题，并邀请部分下沉委员参与协商。

5月18日，在镇政协委员工作室，一场没有硝烟的协商谈判开始。

"不是我不支持党委政府的工作，之前承诺我可以在这里经营，现在是不讲信用……搬迁可以，但是7万元远远不够。"协商会上尹志华据理力争。

镇政府代表立即回应："这块地早已被政府征收，你在这里经营，政府未收取任何租金费用。现在圩镇要改造提升，环境污染的问题也要根治，搬迁势在必行。7万元补偿标准过高，不符合政策。"协商陷入了紧张的僵持状态。

在场的政协委员们纷纷发言，帮助理顺情绪、出谋划策。

市政协委员彭小平、杨莉提出，镇里寻找过渡场地，尹志华可一边在过渡场地营业，一边寻找新场地建新厂。

县政协委员肖家茂表示，可逐一核算木材厂中的器械价值，据实补偿。

县政协委员施金辉说，双方可签补充协议，若临时场地也需搬迁，镇政府按年度逐年递减给予补偿。

从一开始的意见相左到最终达成一致，协商氛围紧张却开诚布公。

县政协委员肖卫平、施金辉也赶紧帮助双方现场拟定初步协议。

6月1日，永和镇政府和尹志华签订正式协议，木材厂搬迁至该镇谭泉村对面空地。

"政府帮我找到了过渡用地，协议约定可在此经营5年。同时，我也在积极寻找新厂址，到时候要增添新设备，引进新工艺，将小厂做大做强！"尹志华高兴地说着，此时的木材厂机器轰鸣，一片热火朝天景象。

一个个协商故事背后，彰显的是人民政协制度优势和治理效能，展现的是市县政协委员履职为民的深厚情怀。

"半年打基础，一年成雏形，两年创品牌。"吉安市政协主席刘兰芳说，建设"赣事好商量·吉事广议"协商平台，是结合实际贯彻落实中央、省委推进协商民主建设要求的一项创新举措，要紧扣"两延伸、一下沉、一衔接"主要任务，持续发力，纵深推进，更好服务高质量发展，为谱写中国式现代化吉安篇章作出应有贡献。

（李泽贻　毛燕飞　王茂玉　郭志锋　曾万飞　王　骞　文　丹）

原载《江西政协报》2023 年 12 月 8 日第 4 版

芦溪县政协:"屋场群"里话共治 "板凳会"上解民忧

初夏时节，夜幕降临，来到芦溪县宣风镇桥头村却热闹非凡，不时传来阵阵掌声。芦溪县政协委员与村干部各组代表围坐在一起开展溪事好商量"委员说事屋场会"，全面推行"群众说事、屋场共治"，及时、就地、依法解决好群众操心事、烦心事、揪心事。

"我们村是县政协'十四五'乡村振兴帮扶重点村。在县政协的帮助下，围绕沂水河和24座古桥开展资源禀赋、风土人情、历史符号等元素的建设，让穷山村走出了一条乡村振兴之路。"村小组王组长笑呵呵地说，"如果能将河道两旁改造成休闲养生地，会让我们的生活锦上添花。"

"是的，为我们村建一个活动场所，方便群众健健身、跳跳舞，那就更好哇！"村民黄大爷接着说，"要多关心农村老年人精神文化生活，改变打麻将等不良习俗……"

"好的，大家的建议提得好，说明都关心村里的发展，我们会把大家的意见建议一一记录好向县政协反映。"阳娜委员回答道。

在村民们你一言我一语的踊跃提问中，不知不觉一个小时过去了，温馨的场景仿佛就此定格在朦胧的月光下。

通过几条板凳、几杯清茶，促进干部作风的转变、干群关系的融洽。作为县政协搭建的社情民意信息收集平台，溪事好商量"委员说事屋场会"为群众提供了一个说事议事的地方，让委员倾听到群众的心声，有针对性地建好言、献好策。今年以来，全县分界别、分党派开展"委员说事屋场会"活动十余次，收集社情民意六十余条，帮助群众解决实际问题7个，在加快推进乡村振兴中不断提升乡亲们的获得感和幸福感。

（李瑞生 林 韬）
原发2023年5月22日"赣事好商量"微信公众号

德安县政协：电视问政动真格 民主评议促整改

近日，德安县融媒体中心演播大厅里，县政协电视问政现场会在"火药味"中举行。台上是此次上线单位县教体局和县住建局，台下是县政协班子成员、特邀分管副县长，全体政协常委和部分界别委员代表，还有政协参加单位及群众代表。现场会在"你来问、我来答"多回合的"唇枪舌剑"中进行，气氛紧张而有序。

今年年初，县政协便启动电视问政前期工作，积极发动政协委员、界别群众反映线索，同时结合县政府民声通道、网信办舆情监控平台、12345市民热线等渠道搜集问题，最后确定上线单位，并将搜集到的40多个问题以民主监督函的形式交办给相关单位。

"物业收费有的高有的低，没有标准，房管部门不管吗，是不是想收多少就收多少呢？"问政会上，面对镜头，县政协委员直接发问。"我来回答这个问题。"县住建局物管中心主任拿起话筒回应⋯⋯

有网友提出"县一中北门学生电动车占道停放，由之任之无人管""城区体育健身场所大部分收费，全民健身如何推进"等群众关心的教育热点问题，县教体局负责人等面对聚光灯、面向政协委员和全县人民，实事求是、开诚布公地进行回答，引起现场阵阵掌声。

进入记者暗访环节时，台上两家单位参与者们变得紧张起来。大屏幕依次播放着由记者实地采访的真实影像，"县职业中专对园区培养产业工人作用不大""城区改造后小区依旧混乱无章"等问题使观众不时发出感慨。两家单位面对暗访问题没有推诿，承认工作确实存在疏漏，将狠抓落实，年底见成效。

话筒在传递，共识在凝聚。90分钟的节目里，政协委员、新闻媒体记者、群众代表"出题"，相关部门"解题"，委员问得辛辣，部门领导答得坦诚。专业的声音得以传递给万千观众，大家对这样火辣辣的民主评议活动直呼"过瘾"。

电视问政结束，县政协还将开展"问政进行时"活动，由融媒体中心对两家上线单位的整改落实情况进行不定期跟踪报道。

（李诗彪）
原发 2023 年 8 月 22 日"赣事好商量"微信公众号

金溪县政协："心"事有约 彰显基层专门协商机构作用

"关于竹桥村古屋维修方案，请各位委员和村民代表协商一下，看看有什么好的修改意见？""现在县城一些学校有不少大龄女教师尚未成家，请在座委员想想有什么好的办法能帮到她们？""我县蜜梨产业发展势头良好，但在发展过程中还存在一些短板，如何加以破解？请在座的蜜梨专业户和政协委员谈一谈，议一议。"

——这是江西省金溪县政协在新建立的 5 个政协委员议事厅协商议事时的一幕幕场景。

近年来，金溪县政协发挥人民政协专门协商机构效能，充分挖掘金溪丰富的象山"心学"文化思想精髓和现实价值，围绕"四心"（践行本心、围绕中心、关注民心、弘扬爱心），打造"心"事有约协商特色品牌，创新协商方式方法、搭建协商平台，通过沟通协商凝聚共识，彰显了新时代人民政协践行全过程人民民主理念的担当作为。

一、践行本心重传承

如何将不忘初心、勇于担当的党性教育与博大精深的"心学"文化有效结合？

金溪县政协为此开设了象山"心学"大讲堂，以传承"心学"文化，弘扬"心学"价值。为了使传承落到实处，不断提升委员思想素质和履职能力，专门研究出台了《关于创建"'心'事有约"协商特色品牌的工作方案》，按"三在五联四平台"（"三在"即支部建在界别上、界别联在社区（村、企业）中、委员聚在党旗下；"五联"即政协党组成员联系界别临时党支部，界别临时党支部联系协商议事厅，协商议事厅联系委员，中共党员委员联系非中共党员委员，委员联系群众；"四平台"即打造委员学习的平台、收集社情民意和调研视察的平台、协商议事的平台、为民办实事的平台）的模式，建立仰山社区、陆坊村、竹桥村、县一中、工业园区等 5 个政协委员协商议事厅，全县 175 名政协委员全部安排到协商议事厅开展履职活动，做到有事好商量，"心"事来相约，推动政协协商与基层协商有效衔接，切实打通联系服务群众的"最后一公里"。

品牌创建以来，开展集中学习三十余次，反映社情民意信息 200 余条，深入村组、学校、医院视察调研 21 次，协商议事 26 次，为群众解决背街小巷改造、健全交通网络、学区合理布局、停车难、群众用气难等"急难愁盼"问题八十余件，参与委员六百余人次，受益群众三千余人。

二、围绕中心重质效

"香精香料是金溪主导产业，多年来一直存在规模不大、效益较低等问题。县政协应紧紧围绕县委、县政府的中心任务去思考、谋划和推进政协工作，力求做到县委、县政府工作部署到哪里，政协工作就跟进到哪里。"在一次政协工作会议上，县政协主席张爱群郑重其事说道。

为此，县政协积极组织政协委员、企业代表、园区代表、相关职能部门负责人深入开展调研，提出了系列意见建议，助力香料化工产业发展。

去年，县政协紧紧围绕乡村振兴、工业倍增、营商环境优化升级、古村古建活化利用、城市建设品质与功能提升等 6 个调研课题，由班子成员领衔进行专题调研，形成了《让"慈母式"服务成为"大美金溪"金字招牌》《在精准对接大湾区"菜篮子"中跑出"金溪速度"》等 6 篇高质量调研报告，为县委、县政府提供决策参考。县委、县政府给予了充分肯定和高度赞赏，认为全县政协系统树牢了"一线"意识，干出了"一线"业绩。今年，县政协又从大处着眼、小处着手，精心拟定了"如何做好重大项目落户后续配套服务""金溪县小区消防安全问题及对策"等 6 个协商课题，使委员履职紧扣中心，向大事聚焦、难事聚力，为助推全县高质量发展加码赋能。

一年来，该县政协紧紧围绕县委、县政府中心工作，广泛开展建言资政，着力推动全县工业倍增、招商引资、蔬菜产业发展、四城同创、古村古建活化利用等重点工作落实落地，如牵头引进预计年产值达百亿元的重大项目落地后又新引进两个项目，编辑出版《王安石在金溪》《金溪古代书院》后又着手编写《中国传统村落》《赣东名镇浒镇》。去年委员提交的 88 件提案，全部得到办复，办复率 100%，办理满意率 100%。今年委员提交的101 件提案正在有序督办落实中。

三、关注民心重作为

小区儿童游乐设施破旧需要更换、专业户特色种植销售难、困境儿童需要社会爱心人士提供帮助……一件件提案聚共识汇合力，一条条建议饱含为民情怀。

近年来，金溪县政协认真践行"人民政协为人民"理念，以委员协商议事厅为依托，直面界别群众最关注、最直接、最现实的出行、教育、医疗、物业等焦点难点问题，做到群众需求在哪里，政协关注到哪里，积极组织各界别委员深入企业、社区、村组、学校等一线调研，然后将调研成果在议事厅"面对面"协商完善，报送县委、县政府。此外，委员们以实际行动担当作为。委员马亦挺、客商周育海出资 20 万元入股竹桥村集体经济茶树菇种植，助推竹桥村集体经济发展，委员黄勇、文涛、张军航、邓木荣捐款 5 万元助力双塘镇狮城村秀美乡村建设；在创国卫期间，各界别委员深入背街小巷开展环境卫生整治、交通安全劝导及落实"门前三包"工作，齐心协力攻克毁绿种菜、乱停乱放等难题。通过组织委员积极参与解决一项项民生实事好事，让群众随时看到委员身影，感受政协作为，大大增强了群众的获得感、幸福感、安全感。

此外，金溪县政协在着力加强委员队伍建设的同时，也十分注重机关干部队伍建设，强化干部职工的勤政为民意识和担当作为劲头。继去年县政协办党支部成功创建全县"先进党支部"后，又在全县开展的县直机关打造"模范机关"工作中脱颖而出，被评为打造模范机关工作先进单位。

四、弘扬爱心重形象

金溪县政协注重激发委员投身社会公益事业的热情，使委员能够弘扬爱心，主动关爱各界别群众和困难人群，树立委员良好形象。

县政协委员、"中国好人"王俊恒组织建立的"爱心帮帮团"，自成立以来，结对帮扶困难学生达八百余名，其中有 117 名考取大学。其他委员也是爱心满满。姜思明和王志红等 5 位委员与仰山社区 5 名贫困学生进行一对一结对帮扶；何琦平委员创办"南园小隐"民宿，带动周边近百户群众就业增收；余丽、王鹤心委员等帮羊肚菌种植户拓宽销售渠道并助力种植户建冷库，使种植户树立了信心，拟扩大种植规模；陈丽萍、汪小燕、胡成宗委员利用自己专业所长，多次义务开展心理、生理健康知识宣讲或面包技术培训；朱根华、郑卉、饶槊婷委员等积极参加反邪教志愿活动。如今，在金溪县政协，支持公益事业已经成为政协委员的共识，委员们既从自我做起投身公益，也积极发动身边的企业家、爱心人士，参与爱心公益事业。

一个个政协委员议事厅、一个个协商议政的履职"小切口"、一次次协商机制的新探索，促进了县政协制度化、规范化、程序化等功能建设和深度协作互动，助推了一批经济社会发展难题在协商中得到解决，让金溪政协人有了更大的动力和底气，切实为实现高质量发展凝心聚力，争创新时代政协"第一等的工作"……

（张爱群　黄云龙　李山冕）
原发 2023 年 8 月 23 日"江西政协"微信公众号

横峰县政协：多年民忧得化解　协商议事暖民心

"没想到，真没想到，原以为协商议事就是走走过场，居然解决了我们小区多年的路面破损问题。"近日，横峰县兴安街道城东社区老供销社院子里的居民都在议论县政协"党建＋好商量"基层协商带来的变化。

原来，横峰县老供销社院子路面年久失修，长年的雨水冲刷导致路基坑洼不平，路面积水湿滑，不仅给院内居民群众的日常生活和出行造成诸多不便，更存在安全隐患，居民多次向有关部门反映均无果。

县政协委员、县医院儿科主任杨火英在征集社情民意时了解情况后，第一时间向兴安街道城东社区反映，并建议及时召开专题"党建＋好商量"协商议事会来协商解决此问题。

6月13日，兴安街道城东社区"路面硬化解民忧 办好实事暖民心"专题协商议事会召开，政协委员、兴安街道班子成员、县住建局有关负责人、利益相关方代表、党员代表、居民代表、乡贤代表等18人齐聚一堂，共商解决办法。

与会人员围绕协商议题展开热烈讨论，提出意见建议。最终，大家达成对小区院子进行水泥路面硬化、对距离较长的管网增设检查井等共识，并将监督硬化路面施工时间在一个月内完成，尽量不影响居民出行。目前，该小区的水泥路面硬化工程已经完工，管网增设检查井事项正在进行，获得了群众的点赞。

"今年以来，城东社区以'大抓基层年'为抓手，依托'赣事好商量'协商议事平台，将群众身边的烦心事和揪心事办成舒心事和暖心事。"城东社区党委书记丁海霞笑着说道。

（陆财生）

原发2023年8月22日"赣事好商量"微信公众号

案 例 篇

2023年4月至7月，结合学习贯彻习近平新时代中国特色社会主义思想主题教育，立足市县政协履职实践，江西省政协宣传文史网络中心开展发挥"赣事好商量"平台作用成功案例征集活动。

在收到的来自全省各地总计121篇案例中，这里选择的42篇，主要是在2023年开展的协商活动，或者协商成果年中得到转化的。其中，有政协委员参与基层协商的，大部分是政协协商在基层，彰显政协协商与基层协商有效衔接，人民政协制度优势转化为基层治理效能的具体成果。

鹰潭市：政协协商助推小串串　串出富农大产业

◎陆超林

一、协商背景

在 2022 年初市政协十届二次会议的分组讨论时，江西国明贸易有限公司董事长、鹰潭市政协委员江国庆在发言中谈到，一个不起眼的产业——串串食品加工产业，近年来在我市如雨后春笋般蓬勃发展，创业者大多是"80 后"，他们通过冷链物流从山东、福建等地购买冷冻的鸡鸭猪肉，解冻后用竹签串成一个个肉串，又通过冷链物流销往全国各地。他以自己的企业为例，2021年他在贵溪市周坊镇、河潭镇、泗沥镇农村创办的串串加工车间，实现销售总额约 3 亿元，产品销往浙江、广东、安徽、湖南、湖北等多个省份，带动当地八百余名农村劳动力在"家门口"就业，人均工资 4500 元，同时村集体经济年增收近 30 万元，实现了企业、农民、村集体三方面合作共赢发展格局。

江国庆希望市有关部门多多关注这个产业。发言引起参会的市政协副主席梁东华与其他参会委员的浓厚兴趣，经请示市政协黄云主席，梁东华副主席迅即决定率领我委在扎实调研的基础上，开展发展串串产业的基层协商。3 月初，一支由鹰潭市政协委员，市农粮、市场监督管理局等部门负责同志，市串串产业领军企业家参加的调研组形成。

调研组积极"走出去"，深入企业、乡镇、有关部门开展调查，用脚步探寻串串产业发展现状。通过调研，我们摸清了串串产业发展现状。据统计，我市去年共有串串食品加工企业八十余家，遍布全市三十多个乡镇，带动农村一万多人就业，并辐射周边上饶、抚州等地市的县（区），业内流传这么一句话：原来是"串串产业看山东诸城"，现在是"串串产业看江西鹰潭"。

二、协商过程

3 月中下旬，调研组真情"请进来"，分别邀请串串产业领军企业主和有关部门负责同志参加多场次座谈协商，用思想碰撞发展串串产业的妙策良方。"我是最早一批回鹰潭创办串串企业的人，区（市）政府在融资、土地等方面的各项支持举措，解决了企业发展的后顾之忧，我们企业发展的信心更足了。"江西羽农实业董事长孔忠化表示。

通过分析，调研组总结出该产业的五个鲜明特点：一是典型的富农产业；二是产业发展前景广阔；三是产品越来越丰富；四是创业者年轻富有干劲；五是企业主有环保意识。

"企业的健康发展离不开原材料、土地、资金、技术等全方位的要素保障。"江西博纳食品有限公司总经理丁晨娓娓而谈，"建议尽快细化落实各项惠企政策，帮助企业用足用好政策。"

通过广泛座谈协商，调研组找出目前串串产业存在的主要问题有四点：一是企业经营管理落后；二是资金不足；三是产品档次不高；四是厂房五花八门。

通过反复研究论证，调研组认为：串串产业立足农村，依靠的是农村剩余劳动力，契合乡村振兴战略；串串产业原料从外地采购，产品销往全国各地，顺应我市商贸升级行动；该产业涉及乡村特色农产品种养、食品加工、冷链物流等行业，有利于促进一、二、三产业融合发展，策应我市正在推进的国家城乡融合发展试验区建设。大家协商出五点建议：一是提高认识，重视企业发展壮大；二是多方联动，突破厂房建设瓶颈；三是成立协会，助力企业抱团发展；四是银企对接，提供金融支持服务；五是完善配套，招大引强壮大产业。

三、协商成果

协商座谈后，调研组修改十余稿，形成《我市迅猛发展的串串产业，应给予更多关注》的协商工作专报呈送市委、市政府。专报首次提出发展我市"串串产业"的概念，得到市委、市政府领导的高度重视，市长批示此事很好，请市政府分管领导牵头，商请相关部门就有关建议进行专项研究，提出明确意见。市委副书记批示，市政协的调研报告对助力乡村振兴提出了很好的建议，要求相关部门结合实际支持串串产业的高质量发展，促进产业与乡村振兴的贯通联结。市政府在 2022 年 12 月出台的《鹰潭市推进优势重点农业产业高质量发展三年行动方案（2023—2025）》文件中，将串串加工产业定位为我市三大优势重点产业之一，并出台了"一揽子"支持政策。2023 年 4 月，贵溪市滨江镇以肉串加工为主导产业，顺利通过 2023 年全国农业产业强镇项目创建评审，产业强镇的实施将助力鹰潭串串产业再上新台阶。

四、协商体会

政协协商要取得实效，必须做到围绕党政所需、群众所盼、政协所能、委员所长。具体做到：一是选题要准，把握党委、政府工作重点，回应群众关切，在领导可能还未发现关注的领域选题，这样提出的建议一般具有前瞻性；二是切口要小，从一些宏观问题中选取某一个角度、某一个侧面或者某一个部分，把细分出来的小问题做深做透；三是调研要实，坚持问题导向，深入一线、深入基层，采取"解剖麻雀式"调研，力求数据准、情况明、底子清，虚心听取最基层群众的意见，尊重群众首创精神，从中提炼出有针对性和可操作性的建议；四是主体要明，充分发挥委员主体作用和委员特长，调动委员参与政协调研视察、协商建言的积极性，真正让委员在政协的舞台上唱主角、担主责、做主力。

（作者单位：鹰潭市政协）

鹰潭市：筑牢国家粮食安全　政协委员在行动

◎徐德禹

一、协商背景

粮食安全、国之大者。2022 年以来，我国粮食安全面临"内忧外患"新挑战，国内出现大范围超强高温干旱，四川、重庆、湖北、湖南、江西、安徽等长江流域省市秋粮生产受到影响，我国粮食生产和安全带来挑战；国际全球极端天气反复、俄乌冲突持续发酵、粮食贸易保护主义抬头等因素，全球粮食供需紧张程度加剧。在"内忧外患"影响下，我国粮食安全面临库存降低、价格上行压力增大、进口不确定性加大等。

同年 9 月，中央下达加大力度继续扩种油菜任务，拧紧中国人的"油瓶子"。我省虽出现 1961 年以来最严重干旱，但仍以超常规落实中央下达的 100 万亩油菜扩种任务，油菜产量喜获丰收。

为深入贯彻落实习近平总书记关于国家粮食安全重要论述，进一步落实"藏粮于地、藏粮于技"安全战略，牢牢守住粮食安全底线，提高农业界别委员参与"三农"工作积极性，2023 年 5 月，鹰潭市政协聚焦党政所谋、群众所盼，就春耕备耕、粮食安全生产焦点问题，与市农业农村粮食局充分沟通及谋划，研究制订"关注粮食安全、走进鹰潭粮仓"协商活动方案，联合市农粮局，组织部分农业界别委员，赴余江区中青博纳育秧中心、平定乡、余江区 9771 库、中储粮鹰潭直属库开展协商调研活动。

二、协商过程

协商调研组与平定乡政府干部、余江区粮油筹备流通中心负责人、村支书代表和种粮大户代表在余江区平定乡召开协商座谈。

"农村青壮年外出务工，留在村庄的大多为妇幼老人，加上这些年的化肥、农药、种子、人工费用上涨，导致农民种粮积极性不高，农田无人种现象普发。2022年10月，余江区农投公司通过与北京中青博纳农业公司合作，在我乡成立余江中青博纳育秧中心。自成立以来，初期完成1万亩稻稻油（即两季水稻＋一季油菜）三季收作物全产业链示范项目，充分解决了农村闲置田无人种，农业拓展产业化、集约化、数字化、品牌化运营模式，更好探索出了余江经验。截至目前，平定乡完成早稻种植面积2.58万亩，晚稻种植面积5.99万亩，完成率97%。"乡长吕飞说。

"余江区国有粮食企业的主营业务是政策性粮食收购，市场化粮食购销业务依旧不成熟，经营业务单一，企业主要收入来源都依靠政府拨付的政策性粮食收购保管补贴。近几年由于市场原因，企业经营越发困难，因为国家粮食最低保护价格远低于粮食市场价格，余江区已连续两年未启动国家粮食托市收购工作，今年托市收购启动可能性依旧不大。"余江区粮油集团公司党委书记、董事长易雷明反映。

"前山村自2022年引入村民水淹田、低洼田发展村集体经济产业，探索加工大米直销模式，为村集体经济创收。"村支书余兵胜说。

"因粮价低，化肥、种子等成本逐年上涨，导致种粮年年亏。田是种得越来越多，家里的钱却越种越少。"种粮大户吴秋帮说。"希望种粮补贴能更多倾向种粮大户。"种粮大户吴辉达说。

通过此次调研活动分析，调研组就鹰潭市粮食安全形成了五点共识：一是农村农民种粮积极性不高；二是农业产业化、集约化发展是必然趋势；三是将顺地方国有粮油职能转化，加快做好企业体制机制改革后半篇文章；

四是有效稳住种粮成本；五是种粮补贴能更多倾向实际种粮人。

三、协商结果

此次深入农村一线、深入基层群众、单位，调研组充分认识到，全面建设社会主义现代化国家，最艰巨最繁重的任务仍然在农村。加快建设农业强国，全面推进乡村振兴，任重道远。作为农业界别委员，要经常性深入农村一线，不断拓宽延伸协商触角，察民情、解民意、体民心，将好的建议打捞上来、传上去，为国家在完善治理体系、建立推进机制中形成符合农村实际的政策制度导向。回来以后，委员纷纷梳理问题、撰写社情民意信息，向省政协呈报了《地方国有粮食购销企业面临"五大困境" 影响粮食安全》《"土特产"在低端线路徘徊 制约"金字招牌"效应》《有机肥使用"叫好不叫座" 推广应用需加大力度》等二十余篇，并多篇被采纳，分报省委以及全国政协，进一步凝聚了委员力量，增强了委员履职积极性。

四、协商启示

要准确把握人民政协性质定位，坚持发扬民主与增进团结相互贯通、建言资政和凝聚共识双向发力，积累了一些有益经验，形成了一些规律性认识。

一是必须把党的全面领导落到实处。始终把党的领导摆在首位，贯彻落实到政协工作全过程各方面，不折不扣落实中央决策部署和省市工作安排，做到"总书记有号召、党中央有部署、省市有要求，政协见行动"。二是必须以人民为中心履职尽责。把不断满足人民对美好生活的需要、促进民生福祉改善作为履职重要着力点，推动政协工作更加贴近基层，更好地将党和政府的温暖送到基层、送到群众心坎里，坚持协商于民、协商为民，积极助推解决群众"急难愁盼"问题，使政协履职更接地气。三是必须扎实推进专门协商机构建设。着眼推进协商民主广泛多层制度化发展要求，不断丰富协商内容、拓展协商形式、规范协商程序，构建起以全体会议为龙头，专题议政性常委会会议、专题协商会和主席会议重点关注问题情况通报会为重点，提案办理协商、远程协商、界别协商、对口协商、专家协商为常态的协商议政新格局。四是必须强化政协委员责任担当。政协工作的基础在委员、活力在委员，必须不断强化委员为国履职、为民尽责的情怀，坚持服务保障和教育管理相互促进、思想引领和纪律约束有机结合，让广大委员履职有舞台、建言有渠道，更好发挥在本职工作中的带头作用、政协工作中的主体作用、界别群众中的代表作用。

（作者单位：鹰潭市政协）

宜春市："赣事好商量 + 文史资料" 探究产业发展之路

◎宋雷敏

以文史资料形式编撰一个地方的产业发展史，这在宜春政协文史资料中尚为首次，在全省政协文史资料中也不多见。《"锂"想之光——宜春锂电新能源产业发展纪略》的推出至少有两方面成果：一方面，它是一本展现宜春锂电发展历程的资料汇编，收录了宜春从提出"亚洲锂都""千亿工程"起至今期间宜春锂电产业发展的大事要事。另一方面，它是一部记载宜春干部群众立足资源优势、励精图治、接续发力推进宜春锂电产业发展的奋斗史，尤其是凸显了近年来市委市政府举全市之力，把锂电新能源产业作为首位产业招大引强、扶优强势，坚定不移打造国家级锂电新能源产业集群的成效。

《"锂"想之光——宜春锂电新能源产业发展纪略》从设想提出到成稿印刷，花去市政协文化文史和学习委员会将近一年时间，它是"赣事好商量 +"平台的创新与深化，是地方政协文史工作以服务经济社会高质量发展为己任，找准角度，创新方式，有所作为的具体体现，回顾过往有三点体会。

一、摸清文史资料收集来路，梳理宜春锂电文史资料从哪里来

2008 年起，锂电产业就在宜春起步，到 2022 年，锂电产业已在宜春走过 15 年。这期间，宜春锂电产业风云起伏，浪花无限，有的人事变动，有

的机构转换，有的职能变动，既有为锂电产业发展冲锋的"前沿阵地"，又有为锂电产业发展"厚植沃土"的，还有为锂电产业发展提供"后勤保障"的，收集资料不是一件容易的事情。坐在办公室碰到的都是问题，深入基层看到的全是办法。我们先后上门走访新近成立的宜春市锂电新能源产业发展中心征求意见，来到市经开区开展座谈恳求支持，深入袁州、万载、宜丰等县市走访锂电企业，了解这些地方部门的想法，同时把我们的编写目的、编写要求提出来，把"赣事好商量+"平台搭起来，掀起了一个相互呼应、互动协调的效应，宜春锂电文史资料编写方案呼之欲出，宜春锂电文史资料从哪里来迈出了关键性的第一步。

二、选对文史资料铺展方式，整理宜春锂电文史资料到哪里去

有了方案，下一步就是搭建编写的框架。收集什么内容的锂电资料管用给力，我们给出的原则是无论西瓜还是芝麻，先都捡到筐里来。首先我们调阅了市锂电新能源产业发展中心的资料，将按年代、类别一一归类，仅专注这项工作就花费了近三个月时间，但同时也让我们摸索到了编写锂电发展史略的脉络与边际。在浏览征集资料的同时，我们还懂得借势借力，比如，宜春日报社将2008年起该报刊登过的所有有关宜春锂电方面的材料提供予我们，市经开区作为宜春锂电发展主战场，将近年来新闻媒体和内网上刊载过的相关报道与事件发给我们。在编写后期，宜春市委为我们提供了从网络上搜索不到的重要信息和资料，为我们这本书加分不少。对口的相关县市区袁州、奉新、高安、上高、宜丰、万载政协责无旁贷，倾力相助，如期将所在地方的相关情况报送我们，充分展现了市县政协的联动优势。

三、找准文史资料运用角度，解决宜春锂电文史资料如何出成果

在对宜春锂电文史资料的收集整理过程中，我们通过项目化时间表量化细化，资料收集逐渐从混杂无序到有条有理，从堆积如麻到有纲有目，这样运用锂电文史资料就有了前提和基础，基本达到收集资料齐全、整理

资料翔实、统稿编辑清晰这一编写链条贯通的目的。为了敲出编写提纲、确定编写形式，我们召开了十余次座谈会，同时不定期请示请教市政协领导、我市从事锂电行业的相关领导、有关编写史学方面的专家，直至曾经在锂电工作岗位上干过的普通科员科长，就拿《"锂"想之光——宜春锂电新能源产业发展纪略》这本书题目的确立，我们反复斟酌及时上报谨慎定题。对于宜春锂电发展史上有特点的史料，比如锂电产业高峰论坛、宜春锂电新能源产业发展规划、宜春锂矿资源收储开采管理等等，尽可能保持其连续性与完整性。在整书的编写章节摆布上，我们既考虑到锂电产业在宜春发展的不平衡、阶段性，又兼顾了产业本身的发展与时间的延续，在规范文史资料语句表达方式的基础上，务求做到市政协主席会议提出"准、全、实、精"要求，尤其对近年来我市锂电产业守正创新、突飞猛进重点笔墨，反映了我市政协工作凝聚共识、服务大局这一特性。

为编好这本锂电产业发展史略，在编写方案中，提出"说清楚、讲明白、记下来、写出来、理清楚"五大要素，之后尽管我们投入了精力、付出了辛劳，但现在看来距离"反映宜春发展锂电产业前进历程和特色特点，提升发展振兴宜春锂电产业的信心与决心"这一目的依然差距不小。编书虽告一段落，但我们还在努力，正如该书后记中所述："在今后的工作中编写组将不断加以修正完善与改进提高，继续为宜春锂电新能源产业发展贡献政协的智慧与力量。"

（作者单位：宜春市政协）

上饶市："好商量"助力三清山
打好"松材线虫病防控保卫战"

◎张 剑

三清山森林资源丰富，森林覆盖率高达 90.1%，分布有大量的松林，其中位于核心景区三清宫和郁松林内的 1500 亩黄山松纯林是江西省乃至全国为数不多的黄山松古树群落。近年来，三清山周边的德兴市、玉山县和浙江省的开化县，均不同程度出现松材线虫病疫情，疫情防控形势异常严峻。

为助力打好三清山"松材线虫病防控保卫战"，守护"三清天下秀"品牌。2022 年 9 月 19 日上午，上饶市政协联合玉山县政协、德兴市政协、三清山风景名胜区组织召开了三清山"松材线虫病防控保卫战""好商量"专题协商会议。市政协主席俞健，市委常委、常务副市长饶清华，市政协副主席诸立参加会议；市政协委员艾涛、楼志文、胡基健、杨怡、何冰莹等参加协商会议；会议还邀请了市林业局、相关县（市、区）领导和部分村支部书记代表参加。

通过"好商量"专题协商，会议就三清山松材线虫病防控达成 8 点意见共识：一是明确防控工作目标。坚决打好三清山净土保卫战，力争到 2023 年时实现无疫情的目标。二是开展全域监测普查。采取专项普查和日常巡查相结合的方式，确保第一时间发现疫情、第一时间扑灭疫情。三是分类施策综合防治。采取打孔注药、释放天敌、飞机喷药等方式，进行分类防治。四是创新疫木除治机制。推行绩效承包除治机制，提升除治效率。五是检疫封锁严格执法。安排 24 时专人值守检查，严禁一切松科植物及其制品进入三清山。六是建立联防联控机制。建立三清山松材线虫病防控保卫战联席会议制度，实现信息共享。七是建立奖罚激励机制。对完成目标责任的乡镇给予奖励，对防控不力严肃追责问责。八是加强疫情防控保障。加大三清山松材线虫病疫情防控资金的投入，为防控提供资金保障。

"好商量"会议结束后，市林业部门、三清山风景名胜区、玉山县、德兴市密切配合，主动作为，积极落实协商议事成果，有效地打响了三清山"松材线虫病防控保卫战"。一是压实了防控责任。三清山、玉山县、德兴市三地将松材线虫病防治摆上重要日程，明确了工作措施，压实了防治责任。二是进行了科学防治。在市林业部门的精心指导下，聘请专业除治公司进行技防，有效遏制了松材线虫病蔓延。三是开展了巡察监测。开展了松材线虫病疫情监测，定期利用无人机开展全区松树情况巡查监测，实现巡查巡护全覆盖。四是形成了联防联控。三清山、玉山县、德兴市三地因地制宜制定了防控举措，并相互配合协作，形成了良好的联防联控机制。

"感谢政协为我们搭建了'赣事好商量'这座沟通的桥梁，通过'赣事好商量'协商这种形式，统一了思想，凝聚了共识，增强了地方联防联控意识，切实有效地助推解决了三清山松材线虫病防控多年老难题。"市政协委员楼志文如是说道。

截至目前，三清山核心景区内没有发生松材线虫病疫情，景区枯死木下降了 87.7%，确保了三清山核心景区的松林资源和生态安全，守住了三清山风景名胜区的一方净土。

（作者单位：上饶市文史研究中心）

丰城市：小资金实现大作为

◎张小平

习近平总书记在中央政协工作会议上指出："人民政协要广泛联系和动员各界群众，协助党和政府做好协调关系、理顺情绪、化解矛盾的工作。"今年以来，丰城市依托"剑言邑政·赣出丰采"协商平台和营商环境委员感受平台，以33个乡镇（街道）委员工作站、33个委员特色工作室为龙头，广大委员积极关注民生事业发展，提出了一系列涉及改善群众生产生活条件的提案、社情民意信息和建议，其中不乏反映"民生堵点"、聚焦群众"急难愁盼"。如何推动这些涉及民生的提案、社情民意和建议从"纸上"落到"地上"？丰城市政协经过广泛调研和实践，经市委、市政府研究同意，制订"民生实事马上办"活动工作方案，从2023年开始，市财政每年安排600万元作为政协协商成果转化专项资金，出台专项资金管理办法，常态化推进了一批贴民意、暖民心的协商成果转化为民生实事落地生根。

一、精准选题，把牢协商议题收集关

一是明确收集对象。就是经过群众反映、委员了解收集、政协组织协商后，未能通过部门立项或筹资难度大，事关群众"急难愁盼"又确实急需解决、所需资金不多又能当年完成的民生实事。二是明确收集渠道。从委员撰写的提案、社情民意或参加协商议政、考察调研、民主监督等履职活动成果中收集；从26名住丰省、宜春市委员和全市409名委员进站（委员工作站）入室（委员特色工作室）归纳的意见建议中收集；从住丰省、宜春和本市全体政协委员对涉及营商环境的三类、99 个单位评价感受的结果或反映的意见建议中收集。今年以来，收集涉及民生类的提案 97 件、社情民意 21 条、建议 12 条。经审核，列入可推动落地的 25 件。

二、务实答题，把牢协商议题实施关

坚持"统筹安排、顺应民情、配套使用、整合资源"原则，明确由各乡镇（街道）委员工作站负责收集，所属"剑言邑政·赣出丰采"协商平台建设工作组（专委会）汇总，经过多部门会商初核、政协分管领导审核、政协常委会研究后，反馈乡镇（街道）委员工作站，交乡镇（街道）组织实施。实施过程中，通过座谈、电话或信函等方式，及时向委员通报办理进度，对办理难度较大的，邀请委员参加调研、参与制订办理方案、研究论证解决办法，积极争取上级部门专项拨付、属地乡镇（街道）配套资金、当地乡贤爱心支持，确保稳妥有序推进。项目验收合格后，由市财政局下达资金分配文件，按照"市政协分管领导签发→市财政复核→常务副市长审定→财政核拨"的程序，资金直接下达乡镇（街道）。同时，明确所有项目资金均须接受审计部门审计，实行常态化监督机制和跟踪督办机制，提升专项资金使用质效。

三、口碑验题，把牢协商成果转化关

今年 1 月至 3 月，25 件可推动落地的协商议题中，丰洛铁路拆除及打通梦祥东路工程、同田乡万家村至镇坊村 1.5 公里进村公路、剑光街道电杆厂老旧小区改造、剑光街道向阳社区背街小巷改造和扶持建设油茶种植基础水利设施资金等 5 件已落地见效，社会反响良好。其中影响最大的是丰洛铁路拆除及打通梦祥东路项目。

今年年初，罗利艳委员提交《延伸梦祥路以东道路，建成下穿涵道或平交丰洛铁路》的提案，孙渡街道委员工作站第一时间上报所属的"剑言邑政·赣出丰采"协商平台建设工作组,经过初核、审核、市政协常委会会议研究后,列入可实施范围,由孙渡街道组织实施,市政协以主席会议形式进行重点督办。市委、市政府高度重视、大力支持,在已拨付政协协商成果转化专项资金15万元基础上,通过整合其他项目资金、属地乡镇(街道)筹集、社会力量参与,解决了所需资金390万元,不到3个月就拆除了丰洛铁路、打通了梦祥东路。该提案的办理不仅消除了市民出行的安全隐患,还将市行政中心区、高铁新区及商贸物流园区的学校、医院、居民区有效连接起来,市民出行更加便捷。群众纷纷点赞:"政协很近、委员很亲。"委员感叹:"我们不光说得对,还说了算!"市委、市政府认为:"政协调研很深入、创设专项资金的机制管用!"

民生无小事,枝叶总关情。通过创设政协协商成果转化专项资金,聚焦群众"急难愁盼",科学选题、规范协商、严管资金,用"小资金"撬动"大民生",以"小切口"助推"大发展",群众的诉求得到解决,百姓就有了幸福感、满足感;委员的提案、社情民意信息、建议得到开花结果,就感受到了满满的获得感、成就感;以专项资金常态化推进协商成果落地服务了中心大局,市委、市政府对政协工作满意、认可,让政协既有为,更有位。

(张小平,丰城市政协党组书记、主席)

抚州市："微协商"助力青年创业

◎邹　芳

　　"微协商"是抚州市政协社法委立足新时代推进协商民主生动实践，着力打造的"一委一特色"履职工作品牌。"微协商"是协商的一种，也是委员履职最为重要的形式之一。为了进一步支持青年创业，社法委积极发挥"微协商"的作用，多次深入了解青年创业所需，组织召开协商，商讨解决办法，得到了青年创业者的一致好评，产生了较好的影响，彰显了人民政协作为专门协商机构的魅力。

一、协商前：紧扣中心选准题

　　"微协商"议题选择直面"社会"的"热点问题"和"法制"的"合理诉求"，紧扣中心、针对性强，突出时效性和可操作性。每年年初社法委通过召开全体委员会议、走访委员、向对口联系的界别和单位等形式进行征题、选题。

　　2022年，该委聚焦"作示范、勇争先"目标要求，紧紧围绕优化营商环境"一号工程"，充分借助本委资源优势，与对口联系的共青团青联界别特别是青年创业协会会员深入交流，广泛征求意见建议。在充分协商的基础上，把"优化营商环境，助力青年创业"确定为"微协商"重点课题，在工作站搭建"社法助企"协商平台，分月度持续推进，经常邀请人社、就创中心、财税、金融方面的委员和专家，对青年创业提供政策融资方面的指导服务，助力青年企业茁壮成长。

二、协商中：深度交流聚众智

"请问创业补贴的申请对象有哪些？补贴标准是多少？如何申请？""请问大学生创业可申请多少万元创业担保贷款？申请期限是多久？"2022年4月12日，抚州市政协社法委青创空间中共党员委员工作站会议室里热闹非凡，市青创协的青年创业者争先恐后地向市政协委员们咨询政策，这是由社法委与团市委共同举办的"聚焦青年所需·助力创新创业——共青团与政协委员面对面"微协商活动现场。协商中，市青创协会员就税收政策、贷款金融、创业补贴等提出了11个问题，与会委员们根据每位青年创业者的情况给出了宝贵建议，为创业青年答疑解惑，现场氛围热烈。协商活动搭建了政协委员与青年创业者沟通交流的桥梁，畅通了青年诉求表达渠道，体现了青年创业者对我市经济社会发展的关心和关注。

为了帮助青年创业者扣好创业路上的第一粒扣子，进一步促进协商成果落地，针对青年企业家对创业政策和资金的迫切需求，2022年9月9日，社法委再次以"聚焦创业贷·助圆创业梦"为主题开展微协商活动，邀请市政协委员、邮储银行抚州分行等部门负责人，面对面地沟通交流，指导帮扶青年创业者解决创业、信贷等方面的困难和问题，助力青年"创"出梦想，"贷"动未来。

协商中，青创协代表讲述了创业历程及创业过程中面临的困难，其中资金短缺是最大的瓶颈，同时存在担保难、贷款成本高等问题。市政协常委、市就创中心主任蔡礼明指出我市创业担保贷款立足实际，勇于创新，已逐步形成了"贷得出、用得好、收得回、效果佳"的良好局面；告知青年企业家目前扶持高校毕业生自主创业主要有创业担保贷款扶持、一次性创业补贴、创业孵化基地运行费补贴、自主创业高校毕业生社保补贴、税费减免共五方面政策；将继续加大创业担保贷款政策宣传，结合青年创业者关注的焦点问题进行梳理整合，以对话的形式采用通俗易懂、简明扼要的语言，答疑解惑并广泛宣传，实现创贷政策普知普惠；将加大创贷政策扶持力度，助力青年创客们实现"想创业、能创业，创成业、创大业"的人生梦想。

2022年9月13日，针对青年创业群体的实际困难，由蔡礼明委员牵头，市人社局、市就创中心、团市委、市邮政银行联合举行了"喜迎二十大 青春创未来"2022年抚州市"青创贷"签约仪式。明确了市就创中心创业金融服务科联合邮政银行，对于青年创业群体推广采用信用担保方式，免除担保，同时对今年新发放属于就业困难人员、高校毕业生等六大群体的，个人承担利息部分全部免除，其他群体免除一半，从而充分释放创贷政策红利，有效解决青年创业者融资难、融资贵问题。

三、协商后：注重实效促转化

协商会议结束后，社法委继续跟踪落实，多次带着市青创协企业家到相关部门咨询、请教。截至目前，共有七十余位青年企业家申请创业贷款（纯信用免抵押免担保，个人额度30万元），四十余位青年企业家成功申请了一千余万元青创贷。同时，市青创空间创业孵化基地成功申领2022年四季度创业孵化基地运行补贴（金额11840.4元），主要补贴企业的房租、水电费等，每个季度都可以申报。

"真没想到政协能够在这么短的时间内组织这么多部门为我们现场服务，一对一答疑解惑，不仅为我缩短了办理贷款的时间，同时还给予了贷款资金上的倾斜，为企业发展提供了很大的帮助。"抚州市青创协会员兴奋地说道。

蔡礼明表示："这种微协商的方式很有意义，也很有效果。在这里大家可以面对面地提出一些问题，既能让大家更好地了解我们服务的政策和解决问题的进度流程，又能现场解决一些困难和问题，有助于提升解决困难的效率，提升服务的水平。"

（作者单位：抚州市政协）

进贤县：村庄开通自来水　解决百姓饮水难

◎樊玉平　范志鹏

自南昌市启动"赣事好商量＋'三有'"活动以来，旺坊村"两委"干部主动探访、寻访民情，听取村民诉求，为群众解决了民生问题，得到了群众的一致好评，在村里掀起了"有事多商量，有事好商量，有事会商量"热潮。

2022年7月5日，在旺坊村委会便民服务中心开展基层民主协商"三有"活动，目的就是为了协商村庄开通自来水、解决百姓饮水难。民和镇人大主席刘来华、民和镇水管站负责人、民和镇旺坊村"两委"干部、相关村民代表、老党员代表及施工单位负责人参加了会议。

一、背景与起因

民和镇旺坊村是省级贫困村，下辖9个村小组，共有344户1680人，协商会需要解决的是一个与村民生产生活息息相关、影响群众身体健康的民生问题。旺坊村全村均未开通自来水，村民只能以地下水为生，但地下水极易受气候影响，天气炎热时缺水、降雨量大时地下水浑浊，存在一定饮水安全问题，也给百姓生产生活带来诸多不便。群众反映强烈，普遍要求开通自来水，解决饮水安全问题。

为了解决该问题，旺坊村委会多次召开村民代表大会，大家对开通自来水意愿强烈，但考虑到项目资金缺口较大，商讨决定从民和镇板桥村接引自来水管网，先行在旺坊村委会塘上村小组安装自来水，解决村小组55

户 235 人取水难、用水难等问题，同时后续普及到其余村小组，持续改善农村居民饮水条件，保障农村居民饮水安全。

二、做法与经过

为解决群众反映的饮水难问题，旺坊村委会在召开"三有"协商会之前，召集全体村民代表多次召开村民代表大会，研讨出合理解决办法，对暂时未接通自来水的村小组解释说明原因，为顺利召开基层民主协商"三有"活动现场会奠定扎实基础。

一是合理规划线路。镇、村两级领导聘请专业人士，通过实地上户走访的方式规划好村庄内管网铺设，合理设计图纸，确保在最小工程量的基础上保障水管接通到每家每户。

二是广泛宣传动员。自水管铺设工程启动以来，村委会按照"不漏一户、不少一人"的原则，组织相关人员携带设计方案上户给村民讲解政策、进行宣传引导，广泛动员群众关心和支持管网铺设工作。

三是严把施工质量。旺坊村委会召集"两委"干部和村民代表成立工程质量监督小组，每天对施工的内容进行检查，同时负责处理施工过程中的突发情况，确保工程质量过关，能够按期完成水管铺设。

三、成效与反响

通过多方努力，今年 9 月，民和镇旺坊村委会塘上村小组自来水管网工程已经完成了管道的铺设工作，目前，旺坊村干部正在上户收取自来水开户费用 2300 元／户，待相关费用缴纳后村民可以正常接通自来水。

下一步，旺坊村将联系供水公司，确保农村供水工程安全、良性、可持续运营，同时也将尽快筹集资金开通其他村小组自来水，确保所有村民安全用水得到保障。

（作者单位：进贤县政协）

进贤县：解决好"一老一小"建设工作

◎樊玉平　范志鹏

2022年8月19日，进贤县在泉岭乡前溪村"好商量"协商议事室现场开展了基层民主协商"三有"活动，目的就是为了协商解决好"一老一小"建设工作，办好民生实事。进贤县政协副主席郦丽、泉岭乡党委书记聂宝霖、政协委员、前溪村"两委"成员、党员代表、村民代表及施工单位负责人参加了会议。

一、背景与起因

过去前溪村人口出生率高，流动性小，人口年龄结构比较完整，但如今已经出现"两极化"，以老人和小孩居多，有的地方甚至出现了"留守村""空心村"的情况。

前溪村委会前曾村小组及周边两个村小组现有70岁以上老人52人，12岁以下的儿童7人，而且村里有很多年轻人去城市打工了，剩下一些空巢老人和留守儿童没人照顾。如何解决这"一老一小"的生活问题，泉岭乡积极探索农村"一老一小"服务新模式，让老年人"老有所依"，孩子"幼有所养"。

二、做法与经过

为了解决前溪村小组及周边村组"一老一小"问题，提高"一老一小"生活质量，前溪村召开"三有"协商会之前，召集全体村民代表连续召开三场村民代表大会，引导各组群众充分表达诉求，研讨出合理解决办法，为召开基层民主协商"三有"活动现场会奠定了扎实的基础。

一是解决群众"急难愁盼"。"一老一小"同是民之关切，是坚持"发展为了人民""发展成果由人民共享"的生动体现。

二是民主协商"热火朝天"。本次协商会议涉及 3 个村小组，人员众多，村民代表充分表达了各村的想法和诉求，协商现场井然有序、气氛热烈庄重，真正做到了"扯袖子掰腕子"。

三是议事程序规范有序。在广泛动员群众参与的基础上，前溪村探索构建村级事务民主协商机制，采用"2 + ×"的模式推选协商议事会成员，代表村民协商议事决策，"2"为村"两委"干部和村民代表；"×"为事项涉及群体代表。参与协商的人员都结合各自的工作实际和职责定位，积极献计出力。协商决议的各项具体措施都还实在，针对性也强。

三、成效与反响

通过召开"三有"协商会后，泉岭乡积极向县民政局对接申请，在前溪村小组新建居家养老服务中心。在县民政局的关心帮助下，今年 9 月前溪村"一老一小"服务中心建设项目开工，让百姓在参与"三有"活动中得到真正的好处，从而更加自觉主动地支持"三有"活动的开展。特别是前溪村积极组织村民召开代表大会，让村民充分表达意见，发挥好基层群众自治制度的优势，彰显了"三有"协商活动的价值。

前溪村"一老一小"服务中心投入使用后，将初步形成以居家为基础、中心为依托、医养结合的服务体系，不仅可以为居家老年人提供生活照料、助餐助行、紧急救援、精神慰藉等服务，还为留守儿童在假期和课后时间提供阅读、休息的场所，有效解决了周边村民养老育幼的困难，同时增进周边老年人的友好联系，促进关系融洽。

（作者单位：进贤县政协）

青云谱区：安装电动车禁入功能 AI 智能摄像头"三有"协商活动案例

◎万海金

一、选题背景

青云谱区青云谱镇城南佳园是城南村村民拆迁安置房，共分三期，分别于 2008 年、2011 年、2014 年交付使用，有两千余套房屋，三期为电梯房。长期以来，物业公司一直非常重视消防安全，定期安排专人清理各楼层堆积的杂物，并通过公告和小喇叭广泛宣传消防安全一事。居住在三期的居民多次到物业反映电动车进入楼道充电存在很大的安全隐患。电动车上楼以来是难题，小区里一直有电动车停车棚，还是会有不少居民为了图方便会把电动车推上楼充电。

二、商前调研

针对居民群众反映最多、意见最大、解决意愿最迫切的"电梯上楼充电"问题，经村党委审议，认定属于小区公共设施建管事务，确定由民情理事会召集相关协商主体进行民主协商。在城南村党委的动员下，民情理事会成员、党组织成员、物业成员、村民代表先后主动参与民意调查工作中来，了解民情民意、广泛搜集意见建议。民情理事会根据调研信息拟定了协商议事方案，明确了三个议题"如何解决、资金来源、如何实施"，明确了协商主体包括理事会成员、物业代表、居民代表等。

三、组织协商

协商会议由理事长牵头召开，前后经过了三轮协商，最终达成共识。在整个协商实施过程中，城南村"两委"始终秉持着"民事、民议、民决"的原则，做到引导、指导、协调、不包办。

一是解决方式协商。村民理事会、物业代表、村民代表针对这一问题的解决方式进行协商，居住在三期的居民涂女士说道："电动车进入电梯，增加电梯的承载压力不说，一旦发生线路短路，后果不堪设想。网上经常可以看到电动车着火之类的视频，看着就很恐惧"。物业人员反映："现在有一种电梯'AI 智能安全管家'系统，电动车被推入电梯，就会被电动车禁入功能 AI 智能摄像头牢牢锁定，电梯随即'发声'警告无法运行，直至电动车退离电梯，是否可以考虑安装这种系统。"经过协商，最终，民情理事会、物业代表、村民代表一致同意在城南佳园三期所有单元安装电动车禁入功能 AI 智能摄像头，解决电动车上楼问题。

二是资金来源协商。因该事项属于小区公共设施建管事务，经城南村民情理事会协商后，商议该笔资金由物业公司全部承担。

三是实施方案协商。在经费得到保障后，城南村民情理事会着手制订详细的工程方案，并由物业公司寻找产品供货商进行安装。同时，每次协商达成共识形成决议后，村民情理事会都会将协商结果通过村务公告栏接受群众监督。

四、成果转化

经过民主协商，由理事会成员代表、物业代表、村民代表组成了监督执行小组，对电梯禁入系统安装进行监督。目前，城南佳园投入近 30000元对三期 6 栋 13 个单元的 26 部电梯，全部安装了电动车禁入功能 AI 智能摄像头，从而彻底解决电动车楼道充电及上楼问题，消除安全隐患。

（作者单位：南昌市青云谱区青云谱镇城南村）

青山湖区：超龄器材焕新　居民"呼声"变"掌声"

◎程　荣　易博轩

　　近日，居住在南昌市青山湖区青山路街道新厂社区的居民惊喜发现，过去老旧破损的健身器材不见了，取而代之的是一批崭新的器材，还增加了数量。"平时我们经常出来锻炼，这种器材使用频率非常高，而且好多都掉漆，太不安全了，这回换新的，心里踏实多了。"居民赵桂芳为此笑开了花。

　　原来，新厂社区爱好健身的居民很多，经常使用点位上的器材进行锻炼，但因健身器材安装时间久，频繁使用，各种设施已经出现了生锈、老化、松动等现象，如果继续任其损坏，不但影响居民活动时使用器材的体验感，而且存在极大的安全隐患。鉴于以上情况，社区立即就"新厂社区更换老旧健身器材"召开"三有"协商议事会，区政协委员杨虹、社区"两委"干部、社区党员及部分居民代表参与此次协商会议。

　　会上，社区负责人黄刚介绍社区健身器材的现状及存在的问题，并积极征求大家对更换健身器材的意见与建议。

　　党员代表祝盛祥表示："我们这些老年人每天早晚都会来这里用健身器材锻炼，但是社区的健身器材安装时间久，样式老，种类少，上面还有凹凸不平的铁皮，万一划伤了怎么办。"

　　居民代表肖春红说："经历多年风雨侵蚀，这些器材很多都锈迹斑斑，使用时甚至会发出'咯吱咯吱'的异响，存在极大的安全隐患，我希望能尽快解决这个问题，让我们能安心锻炼。"

　　社区"两委"干部陈政海说："20栋对面的健身器材确实存在这些问题，

社区会及时进行更换，先将存在安全隐患的健身器材全部切割处理，再在原有的位置上安装新的健身器材。"

区政协委员杨虹指出："对新安装的健身器材种类也应询问居民的意见，且除了前期的设备更换，后期的器材维护也需要同步跟上。"

经协商决定：社区网格员对辖区内的健身器材进行排查，对存在安全隐患的健身器材进行登记，对需要更换的健身器材全部切割并安装新的健身器材。会议结果得到了大家一致赞同。

经过合理设计规划，健身器材现已全部更换完毕，居民们看在眼里乐在心里。此次"三有"协商发挥了作用，取得了成效，不仅恢复了社区居民往日的活动空间，丰富了居民业余文化体育生活，更增强了社区居民参与全民健身活动的积极性，为打造宜居舒适的生活环境贡献政协力量。

（作者单位：南昌市青山湖区政协）

青山湖区：协商议事解民忧　搭建车棚除隐患

◎程　荣　万　凤

　　"我们小区一直没有电动车停车棚，楼道内经常停放电动车，尤其在这样的高层住宅小区，电动车入户充电更是存在严重的安全隐患。"不久前，佛塔村幸福家园的村民熊女士向村委会反映。佛塔村幸福家园因建设时没有规划电动车、自行车棚，导致楼道里电瓶车乱摆乱放，楼道外"飞线"充电现象严重，存在极大的安全隐患，同时偷盗状况频发，特别是电动车，成了盗贼们的"首要目标"，村民为此苦不堪言。

　　民生无小事，枝叶总关情。村民最需要解决的问题，就是最直接的民生问题，为民服务是佛塔村党委的初心所在。佛塔村党委遵循"有事多商量、有事好商量、有事会商量"的民主协商原则，积极组织村基层协商议事成员、区政协委员、物业以及村民代表召开"三有"协商议事会，倾听村民的诉求。

　　"建停车棚，一来大家的车有地方停放，不会风吹雨淋；二来便于统一管理。"

　　"光建停车棚还不够，还要有人管啊！"

　　"人不可能24小时看着，依我看，要安装摄像头，时时刻刻看着，看那些小毛贼还敢不敢偷？"

　　……

　　议事会上，气氛热烈，大家你一言、我一语，积极出谋划策。政协委员熊华丽将大家的意见建议认真记录下来并建议大家举手表决。最终，大家一致同意：由村委会筹集资金修建爱心车棚，安装监控摄像头，并由物业专人负责车棚管理。

会后，熊华丽和村干部一起对车棚选址进行实地调研，经过再次协商决定将小区 3 栋、4 栋之间的空地作为新址，修建自行车、电动车一体化车棚。经过对选址附近的杂草、杂物进行清除，划定出建设范围，铺设水泥地，设计排水消防系统，铺设电线及设置充电桩等为期 3 个月的紧张施工，终于建成了约 500 平方米的"爱心车棚"。新车棚配备充电桩 20 个，充电插口 260 个，高清红外线监控摄像头 4 个，彻底解决了村民电动车停放和充电的难题。

"回家以后可以直接把电动车停在楼下车棚，非常方便，车子也不会日晒雨淋，更不怕被偷走了。"对于小区的电动自行车充电车棚建设，佛塔村幸福家园的村民们都赞不绝口。

作为一名村干部，同时又是区政协委员，熊华丽全程参与了此次搭建电动车棚协商活动，她表示：将继续积极参与各项民生实事，倾听群众的心声，有效发挥政协委员作用，让民主协商真正成为党委政府的"好帮手"、人民群众的"连心桥"、委员履职的"新平台"。

（作者单位：南昌市青山湖区政协）

红谷滩区："赣事好商量"协商推动"两整治一提升"工作

◎邓莹莹

一、背景与起因

生米街道在 2022 年完成了 6 个共同富裕样板村的打造工作，农村人居环境得到了有效改善，取得了卓有成效的示范作用。今年，生米街道计划在去年工作的基础上，继续以"两整治一提升"工作为契机，结合各村实际工作，打造具有生米特色的郡塘村楼下新村、南星村南坛自然村、相里村杨家自然村、摄溪村摄溪自然村 4 个样板村，进一步发挥引领效应，推动以点带面、连线成片，示范引领，整体提升，形成"街道有示范点、村里有精品点"，引领农村人居环境整治示范带动辐射效应。

二、做法与经过

政协委员在走访了解到生米街道正在规划的"两整治一提升"工作后，提议生米街道通过"三有"协商平台，按照"有事多商量、有事好商量、有事会商量"的要求，多方参与协商，共同讨论如何整治和提升。通过会前调研、会中建言、会后问效等环节，结合村民意愿、前期工作经验，商讨出具特色、可操作、有效果的改造方案。

（一）实地走访广泛听取民意

"两整治一提升"工作目的在于提升村民生活品质，群众意见非常重要。

生米街道在召开"两整治一提升"工作推进会，形成初步设想后，联合政协委员们多次到现场开展实地调研，广泛听取村民的意见想法，共同探寻"两整治一提升"工作开展过程中可能存在的问题，共同探讨解决方案。

（二）实地调研共同协商对策

环境整治具体工作在现场。在收集好群众意见后，生米街道迅速邀请设计单位进行设计。政协委员也到现场参与调研，与设计人员、街道干部、村干部等多方面人员交流，广泛听取各方想法，提出建议：将村民的想法变为设计稿，需要做到因地制宜，结合各村的实际情况，在细节方面再优化再提升。通过广泛征集政协委员、村干部及村民的意见建议，让群众了解情况并积极参与进来，为召开"三有"协调会奠定民意基础。在街道领导的推动下，各村也在加快进度，加大清拆力度，推进道路硬化、村庄绿化、污水净化、路灯亮化等工作。

（三）座谈交流共商设计方案

做足基础工作后，红谷滩区政协副主席邓万清组织政协委员、相关部门、村负责人、设计单位、村民代表等人员参与"三有"协商。协商中，各方主体有序表达意见，并积极与其他主体进行沟通。会上街道领导提出具有指导性的意见，村书记说明具体情况，村民代表发表看法。街道政协工作联络组将他们的意见和建议一一记录和整理，并进一步征询村民的意见，集思广益，着手下一步工作。

协商中，各方主体形成共识：在设计打造时，要注意细节，结合4个村各自的实际情况进行有针对性、特色性的打造。委员们提出了几点建议：一是充分调动起老百姓的积极性。在开展工作时，应积极与百姓协商，发挥出百姓在农村环境整治工作中的主观能动性，体现出"主人翁"意识。二是保留好乡土气息。尤其是具有村庄特色的道路、牌坊等文化传承，以修旧补旧为思路，凝聚乡愁、因地制宜做好"两整治一提升"工作。三是突出重点规划。串联好4个样板村的线路，结合"四好农村公路"进行打造。同时要规划好"改水改厕"、路面亮化等贴合民生实际的重点工作，以更细致、更全面的工作方式，助推"两整治一提升"工作取得实效。

三、成效与反响

在多方的共同努力下，截至目前，"两整治一提升"前期的"三清三拆"工作已全部完成，4个自然村累计拆除旧房6248平方米，清理垃圾610吨。后续，政协委员、设计单位将再次实地勘测情况调整设计方案，助推人居环境改善，提升整体风貌，着力打造干净、整洁、有序的农村整体环境。

生米街道持续丰富协商形式、拓宽协商渠道、织密协商频次，通过搭建"三有"协商平台，用心协商解决广大群众密切相关的身边事。以党委领导、政协参与、全社会高度重视、居民广泛参与的方式，确保民意得到充分及时地表达，营造和谐的社会环境，赢得了周边民众的高度肯定。生米街道将继续发挥民主协商作用，努力把"三有"协商会打造成党委政府的"好帮手"、居民群众的连心桥、委员履职的新平台。

（作者单位：南昌市红谷滩区生米街道）

红谷滩区：民主协商聚民智　破解小区充电难

◎高静云

　　"小区内新能源电动汽车越来越多，但是新能源汽车充电难成了我们心中的难题。"家住南昌市红谷滩区九龙湖花园二区小区居民代表李先生向社区反映说。

　　近年来，新能源汽车在国家鼓励消费的部署下，已经越来越多地走进千家万户，与此同时，新能源汽车充电难也一直困扰着不少居民。对于九龙湖花园二区的居民安装新能源充电桩的诉求，九龙馨苑社区、物业公司、业委会等相关工作人员多次召开会议进行协商，由于地下车库存在渗水问题，部分居民担心存在安全隐患，导致居民之间意见不一致。针对安装新能源车充电桩这一事宜，4月1日，九龙馨苑社区专门组织区政协委员、业委会、物业公司、居民代表、区住建局，九龙湖供电所等议事成员召开协商会议。

　　"我们原来电缆线没有通到地下车库，居民如果要做充电桩，线要自己拉下去，安全隐患非常大，而且小区电力容量有限，供电矛盾很突出。"在实地查看情况后，小区物业负责人说道。针对现场提出的一系列问题，大家回到"有事好商量"协商议事室，立刻积极讨论，提出解决小区内新能源电动汽车充电难的具体解决办法。会上，区住建局相关负责同志结合中国新能源汽车现状解读了《关于加快居民区电动汽车充电基础设施建设的通知》（发改能源〔2016〕1611号）精神，并对大家所关心的充电桩使用安全、消防安全、提供充电设备安全等问题进行详细讲解。九龙湖供电所所长认真讲解了关于用电容量问题和材料申报的程序，并对居民提出的疑虑进行一一解答。社区书记表示新能源汽车是国家政策鼓励的发展方向，需根据国家颁发的相关政策一步一步推进、落实。按照政策要求用户申请安装充电桩前，需签订（用户、汽车企业、供电企业、物业）四方承诺书，明确各自承担的相关责任。

为尽快推动新能源车充电桩安装，区政协委员建议，联系消防部门到实地进行一次排查、对存在的问题提出整改意见，物业和相关部门积极配合，推动整改措施尽快落实到位，消除安全隐患。通过这次协商会议，居民代表纷纷表示对新能源汽车充电桩安装有了全面了解，会身体力行进行正面宣传，消除部分业主担忧心理，使充电桩安装工作有序推进。

"根据实际情况，制订科学合理的实施计划有序实施。加强统筹协调，做好方案设计和验收使用等服务，齐心合力把民生实事办好办实、办到居民心坎上。"政协委员建言促使各方达成一致意见，九龙馨苑社区也充分发挥基层协商议事平台作用，与居民代表达成共识，将小区地下车库渗水作为一项首先要解决的问题，消除安全隐患，确保充电桩安装工作落实到位。

基层协商议事机制是推进社会和谐稳定发展的必要措施和手段，是实现基层自治和民主管理的具体体现，为进一步推动基层协商走深走实，红角洲街道九龙馨苑社区利用"赣事好商量"品牌，构建开放式、融入式、共享式协商平台，探索多种多样的议事模式，让居民乐于参与、主动参与，促进协商议事与基层社区治理有机融合。

民生无小事，社区将抓紧落实协商成果。加快推进小区充电基础设施及供电配套建设，努力把问题清单转化为效果清单，全力满足居民绿色出行需要，不断提升居民的幸福感和获得感。

（作者单位：南昌市红谷滩区红角洲九龙馨苑社区）

莲花县：注重协商议事效果　助力楹联文化建设

◎刘新龙

　　莲花县楹联协会成立于2003年，2016年，该县荣获"中国楹联文化县"称号，是全国141个楹联文化县之一，江西省唯一一家；三板桥乡荣获"中国楹联文化之乡"称号，是全国134个楹联文化乡镇之一，但是，由于各种原因，楹联文化品牌一直停滞不前。近年来，新一届莲花县政协以"赣事好商量"品牌建设为切入点，积极履职尽责，发挥文艺界别委员的主观能动性，促进了全县楹联文化的大发展。2022年，该县承办了全市楹联学会会员代表大会。该县楹联协会协助三板桥乡在棠市村打造了江西省第一个楹联文化园，楹联文化得到进一步传承发展。

　　近年来，莲花县政协紧紧围绕县委文化兴县工作部署，以"赣事好商量"品牌建设为切入点，重点抓好楹联知识普及、楹联人才培养、楹联文化创作与展示，擦亮"全国楹联文化县"品牌，使楹联文化成为助力乡村振兴建设不可或缺的力量源泉，也充分彰显了"赣事好商量"品牌建设的实践价值。

　　为了将推动楹联文化建设作为"赣事好商量"品牌的一项协商议题。该县政协主席办公会先后五次研究楹联文化工作，并组织文艺界别委员和相关单位负责人召开楹联文化座谈会，对楹联文化把脉问诊，开出良方，助力文化建设。

　　在经过多次组织委员进行调研、视察、协商后，该县政协深刻地认识到全县楹联文化发展存在四个主要问题。

　　一是机制不够健全。莲花县诗词楹联协会隶属于县文联，而"中国楹联文化县"创建工作又是由县文广新旅局牵头，各乡镇（场）、各部门单位也没有具体的任务和职责。

二是楹联文化传承不够。历史上许多文化名人留下了很多楹联，以及一些有楹联文化元素的地标散落于民间，但没有具体机构对其收集、保护、整理，楹联文化后继人才建设力度也不够。一些村庄新建牌坊楹联书写存在不规范现象。

三是乡村振兴中融入楹联元素不多。没有将楹联文化元素切合到乡村振兴和景乡景村建设中，尤其是一些古村落、古牌坊以及重要景点，楹联文化打造得不够；楹联文化助力基层治理、乡村振兴发挥的作用不够。

四是资金保障不够。县财政没有安排专项资金用于继续打造"中国楹联文化县"品牌；各乡镇（场）、各部门单位也没有安排经费，社会力量支持楹联文化事业，依法接受与利用社会捐赠等资金开展楹联文化活动，更是没有形成气候。

该县政协针对这四个主要问题，召集县政府分管领导、相关单位负责人、政协委员代表、市县文艺界代表等人员反复协商，并向县委、县政府递交了专题协商调研报告，得到了县委、县政府主要领导的高度重视，专题召开文艺界座谈会，研究楹联文化工作。县委主要领导多次下乡调研楹联文化工作，听取文艺界政协委员和文艺界人士的意见，提出要擦亮楹联名片的具体工作要求。在此基础上，莲花县政协积极做好协商式监督工作，积极履职建言，做好"下半篇文章"，助推楹联文化建设落到实处。

一、打造楹联文化地标，展示楹联文化神韵

该县按照"六个一"思路，抓好楹联文化展示项目。"一线"即打造莲江风光带楹联文化展示带；"一街"即改造新建街为仿古街，建设莲花楹联文化一条街；"一园"即将市民公园建设成一个规模较大的楹联文化园，用楹联碑林、文化长廊、楹联大观等形式，展示楹联的魅力和神韵；"一馆"即在花塘官厅建立一个楹联文化展示陈列室；"一广场"即在一支枪广场融入楹联文化元素，建立两条永久性红色、古色楹联长廊、楹联文化景观带；

"一乡"即擦亮三板桥乡"全国楹联文化之乡"品牌，提升三板桥乡楹联文化水平。

二、营造楹联学教氛围，传承楹联文化精髓

一是承办好湘赣边诗词楹联论坛，争取举办全国性的楹联文化艺术节、楹联大赛，形成具有莲花独特文化气息的节庆盛会。

二是组织撰写楹联文化教材和编写《莲花历代楹联》，传承优秀楹联文化。

三、推进"五进"活动，夯实楹联文化根基

一是在办公场所嵌入楹联文化元素，有条件的单位、村（社区）、企业要制作符合本单位特点的永久性楹联，开设楹联文化宣传专栏。

二是推进楹联文化"五进"活动，尤其是要借助学校开展课后延时服务的契机，加大楹联诗词进学校力度，提升学生学习诗词楹联的兴趣。

三是依托新时代文明实践站，举办"楹联知识大讲堂"活动，规范新建牌坊楹联，丰富乡村文化生活。

四、推进文化融入工程，助力乡村振兴

一是在县域内景区景点的桥、亭、廊、坊等处，书写古往今来文人墨客留下来的楹联诗词，增添景区的人文气息，彰显莲花文化底蕴。

二是在"景城景乡景村"建设中，建设楹联墙、碑林，展示莲花历代文化楹联，引导有条件的群众在"美丽庭院"建设过程中融入楹联文化。

三是在与邻县交界点建立牌坊，书写制作切合县情的永久性楹联，彰显"中国楹联文化县"风采。

赣事好商量"协商平台成为该县更好推动楹联文化建设工作的重要形式之一，彰显了基层政协工作的履职能力和水平。

（作者单位：莲花县政协）

贵溪市：茨莘弄老街建设的政协故事

◎陈　勇

　　茨莘弄老街——一个贵溪人耳熟能详的名字，这条以老贵溪历史文化为特色，集赣东北文化建筑和人文情怀于一体的旅游文化街区承载着贵溪人太多的记忆。近年来，随着贵溪老城区改造项目的持续推进，茨莘弄老街正逐步焕发出新活力，而这背后有着政协人的身影和智慧。

　　"老程，五年前要是你来做工作，我们早就搬走了。"这是贵溪市茨莘弄老街片区最后一家钉子户拆迁时留下的感慨。年初，贵溪市茨莘弄老街片区改造拆迁进入攻坚阶段，但涉及五年前原棚改时期遗留下的一家钉子户仍难以推动，拆迁户不支持、不配合、不沟通的态度难倒了一批批的拆迁干部，就在这时，刚兼任老城区改造项目指挥部副指挥长不久的市政协三级调研员苏五德提出，让我再试试。

　　苏五德在政协系统待了三十余年，他始终认为"有事好商量"，拆迁户的思想工作是可以做得通的。为此，他专程邀请了经验丰富的原市政协委员程义锋。为了能和户主面对面协商沟通，从贵溪追随到深圳，线下主动上门服务；为了能及时回复消息，从白天守到黑夜，线上时刻保持沟通。他们充分发挥政协人不怕吃苦、连续作战、能打硬仗的"一线"作风，利用休息时间，逐项为户主分析解释茨莘弄老街拆迁条款。以真情换真心，用自己的韧劲和毅力攻坚克难，今年4月底，终于做通了户主的思想工作，同意签署拆迁协议，茨莘弄老街建设得以顺利推进。

　　随着茨莘弄老街项目一期正式运营，消费新业态为贵溪市老城区发展不断注入新动力。同时，为了让老城区群众实实在在感受到政协协商的力量、享受到政协协商的红利，去年，由市政协文化文史和学习社会法制委员会牵头成立了茨萍弄政协委员协商工作室，通过整合委员会功能型党支部、社情民意信息联络站和书香政协等功能，让委员全部下沉工作室，突出委员主体作用，更好联系服务群众。

今年 5 月 13 日，茨萍弄政协委员协商工作室举办了一期委员接待日活动。"大娘，高额的彩礼我们肯定是不提倡的，关于共同财产这方面的内容我还可以再跟你举个例子说明。"市政协委员、赣星律师事务所的何接华正在为老百姓解答法律相关的问题。

这样的委员接待日，每季度会举办一期，每期一个主题，涉及法律、文化、城建、交通等民生领域，社区负责协助收集打捞相关议题，我们提供场地并安排相关委员到场为百姓解疑释惑，现场解决不了的问题将以社情民意信息或提案等形式，提交党委政府。

截至目前，市政协依托该工作室组织开展共学共促、委员读书、公益义演等各类活动 9 场，通过委员接待日接待来信来访三十余人次，收集整理社情民意信息五十余条，这些不仅为茨萍弄老街建设中存在的问题送去了"政协良方"，更是通过政协活动为老街增加了"人气流量"。

政协搭台，委员唱戏，群众受益。"我们在制订茨萍弄委员协商工作室年度工作计划时，不仅邀请市政协分管副主席来指导，还会邀请辖区街道办事处副书记、社区居委会书记和茨萍弄项目负责人等共同商讨计划。"市政协文化文史和学习社会法制委员会主任舒春说，"我们要让协商活动更接地气、更有人气，让老百姓参与到政协协商中，去感受'协商为贵'；让政协委员参与到服务大局中，来彰显'政协有为'。"

（作者单位：贵溪市政协）

贵溪市：基层协商助推基层社会治理

◎刘雪苹

基层是国家治理的末端，是服务群众的最前沿。近年来，贵溪市政协不断搭建协商议事平台，积极探索建立协商议事工作机制，持续聚焦百姓关切，畅通民情民声联系渠道，激发老百姓议事热情，加快推进协商议事成果转化，推动协商议事嵌入基层治理，是基层践行全过程人民民主的生动实践。

一、搭平台，推动政协协商与基层协商有效衔接

"今天召集大家来是为了协商解决我们镇贵塘公路沿线路灯不亮一事，想问问大家有没有什么好的建议？"

"集镇路灯偏少，还有一部分从来不亮，夏季来临，傍晚散步的人很多，加贵塘公路上车流量大，存在很大安全隐患，希望政府重视，拿出相应举措。"何跃进作为一名政协委员，同时也是塘湾镇政协委员协商工作室的一员，提出建议。镇政府集镇分管领导答复道："镇政府拟于近期对集镇路灯进行全面维修管护，及时消除安全隐患，确保不影响居民日常通行。"

在贵溪市塘湾镇政协委员协商工作室，一场关于集镇管理工作的协商议事会召开，市政协委员、镇政府分管领导、村民代表以及政协委员协商工作室成员纷纷发表了意见。

人民政协作为党领导下的专门协商机构，具有丰富的协商经验、健全的协商机制、灵活的协商方式。市政协在塘湾镇和河潭镇分别成立了政协

委员协商工作室，将部分政协委员按照"籍贯回乡、住所就近、工作方便"的原则编入其中，由乡镇党委副书记兼任委员工作站站长，从市政协委员中分别选派一名同志担任工作室联络员，委员工作站既接受同级党委的领导，又接受市政协的工作指导，并负责做好本乡镇（街道）、村（社区）基层协商民主工作。

开展协商议事活动，有地方议事是前提，有力量参与是根本。市政协充分发挥基层党组织在协商议事中的领导作用，将政协委员、群众代表、相关部门负责人等汇聚在一起，多方参与、交流观点、碰撞思想，让干群面对面，一起寻求发展的"最大公约数"，画出和谐的"最大同心圆"。

二、办实事，让基层协商真正落得实

民生连着民心，民心凝聚民力。市政协通过建设委员工作室，让委员有"家"的存在感、归属感和责任感，让群众感受到"委员在身边、身边有委员"。

自来水水体浑浊，颜色发黄……近期，塘湾镇居民家中自来水出现的这些问题，给当地居民的生活带来了很大困扰。由贵溪市政协、贵溪市水利局、贵溪市塘湾镇人民政府、居民代表等部门相关人员组成的协商工作组，对居民自来水问题开展全面调查、协商和现场督办。

问题根源到底在哪里？带着疑问，协商工作组成员来到塘湾镇自来水厂查看情况。自来水厂厂长负责人解释道，问题根源在于连日来的高温天气。受高温天气影响，一方面上游库区面积缩水，源头水质下降，增大了水厂的制水压力。另一方面塘湾镇自来水管网老化，在高温暴晒下，对末端水质造成了不良影响。

近段时间水源地采取了水质净化处理措施，水厂也进一步强化了制水能力，并且塘湾镇管网也将定期排放，集镇居民用水恢复正常。塘湾镇相关负责人表示，接下来将持续跟进问题整改，确保集镇自来水水质问题得到有效解决。

着力于"商","商"出群众幸福感。自塘湾镇政协委员协商工作室挂牌以来，市政协委员充分发挥自己的专业特长和行业特点等优势，围绕全镇发展大局和人民群众普遍关心的热点难点问题，按照"小事小议、大事大议、急事快议、难事众议"的原则，通过庭院会、板凳会等方式，主动进村入户开展"微协商"，对全镇农村人居环境整治、宅改、土地矛盾纠纷等问题进行协商议事，倾听民声、反映民意，助推全镇经济高质量发展。今年以来，塘湾镇政协工作联络组围绕基础设施建设、宅改和土地流转等民生关切的问题开展协商18次，同时结合防返贫动态监测工作，政协委员开展入户走访1次，解决群众生活"急难愁盼"事项5件，为脱贫户等群体送去了温暖，提高了人民群众的幸福感、获得感。

三、便协商，基层协商激发基层社会治理新动能

"非常满意！没想到政府这么重视我们的意见，这么快就可以把这个问题解决。"塘湾居委会居民代表激动地说。塘湾镇政府表示，镇政协工作联络组将积极搭建平台，凝聚工作合力，认真履职尽责，持续跟进协商成果落实情况，切实推动协商成果落地转化，助力全镇经济社会高质量发展。

如何推动协商民主向基层延伸，助力基层社会治理，是贵溪市政协的一项重要工作。2021年，在市委领导、市政府支持下，市政协整合资源，在全市各乡镇（街道）成立乡镇政协工作联络组，由乡镇（街道）分管党群工作副书记任联络组组长，做到履职网络全覆盖。联络组积极组织政协委员围绕中心开展履职活动，共开展调研视察、协商议政、民主监督等履职活动七十多次，提交提案五十余件，收集和编辑社情民意信息六十余条，捐资助学、扶贫济困、走访慰问等志愿服务活动八十余场次，助推全市民生改善，扩大了政协的社会影响力。

基层政协委员协商工作室，群众通过委员工作室反映问题，委员通过工作室收集群众、企业诉求进行调研并提交提案，当地镇政府通过基层协商，以精准有效举措为群众排忧解难，让群众获得感成色更足、幸福感更可持续、

安全感更有保障。我们将以解决居民忧心事烦心事揪心事为目标，一如既往地履行好委员职责，进基层、入民心，用好协商"看家本领"，助力社会治理，构建和谐贵溪。

（作者单位：贵溪市耳口乡政府）

大余县：协商议事会　议出梅山"好声音"

◎袁荣德　陈秋昊

"梅花埠下一步如何布局业态？如何实现梅花埠和梅关国家 AAAA 级景区协同发展？怎样抓住这次机遇，促进梅山村集体经济发展？"赣事好商量，"余"快谋发展。3 月 10 日上午，一场别开生面的协商议事活动正在梅山村"赣事好商量"协商议事室举行，在协商议事会第一召集人、村支部书记兼村主任罗利聪和挂点县政协委员的召集下，各方代表就梅花埠乡村文旅项目专题进行协商，大家各抒己见，气氛热烈。

大余县南安镇梅山村位于赣粤交界处，具有"一步跨两省"的区位优势，村内的梅关风景区是陈毅元帅领导南方三年游击战争的地方、省级重点风景名胜区、省级爱国主义教育基地及全国著名赏梅基地。

2022 年，南安镇在梅山村梅花埠规划建设了梅花埠乡村振兴示范点。按照规划，在梅关古驿道沿线六十余户村民围墙拆除的基础上进行整体风貌改造，但是部分村民以各种理由阻碍施工，导致施工进展滞后。

梅山村筹备成立了梅山村协商议事会，并将梅花埠项目建设作为第一次协商议事议题。经过集思广益、广泛协商，最后各方达成了共识，有关部门单位现场办公，有效促进了项目施工进度。

目前，梅花埠乡村振兴示范点又到了一个关键节点，正准备布局业态，村民期盼早日投入运营。经征集、筛选、上报、审定议题，3 月 10 日上午，梅山村举行梅花埠乡村文旅项目专题协商议事活动，就进一步推进梅山村乱石埠一带农村基础设施建设、加快推动梅花埠国风乡村文化旅游小镇项目布局实施有关事项，认真听取了村民和利益相关方意见。

"梅花埠国风小镇项目是以梅花埠为品牌核心,结合中国古曲《梅花三弄》的曲语延伸,打造'莫嫌车马慢,一生只够爱一人(爱情文化)''莫道寒梅迟,两枝迎春傲霜雪(梅文化)''莫让青山老,三章浩然颂万年(红色文化)'的特色国风小镇穿越之旅线路。"会上,项目专班代表、国家广播电视总局援派挂职干部、梅山村党支部书记助理陈秋昊汇报了梅花埠项目初步规划设计方案,视觉设计图一展开,与会人员眼前一亮,纷纷感叹将来会发生怎样日新月异的变化。

"组建协商议事会就是要广开言路、集思广益,让大家各抒己见、充分表达,从而达成共识、实效惠民。梅花埠项目也是跟大家息息相关,大家有困难、问题和建议,只管提。"第一召集人罗利聪面带微笑,语气恳切。

"好,那我来起个头吧!"村民涂长生说,"项目方案应该要加大力度鼓励村民与运营主体合作经营,制定切实可行的产业奖补措施,同时注意确保施工质量,尤其是注意古驿道路面修复的施工工艺。"

一石激起千层浪,大家纷纷抢着发言。

"梅花埠周边还有很多脱贫户有闲置房屋,在合理的情况下,房屋租赁、合作经营、产业奖补政策应注意向脱贫户倾斜。"协商议事会成员吴艳说道。

"现在红色研学可火爆了,项目可以加强谋划红色主题研学业态,利用现有苗木等条件提供果蔬采摘亲子游、研学游活动。"利益相关方代表黄卫东建议道。

"要尽可能多地布置对年轻人有吸引力的打卡点,并重点加强对中小学生研学市场的开拓,引入专业运营主体参与。"县政协委员黄宇、钟婷经过前期深入调研,提出了针对性的意见建议。

……

与会人员你一言我一语,纷纷提出自己的看法建议。房屋租赁、红色研学、汉服馆、蔬果采摘……一个个"金点子",一句句"好声音",这场头脑风暴犹如一把钥匙拓宽着相关部门的工作思路。

汇聚了金点子,聆听了好声音,相关部门单位开始了现场办公。县城发集团旅投公司代表、梅关景区运营管理公司经理吴贵新表示:"我们将积极支持梅山村梅花埠项目建设，积极支持梅山村与梅关景区一体化发展，下一步拟推动景区闲置设施与梅花埠项目商业服务设施联通运营，进一步推动景区与梅花埠基础设施共建共享，共同满足游客的餐饮、住宿、购物和文化体验等消费需求。"

一场"赣事好商量"协商议事会，批评有辣度、建议有温度，民意浮上来，民心更暖了，大家参与发展的积极性和主动性也日渐高涨。目前，梅花埠项目正如火如荼地进行改造升级，实地建设有条不紊，文化内核建设稳步推进，古街区的旅游要素正在不断丰富和充实。陶艺馆、国风梳妆馆、传统婚俗体验馆、民宿客栈、红军食堂等创意正在提炼打磨，力争形成步步有景观、家家有业态，农户得收益、村集体得效益、公司得利益的共赢局面。

从镇村"吹哨"、部门"报到"，到委员"吹哨"、多方"报到"，在政协委员的推动下，梅山村基层乡村治理新的更大合力正在形成，为乡村振兴注入了"润滑剂"、安装了"助推器"。罗利聪说，"协商议事会打开了乡村振兴的'金钥匙'，下一步将把收集到的意见建议转化为乡村振兴的实际成果，助推梅花埠项目质效双优、落地见效。"

【体会与启示】为民协商办实事，协商为民谋福祉。协商议事会是党建引领基层治理的拓展、深化和重要补充、重要力量、重要方法，充分发挥了政协委员下沉基层的关键作用。我们要做到搭建好平台、健全好组织、制定好流程、运用好结果，在基层协商议事上下功夫、见实效，打通基层治理的"最后一公里"。

（作者单位：大余县南安镇政府）

崇义县：架起连心桥　协商安心事

◎李　霞

今年年初，崇义县政协委员、横水镇党委副书记肖建明如往常一样来到横水村，走访联系界别群众。刚来到横水村村级议事室，肖建明就被群众赖芸拉着诉说道："肖书记，G220 国道施工完成后，我们这些自建房片区的居民一到雨季就寸步难行……"就这样，这个让居民"苦不堪言"的问题被抛了出来。

一、坚持调研为先，找准症结突破点

崇义县横水镇横水村背风坑旗岭山脚下的居民，在享受城市发展带来交通便利的同时，也受到了雨季积水无法正常排出的困扰，原来濒水而居的村民由于 G220 工程提升改造依河而上，抬高了地势，致使该处居民区成了低洼区，暴雨期间导致近 30 户居民 120 多人出行受困，房屋进水，成为当地居民的痛点。

在详细了解这一情况后，横水片区委员联络站第一召集人将这个议题作为协商议事会的重要选题，提交镇党委会议审定后，报县推进基层协商民主建设工作领导小组办公室备案。由分管横水镇片区的县政协副主席黄名兰同志牵头召集驻站委员与横水镇、横水村、县城市管理局、县生态环境局等部门单位负责人和有关界别群众到现场协商议政，商讨解决办法，回应群众的关切。

在旗岭山脚下，大家看了村民在涝灾期间拍摄的视频深受触动，一致表示，事关着群众安全出行，有必要马上召开协商议事会进行协商，尽快解决。

二、坚持协商为要，紧扣中心攻难点

"群众利益无小事，快速行动解民忧。针对这个问题可以通过项目来解决，要多方征求群众意见，从长远谋划设计。"县政协委员陆乐说。

"要成立居民理事会，全程参与项目的设计、施工、验收，确保项目建设质量。"县政协委员李光荣呼应着。

……

"我们将认真调查研究，尽快拿出切实可行的方案。"城市管理局主要负责人现场回应。

协商议事会上，协商议事会成员、政协委员、县城市管理局与县生态环境局主要负责人、相关技术人员、居民代表的畅所欲言下，重点对道路堵塞、水浸的原因进行了探讨分析，建言献策，形成了改造排水管网的思想共识，并就"怎么改"制定了路线图。

会后，认真汇总梳理关于对排水管网建设的协商意见建议，形成会议纪要并进行公示，接受群众的监督，进一步增加协商成果转化的透明度。达成共识后，县政协及时下发了协商意见函，并呈报给县政府。县政府主要领导高度重视，立即督促县城市管理局等部门抓好落实，用心用情解决群众"急难愁盼"问题。

三、坚持落实为重，顺应民心消痛点

协商的结果在于应用，应用的结果在于实效。2023 年 5 月，由县城市管理局和县生态环境局牵头，投资二十余万元，实施旗岭脚下排水管网建设项目。在实施过程中，积极发动居民为改造设计建言献策，动员主动参与监督施工、验收评价等环节，切实将协商成果与居民的意愿有效结合起来，激发了居民参与基层治理的主动性、创造性，增强了排水管网建设的针对性、实用性，实现了决策共谋、发展共建、建设共管、效果共评、成果共享。该工程已于 7 月 10 日完工，新建排水管网 536 米，硬化道路 640 平方米，有效解决了长期困扰居民的雨季积水问题。

"感谢县委、县政府在短短的几个月，就帮我们把难题解决了，以后再也不用担心雨季积水造成行动不便的问题了。"群众廖瑞龙高兴地说。

"'赣事好商量·崇我做起'基层协商议事平台，让我们委员在服务群众中倾听基层呼声、解决实际困难，用实际的履职成效架起连心桥，协商安心事。"县政协委员肖建明如是说。

（作者单位：崇义县政协）

袁州区："协商为民"解难题　惠民之水润心田

◎黄　芳

　　走进宜春市袁州区金瑞镇庙前村，河畔天朗气清，惠风和畅，360亩水田间长长的水渠如一条大动脉，为稻谷输送着新鲜的"血液"，孕育着今年稻田的丰收。说起这美好的景象从何而来，还要从"赣事好商量　画好同心'袁'"袁州区政协基层协商议事平台的帮扶活动谈起。

一、深入一线倾听群众心声

　　乡村要振兴，产业要发展，基础设施要先行。农村基础设施建设是村民们普遍关心的问题，也是农业生产的前提和保障，关系到老百姓的切身利益。2022年9月初，袁州区政协主席熊爱国带领部分区政协委员到金瑞镇开展"发展农业特色产业，让乡村振兴看得见"基层议事平台活动。经过现场勘查，政协委员们注意到庙前村水田面积大，农业用水需求高，但由于水渠出现不同程度的损毁，渠道淤泥堆积、土坎崩塌，雨水存储能力差、输水距离短，水渠灌溉功能难以得到发挥，急需打通灌溉水渠"毛细血管"。

　　"每一个协商议题经过政协平台协商后，我们会及时整理形成协商意见专报，报送区委、区政府领导，并转送相关部门。针对协商建议的采纳落实情况，组织政协委员以民主监督、调研视察等方式进行跟踪和'回头看'。通过再调研、再视察、再协商等方式，让协商中的问题得到解决，推动协商成果转化并落到实处。"袁州区政协协商议事平台金瑞镇活动组成员表示。

二、交流协商解决民生问题

为回应群众提出的"打通灌溉水渠'毛细血管'"的诉求，袁州区政协立足履职实践，发挥"赣事好商量 画好同心'袁'"平台作用，积极协助金瑞镇党委、政府开展协商活动，组织活动组成员、政协委员、镇相关部门负责人与村民代表围坐一起，围绕"通水渠解民忧助振兴"开展专题协商议事活动，共同商量对策。

经各方充分协商后，金瑞镇政府决定从以下几个方面对水渠进行维修整改：一是在高标准农田建设过程中，针对损毁较为严重的渠段，进行维修与加固。二是派遣人力清理小渠，出动机械设备疏通大渠。三是对于设计存在不合理的渠段，要求相关施工单位对该渠段重新进行设计、修整。四是安排人员不定期对水渠进行巡查，并积极收集村民关于水渠改进的合理建议，确保水渠通畅。

区政协主动协调区政府、区财政局、区乡村振兴局等部门，通过多方筹资项目资金，推动水利渠道建设工程实施。本次水渠维修建设工程计划建设维修损毁水渠 9196 米，新修建水渠 1400 余米，设计灌溉面积 845 亩，可改善 264 户村民（其中脱贫户 16 户）的农田灌溉用水问题。工程于 2022 年 11 月开工，经过 5 个月的奋战，已于 2023 年 3 月验收完工。

三、民主监督保障工作成效

村民代表易冬勇说："基层政协委员到田间地头倾听群众心声，提出修水渠的意见并及时协商，解决了群众最关心的灌溉用水问题，真正为老百姓办了实事、办了好事。"

袁州区政协委员张金发表示："修建水渠是实实在在的民生工程，能使农田高效节水灌溉，促进农业高质量发展，对于乡村振兴有特别重要的意义。我们要充分用好协商议事平台，把民生实事督促好、落实好。"

　　涓涓流水通过水渠流进田野，也流进了百姓的心田，切实让村民们获得感更足，幸福感更可持续。为切实保障协商工作成效，区政协把"协商在基层"活动纳入年度重点工作，将协商成效纳入委员履职评价，层层压实责任，高质量开展"基层协商议事"活动和民主监督工作，切实做到责任到位、落实到位、监督到位。

　　在下步工作中，区政协将持续发挥好"赣事好商量　画好同心'袁'"平台作用，充分发挥政协资源优势与民主监督职能，围绕群众关注的热点、难点问题，拓展协商内容，丰富协商形式，积极推动协商议事活动规范化、常态化运行。

　　（作者单位：宜春市袁州区政协）

奉新县：群众诉求无小事　"奉心微协商"解民忧

◎洪蒨蒨

一、案例主题

推动解决广场舞噪声扰民问题

二、案例背景

党的二十大报告指出，全面发展协商民主，推进协商民主广泛多层制度化发展，为推进政协协商向基层延伸提供了根本遵循。2022 年 6 月，奉新县政协创建了"奉心微协商"品牌，坚持"搜集议题、确定议题、议前调研、协商议事、形成成果、跟踪问效"的"6 环"协商模式，从"小切口、大民生"着手，以平台为阵地，推动政协力量下沉基层、委员履职走进群众，打通政协工作向基层延伸的"最后一公里"。

随着文化生活需求不断提升，广场舞因参与人数众多、要求门槛低、健身娱乐等特点深受居民喜爱。但是其带来的社会治理方面的问题也日益凸显，持续不断的广场舞喇叭产生的音乐噪声直接干扰了周边居民的生活，已成为居民日常提及的热点难点问题，投诉纠纷不断，影响社区和谐稳定。围绕"广场舞扰民"这一民生热点焦点问题，县政协委员与县直相关部门、社区干部"面对面"协商，与居民代表、广场舞团队代表"零距离"沟通，搭起政协与人民群众的连心桥，让群众从"张嘴发牢骚"转变为"理性求共识"，使委员界别优势充分发挥，对增进界别群众对政协工作的获得感满意度，更好地化解社会矛盾、凝聚共识，发挥政协组织在基层社会治理中的积极作用，具有特殊而重要的意义。

三、协商过程和成效

一是精准选题，使协商更具"精度"。县政协聚焦党政关注的要事、民生改善的实事、社会治理的难事，将切口小、群众关注度高、便于协商解决的议题纳入选题协商范畴，选取城市广场舞扰民、新能源汽车充电难、增设公交站点、小街小巷亮化等十大热点焦点问题有针对性地开展"精准协商"，为老百姓办实事、解难题。

二是深入调研，使协商更具"深度"。县政协坚持把做好调查研究作为开展"奉心微协商"工作前置程序，按照"五重点""七不议"原则开展实地走访调研。针对广场舞扰民问题多次组织参与协商人员学习相关政策法规，到广场开展体验式调研，召开座谈会、征询意见会，全面了解各方意愿诉求，精准把握问题的关键症结，梳理问题清单，与社区管委会进行会前沟通，形成问题解决初步方案。

三是创新形式，使协商更具"温度"。县政协坚持"就事、就近，就地"原则，灵活采取恳谈会、面对面协商会、协商调解会、院落协商会等，把协商搬到基层、搬到群众身边。围绕"广场舞扰民"这一议题，邀请了城市管理经验丰富的县政协委员、反映噪声扰民的业主代表、广场舞团队代表、相关职能部门负责同志，在地处城中心的城市创建委员工作室就近开展面对面协商，在充分讨论中逐步形成共识：加强"早中晚"三个时间段的巡查和监管力度；加大广场舞团队负责人的教育培训；制定文明公约，对居民活动时段、音量等作出具体规定。

四是注重转化，使协商更具"力度"。县政协探索实践"清单＋督办＋回头看"闭环管理机制，实施全程跟踪、督办问效，确保协商事件件有实效。"解决广场舞噪声扰民问题"协商议事会结束后，形成协商议事建议清单，报县城市管理局党委。县城市管理局召开党委会，专题研究建议清单，制定工作推进时间表，形成了责任落实清单。城市创建委员工作室牵头，组织督查组对办理情况进行跟踪督办。县政协副主席带领视察组开展"回头看"，在跟踪问效上持续发力，推动了协商成果真正落实落地。目前，已建立城区广场舞团队负责人微信群，由民警定期在群内推送相关案例及法律法规；在华林公园、钱鸿花园等地制作文明公约提示牌 6 块，明确了娱乐健身的时间和音量；制止噪声扰民 26 起，扣押音响 6 台，办理市政府"12345"相关热线 36 起，满意率达 98%。

四、协商启示

通过此次协商，一个重要的启示就是：推进基层协商民主，关键在于"民"字。

一是议题选择上要找准为民的切入点。"奉心微协商"议题的选定只有切合基层群众实际，才能真正成为基层治理的"好帮手"，切实提升人民群众的获得感和幸福感。"广场舞扰民"这一议题聚焦了城市居民普遍关注的热点问题，抓住了群众的关切点、兴奋点，充分调动了居民参与基层社会治理的热情。

二是协商过程中要契合人民的呼声。"奉心微协商"的目的是为基层群众解决"急难愁盼"问题，要深入群众中去，面对面倾听收集群众诉求；要动员群众参与进来，共商解决问题的办法和路径。"广场舞扰民"协商议事活动前以各种形式深入群众摸清群众诉求，邀请群众代表参与协商，确保了群众的诉求和建议得到充分表达。

三是成果转化上要侧重人民的期盼。"奉心微协商"是贯彻落实省政协打造"赣事好商量＋"品牌建设的奉新实践。群众认不认这个牌子，关键在于是否能真正办好实事，让群众得到实惠。《关于解决广场舞扰民问题的协商议事建议清单》报县城市管理局党委后，被及时采纳和落实。带队领导、牵头委员工作室持续跟踪督办，最终取得了较好的实效，得到了群众的好评，增添了品牌的亮色。

（作者单位：奉新县政协）

高安市：“赣事好商量”里的辣乡辣事

◎ 简白辉

辣椒大量上市时的销路解决了；脏乱差的垃圾堆放点消失了；私搭乱建的违章建筑拆除了；田间地头的农技专家在指导……江西省宜春市高安市上湖乡赤星村的村民看到辣椒红了，日子火了，心里舒坦了。

这仅是高安市政协指导乡镇、街道政协工作组推动政协协商与基层协商有效衔接的一个缩影。

“打造好‘赣事好商量’平台，把‘赣’事商量好，赢得真严真实真有用的‘好口碑’。”高安市政协副主席艾双凤介绍道，近年来，全省各级政协围绕党委、政府工作大局，助力统筹基层发展，紧扣民生实事、产业需求、椒农所需，深入调查研究，交出了更加精彩的政协答卷。

一、万亩大棚里的协商平台

“之前村里开会来了一群人，说要了解我们种辣椒的困难，后面才知道原来是上湖乡政协委员和咱们老百姓商量着办事的。”站在大棚里插辣椒秧的王冬平激动地说。

高安市政协引导上湖乡政协工作组将协商触角延伸至田间地头，倾听基层一线的村支部书记、致富带头人、企业负责人、椒农群众在村里“赣事好商量”协商议事会，结合辣椒产业实际提出的针对性建议。在市政协的支持下，辣椒种植户王海青年家庭收入已突破 15 万元。

“到群众中调研，请大家来协商，事情解决了，心情也舒畅了。”上湖乡政协委员黄鑫表示，邀请基层委员参加协商，是一次有益探索，要逐渐形成制度规范下来，让协商文化飞入寻常百姓家。

二、田间地头里的协商活动

今年辣椒种植期，上湖乡政协工作组了解到赤星村村民反映的春耕备耕时期的种植技术等问题后，主动邀请 6 名来自高安市农业农村局的技术员，来到上湖乡"赣事好商量"协商议事室，开展了高安辣椒产业园农业科技服务活动，通过技术员的科学经验和实地交流，指导农民一百余人次。

后期在椒农反映春耕备耕时期种植肥料贵、成本高等问题后，上湖乡政协工作组主动邀请高安市农商银行上湖支行，来到上湖乡"赣事好商量"协商议事室开展金融贷款政策宣传活动，着力破解农户信息不对称、抵押担保难等问题。两位村民在议事会上详细咨询金融政策后，各向银行农商银行申请了 3 万元无担保信用贷款，从收集资料到批复放款仅用 3 天时间，快速摆脱了群众种植困境，帮助村民解了燃眉之急。

三、辣椒产业里的协商成效

在村内的"赣事好商量"协商议事室内，高安市政协、上湖乡政协工作组相关成员、村组干部和近十名老百姓齐聚一堂，参加协商议事会。大家围绕如何打造辣椒品牌、摆脱销售困境等事项充分发表意见。最后，经政协工作组与上湖乡村投公司协商后，同意由乡村投公司对椒农的辣椒统一进行检测、统一进行收购销售，既帮助椒农解决了辣椒销售难题，也有助于形成合力共同塑造辣椒品牌。

截至 2023 年 2 月，乡村投公司共计帮助椒农销售辣椒 4200 吨。这是上湖乡政协工作组积极推进基层协商民主建设，主动开展"好商量"协商议事活动，将人民政协制度优势转化为社会治理效能的一个生动例子。

如今，在高安市政协的指导下，上湖乡政协工作组按照"党委领导、政府支持、政协搭台、各方参与、服务群众"的要求，采取"组织延伸、委员下沉、有效衔接"形式，聚焦热点、难点、堵点，不断拓宽群众工作路径，创新基层社会治理模式，力争协商一件、落实一件、办成一件，让更多百姓在共建共治共享中收获幸福感。

（作者单位：高安市政协）

上高县："主席微协商"聚焦青少年心理健康

◎晏　鹏

近年来，中小学生群体因心理问题导致的各种极端行为日趋严重，学生产生心理问题的诱因是什么？该采取什么预防和干预措施？围绕青少年心理健康这一课题，在上高县政协十一届二次会议联组协商议政会上，委员提出"关于进一步加强中小学生心理健康教育的建议"。

"此建议很好，有关部门要认真研究，做好吸收、采纳和落实工作，加快转化为推动工作的思路和举措。"中共上高县委书记金彪当场表示。

一、队伍"强"起来

心理健康对每个孩子的成长和发展都起着至关重要的作用。不到一周，县政协组织社法委委员和政法、教育、妇联、团委等部门开展"主席微协商"，对学校、家庭和社会重视不够，心理疏导教育力量薄弱，家庭教育缺失等问题进行充分协商，提出了建设专业的心理咨询人才队伍、加强教师心理健康教育培训、重点关注留守儿童的心理健康教育、培养懂孩子的家长等意见建议。

县委、县政府站在国家治理体系现代化的高度，将社会心理服务体系作为社会治理体系的一部分，进一步构建"党政领导、综治牵头、部门联动、社会参与"的社会心理服务体系建设工作格局。针对当前存在的工作不平衡、社会资源整合难、管理主体职责不明等问题，进一步明确责任单位、落实联动措施，完善考核体制，健全监督机制，督促各责任单位各司其职、各负其责，形成齐抓共管的合力。同时，投入一百多万元，经过一年的培训，建立起了一支 246 人的心理咨询师队伍，其中县政协委员、政协干事 21 名。5 月 26 日，上高县社会心理健康服务协会成立，将全县社会心理咨询师全部纳入协会成为会员，充分发挥其心理健康服务"主力军"作用，形成全县性、一体化的社会心理服务实体化平台，为推动我县心理健康事业有序发展，更好地为有需求的人民群众服务提供有力支撑。

二、社会"联"起来

"为什么孩子回家总是房门紧闭？""为什么优秀的孩子总是别人家的？"

上高县政协委员、江西省艺术教育协会语言艺术委员会副主任毕新峰，围绕家庭教育的重要性和如何建立良好的亲子关系，深入浅出地将理论与案例结合，使台上台下形成互动，听众用心专注，主动发言，营造了现场热烈而又温馨的氛围。

"感谢提供这样的学习机会，好多话都说到我心坎里了。"

"对孩子的教育，首先要从改变自己开始。"

活动结束后，家长们纷纷表示收获满满，对家庭教育有了新的认识，将在今后不断加强自我学习、提升，用成长型思维陪伴孩子，做新时代称职的家长。

在随后的"主席微协商"座谈会上，委员们针对下一步整合力量、增加学生心理健康内容、深入推进"家长课堂架心桥"活动提出了可操作性的意见建议。

家庭教育是"关键环节"。上高县政协委员、教体局党委委员黄绍明说，要加强家庭与学校的沟通和协作，对家长、老师开展心理健康知识培训，让教师、家长学会如何判断孩子心理状况以及沟通干预的方式。

截至目前，上高县政协先后在艺术中心、塔下中心小学开展"家长课堂架心桥"活动 8 场，教育界别委员、部分学生家长及教师共计两千余人参加。

三、学生"动"起来

山高路远，留守学生多，家庭教育缺失，一直是农村学校心理健康教育的空白点和薄弱点。上高县政协把心理健康教育一竿子插到了最偏远的农村学校，帮助农村学生系好心理健康防护的"安全带"。

"我和同学们团结协作完成了一整个拼图，释放了学习的压力，也让我更有信心面对生活的困难。"南港镇中心学校学生小李说。

在南港镇中心学校，一场以"心向阳光 幸福成长"为主题的心理健康活动正在举行。心理健康教育团队的教师带领学生们通过游戏、绘画、手工等艺术趣味活动，释放压力，放松身心。

同时，对一些离异家庭及留守学生进行一对一心理辅导，帮助他们减少家庭环境带来的心理影响。

课后，学生小黄拉着老师的手说："真的很感谢你们！我父母长年在外地打工，现在面临中考，学习压力很大，心里很压抑，但参加了今天的活动和专业辅导，瞬间放松了许多，今后会以更加积极的心态投入到学习生活中去。"

目前，已在各乡镇学校开展心理健康讲座十余场，参加学生两千余人。上高县政协党组书记、主席晏慧珍表示，下一步要继续做好协商成果的"后半篇文章"，建立专业家庭教育服务志愿团队，推进公益性家长课堂进万家，扎实开展心理健康宣讲、积极维护青少年心理健康，为全县基层社会治理体系现代化贡献政协力量。

（作者单位：上高县政协）

万载县：以"微协商"撬动"大民生"

◎颜昭涵

2023 年初，万载县政协常委黄平接到东升小区农行大院一位居民的电话，反映其小区建成于 20 世纪 90 年代，大多数房屋房龄近三四十年，基础配套设施老化，楼栋屋顶防水老旧，强弱电线网混乱，居住环境差。

了解清楚群众的具体诉求后，黄平立即通过县政协搭建的"美丽宜居微协商"平台，组织旧改办、街道、社区、供水公司、燃气公司到小区大院开展了协商议事会，全面摸排居民需求。会上，居民代表们纷纷发表意见，"要考虑电动车充电难题，一些居民从楼上拉飞线充电，安全隐患很大""车辆乱停乱放，路都走不开""一到下雨天就漏水，这个要先解决"等等。

在全面了解掌握居民的建议及需求后，县住建部门制订了后续改造方案，并于 2 月正式启动改造。在项目实施过程中，县政协相关委员始终持续关注项目进度，并保持与居民代表沟通协商，了解进一步的需求和建议，邀请他们监督工程进度。

经过多次协商沟通，农行大院完成了改造，畅通了排污排水管道，完善了小区绿化，新建了停车位和室外篮球场，增设了体育健身器材、非机动车车棚、安防设施等，小区面貌焕然一新。

委员感慨道："以前认为政协工作就是一年开一次会，提一件提案，没想到还有这么多事情可以参与。这一次成功为界别群众发声建言，感到很有成就感，也感受到肩上沉甸甸的委员责任，今后如果还有类似的活动，希望还能有机会参与。"

部门感叹道："以前总是觉得做了很多工作，群众还总是不满意，受苦受累还受委屈。感谢县政协为我们搭建了一个这么好的平台，让我们与群众之间把话说开，误解和矛盾消失了，工作也得到群众的理解和肯定，更有干劲了。"

居民感激道："以前不知道政协是干什么的，现在我们知道政协能为老百姓发声。感谢政协，感谢政协委员们，把我们的事放在心上，办了好事。今后我们要自觉搞好卫生，维护好小区的环境。"

类似的协商活动不仅发生在背街小巷、老旧小区，也同样发生在田野乡村、田间地头。2022 年 7 月，双桥镇政协活动组向万载县政协反映，当地群众表示近年来农村大操大办宴席之风愈演愈烈，给农村家庭带来沉重负担。对此，万载县政协立即组织委员赴双桥镇昌田村就"限制酒宴礼金上限"进行协商，邀请乡镇干部、乡贤、群众代表等齐聚一堂，开展了一场"接地气"的为民协商活动。协商议事会上，大家围绕议题畅所欲言、各抒己见，最终达成两点共识性意见。一是约定"菜品不过十、随礼不过百、丧事限三天"，并写入该村红白喜事公约。二是党员干部带头示范，从自身及身边亲朋好友做起，自觉抵制婚丧事宜大操大办之风。之后的半年多时间里，这一约定已逐步在全县大部分行政村推广实行，切实减轻了群众的酒宴负担。

以上协商活动，是万载县政协大力推进"微协商"工作的一个缩影。自 2022 年以来，万载县政协紧密聚焦群众盼点、民生热点、治理痛点，积极探索打造"赣事好商量，万事微协商"协商议事品牌，汇聚"金点子"、做大"同心圆"，不断将政协优势转化为助推基层治理效能，持续释放基层协商民主活力，多项协商工作被国家、省、市各级媒体宣传报道，形成了"有事好商量，众人的事情由众人商量"的良好氛围。截至目前，已先后开展"微协商"活动 56 次，九十余条意见建议被有关部门的重视采纳并实施，帮助企业解决实际困难 38 个，筹集物资和资金三百余万元，帮助群众解决热点难点问题一百二十余个。

对于如何开展好"微协商"活动，万载县政协总结出"微、热、活、实"四字诀。

一是"微"的定位要找准。有别于每年度开展的"大协商","万事微协商"是由县政协组织搭台，政协委员、群众、政府相关职能部门代表等参加，为解决群众的难事、烦心事开展的小范围、及时性协商，协商议题"一事一议、切口小"，具有小巧、快捷、灵活的特点。

二是"热"的氛围要营造。积极培育协商文化，结合美丽宜居城市创建、乡村振兴帮扶、入企走访等日常工作，组织机关干部职工、政协委员大力宣传介绍"微协商"工作，鼓励群众主动向政协组织、政协委员反映问题，让更多的人习惯用"商量"解决问题。同时，将委员参与微协商活动情况列入年度履职考核内容，激励广大委员履职在一线、协商在基层。

三是"活"的方式要用好。坚持以"专业对口"的委员为主体，灵活邀请基层干部群众、企业家、相关部门负责人多方参与会商。同时，坚持方便群众、就近协商的原则，广泛采取广场协商、村头协商、门前协商、田间协商、车间协商等方式。

四是"实"的质效要确保。提请县委制定出台《万载县政协协商成果落实反馈工作办法》，建立完善协商议事成果提交转办、落实反馈等机制，力求协商成果"件件有回音""事事有着落"，让"有事好商量""商量成好事"成为常态。同时，进一步加大协商议事成果宣传，扩大工作的知晓率、影响力、参与度。

今后，万载县政协将在继续做好"微协商"上下功夫，不断推动政协协商向基层延伸，努力打造独具地方特色、群众拍手称赞的"赣事好商量"万载品牌。

（作者单位：万载县政协）

铅山县："赣事好商量"耘得万亩蔬菜香

◎丁　智

"赣事好商量，万亩蔬菜描胜景；民主新风尚，缸瓦窑村展宏图。"今年 1 月，铅山县永平镇缸瓦村文化活动中心的对联，让村民再一次感受到万亩蔬菜园建设过程中"赣事好商量"政协委员们那满面笑容。

一、凝聚共识，"赣事好商量"融化心头千千结

稻地种蔬菜，我们干什么？田地出租，我们的收益靠什么？公司接管，务工谁保证？项目亏损，田租谁兑付？项目实施，集体有何收益？个人有何利益？

为振兴乡村经济，实现产村融合、农旅融合的目标，在多位政协委员的建议下，铅山县准备进一步壮大"红芽芋之乡"品牌，用"龙头企业＋集体经济合作社＋农户"模式，在县旅游公路沿线打造万亩蔬菜园。

2021 年初，蔬菜园筹建，群众的疑问已铺天盖地，一筹莫展的村干部想到"赣事好商量"：问题当面解答，道理明白厘清，处事公平公正，心结平等化解。

只是问题涉及面太广，有些驻村政协委员心有余而力不足。县政协知晓，便立即研究方案。

班子挂帅，部门联动。农业、水利、自然资源、城投、企业，合作社、理事会、群众代表、乡村干部与驻村政协委员，在县政协挂点领导的组织下，共聚一堂召开"好商量"协商会。

通过协商，群众知道，项目由县城投公司投资，国家级农业龙头企业江天公司运营，村集体经济合作社参与管理。土地每亩租金从当下的每亩200元左右提升到520元，村民务工每天90元提高至每天150元，为确保村民优先务工，务工由合作社协助企业共同确定。

同时，协商会议还邀请了公证处以及律师列席，现场解答法律问题。随着会议的深入，村民紧锁的眉头渐渐舒展。但有些群众只相信自己种田的本事，不相信企业能力。为此，"赣事好商量"组织群众代表到江天公司参观。产品科研、良种培育、开发加工、市场交易、冷链物流各个环节都为蔬菜增值赋能。投资30亿元，实施占地1000亩的江天农博城项目，联动全国各地批发市场；百人团直播对接全国各大电商平台。20多种食品加工，20万吨蔬菜冷藏中心调控市场应对市场风险。

群众的担忧落地。半个月内，两镇九村三千余户村民纷纷签订了土地流转协议。

二、深入问题，"赣事好商量"化解矛盾件件实

纸上得来终觉浅，绝知此事要躬行。

万亩蔬菜园虽然是一项富村惠民工程，但碰到具体问题，牵涉个体利益，各种争执与矛盾还是接踵而来。

土地租出去了，农机具怎么处理？原准备的种子卖谁？田地长出的青苗怎么补偿？搭建的鸡窝鸭棚怎么赔付，鸡鸭怎么赔价？种粮大户怎么安排？宅基地怎么安置？每个问题都涉及群众利益，每件理赔都必须一碗水端平。

"赣事好商量"深入问题，一事一议，统一思路、统一方式、统一标准、统一补偿，协商意见、举手表态、形成共识，将万亩蔬菜园每亩土地流转所引发的矛盾与问题一一化解，让项目得以顺利实施。

三、跟踪问效，"赣事好商量"服务群众户户情

"土地流转，一亩就能收入 520 元，老两口菜地务工，每月能挣 4000 多元，比自己耕种收入翻了几番。"这是永平老李家村民郑孝敬内心发出的喜悦之声。

即使是欢喜和谐，有些事情也难圆满，仍旧会出现些糟心事。

比如，公司的温室大棚、良种基地，工作技术含量高，对本地农民用工就不待见。碰到蔬菜生长期的用工淡季，清闲在家，人憋得慌。家有老人、小孩或病人，务工不便。各村的驻村委员都一视同仁，为群众解难。开展业务培训增加就业能力，中介服务联系外出务工。同时，各村利用万亩蔬菜的红利扩大公益性工作岗位，如保洁员、护林员、图书馆员等，让一些急需工作岗位的群众担任，将关心与温暖传递落实到每一户群众。

四、协商监督，"赣事好商量"民主管理村村兴

2021 年，蔬菜园就产生了效益。2022 年，因天气恶劣，许多使用传统方式种植蔬菜的地方纷纷减产，蔬菜园却喜获丰收，特别是红芽芋涨价，每亩增收两千余元。公司效益好，村合作收入有了增长。看到村集体日益鼓撑的"钱袋子"，群众担心干部挥霍浪费。同时，各村成立了监督委员会，并通过驻村委员召开"好商量"协商议事会摆开了来议。

村中的路要修了，垃圾站也要提升，也应该与城里一样有路灯、有广场、有文化中心。一桩桩一件件都事关群众利益，事关群众的幸福感与获得感。

该做什么，不该做什么，哪项优先，哪项放后，投资规模，都由群众协商确定。修桥建路装灯，广场文化中心，欢声笑语舞蹈，乡村振兴为民。

路新，灯亮，广场阔，文化中心有欢乐。除此，缸瓦窑还设立了缸瓦窑文化展示馆，一展本村独具特色的瓦窑文化。看到干净整洁的村庄以及蔬菜飘香的大地，多次参加"好商量"协商议事会的缸瓦窑村基础设施建

设理事会理事长朱炳才，最能体会政协委员的辛勤耕耘，体会群众对"赣事好商量"的欢喜，不禁作打油诗道：

昔日缸瓦土尘扬，脱贫攻坚变模样。

赣事商量添新景，耘得万亩蔬菜香。

（丁智，铅山县政协委员，县文联党组书记、主席）

铅山县："赣事好商量"浇灌出油茶产业致富花

◎文　英

铅山县尤田村地处石塘镇西部，为"十四五"县定乡村振兴重点帮扶村，全村下辖中畈、桐村畈、燕子窝、莲花山、下尤田和山脚里 6 个自然村，14 个村民小组，1710 人。尤田村面积 5.3 平方公里，其中水田 1900 多亩，林地 4000 多亩。尤田村积极发挥"赣事好商量"协商议事平台作用，动员村民种植高山油茶，让尤田村变成"油茶村"，走出一条适合尤田村长远发展的创新致富路。

一、直击困难，"赣事好商量"给群众解开忧虑之结

尤田村在经济上有一定基础，但贫困状况仍然存在。村"两委"发展传统种养殖业的同时，想充分利用本村林业资源种植高山油茶，多次召开村民代表大会、党员大会宣传高山油茶种植，但村民积极性不高，觉得没前景，没搞头。群众不支持，工作没法开展。挂点尤田村县政协委员了解到这个情况后，立即联系省内油茶产业龙头企业江西新中野茶业有限公司，组织村民到公司实地考察以解开大家的担忧顾虑。

江西新中野茶业科技有限公司是一家长期致力于油茶籽精深加工与综合利用的国家高新技术企业，总投资 5000 万元，建筑面积 1.2 万平方米，目前已建成年产 1000 吨山茶油与 2000 吨茶皂素的标准化生产线，生产规模位居国内前列。公司生产的茶皂素已出口到海外二十多个国家与地区，市场占有率高达 30% 以上。"新中野"牌山茶油已开始走向北京、上海、

杭州、南京与济南等市场，并赢得了客户的一致好评。公司研发的产品在食品制造、水产养殖、建材化工、日用化工，农药化工、石油开采等领域得到了广泛应用，并产生了良好的经济、生态与社会效益。

从新中野公司参观学习出来后，村民们了解到小小油茶浑身都是宝，也逐渐明白了"赣事好商量"协商议事平台带来的是致富的希望，村民从不同意、不支持到最后同意签订近千亩山林用于打造高山油茶，让村民感受到油茶基地建设过程中"赣事好商量"利民惠民的品牌理念。

二、跟踪问题，"赣事好商量"组织专家把脉问诊

种植油茶村民都会，如何种出高产油茶？如何依据山地做合理规划？每亩土地流转等等一系列问题把村干部弄得一个头两个大。

借助"赣事好商量"协商议事平台，县科技局邀请省林科院专家来到村里开设了"油茶知识小课堂"，为农户们系统讲解"高产油茶丰产栽培关键技术"，从油茶选址、山地规划、土地改良到后续管理都进行了详细指导。

尤田村挂点政协委员多次深入老百姓家中，认真听取村民们的需求，向镇党委、政府建言，尤田村"两委"多次召开"赣事好商量"协商议事会，一事一议，协商意见、举手表态、形成共识，将千亩油茶基地每亩土地流转所引发的矛盾与问题——化解，让项目得以顺利实施。

三、硕果累累，"赣事好商量"为村民开辟致富之路

尤田村成功引进高产油茶项目并落地,项目基地已种植面积共计240亩，产业用地系尤田村桐村畈、莲花山村小组集体所有。村小组采取以土地入股形式，由村委会进行苗木种植、土地平整、日常管护等投入，按照村小组与村委会4:6比例实施收益分红。

该项目进入收益期的时间为5年，届时，预计每亩每年产值约5000元，

总产值约 100 万元。收益分红后，尤田村集体可实现每年 20 万元的收入。目前，油茶林日常管护、苗木种植育肥等工作已带动尤田村村民 21 户 62 人就近就地务工，其中贫困户 5 户 14 人，户均年增收约 1000 元，收益实现后，村民收益分红达每户约 3000 元。

今年，作为石塘镇油茶产业的领头村，尤田村成功流转旅游公路两侧山林六百余亩，致力打造"千亩油茶基地"。计划后续开发农旅文化项目和红色石塘理想信念基地连路游览，凝聚乡村振兴强大合力。

四、科技赋能，"赣事好商量"浇灌出产业创新之花

说起油茶大家都知道，那茶皂素呢？茶皂素又名茶皂甙，是由茶树种子（茶籽、茶叶籽）中提取出来的一类糖苷化合物，是一种性能良好的天然表面活性剂，它可广泛应用于轻工、化工、农药、饲料、养殖、纺织、采油、采矿、建材与高速公路建设等领域。可制造乳化剂、洗洁剂、农药助剂、饲料添加剂、蟹虾养殖保护剂、采矿浮选剂以及防冻剂。

由于油茶籽化学生物学基础研究缺乏和产业化技术水平落后，迄今为止，大量的油茶籽尚未得到有效综合利用，造成了林产资源的极大浪费。茶皂素的原材料是榨完茶油之后的茶渣，既拓宽了传统产业的产业链，不再生产单一产品，也提高了油茶的利用率，同时给种植油茶的尤田村村民带来了更高的经济效益。

如何提高油茶的经济效益，必须进一步延伸产业链，由榨取油茶粗加工，向油茶皂素开发利用下游产业链发展。延伸产业链进一步开发利用茶皂素，面临的最大的问题就是——人才！为了解决这个大问题，县委人才办多次召开"赣事好商量"协商议事会。今年 5 月 19 日在铅山县召开了"首届油茶皂素应用及前景研讨会"，中科院生物物理研究所、中国农科院茶叶研究所、中国林科院亚林所、中国水科院珠江所以及浙江大学、厦门大学、华南理工大学等百余名专家学者参加了研讨会。在研讨会现场，专家学者对油茶皂素生物活性及应用开发进行了深度研讨，展望了油茶皂素未来的

发展方向。会后，新中野与中国林科院亚热带林业研究所达成共同开展"医药级油茶皂苷及微囊制剂的研发"项目，并获国家级大院大所进江西（上饶）签约项目，合作制定的《油茶皂素质量要求》国家标准获准公布，为尤田村油茶产业发展致富路打下了坚实的科技创新基础。

（文英，铅山县科技局局长）

弋阳县：校企合作助力用工荒与就业难解决

◎郑莹萍

"这两年，企业招工比较困难，尤其是专业技术工人，外地工资太高请不起，本地的人才又少，这成了我们心里的一块石头。"近期，某科技有限公司负责人向弋阳县高新园区反映情况。

近年来，弋阳县坚持主攻工业不动摇，实现了工业经济逆势上扬，主导产业加速集聚，工业实力大幅提升，助推了经济高质量发展。随着入驻的优质企业越来越多，"用工荒"尤其是专业技术人才短缺的"瓶颈"也越来越突出。据初步统计，弋阳高新区有20家企业存在用工需求不足的问题，其中专业技术人才缺口达180多人。

为进一步营造良好的工业经济发展环境，全力当好服务企业的"店小二"，解决好企业"用工荒"问题，弋阳高新区政协工作联络组积极寻求解决方法，为企业排忧解难，主动对接弋阳中专，并联合毛清阳、夏建明、刘东根等县政协委员进行了深入调研。经报请弋阳高新区党委批准同意后，6月2日下午，县高新区政协工作联络组组织召开了"党建＋好商量"协商议事会，共同谋求解决企业"用工荒"和弋阳中专毕业生"就业难"问题。会议由高新区党工委委员黄大云主持，政协委员代表、党员代表、弋阳中专校方代表、企业代表等共计15人参加。大家围绕"产教融合——解决招工及就业问题"谈想法、提建议，协商现场发言踊跃、气氛热烈。

"我们公司今年订单多，新增了两条生产线，现在正需要机床操作工、焊工、锻造工等专业技术人才，听说中专刚好有对口专业，真希望一起合作，既解决学生就业问题，也满足我们用工需求。"企业代表周艳说道。

"是啊，我们也是这样的问题，现在的生产线大多使用专业设备，需要专业工人才能操作，我们尝试线上线下各种招工方式，都很难招到匹配的技术人员，希望'党建＋好商量'平台能帮助我们实现共赢。"党员代表汪雪纯也表达自己的想法。

县政协委员、弋阳中专负责人毛清阳表示："目前就业形势非常严峻，我们学校也愿意与大家合作，学生能在家门口就业，无论是对地方、企业、学校还是学生都有利。希望各企业能及时将招聘信息提供给我们，我们会将学生送到企业进行实操培训，同时也会发挥自身教育系统的优势，与南昌、赣州的大专学校强化交流，为企业招工提供更多选择。工资待遇怎么定呢？技术工人的工资待遇肯定要高于普通工人，毕竟现在专业技术人员相对紧缺。"

"适当提高待遇是可以的，但比发达城市的工资肯定还是要低些。另外，希望中专在专业设置方面做出适当调整，使定向人才更匹配弋阳本土企业的需求。"企业代表宣健表示。

"企业的诉求合情合理，我们也会根据企业的实际需求，合理调整专业设置，提高人岗匹配度。"中专负责人表示。

经过一番协商，各参与方达成共识：一是要明确工作机制。校企双方要建立信息共享、沟通交流、实操培训等工作制度，进一步细化工作内容。二是要明确合作路径。根据招聘信息，学校通过定向培养方式向企业输送专业人才，满足企业用工需求。三是要明确专业设置。依据企业需求，学校合理调整专业课程教学，提供多元化教育，提高人岗匹配度。四是明确工资待遇。由园区人力资源市场、校方代表、企业代表按照超过普通工人工资的 20% 来协商确定，为技术人才争取更优待遇，为企业留住人才、用好人才打下基础。

"此次协商，真正实现了'有事好商量'，找到了校、企意愿和要求的最大公约数，既为我们企业解决了用工荒问题，为企业发展注入了人才动力，也为更有针对性地培养学生技能，促进中专学生就业，畅通了渠道。校企之间联动，真正发挥了'1+1>2'的效果。"政协委员刘冬根笑着说道。

"好商量"会议结束后，弋阳高新区人力资源市场牵头邀请有需求的企业和中专负责人协商制定校企合作机制，并签订合作协议。同时，联合县人社局制订了培训、实操演练等工作计划。截至目前，共组织培训 2 场，六十余人次完成培训，第一批定向技工预计于 2023 年底上岗。

下一步，弋阳高新区政协工作联络组将紧盯协商成果转化，继续发挥"好商量"的优势作用，疏通校企合作的堵点、痛点、难点，不断优化、细化培训方案，强化沟通交流，实现信息互通互享，让企业员工走进课堂，让学生和老师走进企业，助力解决企业用工荒与大学生就业难问题，为企业定向输送专业技术型人才，为学生提供更多就业机会，真正实现双向共赢。

（作者单位：弋阳县政协）

弋阳县：畅通乡村路　不断富民路

◎孔　俊　张子晨

今年5月，弋阳县湾里乡党委、政府经常接到客、货运司机、过路群众反映：该乡353国道、县道周毛线周边的村民纷纷将水果拿到路边售卖，对主干道沿途交通安全和周边环境卫生产生不利影响。

乡党委、政府对上述反映的问题十分重视，委托该乡"挂乡联村"政协委员黄兴长、童灵清、聂远洋等实地调研发现：水果种植是当地村民致富增收的一项传统副业，入夏后，乡里的蓝莓、杨梅、桃子等水果丰收上市，过境的353国道、县道周毛线周边的村民纷纷将水果拿到路边售卖。道路沿线水果摊贩无序摆设，还不时有车辆停下来购买水果，造成车辆通行不畅和较大安全隐患，道路周边也能看到各种垃圾、杂物。

乡党委、政协工作联络组以及相关村的"两委"干部立即对问题进行研究，决定通过"党建＋好商量"这一平台与摆摊村民等进行民主协商，共同探讨如何妥善解决这一问题。6月7日，湾里乡召开"党建＋好商量"协商议事会议。协商会由县政协委员，湾里乡党委副书记、政协工作联络组组长黄兴长主持，该乡"挂乡联村"政协委员童灵清、聂远洋，村民代表、党员代表、利益相关方代表，该乡交通、农林水、人居环境工作相关人员，交警队民警、李桥村"两委"干部等二十余人参加了协商。

协商会上，大家各抒己见，展开了热烈的讨论。

主持人黄兴长首先发言："种、卖水果是村民们致富的一条好路子，让村民的日子更加富裕起来，但在路边无序摆摊也确实给交通安全和交通秩序以及周边的环境卫生造成了很大的困扰，今天就请大家来积极发言，群策群力！"

"我们跑运输的在其他路段都好好的，最近一到乡里的干道上就老是堵，有些人摊子都摆到马路上来了，时不时就有人在大路上停车，下来买个水果，把后面的人堵半天。马路上这么拥挤，也容易造成剐蹭等各类交通事故。你们卖水果赚点钱不容易，但也不能妨碍别人，影响交通安全啊！"一位跑货运的代表发言说。

"这两年搞新农村建设、人居环境整治提升，我们农村也变得越来越干净、漂亮了，现在马路边上经常看到各种瓜皮果壳，还有包装箱、塑料袋等，好好的环境又被破坏了，这也有损我们乡里的形象啊！"一位党员代表说。

政协委员童灵清说道："大家说得都有道理，乱摆水果摊确实给周边环境造成了不利影响，但一些村民也确实靠卖水果改善了生活，简单取消也会影响他们的收入，怎么才能既鼓了村民的钱袋子，又不误了大家的出行和卫生呢？"

水果摊主代表也有些不好意思地说："是啊，我们家家户户都种了果树，就靠这个增加点收入，也没有想到会对交通产生了不利影响。我们种点水果也不容易，也没有其他的销路，希望大家能帮我们多想想办法，在不妨碍大家的基础上，也能给我们留条致富增收的好路子。"

"村民增收是件好事，但不能妨碍公共交通，不能争先恐后都往马路上挤，也很不安全。"交警队的代表说道。

"作为村党支部书记，我也有责任，我也非常理解大家，但是交通安全和环境卫生无疑更加重要。这样吧！村委会边上还有块空地，靠近马路，空间也大，方便停车，我们赶紧清理、规划一下，大家统一去那边摆摊吧。"李桥村党支部书记杨中昌说道。

乡农林工作人员俞扬说道："作为农林工作人员，我也提几点建议：大家在摆摊的过程中一定要注意交通安全，尽量靠边摆放；还要注意周边环境卫生，最好能自己把垃圾打包带走，不乱丢乱放。"

"我觉得俞扬同志说得很对，我们负责交通的工作人员也会连同村委会，每天定期督查，确保交通安全。""我们环境卫生的工作人员也会连同保洁员每天定期巡查、打扫，努力保持道路沿途干净。"乡交通和环境卫生的工作人员也相继提出建议。

经过充分协商后，大家一致赞同，最终达成了以下共识：一是在村委会旁的马路边划出一片指定区域，摊贩要到指定地点有序摆摊，不乱丢垃圾、乱放杂物；二是由乡交通工作人员协助村"两委"日常派人进行监督管理，并维护沿途交通安全；三是环境卫生工作人员设置好垃圾桶，每天进行巡查，打扫沿途卫生。

协商后，各方积极行动起来。摊贩们自觉到指定的地点，集中、有序地摆摊售卖应季水果。售卖水果的十多位摊贩也由各自片区的村干部包干，得到了统一管理。乡交通和卫生工作人员加强了对道路沿线的监督、管理，道路沿线又恢复了往日的通畅和整洁。

这次"党建＋好商量"，既通畅了乡村道路，有效解决了道路沿线的交通安全秩序和环境卫生难题；又充分尊重民意，保留了一条农民们致富增收的好路子。通过协商，充分地听取和尊重了各方的意见，达成了统一的共识，各方的诉求也都得到了有效解决，为打造共建、共享、共治社会治理新格局的和美乡村提供了范本。

（作者单位：弋阳县政协）

余干县："好商量"助摄像头"安家"

◎刘小琴

看到自己村里网格微信群群主和驻村民警在探讨"大抓基层年活动"话题时，提到安装摄像头一事。枫港乡大淮村宋伟华、宋刘辉等乡贤一商议，主动为家乡捐赠 40 台摄像监控设备。

面对这一善举，枫港乡大淮村支部书记宋华坤对此表示了由衷的感谢，但高兴的同时，心里却犯了难，全村有 450 多户，又住得较分散，应安装在哪里，也真是个事。带着问题，与驻村的政协委员和公安民警走村串户了解情况后，决定就监控选址问题召开一次好商量协商议事会。

"今天我们大家一起，就是商量这 40 台摄像头装在哪里的问题。"村支部书记宋华坤开门见山主持道。

"贤侄呀！看能不能在我家里装一个，听说安装摄像头后可以直接视频对话，你堂弟长年在外打工，经常念叨家里情况。"宋伟华的大伯急切地打起了感情牌。

"老哥，你的心情我理解，但还样不太好，你家是住在村子中间的。"党员代表宋金发马上接过话茬，一下化解了宋伟华的尴尬。

"那装在哪里合适？"留守的吴大妈一个人带着四个孙子孙女在家，也想在自家装一个，所以话里明显赞成宋伟华大伯的观点。

"站在治安的角度，可以选择安装在道路沿线各个路口，那里能拍摄到村里日常情况，也可以有效弥补公安的'天网工程''雪亮工程'在社会治安防控中的视频监控盲点。"派出所袁警官提出了自己的看法。

"装这个摄像头会不会不安全？侵犯隐私之类的。"

"只有按照规定安装，不存在侵犯隐私的事，大可放心。"袁警官乐呵呵道。

"安装摄像头，有利于保障村民的人身财产安全和提升村基层治理水平。同时，大淮村靠近鄱阳湖，现在国家提出了十年退捕禁捕政策，在马路沿线安装摄像头，沿路都有监控，可以有力震慑犯罪人员，保护国家资源。"政协委员余新宇动情地说。

"我觉得袁警官和余委员说得很有道理，我家就住在马路沿线，同意在家门口安装一个摄像头。"回乡探亲的小宋自告奋勇表态。

"我也同意！"

"我坚决支持！"

一场"好商量"在大家热情的支持声中徐徐落幕。

村支部书记宋华坤欣喜告诉笔者，下一步，将继续以打造基层治理余干样板为目标，聚焦"大抓基层年"主线，紧扣"构建和美乡村"主题，围绕身边"关键小事"，开展"赣事好商量"协商议事，解难事办实事，不断增强群众的幸福感、获得感和安全感。

（作者单位：余干县枫港乡政府）

余干县：提水蓄水不负春耕好时光

◎段采娇

人勤春来早，春耕备耕忙。3 月 22 日下午，余干县黄金埠镇"赣事好商量"协商议事室里格外热闹，政协委员、党员代表、村干部、利益相关方代表共计 25 人围坐在会议桌前，热火朝天地协商提灌站的修缮事宜。

据了解，前不久，黄金埠镇小港村启动提灌站抽水入田，不承想提灌站突然塌陷，蓄不了水，导致全村三百多亩农田无水灌溉，这可愁坏了农户们。

镇党委副书记、政协工作联络组组长童图权说："今天我们把大家召集过来，集众智、解民忧，想办法解决提灌站修缮问题，就是奔着助力春耕的目的去的，大家不要急，慢慢说，尽快协商出一个解决措施来。"

"这个时候农田要用水，要确保春耕，提灌站问题不解决就麻烦了。""是啊，总不能叫我们去河里提水吧。"大家一致认为，抓紧修好提灌站是确保春耕的关键。

为正确引导利益相关方切中问题关键，政协委员齐新彬提醒道："提灌站目前的情况我们也都看到了，修好提灌站势在必行，但需要尽快协商出一个修缮方案，比如谁来施工、谁来监工、施工费怎么筹等等，希望大家畅所欲言。"

在主持人和政协委员的正确引导下，村干部、农户和镇农业综合站干部代表等围绕施工周期、施工规划、资金来源等讨论热烈，充分沟通交流意见，并达成如下共识：提灌站修缮本着"村里主导、镇里支持、费用共担"的原则，以村委会的名义实施提灌站修缮工程，施工方进行施工规划与执行，驻村领导干部及村"两委"干部负责监工。修缮所需资金，由镇农业综合站、村委、农户三方按照比例筹集。

近几年来，黄金埠镇以"赣事好商量"协商议事工作作为抓手，以民生实事为主线，不断发挥政协委员主体作用，让协商民主在基层治理中真正发光发热。

（作者单位：余干县黄金埠镇政府）

鄱阳县：鄱阳渔事好商量

◎程锦美　王运振

鄱阳湖十年禁捕政策实施以来，地处鄱阳湖东岸的鄱阳县渔民上岸转产后在生产、生活、就学等方面遇到困难事、烦心事比较多。为了切实帮助他们解决这些困难，鄱阳县政协依托"赣事好商量"平台，创新开展了"渔事好商量"协商议事活动，将部分住鄱市政协委员和县政协委员下沉至退捕渔村，和渔民同坐一条板凳，把渔民的切身利益搬上会议桌，干部群众面对面沟通，点对点解决退捕渔民洗脚上岸后遇到的新问题，进一步巩固退捕禁捕成果，帮助退捕渔民退得出、稳得住、能致富。

一、告别"摸鱼儿"——定好协商"五步法"

鄱阳县是全省渔民最多的县，共有建档渔民 4742 户、14790 人，约占全省渔民总数的五分之一，因此，渔业管理工作量大面广。国家对鄱阳湖实施十年禁捕政策后，本着县委中心工作推进到哪里、政协工作就跟进到哪里的方针，该县政协积极调整"赣事好商量"工作方向，在前期 22 名住鄱市政协委员和 377 名县政协委员下沉进村入户的基础上，创造性在全县涉渔乡镇（街道）大力开展"渔事好商量"协商议事活动，精心选择事关渔民切身利益和"急难愁盼"的议题，采取"说事、问事、议事、办事、评事"五步工作法，即说事——实行开门纳谏，每周二为渔民上门说事日，收集有关渔事的意见和建议；问事——对渔民反映的一些带有普遍性、倾向性、苗头性的问题，由提出协商议题的政协委员牵头，开展协商前的议题调研工作；议事——乡镇（街道）政协工作联络组定期组织当地渔村村民每季开展一次协商活动，县政协每年集中开展一两次有影响的"渔事"协商活动，并邀请县、乡党政领导和相关职能部门参加；办事——对协商确定的事项，逐项明确责任主体、工作措施和完成时限，促进成果转化；评事——检验协商成效接受群众的评议。让民意"浮上来"，为退捕渔民搭建广泛、直接、有序参与事务决策、管理和监督的民主协商平台，破解了渔事不好管的难题，收到良好效果，为全县经济社会高质量发展贡献了政协力量。

在积极开展协商的同时，鄱阳县政协还注重考虑渔民"上岸"后如何就业、如何创业等一系列问题。为此，县政协树立"授人以鱼，不如授人以渔"的工作理念，充分发挥政协委员人才荟萃、联系广泛的优势，及时有效地帮助渔民转产转业。鄱阳县三庙前乡乐安村原是乐安河边的一个传统渔村，实施禁捕退捕政策以来，该村349户渔民全部"洗脚上岸"，其中大部分青壮年获得技能培训转而外出就业，但仍有一部分渔民因年龄、家庭等因素无法外出就业。这部分渔民的就业难题成了他们的"急难愁盼"事。下沉该村的县政协委员程文义、余小兵在接待渔民来访时了解到这一情况后，通过走访谈心、调研考察，程文义、余小兵提出由部分渔民出资在村内创建"肉类加工厂"，引导渔民就业的议题。随后召集相关人员召开"渔事好商量"协商议事会，最后达成共识：争取上级有关部门的支持，新创办肉类加工厂，解决渔民就业问题，经过3个月的建设，去年5月该企业正式投产运营，此举不仅解决了16名渔民就业难的问题，同时吸收了附近村庄富余劳动力就业。

让委员"沉下去"，使民意"浮上来"，在开展"渔事好商量"工作过程中，鄱阳县政协坚持以问题为导向，以解决问题为宗旨，对于群众提出的现实困难问题，能够当场协商协调解决的立即解决；对一时解决不了的问题，建立问题销号制度，让群众感到政协离老百姓很近，委员就在老百姓身边。"渔事好商量"品牌在基层不断扎根，已成为鄱阳县政协纵深推进"赣事好商量"工作、提升基层社会治理能力和水平的重要抓手。

二、唱响"渔歌子"——围坐圆桌"话渔事"

"我们在开展'渔事好商量'协商议事工作中，把以群众为中心体现在每一个工作细节当中。针对鄱阳县涉渔乡镇人口多、地域广的实际，我们不仅在沿湖乡镇本级设立协商议事室，同时也在渔村设立协商议事室，从而让渔村群众在家门口就能'渔事好商量'。召开协商议事会时，会场不设主席台，不设发言席，大家围坐成一个'同心圆'，代表们即席发言、现场提问，话筒先放在群众代表面前，主持人先介绍群众代表。"鄱阳县政协主席江俊介绍说。

江俊在其下沉的双港镇新街社区组织过多场"渔事好商量"协商议事会，每次会议，她都以上饶市政协妇联界别委员的身份参加，这样有利于更平等地协商议事。

"此次'渔事好商量'协商议事会让我感受强烈，领导和委员就像我们同村人一样围坐在一起边聊边探讨问题，他们回答问题不回避，所以我坚信我们本地的渔俗文化保护与传承一定会有具体举措的。"鄱阳县双港镇新街社区居民石花娇参加完 5 月 20 日的协商议事后，深有感触地说。

鄱阳县双港镇是该县渔民人数最多的乡镇之一，唱渔歌、演渔剧曾是这里渔民业余生活最主要的娱乐方式。随着年轻渔民转产上岸及业余娱乐方式的丰富，不少上了年纪的渔民担心这些渔俗文化逐渐消失。为此，县政协文艺界委员、赣剧团表演艺术家刘德才，县政协文艺界委员、县政协机关驻新街社区第一书记王忠华将"弘扬渔俗文化，唱响彭蠡之滨"作为"渔事好商量"协商议事议题。

会前，委员们和群众代表围绕议题开展了商前座谈会。会议现场，又安排群众代表、政协委员、本土戏剧专家学者、乡镇干部及文化站负责人、县赣剧团代表等发言，既畅所欲言、各抒己见，又理性有度。协商会最终确定：由双港镇文化站牵头成立渔俗文化留存文艺宣传队，成员包含退捕渔民、搬迁脱贫户等人员；社区提供排练、演出场地，解决"文宣队"后顾之忧；县赣剧团定期培训指导，每年非遗传承班特邀代表免费参训，并提供演出机会；双港镇文化宣传部门加强民间文化组织的交流，创造演出交流平台。

三、展现"渔家傲"——商出渔乡"新面貌"

"也许因为自己是老师，多年来通过家访，大家还是很愿意听我劝解的，日常生活中的一些小矛盾通过沟通交流就能化解，对于需要协调解决的问题，我就及时向相关部门反映社情民意。"下沉至鄱阳县鄱阳镇姚公渡渔村的陈芳委员说。

陈芳委员是鄱阳镇激扬小学老师，校区靠近姚公渡渔村，她心系群众，一直践行着政协委员履职为民的宗旨和承诺。对她来说，"渔事好商量"最重要的作用就是方便化解矛盾、协调关系和宣传引导群众。去年5月初，她与另一名下沉政协委员刘康敏在开展"说事"过程中了解到，这里渔民孩子下午四点放学后无人看管，而村前就是大河，让刚转产在外务工的父母很是担心。为此，他们深入一线召集镇政府、村委会、学校、家长代表展开协商，最终达成共识：在村里设立"四点半课堂"，由有特长的村志愿服务队员作为老师照料小孩，陈芳、刘康敏两名委员还主动无偿担任值日服务队队长。这一做法解决了渔民后顾之忧，受到全村渔民好评。

由于鄱阳县政协及时组织委员下沉履职，积极开展"渔事好商量"，鄱阳县如期顺利完成回收渔船5382艘、网具142.82万公斤，船网回收率100%，渔乡渔村脱离了"渔"的印记，面貌焕然一新，受到上级肯定。截至目前，全县"渔"事协商一百四十余场，解决退捕渔民转产就业、渔村基础性建设、渔俗文化留存等"渔"事问题48个，协商成效十分明显，此项工作得到了湖区群众的赞许和认可。

"渔事好商量"协商议事活动不仅解决了一大批渔民关注的热点难点问题，也真正实现了"协商走出会堂"，委员履职的舞台更加宽广，作为更加显现，民心也因此更加温暖起来。

（作者单位：鄱阳县政协）

万年县：利民之事　丝发必兴

◎胡　菲

立夏时节，万物生长。各色的花朵迎风绽放，空气湿润清新，雨后的江泥社区一片和谐安详。走在社区的街头，我的心情阳光明媚，开阔舒朗。

记得那是 2021 年 10 月，我有幸成为一名县政协委员，下沉挂点江泥社区。从此，我便与江泥社区结下深厚的缘分。社区党支部书记黄艳是一位年轻热情的基层女干部，她做事风风火火，有想法、有干劲，我们很谈得来。

2022 年 4 月初，我来到社区调研。黄艳书记说："明天早上七点半你再来，我带你到江泥农贸市场转转。"第二天早晨七点半，我们早早来到农贸市场，刚走到大门口，我脚步放缓，本来还准备踮起脚来挤进人群，才发现这里静悄悄的。怎么样也想不到这是早晨七点半最繁忙时候的菜市场！没有熙熙攘攘的人流，没有讨价还价的大声吆喝。零零星星几家商贩，裸露的水泥台面上，摆放一些萝卜、土豆等蔬菜，卖牛肉的只有一家，他面前挂钩上悬挂了几斤牛肉，薄薄的一挂肉，他每天卖完定量几斤牛肉就收摊，居民来晚了还买不到牛肉吃。他说，牛肉宁愿少进一些，多了卖不掉就亏了。小小的眼睛，透露着精明。买菜的老人，在品种不多的几种蔬菜里，购买着重复的味道。

我转了一圈，发现农贸市场内缺乏水电，排污沟堵塞，遮阳网乱拉。晴天，遮不住太阳的毒辣；雨天，又不能为居民遮风挡雨。我心里很不是滋味，眉头皱了起来。在新时代，这里的居民买菜还如此的不方便。听说，江泥社区年轻人都会骑摩托车去县城的超市、农贸市场买菜，来这里买菜的居民主要是社区内一些行动不便的老年人，真是苦不堪言。

我急切地与买菜居民攀谈起来："大妈，如果江泥农贸市场升级改造，把水电都安装起来，菜的种类也多样起来，您愿意吗？""我肯定愿意啊！农贸市场设施落后，菜品匮乏，我想买点卤菜也买不到，很是不方便。"

回到社区办公室，我与黄艳书记商量起来，江泥社区老年人买菜这么不方便，直接影响幸福生活指数。我们商量以农贸市场是否需要升级改造作为2022年度江泥社区"党建＋好商量"协商议题上报陈营镇党委。很快，议题通过，镇党委指示要认真开展"党建＋好商量"现场协商议事会，尽快解决这个群众身边的民生问题。

镇党委的指示给了我莫大的鼓舞，同时，我又感到了很大的压力。毕竟之前我没有过多地接触这方面的工作，心里没有把握。但我是一名政协委员，委员的职责告诉我，必须把这件事管好、管到底。于是，我一忙完手头的本职工作就来到江泥社区，跟黄艳书记一起到农贸市场一家一家找商贩谈心，了解他们的真实想法，有的商贩很欢迎，积极要求改造，有的商贩表示没想法，听政府的。那位小眼睛卖牛肉的商贩特别反对，嘴里嘟嘟囔囔很不高兴。我们找了他几次，专门邀请他来议事会现场开会，叫他有什么想法就在会上说出来。在邀请参会的居民代表上，为了更有代表性，人选方面也是费了心思，最后，我们把利益双方代表各请了4名，同时，还邀请当地老党员、老干部、老教师以及社区知名人士参加。名单经过公示后，群众无异议。为了增加协商议事会的说服力和权威性，我们一一拜访城管、市管局、商务局等部门的领导，向他们阐述这场协商议事会的重要性。部门领导十分支持，表示愿意派相关干部和专家共同出席这场协商议事会。顿时，我心花怒放，一身的疲惫消失得无影无踪。

4月中旬，在我牵头主持下，一场以"是否需要对江泥农贸市场硬件设施进行升级改造"为主题的协商议事会议在江泥社区"赣事好商量"协商议事室如期举行。

会上，大家你一言、我一语，谈论切实关系到自身利益的民生话题，讨论非常激烈，特别是卖牛肉的商贩，担心改造后摊位费会涨价，都急得脸红脖子粗了。

我安抚他的情绪，示意他少安毋躁，群众代表发表完自己的意见之后，相关职能部门负责人和专家分别就大家提出的问题一一做了解答，解答很耐心也很仔细，我看着参会代表不住地点头和露出的笑脸，心里明白这场议事会是成功的。

整场会议时间不长，非常紧凑。最后，大家一致同意对江泥农贸市场硬件设施进行升级改造，并形成以下协商决议：一是商务局会积极对接项目，将启动农贸市场升级改造；二是改造期间，市管局、城管局将加强环境卫生、车辆及市场周边秩序管理；三是改造过程中，江泥社区配合相关职能部门做好衔接协调工作，加强施工质量的监督和管理。会议在热烈的掌声中落下帷幕。我也如释重负，禁不住有些小激动，我的努力没有白费，换来的是大家的认可。

协商成果很快提交陈营镇党委政府，镇党委立即召开专题会议，研究决定对江泥农贸市场启动升级改造。历经 3 个月的改造，县乡两级财政共投入一百四十余万元，新建了厕所、用水排水设施、照明系统，对市场的围墙加固抬高、摊位及地面铺设瓷砖，并且增设市场内商铺，翻新摊位 45 个。改造后的江泥农贸市场，基础设施更完善了，环境卫生更好了，菜品更丰富了，居民的"菜篮子"也更香了。

今年年初，我又去了几次江泥社区调研，到了农贸市场，卖牛肉的很是热情，老远就打招呼，说接通了水电，卖的鱼可以洗好剖好，居民更爱买了。市场采取了市场化运作方式，不断引进商贩，丰富菜品，如今干净整洁的市场环境，逐渐吸引了江泥社区及周边的年轻人来光顾买菜。当地居民络绎不绝，在农贸市场尽情地挑选自己想买的菜品，群众的脸上绽放出一朵朵满意的美好之花。

徜徉在江泥社区的街头，阳光透过树梢打在脸上，这些细碎的阳光，挠得我心中痒痒的。作为政协委员队伍中的一名新兵，能为群众老百姓的"急难愁盼"问题发出委员之声，通过开展"赣事好商量"协商议事现场会议，并最终得到党委政府的重视，结出"好商量"之果实，是多么有成就感啊！

利民之事，丝发必兴。群众利益无小事，"勿以善小而不为"，民生之事，连着千万家，只有把一桩桩小事办好了，小家才安康，我们社会主义大家庭也才幸福美满。在"赣事好商量"协商议事活动平台中，不断增强自身本领，扎根稻香万年，心里有星辰大海，眼中有明亮之光！

（胡菲，万年县政协委员、县文联副主席）

婺源县：协商"亭"好

◎张晓甜

申明亭，位于秋口李坑景区核心，是村民主要的聚会场所，北宋祥符年间建村伊始便有了申明亭，含有"申明教化"之意。该亭自民国2年（1913）重建至今已有百年，目前亭身倾斜严重，柱身老化，亟须大规模整修。于是，2023年5月13日晚上7点，镇村组干部、婺源乡村文旅有限公司李坑分公司代表以及李坑村理事会成员、群众代表等四十余人齐聚申明亭之下，召开了一场开放空间的协商议事会。

一、现在是否是施工的最佳时机

在议事会正式开始不久，李坑理事会成员李章文就提出了现在是否重修申明亭的最佳时机。"今年春节以来，李坑景区游客量日益增多，五一小长假期间日均最多时游客破万，虽然现在是旅游淡季，但是还有大批的周末游客和写生学生。现在施工势必会对李坑旅游有影响，我们做民宿的开饭馆的也才刚有点起色……"

"这个问题我来回答下。"面对群众的疑问，婺源乡村文旅有限公司李坑分公司负责人潘旺法接过话筒，"婺源是中国最美乡村，李坑又是人流量第二大的景区，每一个月都有不少游客。但是我们对比了往年数据，五六月基本是一年游客量最少的时候。七八月暑假、九十月黄金周，之后便是元旦春节，人流量都会比现在多，更不适宜进行施工。而且眼看着就要进入梅雨季节，2017年"6·24"洪灾的情形相信大家都还历历在目，这个亭子是否能再一次扛住洪水的摧残，我们都不能保证。考虑群众和游客安全我们觉得现在是最佳时机。"

二、施工工艺如何

"申明亭是我们李坑的一个精神象征。现在破损成这样确实是要进行修复。但是无论是重修还是重建，施工工艺是怎样的，作为李坑人我们需要了解，完工后还给我们的是个什么样子的申明亭我们需要知道，认可之后才能动手。"李坑村的老支书李俊杰说道。

"李坑景区小桥、流水、人家全国有名，申明亭多重要我心里也清楚，作为施工方，在施工过程中我欢迎大家随时来监督。现在亭身已严重倾斜，柱子也几乎不能用了，我们已经根据现在柱子的尺寸加粗进行了定制。同时跟村委会、理事会商量后，修正了施工工艺，中间六根柱子直通二层，而不是按现状分成两段拼接，恢复了原始的做法，这样亭身就不容易发生倾斜。虽然用的是新木料，我们会做旧处理。原来亭子拆卸下来的老木料如果可以继续用的我们还会用上去，施工结束后确保还原原样的95%。"面对提问，施工方仔细回答道。

三、旧木料如何处置

面对大家提出对不能用的旧木料如何处理的问题，李坑村党支部书记李义泉接过话筒："这个事情在开会之前我们就和理事会碰了个头，都觉得拆下来不能用的旧木料，也寄托了我们李坑人的情感，我们会商量着将不能用的旧木料先摆放到村史馆，实在是毫无用处的我们村委会和理事会一起处理，绝不允许让人私带出村，这一点我可以在这里向大家保证。同时，为了确保工程质量我们还请了李五勇来监工。他是村里的老木匠，申明亭的几次维修他都参与了，情况他最了解。"

……

随后，参会人员还对施工工期、施工期间如何通行等问题进行讨论，虽然围观的群众很多，驻足旁听的游客也有不少，但会场秩序良好，声音很大但并不嘈杂。大家都在为同一件事情建言献策，热切的氛围把"申明"二字烘托得格外亮眼，也照亮了李坑人的心窝。

最终，经过近两个小时的商议，议事会达成如下共识：一是自施工之日起，在确保质量的前提下工期尽量压缩在一个月之内，争取在暑假之前完工；二是施工方不得擅自处理原有旧木料，拆卸下来的每一块木料均要编号；三是新定制的柱身需加粗，中间六根柱子通顶，完工后的申明亭外貌要与原先基本一致。

会后，李坑村党支部书记李义泉由衷地感慨道："修复申明亭对于李坑来说是一件大好事，但是如果沟通不到位，很容易产生摩擦，把好事办坏了。通过'好商量'这个平台，我们能够直面群众，答疑解惑，将好事办得更好。像这次'好商量'会议，群众就提了很多我们事先没有考虑到的问题，为下一步修复打好了地基、铺平了道路。这样在露天开放的场所，还在景区核心，围观群众游客还很多的情况下开会，我们也是第一次尝试。这次议事会的成功，也给了我们很多启发，但更多的是鼓励，'好商量'是真的好！"

（作者单位：婺源县秋口镇政府）

婺源县："好商量"助力"平安太白"建设

◎胡雨平

"有事好商量，众人的事情由众人商量。"为全面落实县委开展"大抓基层年"活动要求，助力和美乡村建设，近日婺源县太白镇召开了"好商量"专题协商议事会，就在基层社会治理中遇到的具体问题进行协商，让基层社会治理"有迹可循"。太白镇政协工作联络组召集人、镇相关站所干部、村政协工作联络员、党员群众代表等人参加会议。

为开好此次协商会，县政协委员一方面详细了解县里的相关政策，另一方面深入农户家中展开实地调研，多次与村民及利益相关方进行交流，并向镇党委报告研讨。

"司法所将全力配合，做好普法用法工作，引导群众通过正当法律途径维护合法利益。"镇司法所长薛晓峰首先表态。

"社会进步了，思想也改变了，村规也要多多创新，才能契合实际需要，真正把和美乡村建设好。"一名老党员代表说道。

"网格员要发挥好信息员的作用，镇村干部也要积极开展民情日记活动，及时了解村内情况，给全镇的矛盾纠纷化解工作提供保障。"镇社会治理办工作人员说道。

"我是学生家长，放暑假小孩大多数时间在家里，小孩自制力差，希望镇村的干部帮忙加强巡逻，以免小孩私自下河发生危险。"一位学生家长表达了她的担心。

"我们消防队会在暑假积极配合镇村，加强巡逻，尽最大努力防止事故发生。"镇专职消防员在会上回应了家长的担心。

......

会议室，大家你一言我一语，现场气氛活跃。通过充分的讨论和协商，大家达成以下共识：一是结合县委"大抓基层年"活动，开展民情走访，有效化解各类矛盾纠纷，争取小事不出村、大事不出镇，扎实推进平安乡村、和谐乡村建设；二是学校要确保防溺水的宣传部署行动到位，同时镇里各职能部门要加强联系，对辖区内各水域加强巡逻，做好夏季防溺水工作；三是在原有村规民约的基础上，因地制宜、积极探索更加符合当前环境、贴合当前政策的村规民约。

下一步，太白镇政协工作联络组将根据会议达成的共识，充分利用好"党建＋好商量"协商议事平台，做好跟踪反馈，助力"平安太白"建设。

（作者单位：婺源县太白镇政府）

德兴市：推动药博园中草药种植研学基地建成

◎王 伟

一、选题背景

花桥镇园林居原址是江西省第二林业学校，全居下辖场部、蒋家、综合厂、茅桥4个自然村。园林社区土地闲置、荒废问题日益严重，一是影响社区环境卫生整治。二是脱贫户的就业问题未能解决。闲置、荒废影响土地适度规模经营，是当前土地资源利用和管理中不容忽视并亟待解决的问题，群众要求治理意愿强烈。三是中国中医科学院实验用田有用地需求。园林居"党建＋好商量"政协活动组在征集协商议题后将开展"流转百姓土地与中国中医科学院试训基地合作共建药博园中草药种植研学基地"议题报花桥镇党委进行审批，并在镇级好商量平台备案。

二、开展调研

为确保协商议事活动有序开展，措施有效，成果显著，德兴市挂点园林居政协委员详细拟定调研方案，组成由政协委员牵头，党员代表、群众代表、利益相关方代表参与的调研工作小组，征求辖区群众意见，如何更好利用闲置土地进行调研，对调研了解到的问题进行汇总分类，形成调研报告，并将"流转百姓土地与中国中医科学院试训基地合作共建药博园中草药种植研学基地"议题在社区进行公示，公示结束后向花桥镇党委报告。

三、组织协商

园林居"党建＋好商量"政协活动组结合前期调研情况，详细制定会议议程，组织与会人员，开展协商讨论。2023 年 6 月 29 日，园林居在"党建＋好商量"协商议事室召开协商议事会，5 名协商议事会议成员、8 名利益相关方代表、1 名与议题有关人员参加了此次会议。会议由召集人、德兴市政协委员兰东旺主持，园林居书记王龙汇报了调研发现存在的问题。

会议期间，召集人兰东旺引导各方充分发表意见，协商对策。由于选题切合实际，与会的党员代表、村民代表畅谈切身感受，发言气氛活跃，议事理性有序，形成共识如下：一是居委会入户做好居民土地流转工作，征用百姓土地进行相关的补偿；二是园林社区与试训基地合作建设药博园中草药种植研学基地；三是流转土地的费用由居委会承担，试训基地积极向上争取项目资金，用于完善药博园中草药种植研学基地基础设施建设，丰富药博园功能，提升药博园档次；四是中国中医科学院试训基地应优先聘请本地脱贫户、群众种植中草药材，解决就业问题；五是试训基地应利用自身优势积极帮助拓宽药博园种植中草药销售渠道。经表态发言，14 名与会人员一致同意通过。

（作者单位：德兴市花桥镇政府）

德兴市：修建污水管网　美化村容村貌

◎徐建国

　　泗洲镇中洲村人口较多，村里的污水排放问题一直困扰着村民，污水的随意排出，公共道路污水横流，出行的村民鞋弄脏了，小孩滑倒了，夏天蚊虫滋扰、臭气熏鼻给村民带来诸多不便，与秀美村庄很不相称，直接影响了村民居住环境，也影响到周边农田水塘的生态环境。

　　为解决村民污水排放问题，中洲村决定在中洲村修建污水管网，由于污水管网的选址会涉及村居征地，村居经过勘察决定将污水池修建在中洲村小组集体用地上，村委会召集中洲村代表及村民协商征用土地事宜，中洲小组不同意在集体用地上修建污水池，这导致中洲污水管网项目的停滞。政协委员和村支书一起到现场实地查看，觉得湾头大桥上倒插亩也适合做污水池，决定将污水管网建污水池征地事宜问题作为"党建＋好商量"协商议题，希望通过协商议事会议解决征地的难题，让该项目尽快实施。

　　会前政协委员、村支书组织各代表到现场进行勘查，通过实地勘查代表们都觉得湾头大桥上倒插亩适合做污水池，这块地是湾头五组的地，需要和湾头五组协商讨论征求村民的意见，代表们到部分村民家中了解村民对征地的意见，大部分村民表示同意，于是决定本次协商议事会议也邀请了湾头五组代表进行讨论。

　　3月29日下午，泗洲镇中洲村就中洲自然村污水管网建污水池征地事宜召开了"好商量"协商议事会，协商议事会成员、相关部门领导、利益相关方群众代表共计16人参加会议。

　　会上主持人村支书介绍了关于建设污水管网问题向代表们阐述了会议

主题和背景。村支书表示：修建污水管网是关乎民生的事情，可以直接解决居民生活遇到的问题，我们通过"好商量"这个平台，现在把关于建设污水管网征地需要怎么解决的问题说出来，想听听大家的意见，大家有什么好的办法，可以积极发言。

群众代表：我认为建设污水管网是对自然村村容村貌有一个较大的提升，是服务于老百姓的，这个好的事情，这个事情我是同意的。

群众代表：一到下雨天，那个污水就到处乱流，家里有小孩要上下学的，走几步路都不方便，也有一定的安全隐患。

党员代表：修建污水管网是好事，现在因为这个事情需要征地，对于农民来说征地会直接影响我们的收入。

相关部门代表：现在还在计划阶段，关于征地和污水管网的选址有很大的关系，我觉得选址可以考虑到不需要征地的地方，这样也可以节约一部分费用，这个当然也需要看污水管网建设的要求。

党员代表：修建污水管网及污水池原本就需要一定的费用，如果征地可以节约一部分，项目也能尽快地完工。

群众代表：我觉得目前建污水池较适合的地方是湾头大桥上倒插亩，那块地位置对于修建也很方便，我们之前也一起到现场看过，如果用这块地的话，也不会涉及征收村民个人的地。

群众代表：我们修建污水管网是公益项目，是用来造福老百姓的，如果用这块地也可以节约一部分资金，再说地是老百姓的，这个项目也是为了造福老百姓。

五组代表：给村里做污水管网是好事，今天我也是代表我们五组来参加会议的，我前期也到了我们五组的村民家里了解了情况，大多数村民都是同意的……

通过参会人员各抒己见，对此次事件表达自己的看法、意见和建议，实地勘查，走访群众，各方代表也分别就此次议题发表意见。

经过持续的激烈讨论，达成以下共识：决定优先将污水池建在湾头五组集体土地湾头大桥倒插亩，由村委会联系湾头五组村民与代表协商征地事宜。最后经会议讨论湾头五组村民自愿让出土地，无偿做中洲自然村污水管网污水池。

之后按照流程对征用的土地进行施工，原中洲污水管网建设污水池需要征地 3.4 亩，费用约 6.1 万元，通过"党建＋好商量"协商议事会议，中洲湾头五组村民同意无偿将该块地提供修建污水池，为该项目节约了资金。目前中洲污水管网已经完工，为中洲村解决了污水横流的问题，提高了村居的村容村貌，切实服务了老百姓。

（作者单位：德兴市泗州镇政府）

德兴市：构建"和美乡村" 谱写基层治理"大文章"

◎罗 建

为聚焦"和美乡村"建设，推动各类矛盾纠纷真排查、真化解，营造城乡居民和睦、友爱、温馨的邻里关系。7月1日，铜矿街道政协工作联络组召开"构建和美乡村"专题"好商量"协商议事会，会议由铜矿街道政协工作联络组组长罗建主持，政协委员、利益相关方、党员代表、群众代表、街道社区干部等共计22人参加会议。

会上，罗建组长带领代表们深入学习了习近平总书记在党的二十大报告中关于"统筹乡村基础设施和公共服务布局，建设宜居宜业和美乡村"的重要论述，与会人员纷纷就如何"构建和美乡村"进行深入学习和细致交流。在学习交流后，与会代表热情高涨，纷纷就自己的想法各抒己见。

"咱们这的基础设施建设和物业水平的提高，大家有目共睹，但还是存在管理薄弱的地方，比如小区养狗问题，有的人出来遛狗，就让狗在小区休闲桌椅上爬来爬去，这多不卫生，有时候你上去劝阻，她还说你多管闲事。"居民代表王大哥无奈地说道。

"我们矿里小区前几年才移交给地方管理，对于地方的管理职能还不是很了解，对于日常生活中遇到的问题，不知道到哪里反映，我认为应该建立系统的问题反映渠道，这样街道才能知道老百姓的日常需求在哪里。"居民代表李大爷说道。

"我们街道辖区的国企较多，居民也以国企职工亲属为主，在基层治理中，是不是要多和地方国企合作。"社区干部代表说道。

"你们说的情况，街道目前正在商讨解决方案，初步想法是在社会治理中，除了原有的街道社区干部、网格员等人员外，还会邀请司法机关和执法机关人员加入'一网五环'的治理中，为我们辖区的基层治理提供法律保障。"政协工作联络组组长罗建耐心地讲解道。

"构建'和美乡村'，还是要在精神文明创建上下苦功夫、真功夫，引领家风、民风、社风的向善向上，很多日常治理问题也就迎刃而解了。"政协委员陈佳莹说道。

在经过两个小时的热烈讨论后，会议在各代表提出建议的基础上进行公开讨论表决，街道政协工作联络组也对大家关心的问题进行疑惑解答和政策解释，会议最终达成构建一网五环、双核驱动、三美三结合、四度多元、五星服务的"12345 和美建设"体系的共识。

一是"一网五环"。以党建为引领，做实"网格化"管理服务，科学合理划分网格，按照"边界清晰、全域覆盖、规模适度、功能完善"的原则，实现一网全覆盖，做到"一网治理"。通过打通"信息收集、问题发现、任务分办、协同处置、结果反馈"五个环节，建立群众诉求快速响应处理机制，不断增强矛盾纠纷化解能力、提升基层社会治理水平。

二是"双核驱动"。街道党工委与德兴铜矿党委等企业建立地企联动机制，创新实施"党建联盟"等特色品牌，形成在推进重大项目建设、解决信访突出问题、加强社会治理工作中"共建共治、共荣共享"的工作合力。

三是"三美三结合"。结合美丽集镇项目，建设铜矿集镇美；结合德兴工矿游，建设铜矿景色美；结合精神文明创建，建设铜矿文明美。物质基础建设和精神文明建设并进，助力和美乡村体系建设，推动街道高质量发展。

四是"四度多元"。突出源头预防，最大限度减少矛盾纠纷产生；强化主体职责，最大黏度形成多元化解合力；明确化解途径，最大力度促进矛盾纠纷化解；坚持跟踪服务，最大程度预防矛盾纠纷反弹；依托街道政协"好商量"、红色物业联盟、人大代表联络站等平台，做好民生服务，强化矛盾纠纷化解。

　　五是"五星服务"。构建志愿服务平台，打造"铜城好邻居"五星志愿服务队，囊括"红色物业、和谐邻里、平安义警、情暖夕阳、欢乐童伴"五个方面，让群众参与到基层治理中来，发挥群众地熟、人熟、事熟的优势，让群众力量汇聚到基层治理的方方面面，助力和美乡村建设。

　　（作者单位：德兴市铜矿街道党工委）

德兴市："转"出农业产业转型升级新活力

◎李俊杰　严静怡

"我身体不好不能干重活，子女又都在外地打工，家里十来亩地全靠67岁的老伴儿一个人种，一年下来不仅挣不了几个钱还辛苦。现在将土地流转给村里的合作社，不但收入有保障，老伴儿得闲后还可以到基地干点杂活再挣点钱。土地流转，是好事！"70岁的农户甘炳泉签完土地流转协议激动地说。

近年来，张村乡紧抓"果蔬小镇"建设契机，大力发展现代化农业产业，引进德鲜优品数字化农业示范区项目，助力传统小农经济模式转型升级为现代化数字农业经济模式，农产品销售平台将由德兴本地及周边县城，转向全国市场，对于该乡农业产业链条的打造升级和扩展延伸具有十分重要的意义和作用。项目建成后，预计可提供就业岗位二百余个，辐射带动该乡及其周边乡镇村民参与蔬菜种植，帮助解决农村就业难问题。

项目实施前，农户对将自己的土地出租给别人心存顾虑，不愿意流转土地。为了让农户们打消顾虑，参与土地流转中来，下沉政协委员们走进田间地头、深入农家小院，多方走访联系农户进行调研。按照"众人的事情由众人商量"的原则，张村乡借助基层协商民主建设工作的东风，5月初，由乡党委副书记、政协联络组组长李俊杰主持了一场"党建＋好商量"协商议事会议，乡党委书记、挂点政协委员、党员代表、村民代表、利益相关方等二十余人围坐一堂，围绕"德鲜优品数字化农业示范区项目土地流转"进行商讨，共商共建。

"流转土地去发展项目是好事，但是我现在在城里打工，土地一流转至少 10 年，中间没活干要回家种地怎么办""我种了一辈子的地，现在让我把土地流转出去，没地种了，以后我吃什么呢""土地流转对我们老百姓有什么好处，能给我们带来什么利益""租金一亩多少钱，要怎么支付，是否会根据市场价格变化而变化"，代表们你一言我一语，将肚子里的疑问全部抛了出来，针对上述问题，相关方一一做出解答。

"土地流转遵循自愿原则，对参加土地流转的村民每年每亩地支付租金 400 元，土地租金提前支付到村委经济合作社账户，每年的 1 月再由经济合作社转到大家手中，租金会随行就市，每 5 年上涨 10%。"乡农业农村办主任徐建华耐心地为大家解读流转条例。

"请大家放心，对于土地已经流转的农户，德鲜优品公司会优先雇用到基地务工，保证让大家在家门口有活干，对于有种菜意愿的农户，乡政府可以拿优质土地和大家置换。"乡党委书记宋庆峰的表态给担心无地可种的村民吃下了一颗定心丸。

经过有关方的细致解答，转变了农户土地就是"命根子"的传统观念，变"要我流转"为"我要流转"，纷纷表示愿意积极配合相关工作。

两个小时紧锣密鼓地协商后，与会代表们达成了以下共识：一致同意对自有土地进行流转，积极参与德鲜优品数字化农业示范区项目建设，为张村乡农业产业转型升级出一份力，并确定由乡政府来牵头规范土地流转，承包土地遵循会议制定细则，为保护双方权益，签订流转协议，增加一份保障；德鲜优品数字化农业示范区项目建成后，优先招聘录用本地村民，增加村民就业机会，进一步提高村民收入；对于有种地需求的农户，积极引导农户寻找合适的土地进行置换，签订土地置换协议；由张村乡党委政府履行监督职责，督促德鲜优品公司依法保护和合理利用土地。

截至目前，张村乡共计流转土地三千二百余亩，农户保底增收土地租金一百二十八余万元，以实际成效满足群众期待，以群众期待促进幸福感提升。通过项目支撑，也进一步提升了该乡现代化农业产业发展水平，为产业转型升级注入新活力。

下一步，张村乡将持续聚合多方力量，运用好"好商量"协商议事平台，围绕保障和改善民生、提升公共服务水平、改善人居环境、丰富群众文化生活等群众关心关切事项和问题开展协商活动，把"好商量"协商议事平台打造成为党委政府"好帮手"、人民群众"连心桥"、委员履职"新平台"，为建设和美乡村贡献政协力量。

（作者单位：德兴市张村乡政府）

新干县：关注"出行"秩序　点亮城市文明

◎聂小荣　魏桂秀

一、协商背景：文明交通是关乎文明城市创建的一场"大考"

2023 年是新干县创建全国文明城市攻坚之年，自创建以来，全县开展了大量富有成效的工作，创城工作取得了阶段性成效，但有些问题仍然较为突出，交通秩序管理还不规范就是其中之一。

县委、县政府十分重视城区交通秩序治理工作，先后投入了 2000 多万元资金用于完善交通设施。县政协党组书记、主席曾溅明主动担责，立足"党政所想、群众所盼、政协所能"的原则，组织政协委员们以"提案""大会发言"等形式，就规范治理城区交通秩序建设建言献策，积极反映广大群众的呼声、诉求和期盼。

在这样一种背景之下，县城市社区党工委组织下沉的政协委员，经过对拟协商事项的可行性、可操作性开展前期调研，在广泛征求相关各方意见建议的基础上，把好"征题、筛题、拟题、定题"四个环节，提出了上述议题，并报经县政协同意后组织实施。

二、协商过程：集思广益　共商解题"良方"

县政协及时制订调研方案，成立了以县政协副主席徐春生任组长，由县公安交警大队、县城管局、县教体局、县创建办、城市社区党工委负责人和下沉政协委员组成的调研组，在开展正式协商前，调研组成员深入开展调研。

3 月下旬，调研组分 8 个小组，充分利用早晚高峰期进行实地调研，分别到城区主要红绿灯、路段、学校、农贸市场等现场点位进行交通秩序状况调研，每个点位蹲守 1 小时以上，详细记录各点位出现的交通秩序状况。

4 月 7 日，调研组召开座谈会，会上详细分析和研判了县城区交通秩序的现状、存在问题，并对下步工作提出初步意见建议。

4 月 12 日，县公安交警大队"淦事协商"现场气氛热烈，在县政协的指导下，此次协商会议由城市社区党工委负责召集，县城市社区党工委书记李金平主持，县公安交警大队、县城管局、县教体局、县创建办负责人和下沉的政协委员、部分群众代表共 41 人参会。

在前期充分调研的基础上，学校代表聂海华首先发言，她说市民交通安全意识不强，交通标识设置跟不上城区建设发展需要，车位配比不足导致高峰期乱停放车辆现象比较严重，城区交通秩序亟须规范管理。

聂海华"吐槽式"的发言让大家纷纷打开话匣子，县政协委员聂渭建议，编制城区道路骑行应知应会宣传品在微新干、新干交警等公众号进行宣传普及，让如何安全骑行家喻户晓、人人皆知。

县政协委员邓志武表示，科学合理规划建设便民停车场。

县政协委员王司春提出，在重点时段加强值勤、执法力度，提高路面见警率和管事率，对违反交通规则的行为严管严查。

……

听了大家的发言，县城管局局长秦永春首先打开话茬。他说，由于城市交通环境和土地资源有限，停车位缺口明显。我们城管局着力推进 2023 年《新干县城市排水防涝节水蓄水功能提升路面配套停车标识标线采购项目》招投标工作，加快开展非机动车停车位标划工作，最大限度增设停车位，解决市民停车需求。

秦永春的协商表态让大家看到了职能部门立足解决交通问题的决心。县公安交警大队大队长范敏接着道，县城区机动车数量不断增加，交通标识设置滞后，交警部门人员不足，交通管理的压力比较大，交警部门将及时会同相关部门规范治理交通秩序，不断提高市民遵守交通秩序的自觉性。

会议结束时，徐春生作总结发言，他对协商成果的转化提出具体要求，希望相关部门珍惜协商成果，认真履行部门职责，做到分工与合作相结合，不推诿扯皮，形成工作合力，规范治理城区交通秩序。6 月，将组织下沉政协委员对达成的协商共识落实情况开展视察，有序推进城区交通秩序规范治理。

经过充分协商，达成共识，形成以下四方面的意见和建议。

一是尽快补齐修缮城区交通设施。对城区主次干道、红绿灯、斑马线、隔离栏、隔离墩、人行道、盲道、停车位、交通标识标线、减速带、礼让行人标线、违章抓拍系统等交通设施进行全面摸排修缮，尽快整改到位。由县公安交警大队主办。

二是实施停车泊位专项治理。因地制宜推进城区停车位扩容建设。由县城管局主办。

三是开展常态化交通秩序专项整治。加大交通违法行为执法查处力度，持续开展"我不闯红灯"宣传教育活动。由县公安交警大队主办，县创建办、县城市社区党工委协办。

四是提升舆论宣传针对性。抓实党员干部的示范引领，抓好市民群众的宣传教育，深化在校学生的宣传教育。由县创建办主办，县教体局、县城市社区党工委协办。

四条意见建议交 5 家单位办理，明确了主办单位和协办单位。会后，各有关单位领取了《"吉事广议·淦事协商"意见建议交办表》。

5 月 18 日，调研组召开协商交办事项"回头看"座谈会，会上交流了协商交办事项办理工作，推动交办事项高质量办理和落实。

三、协商成效：联动落实　交出精彩"答卷"

新干县政协通过"淦事协商"开展的此次协商会议，经过成果转化，很快变成了有序推进城区交通秩序规范治理工作的"冲锋号角"。经过各方努力，各司其职，积极作为，截至目前，共散发宣传单 15 万多份，开展各类宣传活动 76 场次，制作微信 650 多条，曝光典型案例 147 起，使受教人数达到 20 多万人。累计标画、修复、增画标识箭头 2810 个、自行车车标 244 个、小车位 100 个、三轮位 120 个，非机动车停车位 40000 余个。在各主要道路科学合理安装了 16 个交通诱导屏、3 个来车预警系统、新增了 6 个红绿灯、8 个违停球电警设备，设置了 3 个"闯红绿人脸识别语音提示系统"、完善主次干道物理隔离护栏 5.7 万多米、施画了标志标线 6.2 万多米；在木 S312 省道瓦桥路段、赣江大桥两侧安装了强力反光道钉。城区交通秩序得到较大改善，受到市民好评。

四、协商启示：提高协商成效　打造协商品牌

"淦事协商"如今成了新干县协商议事一个耳熟能详的平台，这个平台最引人注目的就是议政议到关键处，协商抓到了点子上，选取了切口小、关联广、与群众切身利益密切相关的协商议题，通过协商，达成了共识，形成了意见建议，最终得以落实和转化，既探索创新了更多富有地域特色的推进政协协商与基层协商相衔接路径方法，又丰富了"淦事协商"平台内涵，彰显人民政协专门协商机构优势，发挥协商民主在基层治理中的作用。

一是协商议题聚焦中心。在创建全国文明城市的关键时间节点，发挥政协优势，组织"规范治理城区交通秩序，助力全国文明城市创建"基层协商活动，积极建言献策，体现了政协主动担当作为、服务中心大局的意识。

二是意见建议聚焦民生。本次协商提出的意见建议，事关群众反映强烈的迫切诉求，切中了交通秩序治理的堵点和痛点，协助党委政府破解群众"急难愁盼"问题，真正做到协商于民、协商为民。

三是会前沟通聚焦到位。本着理性有序、真诚协商的原则，在召开协商座谈会前进行了小范围的座谈沟通，与相关单位对每条意见建议逐一进行研究讨论，找准解决问题的契合点。

四是成果转化聚焦实效。本次协商会议交办，明确了主办单位和协办单位，办结后还组织政协委员对办理情况进行调研视察，真正让协商成果转化为社会治理实效。

（作者单位：新干县政协）

峡江县：安防无小事　快议"真来事"

◎童萍华

近年来，通过大力推进平安峡江建设和市域社会治理现代化试点，实施"雪亮工程"，充分发挥视频监控系统的作用，峡江县公众安全感得到明显提升，但仍然存在着局限性和薄弱之处，特别是小区里面的监控还是盲区，偷盗现象时有发生。为进一步强化治理效果，结合综治提升和协商平台建设，县政协将"加强智能安防小区建设"的议题列入"赣事好商量·玉事快议"协商议事计划。

智能安防小区建设投资大、设备要求高，如何落实落地？如何解决资金问题？县政协充分发挥民主协商职能，县政协主席、分管副主席多次与县政府主要领导沟通，召开"赣事好商量·玉事快议"协商会议，与县公安、财政、住建等相关部门充分协商，并深入小区征求居民意见建议，最后达成了结合老旧小区改造同步完成"智慧安防小区"建设的一致意见。

为确保议题快议快办，促进项目进度，县政协紧紧抓住三个协商重点：

一是协商项目计划。结合峡江县城区老旧小区改造年度计划，对照《吉安市市域社会治理现代化试点工作"一办六组"工作任务清单》，协商将其列入县公安部门"我为群众办实事"重点民生项目清单。在老旧小区改造中同步完成"智能安防小区"建设，打造一批智慧互联、惠民利民、共建共享的"智慧安防小区"，切实提升基层治理社会化、法治化、智能化、专业化水平，夯实老旧小区社会治安防控体系。同时，协调部门多次召开项目调度会，现场解决项目推进过程中遇到的问题，实行挂图作战、周报月报制度，保障议题项目按计划实施。

二是协商建设资金。针对资金不足的问题，县政协组织县财政局和县住建局召开联席会，制定了结合老旧小区改造工程，基础设施如管线等列入老旧小区改造项目的方案，解决平台和前端建设资金一千六百余万元，其中前端建设资金八百五十余万元，平台建设资金七百五十余万元。

三是协商数据布局。针对项目建设中数据采集需花费大量人力物力的难题，协商县公安部门抽调 5 名计算机专业民警进入项目组，加强技术培训。共完成布局 50 个片区建设，其中增强型小区 13 个，标准型小区 37 个，共建设监控点位 1700 多个。

建成后的智能安防小区为群众安防提供了四道保障：

一是"社区慧眼"。围绕社区场景，着重在小区出口入口、小区内部通道、停车场出入口、楼栋出入口等小区重要位置建设闭环的高清视频监控设备和智能化采集设备，采集人、车的图片，时间、地点等信息，精准确识别常住人口、流动人口、关注人员（孤寡老人、上访人员、问题少年、刑满释放人员、精神病等）。

二是"社区云脑"。充分运用互联网、大数据、云计算、视频 AI 等先进技术，以视频的智能化为核心，打造社区的"智慧大脑"，通过时空数据库、人脸识别与虚拟身份聚类等技术，为每个人建立档案信息：居住区域、作息习惯、关系人员、关系车辆、轨迹信息、身份标签。

三是异常预警。异常或违法目的前必然有异常行为，基于真实身份数据，可以知道人员的何时出现、何时离开，通过大数据分析可知人员落脚地、长期未出现、频繁出入等异常行为信息。灵活的授权体系，可以为不同的用户赋权，实现一路视频多方使用；完整的运维体系，确保设备故障及时发现，整体系统的高可用性。

四是多方应用。基于互联网提供清晰度高、浏览速度快的高质量视频服务，有利于区域内人员精细化管理。可识别实有人口、外来人员、关注人员跟踪、人员行为分析、数据异常监测等功能，全面掌握社区人员情况，维护本辖区内社会秩序稳定；实现对关注人员的自动提醒。针对孤寡老人、上访人员、精神病等重点关注人员，系统检测到其异常行为时自动通过系统推送提醒信息；实现多用户移动化应用。面向多用户提供不同功能的移动 APP 应用，面向管理员提升办公效率、面向群众建立群众的信息接收及问题反馈渠道，打造社区场景的社会治安防控的共治共享格局。

智能安防小区建成以来，在运行过程中结合已建成的天网工程破获交通肇事逃逸十余起、帮助找寻儿童二十余人、通报小区内违规停车及不文明现象一百余起，盗窃案件发案率明显降低，群众安全感得到进一步提升。2023 年峡江县公众安全感位列全市第 4 名，与去年同期同比进位 5 名。

在协商议事项目建设回访调查中，部分居民由衷赞叹：智能安防小区建设让居住者安心、管理者省心，政协的协商议事还"真来事"！

（作者单位：峡江县政协）

安福县："赣事好商量 + 醉美烟乡"赋新彩

◎罗国华　朱　珊

农村基层，传统产业如何再突破？新兴产业如何招大引强？村集体经济如何强势发展？这些最有代表性的话题，安福县每年的政协全会期间，社会各界政协委员议得最多，政协委员们就这一话题开展协商讨论，把心声、心愿摆上台面，共鸣共振为安福县乡村振兴产业发展建言献策，汇集民情民智。

安福县寮塘乡，最出名的产业就是烤烟产业，规模万亩，素有"江西烤烟第一乡"之美誉，却也面临产业发展的瓶颈：产业单一，增量受限，新兴产业也较薄弱。2021 年换届以来，江西省安福县政协副主席赵正武同志挂点寮塘乡，这两年，赵正武同志多次深入基层调研，建议寮塘乡党委政府借助"赣事好商量 + 乡村振兴产业发展"这一协商议事平台，汲取民间智慧，发挥乡贤力量，积极向上争取央企中国烟草江西中烟支持，通过乡贤引荐招大引强国家级重点龙头企业井冈粮油进驻寮塘，瞄准万亩烤烟、万亩优质稻、万亩水稻良种三大产业目标，大力推介产业发展带来的强村、富民、美乡、利企"四赢"效应，扬优成势，集聚品牌，产业发展走上了提质增效"快车道"。

一、多路径宣传动员，扎实推进农业产业高质量发展

一是注重考察学习。为借鉴先进经验、拓宽产业发展思路，赵正武同志率队寮塘乡班子成员、各村党支部书记赴井冈山粮油集团考察学习，深

入学习了解"井冈香粘"等优质水稻种植技术和订单收购模式，增强各村种植信心和种植意愿。

二是层层动员落实。寮塘乡多次召开专题会议谋划农业产业发展工作，成立了烟叶基地单元、井冈香粘优质稻、水稻良种制种、供港蔬菜基地建设等工作专班，充实骨干力量负责具体工作推进，形成一级抓一级、层层抓落实的工作格局。同时也鼓励人大代表、政协委员、种植大户带头种植。一时间，寮塘乡辖区的种植大户纷纷跟进争相领种，3500 亩订单 2.4 万斤种粮两天时间全部发放完毕。

三是坚持"招大引强"。4 月 17 日，省烟草科学研究所、省农科院与寮塘乡签约，分别派驻两大科技服务团队共 5 名博士一线助农，同日，江西井冈山粮油集团也与我乡签订了万亩种业小镇战略合作协议，为寮塘农业产业发展提供了强有力的科技和智力支撑。

二、常态化民主监督，促进农业产业规模提档升级

在发展大局中找题、在专题调研中协商、在民主监督中落实。安福县政协拉长监督链条、补齐监督短板，使"软监督"发挥"硬作用"，有力助推县委、县政府决策部署落实和民生福祉改善。

一是民主监督护航村集体经济增收。针对村集体经济增收薄弱环节，寮塘乡创新推广村集体烟田，出台了《寮塘乡村集体烟叶委托种植管理制度》，从制度机制、管护要求、利益分配上定规矩。5 月 4 日，民盟安福县总支副主委、县政协委员王康积极组织辖区部分烟技员、种烟能手、人大代表，对蒙坛、西边等七个村集体烟叶种植试点村开展实地视察，督促各村种好集体烟，算好村集体经济增收账。

二是民主监督高标准农田管护。针对高标准农田管护问题，寮塘乡专门邀请吉安市政协联合安福县政协深入基层一线对辖区高标准农田建设开展民主监督活动，为保障产业发展护航。在南干渠末端的安福县寮塘乡西边村书岗山组，市县政协委员现场走访调研看到，田成块、渠成网、路相

通、沟相连，经改造后的农田土地平整、集中连片、设施完善、抗灾能力强、产量高。"多亏搞了高标准农田建设，去年大旱之年无灾情，亩产量还更高"，书岗山组组长周云先逢人就说政府办了件大好事。

三、全方位服务民生，积极打造产业发展新业态

寮塘乡通过县政协搭建的"安心议·真信服"协商平台，妥善处理产业发展中遇到的民生问题，从政策执行、群众认知、社会评价等层面研判诉求成因，为产业发展保驾护航。一是推广种植万亩"井冈香粘"。今年以来，寮塘乡积极对接省农科院、井冈粮油集团，引资5000万元创建寮塘乡优质水稻种业综合农事服务中心，推广普及万亩"井冈香粘"订单农业，通过借助企业资金、技术服务和人才优势，采取种子公司、粮油公司与村集体统一签订推广收购三方协议，村集体再与农户逐一签订种植服务协议，着力提高优质稻效益，增加农户、种粮大户的种植收入。"井冈香粘"共3.4万斤优质稻种全部分发到种植户手中，井冈粮油集团与寮塘乡18个村集体逐一签订订单协议，以高于同期优质稻品种高价收购，预计全乡村集体收入可达800万元。二是加快推进万亩种业繁育基地建设。一枝独秀不是春，百花齐放春满园。寮塘乡正全力做好土地流转、项目建设、稻种推广普及等工作，配合井冈粮油集团做好万亩"井冈软粘"优质水稻新品种选育、引种试验示范、商品种繁育、种子烘干生产等全产业链服务和技术支撑。同时，通过"种业公司＋村集体经济＋农户"的种业订单模式，强化村企合作，壮大村集体经济，目前，布局西边村、东岸村、寮塘村的良种繁育已经全部落实到位。

（作者单位：安福县政协）

永新县：守护禾水河流域渔业资源

◎尹子明

近年来，永新县政协以"赣事好商量"协商品牌创建为引领，充分发挥政协专门协商机构作用，持续推动基层委员工作建设，着力在收集、反馈、解决、跟踪等环节上下功夫，有力推动一批民生实事的解决，充分彰显政协协商在服务发展中的优势和地位。这里以永新县域禾水河流域渔业资源保护为例，浅谈永新县政协"赣事好商量"的基层实践与探索。

一、选题背景

禾水河在永新县境内全长 77 公里，主要支流有宁冈河、龙源口水、溶江等，水量充沛，监测到的鱼类有 3 目 8 科 45 种。然而近年来，由于"靠水吃水"等思想观念的束缚，沿河乡镇群众采取电鱼、放地笼等方式对渔业资源实行竭泽而渔式的捕捞，导致渔业种群质量急剧下降。如何加大对非法捕捞的打击力度，更好地保护禾水河流域渔业资源成为一个亟待解决的突出难题。

二、下沉选题

面对这样的态势，今年年初永新县政协发挥下沉委员作用，依托 25 个委员工作室，广泛深入一线社情民意信息联系点，通过拍照、座谈等方式，广泛收集禾水河流域非法捕捞情况，详细掌握的第一手资料。针对这些触目惊心的情况，由文元华等委员发起，向县政协反映了社情民意信息，经主席会议审定列入了年度县政协常委会专题协商议题。

三、精准破题

沉疴需良药。如何解决这一难题，永新县政协发挥自身"人才库"优势，组织部分委员以不打招呼的方式，到重点河段、重点乡镇收集掌握更为详细的资料，制作了专题片。4月27日，县政协召开县政协常委会视察禾水河流域渔业资源保护座谈会，会议邀请了部分乡镇和相关职能部门，以及群众代表参加，就打击非法捕捞工作进行协商座谈。6月13日，县政协第十一次常委会就加强禾水河流域渔业资源保护作了专题协商建言，参会人员以分组讨论的方式，进行建言献策。在充分吸纳各方意见建议的基础上，就如何加强禾水河流域渔业资源保护形成了《关于禾水河流域打击非法捕捞工作的视察报告》，并提交给县委、县政府作决策参考。

四、持续验题

为落实好协商成果，推动打击非法捕捞相关意见建议落到实处，永新县政协以县政协常委会的名义印发《禾水河流域打击非法捕捞"回头看"工作安排》，由县政协副主席带队，组织县政协常委及机关科级干部分7个组开展"回头看"，要求每个月开展"回头看"的次数不少于4次。在持之以恒的推动下，县农业综合执法大队、县公安局森林分局和乡镇综合执法队铆足力量，全力开展打击非法捕捞专项整治"夜鹰"行动，共收缴350副地笼、126张渔网、82根电鱼竿、5套电瓶和升压器。

（作者单位：永新县政协）

崇仁县：禾场协商议出文明嫁娶新风

◎章澄宇

"衷心祝愿各位新人同心永结，幸福美满！"2023 年 5 月 20 日，崇仁县委书记周国华向 12 对参加集体婚礼的新人送上结婚证和祝福。没有高价彩礼也没有鞭炮车队，这是 2022 年以来崇仁县举办的第二场集体婚礼现场，也是崇仁县政协"赣事好商量·禾场协商"的成果之一。

近年来，彩礼高昂、婚事大操大办曾一度成了江西在网络上的"标签"，整治天价彩礼成了迫切需要。为此，崇仁县政协决定把"遏制高价彩礼，倡导良性婚俗"作为"赣事好商量·禾场协商"的"第一炮"。

彩礼和其他费用是多少？群众觉得多少彩礼算高价？为确保议出实情、商出实效，在"禾场协商"召开之前，县政协组织委员带着问题到矛盾较为突出的几个乡镇实地调研，发现农村青年彩礼少则十来万元，多则二三十万元，而且出现了彩礼与家庭经济条件倒挂的现象，为求得一"媳"，越是困难家庭越需要付出高额彩礼。除彩礼外，还有见面礼、"四金"、媒人费等一系列支出，往往不低于 10 万元，给群众生活带来较大负担，也为社会增添不稳定因素。

在调研的基础上，崇仁县政协赣事好商量·"遏制高价彩礼 引导良性婚俗"课题"禾场"协商议事活动在礼陂镇红星村晒谷场举行。县政协委员、村协商会议成员、村民代表及相关职能部门负责人围绕主题开展协商，为推进移风易俗建设文明乡风聚智汇力。

"彩礼是女孩身价的标志，嫁女儿不收彩礼，就意味着女儿不值钱，村里会说闲话、没面子，其实自己也不想要太多彩礼。"村民代表夏桂红说出自己的心声。

"我外甥女结婚，我带头做工作把她的彩礼降下来，我认为只要孩子们过得幸福，比多少彩礼都重要。"县政协委员、崇仁鑫诚果业种植合作社理事长刘明孙提出观点。

"高价彩礼愈演愈烈既有面子因素，也有媒婆推波助澜，但归根结底还是社会风气没有扭转。"黄志红委员在"禾场协商"会上指出问题所在，继而提出破解之策，"大力开展移风易俗示范村、文明家庭、新风尚好青年等先进典型表彰活动，让崇尚新风的荣誉感取代物质攀比的满足感。"

"村干部之前也多次调解过因彩礼引发的矛盾纠纷，高价彩礼确实需要遏制。"村妇女主任黄海英提出建议，"由村民理事会结合当地风俗和经济发展水平实际，明确当地婚嫁流程、彩礼金额、喜宴标准规模及惩罚措施等，规定彩礼不得超过 10 万元的上限。对超过规定标准索要彩礼的女方当事人，由村干部配合村民理事会成员上门劝阻、教育。"

大家你一言我一语，不断提出观点看法，慢慢达成了共识：要倡导文明新风，抵制高价彩礼，重领证、轻婚宴，革除铺张浪费等陋习；做出了"积极营造强大舆论氛围、充分发挥村民自治作用、大力倡导文明新风、依法打击违法犯罪行为、建立激励机制"的协商决议。

参加"禾场协商"的有关部门把意见建议带回到工作中，相继出台了《崇仁县深化婚丧领域移风易俗改革的实施方案》《崇仁县城乡婚嫁彩礼专项治理实施细则》，崇仁县委、县政府专门举行了"不要彩礼要幸福"集体婚礼、"5·20"集体颁证仪式，培育文明新风。县政协委员还根据"禾场协商"情况自编自导小品《谈婚论"价"》，用通俗易懂的形式宣讲移风易俗新风尚。

"禾场协商让大家有事一起商量，党委政府也非常重视协商决议的采纳转化，我切实感受到了'赣事好商量'。"作为对口联系礼陂镇政协工作联络组的县政协专委会负责人，章玉芳在总结评估红星村"禾场协商"

成果时给出了上述评价，"我将更加积极参加和组织'禾场协商'活动，更好地服务所联系的界别群众。"

"商以求同、协以成事。崇仁县政协将继续建好用好赣事好商量·'禾场'协商平台，更好地倾听民声、传递民意、汇集民智，为助推乡村振兴、创新社会治理凝聚更多智慧、贡献更多力量。"县政协主席高自辉如是说。

（作者单位：崇仁县政协）

采 访 篇

为讲好新时代新征程赣鄱政协创新履职故事,展示人民政协专门协商机构的基层作用和活力,持续打造"赣事好商量"品牌,2023 年 3 月至 4 月,江西政协"报网微"开展"唱响协商品牌 彰显文化自信——'书法之乡'政协行"。

这是继 2020 年开展"走向我们的小康生活——最红高铁沿线政协行",2021 年开展"传承红色基因 助力开局起步——省际沿线政协行",2022 年开展"奋进新征程 建功新时代 迎接二十大 委员在行动——赣江沿线政协行",省市县三级政协人连续第四次携手同行。上百篇报道深接地气,引起广泛关注,社会反响热烈,有的还荣获江西新闻奖、江西报刊网络新闻奖。

·唱响协商品牌　彰显文化自信——"书法之乡"政协行·

永丰：共绘"欧公故里"新画卷

◎李德伦　刘家欢　吴平德

"千年欧公故里，十里恩江画卷。"

"地处赣中腹地的永丰，是庐陵文化的重要发源地，中国民间文化艺术之乡。"在欧阳修纪念馆内，永丰县政协常委欧阳慧玲向记者介绍，"受欧公影响，永丰历代书法绘画名家辈出，县内民间书画艺人相继涌现。"

20世纪30年代，一批民间老艺人根据朱漆编竹编面花工艺，创造性地将古建筑浮雕、线雕、刺绣等艺术图案融入绘画创作，形成了独树一帜的民间绘画艺术。改革开放40多年来，以潭城乡为发源地的农民画，人才队伍迅速壮大，各类精彩画作蜚声海内外，绘就出了一片"梦想天地"。

新时代的潭城乡，浸润着浓郁的文化气息，引来八方游客，"农民画文创馆"各种文创产品琳琅满目，十几名乡村少年正聆听农民画家解振寿讲授创作心得和技艺。

"我的父亲王小玫不仅举办了第一期农民画培训班，还发起成立'永丰农民画研究会'。"县政协委员王雯萱接续作为，发起成立了"永丰农民画研究会娃娃农民画创作基地"，致力于优秀文化传承，培养下一代，并取得显著成效。

"作为乡村振兴的一张特色名片，富有新时代气息的农民艺术创作，不仅吸引大量农民在家门口从业，带来可观的经济收入，还丰富了农民的精神生活，涌现了大量讴歌农村的高价值作品，增强农民的文化自信，促进乡村振兴。"乡党委书记张志华欣喜地说。

"县政协一直关注农民画协会发展、农民画博物馆建设、农民画人才培训等，在调研基础上所提促进农民画事业和产业健康发展的意见建议，得到县委、县政府高度重视，助力农民画发展驶入'快车道'。"县政协副主席张兴平介绍道。

今年1月,传承永丰千年文脉的恩江古城下西坊历史文化街区正式开街。农民画馆与书法展馆、文创馆、非遗馆、畲乡刺绣馆等文化业态，错落有致地点缀于一条条古巷街坊深处，散发出浓郁的"书卷气"，当日就吸引游客4万多人次前来"打卡"。

在老街中，以农民画为主体，精心打造的政协书屋，吸引了委员们经常在此读书"充电"，分享读书心得，开展履职交流。"在这里，我们刚刚开展了党的二十大精神宣讲暨'书香政协'读书分享会，大家反响热烈。"县政协委员刘莎介绍说，自书屋建成后，已开展各项活动8次，示范带动古城街区形成浓厚文化氛围。

"古今山川丹书绘，天地文字华墨书。"下西坊老街"六一书院"内，县书法家协会会员们笔走龙蛇，一幅幅饱含着清香的墨宝，赢得大家阵阵掌声。

"今年是深入学习贯彻党的二十大精神开局之年，县政协领导牵头负责了庐陵欧阳修文化原乡等多个重点文化项目。"县政协主席易红根说，"我们将充分发挥政协优势，广泛凝聚智慧力量，积极探索更多'展新貌开新局'的生动实践，共同绘就'长治永安，物阜民丰'的新时代精彩画卷。"

原载《江西政协报》2023 年 3 月 17 日第 2 版

永新：不一样的政协人，一样的担当作为

◎杜　宁　吴金凤

3月8日，在永新，我们"结识"了全国"三八"红旗手、特等劳模、第一届省政协委员，第五、第六届住赣全国政协委员——李页俚。

"她送郎上战场，抗美援朝，保家卫国；带头创办全县第一个农业生产互助组；主动参加剿匪、反霸及地方妇女权益保护工作……"说起母亲，刘军十分动容，倍感骄傲。连续18年收集生前资料，修复母亲旧居，改造成家庭纪念馆，刘军说，这既是寄托思念，更为精神传承。

"我们在这里搭建了政协委员教育基地，开展委员讲堂、读书会等活动，引导委员实地感受历史，向楷模学习，向先进学习。"县政协主席周建忠说。

一代人有一代人的使命，一代人有一代人的担当。在李页俚故居，我们感受到站起来、富起来、强起来，从建立新中国到步入新时代，政协人永远不变的初心。

《军魂在这里铸就——永新红色印记》摄影画册，这是县政协为庆祝中国共产党成立100周年组织编著的。县政协教科卫体和文化文史学习委员会主任史学明说："革命先辈把传承红色历史重任交给我们，我们有责任用真实还原历史，让历史成为力量的源泉、精神的食粮、前进的动力。"

为挖掘保护优秀传统文化，去年年底，县政协还组织编撰了《永新传统村落》一书，详细展示了建县1800多年的永新优美的居住环境、悠久的历史渊源、深厚的革命印记。

融合永新书画界精英，2019年在中心城区揭牌成立县政协书画院。书画院副院长颜海涛是连任两届的"老政协"，1997年担任县文化局局长期间，推动永新县首次向文化部申报"中国书法之乡"，至此五度蝉联。县政协

书画院以书画为媒，贺剑文、贺家龙等委员广泛参与，先后组织开展了"喜迎二十大书绘新蓝图""爱心助学"书画作品义拍、"迎新春·写春联·送春联"等系列活动。

有事好商量，众人的事情由众人商量。"心事新办"是县政协去年的一项重点工作。周建忠介绍道，打造的 25 个"心事新办"委员工作室，实现了乡镇、园区、社区全覆盖，收集群众反映问题 152 个，123 个问题被列为协商议题。

三湾村茶子山组"心事新办"委员工作室，是首批打造的基层协商平台。在这里，刚刚解决了一起建房纠纷：动工前，村民贺新军跟左边邻居杨传根商定，建房标准要一样。结果，贺家新房却高出了十公分，杨传根很气愤，跑去闹事。下沉委员龙俊、左庆听闻多次沟通无果，便主动上门开展"微协商"，用三湾人民、革命前辈顾全大局、不畏牺牲的红色革命故事教育劝导双方，最终矛盾化解，两家重归于好。

县政协出台的《关于推进政协协商向基层延伸的实施意见（试行）》，对建立并落实委员下基层联系界别群众制度机制进行了明确规定。龙俊感慨道，人民政协为人民，就是要做群众身边信得过的委员。

在传承中创新，在创新中发展。新时代的永新政协人展现出一样又不一样的担当作为。

"县政协服务大局精准有力、议政建言科学有效，对县政协的工作，县委是满意的，群众是充分认可的。"在不久前召开的县政协十四届三次会议上，县委书记郑军平给予点赞。

"强国建设、民族复兴的接力棒，历史地落在我们这一代人身上。"周建忠表示，总书记的话铭记在心，我们要深入学习贯彻中共二十大精神、全国"两会"精神，以习近平新时代中国特色社会主义思想为指导，在奋力打造湘赣边高质量发展示范县中，展现更多"政协作为"、凝聚更多"政协力量"、抒写更多"政协情怀"，续写永新经济社会发展新篇章。

原载《江西政协报》2023 年 3 月 24 日第 2 版

青山湖：一个文化名街道的政协故事

◎叶　凡　黄　欣　江　婷

位于南昌市青山湖区东南部的南钢街道，因其浓厚的书画底蕴，被评为全省唯一的"江西省民间文化艺术（书画）之乡"，慕名而来者络绎不绝。3月14日，区政协委员，街道党工委副书记、政协工作联络组组长张光裕对专程前来采访的记者介绍说："获此殊荣，受益于党委政府重视，也得到社会各界支持。"

走进街道书画创作中心，浓浓油墨香扑面而来。一间接着一间的创作室，有银发老人，有青年艺术家，有在校学生，各个年龄阶段的书画爱好者，聚精会神投入书法、油画的练习和创作，挂满墙壁的各类作品，富有传统韵味，体现时代气息，让人回味无穷。

"作为老南钢人，我的根在这里；作为老政协人，也想为家乡书画艺术献一份力，我的情在这里。"青山湖政协书画院院长、创作中心主任陈子瑜从外地回到南钢街道，对老国企南昌钢铁厂充满感情，对这里翻天覆地的变化欣喜不已。

南钢退休职工多，以前这里是麻将声声。随着王恩明等一批优秀民间文艺代表回归，并参加国家级名家书画展，渐渐南钢街道的书画小有名气。"现在，常常是老伴带着老伴来，大人带着孩子来，艺术氛围浓浓。"忙着筹备个人书画展的陈子瑜，每周还会抽出时间辅导周边居民练习书画。去年8月，区政协开展"翰墨颂党恩献礼二十大"书画征集活动，政协委员、社会各界报送书画艺术作品98幅。其中，有18幅作品出自创作中心的老师、学员之手。

"油画里的这个背影画的是我，但代表着我们街道两千余名'邻里马甲'志愿者。人人参与社会治理，做居民的贴心'马甲'，为的就是要把街道这个大家庭建设得更美好更和谐。"已是古稀之年的杜国华老人指着一幅油画说。去年疫情过后，创作中心王恩明老师创作的这幅作品，就是反映在党委领导下，街道干部、志愿者、群众同心抗疫的真实感人场景。张光裕介绍，区政协主要领导任区"兴家风、淳民风、正社风"活动领导小组组长，着力推动打造出一批叫得响、效果好、认可度高的实践品牌，社区群众既广泛参与其中，又及时分享实实在在的成果。

更让大家津津乐道的，是政协"三有"协商平台的建立。7 个月前，江氨社区召开了一次"三有"协商议事会。围绕居民普遍反映的废弃花园问题，委员代表、居民代表、社区干部、党员代表就小花园建设进行了热烈讨论。从改造选址、设计方案、施工监管过程等，大家畅所欲言，各抒己见。最终形成共识，一致同意将其改造成休闲娱乐小广场。"第一次参加基层协商民主议事活动，切实感受到居民的参与感很高，提出的意见和想法也很贴合实际。我当时提出的'希望工程在图纸设计、施工和完工验收阶段能有居民和政协委员共同监督'的建议也被采纳了。"新任民盟界别委员周俊涛谈起协商过程依然激动，"从过去的脏乱差到如今的欢声笑语，我也体会到了为民办实事的成就感。"

"身为一名政协委员，我深刻感受到基层协商民主作为基层社会治理的一种有效途径，不仅能充分发挥居民自治的热情，也将政协委员和社会各界的力量化为动力，让街道的基层治理水平迈上新台阶！"当时组织参与协商会的张光裕，分享自己的切身体会。

"用文化育人，可以达到养成一个、影响一群的效果，也可以有更好的群众基础、协商氛围。也正是因为文化氛围浓了，我们的'三有'协商活动更有效了，得到了党委政府的认可，基层群众的点赞，政协委员的欢迎。"区政协副主席胡小明表示。

"人民政协为人民，区政协将认真贯彻落实中共二十大和全国'两会'精神，坚持履职为民，紧扣党委政府希望做的事、人民群众盼望做的事、政协组织和政协委员能够做的事，充分发挥专门协商机构作用，把'三有'协商活动作为推进政协协商与基层协商有效衔接的重要抓手，推动协商民主贯穿履职全过程，以高质量履职助推高质量发展。"区政协主席聂玉华如是说。

原载《江西政协报》2023 年 3 月 31 日第 2 版

上犹：奋发有为，写进委员心中的"门匾"

◎李德伦　刘家欢　凌天明

"百里犹江，九十九曲。"

"地处罗霄山脉中段的上犹，是'江西省书法之乡'，享誉海内外的客家门匾民俗文化，是一块独特的金字招牌。"上犹县政协委员、县书法家协会会长张东生自豪地介绍，各式各样精巧别致的匾框，融书法、绘画艺术于一体，意在褒扬先辈功绩，垂训后人创业。

一个个奋发有为的政协人，在各自领域书写着新时代的"门匾题词"，续写着上犹振兴发展的"秘密"。

大犹山下，油石乡花园村六千多亩，七万余株沃柑树漫山遍野。县政协委员、"悠然·果溪谷"沃柑基地负责人赖世福黝黑的脸庞中写满了"故事"。

"以前，附近荒山无人问津。县政协招商引资，我返乡创业，从试种18株沃柑开始，克服疫情不利影响，变卖珠海12套房产，7年奋斗，产销两旺'大果实'，预计今年产量可达200多万公斤，销售收入1000万元。如今，基地每天带动周边村民用工100多人，每年发放劳务工资达300余万元。"

走进梅水乡园村茶园基地，一幅"绿水青山就是金山银山"的巨型标语分外醒目。

"采摘的时候要做到一芽一叶，不要用指甲去掐茶叶，手指轻轻捏住往上提。"赣州市政协委员、上犹犹江绿月食品有限公司总经理陈开敏十分熟练地介绍起采茶的门道。

作为一名"90后""新农人"，陈开敏大学毕业后，就带着无人机这件新农具回乡创业。"我是来自农村的孩子，回到家乡的那一刻起，我就立志要做新时代的青年农民，致力用自己的所学，改变乡村的面貌，现在我身边的小伙伴越来越多了。"

"通过公司＋基地＋合作社＋农户的模式，如今，陈开敏不仅打理好了自家的六百多亩茶场，还示范带动村民种茶五千余亩，实现乡村经济增收一千多万元。"梅水乡党委书记肖建敏介绍起陈开敏，连连竖起大拇指。

在上犹县工业园区，县政协常委、江西恒信塑业有限公司董事长曾令章分享他创业21年，亲眼见证上犹工业由小变大、由弱变强的巨变。"县政协在我们企业成立了委员工作室，吸引了一批优秀委员企业抱团发展。作为一名委员，我不仅关注自己企业的发展，还非常注重收集园区企业的意见建议，通过政协协商平台，推动解决了优化工业园区公交线路，加快园区道路建设等问题。"

"紧紧围绕加快融入新发展格局，抢抓苏区振兴发展新机遇，上犹连续多年获评赣州市主攻工业先进县的生态县。"赣州市政协委员、县政协副主席严济斌介绍。

"我们将进一步发挥委员主体作用，持续唱响'犹事好商量'协商品牌，为上犹高质量发展凝聚强大合力。"县政协主席刘鸿懿说。

原载《江西政协报》2023年4月7日第2版

广信：最是心香能致远

◎涂　颖　杜　宁　李青青

十余年来，我们的创业团队就是按照'绿水青山就是金山银山'的理念，把所有心血都浇灌在故乡的土地上，在新时代努力实现把中国美丽乡村推向世界的梦想。

走进大美上饶，在广信区与一位位政协委员面对面交流中，记者深深感受这里"到处都是活跃跃的创造"，到处都散发着沁人心香。

3月27日，在时光 PARK 木言者书店——委员读书室，9 名来自区政协社会科学界别委员正围坐一起开展读书交流。

"从现在起到本世纪中叶，全面建成社会主义现代化强国、全面推进中华民族伟大复兴，是全党全国人民的中心任务。强国建设、民族复兴的接力棒，历史地落在我们这一代人身上。"

联系习近平总书记在全国两会期间的重要讲话精神，罗春英委员分享阅读《习近平的七年知青岁月》的体会："从人民领袖之所以成为人民领袖的历程中，我们看到了一代又一代共产党人的使命担当。"

彭联军委员分享最深的感受："尽管基层委员的文化层次不同，但是，通过学学相长的读书交流，进一步强化了理论武装，提升了文化素质，增强了工作本领，更加深刻感悟到'两个确立'的决定性意义。"

走出读书室，春意分外浓。

站在犹如"世外桃源"的望仙谷，谁能想到这里曾经是一片废弃矿山。区政协委员、九牛文旅集团副总裁熊慧不无骄傲地说，十余年来，我们的创业团队，就是按照"绿水青山就是金山银山"的理念，把所有心血都浇灌在故乡的土地上，在新时代努力实现把中国美丽乡村推向世界的梦想。

有情怀、有想法，还需科学规划、艺术呈现。

望仙谷景区规划面积 6.1 平方公里，如何依托这里地形、地貌，再造一个新故乡。区政协委员、总设计师田馥榛坦言，"我不是学规划设计的，是个美术生，过去一直在做壁画。"

每一天，田馥榛都一个人静静地来到工地。他一边查勘，一边构思；一边画图，一边指导。山顶、山腰、谷地，施工环境各有不同，建筑模式也要随机应变。网友口中的"清明上河图"，就是这样徐徐展开，一步步变为现实。

2021 年，克服疫情不利影响，望仙谷凭实力"出圈"，各地游客纷至沓来，不少知名网红前来打卡宣传，一时火爆全网，辐射带动周边民宿两千余家。

如今望仙谷二期启动。浙江衢州、湖北鄂州、山西万荣……这个由多名政协委员组成的创新团队，走出江西，为中国乡村文化发展提供方案、贡献心智。熊慧说，"我们很欣慰，赶上了好时代；我们很欣喜，成为'两山'转化的光荣践行者。"

华坛山镇党委副书记、政协工作联络组组长郑以勤连续组织召开 6 场协商议事会，成功打造五十余家樟涧民宿，"望仙游，樟涧留"蔚然成风。

同样感到骄傲和自豪的，还有石人乡党委副书记、政协工作联络组组长柯婷婷。

"去年 6 月，上饶市政协组团赴杭州市政协学习考察。上饶市政协主席俞健到广信调研时提出了命题作文，指出要学习杭州西湖好的经验做法，探索出具有广信特色的乡村治理新模式。"柯婷婷介绍，在乡党委政府支持、"赣事好商量"积极助推下，探索出"物业进乡村"服务模式。

基于长期与村民深入接触，柯婷婷了解到不少留守老人或儿童家庭有实际困难，便号召大家带技术带特长志愿服务、邻里互帮，创新建立了"邻里互助站"。

义诊、电工、修补、家教、陪同就医……19 项服务应有尽有。"罗大伯，你家灯泡换了吧？""欣怡，陆老师带你跟爸爸视频了吗……"柯婷婷一得空就来村里走街串巷、"问东问西"，总怕遗漏哪件"代办事项"仍未解决。

"去年 4 月，区政协创新开展'委员服务日'等品牌活动，将下沉委员编进乡镇、街道、社区网格，常态化摆摊设点，收集社情民意信息，助力解决群众'身边小事''关键难事'，充分彰显广信政协人践行履职为民的初心。政协制度优势在基层充分发挥，凝聚起同心向上的磅礴力量。"区政协主席吴斌说。

原载《江西政协报》2023 年 4 月 14 日第 4 版

广丰：千年翰墨万里香

◎刘志明　杜　宁　涂　颖

"一寸光阴一寸金"，"江西四大诗人"之一王贞白在这里留下千古名句。苏轼、辛弃疾、李清照等文人墨客在这里留下诗文辞赋、题联、书画，让人回味无穷、流连忘返。

这里，便是"中国民间文化艺术之乡（书画）""江西省书法之乡"——广丰。

"我准备了六十余件反映广丰人文山水和描写春意的绘画书法作品，相信未来将有更多更好的广丰书画作品，走出广丰，走向全国。"区政协常委蒋敏默默奉献，推动书法艺术与世界多元文化的交流，为家乡添彩。

"85 后"的他不仅是书法家、文化部艺术人才库人才，还是中国人民解放军数支部队育才中心和上海外经贸大学国际交流学院的书法教师。连日来，他正忙碌于中国美术学院现代书法研究中心、上海松江、上饶广丰三地书画艺术家作品交流展的作品筹展之中。

"我的学生最喜欢听书法背后的中国故事。"蒋敏在为留学生授课时，通过进行汉字书写体验，深入交流中国书法精神境界。

"我们不能只看书法的技法和表象本身，更应该去深入学习和领悟优秀文化背后的魅力和韵味。"他欣喜地看到，书法文化正在被越来越多海外中国文化的爱好者所熟悉和热爱。

走出广丰、走出江西、走向全国、走向世界的，还有在篆刻领域颇有成就的第一届、第三届上饶市政协委员，第十届、第十一届区政协常委杨剑。

早在 2004 年，杨剑就应泰国政府之邀，在曼谷成功举办个人书法篆刻艺术展，还曾获得第三届中国书法"兰亭奖"艺术奖、第二届国际书法大展银奖、新世纪全球华人书法大赛银奖等奖项。

履职期间，杨剑多次提交关于《建立以广丰籍知名版画家吴俊发命名的吴俊发艺术馆》提案，最终得到区委、区政府高度重视，并于 2012 年动工兴建。该馆建成开放后，逐渐被打造为集收藏、展览、交流、创作、教育于一体的书画艺术场所，成为区内外书画爱好者心之向往的一方艺术"绿荫地"。

走进吴俊发艺术馆、广丰书画展览馆、洋口民俗乡愁馆、"老广丰"展陈馆，政协书画元素随处可见。区政协副主席邱参政介绍说，区政协以"打造书香政协"为抓手，依托这些地方搭建广丰政协书画院，并积极发挥王维汉、楼望江、陈向东、黄祖礼、夏利华等现、历届政协委员作用，组织、筹划、推动广丰书画家作品群展，让更多的广丰书画精品集体亮相于全国各地书画界。

贞白故里翰墨香，文脉代代有传承。

"广丰书法氛围十分浓厚，我从小就喜欢书法，希望通过书法培训，把中华优秀传统文化传承好、发扬好。"区政协委员潘是高创办了"一平方"书法艺术培训中心，并开设"留守生书法培训班"，免费为留守生义务培训书法。经过几年的努力，该班学生书法成绩硕果累累。

2018 年至 2022 年，他所带的四届培训班中，有 6 名在市、县（区）两级的书法展览中参展，16 名在市、县（区）中各项书法比赛中获奖，2 名加入上饶市书法家协会。在广丰一中读书、家住东阳乡的留守生龚宇从该培训班学习结束后，写出一手端正漂亮的楷书。"今年寒假回家过年，我为左邻右舍写了许多春联。"

区政协主席李军说，深入学习贯彻习近平新时代中国特色社会主义思想，弘扬优秀传统文化，不断增强"四个自信"，要继续用好政协书画院平台，通过举办政协系统书画展、读书交流会等系列活动，激发内生动力，提升委员"懂政协、会协商、善议政"的履职本领，为加快打造全市领先、全省一流的现代化强区，奋力谱写全面建设社会主义现代化广丰的新篇章而团结奋斗。

原载《江西政协报》2023 年 4 月 14 日第 4 版

信州：读书室里新茶香

◎程洪波　杜　宁　涂　颖

"我庆幸生活在滚烫的土地，与时代一同奔跑家国，是我灵魂深处的巨澜，《可爱的中国》里深情描绘的场景已然化为现实。二十大的崭新画卷是旗帜上的风，指引奔向更高更远的信仰。"

"礼赞二十大　颂歌献给党"，不久前，在上饶市信州区茅家岭街道政协委员读书室，区政协委员、区文联主席谢飞结合去年举办的诗歌朗诵会，分享精品佳作。

3月初，在这里，委员们和界别群众一起，收听收看了全国两会开幕盛况。

读书室负责人曹文洪为大家沏上一杯茶，讲述了来自赣州的上饶市第五人民医院实习护士刘青的读书故事。

"去年年底，一天下班途中，刘青发现这个免费看书学习好场所。当天晚上，她就背了一书包的备研考试资料过来，我也专门腾出一个书柜给她。考研顺利通过后，她还特地到读书室和我告别，说这里真好！"曹文洪是一名在信州区工作的外县政协委员，在区政协的大力支持下，与谢飞共同建立了这个委员读书室。

这确实是一件新鲜事！

换届以来，区政协结合实际，围绕中央和省委关于加强和改进新时代市县政协工作文件精神，认真抓好贯彻落实，先后推出政协委员工作站、"委员客厅"。去年3月，又依托现有新时代文明实践中心（所、站）、社区邻里书架、村居农家书屋、企事业单位职工阅览室等场地阅读平台，大力推进建设"政协委员读书室"，政协委员只要扫一扫"政协委员读书室"

微信小程序，便可就近读书、借阅。

像茅家岭街道这样的读书室，在全区共有 10 处，北门街道政协委员读书室就是其中之一。这里紧挨南宋爱国将领、杰出词人辛弃疾曾隐居的带湖，不远处也是"茶圣"陆羽侨寓之地茶山，集政协委员读书室、"好商量"协商议事室、"委员客厅"为一体的学习、交流、议事平台。

区政协委员，该街道党工委副书记、政协联络组组长王航说，委员读书室是履职的好平台。委员在开展读书活动中收集社情民意信息，在建言资政与凝聚共识中，收获了累累硕果。

就在年初，区政协委员、区委政法委副书记胡永东在委员读书活动中，发现社区群众对晾衣架呼声较高，便主动提出通过"好商量"开展基层协商，最终达成共识，在北星金桂园小区增设共享晾衣架，既可以提升公共空间的利用率，又减少了小区居民乱晒乱挂影响市容市貌等不文明现象，助力全国文明卫生城市创建工作。

信州区政协深入学习贯彻中共二十大精神和全国"两会"精神，建好"同心圆"界别活动室、"委员客厅"、政协委员读书室，进一步激发委员履职动力活力，影响带动界别群众，共促基层治理"强"起来、民生温度"暖"起来、城市形象"美"起来。

原载《江西政协报》2023 年 4 月 14 日第 4 版

渝水："笔墨"当随新时代

◎王　欢　陆韵雯　李　扬　敖丽花

"时代变了，笔墨不得不变。"这是具有强烈爱国情怀和时代精神的中国画代表人物傅抱石先生提出的著名观点。

3月28日，《傅抱石传》作者，曾任江西省书法家协会副主席、新余市书法协会主席的胡志亮，也是一位老政协人，带我们走进抱石故里——渝水区罗坊镇。

"仅仅在纸上画山水画是没有出路的！""到真山真水中去体察自然的风貌是极为重要的课题。"

站在傅抱石艺术馆大门前，胡志亮分享近半个世纪以来的学研成果，对"抱石精神"的理解感悟：勤奋敬业、热爱祖国和人民、坚定地继承和发扬中华民族的优秀传统文化、勇于开拓创新。

傅抱石不仅著有《中国古代绘画之研究》《中国绘画变迁史纲》，而且，进行二万三千里旅行写生，创作了一批既有鲜明时代气息又有独特民族绘画特色的新山水画作品，影响深远。

傅抱石艺术馆对面，是载入中国共产党百年党史的《兴国调查》旧址，还有20世纪70年代建成的罗坊会议纪念馆。

"调查会是活泼有趣的，每天开两次甚至三次，有时开至夜深，他们也并不觉得疲倦。"1930年10月底，在反"围剿"战争的前夜，罗坊会议期间，毛泽东通过兴国调查，准确把握土地革命的正确战法。

"没有调查，就没有发言权。"谈到这篇4万多字的《兴国调查》，毛泽东说，"没有满腔的热忱，没有眼睛向下的决心，没有求知的渴望，没有放下臭架子、甘当小学生的精神，是一定不能做，也一定做不好的。"

胡志亮践行于此、受益于此。正是经过十年的调研、收集、整理、创作，他才终于交出一份厚重答卷。《傅抱石传》一版再版，备受读者喜爱。

"抱石精神""兴国调查"熠熠生辉，一代代渝水人引以为傲，从中汲取智慧力量。区政协委员、区书法家协会主席姚晓元就是其中一个。

成立抱石书画工作室、创办抱石书法美术学校、每月组织开展现场义务授课，姚晓元培养了 400 多名学生考上大学，推动书法进校园，助力书法艺术下基层，为区政协文化长廊建设尽心出力。

作为一个快速崛起、后劲有力的工业大区，目前，渝水形成了以钢铁为首位产业，锂电、电子信息为主导产业，医疗健康、消防、非金属新材料等为特色产业的"1+2+N"现代化产业体系。这份亮眼成绩单的背后，也凝聚着一届又一届政协人的担当作为。

去年，区政协围绕"全区教育'双减'政策落实""农村消防安全"等课题深入调研，组织实施了 36 项履职活动，报送调研报告 25 份，得到党委、政府的充分肯定。

去年 4 月，区政协在暨阳世纪城小区设立新余市首个"小区委员工作站"。"小区外广场因年久失修，路面坑洼不平，影响居民出行，希望问题得到解决。"一次，李建中委员在值班时接到业主反映，随即实地调研、走访居民，详细了解情况，提交的社情民意信息受到区政协重视。后来，政协委员、住建部门、社区干部、居民代表在协商会上，就设计方案和施工监督等达成一致。目前，已动工改造。

奋进新征程，建功新时代。新一届区政协用一篇篇建言资政与凝聚共识"双向发力"的新作，充分彰显全过程人民民主中的专门协商机构优势。"我们要深入贯彻中共中央关于大兴调查研究的文件精神，持续提高政治把握能力、调查研究能力、联系群众能力、合作共事能力，为渝水区高质量跨越式发展贡献政协力量，持续为'上善渝水，抱石故园'增光添彩。"区政协主席徐徕水如是说。

原载《江西政协报》2023 年 4 月 21 日第 4 版

大余：共建"融湾"新通道

◎李德伦　刘家欢　邓　莅

"大江东去几千里，庾岭南来第一州。"

横亘赣粤两省间，梅关古道春意盎然，欣喜见证新时代老区融入湾区巨变。

每天清晨，大余县黄龙镇大合村的菜农们就会把刚刚采摘下来的蔬菜打包发货，三四个小时后，大湾区的市民就可以在市场上采购到来自大余的新鲜蔬菜。

2022 年，大余县对接融入粤港澳大湾区项目，集中签约总投资达 436 亿元。在赣州市招商引资重点项目建设"赛马比拼"综合考评位列全市第一。

翻开《大余县政协 2022 年度协商成果汇编》，20 个项目中有关"融湾"的协商建言多达 6 项，整套履职"组合拳"，每一项成果都"含金量"十足。

"县政协组织开展'对接大湾区，打造优质蔬菜基地'专题调研，委员们建议大力发展好'高山有机蔬菜'品牌，'贝贝小南瓜'、蒙氏集团等 3 家成功获得粤港澳大湾区'菜篮子'生产基地资格认证。"亲历大湾区优质食品重要供应基地"扬优成势"，县政协委员、庾岭生态食品有限公司总经理董秀娟信心满满。

聚焦全省深化发展和改革双"一号工程"，县政协提交《关于努力打造"余快办"营商环境品牌的建议案》，并持续对"优化营商环境"开展专题民主监督，积极破解企业瓶颈问题。

"最直接是促成全县组建了 9 大专业招商团、4 支首位产业招商小分队，持续开展'干部进湾区、项目回大余''粤企入赣''三请三回'招商活动。"

县政协副主席刘传福介绍说。

投资 20 亿元、占地 260 亩的翔鹭钨业股份有限公司，是一家钨加工应用及研发全产业链国家级重点高新技术企业，订单已经排到了下半年，较去年增长了 200%。投资 30 亿元、占地面积 231 亩、年产 7 万吨锂盐的中科锂业有限公司项目生产、建设场面火热，预计今年产值将超 100 亿元。

"作为这些重点项目引进的牵头负责人，县政协主席经常蹲点在建设工地上，现场调度解决各种难点和节点问题，我们能够在如此短时间、快速度、低成本下实现投产达产，离不开他'保姆式'的服务。"中科锂业有限公司负责人王家前说。

悦安新材料公司，是一家专注微纳金属新材料领域的高新技术公司，通过县政协招商引资，落户大余以来，发展势头强劲。得益于县政协持续深入开展"深化科技创新赋能产业升级"专题协商成果，该企业成功在科创板上市，成为大湾区双创孵化基地"聚智集力"的一个缩影。

"我们的产品可以领先国外跨国公司同类产品做到 1.2 微米，还被认定为国家第六批制造业单项冠军。"作为协商活动的参与者和受益者，县政协委员、公司总经理王兵欣喜地介绍。

穿行奇峰叠翠、瀑布绵绵的国家 4A 级丫山风景区，来自大湾区的车辆络绎不绝。老区乡村旅游的"顶流"，正不断吸引大湾区的"客流"。优势互补下，大湾区文旅康养基地实现"全面开花"，接待粤港澳大湾区培训研学、观展游客逐年增加。

"我们始终牢记习近平总书记视察江西的殷殷嘱托，作示范、勇争先，奋力为高质量跨越式发展贡献智慧力量。"县政协主席沈宝春表示，"我们将深入开展学习贯彻习近平新时代中国特色社会主义思想主题教育，大兴调查研究之风，推进'赣事好商量·余快协商'品牌建设，彰显专门协商机构作用，共同书写好湾区'桥头堡'先行区新篇章。"

原载《江西政协报》2023 年 4 月 21 日第 4 版

崇义：聚力打造湘赣边绿色发展高地

◎李德伦　刘家欢　郭宝煌

风雨沧桑五百年，阳明文化薪火传。

"客天下·阳明心城文旅综合体"是崇义县拓宽城市"森林空间"，推动全域旅游"核芯引擎"持续升级，重点打造的重大项目。

承建该项目的县政协委员、江西客天下文化发展有限公司原董事长姚若行说："阳明心城项目分两期建成，用地面积 2000 亩，总投资 50 亿元，是全省乃至全国投资最大、体量最大的阳明文旅综合体。"

从寻心之门，到阳明古街，乡村振兴馆、野果世界体验店、精品民宿、舞蹈教育等商家林立，行人络绎不绝，一个以县城为重要载体的城镇化建设新格局正徐徐展开。"围绕'作示范、勇争先'目标要求，紧扣县委、县政府'1234'工作部署，县政协着力引导广大委员积极参与文旅融合事业。"县政协主席王豪说，"去年，崇义在赣州全市流动现场会排名前移 6 位，位居生态县第二。"

位于崇义县西部，距离县城 50 公里的上堡乡，是联合国农粮组织"全球重要农业文化遗产"——上堡梯田景区所在地，集"红色""绿色""古色"于一体，被称为"乡村旅游爱好者的天堂"。

为了比学兄弟县市，充分发挥得天独厚的生态和人文优势，学人之优，扬己之长，保持走在前列。去年，由县政协分管副主席带队，政协委员、林业部门骨干、乡镇干部、旅游企业负责人组成的 9 人联合调研组，赴广西龙胜县、贵州从江县学习梯田景区先进经验，并提交《关于上堡梯田景区品质提升的工作建议》的提案，得到县委、县政府领导高度重视。去年国庆期间，景区累计接待游客 11.4 万人次，实现旅游综合收入 1.03 亿元。上堡梯田生态产品价值实现经验在全球重要农业文化遗产大会上展示推广。

崇义是"中国竹乡"，森林覆盖率 88.3%。为突破竹木深加工产业发展瓶颈，实现"绿变金"，赣州市政协委员、益佳木业有限公司负责人刘显亮 2015 年开始"二次创业"。公司新建的 10 万立方胶合免漆生产线，急需厂房扩区实现全产业链数字化。下沉园区的委员了解情况后，把议题搬上专题协商议事会，短短一周时间就帮企业解决用地问题。如今，公司年产值超过 1.2 亿元，在省内外拥有代理商 300 多家，让"华森王"这一本土品牌涅槃重生，让竹木加工这一传统产业走上智能制造轨道。步入公司，杉木指接生态板、实木多层板、竹藤家具等绿色环保产品琳琅满目。

企业有需求，政协有行动。为助推产业全速提质，县政协持续对竹木产业等链主企业开展专题调研，提出《关于崇义县竹产业高质量发展的建议》等一批履职成果。

2022 年，共确定年度重点协商课题 18 个，重点协商督办提案 25 件，8 个协商课题成果得到党委政府主要领导批示。

"党政重点工作推进到哪里，政协力量就汇聚到哪里。"王豪表示，"县政协将深入学习贯彻习近平总书记关于加强和改进人民政协工作的重要思想，坚持'一条主线'、健全'两个机制'、搭建'三个平台'、做到'四个联动'，为建设革命老区高质量绿色发展新崇义作出更大贡献。"

原载《江西政协报》2023 年 4 月 21 日第 4 版

南城：大美麻姑山　喜看笔墨新

◎王　欢　陆韵雯　张　波

　　最美人间四月天。江西书坛迎来一大喜事，来自全国多地书法名家欢聚抚州南城县，为新《有唐抚州南城县麻姑山仙坛记》碑刻揭幕，并现场挥毫泼墨，书赞盛举，对一起练习书法的 200 多名可爱的小学生们给予倾情指导。

　　"一个优美的传说，沧海变桑田，桃花迟开云雾中，玉泉飞瀑过洞天……"这是一位老政协人留下的麻姑山赞歌，回响不绝，回味无穷。

　　置县 2200 多年的南城，素有"江右名府、赣鄱望县"之称。集释、儒、道于一身的麻姑山，既是洞天，又是福地，两者兼而有之世之少有。游麻姑仙境，品长寿文化，赏天下第一楷书。中国书法艺术史上里程碑式的人物颜真卿，在 62 岁任抚州刺史期间留下的楷书碑，笔力刚健浑厚，开阔雄壮，布局充实，大气磅礴。历代文人墨客以登麻姑山一睹"鲁公碑"为乐事，大诗人刘禹锡就曾发出"曾游仙迹见丰碑，除却麻姑更有谁"的感叹，可惜南宋时原碑不慎丢失，20 世纪 90 年代重刻碑原貌渐失。

　　"让文物说话，让历史说话，让文化说话。"南城县在坚定打好"工业发展强攻战、项目建设大会战、乡村振兴提升战、优化环境总体战"的同时，加强历史文化研究保护传承利用，以文塑旅、以旅彰文，推动麻姑文化与旅游资源深度融合，乘着新时代的东风，再现"天下第一楷书"神韵。

　　世界读书日、南城县第三届麻姑文化旅游节、第三届全国颜体书法大展同时举办，宾朋满座。

　　"麻姑山全国颜体书法大展越办越好，影响越来越大。"江西省政协常委，中国书法家协会副主席、省文联副主席、省书协主席毛国典如是评价。全力支持、全程指导，时刻抓紧创作的他得知"书法之乡"政协行走进南城，点赞联合采访报道活动，与记者欣然合影。

从来自国内（除澳门外）33个省、自治区、直辖市、特别行政区，以及新加坡、罗马尼亚等国家的1905位作者、2202件书法作品中脱颖而出，贵州学子刘海若荣获此次大展一等奖。纤纤小女子，大气颜体书，令人刮目相看。"笔起笔落间，是中华五千年的厚重历史，是看不完的锦山秀水""这份沉甸甸文化遗产的继承与弘扬'舍我其谁'。"获奖感言，谦虚透着自信，给人深刻印象。

一起获奖和入展的还包括当地泰伯学校的老师、建昌书画院的书法家。南城县学书氛围浓厚，省书协开设培训班，每月一期，吸引众多书法爱好者。三届县政协委员范基祖与范细根、唐林、李申等50多位书画同人，艺海耕耘，佳作不断。

写下精彩篇章的，更有政协建言资政与凝聚共识"双向发力"新作为。"南城县委、县政府高度重视，一批协商成果得到转化落地，委员履职热情很高。"县政协主席黄晓俊说。换届以来，聚焦"以麻姑山景区和民宿产业发展，助推麻姑山旅游开发建设步伐""打造'建昌帮''盱江医学'金字招牌，推动中医药转型升级"等课题，县政协深入调查研究，提出真知灼见。同时，发挥"赣事好商量＋提案办理社区圆桌会"、中共党员委员工作站、"委员议事厅"等平台作用，汇聚众智、凝聚共识，打造"'南'事有我"特色协商品牌，实现"南"事收集无门槛、"南"事协商"无盲区""南"事督办无"梗阻"，受到百姓欢迎。

"新时代是奋斗者的时代，唯有拼搏方能创造奇迹；新征程是追梦人的征程，唯有实干才能成就未来。奋进充满光荣和梦想的新征程，大家都是奋斗者，都是追梦人。"在今年的南城县政协十六届三次会议上，市委常委、县委书记彭银贵如是说。聚焦"作示范、勇争先"目标定位，跳起摸高、奔跑实干，奋力谱写中国式现代化的南城华章，令人遐想，令人期待。

原载《江西政协报》2023年4月28日第4版

贵溪：墨洒芗溪畔　书写新作为

◎李德伦　刘家欢　陈　勇

　　"南国福地，达人名士接踵至；吟咏唱和，墨宝珠玑缀芗溪……"浮石公园书法篆刻作品《贵溪赋》，以特有"文化范"诉说千年名城风韵。芗溪之畔，贵溪市政协委员书法体验基地墨香阵阵。

　　"这里因铜设市、因铜兴市，享有'中国新兴铜都'之美誉，是第一批'江西省书法之乡'。"作为参与品牌创建的亲历者和见证者，市政协常委谢贵新深有感慨。

　　"市政协每年组织委员开展书法交流活动，这次'墨洒芗溪畔，唱响协商牌'主题书法展，全部作品都出自政协委员之手。"市政协委员、市书法协会副会长江为介绍说，"委员们用笔书写发展变化，抒发对新时代赞美之情。"

　　步入茨萱弄老街，一眼望去，是全国最大的铜牌坊。整条以铜砖铺设的紫铜大街，街道两侧的铜灯饰、铜花箱高贵而古朴，精美而雅致。文化民俗体验馆、美食小吃、娱乐项目、小饰品等应有尽有。一个集游览观光、特色商业、文化民俗体验、特色餐饮等于一体的历史文化旅游街区成为贵溪的打卡新地标。

　　三年前，老街茨萱弄列入城市更新项目，由于大家意见不一致，阻力重重。担任周边环境整治项目指挥长的市政协三级调研员苏五德分享协商故事："得益于全过程协商，最让人意外的是，一家原本的钉子户，拆迁工作圆满完成后，冒雨送锦旗以示感谢。老百姓得实惠，城市得更新，辛苦付出，非常值得！"

为加快全市现代服务业复苏步伐，在助推白鹤湖旅游度假区、象山书院重建、铜文化创意产业园等项目稳步推进中，处处都有政协人忙碌的身影。

进入江西中鼎金属工艺有限公司，一块"国家非物质文化遗产贵溪錾铜雕刻"金字招牌映入眼帘。"从一名加工匠，成长为非遗传承人。三十多年的打拼，我深刻明白要成为大国工匠，一辈子就干好一件事；要做好传承发展，就必须培育新时代传承人。"国家级技能大师、"老委员"黄俊军坦率地说，"经历从样式模仿，到创新引领，在长期与国外企业合作竞争中，我们已经拥有了平视世界的勇气和底气，去年公司产值达到两千多万元。七十多名各类员工中，不仅有人成为錾铜雕刻的业务骨干，还有人分别担任了鹰潭、贵溪的政协委员。"

"一代代政协人主动作为，汇聚成推动新时代'铜都银乡'发展的浩荡洪流。"市政协副主席张海燕笑着介绍，"去年我们组织委员就助推'经济高质量发展''城乡融合发展''社会治理创新'等专题，提出意见建议一百六十余条，均得到市委、市政府主要领导肯定。贵溪连续多年跻身全国百强县，各项主要经济指标位居全省第一方阵。"

"商以求同，协以成事，协商为贵。"市政协主席侯剑锋说，"我们将深入学习习近平总书记在主题教育工作会议上的重要讲话精神，大兴调查研究之风，围绕政治把握能力、协商议政能力、合作共事能力、联系群众能力、理解表达能力'五个强起来'的目标，求真务实、守正创新，以'政协所能'服务'党政所需、群众所盼'，奋力开创全市政协事业新局面，为全面建设社会主义现代化贵溪献计出力。"

原载《江西政协报》2023 年 4 月 28 日第 4 版

临川：以文化力提升履职力

◎王　欢　陆韵雯　饶月影　曾昭凯

　　"习近平总书记的重要讲话高屋建瓴，深入浅出，平易近人，十分善于引用诗句典故，其中有不少出自临川籍名士，让人越听越爱听，越学越有味，激励包括政协人在内的各族各界人士奋进新征程，建功新时代。"到4月，临川区政协举办的"国学讲堂——学《习近平用典》金句"在临汝书院开讲整整一年。

　　4月12日，记者见到主讲人、区政协委员、区文联主席何桑阳，她正在为最近一期"国学讲堂"做准备。

　　回顾一年来，一场接着一场的学研分享，她深有感触地说："以这种创新形式，结合临川名士勤政故事以及当下发展实际，深入学习贯彻习近平总书记重要讲话精神，与大家一起深刻理解党的创新理论的真理伟力、文化魅力，效果之好，超出预期。"

　　"国学讲堂——学《习近平用典》金句"赢得听众喜爱、省市区领导点赞，截至目前已开讲12期，2000余人次听课，是"书香政协·文润临川"品牌主打内容，成为区党建工作的一张亮丽名片。

　　刘咏根站在"洗墨池"高处，向记者讲述《墨池记》的故事。

　　"光照临川之笔"，临川是全国闻名的文化之邦、才子之乡。"王羲之在任临川内史时，勤练书法，天长日久，城东一口水池都被笔砚洗黑，这个'洗墨池'成为临川书法艺术不懈追求的精神标志。"区政协委员、区书协会员刘咏根娓娓道来，满满自豪。

　　"临川文化是中华优秀传统文化的重要组成部分，如何在新时代发扬光大，这是临川政协人和文艺工作者共同思索的问题。"时任政协主席认为，将政协元素镶嵌进文化部门，以"书香政协"推动建设书香社会是一个很好切入点和重要抓手。为此，充分发挥文化馆、图书馆、临汝书院等地的中共党员委员工作站平台作用。

区文化馆 2023 年春季公益培训班正火热进行中。"目前已连续开办 3 年，每期开设 32 个班 656 个名额。"区政协委员、区文化馆馆长付蓉说，"有不少政协委员报名参加，当然教员中少不了我们政协委员，比如木雕、篾编等非遗文化主讲人都是我们的政协委员。"

采纳政协建议，满足市民阅读需求，区图书馆将开放时间延长至每晚 8:30，在馆大门处设立了藏有 400 册精品图书的 24 小时随时借还街区图书馆。区政协委员、区图书馆馆长付常倩说："政协委员每人都办理了借书卡，在馆内设立'委员书屋'。"

"你也来商量，我也来商量，有事就到站里来；你一言来我一语，为民尽责是实干……"一曲朗朗上口的歌声从区政协临汝书院中共党员委员工作站里传了出来。在这座千年书院里搭起了一座"连心桥"，为委员履职创优环境、搭建平台、畅通渠道、优化服务，以政治引领进一步激发文化力量。

读书学习活动 30 余次，参加 2100 余人次；开展教育培训 6 次，参加 658 人次；协商议政 10 次，参加 178 人次；读书沙龙 3 期，参加 323 人次；界别活动 18 次，参加 1893 人次。一组组数字背后，是政协委员和机关干部将文化力量转化为做好政协工作的过硬本领，推进政协履职高质量发展的生动实践。

临川正向"全市高质量跨越式发展引领区、全市新一代信息技术和先进制造业核心区、全市现代农业融合发展示范区、全省传统文化和现代教育模范区"昂首阔步迈进。换届以来，区政协先后围绕《强攻工业，推进经济实现跨越式发展》《临川区存量企业发展》等重大课题，开展调研协商，建言献策。组织委员三百余人次开展调研视察活动十余次，形成调研视察报告 12 篇，有力推动了相关工作的开展和落实，学习成果不断转化为履职成效，得到区委、区政府的充分肯定。

原载《江西政协报》2023 年 4 月 28 日第 4 版

东乡：千子书院春意浓

◎王　欢　陆韵雯　张　平　甘军根

4月12日，春和景明时，走进抚州市东乡区千子书院，别有一番气象。

书院创办人李贵阳是市政协委员、区政协常委。"我'嫁'到了东乡，就离不开了。"作为舒同博物馆引进的特殊人才，从河南来的进口"老表"一干就是12年。

穿过幽暗楼梯，通阔大厅一张两米见长的书桌。李贵阳铺纸、蘸墨、提笔、凝神，手腕游转，笔走龙蛇，透着大家风范。

带着对马背上的红色书法家、中国书法家协会首任主席舒同的景仰，也感恩区委、区政府重视，区政协支持，只是在书法这方小天地上，为东乡文化事业尽了点绵薄之力，李贵阳说起自己十分谦虚。

"学书者要达到在墨海中从容航行，就必须找到自己的艺舟，也就是能够体现自己的艺术语言符号。"说起书法，李贵阳却滔滔不绝。

听闻记者在学书法，李贵阳现场教学："入门很重要，《曹全碑》风格柔美，初学者若学其形不解其意，反倒走向误区。""寻自己的薄弱点强化临帖""板凳要坐十年冷，唯有勤奋见真功。"

作为中书协理事，李贵阳立足东乡，驰骋赣鄱，倾尽所能，孜孜不倦从事书法、篆刻一线教学，宣传、普及、推广民族文化瑰宝，十余年来培养出10位中书协会员。

"你看，这些习作均出自政协委员。"李贵阳指着琳琅满目的各体书法作品，十分自豪。他的书院，不仅是书法爱好者的雅集之地，还是区政协文化界别活动场所。首批基层协商平台——"文化界别连心桥"，设置在书院内最醒目的地方。

"懂政协、会协商、善议政，守纪律、讲规矩、重品行"字字力透纸背。有年度委员活动计划，有委员书法培训室，有政协委员书法讲座，有政协委员读书角……依托"文化界别连心桥"，李贵阳每周坚持免费为爱好书法的政协委员和群众开设书法公益课，每年都同文化界别委员一道走村串户为老百姓写春联，为政协机关文化建设尽心出力。

李贵阳告诉记者："'连心桥'的成立，为我们联系界别群众提供了便利场所，也为收集社情民意开辟了一个更为通畅的渠道，是我们发挥委员主体作用的温馨港湾。"

今年以来，"文化界别连心桥"先后组织了慰问环卫工人迎新春送春联、红色教育学习等系列社会活动，还开展了职业教育产教融合发展专题调研。

区政协还设立了工商联、卫生、经济等"界别连心桥"，把履职平台建到界别群众集中区域。

经济界别打造"委员讲堂"，定期邀请各领域委员传播专业知识；工商联界别做实"政企协商会"助力优化营商环境；医药卫生界别围绕"健康义诊"唱响为民服务品牌，全方位展现各界别工作的特色与亮点。

区委、区政府主要领导在专题片中为东乡政协事业代言，点赞政协"界别连心桥"品牌创建是重要创新举措，只要持之以恒地抓下去，就一定能成为政协一张非常亮丽的名片。政协不负追梦人，舒同故里谱新篇。

"今年是深入学习贯彻中共二十大精神开局之年，我们将进一步发挥政协人才荟萃、智力密集、联系广泛的优势和委员主体作用，坚持以'界别连心桥'创建为抓手，深入开展联系服务委员和界别群众工作，守正创新，履职尽责，为描绘好中国式现代化东乡画卷贡献政协力量。"区政协主席吴忠鸿说。

原载《江西政协报》2023 年 4 月 28 日第 4 版

修水：寻觅"文化奇才"走出之路

◎杜　宁　涂　颖　陈景略

这是"一个诞生文化奇才的地方"。

奇才之一，便是"诗书双绝"的黄庭坚。

4月18日，记者第三次走进修水，寻觅幕阜深处、修河源头走出的江西诗派开山祖山谷道人，他与苏轼并称"苏黄"，在中国书法史上有着极为崇高的地位。

九曲回廊、书法碑刻、濂山书院、古香樟……

在国家二级博物馆——黄庭坚纪念馆，各地来的寻寻觅觅者络绎不绝。县红色基因与文化传承发展中心主任余昌清迎来一批，送走一批，又来一批，索性也"走出去"，一地又一地，再也停不下来。

让收藏在纪念馆的文物、陈列在修水大地的遗产活起来，把跨越时空、具有当代价值的文化精神弘扬起来，刚从宜宾市成功举办"问道山谷——黄庭坚书法文献展"归来的他，兴致勃勃地告诉记者，"这是黄庭坚作品收集最齐全的一次展览，其中的大型摩崖拓片首次对外展出。"4年间，"问道山谷"走过甘肃敦煌、陇西、会宁，云南保山、大理、丽江，四川丹棱等28地，受邀展览的行程已经预约到了2024年。

令人乐此不疲、兴趣盎然的，不仅是黄庭坚一生书法历程、流传沿革、文化宏传、应用再创，更有其书法背后所蕴含的诗词、禅学、儒学、香学、孝义等文化内涵。

县政协常委、黄庭坚纪念馆副馆长查丹妮也是推广修水历史文化和名人文化的亲历者探索者，"拓片是指将碑文石刻、青铜器等文物的形状及其上面的文字、图案拓下来的纸片，拓印是我国古老的传统技艺，更是一项饱含匠心的珍贵文化遗产。"站在书法长廊前，查丹妮对黄庭坚各类书法作品和碑刻拓片如数家珍，不无骄傲地说，"如今，纪念馆的拓片技术已是江西第一。"

为让更多的人走进中华优秀传统文化，查丹妮创办了公益研学——"山谷讲堂"。从古代茶艺研习，到书法拓印，到香包刺绣……一月一研学，成为"全省十大青少年精品"课程之一。"就是要帮助大家，了解黄庭坚其人其事其学，谨记以治学严谨、孝廉为先态度，做对社会、对民族有用的文化传承人。"查丹妮还先后培训六十余名小小讲解员，与女儿拍摄修水文化宣传视频，在自媒体广泛传播。

出门而见十里秀水，坐落在杭口镇双井村的黄庭坚故居，又是另一番气象。

近年来，修水县锚定创建国家全域旅游示范区目标，走出了以文塑旅、以旅彰文、以旅带农的文旅农融合发展新路径，先后打造黄庭坚文旅小镇、陈门五杰故里等精品文旅项目 30 个。

县政协委员、县投资集团总经理陈冬介绍，黄庭坚文旅小镇作为县重点项目快速推进，去年成功创建省级文化和旅游产业融合发展示范区、省级夜间消费集聚区，曾风行北宋京城的双井绿茶热销市场。

距文旅小镇不远的山谷蔬乡农业示范园，菜农正在日光温室大棚内忙碌，当季时蔬采摘运出。县政协联络组组长、杭口镇党委副书记谢仙说："'书乡 + 蔬乡'，是我镇文旅结合助力乡村振兴的生动缩影。"他介绍，在农业示范园建设中，通过"有事先商量"平台及时化解迁坟、土地流转等难题，示范园仅半年时间基本建成。

县政协委员、祈福工艺品有限公司董事长王真是县政协主席王位华引进修水"引老乡、回故乡、建家乡"的第一人，返乡创业已是第 13 个年头。结合企业自身产业特色、本土特色文化开发出的文创产品，年产各类金属工艺品 380 万件，产品远销美国等 50 个国家和地区，是江西省"著名商标"、江西省"著名商标十强"企业。

以文聚力、以文化人，县第十八次党代会提出争当三省九县发展龙头赢得江西地域大县应有地位的奋斗目标，"面对赢得应有地位任务的紧迫性、艰巨性，县政协围绕修水县近十年经济高质量发展情况开展调研，并赴昆山、温州等地考察学鉴。"县政协秘书长黄良富介绍，从坚定推进工业强县战略方面凝聚共识，形成专报，既分析当前怎么看，又思考今后怎么干，得到县委主要领导点赞。

"中华优秀传统文化是我们自信自强的基础。"王位华说，"深入学习贯彻党的二十大精神，要从中华优秀传统文化中汲取养分，做到政治协商助力大事谋划、参政议政聚焦解决问题、民主监督推动任务落实、凝聚共识汇聚人心力量，用更多更优"委员作业"、政协答卷，为修水争当三省九县发展龙头赢得江西地域大县应有地位贡献智慧力量。"

原载《江西政协报》2023 年 5 月 5 日第 4 版

都昌：荣光再现星凤楼

◎涂　颖　杜　宁　钟翼有

4月17日，第二届"星凤楼法帖杯"全国书法作品展获奖、入展名单正式公布，270多位来自五湖四海的书家和学者榜上有名。

走进都昌县蔡岭镇衙前村，站在具有800年历史屡毁屡兴、2021年6月再次耸立村首的星凤楼，令专程前来采访的"书法之乡"政协行的记者们思绪万千、感慨万千。

"一座衙前星凤楼，半部南宋书法史。"星凤楼，凝聚曹氏一门三代的心血，是《星凤楼法帖》刊刻之处，也是《法帖谱系》《宝晋斋法帖》的诞生地。

星凤楼不仅是都昌的、江西的，也是中国的、世界的。说起星凤楼遗址保护和重建，还和一位省政协委员有关。

2017年冬，时任都昌副县长的江期论在南昌出席省政协会议，从一位对古代法帖颇有研究的学者处，第一次了解到南宋都昌昌谷曹氏祖孙三人刻了两本法帖，在中国书法史上占有重要的一席之地。实地调研，看到坠入荒野的基址，心酸不已、心痛不已。

"决不能让这份宝贵遗产化为历史尘埃。这是我必须承担的责任，我的宿命。"江期论对自己说，"一定要交出一份有价值的答卷，否则无法向组织、向父老乡亲、向自己良心交差。"

在星凤楼重兴的丰碑上，镌刻着包括新时代政协人在内的社会各界人士的名字。第十一届、第十二届全国政协委员，江西师大教授王东林为星凤楼遗址公园建设积极建言献策，为《星凤楼书法史考》欣然作序，点赞江期论锲而不舍的不凡盛举和从医学专家跨界史学的蜕变成果。

登楼而上，眼界大开。11块星凤楼法帖刻石，字体苍劲，飘逸挥洒。县政协副主席段玉琪介绍，为了留下宝贵文化遗存，都昌启动重刻《星凤楼法帖》第一卷，邀请全国著名刻帖大师王军辉老师手工摹刻。第二期还有20多块正在复刻。同时，安排专人赴中央美院学习书法拓印技术，进一步传承和发扬星凤楼书学文化。

九江市政协书画院名誉副院长、县文联主席吴德胜欣喜地说，鄱阳湖文学艺术院先后承办了第一、第二届"星凤楼法帖杯"全国书法作品展。第二届更是吸引全国31个省、自治区、直辖市的3117名书法爱好者的倾情参与，是第一届作品数的三倍之多。星凤楼文化影响力日益扩大，凝聚着中华优秀传统文化的时代价值，是符合当今时代的发展需要。"下一步要深化文化交流活动，开展星凤楼法帖座谈，进一步挖掘好、传承好星凤楼文化。"

在都昌，广大群众爱书法、习书法、藏书法蔚然成风。全县现有中书协会员16名，省书协会员89名，位居全省前列。以中书协会员黄阿六、吴德胜、曹端阳为代表的"鄱湖三友"，致力传播书法文化，以书画为媒，以星凤楼为艺术载体，已连续5年开展成人全县书法公益班，组织学员到星凤楼感悟历史文化、开展现场教学，学生书法成绩斐然，不少加入省书协。

去年10月，都昌女子书法协会正式成立，70多名会员用笔墨温润心灵、启迪心智，常态化开展社会志愿服务、书法教育、创作研究、书画交流、义写春联等形式多样活动，为弘扬书法传统贡献"她"力量。县政协委员、社法委主任陈琦作品入围第二届"星凤楼法帖杯"，还担任都昌县女子书协副主席。

近年来，县政协深入挖掘文化资源，先后编纂出版了《曹彦约集》《都昌老城记忆——九街十三巷》《瓷缘——景德镇的都昌追梦人》《江万里史事探索》等文史专辑，启动《陶氏三贤》《知青在都昌》史料征集工作。

"星凤楼的重建得益于新时代的发展环境，得益于源远流长的历史和丰富灿烂的文化，是推动中华优秀传统文化创造性转化和创新性发展的有力印证。今年是深入学习贯彻党的二十大精神开局之年，我们要以学习贯彻习近平新时代中国特色社会主义思想主题教育为契机，坚定'四个自信'，提升履职本领，在争创全国绿色发展示范县、争当赶超进位排头兵中，体现政协担当、展现政协作为，为全面建设社会主义现代化新都昌贡献智慧力量。"县政协主席谭四明如是表示。

原载《江西政协报》2023 年 5 月 5 日第 4 版

庐山：越读越有味　杏林春意浓

◎涂　颖　杜　宁　金晓池

　　静拥青翠，杏林春暖……世界文化名山、"人文圣山"，庐山确实是一本读不完的大书、活书。

　　"一千多年前，朱熹在这里讲学，留下了著名的《朱子白鹿洞教条》。目前保留收藏了164块明清碑刻，省书院研究会也在这里……"站在朱熹题刻的"敕白鹿洞书院""白鹿洞""枕流"等碑刻前，庐山白鹿洞书院所长杨德胜欣然向大家讲述书院的"前世今生"。

　　市政协委员、市青少年书画苑负责人赵珦每年组织学生在白鹿洞书院和秀峰摩崖石刻等地开展书法研学活动。他还是今年3月成立的市政协书画院的副院长。"这是九江市县级政协第一家，是市政协深入推进书香政协建设的重要举措之一，是展示政协工作的窗口、服务中心工作的抓手以及传播庐山诗词书画文化的平台。"

　　"杏林"是中华传统医学的代名词。董奉与张仲景、华佗齐名为"建安三神医"。三国时董奉在庐山治病救人，"杏林春暖"的典故就出自庐山。

　　为落实省委、省政府要求，策应中医药强省战略，九江市、庐山市高度重视对杏林文化的挖掘与建设，积极打造中国庐山杏林中医药文化产业园项目，组建了以庐山市委主要领导为组长的领导工作小组，以市政协主席、市政府副市长为领导的项目现场推进工作小组。

　　作为庐山市项目现场推进领导小组组长，市政协主席赵木林先后组织带队前往华佗故里安徽亳州、张仲景家乡河南南阳、李时珍家乡湖北蕲春等地学习考察，开展调查研究，召开了十余次有政协委员、专家和群众代表等参加的征求意见座谈会，逐步厘清了庐山杏林中医药产业发展工作思路，并形成项目工作方案，上报后得到一致肯定。

"推动杏林文化项目建设工作，首先要研究杏林精神，即中医药领域的医风医德双重建设，如何与大健康相结合，与群众需求相结合。"在赵木林看来，"庐山应充分挖掘、传承、创新杏林文化精神，让杏林故事在庐山传承，让杏林文化再次发扬。"

《关于弘扬杏林文化，着眼杏林中医药产业发展，探索建立庐山杏林合作基地，打造庐山杏林文化发源地品牌的建议》……近年来，左帮贵等一批批市政协委员持续为杏林文化鼓与呼、助与推。

困扰庐康中药谷多时的林地流转纠纷问题解决也离不开市政协"有事先商量"的推动。刘宏初说，当时我们把协商议事会搬到了项目现场，迅速妥善解决了项目一期山林流转的矛盾争议，并就二期 2000 多亩山林流转问题争取到了村组和群众代表的支持，让企业安心投资、一心发展。

走进山南庐康中药谷，育苗基地里的 1 万株铁皮石斛长势喜人。

杏林遗址园、温泉度假区、庐山市中医院、庐康中药谷、中药材种植产业……如今，庐山杏林中医药产业园蓝图已绘成现实，该项目已纳入江西省重点项目工程，计划今年 6 月开工建设，明年"十一"建成运营。

"要把优秀文化中具有当代价值、世界意义的文化精髓提炼出来、展示出来、传承下去。"赵木林表示，要深入学习贯彻习近平新时代中国特色社会主义思想，积极开展调研、视察、民主监督、"有事先商量"等各项工作，大兴调查研究，为全力做实唱响"庐山天下悠"品牌，奋力描绘中国式现代化庐山画卷增光添彩。

原载《江西政协报》2023 年 5 月 12 日第 4 版

万载：古城最美处　细听读书声

◎李德伦　刘家欢　欧阳何根　蔡丽蓉

朦胧烟雨绵绵，醉人书香浓浓。

4月18日，记者与湘赣边际名城再次相遇。万载古城核心区游人如织，四年前，万载书画院创建，就在百年建筑郭衡公祠内。

县政协委员、县书法家协会主席潘金生介绍说："获评'江西省书法之乡'殊荣，写进了今年政府工作报告，为'富强美丽和谐宜居新万载'添就浓墨重彩的一笔。"

从古城驱车10公里，至鹅峰乡与三兴镇交界处，文宇阁书院赫然眼前。该书院占地45亩，建筑面积一万五千余平方米，是目前国内最大的民办公益图书馆。

徜徉在四库全书馆、中国方志馆、连环画馆……馆内各种藏书、刊（实）物计三百余万本（册、件），数量之多体量之大，令人叹为观止。

"我虽然是一名'80后'，却与图书打交道已经二十多年。"县政协常委、书院创始人袁宇一边热情介绍展馆，一边分享创业心路。

"一本本图书的背后，就有一个个鲜活的故事。"

"为了找到一本我喜欢的书，我可以废寝忘食，可以远赴边疆，有人说我为之痴狂，也有很多人不理解。与书结缘，爱书、寻书、藏书，始终是我不变的追求。"

"我们处在最好的时代，能有条件成就自己的梦想。很高兴自己这份坚守，最终得到大家的支持。"

今年3月，全省政协系统文史工作座谈会在文宇阁书院举办，给省政协委员们留下深刻印象，"书香万载"名不虚传。

截至目前，书院累计向社会捐书达到十万册，举办宣讲活动五百余场，读书分享等文明实践活动一百余场，免费接待读者与来馆参观学习人员十五万多人次，已成为网红打卡地……"2022 年，央视新闻联播以'弘扬全民阅读风尚，共建共享书香中国'为主题，专门采访报道袁宇，引起很大社会反响，还写进了今年政协常委会工作报告。"县政协副主席辛永红说，"在文宇阁书院，县政协建立了袁宇委员工作室暨历史文化研究委员工作室，有 16 名委员参与其中。如今各种委员特色活动，经常在此密集开展。"

令人欣喜的是，由"三馆一基地"组成，规划总投资 1 亿元的乡村文旅项目——文宇阁书香文化体验园正在紧张施工中。

"要深入学习贯彻习近平总书记重要讲话精神，深化'书香政协'建设，以委员工作室为阵地，办好政协委员大讲堂，以委员阅读引领全民阅读，以'书香政协'助推'书香万载'。"在今年县政协全会开幕式上，县委主要领导的讲话进一步激发委员们的履职热情。

"建设城市书房，打造'书香万载'，助推全民阅读城市创建""加强支持民办公益图书馆建设发展""将民间公益图书馆打造成为文化名片"……一份份深入调研的"委员作业"饱含真情。

江西首位象棋大师孙浩宇、竹雕精微雕刻绘画技艺传承人彭广彬，花灯戏传承人周殷、黄晓迪……一名名优秀政协委员成为当地的骄傲。

"在县政协和委员们的关心支持下，万载县先后出台了《促进全民阅读建设书香万载》《万载县群众文化高质量发展三年行动计划》《万载花灯戏进校园活动工作方案》等文件，将全民阅读推广活动与本地经济、政治、社会、文化活动相结合，发展出了形式多样、丰富多彩的阅读文化。"县政协常委、县文广新旅局局长吴媛欣喜地补充道。

"最是一年春好处，再闻朗朗读书声。"县政协主席彭述荣表示，"我们将以习近平新时代中国特色社会主义思想为指导，聚焦'作示范、勇争先'目标要求，牢牢把握新时代政协工作新方位新使命，紧紧围绕'书香万载'总体规划，不断提升专门协商机构建设水平，在践行全过程人民民主中展现担当作为，为建设富强美丽和谐宜居新万载贡献政协智慧和力量。"

原载《江西政协报》2023 年 5 月 12 日第 4 版

高安："辣"出新样子新滋味

◎李德伦　刘家欢　邹　群　陈庆华

高安，是我省第一个"中国书法之乡"。

"我们紧跟时代步伐，创作的采茶戏不仅深受本地观众喜爱，而且从小县城的舞台唱上了央视银屏。"伴随市政协委员、市剧团团长胡长江响亮佳作，走进秀美锦江畔盘龙公园，碑林文化墙 36 首咏赞高安诗词，令人流连忘返。

截至 2022 年底，高安市有中国书法家协会会员 19 人，省书法家协会会员 109 人，市书协会员过千人，可谓人才济济。

高安，是物流之都。为助推汽运物流产业转型升级，市政协在货运产业基地成立政协委员工作室，以严监督，让"内行人"监督"专业事"。

"以前企业办事困难，遇到问题不知道找谁，得益于委员工作室的强监督、真协商，我们现在省心省力。"走进工作室，江西江龙集团裕和汽运物流有限公司总经理朱三龙欣喜地说。

针对困难企业关于"提前开通车管业务，帮企业渡过难关"的诉求，工作室多次组织相关部门沟通协商，目前已帮助百余家整改到位的物流企业开通了车管业务办理，挽回经济损失千万元。

"去年，市政协分别对市民政局、市发改委开展民主监督，向市交警大队、行政服务中心派驻民主监督员。被监督单位首次在市政协常委会会议上述职，开展现场评议并公布评议结果，切实做到'以评促改、以评促建'。"市政协委员、市货运汽车基地管委会主任卢效生介绍道，下沉基层的委员们有问题谈问题，有意见说意见，做到"单刀直入"，直戳痛处，

"一针见血"，辣味十足。

高安，还是辣椒之乡。"种好一棵椒、振兴一个乡、富裕一方人。"三年前，按照"一带三片六园区"战略，高安市在上湖乡启动富硒辣椒产业园建设。目前，已投资 1.6 亿元建成 2000 亩高标准大棚，完善了集约化育苗中心、新品种新技术示范展示、蔬菜冷链物流、辣椒分拣中心和蔬菜烘干加工厂等全产业链。

步入上湖乡"赣事好商量"协商议事室，围绕打造"特色农业强市"目标，全力推动农业农村工作创特色、争一流、见实效，政协委员们和几十名椒农齐聚一堂，充分协商，唱响"辣"市协奏曲。目前，上湖辣椒产业园辐射带动富硒辣椒种植近千户，面积 1.5 万多亩，农户每年亩均增收 3000 元。

为推动产业发展规模化、标准化、绿色化、品牌化，乡政协工作联络组积极调研，助推打造高安辣椒数字共享平台，小辣椒挑上了"金扁担"，"镐锄镰犁"逐渐退场，智能化的农耕设备越来越有"科技范儿"。

"科技赋能辣椒种植，不论是施肥、浇水，我们只需电脑操作，一键就可以轻松实现。"乡党委副书记、乡政协工作联络组组长黄鑫一边演示一边介绍，"依托现代数字管理技术和销售方式，高安辣椒常年稳居美团优选全国蔬菜单品复购率排行榜第一。"

"踔厉奋发守初心，勇毅前行担使命。"市政协主席陶宇表示，"我们将完善政协民主监督制度，加强与党政工作有效衔接，创新形式、规范程序，提高民主监督质量成效，充分发挥'赣事好商量·相协相安'协商平台作用，齐心协力为高安现代化建设集聚众智、汇聚众力。"

原载《江西政协报》2023 年 5 月 12 日第 4 版

宜丰：凝心聚力变"绿"为"金"

◎李德伦　刘家欢　钟思伟

在刚刚结束的 2022 年度全省综合考核总结暨通报表扬大会上，成功入选全国县市绿色高质量发展百佳样本县的宜丰，收获两个"第一等次"。

走进宜丰工业园区东南角清水桥头，深圳景田江西百岁山矿泉水生产厂区内，独特的银龟造型，远远地就吸引着众人的目光。4 条每小时产能 7.2 万瓶矿泉水的生产线开足马力，厂区门前来装货的大卡车正有序进入，优质水源整装待发，销往全国各地。"公司是全国第二大生产基地，现具有日产 4000 吨优质矿泉水生产能力。去年企业产值超过 8 亿元，连续 6 年上缴税收超亿元。"企业负责同志张月萍介绍。

得天独厚的"生态资源"，正实实在在地化为"经济优势"。作为企业引进的亲历者，连任三届的"老委员"如今已是县政协副主席的王建军感慨道、"山水好了，招商引资也就水到渠成！"

2021 年以来，县政协着力抓好绿色食品饮料产业招商工作，先后引进明成食品富硒竹笋、全家福食品肉制品、紫山食品饮料等 5 个项目，共计投资 12 亿元。并先后围绕产业发展、营商环境、生态文明建设等重大课题，提出四大类 15 项 98 条具有针对性的建议，进一步擦亮绿色发展的金字招牌，确保引进来，更要留得住、发展好。

位于澄塘镇的江西正宜农业发展有限公司是从英国留学回来的魏明亮所创办，作为"80 后"，这位县政协委员分享三年来走过的不平凡"新农人"之路。

"我生长在城市，疫情前刚踏入农业领域，尝尽了酸甜苦辣。不仅要努力做好种植产业，带领村民增收致富；更要经营农业，开发高端新农产品，努力迈向农业现代化。"

生态"高颜值"成为市场"香饽饽"。头年种的 1300 亩蔬菜，刚上市就一卖而空。如今，1500 多亩蔬菜基地，茭白、高菜、芦笋等精品蔬菜得益于富硒土壤，茁壮成长，繁茂喜人。在他带领下，正宜农业按照"公司＋合作社＋农户"模式，助力周边百户农民年均增收 2000 元以上，总计约 200 万元。

从"一瓶水""一蔸菜"到"一间房"，县政协聚焦绿色生态经济发展，将《关于打造特色民宿的建议》《关于引导民宿高质量发展的建议》列为重点督办提案。

在纱帽山大峡谷，原本废弃的双峰二级电站经过升级改造，被赋予了"新生命"，声名远播的金家湾民宿便脱胎于此。漫步其中，森林康养、水上亲子乐园、民宿休闲旅游产业方兴未艾，一幅青山绿水映斜阳的生态画卷，吸引着八方游客纷至沓来。县政协委员、金家湾民宿投资人罗军饶有兴致地谈起了他对绿色发展的理解："旧墙砖作用不只是建筑材料，更多的是承载着宜丰文化，进行重复利用，低影响、高品位、大收益，一举多得。"

"深入学习贯彻党的二十大精神，积极践行新发展理念，要充分发挥'绿水青山就是金山银山'实践创新基地的品牌效应，按照'一条主线，九大行动，两项保障'的工作思路，聚焦专门协商机构的主责主业，交出聚力高质量绿色发展的优异答卷。"县政协主席邬明香说。

原载《江西政协报》2023 年 5 月 12 日第 4 版

山村红了"夜经济"

◎ 熊　灵　李秋林　黄杨宁

夜幕降临，白天静悄悄的章贡区沙河镇罗坑村"苏醒"了——车辆蜿蜒蜒地停靠在村道旁，一眼望不到头，四面八方的游客齐聚在"网红夜市"，或休闲运动，或享受美食，或欣赏演出，好不热闹。

其实，罗坑村地理位置不算好，它孤零零地坐落在山脚下，离市区车程有二十多分钟，村里三百四十多户人家大部分外出务工，常住人口只有二百多人，是个名副其实的"半空心村"。如此"先天劣势"怎么就有了"夜经济"呢？

故事得从 2017 年说起。这一年，国家级山地自行车赛落户罗坑村，吸引了大量游客观赛。有村民在家门口支起了早餐档，比赛 3 天收入 4000 多元。回想起这事，村支书吴玉明至今记忆犹新、啧啧称奇。

人气就是财气。明白这个道理后，村里抓住机遇成立旅游公司打造运动小镇。公司成立了，可没啥好项目，又不懂管理，怎么办？

沙河镇区政协委员联络组通过社情民意，向区委、区政府提出引进委员企业的"金点子"。在区领导大力推动下，区政协常委曾彬任董事长的企业——科睿特软件集团旗下旅游公司与罗坑村合作，成立赣州旅联旅游发展有限公司。公司聘请专业人员进行策划运营，村里按一定比例分红。

很快，趣味运动场、射箭馆、演出舞台、水上乐园等都建起来了，运动小镇初具雏形。

运营初期，人气并不旺，这可急坏了村民。作为沙河镇政协委员联络组组长，廖波看在眼里、记在心里，又想起了政协"娘家人"。于是，他请来片区内的委员到村里调研，边走边看，一起出谋划策。

"委员们见多识广，视野宽、点子多。"廖波说，几次碰撞下来，大家提出两方面建议，一是结合人居环境整治提升村容村貌；二是提高夜市演出节目质量，"这些建议让村里有了努力的方向"。

不仅说，还带头干。在区政协委员、区文化馆馆长陈贝的帮助下，赣州艺术剧院的经典剧目在罗坑村上演，每周两场，场场爆满、大受好评，名气一下子就起来了，大量游客慕名而来。

人气旺了，荷包鼓了。2017 年，罗坑村村集体收入只有数万元，如今已达 50 多万元。不仅如此，村里还根据委员们的建议，走上多元发展之路，搞起了亲子游、避暑游、农事体验游，民宿、客栈、农家乐等如雨后春笋般开了起来。外出务工的村民回来了，如今罗坑村常住人口近 600 人，32 户贫困户中，已有 30 户实现高质量脱贫。

集体强了，底气足了。村里不仅正在建设全新的游客中心，露营基地、直达山上的游步道等也提上了议事日程。"到时候欢迎你们再来！"吴玉明满脸期待地说。

原载《江西政协报》2020 年 9 月 4 日第 1 版

解决烦心事　笑迎高铁来

◎熊　灵　曾志明　谢建春

　　盼望着，盼望着，昌赣高铁终于修进了山坳坳，修到了家门口。

　　"这么重大的民生工程，咱们当然要大力支持。"在村民的积极配合下，征地等前期工作很快顺利完成。眼见施工队进驻，兴国县龙口镇来溪村村民谢洪洪笑开了花。

　　可没过多久，烦心事来了。谢洪洪家住半山腰，离工地只有五十多米，几声"轰隆轰隆"爆破作业下来，房屋"炮损"严重——窗户玻璃震碎了，墙体开裂了。一家六口吓得不轻，连夜搬离。

　　第二天，12户不同程度受到"炮损"的村民找到施工方要说法，双方分歧大，没谈拢，不欢而散。

　　在村里挂点的第一书记刘文先来自县政协，他了解情况后立即向政协反映。

　　其实，对这类问题，县里未雨绸缪、早有准备——经县委常委会会议审议通过，"关于开展昌赣高铁、兴赣高速等重点工程周边涉及群众生产生活设施损毁及维护情况的民主监督"被列入县政协2017年协商工作计划。

　　很快，由县政协牵头，县交通运输局、县铁办、相关乡镇负责同志及多位委员参加的民主监督进村了。现场深入调研后，民主监督组邀请施工方和12户村民面对面沟通交流。会议开了一下午，双方还是在核心问题上——损失怎么认定、补偿标准怎么执行——僵持不下。

　　就在这时，民主监督组提出建议，邀请第三方专业评估机构现场进行鉴定和评估。双方欣然接受，问题迎刃而解。

没过多久，县政协领着从赣州市请来的专业人员挨家挨户上门，不仅鉴定评估"炮损"情况，还再次细致了解村民的其他诉求。

有的村民反映，施工方临时搭建的电线越过自家屋顶，有安全隐患；有的村民反映，施工车辆造成村道、水沟等损坏，影响出行和农业生产……

现场勘察记录后，县政协迅速向施工方和相关部门反馈。目前，电线已全部迁移；改沟、改渠等工作加快推进提前完工；改路工作进入尾声。

房屋"炮损"评估报告出来后，民主监督组再次邀请施工方和村民面对面协商，在专业、权威的报告面前，双方心悦诚服，很快达成一致。

谢洪洪家获得一万多元的补偿款，同时当地政府出资为其修复加固受损房屋的外墙和屋顶。

"马上就要完工了，一家人很快就要回家了。"谢洪洪用手指了指不远处的山坡，脸上露出了久违的笑容。

"好！搬回去的时候一定要告诉我们，到时候我们组织'民主监督回头看'，助力把好事办得更好、实事落得更实，让大家的获得感更有分量、更有成色。"兴国县政协主席魏国寿说。

原载《江西政协报》2020 年 9 月 11 日第 1 版

用爱点亮精准扶贫路

◎李德伦　李泽贻　陈凌宇

"绝不能让贫困阻挡孩子求学的脚步！""帮了一个残疾人，就解脱了一个家庭的沉重枷锁！""为家乡发展贡献一点绵薄之力，感到莫大的荣幸！"走进吉水县，一个个鲜活的委员故事，书写着精准扶贫路上的大爱真情。

"赶走求学路上的'拦路虎'"

8月26日，赶在金秋开学季，吉水县政协奖学助学协会举办了第四次颁奖大会，全县137名师生获奖，活动受到社会各界广泛关注。

教育是阻断贫困代际传递的重要途径。县政协委员罗向阳一直热衷于教育公益事业，持续资助贫困学生。

"从2016年起，无论多忙，只要到了奖学金发放的时间，他总会安排好时间回到学校。"吉水二中负责奖学金工作的老师说起罗向阳，就赞不绝口。

"一个贫困家庭走出一名大学生，就有了希望，这个孩子就有能力绘就自己未来的蓝天。"作为一名农家子弟，罗向阳动情地说，"希望尽自己的一份努力，能够帮助更多贫困学子赶走求学路上的'拦路虎'。"

"康福乐就像我的家"

在吉水县城，有一家康福乐足疗店，虽然位置偏僻，却在当地小有名气，开了二十几年，生意依然火爆。而这家小店从老板到员工都是残障人士，这一切源自县政协委员肖晓明的坚守。

二十多年前，一场突如其来的车祸，让肖晓明失去了左腿。但他自强不息，苦练按摩技术，最终走出了阴霾，重获了新生。

在经营中，肖晓明发现许多残疾家庭陷入贫困。作为一名政协委员，他觉得有责任用自己的所长帮助更多的残疾人。十多年来，在肖晓明不厌其烦、耐心细致的教导下，从康福乐走出了近千名身患残障的学员。

"肖师傅不仅免费教会了我一门技艺，还让我在这里工作，现在我一年收入加分红有六七万元，不仅养活了自己，还供哥哥读完大学。康福乐就像我的家。"店员罗琪说起自己的经历充满了感激。

"振兴家乡是我的荣幸"

走进丁江镇双橹村，说起县政协委员余九根，乡亲们总是赞不绝口。

曾经的双橹村是当地有名的贫困村，落后的面貌深深地扎疼了余九根的心，他决心带领大家摆脱贫困。

2013年，在余九根的投资带动下，全村发展了1200亩井冈蜜柚种植基地，吸纳了19户贫困户37人入股务工，为村里的贫困户们脱贫致富找到了路子。

产业发展好了，余九根又着手帮村里搭建文化平台。健身广场、知识书屋、文明戏台……一项项建了起来。

为了帮助全村建立互助养老中心，余九根说服家人，把自家新房拿出来供大家使用，并承诺中心费用不足的部分，全部由他兜底。今年4月，全村14名老人开启了居家养老的新生活，令周边村民羡慕不已。

在余九根的带动下，双橹村已有三十余名乡贤加入到家乡建设队伍中，古老的双橹村正焕发着全新活力。

原载《江西政协报》2020年9月18日第1版

204

乡村旅游兴起了

◎李德伦　柯结根　肖卓霖

"处处皆风景，时时可旅游。"

初秋时节，热浪不减。走进泰和县蜀口生态岛、快阁文体公园、浙大西迁旧址、马家洲集中营革命历史纪念园等重点旅游项目，所到之处，只见建设场面火热，各项工程齐头并进，井然有序。夜泊蜀口、畅游赣江、品味美食……来自全国各地的游客纷至沓来。

截至 8 月底，泰和县共接待游客 195.61 万人次，实现旅游综合收入 21.52 亿元。

"乡村旅游热在吉泰平原，可谓是方兴未艾。"县政协常委、县文广新旅局副局长彭建林感慨地说。

作为泰和县旅游事业的亲历者，彭建林见证了泰和县一批投资体量大、辐射带动能力强的旅游项目迅速发展。"其中离不开县政协的有力助推。"彭建林说。

"春浮园"被誉为晚明江南第一园，是泰和县一张重要的历史文化名片。投资 15 亿元的"春浮园"田园综合体是泰和县建设的最大文旅项目。目前，正加快推进。"能够克服疫情影响，真要感谢县政协的精心服务。"企业负责人刘兵剑感激地说。

"仅今年新冠疫情后一个季度，便完成了园区主要交通路网、高标准农田的建设，启动了游客服务中心建设，投资额度约 1.5 亿元。"县政协副主席罗义斌介绍。

近年来，泰和县政协发挥智力密集、人才荟萃优势，围绕区域旅游核心热点形成系列调研报告。县政协委员围绕旅游业开发建设和转型升级，提出提案一百多件。县政协每年都精选旅游方面调研报告和重点旅游提案进行督办，得到县委、县政府高度重视。

目前，泰和县高起点、高标准编制了《全县全域旅游发展总体规划》及 4 个专题规划，突出"红、古、绿、蓝、乌"五色，全力构建远途旅行、近郊环游、休闲度假、乡村深度游立体旅游目的地体系。

"把美丽乡村建成旅游景区，让美丽风景变成'美丽经济'，全域旅游全面开花，'美丽经济'活力四射，泰和县政协将一如既往、不遗余力献计出力。"罗义斌高兴地说。

原载《江西政协报》2020 年 9 月 25 日第 1 版

大健康产业发展背后的政协力量

◎李德伦　陈小康　肖才明

千里赣江最深处，高低转折振翅飞。昌赣高铁在峡江县穿城而过。

得天独厚的资源和区位优势，生物医药大健康产业被峡江县定位为"首位"产业。

"我提出建议借高铁开通的带动，一产主抓中医农业，二产主攻生物医药产业，三产主推康养旅游。县委、县政府及时采纳，在高铁沿线巧妙布局'首位'产业，推进三产有机融合。"

谈起自己在 2019 年峡江县政协十届二次会议上大会发言的落实情况，县政协副主席李喜生自信满满："我们连续三年聚焦'首位'产业发展，开展了三次专题调研。县政协机关更是带头招大引强，先后引进了和美药业和苏峡药业两家投资过亿元的医药龙头企业。"

不仅如此，在我省唯一的多民族乡——金坪民族乡，依托中医药产业、民俗风情、康养旅游优势打造风情小镇也凝聚政协智慧力量。为打造"风情园""民族寨""艾灸馆"等旅游板块，县政协副主席胡小平经常深入一线督导，倾注了大量心血。如今，小镇已经成为省内游客感受民族风情和健康养生的新去处。

峡江玉笥山方圆 40 平方公里，峰峦连绵不绝，是有名的道教洞天福地。投资 5.7 亿元的玉笥养生谷是该县重点打造的康养旅游项目。得益于县政协精心跟踪服务，今年虽接连遭受疫情、洪水，该项目建设依旧进展顺利。现在还没有开门迎客，就已经吸引很多游客的关注。

玉峡药业是县政协常委罗熙创办的一家以传统中药饮片为核心，涵盖中药材种植、科研、加工、销售、服务为一体的全产业链公司。如今，峡江的医药企业如雨后春笋，茁壮成长，产值已超百亿，并在全省产业版图中亮出了"峡江品牌"。今年抗击新冠疫情最紧要的时候，峡江医药企业生产的医用口罩发往全省定向供应，强大的生产能力得到省委、省政府领导的肯定。

随着高铁的到来，越来越多的峡江人成为发展"首位"产业的"弄潮儿"。县政协委员、峡江南农园发展有限公司总经理廖治明就在高铁沿线的梅花坪一期流转土地一千二百余亩种植金银花，现已成为峡江县中医药企业重要的原材料生产基地。

"在今年多重因素的影响下，峡江生物医药大健康产业逆势上扬，跑出了令人惊喜的'加速度'。县政协尽了一份力，委员们撑起了一片天。下一步，我们还要继续发挥优势，双向发力，在助推'首位'产业、促进三产融合中展现新作为。"县政协主席胡新明说。

原载《江西政协报》2020 年 9 月 25 日第 1 版

符竹村的幸福路

◎李德伦　林永盛　郭志锋

金秋时节，走进万安县高陂镇符竹村，映入眼帘的是一条条大道，一幢幢新居，一张张笑脸……

这个村因为人多田少，山高路远，群众虽然辛苦劳作，却难以摆脱贫困，全村建档立卡贫困户一度多达 94 户 377 人。

一切的转机，要从 2013 年万安县政协机关定点帮扶说起。

"小康不小康，关键产业帮。" 8 年的扶贫之路，笃定支柱产业，特色发展，连续几届县政协机关干部接力帮扶，锲而不舍。

走进"福玉井冈蜜柚合作社"基地，一棵棵柚树翠绿盎然，硕果累累。这片丰收的果园，被群众亲切地称为"致富金果"。

"基地吸收了 39 户贫困户入股，每户 2000 元的股金全部由村里代缴，基地产生的收益 80% 以上用于分红。"符竹村驻村第一书记肖岩介绍。

符竹村自古有制作腐竹的传统，开办一家腐竹加工厂脱贫致富，群众呼声很高。为此，县政协领导因势利导，从选址到购买设备，从商标到包装设计，给予鼎力支持。

如今，沿着符竹村中央宽阔的水泥大道，远远就能看到一排高大厂房，顺着万安蜀水河一路伸展，腐竹加工厂就掩映在青山绿水之间。步入车间，一台台闪闪发亮的机器特别夺目，工人们正在紧张地生产。

"村里送我到外地学习加工技术，现在我在腐竹厂上班，每月能挣三千多元。帮扶我的政协干部，还介绍我儿子到市里工作，一个月也有几千块收入……"村民曾纪辉高兴地算着全家的收入账。

谁能想到几年前，曾纪辉由于妻子长年患病，又有两个孩子要抚养，缺乏技术，一家人一筹莫展。早在 2016 年，他就顺利脱贫摘帽，还被评为全县"脱贫光荣户"，如今整天都是笑眯眯的。

"除了贫困户受益，村里通过厂房出租，每年将增加近 10 万元收入。"村党支部书记郭忠琳高兴地说，"县政协领导和帮扶干部还指导村'两委'多条腿走路，不断壮大集体经济。现在村里还建起了两座光伏发电站，每年收入近 12 万元。"

一路走下来，符竹村到处充满井冈蜜柚、无籽西瓜清香，充满鸡、鸭、鹅欢叫，充满群众幸福甜蜜笑语……

原载《江西政协报》2020 年 10 月 9 日第 1 版

激活文化遗产　点亮幸福窑火

◎李德伦　张菊明　蒋　芸

举世闻名的吉州窑有我国保存最完好、保存规模最大而且最集中的古窑址群。

吉安县政协为吉州窑保护、传承、开发、利用凝心聚力，久久为功，走出一条以文化为魂造福百姓的脱贫攻坚路。

一、历经十年磨剑，群众喜获新生活

走进吉安县永和镇吉州窑风景名胜区，规划 3000 亩的建设工地一派繁忙景象。

"十年前的吉州窑还是一片沉睡的宝藏，大家守着金饭碗过穷日子。"每当提到现在的幸福生活，永和镇居民总是称赞不已："背靠景区吃上旅游饭，不仅收入翻番，而且环境更美，这多亏了县政协担当实干的好干部。"

现任县政协主席郭钰山从 2010 年吉州窑项目启动，就被委任为项目总负责人。目前，县政协有三位副主席挂点项目产业园建设。

涵盖吉州窑景区、陶瓷文化产业园、农业观光旅游区"三位一体"的综合保护、开发和利用画卷已经徐徐展开，带动了周边群众的生活"芝麻开花节节高"。

"保护和传承好吉州窑文化并使之不断光大，是几代吉安县人的追求和梦想。最近，习近平总书记对考古工作作出的重要指示，让我深切地体会到能为弘扬中华优秀传统文化、增强文化自信做点实事，值得自豪。"

郭钰山动情地说。

二、讲好文物故事，展现古窑新风采

国庆中秋双节期间，吉州窑"窑里有味"美食节、"窑中万象"非遗展演、"窑传新韵"文创集市活动精彩纷呈，吸引众多游客。县政协副主席、吉州窑管委会主任郭婷婷看在眼里，喜在心头。

"最近几年，可以说是吉州窑项目发展爬坡过坎、点石成金的关键阶段。保护好、传承好历史文化遗产是对历史负责、对人民负责。"从 2017 年走进吉州窑开始，郭婷婷就暗下决心，一定要把这份责任扛起来。

2017 年，第二届国际陶瓷柴烧艺术节吉州窑会场；2018 年，吉州窑"走进香港、走向世界"推介会；2019 年，吉州窑"木叶天目漫花园"向公众开放；2020 年，吉州窑"古窑嘉年华"活动……一年一个台阶，随着一个个活动顺利举办，吉州窑走出"深闺"，向世界展示新的姿态。

"现在吉州窑正在积极创建国家 AAAAA 级旅游景区，随着吉安县高铁开通，传承发展好千年古窑精神迎来了千载难逢的机遇。"郭婷婷干劲十足地说。

三、助力创新发展，激活遗产附加值

"木叶天目""剪纸贴画天目"曾经是吉州窑享誉中外的黑釉瓷产品，如何让吉州窑在传承与创新中焕发新活力？县政协积极建言献策。

"这是我们招才引智的空山坊独家创新产品，给传统单色调的木叶天目盏加入多变的色彩。"县政协副主席、陶瓷文化产业园重点项目挂点领导罗晓忠介绍起创新产品如数家珍，"2019 年，仅空山坊一家，就通过线上线下销售，产值已过百万，吸引了越来越多的陶瓷工艺大师前来吉安开设工作室。"

县政协编撰《前世今生吉州窑》等文史资料，积极宣传推介吉州窑文化。近几年，先后有三十余名政协委员为吉州窑建设作大会发言、撰写提案、反映社情民意，形成意见建议五十余条，被相关部门采纳。

"我们加强对吉州窑的考古保护和历史研究，让收藏在博物馆里的文物、陈列在广阔大地上的遗产、书写在古籍里的文字都活起来。县政协领导班子不遗余力、群策群力推进项目建设，不仅激活了千年的文化遗产，熊熊燃烧的窑火更是点亮了群众的幸福生活。"吉安市副市长、吉安县委书记李克坚说。

原载《江西政协报》2020 年 10 月 16 日第 1 版

小箱包　大魅力

◎李德伦　李泽贻　王锋儿

新干县现拥有 282 家箱包皮具生产企业、2 万多名从业人员，年产箱包皮具 3000 万只以上，年产值超 50 亿元……

乘着昌赣高铁走进新干，新干箱包发展的强大动力席卷而来。在新干县箱包产业园，来自新干县城上乡的贫困户杨晓红，短短几分钟就能熟练地将一个旅行拉杆箱组装完成。

"在生产旺季，像我这样的业务熟练工人，一个月收入有五六千元，再干几年，还计划在县城安个家。"经过技术培训，曾经致富无门的杨晓红一家，早早地就摘掉了贫困户的帽子。

在新干县，像杨晓红这样的脱贫例子还有很多。许多人学到了技术，还开工办厂，当起了老板，"小箱包"成为许多人敲开致富大门的"金钥匙"。

作为全县一项富民产业，新干箱包产业蓬勃发展，始终闪现着"政协力量"，记录了许多"政协人"忙碌的身影。

今年，突如其来的新冠疫情，给新干箱包企业带来巨大冲击。上半年，按以往惯例，本是箱包生产旺季，却没有了往日的繁忙。

"面对从未有过的情况，是否加大投资？生产低端还是高端产品？企业内部意见不一，我们生存压力巨大！"在箱包行业摸爬滚打了 28 年的县政协常委、华兴箱包有限公司董事长李毛子说。

为了帮助箱包企业渡过难关，县政协迅速开展了一系列调研，提出了一批高质量建言，得到县委、县政府高度重视，积极采纳了其中众多意见建议，有效推进了整个箱包产业链的复工稳产。

"努力在危机中育新机、于变局中开新局。我们复工以来，员工返岗共有540人，复工人员比例达到98%，日生产箱包5000只，产能率基本恢复，真心感谢政府为企业复工复产保驾护航，不遗余力地帮助我们把疫情影响降到最低。"李毛子说。

近年来，除了一大批县政协委员投身箱包产业发展，每年县政协也会开展相关调研视察、专题协商会，竭力对企业进行帮扶，积极服务引导箱包企业走品牌化、高端化发展道路，助推全县箱包企业迈上发展快车道。

在县政协的鼓与呼中，新干县先后举办五届"中国·新干（国际）箱包皮具节"，设立1亿元的箱包皮具产业转型升级发展基金，抢占线上箱包销售"黑马奖"，成为"中国电商示范百佳县"。目前，全县拥有126项箱包皮具企业专利、787件注册商标、8个省著名商标、6个省名牌产品、1个中国箱包优秀品牌。

随着新干县一个个箱包走向世界，越来越多新干人的小康梦照进现实。

原载《江西政协报》2020年10月23日第1版

高铁新城拔地起

◎李德伦　柯结根　毛燕飞

"吉安西站建设选址好，15 分钟就可以通达中心城区，非常方便！"国庆中秋双节期间，乘坐昌赣高铁出行，成为越来越多吉安市民的选择。

"古城吉安迈进高铁时代，承载老区振兴梦想。"看着吉安西站旅客人数一再被刷新，吉州区政协副主席、高铁新区征迁指挥部副总指挥兼办公室主任王升感慨万分。

"为抢抓机遇筑新城，助力吉安经济社会高质量发展，自 2016 年 12 月起，吉安市启动控制区规划面积 37.8 平方公里、核心区范围 7.6 平方公里高铁新区建设。"王升介绍说，"项目启动后，吉州区共征收土地 1.6 万亩，搬迁二千一百余户，拆除房屋 67 万平方米……"

三年多时间，吉安西站、站前广场、综合交通枢纽、君华大道等项目相继交付使用；庐陵文景、庐陵玉景已封顶；会展中心即将封顶；五指峰、商贸中心等工程项目也在如火如荼地建设中……

"我们征迁项目部马上面临第四次搬迁，高铁新区的建设速度越来越快，吉安正在发生巨变，城市的能级不断提升，大家对吉安的认知也在刷新。"摊开高铁新区规划图，区政协委员方勇依旧难掩激动的心情。

"为提升高铁新区城市形象，完善城市功能，提升区域医疗水平，扩大优质教育资源，高铁新区将建设高铁新区综合医院和高铁新区国际学校。"今年 5 月，吉安市人民政府网站发布一条重磅消息，再一次点燃了大家对吉安高铁新城建设的热情。除此之外，重大民生保障项目建设也是喜事连连。

为了推动高铁新区建设上水平，区政协先后围绕"迎接高铁时代、打造特色功能小镇""改革创新、建设产城融合新兴区"等积极建言献策。扎根实际、沾满泥土的高质量报告一经推出，得到各级部门的重视和采纳。

"回首如火的岁月，从高铁站到高铁新区的建设，累累硕果的背后，处处活跃着敢担当、善攻坚的吉州区政协人的身影。"区政协主席汤耀明饱含深情地说，"今后，我们还将继续围绕区委、区政府中心工作，积极作为，主动奉献，发挥好政协作用，推动高铁新区'五年成规模，十年现新城'战略部署早日实现。"

蓝天之上白云悠悠，青山黛影之中高铁飞驰。如今，一个低碳、活力、宜居、开放的魅力吉安高铁新城从梦境中向我们款款走来。

原载《江西政协报》2020年10月23日第1版

药都夜市

◎王　磊　李　震　熊官玖泽

"一晚上最多卖了 226 份牛排，在这里练摊 4 个月，月收入过万了。"在樟树市区赣江边的大码头见到何雷时，他正在"地摊牛排"摊点上给顾客煎牛排。

今年 32 岁的何雷，18 岁开始学习厨艺，在温州瑞安做过西餐厅大厨，也自己开过饭馆。受新冠疫情影响，回乡创业的何雷正为经营场地头痛的时候，樟树夜市经济的出现，让他喜出望外，"我成为第一批进驻夜市的摊主"。

今年 6 月，樟树市专门在沿江路大码头区域划出 3800 平方米的场地用于地摊经营。每晚华灯初上，市民三五成群到这里观夜景、品美食。"便民不扰民做活了夜市经济，还满足了市民需求。"樟树市政协委员、市城管局副局长熊云林介绍，沿江夜市的繁荣还得益于市政协的倾力建言。

连续夜访亲身感受夜间消费的痛点、蹲点调研访谈街边摊主的需求、走访相关职能部门了解管理的难点……樟树市政协秘书长聂正洪介绍，今年 4 月，市政协围绕"如何大力发展夜间经济"开展专题调研后，提出"优化夜间产业结构，完善夜间服务""推进夜间经济全面恢复生产""融合樟树文化，打造药都特色夜间经济"等实策实略，建议将沿江路大码头和三皇宫历史文化街区打造成集"药、食、娱、购、体、宿"于一体的"商旅＋夜市"经济形态。

随后，在樟树市政协八届五次会议期间，关于"城市功能品质提升的成效与不足"专题联组讨论会上，程庆卫、张涛、黄霖等委员为做活樟树夜经济开出良方，得到市委、市政府高度重视，相关部门将打造围绕三皇宫为主体的沿江路夜市经济发展带，作为一项中心工作有序推进。

"在这里摆摊，只要食品合格，环境卫生符合标准，不用交任何费用，便可以正常营业。"包括何雷在内的摊主们，在规定范围内经营的同时，还主动买来塑料彩条布铺在摊点的地面上，避免油渍滴在地上。

"遇上了好政策，只要用心踏实肯干，谁都可以把事情做好。"已成为当地网红的何雷认为，在夜市摆摊不仅发挥了特长，还实现了自己的价值，"还有新余、南昌、深圳的网友乘坐高铁慕名前来'拜师取经'。"

原载《江西政协报》2020年11月13日第2版

·传承红色基因　助力开局起步——省际沿线政协行（2021 年）·

追寻光荣梦想　汲取奋进力量

——《江西政协报》"红色走读"的十点做法与体会

◎ 邹　滔

　　历时两个月，行程万余里，深入全省 9 个设区市 40 个县（市区），《江西政协报》继 2020 年"最红高铁"沿线政协行后，今年又以"传承红色基因，助力开局起步"为主题，开展省际沿线政协行。省市县三级政协人，同心携手"红色走读"，共迎党的百年华诞，引起广泛关注，社会反响强烈。实践证明，"小媒体"守正创新，"走出去"大有可为。

　　江西是红土圣地，是一座没有围墙的革命历史博物馆。途经井冈山革命老区、赣南等原中央苏区的昌赣高铁，被称为中国"最红高铁"。通车半年后，本报即开展"走向我们的小康生活"——最红高铁沿线政协行，迈出系列采访报道活动的第一步。这个系列报道荣获第 23 届江西报刊网络新闻奖一等奖。"政协行"初战告捷，"走出去"成效明显。

　　省际沿线政协行，由南至北横贯西东，覆盖超过全省 40% 的市县，可谓江西最大最红圈。这样的专题学习采访，在江西政协新闻史上是第一次。对不到 10 个人的政协报社来说，确实是一个新的巨大挑战。艰难程度，不言而喻，再次"走出去"，信心、底气从何而来？

　　十二届江西省政协高度重视新闻宣传工作，深入学习贯彻习近平总书记关于新闻宣传工作的重要思想，提出"政治统帅、文化锐新、科技助飞、开门学鉴、深接地气、多讲故事"的办报要求。江西政协报社自觉坚持党的领导，主动争取党组的重视与支持。今年的报社宣传报道计划，报经省政协主席、党组书记姚增科同意，得到省委宣传部门的充分肯定。市县政协组织和委员积极配合，齐心协力抓好落实。实践告诉我们，有党的领导这个"主心骨""压舱石"，就能"走出去"、走精彩、走向胜利。

为推进"红色走读"，一是紧密结合党史学习教育，学党史、悟思想，用党的创新理论武装头脑、指导实践、推动工作，坚定正确政治方向和舆论导向。二是读经典、品名作，学研《中原我军占领南阳》《我三十万大军胜利南渡长江》等，汲取智慧力量。三是既用足红色资源，讲好革命故事；又展现新时代新变化，讲好高质量发展故事、政协故事。四是弘扬协商文化，画好最大同心圆，把握大局，融入主流，行稳致远，走深走实。

做法与体会一：革命是奋斗出来的。"不干半点马克思主义都没有。"根据政协媒体实际，有所为有所不为，在"我有你没有""我能你不能"上下功夫，精心策划，奋力作为。我们认为，"政协行"系列采访报道活动是发挥作用、推动工作的有益尝试；是坚持创新引领，发挥优势，特色作为，提升政协新闻舆论传播力、引导力、影响力、公信力的有力探索。只争朝夕，不负韶华，唯有攻坚克难，撸起袖子加油干。沉下去，走进历史，走进基层，走进火热生活，付出的是心血和汗水，收获的是宝贵经验、上下认可。

做法与体会二：外面的世界很精彩。政协报是政协机关报，坚持"政治家办报"，既要对标对表又要深接地气，力戒围于机关，"泡"在会场、网上，办公室里作报道。一位参加"政协行"的县政协秘书长深有感触地说："这是一次朝圣之旅、感悟之旅、学习之旅，更是一次习近平总书记新闻宣传工作重要思想的践行之旅。此行受益匪浅，时而热血沸腾，时而如沐春风，时而自惭形秽，增添了学识和动力，更增加了做好政协宣传工作的责任感、使命感和紧迫感。"有志者，事竟成。走出机关天地宽，"政协行"一定行，走得开、受欢迎、有干头。

做法与体会三：跟进学习把牢方向。从活动准备到实地采访，从稿件拟写到修改完善，每个阶段都注意跟进学习习近平总书记最新重要讲话精神。《纯净资溪迎客来》报道了资溪县践行"两山"理论，在江西率先创建"两山银行"，开展生态产品价值实现机制试点工作，将生态资源转换生态资产，这个十万余人口的小县，年接待游客超过 400 万人次；《青山好处惟彭泽》《"江湖明珠"湖口嬗变》等，报道长江沿线县市落实"不搞大开发，共抓大保护"，推进高质量跨越式发展的新成效；《古城柴桑展新姿》《南丰奋进有新篇》《铅山石塘品"山歌"》等，沉浸历史长河，增强文化自信。50 多篇带露珠、泥土香的报道，彰显的是习近平新时代中国特色社会主义思想的真理伟力和实践伟力；展现的是党的十八大以来江西的发展变化，这是党和国家事业取得历史性成就、发生历史性变革的生动缩影。

做法与体会四：选准角度深度挖掘。从"最红高铁"到省际沿线政协行，紧密结合实际，突出政协视角。"沿着高铁看中国""沿着高速看中国"，学习党报党刊又和而不同，各美其美，美美与共。《广昌路上再出发》回顾 1930 年初，毛泽东在这里写下气壮山河的《减字木兰花·广昌路上》，报道该县 2018 年 7 月 29 日正式脱贫"摘帽"，较早退出贫困县序列，通过白莲、食用菌等产业发展升级，在全面推进乡村振兴中的感恩奋进、政协作为。同样，《共绘井冈新画卷》《赣江源镇拔地起》等，体现时代气息。

做法与体会五：凝聚系统宣传合力。各地政协派出精兵强将，有的委员专程从外地赶来参加。有事好商量，白天"走读"，晚上"围读"，交流体会，研究主题。首次围读会，吸纳一位县政协党外副主席意见，形成了以红色为底色，写好古色、绿色、彩色故事的共识。边走边总结，编发《政协行快报》18 期。地方分组，相互学鉴，遥相呼应。

做法与体会六：分工协作各展其长。省市县上下协调有力，报社前后方调度有序。与设区市政协联合制订方案，反复沟通，精细实施。本报记者参与组织，又对市县通讯员面对面全方位指导，确保写一篇成一篇。总编辑率队，带头写稿，《红旗报社旧址前的遐思》就是其中一篇。在万载县仙源乡这个革命先辈拿枪握笔的地方，细看由临时湘鄂赣省委书记林瑞笙兼任总编辑的《红旗》，分享党对新闻宣传工作历来高度重视的深刻体会，对坚定信念、革命意志、斗争精神和"到处是活跃跃的创造"的深切感受。

做法与体会七：过程结果同样重要。通讯员用心用情，坚持事上练，克服畏难情绪、"怕"写心理，问得多了，悟得深了。围绕"写出彩""传播开"，有的连夜撰写稿件、制作视频，你追我赶，争相报道，成为政协新闻宣传生力军。有的表示，要保持热情，带着感情，抓住一切机会学习，在走中学，学中悟，悟出灵感，悟出思路，写出精彩之作。

做法与体会八：融媒跟进多样表达。"报网微"联动，文字＋图片＋短视频等综合运用。着眼全局写地方，走进历史写当下，讲出"我眼里的江西""我眼里的政协""我眼里的故事"。为落实中央和省委政协工作会议精神，上饶市政协做实"赣"事好商量品牌，建立"党建＋好商量"政协协商与基层协商有效衔接工作机制。"数说"＋"实说"：广信区238个"好商量"协商议事室，243次协商议事会议，187件群众急难烦心事得到解决；"因为大家意见不统一，迟迟未能安装车辆识别系统，没想到大家坐在一起一商量，就解决了周边100多户居民停车难的大问题。"

做法与体会九：践行"四力"必有佳作。经过实战历练，本报记者知己之长短，视野更开阔，思路更清晰，政治思想作风和业务能力大为提升。《敬礼！人民英雄刘梓华》《喜过袁州话初心》《赣西重镇　大美袁州》，虽一地三稿，但抒情、写人、记事，各有侧重，内容有新意、不重复。各地媒体持续关注，《人民政协报》也作了报道，《歌声飘过黎滩河》等系列作品被地方党报转发。

做法与体会十：既做宣传又办实事。把笔头、镜头对准基层，虚心向基层干部群众学习，不增加基层负担。广泛听取各界呼声，收集社情民意十余条。结合"政协行"，抚州市组织政协系统党史学习教育暨宣传工作培训，赣州市开展政协新闻沙龙活动。

"初心易得，始终难守。以史为鉴，可以知兴替。我们要用历史映照现实、远观未来，从中国共产党的百年奋斗中看清楚过去我们为什么能够成功、弄明白未来我们怎样才能继续成功，从而在新的征程上更加坚定、更加自觉地牢记初心使命、开创美好未来。"回顾"最红高铁"沿线和省际沿线政协行"红色走读"，进一步加深了对习近平总书记"七一"重要讲话精神的学习领悟，让我们更加满怀信心携手新征程，书写新篇章。

（邹滔，江西省政协宣传文史网络中心主任）

223

红旗报社旧址前的遐思

◎ 滔　滔

作为红土圣地，红色印记遍布赣鄱。红旗报社旧址位于万载县仙源乡，是湘鄂赣革命根据地旧址群中的一个。

4月12日，《江西政协报》省际沿线政协行启动，宜春首站便走进素有"花炮之乡、百合故里"之称的万载。县政协主席龙雷君用"红色、古色、绿色、彩色"高度概括当地特点，给我们留下深刻的印象。

建县1800年的万载，土地革命时期大部分为红色苏区，仙源是湘鄂赣省级机关连续驻扎时间最长的地方，前后一年又十个月。1932年4月15日，省委机关报《红旗》在此创刊，临时省委书记林瑞笙兼任总编辑。比邓小平担任主编的《红星报》稍晚几个月。从中央苏区到湘鄂赣省，都高度重视党的新闻宣传工作，确实是作为一项"治国理政、定国安邦的大事"来抓。

红旗报社旧址原为王家祠堂，建筑面积110平方米，建于清朝同治年间。报纸旨在宣传党的政治方针和各项具体政策，指导根据地党的工作；揭露国民党的造谣与欺骗，动员全省苏区人民参军参战，巩固和发展新的苏区。这不禁让我想起毛泽东说过的，所谓政治，就是把拥护我们的人搞得多多的，把反对我们的人搞得少少的；所谓宣传，就是要让大家都认为咱们好，别人不好。

没想到的是，4开2版的报纸，不仅辟有"国内外消息""省区要闻"和"红军简讯"等栏目，发行约1500份，坚持编辑出版近70期。而且，报社负责编印《红旗小报》《政治消息报》《转变月刊》，颇有点现在媒体矩阵的味道。省委党报委员会还建立了党报通讯网，包括通讯员队伍和每月通讯一次的工作机制。为通俗易懂、喜闻乐见，报纸配有漫画。"一切工作干部都是宣传家"，当地还有上演革命剧目的红色戏场，流传着许多革命歌谣。现存报纸上一篇《送子当红军》的报道，可谓"短新实"，反映了淳朴文风、工作成效。

作为政协新闻人，站在这个革命先辈拿枪握笔战斗过的地方，不能不为在艰苦环境下，他们坚定信念、扎根群众、创新工作的精神所折服。

细雨霏霏，新征程中的万载，山山水水，生机盎然。虽天公不作美，未看到古城之夜的焰火，但我们不遗憾，因为见到了那个"放焰火"的人——年轻的市政协委员曾鸣。他留学归来，子承父业，视野开阔，带富一方，给传统花炮插上科技翅膀，更推向世界多国，成为江西一张亮丽名片。

旧址前，脑海里挥之不去的，还有静立于宗祠展馆中的那几块厚厚城砖，它们经历了红五军三破县城的硝烟，见证了古城翻天覆地的巨变。与它们擦身而过的，是一对对着红军衣、戴红领巾前来游学的孩子们。

面对此，《红旗报》的记者，不知道会怎么描绘这幅多彩图画。我想，他们看到了，定会含笑不止……

原发 2021 年 4 月 18 日"江西政协"微信公众号

喜过袁州话初心

◎滔　滔

说实话，宜春之袁州区政协行，惊喜一个接着一个。

根据中共中央党史研究室《关于原中央苏区范围认定的有关情况》，该区 2013 年 9 月被认定为原中央苏区。

4 月 13 日下午，在区现代农业示范园接受我们采访的，是来自杜平将军故里的宜春市政协委员刘小平。对他，我们并不陌生。前年，省政协召开助力油茶产业高质量发展座谈会，作为龙头企业家代表，他的发言掷地有声。以"星火"寄托"三农"情怀，开始进园区的 40 多家企业所剩无几，他痴心不改，执着于油茶事业，打开一片崭新天地。从党员委员活动室、油茶博物馆，走进千亩茶园，眼前绿油油，果实累累，十分喜人。在他极力宣介下，第一次喝下生茶油，对有 2000 多年历史的油茶，认识又深了一层。袁州是"油茶之乡"，1958 年就获得周恩来总理签名的"全国油茶生产先进单位"。几天前，星火农林又斩获"2021 广州国际森林食品交易博览会金奖"。薪火相传，全面推进乡村振兴，星星之火"燎原"，大有可为。

走进市区，介绍市区两级政协协商议事推进老旧小区、小巷改造工作情况的，是街道党工委书记彭东。他在最基层，每天面对市民，老人小孩，事事挂心，一干就是八年。说起江轴社区党群服务中心、小区党支部和物业用房、职工之家、新时代文明实践站，他如数家珍，很有激情。江轴，从上海迁入的省级国有品牌企业，四十年风风雨雨。企业虽不复存在，但小区改造特别留出空间，珍藏这里曾经的辉煌和记忆。用心之处，远不止此。他用袁州"非遗"版画这一形式，讲述地方革命故事，打造党史文化墙。

市民在穿街过巷中,感受红色文化魅力。

第二天一早,陪同我们一行深入水江镇采访的是区史志办原主任易根生。区政协主席孙智红与他,都曾为袁州区被认定为原中央苏区立下汗马功劳。一路上,老易详细介绍了这一过程。没想到,他是半路出家的;更没想到,他还是从经营十多亿的国投公司转岗过来的。干一行、钻一行,把冷板凳坐热了。他笑着说,无论干什么,干就要干出名堂来。现在,他依然闲不住,为革命遗迹保护利用,古城规划建设谋与思。一位哲人说过,事在人为,就看谁为,就看咋为。期待着,袁州古城早日修复。

水江在第二次国内革命战争时期,是湘鄂赣边区革命斗争活动的重要组成部分。1927年9月20日,毛泽东率秋收起义部队上井冈山,一路辗转进入水江小洞、沧溪,夜宿快荣村黄氏祠堂,并召开农民座谈会,宣讲革命道路。在这里,见到老记彭发生。2016年,他从宜春广播电视台退休,与老干部黄清修一道追寻红色足迹,为家乡著书留史,先后推出《红色记忆——水江人民革命斗争史话》《永远的丰碑——水江红色遗址汇编》《水江红色故事》,打响袁州红色文化名片。老骥伏枥,让人感佩。

这几位同志,年龄、职业、个性虽不同,践诺初心、担当实干、创新作为却一样。"作示范、勇争先",需要更多像他们这样的人。因为他们,我们也越走越有信心。

原载《江西政协报》2021年4月23日第1版

万载古城花正红

◎蔡丽蓉　杜　宁

暮春时节，久雨初歇；杨柳染青，百花争妍。

4 月 12 日，省际沿线政协行宜春站活动在湘鄂赣革命纪念馆拉开帷幕。

万载是革命老区，湘鄂赣省委和省苏曾驻扎在万载仙源两年多时间，毛泽东、朱德、彭德怀等老一辈无产阶级革命家曾在这里浴血奋战，这里还走出了杜平、王宗槐等 6 位共和国将军，有名有姓的革命烈士有 5956 名。通过图文、油画、雕刻，大家再次感受到湘鄂赣边区人民不畏艰险、前仆后继的革命精神，领略到湘鄂赣红色根据地历史的风雷激荡、波澜壮阔。

如此丰富的红色文化资源，如何把它挖掘好、利用好，是今年万载县政协的重点协商课题。县政协专门抽调部分委员和史志、档案方面专家组成调研组，既对境内本土红色文化资源"摸清家底"，又与湘鄂赣根据地其他县市"互通有无"，还"上接天线"，积极策应"长征国家文化公园"和罗霄山脉红色旅游规划，以期提出有价值的意见建议，推动万载本土红色文化与旅游融合发展文章做大、做足、做好，张扬红色文化生命力。

穿过繁华的街道，路过巍巍万载古塔，跨过百年南门桥，记者来到了万载古城。漫步田下路，俯首斑驳的石板街，仿佛能聆听到当年南门街车水马龙的热闹；走在悠长的考棚巷，仰头与祠堂的铭文砖对视，又像和你诉说着它见证的数百年变迁。

从当初呼吁"留下来"，到后来"护起来"，到现在"靓起来""红起来"，万载县政协向县委县政府提交《赋予文化元素，彰显古城魅力》《以文兴游，做旺万载古城》等多篇建言成果。如今，古城所在的田下街区由老旧、破败变成了今天的万载"城市会客厅"、宜春"休闲后花园"、著名网红打卡地。正当记者流连忘返、感慨不已时，一队队头戴红军帽、身着红军服红色研学的学生鱼贯而过，成了古城里最具活力的移动风景线。

目送"小红军"离开后，大家的目光又被"花筑·焰火民宿"所吸引。民宿的主人是一名有着花炮情结的"85后"委员——曾鸣。他巧妙利用"夜间经济"、消费升级、传统产业转型风口，结合花炮产业，立足古城，做好文旅融合文章，将万载古城打造成全球唯一一座烟花色古城，为万载旅游外地游客总量拉升40%以上。作为万载国家级非遗——花炮制作技艺传承人，曾鸣还致力于对花炮进行科技化、智能化的探索，为传统花炮插上科技创新的翅膀。如今，曾鸣的企业已成为全球迪士尼乐园高端焰火唯一的中国供应商、北京环球影城乐园焰火和特效服务提供商，以及北京冬奥会开幕式焰火供应商和参与单位，刷新了万载花炮的骄傲与自信。

万载老区人民以革命先辈敢于牺牲、敢于胜利的精神为激励，在守初心担使命中砥砺前行。最好的传承，莫过于此。未来可期！

原载《江西政协报》2021年4月30日第1版

山城铜鼓筑新篇

◎陈　锦　杜　宁

"铜鼓石桥十五里，濯水源头一万家。两只盐船搭河走，一日不到冇盐洽……上有战坑，下有磨刀坑，坑坑十八洞，洞洞一千兵。"

4月13日，骤雨初歇，天露微晴。走过湘鄂赣革命烈士陵园后，作为"省际沿线政协行"联合采访组成员，来到铜鼓县秋收起义纪念馆。一群孩子从里面走了过来，他们稚嫩的脸庞，"叽喳"的言语，给肃穆的纪念馆增添了些许盎然朝气！

县政协委员、秋收起义纪念馆馆长邓永忠从军旗猎猎、沙洲阅兵、排埠思索，再到引兵井冈、星火燎原，讲述了1927年毛泽东等人率领部队在铜鼓发动秋收起义的恢宏历史和铜鼓民众各个时期为中国革命所作的巨大贡献。馆中，一担拥军水桶引人注目，水桶和扁担上沧桑的纹路写尽了工农革命军和铜鼓百姓的鱼水深情。

"铜鼓在革命时期牺牲了六七万人，有名有姓的只有一万八千人。"邓永忠介绍说，这片土地上，一山一水都留下了革命先烈的战斗足迹，一草一木都记录着可歌可泣的英雄故事。月形湾上有当年毛泽东遇凶化险的惊悚经历，萧家祠油灯下有"秋收时节暮云愁，霹雳一声暴动"的激昂动员，万寿宫里有关于中国革命斗争形势的冷静思考，大沙洲旁则有工农革命军首次阅兵时的飒爽英姿……

雨丝接踵而至，山城水雾顿时氤氲开来，让人思绪难平。近年来，铜鼓以"作示范、勇争先"的拼劲，在践行"两山"理论中，奋力打造"学习强县""乡村公园县""美丽经济示范县"。"大塅镇2800多亩荒山变成富民兴业的白茶基地，隘口村几处冒着热气的水池成为'世间桃花源'的国家 4A 级汤里温泉度假景区，花浒林泉项目落地解决周遭数百名贫困农民的就业难题，这都源于县政协的有力助推，"随行的铜鼓县政协主席罗咏介绍说，"我们慢不得，因为脚下这片赤红的热土，埋下了万千革命先烈对美好家园的期许。"

行程之中，偶遇发放"呵护红色铜鼓、共建绿色家园"倡议书的微爱公益志愿者协会会长廖筱梅。这名娇小的政协委员在抗疫最紧要关头"战"遍全县 13 个乡镇场，守关卡、做摸排、送物资、捐善款，用实际行动赓续着革命精神。

这群可爱的政协人，既是红色基因的传承人，更是时代建设的参与者，在"小山城也有大作为"中，留下他们充实且坚定的奋进足迹。

原载《江西政协报》2021 年 5 月 7 日第 1 版

赣西重镇 大美袁州

◎易 战 涂 颖

"这是一座来了就舍不得走的城市。"

从 4 月 13 日下午到第二天上午，走进袁州，这个以"袁州会议"而闻名的原中央苏区，尽管行程短暂，但感动恒久！

"活动安排大家前往袁州圜、水江红色文化广场、刘梓华勇士故里和市区政协协商议事推进化成老旧小区、街巷更新改造项目等考察点，感受红色文化、绿色发展。既让新闻工作者更了解原中央苏区袁州，又让大家了解新时代袁州经济社会发展成果，进一步宣介'大美袁州、好人故里''锂电、医药、油茶、好人'名片。"一路随行的区政协副主席李小华说。

2020 年，袁州以项目为王，迎来源头活水。年签约项目 112 个。医药产业集群营业收入突破 400 亿元。科技创新"锂"开三度，再获"国字号"招牌。

2020 年，投资 80 亿元建设中西部地区顶级文旅康养小镇，投资 30 亿元建设生态旅居与露营基地。全年空气优良率达到 97.6%，水质优良率达 100%。

还是 2020 年，全市体量最大的棚户区改造工程基本完成，首批 3800 套安置房即将交付。同时，高标准推进 40 个老旧小区改造提升和 107 条背街小巷改造。

区政协副主席袁春平介绍说，为让社区变脸既有"面子"又有"里子"，区政协连续 4 年，就提升老旧小区物业管理水平、加快新型智慧社区建设等市民关注的热点问题深入调研，形成《全面改善宜居环境着力提升城市品位——关于深入推进棚户区改造情况的调研报告》《加快改造升级提升老旧小区物业管理水平调研协商报告》《小街巷大幸福——宜春市袁州区中心城区小街小巷调研报告》等一批履职成果，得到区委、区政府重视和采纳。

"一定要完成最后这两户拆迁协议的签订工作，最迟要在五一假期结束前全部完成。"命令下达的背后，是袁州区政协机关工作人员日夜奋战、攻坚克难的生动诠释。今年5月4日、5日，区粮食局宿舍拆迁户彭某、青龙电脑城商铺拆迁户易某，终于签订拆迁协议。区政协秘书长陈艳宇如释重负地说："政协机关干部用心、用情、用力，既守住了政策底线，又给了群众一个明白，让群众放心、安心。"

为推动红色资源"活"起来，从呼吁挖掘保护传承到打造红色旅游产业，从"红""绿"结合到唱响红色文化品牌，自2016年起，区政协持续关注全区红色资源保护和开发，先后多次组织委员及旅发委、史志办专家到慈化、飞剑潭、水江、天台、洪塘、新坊等地调研走访，就红色资源开发保护提出针对性建议，形成了《插上旅游产业翅膀，助推袁州西北部腾飞》《点亮红色旅游，让"红色"更红》等多篇建言成果。

"水江红色资源开发，离不开区政协积极建言助力。"水江镇退休干部黄波介绍，2017年，水江镇启动建成了袁州区第一个集孝道文化、村史文化、红色教育、党建示范和乡村旅游服务于一体的红色文化教育基地，开启了以乡村为主体红色旅游的先河。如今的水江，已成为红色教育"打卡地"，到2020年末有三百余家省内外单位来水江接受红色教育。

"今日之袁州，经历一次又一次的嬗变，也是袁州人赓续红色血脉、发扬苏区精神建设袁州的真实写照。"区政协主席孙智红说。

原载《江西政协报》2021年5月14日第1版

敬礼！人民英雄刘梓华

◎ 欧阳何根

"刘梓华，我要向您敬个礼，敬个标准的军礼！"站立在您的雕塑前，我心中默念，您是飞夺泸定桥的勇士，您是人民的英雄！虽然我有 22 年的军龄，在您面前我只是个新兵，虽然我已经脱下军装，我要以军人的名义向您敬个军礼。

稍息、立正、抬头、挺胸、身体微向前倾，两眼注视于您。"敬礼！"我缓缓地抬起右臂，肃穆、庄重、崇敬地向您致以军人最崇高的礼节——军礼。

飞夺泸定桥，今天之前，只是记忆中的革命英雄故事，一个躺在小学语文课本中的英雄故事，一个激励我参军报国的事迹。

刘梓华，之前于我而言只是个陌生的名字，一个普通的名字。今天，我随"传承红色基因　助力开局起步"——《江西政协报》省际沿线政协行联合采访组在袁州区水江镇瞻仰了您、聆听了您的革命故事，飞夺泸定桥的故事，我再次"认识"了您，深深记住了您！

按部队论，我与您两县区相邻，我们是战友，是老乡、同乡。您是革命先辈、飞夺泸定桥的勇士，是江西老表的骄傲，是老乡的自豪！

老乡啊，我真想点上一支烟坐下来，听您聊聊。我虽然从军 22 年，但我生长于和平年代，没有经历枪林弹雨，没有血雨腥风，是个守城之兵。我想听您给我这个新兵讲讲，那炮火连天的岁月，你们飞夺泸定桥……假如我与您同龄，我也定会英勇报名，去革命去战斗。

老乡啊，我也想请您喝口家乡的土茶，听我聊一聊，聊一聊您牺牲后的中国，聊一聊我们现在的生活，我想告诉您：

抗美援朝，我们战胜了美帝国主义。

1964 年，我们中国的第一颗原子弹研制成功，之后还有氢弹、卫星都成功升空了。

1978 年，我们实行改革开放，国家综合实力越来越强。同年，开始实行联产承包，温饱问题解决了。

老乡啊，我想告诉您，我们的"神舟五号"、六号、七号……十一号载人飞船成功发射……老乡啊，我还想告诉您，中国有了"新四大发明"！战友啊！中华人民共和国已经成立 72 周年，中国共产党马上迎来百年华诞！

老乡呀战友呀，我最想告诉您的是：当初你们的理想信念、你们的梦想都实现了！而且，中国今后将越来越强盛、越来越美丽、我们的生活也将会越来越美好！

安息吧，老乡！

安息吧，战友！

安息吧，我们的英雄，人民的英雄！

原载《江西政协报》2021 年 4 月 16 日第 4 版

从"安源精神"中汲取奋进力量

◎吴兴钟 王 磊

"百年前的 1921 年，毛泽东从湖南长沙乘火车来到安源考察，第一站便是这方矿井——总平巷"……

安源是中国工人运动的摇篮、湘赣边秋收起义的策源地和主要爆发地之一。"弘扬优良传统永葆初心本色"，4 月下旬，省政协机关全体党员干部在萍乡开展专题党史学习教育。

"在早期的革命实践中开创了'全国产业工人最早的支部''最早的红色儿童团'等 19 项全国之最。"在区政协常委邓志辉看来，讲好红色故事，用好红色资源，对提升安源城市文化品位、建设文化强区、拓展发展空间具有重要的意义。

"杨竞成，我不在了以后，你就回到萍乡安源，回到源头村去，不要给组织添麻烦……"每周五，革命先辈高自立孙媳曾继华便会在安源区青山镇源头村"周五党史故事课堂"上向大家讲述爷爷高自立和奶奶杨竞成的故事。

"这扇门是奶奶在世时立的。"顺着曾继华所指的方向看去，一幢普通的农舍在风雨侵蚀下，大门的朱漆早已脱落，但"发扬革命传统，争取更大光荣"十二个大字却非常醒目。

"接待省内外学员、游客六万余人，餐饮火了、种养旺了，人均增收千元，村级集体收入也有 30 万元。"源头村这个离中心城区 19 公里的偏远空壳村，现已发展成人人想来的特色村，村支书高枧生说，"关键在于用活用好了特有的红色资源。"

源头村的可喜变化，是安源区以党建引领乡村振兴，以红色旅游带动村民脱贫致富的成功案例之一。

1924年冬天，在安源镇张家湾村，安源党团地委合办了我国第一所中共地方党校——中共安源地委党校。如今在这个中组部首批试点的红色名村内，建成了"把一切献给党"的党性教育基地。

走进教育基地，首先映入眼帘的是以孔原、吴烈、吴运铎、王耀南等革命先辈的生平事迹陈列馆等党性教学点。"已先后接待了两百多个单位的党性教育培训班。"区政协委员、安源镇党委副书记钟娇玲说，"基地采取乡村'共治共建共享'模式，以党性教育、研学拓展、文旅融合带动红色游、乡村游、亲子游等旅游产业发展。"

"挖掘党在安源大地的浴血奋战史、艰苦创业史、改革创新史，深入研究宣传阐释安源精神是大力传承红色基因、赓续共产党人精神血脉的必然要求。"在讨论2020年度协商工作计划会议上，区政协主席陈建荣极力主张增加"关于挖掘安源红色文化资源"作为重点课题。

经过全体政协人的共同努力，《关于安源红色文化资源的特征分析与开发建议》调研报告得到区委、区政府的充分肯定。如今的安源区，正利用得天独厚的红色资源优势，不断从"安源精神"中汲取高质量跨越式发展的智慧和力量。

原载《江西政协报》2021年5月14日第1版

赣西门户湘东"蝶变"

◎麻甜甜　彭艳玲　王　磊

"半天时间万余热心市民帮助烈士寻亲。一番功夫后，汤其才烈士亲属已找到……"4月13日，积极参与退役军人事务部"为烈士寻亲"活动的湘东区政协常委刘毓琳说，"我外婆家与汤其才烈士家一河之隔，从小就常听英雄的故事。"

"生前是空军飞行员，牺牲时年仅28岁。"汤其才烈士的哥哥汤其泉回忆，弟弟牺牲后，部队领导来家中看望慰问，并送来烈士证书和部分遗物。他还随父母多次祭扫弟弟的墓地，后因健康等原因，渐渐地与无锡市革命烈士陵园失去了联系。"在村里给弟弟立了一个衣冠冢，每年扫墓寄托哀思。"

"'耕田不用牛，出门有汽车，楼上楼下电灯电话'，现在的生活太好了，真心感谢共产党。"有66年党龄的汤其泉今年94岁，身体健朗，每天骑着老年代步车在村里做些力所能及的事，"我现在过的就是入党那会儿向往的美好日子，共产党说话算话。"

三石竹艺中心、零799艺术区、海绵城市植物培育基地、鸬鹚烟雨艺术景区……湘东镇党委副书记陈茜细数江口村因地制宜打造的农业、文旅和社区功能相融合的产业项目，"特别是零799艺术区，5000平方米的名家绘画工作室、艺术展厅和1800平方米艺术交流广场，从无到有只用了100天。"

"如今的江口村，既有天然的田园气息，还充满了浓郁的文化馨香，已是小有名气的'网红村'！"湘东区政协常委、区文化广电新闻出版旅游局局长王晋介绍，4月15日，中央美术学院的教授在此举办作品展，来此参观、学习、交流、写生的游客络绎不绝。

村庄美了，人气旺了，村民的钱袋子也鼓了。"按件计酬，一天有 200 多块的收入。"今年已经是谢和斌在三石竹艺学徒并工作的第六个年头，他所从事的瓷胎竹编技艺是国家级非物质文化遗产扩展项目，从竹子到竹丝再到编制的所有工艺，都靠人工来完成。"没想到年纪大了体力活干不动了，在家门口也能挣这么多钱，还不用起早贪黑在城里和家里来回跑。"

江口村的变化，只是湘东区城乡面貌持续改善，着力建设"赣西新门户"的一个缩影。

"打造了一条从湘东滨河新区连接萍乡市中心城区的 20 公里沿河绿道。"持续多年建言推动"宜居湘东"建设的区政协常委敖桂明说，围绕"乡村振兴，美丽先行"，区委、区政府着力打造萍水河沿线乡村振兴示范带，一批宜居宜业宜游的美丽乡村正不断"破茧"，"从'脏乱差'到'美如画'，百姓的幸福感更强了"。

"进村居、进企业、进现场，倾听群众意见，协调解决实际问题，助推了社会稳定、工作落实。"湘东区政协主席彭建达介绍，区政协领导班子成员积极发挥带头作用，在滨河新区和大桥片区棚户区改造等重点工作中主动作为、靠前服务，助力美丽湘东加速成形。

原载《江西政协报》2021 年 4 月 23 日第 1 版

上栗"赣湘合作园"跃升背后

◎胡云峰　王　磊

"县政协连续 7 年，推动赣湘区域合作上升为省委、省政府重大决策，由'蓝图'变'实景'。"

4 月 14 日，上栗县政协主席关翠屏介绍，县委、县政府主动抢抓省市高位推动赣湘合作的战略机遇，以"壮士断腕"决心，扭转传统花炮产业"独木难支"困局，投资 50 多亿元打造的赣湘合作产业园，实现了园区企业连续三年倍增、产值税收连续三年翻番，园区综合排名从全省第 95 名跃升至第 29 名。

本届以来，上栗县政协在服务大局中主动融入，在推动发展中积极作为，在促进和谐中发挥优势，绘实团结协作"同心圆"，为经济强县、文化名县、宜居美县建设新进程作出应有的新贡献。

"总投资 4 亿元，占地 248 亩，办学规模 90 个班，能容纳 4500 名学生。"上栗中学副校长余忠良介绍，现代设施一应俱全的上栗中学胜利校区，从立项开工到建成使用都离不开县政协和委员们的助力推动。

"解决群众忧心的教育问题，是重要的民生工程、德政工程，也是政协委员履职的重点之一。"关翠屏说，2016 年以来，县政协持续就新校区建设项目进行调研和专项民主监督，在项目规划设计、建设进度、工程质量、资金使用等方面开展协商性跟踪问效，促进了上栗中学胜利校区建设项目如期投入使用。

"每周两节阅读课，课外来读书还得提前占座。"在上栗中学胜利校区的 24 小时智慧书吧，高一（21）班学生姚宇峰正认真读着由县政协参与编印的红色读本《红色斑竹山》。

"聆听一段红色历史，学习一位英雄人物，看一封家书，开展红色歌咏比赛、经典朗诵、研学游等主题活动，介绍发生在当地的红色故事。"余忠良指着校园内随处可见的红色文化宣传栏说，"让孩子们觉得亲切，更认同、更好传承红色基因，塑造拼搏向上的人格。"

"57 名革命烈士长眠于此，纪念碑名录墙上镌刻着已考证的 699 名桐木籍烈士的姓名。"县政协委员、桐木镇党委副书记洪小伟介绍，地处江西西大门的上栗县，是萍浏醴起义、斑竹山起义的发生地，走出过王耀南、王六生等 4 位开国少将，有名有姓的上栗籍烈士共 1770 多名。

"能为传承红色基因做点事，很有成就感。"75 岁的县政协原副主席秦文保用一口地道的乡音动情地讲述，二十多年来他研究毛泽东、彭德怀等革命先辈们在上栗县革命的红色故事，以及秋收起义部队从浏阳文家市经上栗撤往湘南的悲壮战斗历程。

今日的上栗，从红色基因中汲取前行的力量，紧紧抓住产业转型的牛鼻子，连续四年荣获全省科学发展和高质量发展综合考评先进县区。

原载《江西政协报》2021 年 4 月 30 日第 1 版

幸福莲花处处开

◎刘　炜　凌新旻　李德伦

"在庆祝党的百年华诞之际，中宣部新命名 111 个全国爱国主义教育基地，'莲花一支枪'名列其中。"6 月 19 日，莲花县政协委员贺治斌与"省际沿线政协行"联合采访组分享这一喜讯。

93 年前，国民党反动派叛变革命，莲花农民自卫军 60 支枪被收缴了 59 支。28 岁的贺国庆把仅存的一支步枪拆解成三部分藏了起来，等待革命队伍再次召唤让这支枪为穷人打天下——这就是著名的"莲花一支枪"的故事。

莲花县，井冈山革命根据地著名的六县之一，曾作为湘东南特委和湘东南苏维埃政府驻地。方志敏、胡耀邦、彭德怀、陈毅、王震、曾山等一大批革命先辈在此战斗生活过。为革命牺牲有名有姓的烈士有 3486 名，走出了甘祖昌、朱辉照等 13 位开国将军。4 月下旬，省政协机关全体党员干部分两批来到莲花开展专题党史学习教育。

在这块红色热土，90 多年的沧桑巨变，"莲花一支枪"的初心已经升华成一种不屈的精神——当年战胜黑暗，今天开创未来。为了让莲花人民过上好日子，当地党员干部拿出了当年"一支枪"的精神，拼命想法子、找路子。

走进距离"莲花一支枪"纪念馆不远的莲花县高滩村。"现在依托打造红色历史文化名村，越来越多的人来旅游，我办起了农家乐，还开起了民宿，生活越来越有动力。"谈到现在的生活，村民王春华脸上洋溢着幸福的笑容。

"为了纪念毛泽东作出的高滩不散'摊'的重要论述,感谢党的好政策,高滩村民自发捐款 4 万多元,修建了一座毛委员来高滩铜像。"县政协委员、高洲乡政协工作联络组组长李文介绍。

高滩村的变化,是莲花县乡村振兴、新时代人民群众奋发向上、积极进取的生动缩影。

近年来,莲花县以红色名村建设为引领,深化爱国卫生运动和城乡环境整治,高质量推进"整洁美丽、和谐宜居"新农村建设,农村垃圾治理、厕所革命、生活污水治理、村容村貌明显提升,新时代"五美"乡村在莲花遍地开花。县政协不仅积极建言献策,助力推进,更是投身一线实践,充当骨干先锋。

"全县建成了高滩、沿背、棋盘山等一大批红色名村,并培训了一支金牌红色讲解员队伍。为了使莲花红色教育培训享誉省内外,我们依托丰富资源优势,紧紧围绕创建甘祖昌干部学院、打造全国党员教育基地的有利契机,走出了一条以红色培训促进脱贫攻坚、乡村振兴的新路子。"随行的县政协副主席甘海高兴地介绍。

"在继续深化赣湘边合作中,我们将利用得天独厚的红色资源优势,助推红色乡村旅游,促进高质量跨越式发展,为更多革命老区的村民和村集体实现增收贡献智慧和力量。"县政协主席刘海林说。

原载《江西政协报》2021 年 6 月 25 日第 2、第 3 版

共绘井冈新画卷

◎李泽贻　刘辉平　李德伦

"久有凌云志，重上井冈山。千里来寻故地，旧貌变新颜。到处莺歌燕舞，更有潺潺流水，高路入云端……"一如毛泽东同志《水调歌头·重上井冈山》的喜悦心情，日前，联合采访组来到革命圣地井冈山，这里，开辟了农村包围城市的革命道路，孕育了跨越时空的井冈山精神。

"习近平总书记嘱咐大家的话，我们一直牢记在心上！"说起神山村翻天覆地的变化，村支书彭展阳高兴之情溢于言表。2017 年，井冈山率先实现脱贫摘帽。

跟随光明乡政协联络组组长罗兆珠走在井冈山市光明乡"十里画廊·梦里水乡"，泛舟于碧波荡漾的下七河，映入眼帘的是干净整洁的游步道、精致美观的景观小品、翩翩起舞的白鹭群……清新自然的美景，不仅让小山村的群众过上了诗画田园般的生活，还吸引了大量游客前来旅游观光、休闲娱乐。

入夏，井冈山下黄坳村茂林修竹，流水潺潺。一栋栋白墙红瓦的民宿，隐现在青山绿水间。李海英家的民宿又将迎来一批客人，她乐呵呵地忙前忙后。像李海英一样的民宿业主还有四十余户，可同时接待八百多人。"巩固脱贫攻坚成果，实现全面乡村振兴，我们充满信心"，井冈山市政协驻黄坳乡黄坳村第一书记刘星动情地说。

"过了黄洋界，险处不须看。"地处黄洋界脚下的马源村，近年来在"红色、绿色、古色"上做足文章，打造"引兵井冈"研学基地。马源村以研学旅游产业为龙头，带动车厘子、太空莲、黄桃等种植，让每家每户在产业链中都有收益。"去年，全村人均纯收入达 1.2 万元，是 2018 年的 3 倍。"茅坪镇马源村村支书魏成芳欣喜地介绍。

"在井冈山的奋进中，我们政协人始终铭记来时路的艰难，强化脚下路的责任，坚定未来路的梦想，充分发挥在本职工作中的带头作用、在政协工作中的主体作用、在界别群众中的代表作用。"市政协秘书长曾为民说。

"创办井冈山红军被服厂，让我既为井冈山发展红培产业添砖加瓦，又能学习到全国各地红色景区的先进经验。"市政协委员左娟高兴地说。

"很多学员来到井冈山后，都深刻认识红色政权来之不易、新中国来之不易、中国特色社会主义来之不易，更加珍惜现在的生活。"谈起红色培训创业历程，市政协委员傅芳明自豪不已。

"我是土生土长的井冈山人，最大的梦想就是让井冈山优质的生态农产品走向世界，让群众在保护生态环境中获利，助力生态美、产业兴、百姓富。"谈及返乡创业，市政协委员卢红英真情流露。

"如今，井冈儿女正笃定前行，书写红色最红、绿色最绿、发展最优、治理最好新答卷。"市政协主席张伟满怀激情地说。

原载《江西政协报》2021 年 5 月 21 日第 1 版

井冈正南遂川美

◎黄　枫　　张菊明　　李德伦

"遂川以文促旅、以旅兴文，推动融合发展，提质升级，古城新韵不断彰显。"探寻全域旅游"诗与远方"的样板，"省际沿线政协行"联合采访组来到遂川县。

"碧河如带，青山如墨。"在层峦叠嶂的湘赣边界，秀美的遂川掩映着丰沛的红、绿资源。宜人的山水风光与诗意的历史文化碰撞，激发出独特的旅游经济活力。

"1928 年，毛泽东亲手创建遂川县工农兵政府，发布了《遂川工农县政府临时政纲》，是我们赴湖南省安化县进行数字化扫描和复印回来的，填补了遂川县红色历史档案的空缺。"谈起为红色旅游发展的付出，县政协秘书长郭秋明依然难掩激动。

"全新打造的政纲广场已经初具规模，吸引了省政协机关等一大批省市单位来此红色走读。"漫步在遂川县红色文化街区，遂川县工农兵政府旧址、毛泽东旧居、遂万联席会议旧址、李家坪纪律广场等地，浓烈的红色印记令人印象深刻，仿佛让人置身烽火连天的井冈岁月。

"草林镇曾是赣中南名镇之一，毛泽东同志在这里创建了'第一个红色圩场'。"行走在经过用心打磨的草林红圩特色小镇，文化主题街保存完整的商业店铺经营得井然有序，精心修复的毛泽东旧居、毛主席诗词馆、红色市场经济博物馆等景点游人如织。

"近年来，为助推文化和旅游融合发展，县政协聚焦'红、古、绿'三色融合，积极引导政协委员先后围绕旅游产业发展、左安桃源梯田、乡村旅游、红色旅游等课题开展专题调研，不断为全域旅游注入文化内涵，推动文旅产业高质量发展，为革命老区遂川振兴发展献计出力。"县政协副主席李婵媛介绍。

为唱响"井冈正南是遂川"品牌，由雩田茶叶基地、草林红圩小镇、左安桃源梯田、汤湖茶海景区、汤湖茶早市组成的"问茶寻春"之旅线路，从2018年起连续三年入选"春季踏青到茶乡——全国茶乡旅游精品线路"。遂川县森林覆盖率高达79.07%，境内生态优美、物产丰富，围绕"中国名茶之乡""中国金橘之乡""中国板鸭之乡"打造的优质农产品，相继走出遂川。

"随着'狗牯脑'茶声名日隆，来茶园参观的游客也愈来愈多，产业基地变景区、富民产业变旅游业，巩固脱贫攻坚成果，助力乡村振兴，帮助茶农增收致富。"县政协委员梁奇锂感触颇深。

"作为土生土长的遂川人，全域旅游方兴未艾，我们的'三宝'：狗牯脑茶、金橘、板鸭在市场上越来越吃香，产销两旺，真正实现了生态美、产业兴、百姓富。"县政协常委冯国庆高兴地分享。

"紧紧围绕'老区振兴看遂川'目标定位，凝心聚力，建言资政，着力助推'四个勇争先、三个创佳绩、两张国字品牌'建设，奋力开启新时代遂川经济社会发展新篇章。"县政协主席刘远生说。

原载《江西政协报》2021年7月9日第2版

党建引领永新红

◎曾秋香　张菊明　李泽贻　李德伦

"在欢庆建党 100 周年之际，《三湾改编》电影定档在 7 月 19 日全国上映。" 7 月 10 日，永新县政协秘书长龙春辉与"省际沿线政协行"联合采访组分享永新人民的文化盛事。

1927 年秋收起义失败后，毛泽东在永新县三湾村领导了举世闻名的"三湾改编"，创立了"支部建在连上""官兵平等"一整套崭新的治军方略。

永新县是一片红色故土，因红色而闻名天下。土地革命时期，永新全县有近 10 万人参军参战，牺牲的有名有姓革命烈士近万名，诞生了 41 位开国将军，是全国知名的将军县之一。走进永新，一幅幅红色历史、一个个红色旧址、一段段红色故事……数也数不清，"三湾改编"树立起的"党建"大旗，始终是最耀眼的灵魂。

"在党的富民政策指导下，昔日偏僻的三湾村发展成以'军魂发源地'为主题的特色小镇，游人如织，年接待量达 20 万人次。"穿行在青山绿水间，三湾人端起了红色旅游的"金饭碗"。

走进永新县才丰乡北田村，今年新落成的誓词广场正吸引着八方来客，不远处错落有致的农家院落写满幸福安宁，广袤的高标准农田里，党员产业示范基地内的水果、蔬菜、茶叶长势喜人……

"90 年前，在白色恐怖之下，贺页朵冒着杀头风险在入党誓词中写下自己的名字，藏于自家屋檐。虽然这份二十四个字的入党誓词中，有六个别字，更显示了它的真实和珍贵。" 68 岁的才丰乡老党员谭回昌的深情解说，让人心灵涤荡。

近年来，永新县聚焦"作示范、勇争先"目标定位和"五个推进"重要要求，加快建设具有永新特色的现代化经济体系，先后获批国家重点生态功能区、省级生态文明先行示范县，群众幸福感持续提升。

"一直以来，我们始终自觉把政协工作置于党委的坚强领导之下，始终与党委政府同频共振、同轴运转、同向推进，充分发挥好政协机关党支部的战斗堡垒作用。"随行的县政协副主席周振盛高兴地介绍，"我们先后围绕扶贫产业、油茶产业、茶产业、'一谷一带一廊一园产业带'等二十余项课题开展深入调研，形成的许多建言成果，被党委、政府吸收转化至全县高质量跨越式发展中。"

"作为政协党组的招商引资项目，我们每年聘请务工一万余人次，仅工资支出就达 150 万元。"为擦亮永新"中国绿色名县"金字招牌，永新县政协常委李福友投资打造了"六月果歌"智慧农业公司，带动了一项产业，带富了一方百姓。

"我要好好干，影响和带动更多老百姓奔向更加幸福美好的生活。"得益于县政协"党建＋产业"的帮扶，中乡村村民史小六从因病致贫到被评为"全省劳动模范"，这一路走来感慨颇多。

"乘着乡村振兴的东风，我有信心能走出一条农旅结合的康庄大道。"在县政协挂点领导的培养下，新选为村党支部书记的台岭乡致富带头能手刘文华信心满满。

县政协主席曾志华表示，站在新的百年征程上，我们将以党建为引领，围绕"山水禾城、人文永新"城市定位，充分发挥专门协商机构作用，争当表率，争做示范，走在前列，努力为永新全面实现"六个赶超发展""四个奋勇争先"，打造"湘赣边高质量发展示范县"贡献智慧和力量。

原载《江西政协报》2021 年 7 月 16 日第 2 版

古韵浔阳处处新

◎魏海燕　潘　浔　陈奕昕　李德伦

　　"浔阳江景区被评定为国家 AAAA 旅游景区，集长江生态观光、文化体验、文创休闲娱乐、运动健身科普和城市夜游消费为一体的城市文旅会客厅即将向社会开放。"5 月 10 日，"省际沿线政协行"联合采访组走进浔阳区，区政协委员王雅文高兴地分享这一喜讯。

　　"九派寻阳郡，分明似画图。"浔阳拥有 2200 多年的文化历史，被称为天下眉目之地，千里京九承接南北，万里长江汇以灵秀，浩渺鄱湖纵情伸展，秀美匡庐巍峨挺立，中国文学史上的诗坛巨擘李白、白居易、苏轼曾在这里放歌山水，留下了脍炙人口的千古名篇。

　　浔阳也是一片红色的热土，国民革命军第二十四师叶挺指挥部旧址见证着八一南昌起义的策划起源；同文中学教学楼里留下了革命烈士方志敏的求学足迹；高耸屹立的九八抗洪纪念碑向世人述说着特大洪水来袭时军爱民、民拥军的鱼水深情，伟大的抗洪精神激励着新时代的浔阳人。

　　为了深挖浔阳历史文化，区政协编撰出版了《浔阳往事》《浔阳轶闻》《浔阳城垣》等系列丛书，召开打造浔阳历史文化街区、促进文旅产业融合协商议事会 26 次，提出了建设城市雕塑、城区街巷升级改造工程"修旧如旧"、设立标识碑牌彰显浔阳历史文化底蕴等 32 条可操作性建议，均得到区政府采纳，列入了文化惠民实事工程。

　　"今年，区政协把党史学习教育与文化惠民工程结合起来，开展'学习党史、传承文化、办好实事'系列活动，旨在从党史中汲取精神之钙，文化之魂，为民之情，把政协优势和政协思维融入浔阳区高质量跨越式发展的实践中去，积极为群众办实事、办好事。"陪同采访的浔阳区政协副主席骆泽君介绍。

走进塔岭南路历史文化街区，这里修葺还原了裴敬思旧址、行署大院老别墅，郁郁葱葱的古樟树下掩映着青砖灰瓦的历史建筑，留住了浔阳人的乡愁。

"要彰显文化，也要方便于民。这是我们打造历史文化街区的根本遵循。"区政协委员、项目负责人田国红说，"这条历史文化街区是附近双峰小学和九江二中学生上下学的必经之地，为了还原历史风貌，用小料石铺装地面，后来师生反映路面凹凸不平、不方便行走，我们马上召开协商议事会议，把政协委员、工程技术人员、相关部门负责人聚集到一起，群策群力想办法，最后决定采用料石反铺工艺，既解决了行路不便的问题，又不失美观，得到附近居民的一致称赞。"

全区 126 个老旧小区改造，每个小区都植入了独特的文化元素。小区怎么改？文化怎么融合？浔阳区政协通过"有事先商量"平台，引导委员走进基层，调动规划、城管、住建、文旅等多个职能部门的积极性，第三方设计、施工单位也参与进来，激活群众智慧，凝聚各方力量，寻求解决问题的最大公约数，画出老旧小区改造最大同心圆，实现建言资政和凝聚共识双向发力。

"牢记初心使命，把人民政协为人民的原则贯穿履职工作始终，发挥政协专门协商机构作用，真诚倾听群众意见，真实反映群众意愿，在助力为民办实事中履行政协职能，彰显政协价值。"区政协主席范初芳如是说。

原载《江西政协报》2021 年 5 月 28 日第 1 版

"江湖明珠" 湖口嬗变

◎魏　冰　潘　浔　陈奕昕　李德伦

"这块带血的指南针是我爷爷在 1930 年遇害时的遗物，经过代代相传的指南针，一直在指导我们一家的方向，要紧紧跟着共产党走，始终不渝地秉承革命先辈的精神。"5 月 11 日，听闻"省际沿线政协行"联合采访组来到湖口，湖口县革命先驱邹觉民烈士的孙子邹志翔专程从九江市区赶来向我们介绍英雄的革命故事，深深感动着在场的每一个人。

素有"江湖锁钥、三省通衢"之称的湖口县。作为长江和鄱阳湖唯一交汇点、长江中下游分界点，战略位置十分重要，自古就是兵家必争之地，赤壁之战、朱元璋和陈友谅的鄱阳湖大战都掩映在历史烟云中。

"中国近代革命以来，每到历史的关键时刻，湖口总会闪现历史担当，而这些革命故事也成了我们湖口人为之骄傲的最大底色和亮色。"湖口县政协副主席李宏川介绍。

心有大我，至诚报国。"年轻时参加同盟会，反对清政府。辛亥革命果实被窃取后，毅然参加李烈钧发动的'二次革命'，起草讨袁檄文，名动天下。支持冯玉祥起兵抗日，力举国共合作。"在民主爱国人士杨赓笙纪念馆，湖口县政协委员、县文旅集团总经理夏美贵对这位湖口籍民主革命先驱崇敬备至，"我们一直在努力把杨赓笙纪念馆打造为知名的爱国主义教育基地，吸引更多的人爱国爱家。"

"1928 年，从年初酝酿到年底召开，历时近一年筹备，先后四改会址，中国共产党江西省第二次代表大会终于在湖口舜德乡王燧村举行，这是土地革命战争时期，全国各地在白区召开的唯一一次党代会。"九江市政协派驻舜德乡舜德村第一书记李传云动情地说，"通过我们市县政协倾力挖掘省二次党代会历史，目前，王燧村已经成功打造成为九江市红色教育基地，随着党史学习教育的深入开展，越来越多的人来革命旧址瞻仰学习。"

千秋伟业原非易，万代根基由来深。湖口丰厚的红色文化，内涵丰富的红色基因，始终激励着湖口人民奋勇争先。"名山、名江、名湖共同构建了独有的地理环境，塑造了敢打敢拼、善为人先的江湖文化，深深地融入了湖口人民的血液里。"湖口县政协办公室主任秦杰在随行的车上热情地与大家分享，"在一代又一代人的奋斗中，湖口人民正昂首挺胸，迈入山江湖时代。"

"湖口县作为长江经济带和长江中游城市群重要节点，是九江市万亿临港经济带和区域航运中心的重要组成部分，县政协紧扣全县发展中心，持续建言经济社会发展，先后就长江岸线资源开发利用现状、小微企业发展现状等开展专题调研 30 多项，为党委、政府献计出力，也让老百姓有满满的'获得感'。"湖口县政协秘书长胡玉霞讲起助力湖口的快速发展，满是自豪。

如今，湖口县紧紧围绕"跨入全省十强"目标，稳增长、调结构，2020 年全县生产总值达到 245.4 亿元，财政总收入 37.6 亿元，均位于九江市乃至全省前列。

"今天湖口的发展变化，是全体江湖儿女传承红色基因、接续奋斗的结果，也是我们这一代人迈步新征程，开创新局面的新起点。"湖口县政协主席杨小林满怀激情地表示。

原发 2021 年 5 月 24 日"江西政协"微信公众号

青山好处惟彭泽

◎ 符彩惠　潘　浔　陈奕昕　李德伦

"国民党来了，我们就把船藏起来；共产党来了，我们就帮忙渡江。"彭泽县 93 岁老船工路小牛至今仍保留着 1949 年 4 月 21 日凌晨帮助人民解放军抢渡长江成功后受赠的特制光荣证书。彭泽是江西省第一个被解放的县。

"万里归舟巨浪间，只将青眼对青山。青山好处惟彭泽，出岫云归倦鸟还。"这是宋代诗人王十朋笔下长江水滋润的彭泽。

绿色生态是最大财富、最大优势、最大品牌。"你们看，这是我 4 月健身随手拍到的三只江豚嬉戏的视频。"彭泽县政协副主席高胜华兴奋地向我们展示。

作为长江溯流入赣第一县，近年来，彭泽县落实"共抓大保护，不搞大开发"要求，围绕"水美、岸美、产业美、环境美"，创建绿色矿山，复绿废弃矿山，着力打造长江最美岸线，生态环境质量持续巩固和提升，经济社会持续保持高质量发展。

"政协紧紧围绕党政中心、民生实事，坚持党委出题、政协献策、当好参谋。以创建生态彭泽、共建美丽家园为目标，围绕长江经济带绿色发展、生态农业、湿地生态保护、兆吉沟七县中心县委等红色文化挖掘与保护等方面开展了大量调研视察。"谈起积极建言生态文明建设，为彭泽经济发展践行"政协责任"，彭泽县政协党组副书记石腊庆意犹未尽。

走进九江凯瑞虾蟹农产品标准化精深加工生产车间，9 条生产线正在满负荷运转，这里每天可以加工小龙虾 400 吨，年产值达到 45 亿元。"立足彭泽发展生态农业我们充满信心！"彭泽县政协常委、九江凯瑞生态农业开发有限公司总经理黄千里开心地说。

目前，彭泽县依托打造国家现代农业产业园，吸引了中梁农业、赣能生态等7家省市农业龙头企业，新增就业岗位2300个，吸纳贫困户一百二十余人增收致富。以彭泽县为龙头的鄱阳湖小龙虾产业集群纳入了全国50个优势特色产业集群名单，小龙虾带动了大产业，带来了经济、社会、科技等多重效益的叠加。

"今年县政协领导挂点的重点项目包括太泊湖开发区红色旅游项目、马当要塞文化园项目、棉船零碳岛项目等等，涉及生态农业、红色旅游、工业发展等多个方面共有44个。"彭泽县政协主席马亮说，"履职因有为而精彩，使命因担当而荣光。要为打造九江沿江绿色发展增长极、描绘好新时代青山好处惟彭泽新画卷作出政协应有贡献。"

原发2021年5月26日"江西政协"微信公众号

古城柴桑展新姿

◎万维锋　潘　浔　梅渭萍　黄　琦　李德伦

"革命先辈的精神值得我们永远学习，我想把他们的故事讲给更多人听！"走近柴桑区岷山烈士纪念塔，大家被一阵清脆悦耳的童声所吸引。原来，区一小三年级的王瑞灵同学正在这里，为九江市"童声讲党史"活动录制视频。

"这个'红色'地标不仅是党史学习教育的热门打卡地，更是'红色'基因的庄严传承所，每天都有单位来开展纪念活动！"岷山乡金盘村党支部书记陈圣文介绍说。

庐峰巍巍，大河泱泱。九江柴桑，一座拥有 2200 年历史的古城，倚庐山、临鄱湖、傍长江，有着独特的地理和人文环境，孕育了丰厚的历史文化，远有岳母刺字、陶母戒子，近有刘为泗大义灭亲斩姑表、熊家林赤膊冲锋炸坦克，爱国、救国的情怀在这片土地上代代绵延。

区政协副主席卢党恩介绍说，对于"中共赣北工委和红军游击大队部旧址""赤湖游击队旧址"等"红色"旧址保护，区政协十分关注，不遗余力。区里逐年加大红色旅游资源的挖掘力度，精心规划开发岷山等地的红色资源，努力打造赣北红色文化传承基地。

"今年我们又投入了 300 万，对马回岭镇火车站这座'红色'遗址进行翻新布展。"马回岭镇政协工作联络组组长吴仕平介绍说，"它是一座 1922 年南浔铁路线上建成的、充满红色历史故事的车站。"

"呜……呜……呜"车站旁呼啸而过的列车声，仿佛要将人们的思绪拖入进历史。南浔铁路是我省境内的第一条客运铁路。百年前，北伐国民革命军第 25 师从老火车站出发，迈出了参加南昌起义的第一步。如今，古城柴桑正全力打造九江高铁新区，打响了建设"九江新门户，华东大枢纽"的第一枪。

2018 年，由九江市政协主席亲自挂帅，九江高铁新区建设项目在柴桑区正式动工。区政协主席担任项目指挥部副指挥长，牵头负责新区安置房、岳飞文化园等项目，区政协派出骨干力量担任指挥部办公室专职副主任，相关乡镇政协工作联络组组长负责征地拆迁、通江大道延伸线等项目工作，形成市、区、镇三级联动态势，围绕"两年拉开框架、五年基本成形、十年全面建成"目标，全力助推九江高铁新区建设。目前完成征地四千六百余亩、拆迁房屋 47 万平方米，实施基础设施、公建项目 28 个，"一横四纵"路网基本形成。

柴桑区位优势明显，空间潜力巨大。全区生产总值相较"十二五"期末增长 90.33%，财政总收入增至 25.5 亿元，利用省外资金 2000 万元以上，项目数量连续五年列全市第一。

"新时代当有新作为！'十四五'已开局启程，柴桑区作为全市经济发展的主力军、中心城区建设的主战场，区政协必须强化责任意识，以'作示范、勇争先'的担当作为，助力全区成为九江发展的'火车头'。"区政协主席袁汝明坚定说道。

原发 2021 年 6 月 1 日"江西政协"微信公众号

古艾山水入画来

◎汪燕娟　潘　浔　梅渭萍　黄　琦　李德伦

"这里的空气都是甜的，我最喜欢听小溪里叮咚的泉水声，山水武宁名不虚传。"日前，来自安徽蚌埠的游客与"省际沿线政协行"联合采访组分享喜悦心情。

武宁在商代为艾侯领地，故有古艾之称。"一折青山一扇屏，一湾碧水一张琴"，作为国家生态文明建设示范县，生态成为一张"金名片"。这里是扬名湘鄂赣的革命老区，彭德怀、滕代远、何长工等老一辈无产阶级革命家留下过战斗足迹，有革命遗迹 56 处，有姓名记载的革命烈士达一千四百余人。这里还是中国近代民主革命家、讨袁先锋李烈钧的故乡。

"挖掘红色资源，保护生态资源，助力实现'两山'转化、绿色崛起，是我们履职重点和亮点。"县政协主席朱必香说。

围绕县委、县政府打造生态武宁、绿色武宁、康养武宁等目标，县政协开展深入调研，先后提交《保护庐山西海一湖秀水》《推进乡村振兴》《发展林下经济》《推进秀美乡村建设》《发展民宿经济》等专题调研、视察报告 30 多项，很多建言转化为县委、县政府决策。

走进官莲乡东山村，绿水青山间是一栋栋特色乡村民宅、一个个有机蔬菜大棚、一片片苗木基地……好一幅乡村振兴图！

"全村 3 个专业合作社、510 亩的果园、310 亩的有机蔬菜、730 亩的康养文旅业，东山村用了 6 年时间，集体经济从 2014 年负债几千元实现了到 2020 年年收入 34.4 万元的几何式增长,去年村民人均年收入达 2.6 万元！"县政协委员、东山村第一书记谭翊泉说起这个全国脱贫攻坚先进集体，自豪之情溢于言表。

同样感到自豪的，还有九江市政协委员、长水村红豆杉山庄董事长万里云。"林改第一村"罗坪镇长水村，森林覆盖率达 93.7%，是全国乡村旅游示范村，潺潺溪水在山间蜿蜒流淌，红豆杉群在河畔静静生长，推窗见绿，移步皆景。"过去，父辈们靠砍树卖树为生，如今，我们靠守树护林赚钱。全村依靠建农家乐、开民宿、种植葡萄，去年村里很多人赚了十多万元。"

回乡创业的长水村悦山居康养度假村的负责人卢咸锋告诉记者："之前在北京做旅游，累死累活一年也挣不到 20 万元，现在回来开康养度假民宿，两年来接待游客达六万余人，不仅收入比在北京翻倍，还为全村每名贫困户平均每年增收 3000 元。这次换届，我还被选进村'两委'班子。"

"东到东山看水，南到长水悦山，西到北湾赏花，北到双新品茶"，古艾正张开臂膀拥抱亲山乐水的八方来客。

原发 2021 年 6 月 5 日 "江西政协" 微信公众号

"长江明珠"瑞气盈

◎周春燕　潘　浔　梅渭萍　黄　琦　李德伦

连续四次跻身全省高质量发展先进县（市、区）；电子电器产业产值超过 40 亿元，全省唯一的国家产融合作试点城市；全省"十佳优化营商环境县（市）"和"十佳优化营商环境工业园区"……

"省际沿线政协行"联合采访组一到瑞昌市，就感受到这里的高质量跨越式发展新气象。

地处江西北部，北倚长江、东望匡庐的瑞昌，是长江入赣门户。"长江明珠、祥瑞之城"，果然名不虚传。

大革命时期，这里是湘鄂赣革命根据地的重要组成部分，彭德怀、何长工、程子华等同志在此开展过革命斗争，红色基因深深融入干部群众血脉之中。

一家四代人默默守护烈士墓 83 年的故事就发生在瑞昌。"我父亲临终前嘱咐我们，一定要四季祭扫烈士墓。"在洪一乡，记者见到了王忠家老人。原来，老人的父亲是清末的一个医官，将自家房子腾出来，专门建立红军医院，救治不少红军战士。一名最为年轻的四川籍红军战士因伤势过重去世，就安葬在王家屋后。老人说："不仅自己要坚持，还要让我的子子孙孙坚持，永远记住为我们战斗牺牲的红军烈士。"

令大家感动的还有市政协和洪一乡党委政府组织村民，历时两年多，辗转数千里，踏寻多个纪念馆，挖掘红色遗址十余处，撰写关于洪一革命斗争故事书——《红色印记》。

"依托红色资源优势，充分发挥革命烈士陵园、武蛟'铁肩膀精神展览馆'、赛湖知青馆、青山红军洞等红色实践基地和爱国主义教育示范基地的作用，通过开展生动鲜活的红色教育实践活动，把历史转化为课程，把现场转化为课堂，在传承好红色基因方面取得积极成效。"市政协主席周洪文介绍。

今天的幸福是无数革命先辈用鲜血换来的，既要倍加珍惜，又要加快发展，让老百姓的日子越过越美好。近年来，瑞昌市委、市政府深入学习贯彻习近平总书记视察江西重要讲话精神，全面落实新发展理念，扎实打好污染防治攻坚战，全力打造长江"最美岸线"。城镇、农村居民人均可支配收入分别提高到 38720 元、18463 元。

市政协坚持围绕"实干创新、五大升级、全面小康、美好瑞昌"发展思路，聚焦"五个坚持、五好环境、五大升级"，积极投身一线、献策出力，为科学制定"十四五"国民经济和社会发展规划、木业家居产业集聚发展、现代物流业发展、现代农业产业园建设等积极建言献策。同时，主动对接项目服务，开展百名委员联系走访百家民企活动，"有事先商量"试点工作也有序推进。

周洪文表示，站在新的历史起点上，我们既要发扬优良传统、传承红色基因、赓续共产党人的精神血脉，更要进一步把思想和行动统一到习近平总书记关于加强和改进人民政协工作的重要思想和视察江西重要讲话精神上来，把政协制度优势转化为治理效能，履职尽责，担当实干，交出人民满意的答卷。

原载《江西政协报》2021 年 6 月 25 日第 2、第 3 版

修江源头战旗红

◎匡佳丽　梅渭萍　潘　浔　黄　琦　李德伦

"1927年9月9日拂晓，沉静的修水山城喊出了响亮的口号，'红色领带系胸前，只顾死来不顾生！'随着工农革命军第一军第一师军旗高高飘扬，鲜艳的革命红旗在修水上空迎风飘扬。"走进秋收起义修水纪念馆，只见人头攒动，前来参观学习的人络绎不绝，随着讲解员抑扬顿挫的话音，"省际沿线政协行"联合采访组成员仿佛置身红旗漫卷的革命年代。

修水是秋收起义的重要策源地，是工农革命军第一面军旗率先升起的地方，是中共湘鄂赣省委驻地。

"修水共有十余万优秀儿女为革命事业献出了宝贵生命，靠近全丰、上衫一带，几乎家家都有烈士。脱贫致富的修水人民乔迁新居，都会将一块块烈士纪念牌作为传家宝，悬挂在大堂前最显眼的位置。"县政协委员、县委党史办主任龚九森哽咽着说。

为有牺牲多壮志，敢教日月换新天。秋收起义精神已深深融入修水人民的精神血液，克难奋进、敢闯新路、不怕牺牲、勇往直前成为一代代修水人鲜明的标志。

"省政协常委会工作报告中点名的吴应谱、樊贞子夫妇的扶贫故事，去年省政协主要领导批示作了专门报道，并成为全国政协专题宣讲案例，是我们政协系统为脱贫攻坚树立的一面鲜红旗帜。"县政协副主席朱伟鹏介绍。

近年来，修水县依托青山绿水，创造了"大山沟里接工业，石头缝里建工厂"的工业发展奇迹，修水县在"十三五"期间，先后三次荣获全省目标考评三类县综合先进，连续三年获得九江市县域经济巡回看变化前两名的骄人成绩。

"县政协聚焦'红、古、绿'三色融合，组织委员深入开展各类调研协商二十多次，为修水巩固脱贫攻坚成果，助推乡村振兴发展献计出力。如今，一大批调研成果已经在实际工作中落地开花。"县政协副主席陈荣霞高兴地说。

走进马坳镇黄溪村，秀美田园里的新景象让人振奋。桑叶、茶叶、花卉苗木、蔬菜、葡萄五大产业长势喜人，340多栋农家庭院整齐有序，一字排开，村民生活美滋滋，小村庄变成风景如画的新家园。

"如今黄溪村建成股份制企业5家，集体企业2家，私营企业4家。去年我们全村存款有2个多亿元，700多户人，户均突破30多万元，村集体收入超3000多万元。"全国脱贫攻坚先进、黄溪村党支部书记徐万年自豪地说，"按照乡村振兴战略二十个字的要求，我可以自信地说，我们村的乡村振兴'起来了！'"

县政协主席袁观云表示，在第二个百年新征程中，要深入学习贯彻习近平总书记"七一"重要讲话精神、视察江西重要讲话精神，按照"争得三省九县龙头地位、实现绿色崛起、交好全面建设社会主义现代化国家修水答卷"，积极建言资政，为实现修水高质量跨越式发展再立新功。

原载《江西政协报》2021年7月23日第2版

玉山罗纹砚雕颂党恩

◎徐连连　　杜　宁

玉山素有"中国罗纹砚之乡"之称。

"我从小生活在怀玉山脚下，作为砚雕技术传承人，理应做红色基因传承者、红色文化传播者。"

5 月 13 日，江西省劳动模范、县政协委员朱国彬告诉记者，正在为中国共产党百年华诞创作一份特殊礼物——包含南湖红船、井冈山会师、清贫故事、红都瑞金、遵义会议、过草地登雪山、延安会师、七七事变、万里长城、开国大典、北斗卫星等党史故事的主题砚雕。

"这块石头我们走遍怀玉山大小村落，花了两个多月时间才找到，是非常稀少的雪脂罗纹。"在朱国彬看来，怀玉山是方志敏清贫故事的发生地，用这里的石头制作主题砚雕更具有纪念意义。

"今天我们雕刻的是万里长征。你们看，石料顶部一道雪脂纹路犹如一道道雪山，刚好符合当年红军长征爬雪山的场景。"联合采访组到访时，碰巧是朱国彬与直播平台粉丝的见面日，朱国彬一边与网友互动，一边向大家传播石头、人、技艺相融相生的罗纹砚文化，引得粉丝们纷纷点赞。

朱国彬表示，他和团队已连续奋战近五个月，作品预计在六月中旬完工，届时将在"七一"建党 100 周年庆典时，相继于玉山、北京、上海等地展出。

玉山罗纹砚另一位代表人物，当属县政协委员、玉山县雕刻艺术家协会会长廖芝军。近年来，廖芝军一直在为发掘和振兴中国罗纹砚文化鼓与呼。2014 年，廖芝军牵头成立玉山县雕刻艺术家协会；2016 年，廖芝军提出编印系统论述罗纹砚的书籍，以及制订玉山县罗纹砚企业标准的建议；2017

年至 2018 年，在县委、县政府的推动下，《玉山县罗纹砚企业标准》颁布，县政协组织编纂出版了《中国罗纹砚》一书。

廖芝军说："父辈手把手教下来的雕刻手艺可不能在我这里失传，我带了十几个徒弟，有的徒弟已经成了师傅，传承和弘扬中华优秀文化遗产是我义不容辞的责任。"

怀玉山上的青石，还使得玉山成为全国最大的台球桌板材供应地。继 2015 年成功举办中式台球世锦赛后，玉山顺势推进资源与产品的融合，决定与星牌集团合作建设台球文化产业项目，并委托县政协进行专题协商。

2016 年，县政协严格挑选 48 位懂县情、明政情的"咨政员"就"引进国际台球文化产业项目"与县政府办、规划局、旅发委等部门进行交流，形成了该项目有利于推动玉山经济社会发展等一系列共识。次年，玉山国际台球文化中心项目被列为全县重点项目，由县政协主席朱明善挂点负责。朱明善说："如今，斯诺克世界台球公开赛已连续在玉山县举办了三届，中式台球锦标赛已连续举办了五届。中国台球之都、世界台球名城成为玉山对外开放的一张'金名片'。"

一路上，我们深刻感受到一块块小小青石带来的活跃跃的创造。随行的县政协副主席郑龙火说，当英雄的遗志被后辈传承，这是后人对前辈最好的纪念。一切是为了可爱的中国。

原载《江西政协报》2021 年 5 月 21 日第 1 版

铅山石塘品"山歌"

◎曾艳萍　杜　宁

"唱支山歌给党听，我把党来比母亲；母亲只生了我的身，党的光辉照我心……"

《唱支山歌给党听》词作者姚筱舟 1933 年 3 月出生于铅山县石塘镇。这是他在陕西铜川矿务局焦坪煤矿的一个平常之夜，守在昏暗的煤油灯下，结合江西山歌里的特色和矿工们的顺口溜写下的。

5 月 10 日，在印刻着"中国共产党是我唯一的选择，毕生的追求"经典语录的姚筱舟纪念馆，"编外"导游卢志坚老人向"省际沿线政协行"联合采访组讲述着姚筱舟对中国共产党的真挚情感。

"2019 年 5 月，姚筱舟先生回石塘探亲，我陪同的他。"年近古稀的老卢热情爽朗，石塘的一草一木、一砖一瓦，每座建筑每段历史，他都了然于胸，人称"石塘通"。老卢曾是一名木匠，退休后转行保护、挖掘石塘的历史文化，每天坚持看两三个小时的书，并走访镇上老人收集与石塘历史民俗有关的信息资料。

"石塘镇拥有中国历史文化名镇、中国传统村落、全国红色旅游经典景区、国家级文物保护单位、国家级非物质文化遗产五块'国字号'招牌。"在新四军石塘整编纪念馆、红色家书纪念馆、纸业同心馆……老卢向记者一行详细介绍石塘的红色文化、民俗文化、纸业文化、手工文化、人文文化，谈吐间带着对家乡的骄傲与热爱。

"幸福生活来之不易，党的恩情要牢记心中。"党史学习教育以来，老卢主动承担起古镇宣传员的角色，向来往游客介绍石塘的红色文化，让"唱支山歌给党听"发自肺腑，深情传唱。

"'红色石塘'的打造，离不开县政协工作的支持。"县政协委员，石塘镇党委副书记、镇长纪念说。

县政协副主席雷丹介绍，县政协先后开展了"传承红色基因，助推文旅发展""加强古镇保护与开发"等专题视察。纪念还提交《关于加大石塘古镇开发与保护的建议》提案。政协工作联络组组长、镇党委副书记李忠林参与组织开发红色课堂《红色石塘，唱支山歌给党听》，用鲜活的事例讲述发生在石塘的革命奋斗历程和石塘人民拥军爱党的感人故事……

如今的石塘，"唱支山歌给党听"的红色品牌效应不断凸显，累计接待省内外学习团二百多批次五万五千余人。

走过石塘，我们来到了永平镇老李家，让人颇为意外的是，《唱支山歌给党听》依旧飘荡在耳旁。这里是铅山县重点打造的乡村振兴示范村。镇干部叶小龙介绍说，结合党史学习教育，村里将红色歌曲循环播放，"声"入人心。

"我是一块小小的煤炭，是矿工、矿务局和党把我开采出来，并用爱把我点燃，使我能发出一点光与热，回报给人民……"2019 年 9 月 1 日，姚筱舟在重回铅山老家的整整 4 个月后，在对党的浓浓深情中离我们而去，但他的歌却永远回响在神州大地。

原载《江西政协报》2021 年 6 月 11 日第 1 版

广信"好商量"聚合力

◎徐裕剑　汪　滢　杜　宁

广信区地处信江中上游，青山环抱，绿水长流，这里著名的七峰岩高干禁闭室，曾关押过叶挺将军等二十余名新四军高级将领，见证了他们与国民党反动派破坏抗日民族统一战线搞摩擦的特殊斗争。

5 月 13 日，"省际沿线政协行"联合采访组走进广信区吾悦社区，一下子被协商议事室屏幕上播放着的视频——《吾悦夜话》所吸引。

"小区里只有 70 多个停车位，每次下班回去都没有位置停车""我同意安装车辆识别系统，可以有效杜绝外来车辆无序占位""安装车辆识别系统该怎么平摊费用"……画面中，大家围坐在小区广场，你一言，我一语。

社区居民杨志福深有感慨地说，"因为大家意见不统一，迟迟未能安装车辆识别系统，没想到大家坐在一起一商量，就解决了周边 100 多户居民停车难的大问题。"

为了共同目标，有关各方汇聚一堂，齐心协力，助推问题解决，让记者感受到这里可喜变化。广信区现有 238 个"好商量"协商议事室，围绕爱国卫生运动、人居环境整治、宅基地改革、征地拆迁等课题召开协商议事会议 243 次，达成共识 526 条，187 件群众急难烦心事得到有效解决。

作为上饶市试点地之一，广信区积极探索"党建 + 好商量"工作机制，将"好商量"纳入党委工作重要组成部分，成立由区委书记任组长的基层协商民主建设领导小组。

区政协主席童晓闻介绍道，区委研究出台了推进基层协商民主建设的实施意见，把基层协商民主建设和"好商量"协商议事会召开情况纳入镇（乡、街道）年度工作考核。

"广信区在全市范围内率先将镇（乡、街道）的政协工作联络组组长全部晋升为二级主任科员；区财政拨付100万元，以奖代补支持建设'好商量'协商议事平台；区政协增加3名事业编制，具体负责基层协商民主建设工作。"区政协副主席叶小华说，基层协商民主建设在全区全面铺开，源于党委、政府的有力推动。

区政协委员、六中校长毛祖良经常参加"好商量"协商议事会，运用自己所掌握的知识为群众答疑解惑。他告诉记者："所在街道的首次协商议事会议题就是我提出来的。'好商量'平台把干部和群众拧成了一股绳，心往一块想、智往一起聚、力往一处使。"

"稻花香里说丰年，听取蛙声一片"，是南宋词人辛弃疾留在广信的经典诗词，广信也素有"中国油茶之乡""中华蜜蜂之乡"之称，足见生态优美，宜居宜业。

走进省重点建设项目，集高科技农业产业、农业科普、乡村旅游、健康养生多种业态于一体的大型田园综合体——云谷田园，科技感满格、生态气息满满，强烈感受到了田园诗意与现代科技的深度融合。区政协委员、上饶市云谷生态农业发展有限公司常务副总经理游文宇介绍说，该项目凝聚着广信创新发展的初心，科技赋能农业助力乡村振兴实施，解决周边农民近千人就业，已于近日正式开园接待游客。

发展强不强、环境优不优、百姓富不富，决定着全面小康社会的成色和社会主义现代化的质量。广信区上下坚持以人民为中心，把好做法坚持好，在"十四五"开局起步中，让更多百姓积极参与，在共建共治共享中增强获得感、幸福感，奔向更加美好的生活。

原发2021年6月2日"江西政协"微信公众号

感悟初心在广丰

◎余武军　杜　宁

广丰区铜钹山高阳村有个红军岩,因当年为掩护群众撤退,与敌顽强激战、弹尽粮绝英勇跳崖壮烈牺牲的 21 名红军战士而得名。

江山就是人民,人民就是江山。

去年 12 月,广丰区召开区委书记与政协委员面对面暨"农村饮水品质提升"专题协商会。区政协委员吕德旺是返乡创业的企业家,也是"城乡供水一体化"这一年度重点提案的提出人。

结合"我为群众办实事"实践活动,"改造提升自来水供水管网、增设二次供水加压点"纳入 73 件"急难愁盼"民生实事之一。伴着"哗哗"的流水声,家住锦绣花园的郑莉谈起生活的变化,"以前要掐着时间段储水、蓄水;改造后,大半年来没停过水"。

既要办好企业,又要为民建言。5 月 13 日,"省际沿线政协行"联合采访组走进江西欣旺卫生用品有限公司,总经理吕德旺说:"政协委员是荣誉也是责任,建议落地才最有价值。"

好水"润"民心,好干部得民心。卫生院搬迁后空置出来的地段该如何用?是拍卖商用,还是用来补上群众文化休闲"短板"?在广丰区洋口镇,联合采访组听到一个"好商量"议事的生动插曲:洋口镇不仅是千年古镇,还是全国百强重点镇、全省十强商贸乡镇,寸土寸金。对卫生院搬迁后旧址的用途,各方争执不一。为此,洋口镇中心社区专门召开了"好商量"协商议事会,终达成一致意见:把住院部大楼拆掉,和一河两岸提升同步规划,建党群驿站、休闲广场和停车场。此举获得群众高度点赞。

　　"'好商量'是真好用！"在基层工作19年的政协联络组组长、洋口镇党委副书记谌志强深有感触地说，"以前是政府想做，老百姓不想做；老百姓想做，政府又不知道。"停车场改造、菜市场搬迁、新建健康步道……洋口镇利用"党建＋好商量"工作机制，在"千年古镇、商贸强镇、宜居新镇"美丽集镇创建中，把老百姓的意见放在心上、抓在手上，着力补齐集镇基础与功能设施短板，实现了"环境美、生活美、人文美、产业美、治理美"的小城镇美丽新格局。

　　"一切为了老百姓，是我们工作的出发点和落脚点。"广丰区政协主席方有水介绍，区政协把党史学习教育同履职尽责相结合，让委员"动"起来，把责任"担"起来，深入调查研究，广泛协商议政，助推六十余件群众急难烦心事落实解决。

　　抓民生就是抓发展。近年来，广丰区围绕"干在实处、走在前列"，坚定不移贯彻新发展理念，抓好稳增长、优环境、保安全、惠民生"四大任务"，2020年各项经济指标总量和增速在上饶市实现了11个第一，综合实力连续23年保持全省第一方阵，老百姓获得感、幸福感、安全感更加充实、更有保障、更可持续。

　　　　　　　　原发2021年6月6日"江西政协"微信公众号

魅力山城日日兴

◎陈观华　廖培根　涂　颖

"300 名突围出来的北上抗日先遣队伤员，遭遇国民党四十三师疯狂'围剿'，全部惨遭杀害，英勇就义。"5 月 26 日，在德兴市龙头山乡原红十军团程家湾突围指挥部旧址，66 岁的红军后代程仁标老人动情地向"省际沿线政协行"联合采访组讲述着发生在山城德兴血与火的战斗故事。

德兴，位于上饶市北部，赣浙皖三省交界处，素有"铜都"美誉，是名副其实的"金山银山""绿水青山"城市，属江西 27 个"全红县"之一。方志敏、粟裕等革命先辈曾在此战斗过，留下了三百烈士纪念碑、红军洞、重溪整编、红军医院等一批红色遗址和红色故事。

"在红军医院，群众只要采些中草药，可以不花钱看病。"20 世纪 70 年代周恩来总理曾盛赞"德兴中草药搞得不坏"，并先后派出八批一百四十余人次的北京医疗队来德兴研究中草药达八年之久。

"野外就是药房，深山就是药库"，德兴是我省"传统道地药材"主产区之一，中药材资源储量非常丰富，境内蕴藏中草药资源一千四百六十余种，占全国已发现药用植物总数五分之一多。市政协委员，市中医药产业发展服务中心支部书记张子华介绍说："2018 年 6 月，中国中医科学院在德兴市建立了除北京之外的全国第一个，也是唯一一个实验培训基地，是我市集中医药研发、人才培训、健康养生于一体的大健康产业综合体。"

近年来，德兴市把中医药产业作为转型发展的主导产业之一，"向特色优势要竞争力"，以"打造成全省中医药振兴发展的领头羊"为奋斗目标，创新提出"511"中医药发展战略，先后获评国家中医药健康旅游示范基地和全国基层中医药先进单位，不断唱响"魅力德兴"。

"健康助力小康，民生牵着民心。"市政协编纂完成了《德兴实用中草药》，以"关于中医院建设管理情况的视察""如何抢抓机遇发展我市中医药产业""中草药产业的发展"等为重点课题，靶向调研、精准建言。"其中不少意见建议，与党委政府决策部署不谋而合，而且已转化落实，比如中医院二部的建设等等。"随行的市政协副主席张爱君欣喜地告诉记者。

思路决定出路。资源型城市不能"一业独大"，要有长远眼光就必须走转型升级之路，打开高新科技发展新格局。走进江西聚远光学有限公司，260多名工人正奋战在一线。市政协委员、董事长张崇军骄傲地说："公司整合镜片、镜头、光电仪器各优势资源，致力成为光电行业的领航企业。今年前4个月已完成销售收入3000万元，现在订单排到了春节，下半年还要新上100套加工设备，增建厂房6000平方米。市政协十分关心关注委员企业的成长，专门成立了委员企业服务驿站。"

"铆足干劲助推助力德兴发展，这是市政协应有之为，为德兴建设高品质、有活力的魅力山城作出政协人的贡献。"市政协主席刘德奖深情地说。

满眼欣欣向荣，处处蓬勃发展。看！一个魅力四射、绿色发展、创新崛起的山城德兴正阔步走来。

原发2021年6月8日"江西政协"微信公众号

最美婺源富民路

◎江淦泉　涂　颖

婺源县，年接待游客 2463 万人次，游客接待量连续 13 年位于全省县级第一，荣获中国县域旅游综合竞争力百强县、全国体育旅游十佳目的地、首批国家森林康养基地等四十余项国字号荣誉……

5 月 25 日，"省际沿线政协行"联合采访组一行对婺源旅游"成绩单"啧啧称赞。县政协副主席程汉新介绍说："婺源县直接从事旅游人员达 8 万人，间接受益者超 25 万人，占全县总人口的 70%。当地老百姓都说，他们走出了吃'旅游饭'发'旅游财'的'婺源之路'。"

婺源县地处赣浙皖三省交界。土地革命时期，婺源 2947 平方米的土地上处处都有红色的足迹，方志敏、邵式平、粟裕等老一辈革命家都在这块土地上战斗过，是闽浙皖赣革命根据地的一个重要组成部分。如今，"革命红"也加入了婺源全域旅游行列，"红色洙坑""星火曹门""烽火莒莙"等地成了热门红色旅游点，为婺源的旅游发展注入了新的活力。

"旅游是婺源的'金字招牌'，既富民也强县，要将旅游进行到底。"县政协委员、篁岭景区董事长吴向阳是婺源旅游发展的见证者，更是践行者。2009 年以前，篁岭村一度成为"半空心村"，吴向阳通过产权置换方式，带资进村开发旅游，迅速使篁岭村一跃成为炙手可热的热门景区。如今，篁岭村是国家 AAAA 级景区，篁岭晒秋被评为"最美中国符号"，篁岭村民人均年收入从 3500 元跨越到 4 万元。

对于婺源而言，一部旅游史，就是一部奋斗史。从乡村旅游起步，到红色旅游、工业旅游、体育旅游、康养旅游、研学旅游齐头并进，"旅游 +

农业""旅游＋民宿""旅游＋研学""旅游＋体育""旅游＋文化"多业态融合，旅游是婺源县实现高质量发展的真实写照。

观景台上看日出日落，春天的桃树、梨树与油菜花海、红枫林相映成趣，处处是景，天天可游。今年年初，婺源县镇头镇利用"赣事好商量"平台，鼓励全村村民参与红枫林保护利用，因地制宜发展乡村旅游，实现了该镇旅游零的突破。程汉新说："县政协充分发挥委员优势，联合县林业局、民政局多部门专家，深入卧龙谷、灵岩洞、源头古村、文公山、代表性民宿等地，推出《婺源县发展森林旅游调研报告》《关于婺源民宿运营发展现状》等高质量建言协商成果。"

"等闲识得东风面，万紫千红总是春。"比红色更"红"的最美婺源，走出了一条生态立县、旅游兴县的全域旅游富民路。

原发 2021 年 6 月 10 日 "江西政协" 微信公众号

胜日寻得婺源红

◎涂　颖

梦里老家，最美婺源。人们印象里，婺源以古色、绿色著称，婺源"红"在哪里？带着这个问题，"省际沿线政协行"联合采访组踏上赴婺源的行程。

5 月 25 日上午，我们来到婺源西南部的许村镇洙坑村，与德兴苏区相邻。1930 年初，方志敏领导的赣东北革命武装斗争就已扩大到婺源。1932 年春，化婺德特区升为中心县委，并在婺源东南坑成立中共婺源特区。次年初，中共婺源特区改为中共婺源县委，县委设在洙坑。县委旧址门口的对联"驱沉夜山村燎星火；觅曙光秘径展赤旗。"吸引着大家的注意力，镇党委书记詹淦樟介绍说，这是县政协委员何宇昭的题字。

谈起红色洙坑，詹淦樟可谓是如数家珍，情感真挚。有着商务局工作经历的他，立足婺源全域旅游发展，运用现代化理念，结合婺源特色，多次邀请规划专家、北京大学专家、知名民宿主，为建设红色洙坑教育基地出谋划策。大到整村规划，小到台阶砖瓦选择，他都费尽心思，可见用心用情用力之深。来洙坑参观的陈望道之子陈振新也十分敬佩其用心，赠送了初版《共产党宣言》。现在的洙坑，不仅让村民们在家门口实现了创业致富，更是逐步建成没有"围墙"的干部教育红色研学基地，不断唱响婺源红色旅游品牌。

行走在朱子步行街，青瓦白墙，马头飞檐，雕刻栩栩，徽派建筑与城市商业融合，呈现出不一样的古韵之美。这里不得不提到的人就是省政协委员、第一批国家级非物质文化遗产项目徽州三雕（婺源三雕）代表性传承人俞有桂。

如何化"朽木"为"神奇"，推动传统文化活起来。走进华龙木雕，俞有桂正在悉心创作"海上丝绸之路"作品，当场就分享起他的构思想法。俞有桂说："我从木匠到现在，从乡村到城市，一路走来，没有忘记初心，既立足徽雕文化传承，又融合现代元素，不断创新提高产品附加值，延伸产业链。"讲述着他既热爱又十分看好的产业发展故事，我们看到了老委员的责任与担当，也看到了传承人的创新与发展。

随行的县政协副主席程汉新与俞有桂颇有渊源，起初俞有桂参与朱子步行街的打造，也是县政协牵头促成。他介绍道，县政协围绕全县全域旅游工作持续发力，去年在发展森林旅游、民宿运营等课题形成了多篇建言成果，提交县委、县政府，为助力"发展全域旅游、建设最美乡村"贡献力量。

红色的婺源，正是有着像俞有桂、詹淦樟这样的婺源人持续不断地奋斗，赓续红色血脉，推动着"红""绿""古"三色有机融合发展，最美婺源一定更"红"。

原发 2021 年 6 月 15 日"江西政协"微信公众号

千年湖城新画卷

◎涂　颖

落实"项目建设提速年"活动，完成重大项目投资 126 亿元……一系列项目在鄱阳落地生根，日前，"省际沿线政协行"联合采访组一行来到鄱阳，在县政协秘书长蒋陆平介绍下，感受到一股强大的发展力量。

"千年古县水激滟，千湖之县赛画卷……"鄱阳，古称饶州，素有"湖城"美誉，留下方志敏、曾天宇、李新汉、汪辰、郑育民等革命先辈的红色足迹，以及珠湖暴动、风雨山会议等革命故事。

走进"人家尽枕河"古县渡镇汪家村，底气和格局尽收眼底，一个高高耸立的汪辰烈士纪念碑，鲜花簇拥，巍峨挺立。村支书汪有明介绍说："为了纪念汪辰烈士，挖掘红色文化，汪家村启动了红色家园项目，现在已被评为市、县级爱国主义教育示范基地。通过做产业、搞文旅、促生态，已探索出资源共有、生产合作、利益共享、风险共担的'村级股份'经济发展模式，实现了村民入股的全覆盖。"如今的汪家村，已成为群众称道的"果蔬家园、红色家园、生态家园、文化家园"。

乘着快艇，来到双港镇长山村，惊艳傲世独立的小岛，更惊叹长山岛现在的变化。村支部副书记杨林海说："长山村的发展离不开县政协的大力支持，挂点双港镇的县政协主席、副主席卓凡多次来湖区调研，进村入户宣讲政策，多措并举推动退捕禁捕工作。渔民们洗脚上岸后，不再依靠单纯的外出务工，充分利用鄱阳湖优势条件，大力发展旅游和养殖，退捕的渔民们学习渔业养殖技术，发展网箱养殖业收益很不错。"

"共同守护好鄱阳湖的一湖清水，是坚持'共抓大保护，不搞大开发'、推动长江经济带绿色发展的题中之义。县政协持续关注，今年还将开展退捕渔民生计专项调研，为实现'退得出、稳得住、能小康'献计出力。"县政协主席占梦来说。

"从退捕渔民中遴选一批素质高、作风硬的护渔队员，变'捕鱼人'为'护渔人'。"今年 1 月 26 日，鄱阳镇姚公渡村"好商量"协商议事会围绕"公平竞选禁捕退捕巡湖协管员"开展协商，保障就业困难渔民基本生计。去年，全县 31 个乡镇（街道、工业园区）、575 个村（居委会、社区）基层协商民主平台已全部建成，开展议事协商六百余场，推动解决实际问题四百余个。

"古镇夜晚，车水马龙，人头攒动，大家翘首以盼，期待着接下来的音乐喷泉表演。""现在的鄱阳真美真好啊，我们在家门口就能欣赏到美景、享受美食。"来古镇游玩的群众高兴地说道。今年年初饶州古镇一开放就热闹非凡，渔俗文化、鄱阳老街、淮王府……游客们徜徉古镇古街，唤起儿时记忆，让人流连忘返。

近年来，鄱阳县加快文旅融合步伐，实施旅游发展"两翼齐飞"战略，鄱阳县博物馆、瓦屑坝移民文化园、彭汝砺纪念馆、饶州特色古镇……一个个文旅产业建成迎来了八方游客。去年，县政协从促进文旅融合的发展角度编撰出版了《寻根江西瓦屑坝》《彭汝砺家世研究》两部文史资料，助力擦亮鄱阳"这边风景独好"名片。

五湖联通，东湖十景，唤醒饶州沉睡的面容，未来的鄱阳美如诗画。"车在景中行，人在画中游"。鄱阳新画卷正徐徐展开。

原发 2021 年 6 月 24 日 "江西政协" 微信公众号

赣江源镇拔地起

◎连滢滢 王 欢

5月10日，"省际沿线政协行"联合采访组走进革命老区石城县秋溪村。

"90年前，这个小小乡村，发生了一件载入党史、军史的事情——秋溪整编。这是我党历史上第一次改造旧军队的成功范例，为我军粉碎第四次围剿作出重大贡献。"石城县政协委员、县革命烈士纪念馆馆长陈春阳娓娓道来，把联合采访组带入抛头颅、洒热血、干革命的烽火硝烟年代。从馆内播放的《红旗颂》歌声中，仿佛看到由此诞生的红五军团，以崭新的姿态投身于革命的洪流之中。

2018年，石城从横江镇划出赣江源、秋溪等11个村委会设立赣江源镇，镇政府驻地设秋溪村。如今，古风集市、亭台清水、白墙灰瓦相互映照，一间间农家乐门庭若市，一家家特色民宿客流不断。一个从无到有、从有到优的文旅小镇拔地而起，一幅幅充满"撸起袖子加油干"气息的美丽画卷正在徐徐展开……

"多年来政协委员为充分挖掘保护红色革命遗址和历史文化资源建言献策，为助推红色旅游发展提供了许多有价值的参考意见。"赣江源镇党委书记许毅介绍，秋溪整编红色街区吸引越来越多的人前来追根溯源，成为热门的党史学习教育、红色旅游打卡点。

"政协是真心为咱老百姓干事的。"赣江源镇秋溪村党支部书记曾念来告诉记者，通过"有事好商量"基层协商议事平台，有效推动了该镇的道路维修、环境卫生整治，累计清理沟渠四十余条、水塘二十三口，拆除凸透窗二万一千万余平方米、铁皮棚七千余平方米、乱搭乱建二千七百余平方米。如今，基层协商议事平台已在全县遍地开花，成为当地解决问题、化解矛盾的"金钥匙"。

秋溪村的变化，是石城县打造旅游品牌的一个缩影。石城县也由名不见经传的偏远小县发展成为小有名气的旅游新兴县，荣获国家全域旅游示范区、中国温泉之城等一系列"国字号"荣誉。据了解，今年"五一"假期，全县接待游客 21.11 万人，同比增长 41.5%；实现旅游收入 1.4 亿元，同比增长 90.5%。

"政协领导班子成员积极投身全县中心工作，聚焦发展大事和改革要事主动作为，全面助推石城红色旅游快速发展，在打造全国红色基因传承示范区中展现政协作为。"石城县政协主席刘群楷说，经过全体政协人的共同努力，《将秋溪整编旧址打造成统战教育实践基地》《把握重点、扬长避短，建设好石城长征国家文化公园》等多篇建言成果得到有关部门的采纳，助力县委、县政府把美好蓝图一步步变为精彩现实。

原载《江西政协报》2021 年 5 月 28 日第 1 版

"风景独好"看会昌

◎ 肖　良　王　欢

日前，赣南红土地上的一所新大学——和君职业学院发布了它的第一份招生简章。这所万亩森林竹海中的大学，位于被毛泽东同志誉为"风景这边独好"的会昌。

"东方欲晓，莫道君行早。踏遍青山人未老，风景这边独好。"1934年10月底，为掩护主力红军和中央机关安全转移，项英、陈毅等革命先驱将留守苏区的中央军区政治部等十几个部门迁入梓坑村，牵制国民党军队对中央苏区腹地的进攻。留存下的红色记忆及其孕育出的"坚持就是胜利"的革命精神深深烙在梓坑村的"红色基因"里。

5月21日，省委书记刘奇到和君教育小镇调研，强调要充分利用红色资源开展好学院思想政治教育。

2017年春夏时节，在"赣商回归"东风的召唤下，会昌县杰出乡贤、和君集团创始人王明夫博士应邀，来到梓坑参观留守苏区中央机关旧址。震撼人心的苏区精神和原始生态的绿水青山拈连出了王明夫深藏的乡情。他决意依托这里的红色底蕴和良好生态，投资30亿元建设和君教育小镇，就此启动了梓坑村"红色传承"的按钮。

红色传承、绿色铺陈、古色飞扬，行走在小镇池塘风荷和小桥流水侧畔，一座座寓楼、庭院、亭轩错落有致地呈现，古风氤氲的和君楼、同学围屋、耕读草堂遥相呼应，以巨大"问号"布局建设的和君职业学院安坐于小镇的山坡之上。

小镇自投入运营以来，吸引着全国各地的宾客，中国上市公司董秘论坛、江西省旅发大会等重大活动先后在此举办。会昌县政协委员、和君教育小镇开发有限公司项目部总经理张许生说："目前，到小镇开展教育培训至少要提前两周预约，即便是来这住宿也得提前三天预定。"

促成和君集团牵手梓坑村，作为红娘之一的会昌县政协主席刘为民，还有一重身份是会昌县特色小镇建设推进组组长。为聚智集力，他充分发挥政协"智囊"作用，先后十几次组织委员中的专家学者深入小镇调研视察，为小镇的项目建设、文化提升提供了二十多条有益建言，搜集采写了三十多项小镇的文献资料及文脉线索。

今年 3 月，在会昌县政协十四届六次会议上，县政协委员吴紫萍、刘用先后以《和君教育小镇建设启示》《推进会昌文旅产业深度融合发展》为题作大会发言，提出了"以和君教育小镇为示范引领，通过建设一批特色小镇推进会昌文旅产业发展和乡村产业振兴"的建议。

时隔不到两个月，会昌县印发《梓坑乡村振兴示范村建设实施方案》，实施"和君＋梓坑"模式，借助和君教育小镇功能加速重构和发展梓坑乡村振兴产业。与此同时，以和君教育小镇为支点，将西江镇、小密乡等乡镇列为会昌县乡村振兴示范片区。

刘为民说："目前，会昌县借鉴和君教育小镇的模式，已经建成了小密花乡、汉仙温泉小镇等多个特色小镇。委员在建言，更是在践言，充分展现着委员的担当与作为。"

原发 2021 年 5 月 25 日 "江西政协" 微信公众号

红都蔬果分外香

◎许程君　王　欢

又是一年好时节。

初夏，行走在红都瑞金这块热土上，绿意盎然，到处欢声笑语，红色文化氛围浓厚。

各蔬菜示范基地、乡间地头，各种时令蔬菜长势喜人，这边翠绿的蔬菜正在等待收割，那边葱绿枝藤争先恐后往架子上窜，好一幅生机勃勃的景象。

"瑞金土地肥沃、资源丰富、光照充足、雨量充沛、交通便利，具有得天独厚的优势。"正在蔬菜大棚里调研的瑞金市蔬菜产业发展领导小组常务副组长、市政协副主席温家振介绍道。

近年来，市委、市政府不断巩固脱贫攻坚成果，持续推动产业发展升级，促进群众稳定增收，生活水平稳步提升。2020 年至今，瑞金市新增蔬菜基地 23 个，面积七千余亩，种植质量和经济效益大幅度提升。

5 月 11 日，"省际沿线政协行"联合采访组走进叶坪乡黄沙村华屋红军村，四周翠竹环绕，村民们或三三两两坐在自家院落前唠家常，或拿起笤帚打扫街道。村旁就是大面积的蔬菜大棚，和红歌、红屋遥相辉映，似乎在诉说着当年红军的战斗故事。2020 年，华屋村民的人均纯收入已超过一万五千元。

蔬菜产业的发展是乡村振兴重要的一环。市委、市政府以资源引产业，以市场引主体，以企业带农户，精准对接粤港澳大湾区"菜篮子"工程，建设"九丰现代农业"优质蔬菜生产基地，全面打造赣闽粤省际区域蔬菜集散地和全国对接粤港澳大湾区"菜篮子"工程标杆市。

"市政协可真是为民办实事、办好事！"黄柏乡蔬菜种植大户谢件发激动地向记者介绍，"我种植了580亩大棚蔬菜，去年受疫情和霜冻灾害影响，蔬菜滞销，市政协积极发动机关干部和外地客商前来认购，还帮我协调解决土地流转、资金贷款方面的困难，我要为市政协的工作大大地点个赞！"

市政协委员为助推乡村振兴，多次在大会发言和提案中建言献策。早在2018年，市政协就组织委员围绕"我市蔬菜产业发展"开展调研，摸清了短板，找准了问题和差距，开出"良方"，提出可操作性强的调研报告，向市委、市政府贡献"金点子"。授人以鱼，不如授人以渔。市政协定期组织农技专家和种植大户下乡传授"锦囊妙计"，手把手把种植经验与蔬菜种植户分享，为蔬菜种植大户牵线搭桥，引荐销售渠道。

市政协主席陈晓斌说："有规模才有效益，有品牌才有特色，我们瑞金蔬菜产业正着力优布局、建基地、育龙头、创品牌，政协也在为此发挥优势、凝心聚力、助推发展。"

如今，夏日的阳光照耀在红色故都瑞金的大地上，沃野蔬果香，希望洒落在这片田野上。

原载《江西政协报》2021年6月25日第2、第3版

"踢"出定南发展新路径

◎缪远超　王　欢

5月13日下午，"省际沿线政协行"联合采访组走进定南县。

定南红色旧址不少，岭北镇月子圩红四军军部、中共月子岗分区委等，鹅公镇留輋村"五烈士"英雄纪念碑，岿美山镇丰背村的东江纵队红色革命教育基地，都成为党史学习教育的现场课堂。

一下高速路，吸引大家的，是独特的足球形状路标，更没想到的是，县城足球元素俯拾即是。国家青少年足球训练中心就在这里。

训练中心，好不热闹：飞身起步、人球分过，下底传中、头球攻门，侧身跃起、顺势扑球……刚刚代表赣州市夺得江西省足球协会杯男子组U10组别冠军的小球员们，正在这里参加县中小学生足球比赛。

"以前，孩子性格内向，爱钻牛角尖，自从参加足球运动后，变得乐观开朗，敢于面对困难和挫折，身体好了，学习也更好了。"在一旁观战的定南一小四4班曾嘉鑫的妈妈讲述着"小球星"的逆袭蝶变。

来自定南六小的袁雅馨，肤色健康、笑容洋溢，结缘足球后，她从一个做事拖拉的女孩变成了专心致志的运动小健将。这些足球少年，让这座足球县城充满活力。

周周有活动，月月有赛事。镶嵌在定南县城的24块足球场地，犹如在谱写一曲曲绿色生命之歌，这背后，有县政协的助力，有委员们的心血。

2018年以来，县政协3次将足球融合发展课题列入年度协商计划，大会发言2次，提交提案9件、社情民意信息30多条次，先后提交了《定南县足球融合发展专题视察报告》等一批高质量履职报告，得到了县委、县政府的高度重视，县教科体局认真研究采纳。可以说是一颗足球"踢"出了同心圆。

定南县是我省唯一的国家级足球训练中心，被评为全国青少年校园足球试点县，被授牌江西省足球后备人才训练基地；县委书记在全国社会足球场地设施建设现场会和国家体育总局党组召开的"三大球"振兴工作务虚会上，作为全国唯一的县级单位交流发言；2019年以来，该县青少年学生代表队先后获得省内外各项赛事奖牌近20个。

县政协委员黎崇真告诉记者："作为该项工作的参与者、推动者，我亲身见证了定南足球从无到有，在内陆欠发达山区小县走出一条换道超车、跨越发展的足球融合发展新路径。"

也正是这颗足球，拉动了定南县的经济发展。三年来，全国体校杯足球比赛、江西省百县青少年足球精英挑战赛等20多个高规格高级别青少年学生足球赛事花落定南。受足球发展带动，全县有4家星级酒店、14个足球村、5个足球主题景点、2个足球示范镇正在建设。

定南县政协主席陈文新表示，县政协高站位助推打造足球全产业链发展格局，打好县域发展足球的组合拳，足球赛事经济定能成为县域经济新的增长极。

原发 2021 年 5 月 31 日 "江西政协" 微信公众号

喜看寻乌果业兴

◎钟　诚　王　欢

寻乌，是一块绿色宝地，东江就发源于这里的桠髻钵山，哺育着千万东江儿女；寻乌，还是一块红色故土，毛泽东、朱德、邓小平等老一辈无产阶级革命家曾在这里战斗过。

1930 年 5 月，毛泽东同志在寻乌进行了近一个月的调查，写下了《寻乌调查》《反对本本主义》两篇光辉著作，提出了“没有调查，没有发言权”等科学论断，寻乌由此成为我党实事求是思想路线的发祥地之一。

唯实求真的精神也滋养着朴实进取的寻乌果农。在幸福小镇，“省际沿线政协行”联合采访组见到了赣州市政协委员陈忠欧。他当过工人、卖过电器、做过摩托车出租生意，最终扎根红土地，坚持柑橘脐橙种植 20 年，年产值达 1500 万元。采取的线上 + 线下销售模式让果品畅销海内外。

同样，在市场深入调研基础上，县政协委员林瑞平精准帮扶 2132 户贫困户种植百香果。良好的经济效益与品质让百香果在寻乌的种植面积得到爆发式增长——从 2015 年的几百亩到今年的 5 万亩。

陈忠欧、林瑞平的产业故事，只是近年来寻乌果业多元大发展的一个缩影。目前，寻乌已经形成了以脐橙为主导，百香果、鹰嘴桃、猕猴桃等多种水果“百果争鸣”的局面，现有果业面积 32 万亩，果品年产量 32 万吨，成为赣南果业产业的核心区和果品流通集散地。

为打通果品流通绿色快捷通道，党员委员陈爱松返乡创业创建了广寻现代物流园，利用大数据平台开通了上海、广州、深圳等二十多条直发专线，实现鲜果当日采摘当日送达。

县政协主席刘琼招说："果业产业是寻乌的优势产业，有独特的地理条件、广泛群众基础和技术积累，是寻乌重要的支柱产业之一，事关寻乌百姓福祉、事关社会稳定。"

"事实上，寻乌果业的发展并非一帆风顺。"县政协副主席陈文华回忆道，2013 年柑橘黄龙病暴发，县政协第一时间组织相关委员专家，远赴广西等地学习调研，形成的 12 条意见建议全部得到县委、县政府吸收采纳。

赣州市政协委员、寻乌县果业局原局长周晓霖感叹地说，政协委员广泛联系，深入调研，精准建议，多方助力，确实为县委、县政府解了燃眉之急。

为改变"一果独大"的农业产业结构单一，抗风险能力差的现状，县政协组织委员赴外省开展了大量的学习调研，提出了以"脐橙为主导，其他果业共同发展"的意见建议得到县委、县政府的采纳。同时，号召政协委员带头引进新品种，得到了广泛的响应。

如今，陈忠欧的柑橘脐橙、林瑞平的百香果、谢火云的蓝莓、刘其连的猕猴桃等委员产业都做得风生水起，成为当地带领群众创业致富的引路人。

原发 2021 年 6 月 3 日"江西政协"微信公众号

信丰阁上思玉台

◎刘玉山　王　欢

5月14日，"省际沿线政协行"联合采访组走进信丰。首站便来到位于谷山之巅的地标性建筑——信丰阁。

阁内一层大厅楹联中的"思玉"两字吸引了大家注目。思玉指的是信丰籍开国中将曾思玉。作为全红县，信丰是红军长征突破第一道封锁线所在地，是南方三年游击战争核心区。曾思玉一生听党话、感党恩、跟党走的革命信念一直鼓舞着信丰人。

信丰阁是县委、县政府积极顺应"人民对美好生活的向往"，实施"一体两翼"旅游发展战略具体实践，是一个造福全县人民的民生工程。2017年6月25日，县政协主席何文庆在信丰阁开工奠基仪式上致辞时强调，要把信丰阁建筑群建好、建美，建成精品、建出特色，将信丰阁建成全县文化旅游产业发展中的一颗璀璨明珠。

登信丰阁，县城全貌一览无余。可以说，一座信丰阁就是一部信丰史，信丰阁的落成离不开政协人的努力与付出，见证了政协人追逐"文旅梦"的脚步。

县政协委员中，不少人心中揣有"文旅梦"。县委党校副校长、党史办主任庄春贤委员就是其中的一位突出代表。五年来，他所撰写的关于推动文旅发展的提案和大会发言就有十多篇，一直为加快信丰阁建设，推进油山镇、新田镇等乡镇红色旅游资源保护与开发疾呼建言。

同样怀揣"文旅梦"的县文化馆馆长肖旭中委员喜悦地说道："去年，这里举办了多场惠民演出。今年，我们还将在这里举办建党一百周年书画展。"肖旭中委员热衷于文化和旅游,向往诗与远方,积极致力于推动信丰"中国合唱艺术之乡"的发展与壮大。近年来,他针对文旅方面所提的关于《擦亮守信文化名片　推进诚信体系建设》等意见建议得到县党政领导和有关部门的高度重视。信丰阁的时光隧道里,记录了他忙碌的身影。

据统计,近年来,县政协委员建言文化与旅游的提案有六十多件,大会发言十多篇,社情民意二十余条。正是这些政协的追梦人,为信丰阁的建成插上了梦的翅膀。

如今,明珠高悬,照亮着这个拥有80万人口的赣州南部县城。落成后的信丰阁,成为信丰人理想中的"诗与远方",是当地人的一处精神家园。登阁长驻思玉台,当追忆曾思玉将军革命的脚步。

讲好红色故事,献礼建党百年。信丰的红色故事,政协人有义务讲好;信丰的红色基因,我们将代代传承。

原发 2021 年 6 月 9 日"江西政协"微信公众号

"赣粤边际小城"精彩嬗变

◎黄素群　王　磊

"处处皆风景，时时可旅游。"

夏天的风吹皱了这个"赣粤边际小城"的宁静。我们带着一丝期盼与好奇，走进全南县高级技术职业学校，只见职校学生热情洋溢、勤奋好学；来到中国·全南攀岩小镇，乘森林小火车、逛攀爬乐园、体验"岩壁芭蕾"、参与采摘活动……巧遇大批游客纵享中国攀岩小镇健康游；走进千年雅溪古村，以"婚嫁"为主题的传统民俗精彩呈现。

全南素有江西"南大门"之称，60%的边界与广东接壤，是赣州、江西乃至中部地区最靠近广州的地方，对接融入粤港澳大湾区的"第一粒纽扣"，正在全面对接融入服务协同粤港澳大湾区，着力打造赣州乃至江西对接服务粤港澳大湾区的核心门户和前沿高地，争当对接融入粤港澳大湾区的突击先锋、前哨尖兵。

一年一个新高度，五年实现大跨越。"'十三五'沧桑巨变，全南职校的巨变凝聚着政协委员参政议政的热情与结晶，点燃青春的火炬，牧梦星空，风雨历练见彩虹。"全南县高级职业学校校长如是说。

在中国(全南)攀岩小镇，我们一边走，一边看，但见儿童乐园、水上攀岩、白墙灰瓦相互映照，一个个赋予攀岩元素的娱乐景点门庭若市，一家家特色民宿客流不断，一个从无到有、从有到优的攀岩小镇拔地而起，一幅幅充满"撸起袖子加油干"气息的美丽画卷正在徐徐展开……

近年来，全南县政协发挥智力密集、人才荟萃优势，围绕实施全域旅游"珍珠链"战略形成系列调研报告。县政协委员围绕全域旅游发展，提出提案一百余件。县政协每年都精选旅游方面调研报告和重点提案进行督办，得到县委、县政府高度重视。

实施全域旅游"珍珠链"战略，现代旅游从无到有、从小到大，井喷发展、爆发增长，描绘了一幅多彩绚丽的"富春山居图"。投资 100 亿元的鼎龙·十里桃江景区加快建设，雅溪古村成为新晋"网红"，天龙山景区独具特色，攀岩小镇亮丽呈现，4 个核心景区和 10 个乡村旅游点"串珠成链"，"绝美全南更胜画"日益叫响。"乡村旅游热在全南大地，可谓是方兴未艾。"县政协委员、县文广新旅局规划产业股股长热情洋溢地说道。

"把千年古村建成旅游景区，让红色文化衍生'红色经济'，全域旅游全面开花，'红色经济'活力四射，全南县政协将一如既往、不遗余力献计出力。"县政协副主席曾国平说，政协人用担当实干绘就了高质量发展新画卷，在履职尽责中展现了亮丽的时代风采，在共谋发展上书写了精彩的政协篇章。

龙南民营经济的活力

◎袁　兰　石　丽　王　磊

　　"市里出台的沃土培育计划，非常细致，培育措施很给力，给我们这些民营企业家吃下了定心丸。"近日，龙南市政协委员、宏金达汽车运输有限公司总经理王显洪为刚出台的《龙南扶持本土企业发展"沃土培育"计划》点赞。

　　说起"沃土培育计划"，其中凝结着龙南市政协及委员们的智慧和心血。

　　"20世纪90年代开始，毗邻广东得开放之先气的龙南，率先建设工业园区，极力扶持民营企业，民营经济蓬勃发展……"市政协委员、工商联主席徐丽芸介绍，二十多年来，龙南一直敞开大门，通过"保姆式""妈妈式"安商服务，积极打造"四最"营商环境，先后吸引了300多家企业落户国家级龙南经济技术开发区，共2.5万家企业和个体工商户遍布龙南城乡，民营经济发展一片向好。

　　进入新时期，如何使龙南民营经济这颗"种子"活力更强、势头更盛？龙南市政协积极行动，通过调研视察、提案、社情民意信息等多种履职方式，持续建言服务民营经济发展，为这片热土注入更多养分。据统计，2019年以来，市政协委员就民营经济发展有关议题开展调研视察4次，撰写调研、视察报告2篇，提交提案8件，全体会议委员建议三十余条，社情民意信息二十余条。

　　"我觉得发展民营经济，要外资内资一视同仁""希望结合民营企业特点'量身定制'扶持政策"……去年9月25日，龙南市召开"发展壮大本土民营经济"党政专题协商会。会上，政协委员和企业家代表纷纷建言，辣味十足。在他们看来，龙南的本土企业根在当地，脉在龙南，重视、扶持本土民营企业发展，将更快提升龙南本地经济的发展水平。会上，各单位部门负责人回答认真、客观、实在，不回避、不推责。市政府主要领导当场表态将出台相关政策支持本土民营企业发展，对成长型企业、规上企业进行重点扶持，让更多顶天立地的本土企业在龙南茁壮成长、展翅腾飞。

这是龙南实现"撤县设市梦"后首次召开的党政专题协商会，通过面对面协商，架起了政企沟通的桥梁，也让本土民营企业家们增强了扎根土壤的决心。

"因疫情影响，陪同往返银行十余次，协助联系落实了 500 万元的财园信贷通贷款；利用周末前往信丰、全南等地招工，填补用工缺口。"说起市政协机关的安商服务人员，龙南嘉辉服饰有限公司的企业负责人不断点赞，"服务真贴心、真高效。"

优良的发展环境，是民营经济健康发展不可或缺的"阳光雨露"。为帮助民营企业更好更快发展，市政协连续两年组织开展政协委员、机关干部联系走访民营企业活动，引导政协委员通过一对一联系、走访，了解、收集企业意见建议，并发挥自身优势帮助民营企业协调解决存在困难。据悉，委员走访民营企业二百多家，收集意见建议六十余条，帮助解决困难问题三十余件。

从种子培育成为参天大树，既要有肥沃的土壤，也要有阳光雨露的滋养。市政协将继续关注支持民营企业发展，助推龙南民营经济活力充分迸发。

大庾岭下红色基因的传播者

◎ 邓　莅　王　磊

　　"我母亲原名周三娣，经常冒着生命危险，提着竹篮为游击队员送饭、购买物资、探听敌情。陈毅为她取名'周篮'，游击队员们也都亲切地称她为'周篮嫂'"……

　　在大余县池江镇兰溪村彭坑小组有一座静谧的农家小院，门额题匾上"陈毅同志旧居"六个大字遒劲有力。26 年来，86 岁的刘士华每天起床后先清扫旧址、查缺补漏，若是有游客前来参观，他总是热情地向他们讲解那段历史："有这样的母亲，我感到很幸福。我会一直坚持守护下去，如果哪一天我干不动了，就让儿子接棒。"

　　悠悠大庾岭，红红的土地，红色的基因。这里留下了一段与红军二万五千里长征一样辉煌昭亮的历史：1934 年 10 月，中央红军主力长征后，中共中央决定项英、陈毅领导留在南方根据地的红军和游击队坚持斗争。大余县属赣粤边游击区的中心地带，该游击区是南方红军三年游击战争的核心区域和指挥中心。南方红军三年游击战争有力配合了主力红军的战略转移，保留了革命力量。

　　为赓续红色血脉，大余县政协和委员们以助推梅岭三章纪念馆和南方红军三年游击战争纪念馆建设为切入点，创新协商议政工作思路，谱写了一段传承、传播红色文化接力棒故事。

　　"两届县政协持续发力，就场馆的选址、兴建、陈列布展等开展调研协商。"在多次参与相关调研协商的县政协委员王莹看来，传承好大余红色基因是委员的应尽之责。

南方红军三年游击战争纪念馆是全国唯一一家反映南方八省十五个游击区红军游击队斗争历史的综合性纪念馆。为真实地反映这段辉煌昭亮的历史，大余县政协发挥优势，积极参与并指导纪念馆文物史料的征集征收工作。

"在鄂豫皖边，从大别山的西北穿行到东南那一段。清晨出发，深夜到达，六百多公里山路路陡弯急，很多人晕车苦胆都吐出来了。但与当年游击队员前有围堵、后有追兵、只靠双脚相比，我们这算不得什么。"大余县政协副主席周凤来带领纪念馆文物史料征集小组，历时三个多月，行程一万多公里，奔赴南方八省（海南）赣粤边、闽赣边等十五个游击区，征集到南方三年游击战争珍贵史籍史料及照片四千余帧，为丰富展陈提供了第一手资料。"一路走、一路看，一路听、一路思，这就是鲜活的党史学习教育，每次思想都能得到升华。"

"能把南方红军三年游击战争纪念馆打造成为大余红色文化旅游的'新名片'，委员们所有的努力都值啦。"县政协主席邓金健表示，将继续围绕红色资源发掘和利用提升协商建言，助推进入我省红色文化品牌第一阵列。

凝聚崇文重教奋进力量

◎卢和剑　王　磊

"现在教室和宿舍都安装了空调，再也不担心夏天太热、冬天太冷了，学习的劲头更足了。"崇义中学阳明班张帅同学说的学校软硬件改善，只是该县政协充分发挥优势，委员积极建言，推动全县教育事业蓬勃发展的一个缩影。

"新校区只规划了 50 多亩，只能满足教学和办公，没法建学生宿舍和运动场地等。"崇义中学校长宋代生介绍，2017 年，崇义中学搬到新校址后，师生们期盼能完善相关的配套设施。

"北、西、南三面均临城市道路，东面紧靠中种河，校内建一座桥，往东扩大办学用地，能最大限度地保持校园整体性。"崇义县政协了解崇义中学办学困境后，组织委员开展了多次实地调研，提出了新增 60 亩学校用地的专题建议案，得到了县委、县政府的采纳和支持。

崇义县政协主要领导主动担当，牵头负责该地块的征迁和配套设施规划建设。经过两年的持续发力，学生宿舍扩建、教师周转房、室内运动场完善等硬件设施先后建成并投入使用，为学校后续长足发展奠定了坚实的基础。

阳明文化底蕴深厚，耕读传家、崇文重教是崇义人一以贯之的优良传统。据了解，2020 年政协大会提案中涉及教育的提案有 26 件，占比达到 18.7%。在政协的持续推动下，据统计全年教育投资近 2 亿元，改扩建校舍 5.91 万平方米、改建运动场所 6.94 万平方米，教育教学质量持续提升。

特别是"崇义人才告急，解决刻不容缓"的大会发言引起了县委、县政府领导和相关部门的强烈共鸣与高度重视，促使县委、县政府下大决心扭转教师人才和生源流失的问题，县教育主管部门出台了《崇义县奖教奖学办法》，真金白银留住生源和教师人才，为教学质量的提升保驾护航，回应群众对高质量教育的殷切期盼。

有序推行"阳明文化进校园"活动、将阳明文化植入校园文化建设……崇义是阳明心学体系的重要实践地，如何用好阳明文化的名片，将教育发展与阳明文化研学文化相融合，打造独具崇义特色的教育品牌，更好引导学生文明向善，是委员们持续关注的热点。在委员们持续推动之下，一条条建议正成为一项项举措，总投资 1400 万元新建阳明幼儿园；引进了北大金秋合作办学，投资新建崇义阳明中学……为崇义的教育事业注入了新的活力。

尚山尚水生态上犹

◎刘先海　张声华　王　磊

　　"巧来的春雨，打湿了客衫……何以解乡愁，唯有那犹江……"走进上犹山水，《你犹在我心上》弦犹在耳，音符中舒展出的梦里水乡新画卷，在眼前徐徐展开。

　　从县城出发，驱车行驶于南湖旅游公路，看着道路两旁的红花绿树，湖光山色交相辉映。"城在山中，山在水中，水在绿中，人在画中，一路美景，很是享受。"数名来自赣州的山地自行车骑行爱好者驻足路边，倚靠石栏，拿着手机将眼前的灵山秀水定格在镜头里。

　　南湖旅游公路是上犹县专门为游客打造的观景旅游绿色通道，是该县生态休闲度假"百里长廊"上的一颗璀璨珍珠。"依托优越的生态优势、区位优势，大力开展旅游项目招商、快速推进项目建设，做旺景区景点人气。"上犹县政协副主席田先德介绍，赣深高铁通车在即，上犹旅游发展也将步入快车道。

　　紧扣打造赣州"大上崇"幸福产业示范区的功能定位，上犹县扎实推进南湖幸福产业核心区建设，阳明国际垂钓基地、碧水湾风情小镇、赏石文化城、鹭溪客家文旅综合体等 16 个旅游三产重点项目陆续建成投产，同时统筹以五指峰为核心的平富、双溪、水岩等片区发展，"一核两翼多点"的精品旅游发展格局正逐步形成，这也必将成为今后承接粤港澳大湾区优质生活圈的重要延伸区。

　　尚山尚水又尚游的上犹，"尚"在其涌动在方寸间的绿色生态，更"尚"在其传承在骨髓里的红色基因。

沿南湖旅游公路 15 分钟车程后，来到南河湖畔的上犹清湖红色教育基地。

"革命战争时期，上犹有两万余人参加革命，历史记载有名有姓的上犹籍烈士有 2199 名。"县史志办副主任钟显平介绍，去年 6 月建成并投入使用的清湖红色教育基地，以清湖暴动旧址群为依托，以上犹革命史为主线，以红色文化体验互动为亮点。

"透过一个个真实、动人的红色故事，让大家感受革命先辈抛头颅、洒热血这种大无畏的奉献精神。"近年来，上犹县政协委员傅品乐、李丽、曾少兵等通过提案、社情民意、协商座谈会等形式，积极为建好、用好、推广好县红色教育基地建言资政。

为保护"一江清水"，放大生态优势，让百姓共享绿水青山"红利"。"政协积极参与其中，下湖听取群众意见，上岸商量政策措施，助力一条条兼顾'温饱'与'环保'的转产上岸政策迅速出台。"县政协主席刘鸿懿介绍，库区数十家水上餐馆全部搬迁上岸，上万套网箱网具全部清理到位，560 多户群众告别了近半个世纪的"水上漂"生活。

同时，上犹县政协组织委员通过大会发言、调研视察等积极建言献策，打好富硒茶、发展民宿经济、构建生态工业等一批有价值的意见建议得到重视和采纳。

如今的上犹，尚山尚水、处处皆景，生态旅游名片和特色旅游品牌越擦越亮，成为镶嵌在赣、粤、湘三省边际的生态旅游明珠。

传统"精辟"看贵溪

◎熊　飞　余珍琴　黄　勇　杜　宁

"一九二九四月七，红旗翻起农奴戟。三县岭上风雷激，似霹雳，暴动烈火烧天赤。当年周坊最歼敌，而今公社遍地立。前去调查并学习，有教益，革命传统更精辟。"

"革命传统更精辟"，日前，"省际沿线政协行"联合采访组走进贵溪市，在周坊革命烈士纪念馆，品读江西省首任省长邵式平的这首《渔家傲·周坊》，确实感受深刻。

贵溪是方志敏领导的赣东北革命根据地的重要组成部分，是中国工农红军第十军诞生地，是抗日战争初期赣东北中共地方组织的领导中枢所在地，红色资源丰富，红色历史悠久。

学好用足身边的党史。"在贵溪这片红土地上，分别出现过以北乡周坊为中心的贵溪县苏维埃政府，以及以南乡冷水为中心的贵南县苏维埃政府，有 5639 名贵溪人民为中国革命英勇献身。"市政协主席、党组书记李中华深情介绍说，"早在'五四'运动时期，贵溪优秀青年汪群、江宗海等人积极钻研马列主义，不畏艰难困苦，在贵南、贵北传播革命真理，为即将到来的革命风暴和创建农村革命根据地播下了'火种'，为方志敏、邵式平等在赣东北领导革命运动奠定了坚实的基础。"

近年来，贵溪市扎实开展红色名村建设，筛选出周坊村、白田村、岭西村等 11 个红色资源最足、红色记忆最深的地方，总体谋划布局，提炼精神内涵，重点宣传推介，并将贵溪市红色资源统筹归纳为"周坊暴动线""贵南鏖战线"，向中国共产党成立 100 周年献礼。市政协常委、市委宣传部社联秘书长叶航告诉记者："今年，周坊镇周坊村被中组部列为红色美丽村庄试点村。"

市政协重视文史工作，特别是红色文化挖掘。市政协副主席薛美琴说，通过广泛征集史料，将发生在贵溪的红色故事深入挖掘并整理成册，先后编撰出版十辑《贵溪文史资料》，内容涉及贵南革命根据地的斗争史略、周坊争夺战、震撼赣东北的周坊暴动、红十军在贵溪的几次重大战斗等，起到了"存史、资政、团结、育人"作用。市政协先后提出加强红色文化旅游开发、充分利用红色资源打造红色旅游等十余条意见建议，推动了红色名村建设、"象山书院"重建等。

李中华说，市政协推动党史学习教育与履职尽责深度融合，积极探索基层协商议政联动协作新形式，通过对226个委员工作单位或居住辖区进行摸排统计，成立了五个基层政协委员联络组，成为"我为群众办实事"实践活动的有力抓手，为深入开展"项目建设提速年、城市建管提质年、民生服务提升年"活动贡献政协力量、展现委员风采。

同心同向聚伟力，群策群力谱新篇。活力贵溪、铜都贵溪、数字贵溪、幸福贵溪正向我们走来。

原载《江西政协报》2021年6月25日第2、第3版

歌声飘过黎滩河

◎ 徐美良　甘军根　李德伦

"庆祝七军团，八月出现了，集中我们的力量，敌人失落魄，驱逐帝国主义，推翻国民党，完成百万铁红军，争取新中国……" 5 月 18 日，"省际沿线政协行" 联合采访组刚来到黎川县湖坊乡，耳畔不禁被一阵阵慷慨激昂的歌声所吸引。

"这首《创造七军团歌》是我们县政协首次发现的！" 县政协委员、档案局局长余天禄无不骄傲地说，"县政协在 '红色文化资源的保护和利用' 专题调研中，从湖坊乡营心村张家大厅屋内斑驳的墙壁上发现了这首歌，有谱有词，这充分证明红七军团是在黎川组建的。"

余天禄从红一方面军两次解放黎川，中共闽赣省在湖坊成立，再到红七军团的创建，洵口战斗和团村战斗，讲述了周恩来、朱德、彭德怀等率领红军在黎川浴血奋战，黎川人民积极参军参战，为中国革命作出的牺牲和贡献。

走进如今的湖坊乡，一幅幅革命油画映入眼帘，一条条宣传标语引人注目，红军广场、烈士纪念碑、红军检阅台、中共闽赣省委、省军区旧址等红色元素独具特色，前来参观学习的游客络绎不绝。

"没有共产党就没有新中国，共产党，辛劳为民族，共产党他一心救中国……" 满怀激情放声歌唱，联合采访组在黎川第一党支部上了一堂别开生面的微党课。

洵口镇皮边村是中共黎川县第一个党支部成立地，黎川革命之火从这里点燃。中华人民共和国成立后，地处山区、信息闭塞的皮边村成为 "十三五"

省级贫困村，2016年开始，由省政协办公厅对口帮扶。

"昔日的贫困村，如今呈现出一派'绿富美'的新农村景象。"省政协机关驻皮边村第一书记陈春情说。连续多年的帮扶，省政协机关驻村工作队先后协调资金2000多万元，因地制宜做好村庄美化、绿化和亮化，积极引进特色产业，带领贫困户发展生产、增加经济收入。重点开发打造的"洵口瀑布"，成为乡村旅游的网红打卡点。充分挖掘红色历史资源，修建的皮家源革命纪念广场、黎川县第一党支部展览馆，成为抚州市"红色基因传承基地"、黎川县"爱国主义教育基地"，红色旅游热逐渐在皮边村热起来。

"沃土生精华，风景如油画，黎滩河畔游老街，黎川是我家。"雨后的夜晚，空气格外清新，黎川古城灯光璀璨，游人如织。商会旧址，几曲采茶戏，令人意犹未尽；京剧票房，弦歌不绝，喝彩之声连连；校场戏台，"红旗飘，军号响。子弟兵，别故乡。红军主力上征途，战略转移去远方"，一首长征组歌远远传来。

"现在的黎川是真美！"漫步流光溢彩的老街，品味不同风格的乐曲，联合采访组不由慨叹黎川古城美景。

"黎川古城始建于南宋，兴盛于明清，至今保存着上百幢明清古建筑。"黎川县政协副主席余雪琴介绍道，"以前的黎川古城基础设施差，水灾、火灾隐患极大，严重威胁老百姓生命财产安全。县政协几经调研，提出'搬得出，画得美，做得起'等一系列建议，被县委、县政府采纳，并由县政协主要领导牵头实施双桥改造，为黎川古城建设起好了头，之后又相继提交了《黎明山川悠游乐园》《做好古城景区旅游的宣传与推介》等调研报告，为黎川古城景区的打造和宣传推介贡献了政协人的智慧。"

"正是在中国共产党的领导下，黎川人民投身革命得解放，改革开放勤致富，脱贫攻坚奔小康，如今正朝着乡村振兴建设现代化强国开局起步，相信未来的日子里，黎川人民的幸福之歌将在黎滩河上传得更响更亮。"黎川县政协主席章军华自信满满地说。

原载《江西政协报》2021年6月4日第1版

广昌路上再出发

◎任 波 游依玲 李德伦

"现在我们正走在开启全面建设社会主义现代化国家的新征程上，我们要继往开来再出发"，在习近平总书记视察江西两周年的时候，"省际沿线政协行"联合采访组走进广昌县。

"漫天皆白，雪里行军情更迫。头上高山，风卷红旗过大关。"1930年初，毛泽东同志在这里写下了气壮山河的《减字木兰花·广昌路上》，他也曾五次转战广昌，在这里播撒下革命的火种。

广昌的山山水水，洒满了革命英烈的鲜血。在苏区时期，广昌是全红县，是中央苏区的北大门，是第五次反"围剿"的主战场。当时全县人口仅7万多人，参战人数有6万多人，数万人为革命捐躯，其中有名有姓的革命烈士3386人。

"我叔公就是其中的一员"，县政协副主席张金亮说，"英烈们的忠骨长埋于这巍巍青山，革命信仰、苏区精神跨越时空、生生不息。"

"原国家主席杨尚昆亲笔题名的高虎脑红军烈士纪念碑，矗立在高虎脑苏区小镇，前来瞻仰的人们络绎不绝。"县政协委员、县旅发委副主任欧阳红深情讲述曾经发生的"广昌保卫战"，"在第五次反'围剿'全局失利的情况下，作为长征前的最后一场激战，为红军主力和中央机关的战略转移赢得了宝贵时间。"

2018年7月29日，广昌正式脱贫"摘帽"，较早退出贫困县序列，写下了原中央苏区振兴发展浓墨重彩的一笔。"今年2月25日，县扶贫办荣获全国脱贫攻坚先进集体。"县政协副主席、县扶贫办主任李崇斌介绍起广昌的脱贫工作成效，欣喜不已。

走进广昌县盱江镇彭田村，"小桥流水人家"田园风光映入眼帘，这是华润集团定点援助广昌四个"共创·小康"项目之一。来到县现代农业示范园，十多个现代化温室大棚瞬间吸人眼球，这是食用菌特色产业研发种植基地，2019年9月，中国（江西）食用菌产业发展高峰论坛在这里召开，大力推动食用菌产业发展升级。产业兴、乡村兴，广昌大力发展白莲、食用菌等特色产业，以"企业＋基地＋群众（贫困户）"模式推广生产销售，将特色产业发展融入生态休闲旅游中，引领贫困群众脱贫致富，带动当地百姓生产就业。

"近年来，县政协聚焦'红、古、绿'三色融合，组织委员深入调研协商，在建言资政和凝聚共识上双向发力，为推动革命老区广昌振兴发展贡献智慧力量。"县政协办公室主任黄晓峰说。

县政协先后围绕精准脱贫、长征国家文化公园广昌段建设、抚河源头保护、发展特色产业、城乡饮水安全、红色旅游和乡村旅游融合发展等方面，深入调研考察，积极建言献策，为"美丽莲乡·幸福广昌"建设添砖加瓦。

"赓续苏区精神，持续奋斗之路。广昌深入学习贯彻习近平总书记视察江西重要讲话精神，'作示范、勇争先'，积极巩固拓展脱贫攻坚成果，大力推进乡村振兴，在全面建设社会主义现代化国家的新征程上，继往开来再出发。"县政协主席赵敏说。

原载《江西政协报》2021年6月4日第2版

"橘都"奋进有新篇

◎聂　峰　谢文斌　李德伦

"千年蜜橘、千年古邑、千年曾巩、千年傩舞、千年白舍窑"，"橘都"南丰文化底蕴深厚，向莆高铁从这里穿境而过。

"早在 1926 年就成立了党组织，南丰是抚州市辖区首个建立苏维埃政权的县。1931 年，毛泽东、朱德、彭德怀等率领的红一方面军总前委来到太和镇康都村，在这里召开了著名的'康都会议'。"

"江西地方党团组织创始人赵醒侬，与周恩来等一起创建中共旅欧支部、领导震惊中外的上海三次工人大罢工的赵世炎，都是我们南丰人的骄傲！"

5 月 19 日，"省际沿线政协行"联合采访组走进南丰县，在千年古城聆听在当地发生的革命故事。

县政协委员、文化研究中心研究员胡日辉热情介绍，充分挖掘地方红色、古色等特色文化，在保护中利用、传承，地方党政重视，民间收藏界也积极参与。他与母亲邹兰英老人建立白舍窑展馆。

"我们认真贯彻习近平总书记关于文物保护工作的重要批示、指示精神，坚持系统完整保护，既保护单体建筑，也保护街巷街区、城镇格局，还注意保护好历史地段、自然景观、人文环境。"南丰县政协主席邓军说。

围绕古城的保护开发利用、蜜橘产业发展、"全域游"示范县的创建等，县政协在深入调研的基础上提出了许多有针对性的意见建议，得到县委、县政府重视和采纳。围绕打造"五个千年文化"，县政协先后编辑出版了《南丰蜜橘志》《曾巩文化丛书》《南丰白舍千年古窑》等文史资料。

近年来，南丰县委、县政府抓住高铁通车机遇，按照"以绿色谋崛起，以融合拓路径，以创新求升级，以开放促发展"思路，围绕实施融合发展、乡村振兴、文化强县"三大战略"，狠抓科技创新、产业升级、生态文明建设、全域旅游、城市双修等工程，经济发展步入快车道。

南丰城镇和农村居民人均可支配收入分别达到 36895 元和 25204 元，农村居民人均可支配收入连续 19 年位列全市第一、11 年位列全省第一。

"南丰蜜橘，驰名中外，曾作为国礼，为斯大林祝寿。目前，全县蜜橘种植面积已达 70 万亩，年产量达 15 亿公斤，综合产值突破 120 亿元，销路已拓展到东南亚、欧洲等 40 多个国家和地区。全县仅从事蜜橘贩运的人数就逾 3 万人，成为富民的一大支柱产业。"县政协副主席王云光介绍说，"去年，我们成功举办第 15 届江西南丰蜜橘文化旅游节、'橘园游'精品旅游线路营销推介等系列活动，全年共接待游客 225 万人次，实现旅游综合收入 16.7 亿元。"

邓军表示："站在新起点，迈步新征程，将深入学习贯彻习近平总书记视察江西重要讲话精神，紧紧围绕生态立县、绿色崛起的总目标，助推高质量跨越式发展，凝心聚力谱写新的篇章。"

原载《江西政协报》2021 年 6 月 4 日第 2 版

纯净资溪迎客来

◎唐卫清　吴志贤　李德伦

　　"这里的负氧离子太高了，真有点'醉氧'的感觉！"5月20日，"省际沿线政协行"联合采访组走进我省森林覆盖率最高的资溪县。

　　土地革命时期，资溪属于中央苏区闽赣省，是个全红县，周恩来、毛泽民、邵式平等革命家在这里留下战斗足迹。资溪县为中国革命牺牲的有名有姓革命烈士有931名。

　　"目前，资溪县森林覆盖率高达87.7%，空气最高负氧离子含量每立方厘米达36万个，生态环境综合评价指数列中部地区第一、全国第七。"长期活跃在一线的新闻同仁、县政协委员张银华还是苍洲村"第一书记"，他一路如数家珍热情介绍。

　　极优的生态环境和丰富的生态资源，吸引全国各地游客和研学团队纷至沓来。人口十来万，年接待游客却超过400万人次。

　　绿水青山就是金山银山。践行"两山"理论，探索转换路径，资溪是江西第一个提出"生态立县"发展战略的，获"国家生态文明建设示范县""首批国家全域旅游示范区"等多项"国字号"殊荣。

　　以"生态美、产业美、生活美"为目标导向，围绕生态旅游、面包食品、竹木科技主导产业持续发力，打造"四最工程"。2020年8月在江西省率先创建"两山银行"，开展生态产品价值实现机制试点工作，探索将生态资源转换生态资产推进生态产业发展。

　　"我是较早享受'两山银行'探索的红利受益者。"县政协常委、民营企业家林涛说，"'死'资源'活'起来，资源变资产，增加企业发展后劲。"

截至 4 月底，全县各类生态产品权益贷款余额 24.66 亿元，占全县总贷款余额的 37.22%。作为江西省"绿水青山就是金山银山"实践创新基地，去年以来前来资溪参观学习客人三百余批近万人次。

"县政协在履职上与党政中心工作同频共振，这些年聚焦资溪县发展大事、民生实事彰显政协作为，围绕面包产业、红色文化旅游、林权抵押贷款等方面提交了二十余篇高质量调研报告，许多建议被县政府采纳落地见效。"县政协秘书长李军说。

"资溪丰富的生态资源还吸引了很多闽浙等外地客商来资溪建厂办企业，甚至有客商长期落户资溪，成为资溪生态文明建设的参与者、建设者、受益者。"一路陪同的县政协副主席石仕忠介绍。

"纯净资溪，山水可依，生态有恒，产业有机，人民有利。"县政协主席邓泉兴满怀热情说，"我们将一如既往，传承红色基因，践诺初心使命，立足新发展阶段，贯彻新发展理念，构建新发展格局，助推资溪县高质量跨越式发展，画好最大同心圆，展现政协新作为。"

原载《江西政协报》2021 年 6 月 4 日第 2 版

瓷源茶乡创新路

◎叶志强　王彦勋　李德伦

"抓住'新平先行区'建设机遇，齐心协力抓落实，凝心聚力促发展，展现'最中国、最田园、最人文'瓷源茶乡魅力，彰显政协担当作为。"6月11日，"省际沿线政协行"联合采访组一行来到浮梁，县政协主席陈国清说。

浮梁县所辖的浮梁镇、湘湖镇、寿安镇、王港乡作为景德镇国家陶瓷文化传承创新试验区先行区，称之为"新平先行区"，致力于引进、集聚全国乃至世界各地的陶瓷研发、生产、营销机构和人才项目。

浮梁历史悠久，是人文古地、瓷都源地、茗茶香地、旅游胜地，也是投资佳地，更是一片红色土地。全境有中共浮乐婺中心县委旧址、中共河西县委旧址、新四军改编纪念碑、红军北上抗日先遣队指挥部旧址、革命烈士张仁海故居等三十多处红色教育基地。

传承红色基因，实现绿色崛起。今年4月，"2021中国浮梁买茶节"在浮梁县成功举办。"这是浮梁县规模最大、规格最高的茶事活动，得到了中国茶叶流通协会、中国茶叶学会、中国茶叶博物馆等国家级单位组织的参与和支持，充分向外界展示了浮梁茶的独特魅力，是一次浮梁茶发展中具有里程碑意义的活动。"

县政协副主席方才来说："浮梁，聚焦茶瓷文三要素，立足短期、统筹中期、着眼长期。以'双选双引'引领经济社会高质量发展，依托'四梁八柱'及高校资源优势，全面对接共建'一带一路'、长江经济带、长三角一体化发展、粤港澳大湾区建设等国家战略，加强与名企、名校、名院、知名团队和专业协会的合作，不断扩大对外经济合作'朋友圈'。"

立足新发展阶段，贯彻新发展理念，构建新发展格局，浮梁县准确识变、科学应变、主动求变，加快推进高质量跨越式发展。县政协围绕中心，服务大局，发挥优势，助力特色发展。聚焦做强茶产业、做特农林竹产业、做优先进陶瓷产业、做精绿色矿业、做好文创产业、做大康旅产业、做实大数据产业，摸清家底，找出问题，有计划地带着课题"走出去"，为实施乡村振兴、生态农业发展、旅游产业发展、茶产业发展、农村人居环境整治、传统村落保护与利用建真言、献良策。

乡村越来越美，生活越过越甜。去乡村振兴之田园综合体项目高岭·中国村，看花海、览茶海、逛茶市、品茶宴，给我们以无缝全沉浸式游览体验。去皇窑，可领略江南古典园林醉人风韵，亲身体验淘泥、拉坯、印坯、利坯……古法制瓷工艺。去瑶里，可以体验闻名世界的陶瓷胜地，感受高岭土遗存古矿坑。去苍溪，感受人杰地灵、名贤辈出，以及千年理学文化……

陈国清表示，浮梁是一片茶香氤氲的土地，一方翠色浸染的家园，正呈现江南千年古县"绿水青山、田园牧歌、乡愁绵绵、其乐融融"的神韵。

原载《江西政协报》2021 年 6 月 18 日第 1 版

"我"有话说

——读"省际沿线政协行"系列报道有感

◎杨金高

（一）

安源精神育忠魂，空壳村变特色村。

全国之最功绩在，得天独厚大业成。

（二）

上栗抓牢牛鼻子，红色历史润心田。

千余英烈可欣慰，赣湘合作美梦圆。

（三）

湘东蝶变惊赣西，村美人旺出雄奇。

帮助烈士去寻亲，艺术景区春正回。

（四）

共绘井冈新画卷，翻天覆地有神山。

十里画廊白鹭群，茂林修竹水乡甜。

（五）

山城铜鼓筑新篇，记得当年鱼水情。

漫步世间桃花源，喜见政协更精神。

（六）

万载古城花正红，风雷激荡写峥嵘。

百年变迁有主线，文旅融合韵味浓。

（七）

喜过袁州话初心，如数家珍含激情。

油茶之乡星火艳，中央苏区文化铭。

（八）

古韵浔阳处处新，诗坛巨擘吐清音。

乡愁最贵在文化，政协给力寄初心。

（九）

玉山砚雕颂党恩，特殊礼物喜空前。

志敏清贫美中国，台球之都忆先贤。

（十）

歌声飘过黎滩河，老区人民乐呵呵。

红色资源今开发，小康牵引三界和。

（十一）

广昌路上再出发，浓墨重彩绘莲花。

巍巍青山伴忠骨，苏区精神蓄芳华。

（十二）

纯净资溪迎客来，金山银山撵阴霾。

全域旅游示范区，生态立县展胸怀。

（十三）

古城柴桑展新姿，悦耳童声正当时。

童心向党讲党史，红色地标铸雄奇。

（十四）

青山好处惟彭泽，绿色生态树品牌。

美丽家园今胜昔，多重效益款款来。

（十五）

江湖明珠正嬗变，历史烟云写满天。

心有至诚图报国，挺胸昂首勇争先。

（十六）

古艾山水入画来，三个武宁乐开怀。

东南西北品情趣，推窗见绿宿高台。

（十七）

长江明珠瑞气盈，王家四代忠义人。

红色印记立洪一，双百活动胜美轮。

（十八）

橘都奋进有新篇，五个千年福绵延。

康都会议君记否，绿色崛起旅游甜。

原载《江西政协报》2021 年 6 月 25 日第 2、第 3 版

千里行思笔下情

◎ 陈观华

作为基层政协工作者，很荣幸参与"省际沿线政协行"联合采访活动。到醉美婺源取经，赴中国湖城受教。这于我不亚于"杏坛讲学"受教育、受启发、受熏陶，建立了历史观，开阔了大视野，学到了小知识，美的享受、情的感染自不在话下。这"美"是家乡之美、政协之美、奋斗之美，这"情"是爱国的浓情、信仰的深情、传承的热情。

在婺源，许村镇党委书记詹淦樟作为一线"父母官"，"一址一村一路四园"亲抓亲管打造红色洙坑的情结和魄力让我钦佩；比专职解说员还专业，与段子手相媲美，如数家珍、形象活泼的讲解让我惊叹。麻雀虽小五脏俱全，乡镇不大、主官繁忙，可他却对红色文化如此用心用情用力去谋划、去规划、去投入。"毛收入 5 万元，政府投入 15 万元，还不包括基建"，介绍到此，他话语里听不出半点气馁，却是满满的信心，因为他不仅挖掘了遗址、陵园供瞻仰，建设了研学基地、文化园供体验，还发动群众兴起农家乐供消费。习近平总书记说，"既要做让老百姓看得见、摸得着、得实惠的实事，也要作为后人作铺垫、打基础、利长远的好事"，起步阶段乡村红色文化的挖掘打造，不正是这样的"潜绩"吗？

走进鄱阳湖，连日的大雨，鄱阳湖的水涨了，见惯了风吹浪打的鄱湖儿女，迎风站立，围在曾经出湖打鱼的码头，热情迎接远道的访客。"禁捕退捕后难吗？""我们现在少吃鱼，是为了子孙后代吃得更多"……面对牺牲，面对舍弃，多么质朴的回答，多么纯澈的心境。习近平总书记说，绿水青山就是金山银山。人民守护着绿水青山，公仆就有责任和他们一起努力创造金山银山。鄱湖之行让我对践行"两山"理念有了更深的认同与思考。

德兴，在她撤县设市三十周年之际，我以《我的十年之见》诉说了对这座包容的城市的赞叹与爱恋。可我不是一个合格的爱人，只因对她，我只停留在金山、银城、铜都的粗浅认识；而对其血液的深红却了解得十分贫乏。贫乏到编辑老师建议从红色故事入手，却找不到灵感和头绪落笔着墨。是"走读"让我知道了程家湾不仅有突围的壮举，还有全村百姓想方设法抬高石磨磨心，发动各家各户磨谷供养先头部队的感人故事；不仅有梧风洞三百伤病员在围剿中惨遭杀害、英勇就义的壮烈，还有建设红军医院，创办工农药店，推广发展中医中草药，粉碎敌人医药封锁的活跃创造……我想厚重的红色历史还有千千万万"半条被子"的故事触动灵魂，给我们启发，让我们动容。

读万卷书不如行万里路，"省际沿线政协行"走读、品读、围读，三天三地千余里，是收获，更是成长！

原载《江西政协报》2021 年 6 月 25 日第 2、第 3 版

·奋进新征程　建功新时代　迎接二十大　委员在行动
——赣江沿线政协行（2022 年）·

瑞金寻源

◎邹文芳

这里是"红色故都""共和国摇篮""吃水不忘挖井人"的故事永远讲不完。

这里是中央红军长征出发地，也是赣江之源——瑞金。3 月 9 日，省市县三级政协人在这里，拉开了"赣江沿线政协行"的序幕。

在叶坪"中华苏维埃第一次全国代表大会"会址旁，有一幢砖木结构的客家老屋，特别吸引我们。这幢老屋的正门上方悬挂着一块牌匾，上面写着"红色中华通讯社旧址"九个大字。1931 年 11 月 7 日，中华苏维埃第一次全国代表大会在瑞金召开。中华苏维埃共和国成立的消息，通过电台"嘀……嘀嘀"的人工击键从这里发出。中华苏维埃共和国临时中央政府的机关报《红色中华》也在这里创刊。

"红色中华通讯社"就是今天新华社的前身。新华社建社 90 周年之际，习近平总书记发来贺信："90 年来，新华社坚定不移跟党走，宣传党的主张，反映人民心声，记录时代精神，传播中国声音，在革命、建设、改革各个历史时期发挥了重要作用。在全面建设社会主义现代化国家新征程上，新华社要在党的领导下，把握正确政治方向，坚定理想信念，坚守人民情怀，赓续红色血脉，坚持守正创新，加快融合发展，加强对外传播，努力建成国际一流新型全媒体机构。为实现中华民族伟大复兴的中国梦、推动构建人类命运共同体作出新的更大的贡献。"重温习近平总书记的贺信，作为政协宣传思想工作者，我们同样倍感温暖、深受鼓舞。

在叶坪华屋村，我们遇到了市政协委员陈祖芬，她给我们生动讲述了"十七棵松"的革命故事：在20世纪30年代初，当时仅有43户村民的华屋村，就有17位青壮年先后跟随着红军队伍踏上了革命的道路。出发前，想到这一去不知什么时候才能回来，更不知道是否能够活着回来，他们每人都在村后山坡上种上了一棵松树，给家里人留个念想。"青松依旧在，不见儿郎归。"这山坡上的17棵青松成为烈士的化身。我们永远不能忘记革命先烈为了我们今天的幸福生活，抛头颅洒热血！看到华屋村的变化，我们更要感恩这个新时代！

木鱼山赣江源自然保护区，在瑞金市与石城县交界处，赣江源自然保护区总面积16100.85公顷，其中核心区5491.8公顷，森林面积15300公顷，森林覆盖率达95%，生物多样性非常丰富，堪称"天然基因宝库，动物的天堂"，2013年6月晋升为国家级自然保护区。瑞金市政协委员钟鸣介绍说，现已查明这里有高等植物2582种，脊椎动物360种，昆虫1055种，鱼、贝、虾、蟹66种。"绿水青山就是金山银山！""环境就是民生，青山就是美丽，蓝天也是幸福！"在这里，我们又有了新的感悟。赣江源的水在这里静静地流淌，一路向北，滋养着赣鄱儿女。

市政协连续几年都围绕加强重点生态功能区和饮用水源地保护，对赣江源自然保护区开展专题视察、调研、大会发言，为营造良好的生态环境提出了许多建言。市委、市政府高度重视委员们的建言，加大生态环境保护力度，将辖区内343户居民移民搬迁到保护区外围的村庄和圩镇；为保证水源兴建蓄水大坝；为防止水土流失，将溪流沿岸用大石块构筑防护堤；每年大量植树，起到退耕还林、提升森林覆盖率的重要作用……

市政协主席刘红敏说，我们将全面深入贯彻落实习近平总书记视察江西重要讲话精神。在中共瑞金市委的坚强领导下，聚焦"作示范、勇争先"的目标定位，为打造瑞金"四个中心"，加快建设现代化次中心城市，充分发挥专门协商机构作用，以优异的成绩迎接中共二十大胜利召开。

原载《江西政协报》2022年3月25日第1版

于都新貌

◎李德伦　徐斌涛

于水悠悠，6 月 9 日，"赣江沿线政协行"沿着习近平总书记的足迹，齐聚于都河畔，心潮澎湃。

"三年前，我们近距离聆听习近平总书记谆谆教诲，现在回想起来仍然激动不已、热血沸腾。我们把习近平总书记视察于都过程，进行了专门的布展，现在全国各地前来参观的游客络绎不绝。"县政协委员蓝华英深情地介绍起每一个难忘的瞬间。

当年于都人民搭浮桥、摆渡船，送红军渡河的 8 个渡口，如今建起了长征大桥、渡江大桥、红军大桥等一座座现代化桥梁，于都一江两岸的新发展格局扑面而来。中央红军长征出发地纪念园改造提升，国家长征文化公园（于都段）项目即将建成长征学院、长征大剧院、长征步道等。开辟红船夜游于都河项目，沿着雩河两岸行进，一江两岸绝美风光、喜人变化尽收眼底。

沿河而上，到了建村七百余年的梓山镇潭头村，这里过去是"十三五"贫困村。73 岁潭头村村民孙观发一脸幸福，笑盈盈地把我们迎进家里。他激动地向我们讲述《总书记来过我家》："总书记拉住我的手，随和亲切。他的手很厚实很温暖。厨房、卧室、客厅、厕所……总书记看得认真，问得仔细，他真的是关心老百姓。"

幸福都是奋斗出来的。如今潭头村成立了专业合作社，组建了旅游公司，开发了富硒特色农产品，办起了富硒餐饮、乡村民宿。"我们村民腰包越来越鼓了、幸福日子越过越红火，真是芝麻开花节节高。"孙观发高兴地说道。

行走在景色宜人的于都河畔，远眺碧波浩渺，近看水泛涟漪；华灯初上，绿树夹道、游人如织。

于都，因水而生，因水而美。奔腾不息的沿河，养育了 112 万英雄的于都儿女。为了保护这条"母亲河"，近年来，县政协陆续围绕加强贡江水资源、河道采砂、水利设施等课题，通过提交提案、调研视察和大会发言等，为改善生态环境建言献策。县委、县政府高度重视委员们的建言，着力抓好于都河水环境保护，通过兴修水利设施、堤岸加固、整治河道采砂等方式，改善于都河的水生态环境，推动了县域生态文明发展。

青山绿水筑巢引凤来，时尚于都开启新征程。沿河而下，顺着红军大桥走去，到了面积 10.4 平方公里的于都县工业园区。因良好的营商环境、生态环境，这里吸引了越来越多的纺织服装企业，一座"中国品牌服装制造名城"正在崛起。

江西卫棉纺织企业负责人感慨地说："于都山好水好景美人更好，真是一个创业好地方。我们企业是 2021 年由县政协招商引进的，在他们的帮助下，实现了当年开工、当年投产、当年入规。"

"当年中央红军穿着粗布衣服从于都出发，踏上长征之路，走出了一个全新的中国。如今于都是一座时尚之都，纺织服装产业迅速发展，企业达三千余家，产值达 602 亿元，从小作坊到大工厂，从'小散乱'到集群化，由原来的低端制造迈向高端智能，纺织服装产业正在向千亿产业集群迈进。"县工业园区党委书记段先有接过话茬说。

"我们将牢记习近平总书记殷殷嘱托，沿着总书记指导的方向，在县委的坚强领导下，围绕打造长征文化、时尚之都、富硒产业、体育融合'四大品牌'，建设富强美丽平安幸福于都，充分发挥专门协商机构作用，奋力干出新时代政协新样子，以实际行动迎接党的二十大胜利召开。"县政协主席赖晓强说道。

原载《江西政协报》2022 年 6 月 24 日第 2 版

赣县高地

◎李德伦　吴家平

贡江河畔，一座科创新城拔地而起。

赣县，这个千里赣江第一县，2016 年撤县设区，如今焕发出新活力。

"技术创新是企业的命根子。"2019 年 5 月 20 日中午，习近平总书记考察江西金力永磁科技股份有限公司。"总书记强调要紧紧扭住技术创新这个战略基点，掌握更多关键核心技术，抢占行业发展制高点。"回忆起总书记考察调研的情形，大家激动不已。

在科技部和自然资源部的对口支援下，赣县区坚持以"中国稀金谷"建设为引领，全力打造科创新城。

2020 年 3 月，国家稀土功能材料创新中心获国家工业和信息化部批复组建。10 月，中国科学院赣江创新研究院正式落户。12 月，中国稀金谷永磁电机产业园开工建设。目前，建成国家、省字号研发创新平台 22 家，培育了国家科技型中小企业 52 家，形成了以发展稀土新材料及应用、新能源动力电池材料、钨精深加工及应用、高端智能装备制造等 4 个产业集群，建立了"两院四中心"为核心的科技创新平台。中科拓又达、欧博空调等一大批高科技企业入驻赣县区，成为省级企业技术中心。

"借助搬迁至高新技术产业园契机，我们大力实施科技创新，每年超 3%的销售收入投入研发。"区政协委员、赣州腾远钴业新材料股份有限公司综合部经理王英佩介绍说。今年 3 月，公司在深圳创业板成功上市，成为赣县区第一家上市公司。

走进赣州市全标生物科技有限公司，生产车间内一派繁忙景象。"这是我从深圳引进的一家以特殊膳食营养食品、妇幼营养产品等研发、生产、推广、销售为一体的国家高新技术企业。现在我们派出机关干部到企业挂职，就是更好地为企业做好'店小二'式的服务工作。"区政协副主席刘忠自豪地说。

科创新城建设凝聚着政协人的担当作为。赣州伟嘉合金有限公司和赣州海龙钨钼有限公司等企业不断寻求科技发展。如何破解企业创新难题，区政协副主席孙美萍多方牵线搭桥，联系江西理工大学陈颢博士开展对接服务工作，打通了科研院所与企业沟通协作通道，促进了校企合作。目前已建立校企携手模式，有省内外 56 名博士定期为园区企业出谋划策。

一切为了科技服务，区政协全力以赴。腾远钴业退城进园，面临老厂搬迁和新厂报批报建以及大型设备运输等困难，区政协张军副主席自始至终一一协调解决。为推进科技创新发展，袁巍伟等委员联名提出了《强化科技创新支撑助推产业高质量发展的建议》提案。据统计，近年来，有 200 名区政协委员主动服务和融入科技创新的发展大局，围绕解决区域科创中心建设中的突出问题，建诤言，献良策，出精品。

区政协主席廖新宇说："我们将贯彻落实习近平总书记视察江西和赣州重要讲话精神，在区委的领导下，为科技创新驱动，担当作为、勇毅前行，努力干出新时代政协新样子。"

赣江绵延向北，江水波光粼粼。科创高地、千亿园区、魅力新城、客家摇篮，赣县区人民的愿望正变为现实，一座活力美丽幸福的现代化新赣县正冉冉升起。

原载《江西政协报》2022 年 7 月 1 日第 2 版

章贡宋韵

◎李德伦　黄杨宁

章贡古称"虔城"，章江和贡江在这里汇合成赣江，因其独特的地理位置而成为赣南政治、经济、文化中心，有"千里赣江第一城"美誉。

"郁孤台下清江水"，著名爱国词人辛弃疾的《菩萨蛮·书江西造口壁》，就从城区西北部贺兰山顶写起，千百年来传唱不绝。

青山依旧在，盛世有华章。

炎炎夏日，夜幕降临，华灯初上。漫步青砖古道，古城墙、古石窟、古窑址、古码头、古浮桥，犹如一座活的"宋城博物馆"，让人浮想联翩。

10年前，国务院有关支持赣南等原中央苏区振兴发展的意见出台，章贡区抓住机遇，顺势而为，相继启动了文清路、厚德路、阳明路、郁孤台、八镜台等地块的综合提升改造工程，让这座"江南宋城"重新焕发生机。

"三山五岭八景台，十个铜钱买得来"，作为郁孤台历史街区打造的见证者、参与者，解放街道政协委员联络组组长刘芳向我们介绍，经过几年来的共同努力，福寿沟排水系统得到修缮、军门楼的威武再现……

我们欣喜地看到，方特东方欲晓、七鲤古镇古窑手工体验房、赣纺1969红色剧本杀、VR实景体验馆……在这里，现代元素与宋代文化碰撞，赣江两岸处处涌动着文化创新创造的新活力、新时尚。

"小时候，我常来七里外婆家。但今天的七鲤也惊艳到我了。"赖江霞委员说道，这里是贡江尾、距城区7华里，曾经是一座集"瓷窑、古建、民俗、商贸、红色"多元文化于一体的千年古村，也是江西宋代四大窑厂所在地之一。

　　"七鲤古镇是沧海遗珠，要将其塑造成为一个具有环境价值与社会责任的文旅品牌。"中交七鲤古镇（赣州）文化旅游有限公司常务副经理、区政协委员曾水生为项目建设倾注了许多心血。在他看来，对古镇的抢救性保护与开发，是国企应有担当，也是政协人情怀和责任。

　　"有型、有范，更要有内涵、有看点。""文化有创新，文化才有活力，才能更持久。"小到砖瓦的修复，大到整体布局，在文化与旅游产业的融合发展过程中，凝聚着刘敏、廖波、朱坚等几届政协人的心血。"9%、13%、19%……文旅提案比例逐年上升。"章贡区政协副主席卢小兴深情地说道。

　　"江南宋城福寿章贡。"2021年，章贡区共接待游客1861.19万人次，实现旅游收入246.46亿元。

　　"今年，我区启动三江口开发，将宋城文化与红色文化、客家文化、阳明文化进行整体规划，连片打造，赣江河畔将迎来文旅产业的大发展，宋城文化也将更加深入人心。"区政协主席杨忠万说，"下一步，我们将按照'作示范、勇争先'要求，为打造对接融入粤港澳大湾区桥头堡核心区献计出力。"

　　　　　　　　　　　　原载《江西政协报》2022年7月1日第2版

宁都潮起

◎李德伦　肖逸仙　谢剑文

潮起梅江得春雨，龙腾翠岗唱大风。"七一"前夕，"赣江沿线政协行"走进宁都。

依托水利部挂点帮扶的优势，我省首个山丘灌区梅江灌区在这里开工兴建，农村饮水安全集中供水、城市防洪工程全面建成，赣江源水利风景区被批准为国家水利风景区……宁都被列为全国农业水价综合改革试点县、全国农田水利产权制度改革和创新管护机制试点县。

行走梅川大地，处处奔涌着振兴发展的热潮，激荡着追赶跨越的奋进鼓点，"宁都是个好地方"新时代篇章正在续写。

"梅江灌区是水利部对口支援赣南等原中央苏区第一项重大水利工程，也是赣州历史上首个重大水利工程，项目总投资约 43.8 亿元，设计灌溉面积 58 万亩，涉及全县 22 个乡镇的农田灌溉、79 万城乡人口用水。用不到两年时间完成了以往需要八年多才能完成的前期工作，创造了重大水利工程新速度。"县政协委员李高峰介绍说。为使项目早日落地实施，县政协主席会议三次专题研究，两次组织市、县政协委员专题视察活动，22 位委员深入调研后联名撰写提案……

围绕做好"水文章"，县政协积极献计出力。长胜镇法沙村主任龙高标准大棚蔬菜基地距昌厦公路一公里。从公路驶出，沿着小山坡，几分钟就到了蔬菜基地。蔬菜大棚里，辣椒挂满枝头，芹菜散发特有香味……

"这里原来是荒山野岭，到处光秃秃。哪里会想到，如今荒山变菜地，收成还出奇的好。"县政协委员、江西鲜送农业发展有限公司董事长曾绍利高兴地说。

把大棚"搬"上山，所需水源哪里来？县政协组织农业和水利专家实地调研，把协商办理会开到山头。最终确定采取"提灌"方法，将梅江河的水引入大棚。

蔬菜大棚"爬"上山，昔日荒山变"金山"。目前，法沙村共建成蔬菜大棚121个，总面积1585亩，主要种植宁都辣椒，直接带动周边五百余人就业增收，年人均可增收两万余元。

推开门，打开窗，就是宁都好风光。"'好山好水好风光，好鲜好辣好味道'，这个'金点子'好。"在宁都中学老校区科教楼的"委员驿站"，来自农业、科技、教育、文艺等界别的十多位委员就做强做优宁都菜产业链，推进宁都菜产业高质量发展献计献策。卢春宁委员介绍说，驿站自成立以来，像这样的小规模"诸葛亮会"每到周末都有，委员主体作用发挥出来，政协工作也更加活起来。

县政协主席李过春说："委员有担当，政协有力量。我们将深入学习贯彻习近平总书记关于加强和改进人民政协工作的重要思想、视察江西重要讲话精神，以党建为引领，持续加强自身建设，拓宽协商平台，提升履职能力，干出新时代人民政协新样子，齐心协力开创宁都产业强、城乡美、百姓富、风气正新局面，以优异成绩迎接中共二十大胜利召开。"

原载《江西政协报》2022年7月8日第1版

安远情深

◎李德伦　刘荣信

安远不远，景在眼前，情在深处。

安远县三百山是香港同胞饮用水东江的源头。发源于欣山镇深山幽谷的濂江则属于贡江支流。

沿着高速公路一路疾驰而下，"赣江沿线政协行"走进"多彩安远"。

绿水青山就是金山银山。安远之美，美在生态。近年来，安远县自觉践行绿色发展理念，做好治山理水显山露水文章，以绿色生态引领高质量发展。

"这里是赣南采茶戏的发源地，我们把客家文化同安远优越的自然禀赋融合，如今东生围围屋群已成功创建 AAAA 级景区，每年吸引超过 100 万人次的海内外游客，带动周边困难群众共同走上致富奔小康的大路。"谈到乡村振兴的新引擎，县政协委员罗北石欣喜地说。

作为赣南苏区红色故土之一，朱德、陈毅、刘伯坚等一大批无产阶级革命家在安远战斗过。天心镇老圩河畔，百年古榕树还在不断诉说"天心整军"的初心之情。

"乘着苏区振兴的东风，我们把革命历史文化融入高质量发展之路，大力发展文旅康养产业，探索绿色生态之路，为苏区振兴铺好幸福之路。"县政协常委、天心镇副镇长叶来福自信满满地讲述道。

版石镇位于濂江之畔，红军长征突破"第一道钢铁封锁线"的战斗，曾在这里的蒙山寨打响。"早在 20 世纪 90 年代，省政协机关就在我们这包乡扶村。过去从省城来一趟，要走上一天一夜，如今泥沙路早变成柏油路、幸福路，越走越宽广了。"赖坑村老支书刘文彬看到政协家人欣喜不已。如今的版石建起了工业园区，老表实现家门口就业，每年吸引外来务工人员 1.4 万多人，村里还走出了北大清华生。

依托交通运输部挂点帮扶的优势，安远建成寻全、宁定两条高速公路，全县基本形成以高速公路为主骨架、国省干线为主通道、县乡村公路为脉络的外通内畅、北上南下、东接西连的现代化公路交通网，安远获评全国"四好农村公路"示范县。

如今，沿着三百山旅游公路前行，车行山间，人游画中，满目苍翠，令人心醉……在三百山景区，络绎不绝的游客前来感受青山绿水间的惬意，感受近 40 万安远人民的浓厚情谊，领略水韵安远与众不同的"高颜值"。

"有矿不采、有树不伐、有鱼不捕是我们安远人的共同坚守。"为保一泓清水，护万代青山，安远县因势利导，积极做好"护水、亲水、思水"这三篇"水"文章。县政协凝聚全体政协委员力量，持续关注绿色生态发展之路，发挥生态优势，聚焦城乡一体化建设。《下大力气，持续推进生态城乡建设》《育好三片林，打造东江流域生态旅游标杆城市》《发挥三百山生态优势，发展森林康养产业》等系列建议，助力安远"点绿成金"。

"奋进新征程、建功新时代。凝心聚力服务全县'融入湾区发展，精雕东江翡翠'发展战略，齐心协力、真抓实干，让安远早日成为一个'绿色、透明、闪亮、精美'的翡翠县，干出新时代人民政协新样子，以优异成绩迎接中共二十大胜利召开。"县政协主席刘飞如是说。

原载《江西政协报》2022 年 7 月 8 日第 1 版

一江清水万重景

◎李德伦　陆韵雯　郭志锋

青山遮不住，毕竟东流去。

曾经，"十八险滩"，一滩更比一滩险，流下多少眼泪和叹息。如今，"惶恐滩头不惶恐"，已是美梦成真。

随着 20 世纪 90 年代一声"轰隆"巨响，火热的时代洪流，让万安高峡出平湖。一座"亚洲第一"、巍然耸立的万安水电站大坝把所有险滩沉入江底。静水流深，一帆风顺。大坝以上的百里水面，化作碧波荡漾的万安湖，成为人人向往的人间仙境，并顺利入选国家森林公园和省级风景名胜区。

依江而美，32 万万安儿女正在依江而富的大道上坚定前行。万安，借助建设赣江中游生态经济带的强劲东风，紧扣"文旅旺县"战略目标，高标准编制赣江旅游开发规划，充分挖掘文化底蕴和山水资源，打造原创性景区，推进乡村振兴。

沿江而上，五丰镇西元村高岭，苍翠挺拔的银杏树摇曳生姿，一栋栋古色古香的民宿错落有致地坐落在山间，万亩竹林随风起舞，与山川、田园共同构成一幅"竹海万顷、银杏千年、高岭之上、倦鸟归处"的生动画卷。

"村里大大小小的银杏树有 100 多棵，形成了罕见的银杏树群。每年，都要吸引众多的游客慕名前来游玩。景区红火，年终分红惠及全村 316 户农户，也进一步增强了村级集体经济实力！"省中医院驻五丰镇西元村第一书记邹浪高兴地介绍。

青山郁郁，赣水绵绵。从万安县城，顺流而下二十多公里，投资 45.6

亿元的井冈山航电枢纽，雄壮地映入眼帘。

井冈山航电枢纽项目兼有航运、发电和灌溉等多种功能。2021年12月28日，正式投产运营。"项目的建成，让万安又形成了一个波翻浪涌、白鹭翱翔的湖面。万安一县两湖的独特风景，世界上少有。"县政协副主席何殷欣喜地指着江面说，"前不久，就在这儿发现了几十只国家一级保护动物中华秋沙鸭。"

紧扣一流的生态环境资源，万安以一江清水为画轴，在"两湖"水面开发钓鱼、观光和水上运动项目，沿江两岸巧妙布局长征国家文化公园（万安段）、百嘉老街、夏源古村、龙舟文化园、王辉球将军故居等景点，串点成线，连线成片，注入文化灵魂，打造最美岸线，描绘美丽前景。

赣江西岸罗塘乡，不仅是万安暴动的策源地，还是康克清和江西革命三杰之一曾天宇的故里。东岸百嘉镇，果业基地初具规模，县政协委员刘绍陶指着数千亩脐橙充满信心地展望着未来……

赣水潮涌高，卷起千层浪。

万安，正锚定"大井冈旅游圈"，全力创建"风景独好"旅游名县和省级全域旅游示范区，生态画卷正徐徐呈现出一派山水胜景。"作为新时代的奋斗者，政协人责无旁贷，我们一定要抓住大好的发展机遇，干出新时代人民政协新样子，以优异成绩迎接中共二十大胜利召开。"县政协主席郭慧娟坚定地说。

原载《江西政协报》2022年7月15日第1版

绿色发展看泰和

◎李德伦　陆韵雯　王茂玉

"落木千山天远大，澄江一道月分明。"

赣江从南而来，当流经泰和境内时，江面忽然变得宽阔，静水流深，包容大度。

依水而兴的泰和，古又称西昌，以"地产嘉禾，和气所生"而得名。这里是中国泰和乌鸡的故乡。泰和人曾安止写出了中国历史上第一部水稻品种专著《禾谱》。

境内，蜀水河、澄江河、珠陵江、六七河、仙槎河、白鹭湖……与赣江筋脉相连，水水相接，各美其美，美美与共。

"敬畏水、善待水、爱护水"在这里代代相传。南唐时期，泰和人周矩拦水筑陂，引水灌田，订立由陂长负责、五个名绅大族轮流执政的"五彩文约"，筑就了有"江南都江堰"之称的水利灌溉工程——泰和槎滩陂，灌溉面积达六万余亩，福泽千年；赣江边塘洲镇金滩村的先民们深谙山水相依的自然法则，世代在江滩上植树造林，并将族规写入族谱："宜增植，禁砍伐"，子孙守约，岁添新树，延续千年。

"绿水青山就是金山银山！"近年来，泰和县坚持生态优先、绿色发展，全面落实"河（湖）长制""林长制"，做好治山理水、显山露水文章，在深入践行"两山"理论中描绘"泰和画卷"，争当建设赣江中游生态经济带排头兵，让泰和青山常在、绿水长流。

聚焦槎滩陂开发保护，组织政协委员进行多次调研协商，建净言，献良策，形成建议，擦亮"千年槎滩陂江南都江堰"品牌；为促成县城澄江河水系治理，《一城清水从何来》大会发言，引发社会强烈反响，引起县委、县政府高度重视，吹响了系统修复县城水系的号角……

为擦亮"绿色发展看泰和"金字招牌，县政协不遗余力。在委员的鼓与呼中，泰和县出台了《泰和县实施蜀水流域生态综合治理试点方案》，整治蜀水河道 14.8 公里，为泰和生态建设再绘一笔浓墨重彩。

"新一届县政协成立以来，县政协接过城区水系畅通工程项目的'接力棒'，组织开展专题调研 3 次，召开项目现场调度会议 5 次，化解瓶颈问题 3 个，接续做好'水文章'。"县政协副主席罗义斌介绍道。

随着泰和县政协开展了一系列专题调研，先后形成"生猪生态养殖发展""高新区工业污水处理""中小河流域治理""农村水污染防治"等多篇高质量调研报告，提出相关提案、社情民意信息三十余件次，形成了一批具有靶向性、建设性、务实性的建言，得到县委、县政府采纳，并转化为工作实践。

如今，放眼赣江两岸，"绿树村边合，青山郭外斜"的意境随处可寻。

"今年，县政协领导每人至少挂点了一个绿色生态项目，我们将努力在抓项目、干项目、成项目的'赛马场'上贡献政协力量。"泰和县政协主席王志宏说，"下一步，我们将深入贯彻落实习近平生态文明思想，在县委的坚强领导下，为打造美丽中国'江西样板'提供泰和经验助力，书写新时代政协履职'新答卷'，以优异成绩迎接中共二十大胜利召开。"

原载《江西政协报》2022 年 7 月 15 日第 1 版

千帆竞发正当时

◎陆韵雯　周志芸　周　彤

一江赣水越千年，大美庐陵画卷开。

"神冈帆影"是庐陵古八景之一，指的就是位于吉安市中心城区吉州区所处开阔江面一派千帆竞发的景象。

依凭发达的水运，这里作为江南经济重镇，直到清代中叶，一直是赣江"黄金水道"物流、人流、信息流交汇的重要枢纽和辐射中心。

"提升中心城区首位度，打造吉泰走廊核心区"，今天的吉州区，连续八年荣获全省高质量发展综合绩效一类先进县（市、区），正紧扣"五个作示范、四个勇争先"阔步向前。

"打好生态牌，念好发展经。"庐陵生态文化园里，碧水、青山、建筑相映成趣，一派城市美景入画来。十几年前，这里还是原始生态的螺子山和滞洪区域磨盘湖。

2011年，以"保住山、稳住水、留住鸟"为设计原则建设而成的生态公园，围绕山体和自然生态水体做文章，将庐陵文化贯穿始终，完美结合了人文与自然、传统与现代，成为人们休闲娱乐的好去处，单日游客过万人。

望得见山，看得见水，记得住乡愁。卢家洲坐落在泸水、禾水交汇口冲积而成的绿洲上，是唐代江西第一状元卢肇后人聚居地，2014年被列为第三批中国传统古村落保护名录。近年来，结合乡村振兴，拆除了旧房九十余间，新建了停车场、五福文化墙、斜塔、罗汉松等九处古迹得到修缮，古村焕发出了亮丽新颜。

"新的使命召唤我们在新时代奋勇向前。"区政协副主席黄斌介绍，"今年，区政协重点聚焦营商环境优化升级，通过企业定点帮扶、走访座谈等活动，助力吉州在产业发展上彰显首位担当。"

"证件办理终于有了实质性进展，感谢区政协帮忙协调。"区政协常委、杰克（江西）智能缝制设备科技有限公司负责人陈鹏高兴地说，"厂区内电力、通信管道改线以及道路建设等基础设施，正在逐步改善。"区政协机关定点帮扶该企业，政协机关干部当好营商环境"店小二"，每月定期入企，收集并协调解决企业遇到的困难，为企业发展护航。

为进一步推动营商环境优化升级，区政协建立"主席会议成员联系界别和非公经济政协委员"制度，以文件形式明确相关要求，更好地了解企业生产经营状况及诉求，为助力优化营商环境提供了制度保障。

"政协委员是政协工作的主体，区政协特别注重发挥委员联系面广的优势，引导委员积极投身经济建设一线，带动影响周边群众，助力经济社会发展。"区政协副主席刘龙春说。

作为该区数字经济产业发展的领头人之一，区政协常委彭磊不仅建立起"舌尖王国"，先后孵化十余个互联网平台店铺，带动本土食品品牌年销售数千万，解决上下游上千人就业，更投身公益事业，担当社会责任。区政协六届二次会议上，他提交的《关于打造吉州区全球食品农产品物流产业园的提案》引起了大家的共鸣。

"区政协将持续围绕首位度、核心区发展定位和"打头阵、当先锋、作示范、勇争先"要求，主动融入党委中心工作，积极协商议政，开展民主监督，做吉州高质量跨越式发展的参与者、实践者和推动者，以优异成绩迎接中共二十大胜利召开！"区政协主席说。

原载《江西政协报》2022 年 7 月 22 日第 1 版

丹砂渡倾情诉说

◎陆韵雯　蒋　芸

　　赣江西岸，丹砂渡码头修复一新，古老的"喊船"声回荡在耳边。

　　吉安县永和镇生产的闻名遐迩的"吉州窑"瓷，就是从这里扬帆起航、走向世界。由于瓷业繁荣兴盛，"名公钜卿，来游其间，必有歌咏，以记其胜"，为"舟东一大都会"。

　　"不久前，吉州窑作为现场观摩点之一，圆满接待了全省旅游产业发展大会考察团，四方贵宾就是乘船从丹砂渡上来的。"县政协秘书长刘遂芬介绍说，目前永和镇保存着世界上发现规模最大，也是最完整的古民窑遗址群，有24座之多。

　　保护好发掘好利用好吉州窑这一独特文化资源，是历届县政协接续履职的重点，取得了一个又一个骄人成果。"为迎接全省旅发大会召开，我们按照规划加快进度，前后上马并高质量完成了30多个项目，游客们来了可以更加深切感受古今完美融合的吉州窑特色风貌和更多旅游服务与产品。这一年，干得累，干得值！"县政协委员、吉州窑文旅投公司负责人肖家茂长期奋战在工地"脱了几层皮"。他拿出手机，用图片给我们分享日新月异的变化。改造升级后的吉州窑景区，生动展现出一幅富有现代气息鲜活绝美的"宋潮"画卷。

　　沿宋街而上，在吆喝叫卖声中感受东昌古镇的繁华市井；来到古窑包遗址，近观千年窑火，惊叹古人智慧；美食园里，品尝细腻爽滑的永和豆腐等特色美食，一场"宋潮文化宴"回味不尽……

　　"宋元时期，吉州窑因木叶天目盏名声大噪，产品远销海外，从而衍生出另一代表性纹饰——波涛纹。"窑工们闲暇时漫步江畔，感慨于浩瀚澎湃的波涛，将其所见绘制于瓷器上。"波涛滚滚，象征着吉州窑的海外销售特性，更代表勇立潮头、追求卓越的品质精神。"杨莉委员如数家珍，当起了讲解员。

曾经，"作为吉安人，却不知吉州窑这块瑰宝就在身边。返乡后，我创立了自己的陶瓷研究工作室。"杨莉高兴地分享自己的创业之路。如今她的"空山房"在电商销售渠道小有名气，年销售额突破百万，并吸纳了邻近村民务工就业，为他们提供可靠稳定的收入来源，助力乡村振兴。

"这些年，政协委员围绕吉州窑 AAAAA 级景区创建、全域旅游发展、非物质文化遗产保护等深入调研、建言资政，常常是一件提案反复提了很多年，默默助力，最后推动形成决策。"县政协副主席刘媚琪说。

为发掘传播以永和吉州窑为起点、禾水两岸丰富的旅游文化资源，县政协编著了《霞客庐陵》一书，围绕域内徐霞客游线标志地，串联起一条"百里风景画廊"。

"祖宗之地，尺寸不可与人！"在吉州窑景区内，我们还走进新建的欧阳珣纪念场所。这得益于欧阳和德委员连续多年的提案呼吁。

"796 年前，永和人欧阳珣面对强敌入侵、朝廷割地求和，振臂高呼，成为'庐陵节义第一人'。"曾主撰过《记忆庐陵》《前世今生吉州窑》等书籍的庐陵文化学者欧阳和德深情地讲解。爱国，从来都是庐陵文化的底色。从欧阳珣到胡铨，到文天祥，凛然正气一直在庐陵大地传承。目前，吉安县已连续十年着力以吉州窑文化为龙头，宣传打造"文章节义"的庐陵文化。

"要推动中华优秀传统文化创造性转化、创新性发展，以时代精神激活中华优秀传统文化的生命力。"县政协主席孙永昌说，"我们要持续深入学习贯彻习近平总书记重要讲话精神，一如既往引导委员坚定'四个自信'，用好全省旅发大会成果，从优秀传统文化中汲取智慧力量，围绕中心、服务大局，展现新时代政协人的风采，以实际行动迎接中共二十大胜利召开。"

原载《江西政协报》2022 年 7 月 29 日第 1 版

水美人安润青原

◎陆韵雯　郭　琳

青原，依水而兴，因水灵动。作为吉安市所辖最年轻的县级行政区，泷江与富水于此共汇赣江。

滨江生态公园，远看鹭鸟翩飞，近观渔船游弋，"霞落山色黛，江际有归船"，美不胜收。

"这里，曾是赣江东岸堤外行洪区，十年九涝，每逢洪水我们都开着船前往村庄救援。谁能想到通过治理，现在变成了赣江沿岸居民散步、露营的'网红打卡地'。"曾在水利系统工作了十余年的区政协副主席夏晓峰欣喜地介绍说。

为有效提升赣江的行洪能力，近年来，堤外水淹区居民搬迁安置、河岸修复等工程相继开展。园中小溪经城市雨污分流处理清澈见底，可直排赣江，十余处景观桥一桥一景，居民、游客乐享其间。

变"怕水"为"亲水"，赣江见证着青原城区宜居环境不断升级，也见证政协人助力环境保护的担当作为。

2017 年，区政协开展"加强生态环境保护，实现空气清新、河水清澈、大地清洁"专题协商活动，委员们每年积极向区委、区政府建言献策。

"在政协有力推动下，青原区改变'用脚步丈量'的巡河模式，依托 5G 网络等技术装备，在全市率先建设'智慧水利平台'，创建'河长云'，开启智能'看'水新时代。"区水利局局长粮演说。

如今，遍布青原区大小河流与水库的一百七十余个监控设施构建起智慧化监控网络，在线监测水污染防治已覆盖全区水域。

区新圩镇政协联络组组长曾珑介绍，新圩镇在全区带头试点，升级"河长制"为"河长治"，现在只需动动手指，打开 App，辖区内河流、湖泊、水库等水污染防治情况一目了然，动态管理时时在线。

域内，青原山、渼陂、富田等串联成线，吸引八方来客。被誉为"庐陵文化第一村"的渼陂千年古村沿富水河而建，乘一叶竹筏顺流而下，蓝天白云映照着古村青砖黛瓦马头墙，绘制出一幅"人在绿中、路在景中、居在美中"的山水画卷。

1930 年，毛泽东同志等老一辈无产阶级革命家曾在此驻扎，召开了史上著名的"八七会议"。村庄三百三十余人参加了革命，先后走出了五位共和国将军。其中，就包括领导"万岁军"在抗美援朝战场上叱咤风云的梁兴初。

"过去有红色故事，当代有蓬勃新貌。"区政协秘书长胡丽琼介绍，"由历届区政协主席挂点参与的渼陂旅游集聚区改造提升项目之一，就是通过美化富水河两岸景观、打造'万岁军'实景演出、水幕电影等，将'江南水乡将军村'的柔美与激情展现给游客，带来全新体验。"

凭借着丰富的水资源、水文化，青原区成功入选全国 2022 年水系连通及水美乡村建设试点县。这片年轻又悠久的土地上，一座园林式、现代化的美丽宜居城市正加速绿色崛起。

"区政协将继续团结带领广大政协委员，围绕生态文明建设，做好思想引导、汇聚力量、议政建言、服务大局各项工作，助力加快打通'绿水青山'与'金山银山'的双向转化通道，着力打造美丽江西'青原样板'，以实际行动迎接中共二十大胜利召开。"区政协主席解芳云说。

原载《江西政协报》2022 年 8 月 5 日第 1 版

吉水古镇焕新颜

◎李德伦　陆韵雯　陈凌宇

吉水，以水为名，化水为魂。

仲夏时节，"赣江沿线政协行"走进这个庐陵文化重要发源地。

水绕青山转，城在水一方。登临状元阁，历史文化名县新风采，尽收眼底。

静卧在赣江边上醪桥镇固州村，曾有五百多年的县治所经历，如今成为一座人见人爱的非遗博物馆。

"这里是县政协副主席挂点项目，挂牌成立了政协委员工作室，委员为项目建设建言，协商助推难题解决。"县政协副主席解小燕介绍说。

为建设好庐陵文化保护传承试验区，县政协积极发挥优势，推出《吉水古代名人传略录》《庐陵史事考迹》《当代吉水人物》等系列文史资料；"关于推动我县文旅融合高质量发展""提升现有旅游资源效益"等重点提案；"激发产业发展新动能，构建文旅融合新格局""发展文旅产业，促进文化繁荣"等大会发言。深入开展"加快打造夜间经济集聚区推动现代服务业高质量发展情况""县城上下老街修缮和保护工作情况"等视察调研……

黄桥镇杨万里诗画小镇，是全市旅游产业高质量发展大会参观点。漫步其中，但见远远围墙，隐隐茅堂，"飞檐翘角、雕梁画栋"的庐陵古韵跃入眼帘，"静舣小舟谁得似，生涯潇洒一渔竿"的涟塘新画恬静安详，在断壁残垣中"破壳而出"的网红餐厅，焕发蓬勃的时代气息……

"围绕强化文旅融合、传承庐陵文化，县政协通过提案、全会发言、视察调研与社情民意信息等方式，向县委、县政府建言资政，得到高度重视，采纳落实，代表庐陵文化特质的青砖黛瓦马头墙、回廊挂落花格窗等一批吉水独有的历史文化，在委员们的生动履职中进一步活化。"介绍起承担的工作，县政协秘书长郭新根如数家珍。

新征程，再出发。新一届县政协紧贴中心，与党政同心，今年规划了 7 个重要课题，推动落实了 8 件民生实事，收集了四百余条"优化营商环境"意见……一串串亮丽的数据背后，精彩的"吉事同心好协商"履职故事，不断涌现。

"新时代的吉水，创新引领，改革攻坚，跨越赶超。滨江新城亮丽宜居，跨江融城快速推进，工业经济形成集聚，现代农业富农高效，文化旅游融合发展。井冈蜜柚、优质大米、稻虾莲虾等已成为绿色富民产业。"吉安市政协常委、县政府副县长曾志斌高兴地说。

"我们政协人，将一如既往秉承庐陵风骨，坚守初心，着眼协商建言质量和水平再提升，基层民主协商机制再探索，凝聚共识工作的实效性再增强，埋头苦干、勇毅前行，为奋力谱写'四区融合，大美吉水'高质量跨越式发展新篇章加油助力、增光添彩，以实际行动迎接党的二十大胜利召开。"县政协主席胡传清说。

原载《江西政协报》2022 年 8 月 12 日第 1 版

玉峡湖水清又清

◎李德伦　陆韵雯　肖才明

"山势自南来，江声临北开"，峡江，是千里赣江最狭之处。

随着峡江水利枢纽工程的建成，占地面积达 1821 公顷的玉峡湖国家湿地公园，摇曳着婀娜的身段，尽显滔滔赣江的迷人倩影。夹岸青山、缥碧江水、欸乃渔歌、葭苇沙洲，成为这座湖泊映照下的最美风景。

为保护峡江水利枢纽一湖清水，县政协提出建议，以专报形式提交到省委、省政府领导的案头。

一石激起千层浪。"保护母亲河，服务'五河两岸一江一湖'全流域生态环境系统性保护修复的攻坚行动，率先在峡江展开。"望着壮阔的赣江，县政协副主席邓小群说。

县政协委员、国家电投峡江发电有限公司总经理曾小宁介绍说："作为央企，我们既要追求经济效益，更要履行社会责任。为保持湖面整洁，我们购买了两台大型清污机，两部运输车辆，专用于打捞、运输湖面垃圾。"

治水治人心，治水先治岸。今年第 51 个世界环境日，赣江流域环境资源法庭联合多部门，组织开展一场"共护赣江清水　同建最美岸线"主题宣传活动，引起峡江群众的广泛关注、热情参与。

县政协委员、县人民法院副院长何云根说："作为全省唯一的赣江流域环境资源法庭，我们案件的管辖范围，囊括赣江流域的赣州、吉安、宜春、南昌等 4 市 12 县（市、区），实现了赣江流域环境资源案件集中管辖，跨域审理，为维护流域良好生态筑牢了法治保障。"

"为巩固'赣江重点水域禁捕退捕'，我们在峡江水利枢纽库区划出八百余亩水域，设立'公益诉讼生态修复基地'，用于赣江流域公益诉讼等司法案件中负有实施恢复生态、修复环境义务的当事人进行增殖放流，以替代性修复受损的生态环境，"县政协常委、县检察院副检察长曾凡平说，"与此同时，占地面积 629 亩的'赣江流域环境资源法庭生态司法修复林基地'，也在峡江县巴邱镇暮膳村和蒋沙村的赣江岸线一侧国家公益林场设立。"

随着赣江保护的法制网越织越牢，生态环境保护意识深入人心，玉峡湖的风光越发迷人。湖区中心的峡江县老县城巴邱镇，重新焕发了新生。

在泛着万顷波光的玉峡湖畔，巴邱古镇旅游聚集区正呈现在游客眼前。"通过修复历史记忆、活化文化艺术、展现生活百态等方式，致力打造中国南方知名的'60 年代记忆'文化创意街区，既可休闲，又能防洪，现在成了百姓休闲观光的网红'打卡'地。"县政协原副主席、巴邱路堤结合工程建设指挥部副总指挥胡小平介绍。

在"全景吉安·全域旅游"发展战略的引领下，峡江县拓展"一山一湖一区"旅游新格局，向着全省知名的康养旅游福地目标迈进，一幅"峡"光万丈、江山如画的壮美山水长卷，已徐徐展开。

"我们要进一步贯彻落实习近平生态文明思想，聚焦治山理水和显山露水课题，汲取智慧和力量，为打造全省美丽宜居示范县，书写好'政协答卷'，以优异的成绩迎接中共二十大胜利召开。"县政协主席段国友信心满满。

原载《江西政协报》2022 年 8 月 12 日第 1 版

中流击水有新篇

◎李德伦　陆韵雯　王锋儿

新干，古称"新淦"，位于滔滔赣江中下游交界之处。

作为江西十八古县之一，这里素有"粮仓、橘乡、林海、盐田、药邑"之美称。大洋洲发掘的 5 件商代青铜器国宝，一直吟唱着"江南青铜王国"三千多年的不解传说。

近年来，新干县委、县政府围绕省委"作示范、勇争先"目标要求，聚焦"全省争前列、全市争一流"的目标任务，践行"绿水青山就是金山银山"的发展理念，将加强和保护赣江生态环境建设纳入生态文明建设重要内容。

累计投入资金 51.65 亿元提升城市内涵品质，"国家卫生县城"三次授牌，连续两届获得全国文明城市提名，美丽乡村建设实现全覆盖，空气质量达到国家二级标准，"宜居、绿色、韧性、人文"在新干城乡处处彰显。

新干赣江航电枢纽，历时五年建成。东西两岸，建起七十余公里堤防。全长 4.1 公里、宽 40 米的滨江大道南延工程，有 3.3 公里为路堤接合段。8 月 6 日，新干河西码头迎来万吨进口货物进行卸载。

"县政协充分发挥协商民主重要渠道作用，综合运用专题协商、调研视察、提案等协商方式，围绕'水美、岸美、产业美'发展目标，助力打造赣江最美岸线。"县政协副主席李晓剑话语中满是自豪。

"新干县严守用水总量、用水效率和水功能区限制纳污'三条红线'，赣江及其支流两岸一公里范围内严禁进入高能耗、高排放项目。"县政协委员、县城综合污水处理厂厂长郑小君介绍说。

"抓好赣江沿线环境综合整治，加大沿岸治水、治污力度""切实加快岸线环境修复，实施低产低效林改和珍贵阔叶林培育工程""持续开展清河行动，优化砂石码头，减少采砂船"……一份份精心准备的发言材料，引发社会强烈反响，也引起县委、县政府高度重视。

为把赣江沿线 86 个村庄打造成为"三治两岸一区"标准村，县政协提交了《改良临水荒滩，建设良田果园的建议》。"岸上之美，还在于对文化的保护。近年来，县政协持续建言，加大赣江两岸文物古迹的保护力度。"县政协秘书长聂小荣说，"如今，立于赣江东岸的文昌塔得到全面修复，萧公庙遗址被批准为省级文物保护单位。"

荷浦莒洲岛，是赣江最大的冲积岛屿，有"千里赣江第一岛"之美称。县政协委员傅警卫提出"增资打造赣江莒洲岛，将其打造为赣江沿线美丽乡村旅游示范带"的建议，掀起了莒洲岛新一轮开发建设高潮。莒洲岛先后被评为省级文明村、江西省森林乡村、省 AAA 级乡村旅游点，2021 年实现村级集体收入 20 多万元。曾坊岛是赣江环绕的内河冲积岛，曾经因地势平坦经常受淹，收成不稳定。2018 年，经过招商，引进企业投资三千余万元，打造两千余亩的井冈蜜橘标准化产业基地，让该岛一跃成为明星级的"富民岛"。

作为全县一项富民产业，新干箱包产业蓬勃发展，始终闪现着"政协力量"，记录了许多"政协人"忙碌的身影。河西现代箱包产业园位于新干县河西科创城内，由县政协委员、县箱包行业协会会长徐勇率先提出并被政府采纳建设，入驻的美旅箱包、勇晟箱包、宏图伟业等箱包企业，都是县政协委员创办的。随着委员企业的发展壮大，新干县一个个箱包走出江西、走向世界，进一步加快了新干县箱包皮具产业"一网五中心"项目推进。

"生态兴则产业兴。随着赣江沿线各项环保治理措施的落实落地，一个碧水蓝天、环境优美、生态宜居的'绿色新干'正跃然成形，我们要凝心聚力，书写新时代政协履职'新答卷'，以实际行动迎接党的二十大胜利召开。"县政协主席曾溅明说。

原载《江西政协报》2022 年 8 月 19 日第 1 版

潮起清江海天阔

◎聂正洪

樟树，又称清江，自古就是"八省通衢、四会要冲"的水陆交通要津。在这里，因袁河汇入，赣江水势更盛。

"恢复千年黄金水道，打造最美岸线，建设张家山产城融合区。"走进樟树港河西港区港城一体化建设现场，塔吊林立，机器轰鸣，工人们顶着烈日施工作业，呈现一派繁荣景象，也见证政协人助力"一江两岸"发展的担当作为。

"响应融入大南昌都市圈战略和'一江两岸'发展规划,立足长远思考。"在市政协八届三次会议上，市政协常委肖永革《以大交通、大港口、大物流助推港口龙头昂起》的大会发言，引起与会党政领导和政协委员的共鸣。

"江西有五大港，樟树港是唯一的县级市港。"市政协副主席陈新胜介绍，樟树港河西港区港城一体化项目是 2020 年第一批省重点建设项目。河西港区由新钢公司联合中国物流、中江国际、湖南五江、樟树市共同投资 108 亿元建设，项目已于 2018 年 11 月 29 日正式签约，河东港区 3 年前开港启用，实现吞吐量 2000 万吨以上，可满足赣中、赣西内外贸易运输的需要。

凭借地处江西"大十字架"生产力布局的"天心地胆"之位，以及良好的交通区位和药、酒、盐、金支柱产业优势，今天的樟树市连续 5 年获得全国综合实力百强县市，紧扣"建成全国中医药特色城市、新时代中部地区高质量发展样板城市"阔步向前。

"药不过樟树不灵，药不到樟树不齐。"中医药产业是樟树市第一个产值超亿元的产业，也是该市的首位产业。早在 2013 年第 44 届全国药交会开幕式上，中国中药协会正式授予樟树市"中国药都"称号。为重振千年雄风，7 月 28 日，"中国药都"振兴之问大讨论活动拉开序幕，应中医药发展之变，谋中医药发展之策，全市上下深入思考"发展怎么办、工作怎么干"。

作为兴市富民产业，樟树中医药产业发展路上，始终活跃着政协人的身影，彰显政协力量。近十多年来，围绕"药都"振兴有什么、缺什么、怎么干，市政协每年都有视察调研、重点提案和联组议题。在中药材种植、饮片加工、中成药生产、文旅融合、人才引进等药业发展方面，一批政协建言助推中医药产业提质增效、提档升级。"贡献'金点子'，收获'金豆子'，铸成'金牌子'。"市政协副主席张继发形容这是政协的"三金"工作。

据市政协副主席付细冬介绍，全国政协委员杨文龙的仁和集团，是樟树药业的龙头企业，5 年前成为宜春市第一个过百亿的企业。41 名医卫、科技界别委员，助力中医药产业营业收入达 1081 亿元。

樟树，正锚定"融入大南昌都市圈"，全力打造工业重镇、文化名城、创新高地、康养福地、清廉樟树。"作为新时代的奋斗者，要肩负起使命和担当，我们要提振'三拼三促'精神，抓住'发展''富民'主线履职尽责，干出新样子，展现新风采，以优异成绩迎接中共二十大胜利召开。"市政协主席杨志华说。

原载《江西政协报》2022 年 8 月 26 日第 2 版

全域旅游看乐安

◎王　农　罗时强

乐安，赣江一级支流乌江流经之地，兼具绿色、古色、红色之美。"乐山乐水乐游""安商安业安居"氛围日益浓厚，这个全域旅游示范县正迎来新的发展机遇。

乌江源头灵华山附近，金竹瀑布飞泻而下，声势浩大。沿江而下240里，便是声名远扬的流坑古村。1997年8月，时任国家文物局局长的张文彬实地考察，挥笔题词："千古第一村。"

一千多年来，这里走出文、武状元各1人、进士34人、举人78人。目前，仍保留着明嘉靖、万历年间的"一横七竖"规整布局，有明清古建筑和遗址二百六十余处，古典民居、宏伟宗祠、码头碉楼、书院戏台比比皆是，精美程度让人折服。

为推动古村发展，县政协委员、乐安蛋雕技艺传承人邹兆庆在非遗一条街向过往游客展示高超技艺。他说："宝贵文化遗产，要在开发过程中保护，让游客待得住、留得久、记得深，还想来。"

沿乌江继续前行，眼前一片绿色，令人震撼。这便是有"中国第一古樟林"之称的牛田古樟林。2907棵古樟树，绵延两岸，长达十里。

"这片古樟林是唐、宋以来当地人精心呵护一千一百余年留下的珍贵遗产。依水而居的水南、茶园、莲河、流坑等村的村民历来把这樟树洲看成自己的生命之洲，有识之士还为此制定了一条严格守护樟树林的禁规：如有盗树一枝一丫者，一经查获，立拘赃犯到祠，分别责罚；见证报信，亦即记功给赏；其有在场确见，徇情陷匿，亦拟为从，一体同罚；合力同攻，断不宽纵。"县政协副主席杨欣平指着樟树林高兴地说，"这条禁规从订立至今，历经五十多代人，村民们代代遵循，无有违背。"

乐安是原中央苏区县和罗霄山脉特困片区县，红色始终流淌在这块炽热的土地上。老一辈无产阶级革命家毛泽东、周恩来、朱德、邓小平等均在这里留下了光辉足迹，毛泽东旧居、大湖坪整编旧址国宝公祠、登仙桥等就是最好的见证。中国工农红军还在乐安写下了数千条宣传标语，遗留下来的3826条被妥善保存在湖坪乡红军标语博物馆，无声地讲述着那段战火纷飞的岁月。

近几年，县政协倾心助力乐安的旅游发展，多次开展调研视察活动，撰写了《变资源为资产 化危机为生机——挖掘传统文化潜力助推旅游产业发展调研报告》《关于徐霞客标志地认证申报情况视察》《关于加强我县旅游景区管理、着力提升服务水平的调研报告》等，提出了"出台文化旅游发展规划""加大文化旅游宣传""加大旅游服务配套建设"等建议。今年召开的县政协十四届二次会议上，开展了以"围绕全域旅游发展，助推乡村振兴"为主题的联组讨论，政协委员积极建言献策，提出了加强乐安旅游承载力建设、旅游景区串点成线等高质量建议，均被县委、县政府吸纳和实施。

依托得天独厚的历史文化自然资源，目前，九瀑峡、大华山蝶栖谷、登云岭森林公园三个国家 AAAA 级旅游景区、县城旅游集散中心等相继建成。"乐安的旅游业态不断完善，前景一片光明，作为新时代的政协人，我们在乐安这片土地上大有可为。一定要抓住发展机遇，积极主动融入县委的中心工作，为推动乐安高质量跨越式发展贡献政协智慧和力量，以优异成绩迎接中共二十大胜利召开。"县政协主席章国华充满信心地说。

原载《江西政协报》2022 年 9 月 2 日第 2 版

寻麻分外宜人地

◎陆韵雯　钟团艳　何　欣

袁河，系赣江一级支流，逶迤向东，历"九十九湾，八十八滩"，至江西十大文化古县——分宜。

"身处赣江支流，温和的气候，充沛的雨量，肥沃的土壤孕育出了享有'中国草'之称的苎麻，麻依水生，水运麻兴，以苎麻为原料的分宜夏布文化成一脉涓流发展壮大。"县政协副主席钟友明介绍。

分宜有千年的苎麻种植历史，被誉为"中国夏布之乡"。《诗经》记载"东门之池，可以沤纻"。早在唐代，分宜夏布便以"柔软滑润，平如水镜，轻如罗俏，嫩白匀净"而"通行四方，商贾辐辏"，甚至"岁贡白苎布十匹"。明崇祯年间，宋应星在分宜任教谕时，《天工开物》成书，《夏服》篇对双林镇种麻织布深入研究，记述翔实"凡苎麻无土不生。其种植有撒子、分头两法，色有青黄两样"。中国历史博物馆至今仍珍藏着一匹乾隆下江南时携带回宫的分宜夏布。

"充分展示夏布文化的魅力，在保护传承中延续其生命力。"双林镇党委副书记、镇长李志勇满怀信心。目前，双林镇围绕"夏布研学胜地、生态亲水之旅"主题，开发夏布文化体验游、森林休闲游、研学科普游，盘活文旅资源的同时，激发创新动能。

一经一纬织就夏布斑斓，一心一意绘就传奇画卷。历届县政协始终关注夏布文化的传承与发展，不仅联合县文广新旅局定期举办"夏布非物质文化遗产传承大赛"，更牵手徐小梅夏布文化名家研究工作室，以研究和开发文化创意产品为方向，培养和造就一批新时代非遗夏布传承人，让千年夏布焕发新的生机与活力。

如今，科技赋能给分宜麻纺产业带来了"春天"。该县将麻纺产业作为富民强县的首位特色产业，培育出江西恩达等农业产业化国家重点龙头企业，并在全产业链上求突破。县政协乘势而上，提出《加快国际麻纺城建设　打造县域特色名片》《举全市之力做大做强麻纺产业集群》等有关建议，助力分宜麻纺产业腾飞。目前全县有纺织类企业90家，规模以上企业25家，产值70亿元，仅恩达公司主营业务收入就有7.5亿多元，出口创汇3234.24万美元。

2020年11月，集"自然科普、历史研究、非遗传承、文化交流、互动体验"于一体，中国首家以麻为主的博物馆——分宜麻博物馆及分宜麻艺街开馆开街。在这里，新余市举办了第七届麻博会，现场签约麻纺织品加工生产、麻艺风情商业综合体、旅游综合开发等15个项目，签约金额达52.2亿元。"现在，越来越多的游客来到分宜赏麻园风光、品夏布文化、购麻纺用品，为分宜经济和文化旅游发展注入源源不断的'活水'。"县政协常委、县文广新旅局局长黄爱林说道。

鸣机织苎，布韵流芳。一丈夏布，凝聚了中华民族的千年智慧与文化，承载了中国百姓记忆深处的情感与乡愁。"要尽心尽力做好非遗传承与保护、特色产业振兴与发展等课题，为建设'分外宜人地，民生知名城'，全面推进新时代分宜振兴贡献政协智慧和力量，以优异成绩迎接中共二十大的胜利召开。"县政协主席黄斯文如是说。

原载《江西政协报》2022年9月9日第1版

千年剑邑绽芳华

◎ 熊　珵

8 月，剑邑之城，骄阳似火。赣江，贯穿南北，依城而过。丰城市第三座跨江大桥——紫云大桥的建设工地热火朝天，基本轮廓已见雏形。

市委、市政府高度重视，市政协持续助力，位于中心城区的这一重点项目，总投资超 22 亿元，旨在拉开城市框架，更好融入大南昌都市圈。聚焦"打造都市圈副中心，争创全国文明城市，挺进县域经济 50 强，阔步迈入中等城市"目标任务，新一届市政协委员迅速行动，结合各自实际，积极履职作为，凝心聚力助推高质量跨越式发展。今年上半年，全市 GDP 达 307.9 亿元，新签约项目 33 个，总签约金额 276.77 亿元，其中亿元以上项目 22 个。

"只要是'一江两岸三区'协同发展之需，加快融入南昌半小时经济圈的民生之要，我们都义不容辞，提供最优服务保障。"市政协委员、龙津洲街道副书记徐学伟谈及紫云大桥及莲花大道综合管廊项目建设时说。

"全面开展赣江流域生态综合治理，打造赣江'最美岸线'""加大沿岸治水、治污、治理采砂业的力度""加强协作，形成'清河行动'的强大合力"……为呵护母亲河这一江"清水"，历届市政协围绕河湖长制、河道采砂、水环境保护等课题，通过提交提案、实地调研、专题讨论等方式建言献策。

沿江而上的围里村，市政协委员、江西恒泰铝业有限公司总经理聂博文再熟悉不过。他笑着说："以前围里那一片满地废旧塑料和破铜烂铁，又紧邻赣江，水土污染很严重，政协就向政府建议专门建立循环园区，之前在围里社区从事废品收购的经营业主也逐步迁入市循环经济园区，我这家企业就是通过技改，环保、经济效益显著，发展前景越来越好！"

丰城全市循环产业 2021 年实现总产值 680 亿元，上缴税收 37.86 亿元，已成为首位产业。"进一步支持循环经济产业发展增值税政策""打造全新循环产业链条"，崔丽君、周剑、郭熊勇、杨诗军等委员奋斗在园区企业里，成为循环经济的参与者、见证者、实践者。7 月 15 日，中国再生金属产业绿色发展峰会在丰城举行。

当前，正值防疫、抗旱的关键时刻，全市政协委员响应党委号召，或开展志愿服务、值守站岗、保供送菜；或化身"大白"，冲锋一线、守护健康；或积极提出抗旱措施，展现"言值"担当；或主动参与抗旱，用挥洒热血与汗水的实际行动，书写一个个生动履职故事。

市政协主席张小平表示，始终聚焦"作示范、勇争先"目标要求，要牢牢把握政治方向、主责主业、发展趋势，以更高站位、更加饱满的精神状态交出优异履职答卷，迎接党的二十大胜利召开。

原载《江西政协报》2022 年 9 月 16 日第 1 版

赣鄱首县引潮来

◎涂　颖　王　欢　万　勇　辛爱华

走进大美昌南，五彩福地，蓬勃发展的强劲势头扑面而来。

"粮仓满、鱼米鲜，水韵稻香如画卷。怀抱赣江水，蜿蜒鄱湖岸……"南昌县政协委员万正复一曲《我家南昌县》，唱出了该县人民心中的喜悦与自豪。

以习近平新时代中国特色社会主义思想为指导，南昌县始终坚持和强的比、与快的赛、向高的攀，县域经济发展蹄疾步稳，牢牢坐稳"江西县域经济第一强县"的位置。去年年底，又跃居综合实力百强县第 19 位，实现了 13 连升。

金秋九月，天高气爽。位于该县富山乡的姚湾综合码头项目建设现场，1905 米超长岸线呈现在眼前，10 架门坐式起座机连点成线，布撒在数千米的江面上，项目工程正紧锣密鼓地火热推进。

去年年底，姚湾码头被列为省市重大工程，是目前南昌港在建规模最大的综合码头项目。该项目负责人介绍，按照市政府"统一规划、统一建设、分批运营、滚动发展"原则，目前已有 5 个杂货泊位于今年 3 月底开港运营，剩余泊位计划于明年 6 月完工。这也标志着南昌水运将迎来高质量发展新起点，进一步推动赣江"黄金水道"的建设和江西现代水运体系的形成。

作为全国一次性批复泊位最多、岸线最长的内河港口码头，项目建设涉及征用土地 738 亩、拆迁房屋 174 栋。

如何有力保障项目按时开工建设，挂点富山乡的县政协副主席梁文杰介绍："我们充分利用'三有'协商议事室，分别与各方代表深入协商，最终达成共识，获得了大家的支持，提前 5 个月就完成了征地拆迁任务。"

据悉，姚湾码头、南昌向塘国际陆港、小蓝经开区三个重要片区的高效连接，将有力推动形成昌南大物流枢纽工业带。

来到南昌向塘国际陆港新城，开往世界各地的外贸班列、快速穿梭的拣货机器人、拔地而起的幢幢厂房……一幅"港产城人"协同发展的全新画卷正徐徐展开。

"南昌向塘国际陆港入选'十四五'首批国家物流枢纽建设名单，如何抓住口岸经济和物流产业发展的新机遇？我想听听委员们的'金点子'。"不久前，南昌县首场"澄湖茶会·县长政协委员面对面"活动如期开展，县长与委员们面对面协商交流，共谋内陆开放经济发展良策。

"推进南昌向塘国际陆港建设发展""建议出口企业利用向塘港实现铁海联运""加强我县装配式建筑人才培养"……新一届政协人赓续使命，持续奋斗，通过提交提案、社情民意信息、开展调研视察等方式积极建言献策，委员们的"智力成果"正转化成县域经济社会高质量跨越式发展的"实践成果"。

"江西南部地区 70% 的货物经过向塘发往全国各地，形成了集铁路、公路、水路、航空于一体的多式联运体系。"谈及向塘国际陆港，县政协委员、向塘镇党委副书记邓莉自信地说，"陆港规划面积已达 33.82 平方公里，常态化开行 9 条中欧（亚）班列、9 条铁海联运班列，覆盖 30 多个国家和地区，南昌向塘国际陆港为'江西制造'搭建了迈向全球的便捷通道。"

"'所当乘者势也，不可失者时也。'在新的伟大征程上，我们将大力发扬'脚上有土、心中有谱'的务实作风和'实干争先、勇立潮头'的昌南精神，认真履职尽责，同心建言资政，同向凝聚共识，以优异成绩'奋进新征程、喜迎二十大'。"县政协主席邹艾民说。

原载《江西政协报》2022 年 9 月 23 日第 2 版

千年祖庭焕新颜

◎王　欢　涂　颖　张立强

近日，国家文旅部发布了《关于公布第二批国家级夜间文化和旅游消费集聚区名单的通知》，万寿宫历史文化街区榜上有名。

七门九洲十八坡，三湖九津通赣鄱。一江相拥、两湖嵌中、三河连通。走进因湖得名、因水灵动的南昌市西湖区，站在新落成的万寿宫历史文化街区，在历史与现实交融中，从一砖一瓦、一步一景里，令人不禁赞叹：昔日荣光今日现。

泱泱赣水，孕育了江西人的天下情怀，滋润并成就了"江右商帮"。"九百余年的'江右商帮'，曾是以各地万寿宫（即江西会馆）为主要落脚点，一个包袱一把伞，走遍天下当老板，作为赣商的起源地，江西老表从这里走向世界。"区政协委员、江西道教协会理事胡晓明说，"西湖铁柱万寿宫被奉为祖庭，是天下江西人寻根溯源、认祖归宗的归属地和精神家园，我们有义务有责任保护好、传承好、发展好。"

七年来，西湖区对街区内118栋建筑进行了复原和修复，"三街五巷一路"得以重放光彩，融汇历史宗教、文化艺术、旅游观光、民俗聚会、休闲购物、餐饮娱乐的万寿宫历史文化街区，独具古老又时新的魅力。

"去年'十一'开街后，参加庙会的游客比肩接踵，成为市民'文旅网红打卡点'。"区政协委员、区历史文化街区事务中心常务副主任李佳说，游客量累计已超过1000万人次，其中夜间文化和旅游消费人次及消费规模占比约60%。

青砖瓦、落花窗，浓郁的赣派民居风格，行走在翘步街，感受到老城街巷的旧貌换新颜。

"由于不少历史建筑已与周边建筑融为一体，为把其中有保护价值的部分剥离出来，在拆除过程中，施工人员一锤一锤地把'历史'从旧房子里凿了出来。"西湖区有关负责人介绍说，"仅此就增加了约4倍的拆除成本。"

"作为全世界1400多所万寿宫的祖庭，这里不仅是南昌弥足珍贵的文化遗产，也封存着南昌老城的记忆，寄托着南昌人对生活的美好期盼。"中国文物学会民族民俗文物专业委员会副主任委员梅联华说，南昌城市的精华就浓缩在万寿宫这一条条老街老巷里。

如何擦亮这张南昌人自己的名片、进一步促进城市经济发展，近年来，一直备受区政协及委员们和专家学者的关注。

区政协副主席温春玲介绍，区政协多次召开会议研究部署，组织专题调研，在街区改造、历史痕迹保护、招商引资等方面积极建言献策。

就如何串接文化印记、形成万寿宫"朋友圈"，去年，区政协委员、朝阳小学教师朱林提交了一件提案，建议通过立足文化新意，擦亮文化品牌，深挖文化内涵，传播赣文化。

位于万寿宫东南向的中华米粉美食街，聚集着各色米粉店。穿行其间，市井文化气息扑面而来。这条街的兴旺，同样离不开区政协及委员的力量。

"两个多月的时间，李佳委员和我们跑遍了八个省外城市、十多个县（市区）、一百多家企业。既让我们'走出去'开了眼界、更引进了项目落地。"井象·中华米粉美食街负责人介绍，自去年年底开街以来，累计客流近百万人次，营业额约1145万元。

如今，老城虽老，活力依旧。文化、商业、旅游点缀其间，让城市记忆再赋生机。

区政协主席胡国星表示："围绕'赣鄱文化'，政协委员在传承和复兴历史文脉，打造文化品牌方面多次提案呼吁。而今，再现厚重文化遗产的愿望得以实现，我们将持续推动商旅文融合和产业高质量发展，以助力扛起新使命、共同谱写新篇章的实际行动，迎接党的二十大胜利召开。"

原载《江西政协报》2022年9月23日第2版

青山湖上高帆扬

◎王　欢　涂　颖　叶　凡

青山湖区地处赣江之滨、青山湖畔，雄踞南昌城东，拥三湖四河五渠。

城区因水而兴。青山湖、艾溪湖、瑶湖错落镶嵌，抚河、玉带河、幸福渠穿城而过，天香园、寰宇万象湿地公园等绿地星罗棋布。

现代针纺产业是青山湖区的支柱产业，有企业两千余家，赢得了"出口三件文化衫，有一件来自青山湖"的美誉。

今年 8 月 12 日首次召开的 2022 南昌现代针纺产业发展大会上，青山湖区共签约项目 10 个、投资总额 111 亿元，投资额全市占比超过 50%，凸显了该区现代针纺产业在全市"一区两园多点"产业布局中的重要地位。

围绕做大做强做优现代针纺产业，历届区政协委员积极调研、主动献策，先后提交了《促进青山湖区针纺外贸出口企业发展》《尽快打造我区针纺品牌工厂》《大力推进科技创新平台建设，提升我区纺织服装产业发展》等提案近 20 件。

"近年来我们以中国（江西）针织创意服装产业园、太酷云介时尚产业园为载体，先后主导注册了'青山湖针纺'区域品牌、多次举办青山湖时装周和 T 台秀等等，积极推动现代针纺产业全产业链发展。"区政协常委、区科工局副局长刘小英介绍。

去年，南昌市委提出要打造现代针纺千亿产业，并将青山湖区作为重要战场。

新一届区政协在谋划今年工作计划时，结合数字经济"一号发展工程"，以"数字经济赋能现代针纺产业"为主题举办了"青山湖协商·委员区长面对面"首场协商活动，将委员、企业家的意见建议直通主要领导案头，部分建议直接被《青山湖区现代针纺产业发展三年行动计划（2022—2024）》采纳。

如今，针纺产业玻璃幕墙的现代生产车间取代了前店后厂的小作坊、吊挂式生产系统取代了传统的手工裁剪，所有生产销售数据在电子屏幕上一目了然。

城区因水而旺。青山湖人秉着"敢闯敢试、敢为人先"的气魄，大力发展乡镇经济，涌现了湖坊镇、塘山镇和进顺村、顺外村、湖坊村等一批名镇强村。

20 年前，原郊区更名为青山湖区，随着城市框架拉开，以北京东路、解放东路、南京东路为主轴的新城区渐次展现，曾经的传统农业区向着现代商务区、都市工业区转变。

"十年前，区政协以'整合城东核心商圈资源、促进我区三产发展繁荣'为题开展调研，提出打造北京东路、解放东路沿线核心商圈等 16 条建议。随着近两年华润·万象汇、龙湖·天街的开业，与恒茂·梦时代、青山湖万达遥相呼应，四大综合体就像汽车的四个轮子一样，推动青山湖经济社会快速发展。"当年参与课题调研的区政协委员熊庆华欣喜地说道。

紧扣南昌"一枢纽四中心"目标定位，南昌东站建设如火如荼。自规划选址之初，区政协就奔走在一线。先后开展"抢抓历史机遇，着力打造高铁新区""促进高铁新城产业发展"等调研协商，委员们通过大会发言、提案、社情民意信息等方式，主动为新城建设、产业布局等出谋划策。

今年区政协课题组首次集体调研视察南昌东站建设现场时，望着林立的塔吊，伴着机器的轰鸣声，区政协副主席胡小明说："作为打响解放南昌第一枪的这片土地，其蝶变将是全区上下的未来发展所向，应该要有政协人浓墨重彩的一笔。"

新时代，新征程。青山湖区正向着"建设南昌新门户、争当发展排头兵"的目标迈进，奋力在全市勇争先、全省拼一流、全国出亮点。

"区政协要聚焦区委、区政府中心工作，把准政协性质定位，着力发挥政协作用，主动靠前落实'1+5+2'重点工作推进机制，在广泛凝聚共识中汇聚团结奋斗正能量，为青山湖扬帆再起航书写好'政协答卷'，以优异成绩迎接中共二十大胜利召开。"区政协主席聂玉华说。

原载《江西政协报》2022 年 9 月 30 日第 2 版

滕王高阁谱新篇

◎涂　颖　王　欢　裘　洁

"落霞与孤鹜齐飞，秋水共长天一色。"赣江之滨，滕王阁上，品味千古名篇，放眼"一江两岸"，心潮澎湃。

"六年前，习近平总书记来到我们光明社区，对社区工作作出了重要指示，当时场景至今历历在目。现在，光明社区探索出'趣缘型'社团党支部建设新模式，志愿者规模已达一千余人，通过党建引领，志愿服务蔚然成风。"区政协委员、彭家桥街道党工委副书记郭俊海信心满满。

牢记嘱托、感恩奋进，必须聚焦"作示范、勇争先"，再展英雄城雄姿，彰显东湖区作为，写好"创新、智慧、健康、人文、幸福"新篇章。

滕王阁是南昌市标志性建筑，为持续擦亮这张文旅"名片"，区政协围绕推进滕王阁景区提升改造，丰富南昌"看点"，组织调研协商，凝聚智慧力量。

"去年元旦，《寻梦滕王阁》正式公演，人气十分火爆。下一步将依托赣江，促进水上旅游发展，进一步推进沿江全域旅游发展。"区政协委员、滕王阁管理处党总支书记程冬说。近日，第二批国家级夜间文化和旅游消费集聚区公布名单中，"夜东湖"文化和旅游消费圈成功入选。

"停车不方便，我们就对景区配套的停车场设施等事宜进行协商；周边存在部分老旧危房，我们就引导居民多次召开'三有'协商议事会进行拆除，为滕王阁提升项目胜利竣工发挥了重要作用。"区政协"老委员"、滕王阁街道主任周涛说。

得益于此，滕王阁扩建游客服务中心、滨江景观灯、体验休闲区，与市博物馆、市图书馆融为一体，进一步增强集散功能，丰富景区业态和文化内涵，提升景区深度游品质。

从滕王阁到八一大桥，顺流而下便到了扬子洲。在距离扬子洲镇 2.6 公里的"大湾区"里，"十年禁渔"，一江碧水，吸引江豚前来安家，畅游。

东湖区深入推进该镇禁捕退捕、码头整治、生态环境治理、河湖清"四乱"等工作，持续改善赣江生态环境。区政协在渔业村组织召开了"成立东湖区护渔队"的"三有"协商议事会，组建一支具有公益属性的护渔队伍，协助配合上级渔政执法人员，扎实抓好渔业资源保护工作。

"委员们跟村民们一起商量对策，研究方案，在'三有'协商平台的推进下，扬子洲镇渔民退捕工作、解决就业问题、河湖管理等工作都顺利开展。"区政协委员、镇党委副书记李春介绍，通过多次召开"熊万村市级乡村振兴试点村建设项目"协商议事会，引导村民就部分老旧危房拆除、安放污水处理终端等事宜主动协商，形成了"民事、民议、民决，共商、共建、共享"的基层民主协商新风尚。

"文化为魂，民生为本。区政协将始终围绕东湖中心大局，紧扣改革发展，发扬历史主动精神，发挥专门协商机构作用，以优异成绩迎接党的二十大胜利召开。"区政协主席陈宇表示。

原载《江西政协报》2022 年 10 月 9 日第 1 版

红谷展翅冲云霄

◎王　欢　涂　颖　焦裕彬

红谷滩，古称鸿鹄滩，因水鸟栖息之地而得名，后取谐音演化为红谷滩。

作为全省最年轻的城区，在省会南昌一江两岸美景带，红谷滩拥有28公里赣江沿线景观长廊。从牛行车站到南昌起义展示馆，从建军雕塑广场到九龙湖公园……一个个地标"串珠成链"。

今年是中国人民解放军建军95周年，走进打响了中国共产党武装起义第一枪的牛行车站，各种现代科技把我们带进百年前的峥嵘岁月。

"建军广场上，宏伟的人民军队雕塑群在阳光下闪烁着光芒，人民军队永垂不朽。东西轴线上3组雕塑迎着江风，以'集结、渡江、起义'为重点和主体，突出了南昌红色文化的主题。"区政协委员崔乃君介绍，静谧的九龙湖公园遵循生态、低碳、智慧的理念，突出滨湖特色，彰显新城魅力。

传承红色基因，弘扬"第一枪精神"，在"自信、奋发、齐心"中描绘好新时代红谷滩最美图画。走进区政务服务数据管理局办事大厅，"'三有'协商在行动　我为群众办实事"窗口格外显眼。这是南昌市"三有"协商平台在区直部门设立的首个窗口，成为该区政协协商助力服务群众的一个缩影。"办不成事"反映窗口自设立以来，帮助解决了一批"企业办理营业执照""成品油经营许可审批"等急难事。

"10年来，红谷滩区常住人口增长152.34%，越来越多的人选择了这片热土，也就是选择了相信我们，让大家在这里'办事不用求人、办事依法依规、办事便捷高效、办事暖心爽心'。"区政协委员、区政数局副局长严露介绍说。

区政协成立一年以来，践行"人民政协为人民"和"一线工作法"，帮助名门世家小区的群众通过"红谷连心会·'三有'来协商"实现了停车自由和品质提升。

截至目前，该区共开展"三有"协商活动 476 次，参加协商人数三千七百余人次，解决问题 452 件，让人民群众切实感受到"政协温度""政协力度"。

20 年来，历经四次开发建设，聚焦全省上下的目光和承载全市人民的期待，红谷滩成为新世纪以来江西最具开放活力、最富创业激情、最显繁荣潜质的一片沃土。

数字经济蓬勃发展。第四届世界 VR 产业大会，现场总签约项目 25 个，签约总金额 242 亿元，占大会签约总金额的 1/3。

"红谷滩区率全国之先布局 VR/AR 产业，是世界 VR 产业大会的永久会址，奠定了南昌'VR 之都'的地位和影响力。下一步我们将着力率先打造世界级 VR 中心，在九龙大道沿线错落有致地布局以 VR、元宇宙、新文旅为主导的产业项目，实现数字经济'一号工程'的未来科学布局，打造城市最强产业线、最美天际线。"站在宽阔的九龙大道上，区政协委员卢上饱含信心地介绍。

立鸿鹄之志，展骐骥之跃。伟大的梦想，只有在拼搏实干中实现。"在奋斗新征程中，区政协将围绕'全省示范领先、中部比肩赶超、全国进位争先'目标，以'作示范、勇争先'的坚定决心和昂扬斗志，为奋力开创红谷滩高质量跨越式新发展贡献政协智慧和力量。"区政协主席陶国强说。

原载《江西政协报》2022 年 10 月 9 日第 1 版

五彩新建迎客来

◎涂　颖　王　欢　邱　升　涂克星

　　新建区，赣江下游西岸，历史悠久，是人文荟萃的"千年古邑"。

　　小平小道、溪霞怪石岭、象山森林公园、汉代海昏侯国遗址公园、汪山土库……新建"红色、绿色、古色、金色、特色"五色旅游资源丰富，是赣鄱大地名副其实的旅游大区。

　　9月23日，省委书记易炼红深入新建调研时强调，要坚定不移实施强省会战略，切实把南昌龙头高高地昂起来、舞起来，更好发挥省会城市的引领、示范和带动作用。

　　首批南昌产"大国重器"——盾构机在新建经开区南昌轨道交通产业园成功下线；作为南昌市胡子工程之一的梦山北大道提前两个月顺利实现通车，完成销号……

　　随着"打响'上安领'，新建当自强"十大专项提升工程的实施，产业发展在动能转换中不断升级、内生动力在创新创造中不断迸发、城乡建设在融合发展中不断加快、民生福祉在共建共享中不断增加、生态环境在保护中不断秀美，吸引投资者、观光客纷至沓来。

　　站在长麦桥上，眼前的乌沙河波光粼粼，仿如镶嵌在新建区的"蓝宝石项链"，成了市民运动、休闲、观光的好去处。区政协委员叶宝清感慨道："河道干净了、河岸绿化了、景观台建好了……如今的乌沙河成为周边居民休闲的必打卡地。"

　　新建的"母亲河"——乌沙河作为赣江的一条支流，是南昌市重要水源，曾被列为黑臭水体。

区政协围绕乌沙河整治，先后多次组织委员深入欣悦湖、蔡家桥、欧尚等地调研，撰写了《关于聚源农贸市场至前湖道小区跨乌沙河增设景观桥的建议》等提案，得到了区委、区政府的重视和采纳。

"我们不仅高度重视乌河沙的整治，更加注重乌沙河的日常管理。"区河湖长制办公室专职副主任汪益平说，除了"区、镇、村"三级河长做好日常管理外，政协委员、民间河长、企业河长、"河保姆""河小二"等志愿队伍积极参与管护。

区政协关于"如何做好乡村水系连通及水美乡村建设的建议"等高质量履职成果，得到了区政府采纳并出台专门文件给予支持。

南昌美、美在水，因水而生，缘水而兴。在新建区联圩镇赣江抚河下游尾闾综合整治工程项目现场，上百辆工程机械紧张作业，挖掘机、推土机的轰鸣声震耳欲聋、重型卡车来回穿梭。"作为省重点项目，这是一项功在当代、利在千秋的重大生态民生工程。"区政协委员、联圩镇党委副书记孔存根介绍道。

据悉，项目建成后能提高城市供水安全保障，有利于周边农业灌溉，提升农业生产效率，改善区域水环境，恢复流域水生态，提升通航运输能力，促进水运经济发展，彰显地区水文化底蕴。

"五彩新建，现代新区。"区政协主席黄云松说，"下一步，区政协将围绕区委、区政府中心工作，牢牢把握'稳住、进好、调优'原则要求，充分发挥专门协商机构作用，认真履职尽责，广泛凝聚共识，以优异成绩迎接党的二十大胜利召开。"

原载《江西政协报》2022 年 10 月 14 日第 2 版

喜归鄱湖千鹤舞

◎李德伦　汪　良

鹤舞鄱湖，牵手天下。

滔滔赣江，奔腾千里，在永修县与修河汇聚，连同其他大小河流，一起投入鄱阳湖的怀抱。

永修，古称艾地。汉高祖六年，置海昏县，为建置之始；明洪武初年，称建昌县。1914 年，取意"泮临修水，永蒙其利"，改名为永修县。

沿着永吴公路进入吴城，硕大的"世界湿地、候鸟王国"的标语映入眼帘，水上公路两旁的湿地内，已有不少候鸟在此栖息觅食。吴城镇党委副书记、政协工作联络组组长刘轶虎介绍，得益于当地生态环境持续向好，在非候鸟季也经常在此发现候鸟踪迹。

"妩媚青山，浩渺鄱阳，不仅属于江西人民，也属于全国人民。"该县牢记习近平总书记的嘱托，以"打造永不落幕的国际观鸟胜地，唱响鄱阳湖国际生态品牌、国际旅游品牌，助推国家生态文明试验区建设"为目标，以创建国家 AAAAA 级旅游景区为标准，用"全域化"理念，将吴城候鸟小镇建设为集国际观鸟、湿地观光、文化展示、休闲体验于一体的生态旅游目的地，打造江西候鸟文化的输出地和展示窗口。去年 12 月，第二届鄱阳湖国际观鸟周活动在吴城盛大开幕，六百余名海内外嘉宾齐聚于此，同赏鄱湖美景，齐观候鸟舞翩翩，共话生态保护。

"县政协在推进赣鄱生态保护，打造国际观鸟胜地上不遗余力。"县政协秘书长雷兆凤介绍，"仅 2021 年，县政协就候鸟小镇建设、鄱阳湖生态保护和退捕禁捕工作落实组织了 3 次调研，收集 8 件提案和 12 条社情民意信息，均得到了落实。"

"占全球种群 98% 的白鹤、80% 的东方白鹳、70% 的白枕鹤在此越冬，同时这里还是全球最大的鸿雁种群越冬地、中国最大的小天鹅种群越冬地。"谈起候鸟，吴城镇政协工作联络组干部吴璇艺如数家珍，"其中白鹤是候鸟族群中最特别的存在，它在中华传统文化中代表着祥瑞，是江西省的省鸟。随着多方共同努力，来此越冬的白鹤已增长到了现在的 4000 只左右，翩翩起舞的白鹤，对我们的生态做出了最好诠释。"

在吴城镇沿赣江向北而行，望湖亭犹如一颗明珠点缀在江湖交汇的鄱阳湖岸边，见证了"双龙会战鄱阳湖"的历史传奇。得益于"赣事好商量"活动开展，吴城镇于 2021 年启动了"百姓心中的望湖亭"基层协商议事，在形成共识的基础上对其进行了重修。

站在望湖亭上，放眼望去，浩浩汤汤的赣江水在这里与修河交汇，湖中草甸、湿地、沙漠、江河相映成趣，零星候鸟点缀其间，各色船只在赣江往流不息；极目远眺，千里的相遇让赣江更加壮阔，带着生命之源归聚鄱阳湖。"丰水时期，这里汪洋一片，航道繁忙，往来船只络绎不绝，可以想象当年吴城作为江西四大历史名镇的壮丽风采。"县政协委员吴立新向大家描绘，"再过段时间，这里将再现候鸟'飞时遮尽云和月，落时不见湖边草'的壮观景象。"

"湿地滋润赣鄱，候鸟连通世界。吴城候鸟不仅是我们的生态文化名片，更是我们与世界牵手的重要桥梁。"县政协主席张义红表示，"将充分发挥专门协商机构作用，助力我县打造生态文明样板，为永修实现高质量跨越式发展贡献政协力量，以优异成绩迎接党的二十大胜利召开。"

原载《江西政协报》2022 年 10 月 14 日第 2 版

副 刊 篇

　　推进协商民主离不开协商文化的滋养和支撑。"赣事好商量"是履职品牌、宣传品牌，也是人民政协专门协商机构作用在赣鄱大地彰显的文化品牌。

　　全国首篇"赣事好商量赋"，首篇反映"赣事好商量"的小小说，首幅"赣事好商量"题材农民画……充分展现"赣事好商量"的文化魅力。

赣事好商量赋

◎丁顶天

闻夫赣事好商量，民主帜高扬。行协商之民主，展华夏之所长。兴邦谋乎共识，富民求以良方。欣于明灯导向，北斗指航。若武功之巍巍，峰高以引群岭；若彭蠡之浩浩，水阔而纳千江。于是守正创新，意动于品牌共建；高位推动，情布于四野千乡。更得益于有媒体助力，令建言者之风采昂昂矣。

观乎赣事好商量，江西新举措。斯乃时代发展民主之需，人民政协应运而作。形式开放，融共享之格局；平台搭建，树高标以木铎。因地制宜，因由施略。以至于妙策林林，建言跃跃。闻风而起，有人踔厉先行；酿蜜以勤，众客齐心探索。于是力行一县一品以开端，相协六稳六保之承诺。面对面也，诸事相商；实打实兮，群言可酌。

赣事好商量，调查深研究。导向以问题，体察于前后。胸怀坦荡而协商为民，词语推敲而建言少谬。寄情于理，事事相商；成竹于胸，言言能透。学先哲之知无不言，言者当佑①。致吾侪之言路既开，开言不围。更喜于可交流，能坚守。为国安，为民富。携手前行，千枝竞秀也哉。

于是赣事好商量，践行织锦囊。理论实践文化以互补，交流交锋交融以促强。身体力行，能得妙计；碧波文起，尽是华章。且见于民生推高上富，茶事助力浮梁②。湘东做东，广招天下客；余干在干，不负好时光③。安远安心以议，会昌会好于商。广议淘清吉水，三有④激活南昌。高处放眼，有情而"余快"；小处用心，着意于"萍常"。自是闻者见悦，知者不藏。雷厉风行，风行已及全省；商量赣事，赣事何止一筐。喜于志在高远，初心不忘也。

噫嘻！赣事好商量，商量牵上下。欣于江西省委以护航，全国政协以保驾⑤。且夫遍基层，入人心；言不舍，议无价。心关乎商学工农，言书于帛缣檀柘。协商以真严真实真有用之口碑，研究研讨研中做而无假。以至于赣事好商量之新风，已成江右之文化矣。

原发 2023 年 6 月 14 日"赣事好商量"微信公众号

（丁顶天，萍乡市湘东区政协委员）

附注： 赋依平水韵。

①宋·苏洵《衡论·远虑》："知无不言，言无不尽，百人誉之不加密，百人毁之不加疏。"《诗经·大序》："言之者无罪，闻之者足以戒。"

②上富：奉新县上富镇。据报道，奉新县上富镇议事代表们围绕"民生微实事"主题，结合前期选题、调研和摸排，对居民反映迫切需要解决的镇小学、幼儿园附近新建公厕事宜，展开了充分讨论，在公厕选址、建设标准以及后期维护等问题方面畅所欲言、各抒己见，最终形成了初步的建设方案。

浮梁：浮梁县。据《人民日报》客户端报道："赣事好商量＋浮茶叙事"活动架起议政协商"连心桥"。

③湘东做东：萍乡市湘东区，以"湘东做东"为主题，广招天下客，促进乡村旅游事业发展，带动乡村经济增长。

余干在干：据报道，余干县黄金埠镇："好商量"助力提水蓄水 不负春耕好时光。

④三有："有事多商量，有事好商量，有事会商量。"

⑤"赣事好商量"遍布基层、深入人心，成为省委深改项目，得到全国政协肯定。

小小说：一线好协商

◎郭志锋

这几天，梅秋心里真是烦躁得很。

没承想，干了好几年的工作说没就没了。这电子厂不但离家近，而且活也干净、轻松。自己兢兢业业的，从不敢迟到早退，就是要保住这个饭碗。哪知道，临到五十岁了，一纸通知，说辞就辞。

她邀上同时被辞的几个人一起去找厂里管事的。管事的是个中年人，胖乎乎的，整天笑眯眯，就像弥勒佛。说实话，以前梅秋对他颇有好感，每次进厂门，都会向他点头微笑，打个招呼。可今天，弥勒佛完全变了一副面孔，长年眯成一条线的双眼，终于有了明显的缝隙，气呼呼地说："现在疫情这么反复，厂里也困难，只得裁员了。""怎么裁的是我们？是啊，怎么都是近五十岁的人？请你说清楚"……大家七嘴八舌，说出的话就像石头，一个接一个地扔过去。弥勒佛怒了，脚一跺，大声道："我说不清楚，有本事找老板去。"老板在哪？远在广东，大家明知这是推托，但也没办法，只得泄了气，一个个低着头、叹着气地走出了厂门。

怎么办呢？

梅秋心堵，回家后，本来不想点燃老公这个火药桶子。可到底没忍住，顺嘴说了几句。果然，老公火冒了好几丈，直冲屋顶。他撸起袖子，就要去厂里拼命，边往屋外冲边吼："原以为这厂像点样，没想到也是鳖孙子。"梅秋忙上前扯住他，劝道："你这样冒冒失失去，有什么用？我们先商量一下怎办？"拉扯了一会儿，两个人计划饭后一起去找主管部门。

主管部门好几个科室，也不知找谁。梅秋在走廊上拉住一个刚出办公室的年轻姑娘，把事情说了个大概。姑娘一听，迟疑地说："你这事说大也大，说小也小。换位思考一下，现在有些企业也确实非常困难。"老公更不顶事，串了几个办公室，也没有把事情说清楚。又听说管劳资纠纷的人出差了，两个人只得摇摇头，出了办公大楼。

晚上，夫妻俩躺在床上，一个说去找找在省城当法官的侄子，看看可否打一场官司；一个说不如直接去县政府上访，就不信没个说理的地方……商量来商量去，究竟没理出个头绪。一方面觉得打官司不光耗神劳力，而且还要得罪老板；一方面又觉得去上访总不是什么光彩的事，还得给县领导增添麻烦，干扰领导正常的工作。反复掂量，也没个结果。事情在头脑中翻烙饼，人也在床上翻烙饼。

夜深了。梅秋等老公入睡后，悄悄地给侄子打电话，边说边流泪："侄子，姑姑这次倒大霉了。被人莫名其妙地辞了，还没地方讲理去。"侄子说，如果签了正式的劳务合同，那么得提前通知工人，并给予一定的经济补偿等等。并且指明说，可以先去仲裁，然后再依法起诉。侄子最后嘱咐说："你们不要怕，但也不能乱来，依靠法律，一定能讨到说法。"

听了侄子的话，梅秋叫老公骑摩托车，带她去县城找律师。车轮刚从岔路驶上去往县城的中心大道，梅秋就接到了同事红红的电话。红红告诉她，不用去仲裁了，在工业园区有个政协委员办的"委员工作室"，准备就这个事让大家坐下来一起商量商量。老公一听，不相信会有这种事，仍旧坚持要上县城找律师。梅秋说："明天上午就商量，不差这一天吧。"

次日上午，梅秋早早地来到了委员工作室。一看，在座的除了弥勒佛，还有工业园区管委会的领导，其他的，她全不认识。红红挨着她坐下，给她咬耳朵说："那个正中坐的就是管委会的副主任，她也是政协委员呢。我们就是找了她，她才知道有这件事。"开会后，听了主持会议的政协委员介绍，梅秋才知道在座的还有劳动部门的人。主持人的开场白很吸引人，她说："县政协在工业园区设立这个委员工作室，既是响应省政协打造'赣事好商量'品牌的号召，也是为了更好地服务于企业和广大工人，打造本地'一线好协商'服务品牌。一线好协商，就得在一线好好地协商。今天我们要协商的就是杨红红等六个人被电子厂辞退一事。"

弥勒佛先开口："我受老板的委托，参加这次协商。首先我就辞退杨红红等六名工人一事表示歉意，因为我们的方式过于直接、过于简单了。另外，我们也愿意给予一定的经济补偿。"

接着，劳动部门的人表示："补偿的标准是按上一年的月工资平均数，一年一个月，而且得补偿双倍。"

关于这一点，弥勒佛以无权决定为由，有些迟疑不决。他面呈难色，结巴着说："这，这，我还得向老板汇报一下再说。因为老板交代的与这个有出入。请大家理解我的难处。说到底，我也是一个打工的。"

主持人说："如果不按规定补偿，当事人肯定不会同意。请你打个电话给老板，把有关的法律规定告诉他。"

弥勒佛无奈，拿了手机，起身去了屋外。过了几分钟，他走进来，摇着头说："电话打不进，老板的手机一直很忙。"

那怎么办哟？杨红红发愁地向着梅秋，又一次咬耳朵说："不会今天又黄了吧？难道真要打官司？"

僵持了那么几分钟。梅秋突然站起身说："要不这样吧，我愿意吃点亏，工作了六年，就补偿六个月吧，也不要你的双倍。你不仁，我不能不义。"

此话一出，全场震惊。

"这样，你同意吗？"主持人转头向着弥勒佛说。

弥勒佛也吃了一惊，但瞬间就镇定下来了。他点点头，眼睛又眯成了一条线，说："完全可以，谢谢理解。"

杨红红愣了一下，但马上起身跟着说："我也愿意这样。我们在这个厂里工作了几年，有感情了。钱少了，还可以再赚。"

其他几个人纷纷附和说："对，对。你不仁，我们不能不义。"

"好，讲风格，讲仁义。"主持人带头鼓起了掌。大家也随即一起鼓掌，掌声飘满了整个委员工作室，一直飘向屋外……

原发 2022 年 11 月 23 日 "赣事好商量" 微信公众号

与"她"共成长同收获

◎陈观华

"好商量"：不算太长的一年半的时间里，我在报、网、微各媒体平台宣传"她"的故事不下40篇，写下"她"的名字那更是不可胜数。

"政协？""知道啊，你们建了好商量平台！"

如今，"赣事好商量"品牌已经成为政协人的一张亮丽名片，在赣鄱火，在全国响。参与其中，见证成长，心里甭提多自豪、多骄傲！

细数起来，从2020年8月26日，德兴市政协召开市政协党组（扩大）会议、主席会议，专题研究推进基层协商民主建设、搭建"好商量"协商议事平台工作，不算太长的一年半的时间里，我在报、网、微各级媒体平台宣传"她"的故事不下40篇，写下"她"的名字那更是不可胜数。

当她还是一粒刚入土种子的时候，"'好商量'怎么干？"面对新生事物，摸索中的政协人心里有困惑和也有未知数，"'好商量'干什么？"观望中的老百姓更难免心里打鼓。面对疑虑，需要底气，也需要强有力的支撑，党委的高度重视必然是一剂很有效的强心针，2020年9月18日，我的第一篇分量稿《德兴市：市委书记调研推动试点》出炉了，介绍了市委对好商量工作指导和重视，刊登在《江西政协报》头版。它犹如一束光，让更多投身于、感兴趣于"赣事好商量"的干部群众，鼓了干劲，添了信心。

截至2021年1月底，德兴市17个乡镇（街道）、高新区乡（镇）村两级153个"好商量"协商议事平台全部建设完成，随着"赣事好商量"工作的遍地开花，我想起了幼年时刻印在心里的一句广告语："不看广告，看疗效。"是的，好商量的魅力和生命力，在于"有事好商量，众人的事情由众人商量"的基层协商民主实践，也在于"举手有效""鼓掌通过"商量结果能够有效落实落地。

2020年10月下旬，第二篇稿件《德兴市：协商平台火起来 百姓有话敞开说》，该稿报道以花桥镇渔塘村的一场协商解决村民修路难题的"好商量"协商议事为例，介绍了"好商量"是怎么推动群众身边的揪心事、烦心事、操心事的解决。10月23日在《江西政协报》二版刊发，11月《人民政协报》见报，向人们展示了"好商量"的过程，传播了"好商量"的文化，更重要的是通过新闻媒体"晒账单"，提升了"赣事好商量"的知名度和美誉度，增强了群众信赖感。

令我难忘的是2020年11月11日，《德兴市委书记走进"好商量"会场：我也发个言》在"江西政协"微信公众号推出，短短半天我欣喜地发现，阅读量破千，这是个不小的点击率，让我看到了群众对好商量的关注。

还有一个值得回忆的小插曲，我随稿件一起推送的市委书记在花桥镇召开"好商量"工作调度座谈会照片，我没有在报、网、微看到它，却成了意外惊喜，那是省政协领导面向全省的一次视频授课，那天原本如常的德兴分会场，一下子不少委员拿出了手机抓拍大屏幕，仔细一看原来是那张照片，我被大家的欣喜深深感染，作为通讯员，内心的喜悦不言而喻。

"迎接二十大，我们在行动。"《江西政协报》隆重推出"赣事好商量"微信公众号，我想说春华秋实、岁月不居，"赣事好商量"越来越火了，她也燃起了我心里那把火，那就是对"江山就是人民，人民就是江山"的不朽信念！她让我看到，一项工作，一个事业，只要是实实在在为老百姓办实事做好事，一定会有旺盛的生命力。我将把镜头、笔端倾注协商落实情况，分享更多履职为民的精彩故事。

原发2022年3月4日"赣事好商量"微信公众号

赣事好商量农民画　解冬秀（永丰）

赣事好商量

携手政协行

抚州市政协委员、东乡区政协常委李贵阳 书

赣事好商

好量携政

协手携行

癸卯之十二月
丁杏花书

第六届高安市政协主席丁杏花　书

赣事好商量 携手政协行

九江市政协书画院名誉副院长、都昌县文联主席吴德胜 书

赣事好商量 携手政协行

渝水区政协委员、区书法家协会主席姚晓元　书

赣事好商
量携手政
平协行

修水县文化馆馆长、县书法家协会主席樊仕华 书

赣事好商量

携手政协行

江右万载潘金生 书

万载县政协委员、县书协主席潘金生　书

赣事好量

携手政协行

贵溪市书协副会长江为 书

携手政协行

赣事好商量

癸卯三月古隐轩

乙帖政书广丰

广丰区政协常委蒋敏 书

释文：赣事好商量携手政协行

癸卯阳春周笔起书临川

临川区政协委员周小平 书

携手改协行

赣事好商量

青山湖区政协委员陈国清　书

赣事好商量

携手政协行

岁次癸卯春月赵珣书

庐山市政协委员赵珣 书

赣事好商量

携手政协行

上犹县政协委员张东生　书

赣事好商量

携手政协行

永新县政协委员贺剑文 书

赣事好高垒
携手政协行

徐文晖书

江西省书法家协会会员　徐文晖（永丰）

赣事好商量
携手政协行

南城县建昌书画院唐林 书

江西省政协宣传文史网络中心 编

征文卷

赣事好商量

中国文史出版社

图书在版编目（CIP）数据

赣事好商量：2023. 征文卷 / 江西省政协宣传文史
网络中心编 . -- 北京 ：中国文史出版社，2023.12
　　ISBN 978-7-5205-4473-3

　　Ⅰ．①赣… Ⅱ．①江… Ⅲ．①中国人民政治协商会议
－地方委员会－工作－江西－文集 Ⅳ．① D628.56-53

中国国家版本馆 CIP 数据核字（2023）第 227733 号

责任编辑：全秋生

出版发行：中国文史出版社
地　　址：北京市海淀区西八里庄路 69 号　　　邮编：100142
电　　话：010 － 81136602　　81136603　　81136606 （发行部）
传　　真：010 － 81136655
印　　装：廊坊市海涛印刷有限公司
经　　销：全国新华书店
开　　本：787 毫米 ×1092 毫米　　　1/16
印　　张：54
字　　数：860 千字
版　　次：2024 年 1 月北京第 1 版
印　　次：2024 年 1 月第 1 次印刷
定　　价：198.00 元（全 2 册）

出版说明

　　"走在前、勇争先、善作为"，在赣鄱上下深入学习贯彻习近平总书记考察江西重要讲话精神的时候，我们编辑出版这套《赣事好商量2023》（上下卷）。

　　"有事好商量，众人的事情由众人商量，是人民民主的真谛"。"赣事好商量"是江西省政协践行全过程人民民主，充分发挥专门协商机构作用创立的协商品牌，列入省委深改项目持续推进，人民政协制度优势转化为治理效能，不断展现"活跃跃创造"，赢得上下点赞"好口碑"。

　　2023年，是全面贯彻落实党的二十大精神开局之年。该书上卷是综合卷，分为"报道篇""案例篇""采访篇""副刊篇"，下卷是征文卷，分为"研讨篇""征文篇"。全面梳理一年来，江西省政协系统落实"全面发展协商民主"新要求，深化"赣事好商量"协商品牌建设的理论与实践最新成果。

江西省政协宣传文史网络中心

2023 年 12 月 8 日

目　录

研 讨 篇

征 文 篇

·党派团体·

· 县市政协 ·

· 署名文章 ·

研 讨 篇

2023 年 6 月 26 日至 27 日，"持续打造'赣事好商量'品牌　提升市县政协工作质量和水平"理论研讨会在南昌市西湖区召开。江西省政协党组副书记、副主席，省人民政协理论研究会会长陈俊卿出席并讲话，省政协秘书长彭世东参加。省政协副秘书长、办公厅主任傅兆良，省人民政协理论研究会副会长汪爽、杨木生、黄晓波、刘木华，南昌市政协主席卢伟平，部分省政协机关干部，11 个设区市人民政协理论研究会负责同志，27 个市辖区政协领导参加会议。会议创新"会场研讨＋现场观摩"形式，共收到 40 篇论文，5 个设区市政协、7 个市辖区政协在会上作交流发言。

为协商民主江西实践营造浓厚氛围

——"赣事好商量"品牌共建的三个阶段与宣传重点

◎江西省政协宣传文史网络中心

"有事好商量，众人的事情由众人商量。"省政协坚持以习近平新时代中国特色社会主义思想为指导，守正创新，高位推动，系统共建履职品牌。四年来，从社区到乡村，"赣事好商量"遍布基层、深入人心，成为省委深改项目，得到全国政协肯定。江西政协"报、网、微"精准对需、持续关注，努力彰显新时代新样子。

一、初始试点阶段，重在把握中央精神、省委要求，紧密结合政协实际唱响做实，培育品牌"好口碑"

（一）把准人民民主真谛。深学细悟习近平总书记关于加强和改进人民政协工作的重要思想，在履职实践与新闻报道中，具体体现在省委领导下，省政协"在共同思想政治基础上，使不同的对策建议、观点意见都能充分交流、交锋、交融，把赣事商量好""协商于民、协商为民，赢得真严真实真有用的好口碑""深入调查研究，做到赣事好商量，赣事商量好"等新要求。

（二）拓展品牌宣传覆盖面。深入省政协全会、省政协常委会会议和各种协商履职活动，充分反映协商民主江西实践的新探索，开设"与书记省长面对面，赣事好商量实打实""赣事好商量　地方政协全会扫描"等专题。做好政协协商与基层协商的衔接，确保不同层次的协商都富有品牌特色。同时，开展线上主题活动，扩大品牌社会影响。

（三）聚焦南昌、九江、上饶等先行试点市创新创造。"三有在洪城""有事先商量""党建＋好商量"协商议事，党政尝到甜头，委员看到作用，群众得到实惠。典型经验做法在省政协全会上作大会发言，省委书记批示点赞。一位基层政协同志说，干出了没有过的成就感。《从半年170户到半个月230户，婺源县西坑村"让民做主"——"好商量"让"厕所革命"提速》的报道，荣获年度江西报刊网络新闻奖二等奖。

二、全面推进阶段，重在助推协商活动有力有序，确保做一件成一件，发掘品牌"真里子"

（一）**助力平台"三化"建设。**深入贯彻中央和省委政协工作会议精神，为推进"赣事好商量"协商平台建设制度化规范化程序化建言献策。省政协于 2021 年底出台《关于发挥人民政协专门协商机构作用　推进"赣事好商量"协商平台建设的实施意见》，从总体要求、主要内容、运行程序、组织保障等方面提出 27 条具体措施。

（二）**讲好协商民主故事。**全省政协系统品牌创建如雨后春笋，截至目前，省政协机关和各地"赣事好商量＋"品牌 97 个。连续四年开展的"政协行"联合采访活动，从跨区域"最红高铁沿线""省际沿线""赣江沿线"政协行，到区域内"一县一品牌抚州政协行"、专题性"书法之乡"政协行，推出《专门协商机构作用在基层这样彰显》等一批有分量的报道，讲好地方故事、政协故事、委员故事，总结好经验、好做法。

（三）**创建品牌微信专号。**线上线下相结合，进一步加强新闻报道和舆论引导，营造全社会关心关注、积极参与支持的良好氛围。去年 3 月新上线"赣事好商量"微信公众号，形成省政协"一报一网两微"和市县政协媒体矩阵。一年多时间，粉丝量增加 6 万，影响力逐步提升，【视频新闻】《丰城市政协：用"政协委员感受指数"换"营商环境满意指数"》上了今年 5 月《人民政协报》"政能量"榜。

三、持续深化阶段，重在围绕高质量履职，大力发展全过程人民民主江西实践，提升品牌"含金量"

（一）**始终把牢正确方向导向。**对标习近平总书记重要讲话和党的二十大精神，提高政治站位，总结工作经验，把握实践规律，厚植文化底蕴。"赣事好商量"对内凝聚合力，对外展示形象，既是履职也是宣传品牌。我们深感深化品牌建设的过程，是践行全过程人民民主、发挥专门协商机构作用、促进政协制度优势转化为基层治理效能的过程，更是体现主题教育成果、深入宣传党的创新理论的过程。

（二）**真抓实干力促上台阶上水平。**健全完善协商格局、不断丰富协商内容、着力提升协商实效，以高水平协商服务高质量发展，省委书记尹弘在最新一期《民主与法治》"习近平法治思想研究与实践"专刊发表《大力发展全过程人民民主的江西实践》的重磅文章，两次提到并要求积极推进"赣事好商量"协商品牌建设。新一届省政协接续发展、创新作为，首次将深化"赣事好商量"品牌建设列入年度党组工作要点。面对新任务新要求，必须用心用情抓实落细，确保高标准高质量完成。

（三）**实践、理论和文化三方面聚智聚力**。用好宣传平台功能,信息化赋能做好"六个一"工作:一是立足市县政协履职实践,征集一组发挥"赣事好商量"平台作用的成功案例;二是与江西省人民政协理论研究会联合,开展一次"持续打造'赣事好商量'品牌,提升市县政协高质量履职水平"征文;三是就提升市辖区政协工作质量和水平,召开一场专题理论研讨会;四是面向省内外,征集遴选一个"赣事好商量"最佳创意LOGO;五是征集确定一首唱响主旋律、讴歌新时代的"赣事好商量"主题曲;六是编辑出版一本"赣事好商量"图书,汇聚全省政协最新成果,展现协商民主江西实践。

·设区市政协·

立足"三个维度"
打造"赣事好商量"南昌品牌

◎政协南昌市委员会

习近平总书记强调，要"有事多商量、有事好商量、有事会商量，通过协商凝聚共识、凝聚智慧、凝聚力量"。近年来，南昌市坚持以"赣事好商量"品牌赋能政协协商，打造"赣事好商量·'三有'在洪城"品牌，全市共搭建协商议事平台2092 个，开展协商 10326 次，解决问题 11232 件，参与协商 12 万人次，并先后联合省市电视台推出《赣事好商量·"三有"在洪城》《赣事好商量·南昌在行动》两档电视协商专题片，扩大了"赣事好商量"南昌实践品牌的影响力。

一、从政协功能定位的政治维度，深刻理解"赣事好商量"品牌建设的重要意义

"赣事好商量"品牌建设是贯彻中央精神、顺应群众期盼、体现政协特色、服务基层治理的创新之举。

这是贯彻习近平总书记重要讲话指示批示精神的具体抓手。党的十八大以来，习近平总书记就发展社会主义协商民主提出一系列新观点新论断。南昌市委贯彻落实习近平总书记重要讲话精神，市委办印发《开展基层民主协商"三有"活动的指导意见》，各县区党委认真研究具体贯彻措施，为习近平总书记重要讲话精神落实落地提供了重要保障。

这是促进科学民主决策的重要举措。打造"赣事好商量"品牌，有利于向下传导党委、政府的决策部署，形成一致性共识；向上传递群众百姓的真知灼见，汇聚多样性认识，为党委、政府科学民主决策及决策落实提供有益支持。

这是发挥政协专门协商机构作用的创新平台。推进打造"赣事好商量"品牌，为党委搭建统一思想、凝聚共识的平台，为政府搭建破解难题、推动落实的平台，为

基层搭建商以求同、协以成事的平台，可以调动广大人民群众参政议政积极性，发展全过程人民民主，保证人民当家作主权利的行使。

这是促进市域社会治理现代化的有效途径。面对社会转型时期思想多元、利益多元、结构多元的复杂情况，打造"赣事好商量"品牌，推动老百姓身边的事自己商量着办，可以协助做好理顺情绪、化解矛盾、协调关系、安定人心、凝聚力量工作，为促进基层治理现代化发挥积极作用。2020 年，南昌市"三有"活动获评"南昌市市域社会治理创新引领奖"。

二、从政协价值体现的实干维度，深入探索"赣事好商量"品牌建设的南昌实践

南昌市打造"赣事好商量"品牌，既注重搭建制度化协商平台，构建制度闭环；又注重真抓实干、担当作为，用基层协商服务基层治理的成效取信于民。

（一）"政协组织 + 基层组织"，搭建"好平台"。"在哪协商""协商什么""谁来协商"等问题，是多商量的关键环节。南昌市准确把握政协工作的主要方式是"搭台"，通过"政协组织 + 基层组织"，广泛搭建"幸福圆桌会""协商议事会""有事来说"等多层次平台。以县区政协委员、基层党政部门、乡镇（街道）、基层自治组织、基层群众为主要参与主体，实现协商重心聚焦基层、力量下沉一线。以群众需求为导向，群众点题、委员选题、基层组织出题，形成"动态式"协商清单，做到协商于民、协商为民。

（二）"调查研究 + 督办推动"，落实"好点子"。有没有好点子，好点子有没有得到落实，是好商量的根本。南昌市建立完善委员调研、部门参与、成果采纳、督办落实、反馈公开等具体机制，推动形成调研出真知、商量出共识、督办出成效的工作格局。把督办落实作为重要落脚点，县乡联动、分类指导、有序推进，通过政协组织挂点指导联系，实现镇村组三级联动协商，对于基层能解决的问题自己协商解决，基层解决不了的问题提交上级协商机构协商解决，重大问题邀请市领导、县党政领导协商推动。

（三）"线下商量 + 线上商量"，唱响"好声音"。新时代的"会协商"，更多体现在善不善用新模式、新载体、新渠道上。南昌市着力打造"线上"协商载体，于 2021 年推出首档民生实事协商电视栏目——《赣事好商量·"三有"在洪城》，全景呈现"三有"活动开展情况，引导和督促协商成果事事有回音、件件有着落。2022 年，与省电视台合办《赣事好商量·南昌在行动》协商品牌，以协商聚共识、增合力，展现全市各级政协组织、广大政协委员积极议政建言、协商出力的成果。

三、从政协守正创新的辩证维度，深入推进"赣事好商量"品牌建设的科学发展

随着"赣事好商量"品牌建设的不断深入，思想认识和能力方法上的短板迫切需要解决。如，不理解、不认同的认识，认为政协在乡镇、社区没有组织，推动政协协商向基层延伸是没事找事；不愿为、不敢为的思想，认为这项工作点多面广量大，而政协基础工作薄弱、人员力量薄弱，力不从心；不尽心、不尽力的问题，追求形式不求效果，服务群众意识不够。对此，要处理好三大关系。

（一）把握好"主导"和"指导"的关系。正确处理政协指导与基层主导的关系，主动把"赣事好商量"品牌建设置于党委领导之下，把好政协协商与基层协商的边界，着重从事关群众衣食住行的小事入手，从政策、制度等大事要事层面着眼建言献策，做到到位不越位、帮忙不添乱、融合不替代。

（二）把握好"搭台"和"筑台"的关系。既善于"搭台"，把"三有"平台建在老百姓身边、实现最大范围覆盖，组织引导群众有序参与基层协商议事全过程，努力培育协商文化；又善于"筑台"，着力在自身建设上向盘活资源、激发动力、完善制度等方面转变，进一步推动基层政协"两薄弱"转化为"两加强"，不断提升政协委员协商本领能力。

（三）把握好"有为"与"善为"的关系。把握政协参与基层协商是必履之责、应尽之力，善于运用政协成熟的协商民主制度体系、规范流程、智力优势，帮助做好协商前调研，协商中提出专业化、合理化建议，将共性的问题转化成提案或社情民意信息，使政协协商与基层协商有效衔接、发挥叠加效应。

深入持续开展"有事先商量"
提升市县政协工作质量和水平

◎政协九江市委员会

近年来,九江市政协在省政协试点安排和中共九江市委坚强领导下,深刻领会把握习近平总书记关于"有事好商量,众人的事情由众人商量,是人民民主的真谛"的重要指示精神,积极推进政协协商与基层协商有效衔接、同社会治理有机融合,倾力打造"有事先商量"工作品牌,进一步把政协制度优势转化为参与基层社会治理的效能。到目前为止,全市共建设各类协商平台1306个,开展协商议事活动4300余次,推动解决群众"急难愁盼"问题4000多个,有效提升了基层政协工作质量和水平,为省政协"赣事好商量"丰富了基层案例、提供了九江实践,被省委深改委评为经典改革案例。

一、把握原则,以协商平台建设提升建言资政水平

(一)把握协商的人民性,坚持为民宗旨。以人民为中心是人民政协的根本政治立场,也是政协履职的基本价值取向。"有事先商量"始终"把满足人民对美好生活的需要、促进民生改善作为重要着力点",按照"党政所需、群众所盼、政协所能"原则,对收集到的各类社情民意、意见建议进行梳理筛选,围绕涉及老百姓的难事、烦事、揪心事,重点选择切入口小、针对性强、关注度高的问题作为协商议题,倾听群众呼声、反映群众愿望,切实落实人民政协为人民的宗旨要求。

(二)把握协商的互动性,践行民主团结主题。始终把发扬团结民主的理念贯穿于"有事先商量"全过程,按照广开言路、集思广益的原则开展协商议事,保证参会各方观点的充分表达和意见的理性讨论,促进不同思想观点的深入交流,实现求同存异、聚同化异,提高协商共识的一致性。

(三)把握协商的目的性,坚持加强管理。协商建言能否收到实际效果,是反映政协工作水平高低的重要标准,也是激发委员工作热情的催生因素。"有事先商

量"工作按照"事前商量、事后落实"的原则，充分发挥政协协商式监督的职能优势，组织引导政协委员积极做好与相关职能部门的对接，加强对协商成果的跟踪问效，通过全过程跟踪、全方位掌握、全周期管理，推动基层群众身边的"急难愁盼"问题得到妥善解决。

二、把牢要求，以协商平台建设提升凝聚共识水平

（一）把牢性质定位，确保主体多元。精准把握政协作为"专门协商机构"的性质定位和"不是协商主体、是协商平台"的功能定位，广泛吸纳利益各方参与协商议事。根据议题涉及范围的需要，重点邀请政协委员、利益攸关方、群众代表、有关单位负责人开展充分协商。同时，积极邀请当地"五老"乡贤、社会组织、界别人士、行业专家等代表参加协商会议，突出协商主体的广泛性。

（二）把牢推进秩序，确保规范有序。习近平总书记强调："协商就要真协商，真协商就要协商于决策之前和决策之中。"开展"有事先商量"，通过规范化、程序化建设，落实"协商在先""协商在前"的工作要求，以协商有效整合各方面分散的意见和建议，使各方面提出的真知灼见都能运用于基层社会治理，让群众在"沉浸式"的协商中感受社会主义协商民主的优越性，享受协商惠民的良好成效。

（三）把牢思想导向，确保和谐共融。始终把加强思想政治引领、广泛凝聚共识作为"有事先商量"的中心环节，教育引导委员在密切联系群众的过程中，广泛听取社会各界的意见建议，积极宣讲党的政策方针路线，当好群众思想的领航员、聚集民意的代言人、矛盾纠纷的化解者，着力稳预期、强信心、聚人心、汇合力，把界别群众的思想行动统一到党中央的决策部署上来、统一到党委政府的中心工作上来，为经济社会发展营造良好环境和氛围，把政协制度优势转化为国家治理效能。

三、把准重点，以协商平台建设提升队伍建设水平

（一）在下沉"一线"中，增强委员联系群众能力。始终遵循"不建机构建机制"的思路，根据"籍贯回乡、住所回归、专业回位"的原则，将住地的市县两级政协委员统一派驻到乡镇（街道、园区）、村居（社区、企业）履职。教育引导委员发扬为国履职、为民尽责的情怀，增强群众观念、站稳人民立场，在与基层群众的沟通交流中，做到问需于民、问计于民、问效于民，增进同人民群众的感情，提高联系群众的能力，让人民群众真切感受到政协委员就在身边。

（二）在严把"两关"中，增强委员调查研究能力。坚持把调查研究作为"选准题、

开好会"两道关口的前提条件，在协商之前把协商建言能否落地落实作为选择和把握的依据。通过组织政协委员实地察看、调研座谈，全面摸清事情的来龙去脉，准确掌握政策、寻找解决对策，做到不调研不协商、先调研后协商、没依据不议政，在协商的针对性和措施的操作性提高委员的调查研究能力。

（三）在紧盯"三环"中，增强委员协商议政能力。紧盯知情明政、参与协商、协商成果等三个环节，做到协商建言言有分量、言有体量、言有含量。一是紧盯知情明政的首要环节。将委员网格化到基层履职，通过在沟通交流的过程中体察民情、体悟民意，在调研协商中了解惠民政策、熟悉操作办法；二是紧盯参与协商的重要环节。组织引导委员准确把握政协的性质定位，强化团结合作理念，树立协商理念，掌握协商方法，互相尊重、平等待人，广开言路、广纳群言，做到以情感人、以理服众、以商求同；三是紧盯协商成果的关键环节。教育引导委员找准协商的切入点和结合点，把管用有效的意见建议转化为有关部门的政策举措，做到建言建在需要时、议政议在点子上、建议提在关键处。

锚定市县政协工作新方向
倾力打造"赣事好商量"瓷都品牌

◎政协景德镇市委员会

为深入贯彻落实中央、省委关于加强和改进新时代市县政协工作的意见，省政协关于推进"赣事好商量"协商平台建设的实施意见，景德镇市政协坚持改革创新，通过倾力打造"赣事好商量·镇聚力"基层协商议事品牌，着力构建协商于民、协商为民新机制，形成党委领导、政府支持、政协搭台、各方参与、服务群众的协商民主新格局，取得了积极成效，为奋力展现中国式现代化的景德镇图景广泛凝心聚力。

一、提高站位，高位推动，一体布局品牌建设

（一）**强化组织领导**。2022年，市政协按照省政协统一部署，专门成立工作领导小组，把做好"赣事好商量+"协商平台创建作为市政协中心工作来抓，出台《市政协关于打造"赣事好商量·镇聚力"协商议事品牌工作的实施意见》，一体布局推进品牌建设，提出"一年建成平台、两年打造品牌、三年树立标杆、协商形成常态"的工作目标，按照市政协办公室、各专门委员会对口联系原则成立工作专班，制定《景德镇市政协专题协商会议工作规则》等配套文件，统一协商标识、统一协商规程，在全市有条件的机关企事业单位、非公经济组织、街道社区等建设平台，重点打造了天一航空市区政协融合委员协商议事室、皇窑台联侨联委员工作室、昌南湖社区民盟界别政协委员工作室等九个具有政协特点、瓷都特色、为民特征的协商议事平台及十余个委员工作室。

（二）**坚持上下联动**。各县（市、区）政协充分发挥地方特色，积极探索、大胆创新，不断丰富"赣事好商量·镇聚力"品牌内涵与外延，先后打造"赣事好商量+乐事平商""赣事好商量+浮茶叙事""赣事好商量+畅快办""赣事好商量+珠事顺利"等履职平台，为县（市、区）政协特别是乡镇政协组织履职提供了新的路径和抓手，充分发挥政协委员联系面广、人才荟萃和政协组织协商经验丰富、协商渠道畅通、协

商制度完备的优势，构建了地方政协委员和政协组织履职新载体。

（三）努力提质增效。 2023 年，再次出台《关于实施"赣事好商量·镇聚力"协商议事平台"品牌提升工程"的方案》，在总结委员联系界别群众的履职平台建设经验的基础上，实施思想政治、政治协商、民主监督、参政议政、服务群众"品牌提升五大工程"，强化"赣事好商量·镇聚力"协商议事平台效能，逐步形成各具特色的协商工作经验。截至目前，各县（市、区）、各党派、各界别共搭建协商平台 57 个，累计开展协商活动 300 余场次，推动"赣事好商量·镇聚力"协商议事平台成为增进团结"新阵地"、党委政府"好帮手"、发扬民主"新渠道"、委员履职"好平台"、服务群众"连心桥"。

二、明确重点，注重创新，初步彰显品牌特色

（一）协商定位把准。 市政协从打造"赣事好商量·镇聚力"协商议事品牌工作伊始，便把服务中心大局、解决群众"急难愁盼"、参与基层社会治理作为工作重点，通过政协主导协商议事，推动协商文化、协商理念深入人心，广泛凝聚共识、形成议事决策，画出最大"同心圆"。如市政协人资环委围绕群众关心的"新能源汽车充电设施建设"议题，采取"委员＋部门＋群众"模式，在九三学社界别委员工作室面对面交流协商，形成《"桩"点美好生活 助力低碳出行——关于加快新能源汽车充电设施建设的建议》供有关部门决策参考；徐国凤委员工作室以"新闻＋公益"模式运行，协调组织政协委员投身志愿服务慈善活动，惠及一万三千多名乡村学生享受免费午餐。

（二）协商注重实效。 通过政协组织开展基层协商议事，把基层的意见建议收集整理到政协平台，为党委、政府科学决策献计出力，有效破解了发展难题、化解了社会矛盾、纾解了民生难点。如，市政协提案委坚持把为群众办实事作为提案协商的着力点和落脚点，针对《关于开通景乐城际公交，推动景乐一体化的建议》提案组织委员、提案人、提案办理单位代表开展协商调研，仅仅 15 天提案就被采纳落实，乐平至景德镇城际公交车正式上线运行，打通市区和县市交通壁垒，缓解群众出行不便、出行成本过高压力，推动景乐两地经济社会融合发展；珠山区政协通过"赣事好商量·珠事顺利"协商议事平台，邀请职能部门、政协委员与群众三方召开专题协商议事会，成功调解陶阳里御窑景区周边老城区改造项目矛盾纠纷，通过十多天努力，完成对 13 栋因项目施工导致开裂的老旧房屋征收工作，得到群众广泛好评。

（三）协商形式创新。 积极鼓励各专委会、民主党派和县（市、区）结合自身实际，开拓创新，开展形式多样、丰富多彩的履职活动，形成更多、更具特色的典型

案例，形成更加完备高效、具有瓷都特色的协商议事体系。如，市政协办公室助推全市优化营商环境"一号改革工程"，开展"优化营商环境·政协在行动"系列活动，深入六十余家市政协委员企业，积极协助市委、市政府做好政策宣传、暖企安商、助企纾困等工作；组织市、区两级政协委员组成69个小分队，下沉基层、走进社区（村），开展"争创全国文明典范城市·委员在行动"专项活动，为城市文明创建注入活力；市政协文史委把建设"书香政协"纳入平台建设的重要内容，组织开展"书香政协·微讲堂"委员读书活动，积极引导委员把读书学习和协商议政相结合，提升建言资政能力水平。

三、强化考核，比学互鉴，努力提升品牌实效

（一）**强化比学赶超**。为进一步提升协商议事平台制度化、规范化、程序化等功能建设，市政协多次召开工作部署会、现场推进会，市政协主席会议成员带领各县（市、区）、各党派、各界别小组负责同志实地参观督导平台建设和运行情况，加强沟通交流，推动互学互鉴，提高建设质量，并通过定期召开全市政协系统秘书长、办公室主任会议等调度平台建设，督促平台建设各项工作落实到位。

（二）**注重量化考核**。充分发挥考核"指挥棒"作用，实施委员履职量化细化考评，为履职综合评价提供客观依据，制定《市政协委员履职工作规则》《市政协委员履职档案暂行办法》《市政协委员履职考核评价实施办法》，如实记录委员履职情况，将"赣事好商量·镇聚力"基层协商议事工作作为委员年度履职考核评价的重要内容和评比表彰的参考依据。

（三）**坚持广泛宣传**。开辟"政协视窗"电视专题栏目和市政协门户网站、微信公众号，报道协商议事平台工作成效，总结基层协商议事实践中的经验做法、特色案例，讲好瓷都协商民主故事，营造全社会关心关注、积极参与支持的良好氛围，展现新时代人民政协工作新气象。

聚主业　提质效
持续擦亮"赣事好商量"品牌

◎政协萍乡市委员会

2021年10月换届以来，萍乡市政协坚持以习近平新时代中国特色社会主义思想为指导，深入学习贯彻习近平总书记关于加强和改进人民政协工作的重要思想，落实中央、省委政协工作会议精神，切实发挥协商民主重要渠道和专门协商机构重要作用，围绕破解制约萍乡发展的重点难点堵点问题，深入思考政协组织"该做什么""能做什么""做好什么"，做到党委中心工作推进到哪里、政协作用就发挥到哪里、政协力量就汇聚到哪里。

持续推动省政协《关于发挥人民政协专门协商机构作用　推进"赣事好商量"协商平台建设的实施意见》落实落地，协助市委制发《关于加强和改进新时代市县政协工作的若干措施》，将持续打造"'赣'事好商量、'萍'常会参谋"协商平台品牌，充分发挥政协专门协商机构作用列为重要工作措施；印发了《关于加强重大协商议题市、县区政协协调调研、联动协商工作规则》《关于县区政协主席列席市政协主席会议工作规则》《关于县区政协委员列席市政协常委会会议暂行办法》等相关文件。围绕大事献良策，聚焦难事善协商，紧盯要事常监督，全市政协系统搭建协商平台96个，累计开展协商活动933场次，形成518份高"言值"体现高价值的调研协商成果，解决各类实际问题540个，最大限度地把政协制度优势转化为社会治理效能，取得了较好成效。

一、主要做法及成效

（一）"经开区调区扩容"协商成果彰显"赣事好商量"平台的重要价值。萍乡经开区调区扩容之事历经十几年风风雨雨长期议而不决，呼声强烈，事关重大。2021年11月，遵照市委的特别交办，市政协在短短半个月之内，立足经开区功能定位和长远发展，直面干部群众的普遍关切和呼声，充分运用"'赣'事好商量、'萍'

常会参谋"协商平台,开展多层次、多形式的协商讨论,在广泛凝聚共识的基础上,为市委提供了一份高质量高价值的调研报告,调研成果被市委、市政府照单全收迅速转化,经开区调区扩容工作得以正式启动、平稳推进。目前,市级工业园区平台建设如火如荼,工业强市步伐明显加快,"'赣'事好商量、'萍'常会参谋"协商平台的重要价值得到充分彰显。

(二)"湘赣边区域合作示范区建设"建言献策体现"赣事好商量"平台的关键作用。2021年下半年,国家发改委出台总体方案将湘赣边区域合作上升为国家战略,萍乡是湘赣两省唯一全境纳入示范区的设区市。为把深化湘赣边区域合作作为萍乡打造"最美转型城市"的强劲引擎,2021年12月,市政协及时跟进调研,高效运用"'赣'事好商量、'萍'常会参谋"协商平台,在市直有关部门和上栗县、湘东区召开多场调研协商会,在吸纳相关职能部门意见基础上,形成的《湘赣边区域合作是革命老区高质量发展的新途径》调研文章,于2022年1月在省政协十二届五次会议开幕大会上作了口头发言,所提若干意见建议引起省委、省政府高度重视,获时任省委书记易炼红同志批示,助推了2022年5月湘赣边区域合作示范区建设推进大会在萍乡召开,有力推动了两地交通互联、金融互动、产业互补、文旅互融,充分体现了"'赣'事好商量、'萍'常会参谋"协商平台的关键作用。

(三)"城市功能与品质提升"专题调研营造"赣事好商量"平台良好声势。按照时任省、市委主要领导的点题,2022年市政协把"城市功能与品质提升"作为协商议政首要课题,对中心城区城市功能与品质提升课题进行了为期两个多月深入调研,有效运用"'赣'事好商量、'萍'常会参谋"协商平台,在有关市直部门和各县区开展多场次专题调研座谈,并召开专题议政性常委会会议协商,向市委报送专题建议案后,协商调研报告被列入市委理论学习中心组专题学习,市政府充分吸纳建议案相关意见建议,出台了《萍乡市城市功能与品质再提升行动实施方案》,确定了近中远期目标,明确了责任单位和工作任务,制定了"时间表""施工图",逐项抓紧落实,在全市上下大力营造了"'赣'事好商量、'萍'常会参谋"协商平台良好声势。

(四)"山口岩水库饮用水水源地保护"专题协商展现"赣事好商量"平台为民情怀。萍乡作为百年工矿城市,域内无大江大河,地表水赋存条件差,水资源相对匮乏,是全国110个资源性、水质性和工程性缺水城市之一。2014年竣工建成的山口岩水库是一座以供水、防洪为主,兼顾发电、灌溉综合利用的大(Ⅱ)型的水利枢纽工程,也是萍城人民的"大水缸",水质安全广受关注、涉及千家万户,关乎萍乡人民的健康安全,但水库饮用水水源地保护形势严峻,情况比较复杂,是公认的"马蜂窝"。市政协坚持以人民为中心的发展理念,迎难而上、主动担当、敢啃"硬骨头",将此作为市政协主要负责人亲自督办的重点提案,采取"专题协商+重点提案"双重履职的形式，历时 3 个多月的深入调研，高频运用"'赣'事好商量、'萍'常会参谋"协商平台，邀请多名水资源保护方面的专家学者参加多场专题调研会议，并召开专题协商暨重点提案督办会，形成了《呵护"一缸"清水，造福萍乡人民——山口岩水库饮用水水源地保护调研报告》，市委、市政府高度重视市政协的协商调研成果，时任市委主要领导批示要求"下大力气开展攻坚行动，确保实现'水安全、民放心'目标"。时任市长、现任市委书记主持召开座谈会进行专题研究部署，推动制定《山口岩水库饮用水水源地保护工作实施方案》，进一步明确了工作任务、工作措施、责任主体和时间节点，确保"一缸"清水稳步推进，充分展现了"'赣'事好商量、'萍'常会参谋"协商平台深厚的为民情怀。

二、存在的问题和下一步工作打算

工作中，我们发现一些仍需加强和改进的问题。一是顶层设计还需完善。作为省政协大力探索、推广的特色工作品牌，"赣事好商量"至今没有统一的外观标识（LOGO），也缺乏言简意赅、易记易传、朗朗上口的宣传口号。二是基层推广存在变形走样现象。打造"赣事好商量"品牌，需集中资源、聚焦发力，但是从省政协办公厅 2022 年 8 月下发的《关于全省"赣事好商量+"协商平台建设情况的通报》看，部分市县（区）政协存在平台数量建设过多、数字虚高现象，分散了资源和力量；有的市县（区）政协协商平台数量甚至多于协商活动次数，其协商平台建设质量和实效值得商榷。

在省政协的精心指导下，采取更加有力的举措，通过完善制度机制、加强调查研究、增强协商实效，不断形成、转化更多精品调研协商成果，持续擦亮"赣事好商量"品牌，进一步助推萍乡市政协工作提质增效。

创建"余快协商"平台
助推基层社会治理

◎政协新余市委员会

习近平总书记在党的二十大报告中指出："全过程人民民主是社会主义民主政治的本质属性，是最广泛、最真实、最管用的民主。"新余市政协在"赣事好商量"协商平台建设的示范引领下，立足发挥专门协商机构作用，积极践行全过程人民民主，探索建立市县联动、部门协同的"余快协商"平台体系，构建广泛多层的协商格局，推动政协协商向基层延伸，有力助推我市提升市域社会治理现代化水平。去年以来，全市政协系统开展协商活动一百七十多场，收集意见建议四百六十多条，解决实际问题一百多个，为党委政府做好了宣传引导、解疑释惑、化解矛盾的工作，凝聚了团结奋斗的共识与力量。省委依法治省办《江西依法治省工作简报》单篇刊发我市打造"余快协商"品牌利企便民经验做法。

一、多元共建，构筑社会治理协同机制

按照"有常设载体、有实质内容、有特色品牌、有制度机制"的标准，深入推进"提案办理面对面""企业家局长面对面""农事好商量""医路同行""法治惠民""心连港澳 携手台侨""文化强市委员说"等 7 个"余快协商"子品牌建设，拓展和畅通"委员连万家"渠道，形成"余快协商"惠民生的生动实践。

（一）共建协商机制。出台《关于推进"余快协商"平台建设的实施意见》，明确了党委、政府部门、政协委员的职责、任务和要求，形成了党委总揽全局、政协组织协调、部门支持配合、委员履职尽责的工作格局，为各方协同发力提供了制度支撑。推动功能区建立政协工作联络处，乡镇建立政协工作联络组，初步形成市、县（区）、乡镇、社区协商议事为一体，上下贯通、分层衔接的常态化议事体系，为协商活动有序开展提供了组织保障。市委出台政协工作新"三十条"，规范协商成果的反馈落实要求，"两办"适时开展落实情况督促检查，构建起环环相扣、层

层推进的工作闭环机制。

（二）共搭协商平台。 探索"委员连万家"工作模式，与部门、社区和企业合作，把协商平台搭在一线，让协商进社区、进企业、进农村。按照就近就地原则，依托党群服务中心、新时代文明实践站等现有资源，搭建资源综合利用、各具特色的协商议事场所。市政协农业和农村委联合农业农村、生态环境、城市管理等部门，以及暨阳社区共商共建暨阳社区委员工作站，推出"余快协商·百姓事快商量"子品牌，推动居民身边小事得以迅速协商解决。按照就事就便原则，联合企业、小区，将协商平台搭建在服务对象"家门口"，推动工作延伸。渝水区创建企业家委员工作站，将协商平台建在工业园区，开辟议事厅、沙龙室，设立营商环境监测、维权服务、法律服务、金融税务服务、人才科技服务等 5 个中心，直接为企业提供服务。目前，全市政协系统已建立各类协商平台 52 个。

（三）共商民生实事。 坚持从群众中来，到群众中去，既向部门征求意见，更向基层群众收集问题建议，着重选择党政部门重点推动的"操心事"、群众身边的"琐碎事"、政策执行过程中的"梗阻事"，让群众高兴议、部门认真答，切切实实解决了一批群众关心、委员关注的实际问题。我市主城区"行车难、停车难"一直困扰着市民，群众反映强烈，委员持续关注。市政协主要领导专程调研农贸市场周边秩序、重要道路通行、红绿灯设置等情况，亲身感受制约城市交通顺畅的影响因素，组织群众代表、政协委员、部门负责人召开城市交通管理提案办理面对面协商会，协商报告获市委、市政府主要领导批示，所提建议转化为市政府 23 条落实举措。

二、服务共治，连通社会治理神经末梢

"众人的事情由众人商量"，社会治理现代化需要人人参与、人人尽责。"余快协商"创新了组织形式、协商方式和运行办法，在民主协商中体现了人民当家作主，激活了群众参与社会治理的内生动力，打通了基层社会治理的"最后一公里"。

（一）"请进来"。 坚持"开门协商"，主动邀请群众参加政协协商，反映问题、商量对策。"余快协商·企业家局长面对面"邀请部分政协委员、相关部门负责同志、东方巴黎企业家和商户代表参加协商座谈会。大家畅所欲言，坦诚交流，谈问题、讲政策、提对策，就他们关心的问题面对面交流，为中小微企业和商户协调解决融资、土地、用工等 8 个方面的共性问题，助力 2046 家中小微企业和个体工商户获得 3.68 亿贷款，24 家企业和商户领取 591.5 万元免息"渝钤工贷"。

（二）"走出去"。 根据议题需要，灵活选择社区广场、企业车间、田间地头开展协商议事。13 名委员与 10 名群众代表围坐在青泉花园小区香樟树下，进行"余

快协商·钟家山商量"，就关系群众切身利益的问题开展协商，宣传稿在《江西政协报》头版刊登，形成的《议政参阅件》得到市政府主要领导批示，推动了雨污改造、健身设施、医疗报销等 8 个问题的解决。

（三）"沉下去"。 邀请职能部门领导同政协委员一起沉下去，与基层干部、群众代表一起协商城市治理、文明创建、生态环境等与群众息息相关的问题。针对全市重大民生工程环城路，组织 3 个调研组下沉到沿线 7 个乡镇，召开 7 次座谈会，访谈乡村干部，与职能部门、企业协商交流，征询专家意见，形成的建议案得到市委主要领导肯定，市委办召开工作推进会，助力沿线产业布局、环境提升、交通畅通安全。

（四）"联起来"。 充分运用互联网，打破时间和空间限制，开展微协商、网络议政、远程协商。利用学习强国视频会议功能，把"麦克风"架设到百姓身边，连线多个居民小区分会场，进行"线上社区民情恳谈会"。这种"群众说、委员记、大家议"的协商方式，让政协委员走进群众，让更多群众走进政协协商。

三、与民共享，谱写社会治理和谐篇章

加强和创新社会治理，归根到底是为了满足人民日益增长的美好生活需要，让人民群众共同享有治理成果。"余快协商"坚持协商于民、协商为民，认真倾听民意、转达民情、解决民困，及时有效把矛盾化解在基层，增强群众幸福感，提升基层社会治理效能。

（一）回应民声好商量。 群众的呼声在哪里、社会治理的堵点在哪里，"余快协商"就推进到哪里。把提案办理作为汇集民智、维护民利的重要方式，努力推动 21 件重点提案建议落实落地。充分发挥社情民意"直通车"作用，整理编发《社情民意》简报 15 期，市党政领导批示 10 人次，高位推动疫情防控、营商环境、城市管理等方面问题得到及时妥善解决，使"好点子"变现为"好成效"。有关疫情防控举措和农村公厕管护的社情民意信息，得到省委主要领导批示。

（二）关注民生真商量。 面对群众的烦心事、忧心事和揪心事，直面问题和困难，请群众来商量，引导群众从"旁观者"变成"参与者"。"校园门前交通安全"关系千家万户，在实地调研城区 8 所学校的基础上，召集提案人、承办单位、学校、家长和一线民警深入协商，公安部门加强警力调配，学校和志愿者协同配合，城管部门排查交通隐患，共同为师生"保驾护航"。社保卡"一卡通城"、老旧小区改造、旧楼加装电梯……344 件提案、189 条社情民意信息，为解决人民群众关心关注的问题出主意、促落实。

（三）汇集众智多商量。 广纳群言、广集众智，为赋能善治良政聚合力。围绕"增

强数字政府效能、助推数字经济发展"开展十余次面对面座谈和点对点访谈，并召开专题议政性常委会会议进行专题协商，市委主要领导点赞"有水准，摸清了问题，找到了症结，提出了办法，是党委想要的结果"。对教育"双减"政策落实情况协商监督，到县区、部门、学校召开座谈会八次，参与人员一百一十余人次，听到很多原汁原味的声音，市政府主要领导肯定监督报告"问题找得准，建议提得实"。

"余快协商"创新了协商形式、拓展了协商载体、促进了委员履职，推动政协协商与基层协商有效衔接，切实把政协制度优势转化为基层治理效能，提升了人民群众的获得感幸福感安全感，让全过程人民民主"看得见""摸得着""真管用"。

坚持党建引领　创新务实做深
全力打造"赣事好商量·鹰有作为"品牌

◎政协鹰潭市委员会

近年来，鹰潭市政协坚持党建为引领，聚焦改革发展要事、民生改善实事、社会治理难事，深入开展协商议政，既在既有协商形式深化上下功夫，又在做活基层一线协商上求创新，全力打造全域联动、形式多样、力求实效的"赣事好商量·鹰有作为"协商平台，累计开展各类协商活动一百六十余场，参与委员一千三百余人次，协商解决问题、推动工作四十余件。

一、聚焦环节细化，推动常委会专题协商规范作为

今年6月，围绕"做实唱响'龙虎天下绝'品牌"专题开展常委会会议协商，现场有问有答、互动热烈，参会市政府领导肯定建言可学可鉴，对市级层面推动实施细化深化，将专题研究采纳。实践中，我们注重协商前、中、后"全链条"的规范化设计，在破题环节，大题化小，选取提升道文化吸引力这个角度，来深挖，建深言。在调研环节，严格按照组织学习政策、到基层实地调研、与基层部门座谈、个别访谈、赴外学习、向专家咨询请教、形成问题清单、凝聚思想共识等八个步骤展开，确保有理有据、见人见物。在协商环节，在会前组织视察文旅重点项目增加感性认识基础上，实行"分组协商＋集中协商"，营造浓厚协商氛围。在办理环节，制定并执行《政协政治协商成果督办落实办法》，凡党政领导批示件，由市委、市政府督查部门会同相关专委会，在规定时限联动督办。

二、聚焦办理质量，推动提案办理协商有效作为

2018年以来，市政协聚焦"红军上清会师"提案，推动采纳落实，助力建成"红军上清会师"项目（一期），取得良好的社会效益和经济效益。实践中，我们以提升

办理质量为导向，将提案列为重点提案，提请市党政领导领办督办。开展补充调研，进一步提高提案质量。2020 年 12 月，组队赴湖南省郴州市汝城县，对"三个女红军和半条被子"的红色故事发生地考察调研。2021 年 5 月，组队赴浙江省淳安县，对"中国工农红军北上抗日先遣队纪念馆"考察调研。坚持协同推进发力、凝聚共识。推动市委宣传部、市直机关工委、市文广新旅局、市退役军人事务局等部门，注意收集整理相关史料书籍，主动向上级主管部门汇报，积极争取政策项目资金。

三、聚焦形式创新，推动"委员话经济"协商聚智作为

去年 7 月，我们组织开展了"市委书记与政协委员面对面话经济"专题议政会，在社会各界产生强烈反响，大力提升了政协工作的影响力，有力增强了委员的归属感、荣誉感，也推动和督促了各地各部门工作的改进。同时，得到时任省政协主要领导批示肯定，《赣协通报》转发我市经验至各地学鉴。我们认为，政协全会以外，邀请市委主要领导参加政协协商会议，是一项重大的履职创新，也是落实中央、省委关于市县党政主要负责同志出席同级政协重要协商活动的有效途径，有利于从更高层面争取各方面对政协工作的重视和支持。实践中，我们强合力，发挥政协协商履职的整体效能，采取市、区（市）政协联动的方式开展，多名区（市）政协委员作了主题发言，邀请区（市）政协负责同志和部分区（市）政协委员参加会议。重协商，根据委员发言的主题，邀请贵溪市政府、余江区政府和市发改委等 10 家单位的负责同志到会，现场协商互动，让委员建议直达部门。保质量，提前 5 个月以"委员作业"的形式，向市、区（市）两级委员发出征集专题议政会发言材料的通知，通过"走进委员""主席接待委员日""配备委员履职助理"等形式和渠道，与委员"一对一"进行约稿，对已提交发言材料的选题，提出的问题及对策建议进行反复协商对接、研究论证，确保发言材料主题好、问题准、建议实。

四、聚焦问题导向，推动"民生议事堂"协商合力作为

"民生议事堂"是市政协搭建的"政协协商＋基层协商"平台，两个协商有效衔接、形成合力，起到了"1+1 ＞ 2"效果。去年 5 月，市政协聚焦主城区停车难问题，连续在市双水坑、磷肥厂等 5 个社区召开协商会议，协商事项得到市委市政府重视，及时采纳意见建议，制订实施方案，中心城区新增停车场 10 个、停车位 7639 个。实践中，我们坚持问题导向，不拘形式，开展流动协商，哪里有问题，哪里群众意见集中，协商会场就设在哪里。针对民昇佳苑小区地下车位设施功能不全、金山弄片区增设路

边停车位等问题，现场协商，取得一致意见，主管单位负责人现场办公、推动落实。党员委员带领党外委员组成小分队，线上线下同步问卷调查，市民有效参与一千余人次，及时汇总整理，向有关部门反映。注重参与广泛性，邀请社区群众、市民代表，房地产开发、物业管理、停车场经营等相关企业负责同志参会，让各方意见充分表达，通过协商取得共识。切实抓好成果转化，将协商建议转化重点提案，提请党政领导现场督办，推动建议落地，让群众感到政协是真协商、办实事。

坚持"三聚焦"
倾力打造"赣事好商量+"品牌

◎政协赣州市委员会

党的二十大报告指出，协商民主是实践全过程人民民主的重要形式，要健全各种制度化协商平台，推进协商民主广泛多层制度化发展。近年来，赣州市政协深入学习贯彻习近平总书记关于加强和改进人民政协工作的重要思想，在省政协的有力指导下，坚持守正创新，坚持问题导向，从协商平台建设、协商路径创新、协商机制规范等方面入手，倾力打造"赣事好商量+"赣州品牌，委员参与协商的积极性得到极大激发，群众"急难愁盼"问题得到有效化解，赣州有事好商量、遇事先协商的氛围越来越浓。具体做法是：

一、聚焦平台建设，汇聚"商量"合力

针对政协协商影响力不足、委员参与缺平台等问题，赣州市政协着力建设多层次、广覆盖、更灵便的协商平台，打造了一批初具影响力的"赣事好商量+"品牌。

（一）打造高端协商平台。聚焦革命老区高质量示范区建设主题，围绕全市经济社会发展的前瞻性问题和社会普遍关心的热点难点堵点问题，创新打造了"委员市长面对面"协商平台，实现了委员与市领导面对面谋大势、议大事、献良策。平台建立以来，围绕培育壮大县域经济、推进赣深产业合作、红色资源开发利用等8个课题，组织委员与市政府领导面对面协商。如，今年6月中旬，市委副书记、市长率14个部门主要负责人与委员面对面协商，会议规格之高、参与协商人员之多、协商效果之好创历年之最。

（二）推进"一县一品牌"创建。针对各县（市、区）政协协商无品牌、无机制等现状，市政协集中部署，统一要求，积极开展"赣事好商量+"一县一品牌创建活动，各地迅速行动，精心组织，确定品牌名称，设计鲜明LOGO，规范协商程序，涌现了"虔城协商""红都协商""实诚协商""崇我作起""全为你来""寻你来商量"

等一批有影响力的协商品牌。《人民日报》《人民政协报》《江西日报》等媒体高频次宣传报道我市各地的经验做法。

（三）设立委员协商议事室。 立足政协特点，结合各地实际，推动政协委员、政协协商向基层"双下沉"，在全市各地乡镇街道、社区、工业园区探索设立"政协委员协商议事室"，以界别、片区为单元，开展形式多样的协商活动。目前，全市建立 380 多个基层委员协商议事室，开展各类协商活动 1200 余次。同时，市政协在委员较多的地方或活跃的界别，依托社区、楼宇、企业等建立了 21 个"委员工作站"，开展协商交流，广泛收集民意。今年 3 月，还在广东省东莞市设立首个外埠"委员工作站"，为 79 名在该市工作的市县政协委员搭建学习交流、协商议政的平台。

二、聚焦路径创新，激活"商量"活力

针对以往政协协商与党政部门互动不多、协商程度不够、参与人员不多等问题，赣州市政协积极探索新路径、新方法，不断提升深度协商互动水平。

（一）实施课题全过程协商。 制订协商计划时，市政协领导按照分工主动上门与市委、市政府领导"一对一"反复沟通、协商选题，力求课题选得准、能合拍。课题调研实施时，由市党政领导、政协领导"双线"牵头，一起研究调研提纲、调研队伍、调研路线等，尤其是邀请有关部门的同志参与，组建联合调研组。调研成果形成后，组织课题组与市直有关部门负责人集中围读，征求意见，反复修改完善调研报告，提出更有针对性的对策建议。

（二）实行课题市县同题协商。 为了提升协商的深度、广度，市政协每年都遴选出两三个事关全局的重大课题或群众广泛关注的热点问题作为市县政协"同题共答"的课题，由市政协统一拿方案，各县（市、区）政协单独实施。如，今年，将"培育壮大县域经济"课题列为"同题共答"的课题。全市 18 个县（市、区）政协围绕这个课题均开展了调研协商，协商成果在向同级党委政府报送的同时，也报市政协课题组，形成履职合力，共同助力县域经济高质量发展。

（三）实现"外脑"深度协商。 在课题调研协商过程中，注重主动邀请相关领域专家参与或指导。比如，去年在"打造具有全球影响力的家居制造之都"课题中，专门邀请了家具行业专家大咖、顺德职业技术学院刘晓红博士授课。今年，"培育壮大县域经济"课题调研报告形成后，专门征求著名战略咨询专家、和君职业学院董事长王明夫博士意见。同时，还加强与各民主党派、工商联的合作，通过引入"外脑"深度协商，较好实现各类资源的有效整合、各方力量的互动配合、各种优势的有机结合，协商的质量和水平得到明显提升。

三、聚焦机制规范，提升"商量"效力

针对协商制度不够完善、协商程序不够规范、协商成果难转化等问题，赣州市政协起草制定《政治协商工作规程》，明确"精选议题、情况通报、深入调研、沟通协商、撰写报告、协商会议、报送成果、跟踪问效"为一体的协商流程，不断完善协商于决策之前和决策实施之中的制度机制，让协商议政"专"出特色、"专"出质量、"专"出成效。

（一）**完善议题提出机制**。坚持"党政所需、群众所盼、政协所能"的原则，紧扣党政中心工作、紧扣民生现实需求，完善党政领导"点题"、向委员和部门"征题"、政协"荐题"的方式，年度协商计划与党政领导深度协商，做到与大局合拍、与发展同频、与民心相符，确保议政议在关键处。

（二）**完善调查研究机制**。制订大兴调查研究实施方案、调研视察工作实施办法，坚持问题导向，进一步加强和改进调研工作方法，采取集中调研和分散调研相结合，对专题议政性常委会会议协商议题探索建立"1+N"调研模式，即围绕 1 个主课题，增设 N 个不同主题的子课题，组织委员分别开展调研，形成"主报告 + 子报告 + 委员专题发言"综合调研成果，使调研内容更加全面、真实、可行。如在开展"打造具有影响力的家居制造之都"专题协商时，形成了 1 个主报告和 5 个子报告，加上委员现场发言，从不同角度分析了问题，提出了建议，取得了较好的效果。

（三）**完善成果转化机制**。探索建立协商成果"三转一督"转化机制。即将协商成果及时转化为提案、转化为社情民意、转化为全会大会发言；对每项协商报告意见建议及党委政府主要领导的批示，及时进行督办落实，促进协商"议得好"向成果"办得好"转变。一系列制度机制的有效运行，推动了政协履职的质效提升。仅市政协六届三次会议以来的半年时间，市党政主要领导就对政协提交的专题报告、大会发言、提案、社情民意信息等履职成果批示 25 次，有效推动了工作落实。

开展"十县十先""十委十优"竞赛
推动协商工作做到"五个有"

◎政协宜春市委员会

习近平总书记强调，在中国社会主义制度下，有事好商量、众人的事情由众人商量，找到全社会意愿和要求的最大公约数，是人民民主的真谛。自 2020 年 8 月省政协开展"赣事好商量"试点工作以来，推动政协协商向基层延伸、与基层社会治理相结合，为政协委员联系服务界别群众提供了新的平台，激活了全省政协工作"一池春水"。

宜春市政协深入学习贯彻习近平总书记关于加强和改进人民政协工作的重要思想，按照省政协《关于发挥人民政协专门协商机构作用　推进"赣事好商量"协商平台建设的实施意见》精神，积极搭建"赣事好商量 +"协商平台，推进专门协商机构建设，在实践中探索、在探索中创新，开展"十县十先""十委十优"工作竞赛，逐步推动协商工作从"有形"到"有序"再到"有为""有效""有位"，形成了浓厚的协商氛围，协助党委和政府做好协调关系、理顺情绪、化解矛盾的工作，切实增进了政治认同、思想认同、理论认同、情感认同，引导全体委员深刻领悟"两个确立"的决定性意义，增强"四个意识"、坚定"四个自信"、做到"两个维护"。

（一）"有形"，解决协商载体问题，做到协商有平台。人民政协要充分体现专门协商机构的重要作用和价值，就要创新载体，多措并举拓宽协商工作载体，确保专门协商工作取得实效。宜春市政协围绕解决"在哪协商"这一问题"靶心"，组织市县两级政协赴四川省、湖南省学习考察基层协商工作，坚持融入、开放、共享原则，成立宜春经开区、宜阳新区、明月山温泉风景名胜区"三区"委员联络组，并探索创新依托党派工作联系点和委员企业搭建了"三农"协商议事室、委员"同心室"等基层协商平台、基层委员工作站 167 个。靖安县搭建"靖商靖量、尽责尽行"协商议事服务平台，按照"1+12+N"架构模式，建设了 1 个靖安县政协委员工作站、12 个各具特色的乡镇政协委员工作站和 8 个委员特色工作室。

（二）"有序"，解决建章立制问题，做到有制可依、有规可守、有章可循、

有序可遵。习近平总书记强调，发挥人民政协专门协商机构作用，需要完善制度机制，对协商的参加范围、讨论原则、基本程序、交流方式等作出规定。宜春市政协紧盯"谁来协商""协商什么""怎么协商"这一核心目标，紧扣规范议事，抓实抓细"建机制"工作，制定出台了《宜春市政协开展"赣事宜商量"活动实施办法》，明确提出各协商室有阵地、有标识、有机制、有活动、有实效的"五有"标准，以及协商议事工作流程等规范性要求和工作指南，引导委员参与基层协商议事活动，有效推动政协协商与基层协商紧密衔接、相互赋能，促进了协商议事工作常态长效。上高县制定出台《上高县政协"主席微协商"活动实施办法》，建立"四单闭环"（群众点单、委员埋单、协商解单、跟进查单）协商流程，对政协基层协商议事的协商主体、协商内容、协商形式、协商程序等作出制度性设计。宜丰县建立6个"宜事宜商"工作室，全部实现有场所、有人员、有活动、有制度、有台账。

（三）"有为"，解决为谁协商的问题，协商就要真协商，保障协商成果落地，提高协商的有效性。习近平总书记强调，要按照协商于民、协商为民的要求，大力发展基层协商民主，重点在基层群众中开展协商。宜春市政协坚持"开门是群众、出门是基层"，围绕事关老百姓切身利益的公共事务、公众利益、公益事业开展协商议事活动，助推解决了基层群众身边的一批"操心事""烦心事""揪心事"。2022年市政协共召开小微协商会议41次，在网格员队伍建设、背街小巷改造、村组公路改造等36个具体问题上形成共识，其中围绕中心城区"优化公交站点设置""斑马线优化整合"开展专题调研，实地察看公交站点165个、现场勘查斑马线922条，提出具体意见建议20条，市政府召开专题会议研究全部采纳落实，保障了城区群众的出行安全。袁州区依托"画好同心'袁'"协商平台，协商推动全区城乡一元公交开通，惠及几十万偏远乡村的群众出行；樟树市打造45个各具特色的委员工作室，协商推动解决居民电改等100多个群众身边问题；奉新县打造"赣事好商量——奉心微协商"平台，开展协商议事活动36次，助力解决新能源汽车充电难、增设公交站点、小街小巷亮化等问题。

（四）"有效"，解决协商成效的问题，不解决问题的协商就是形式主义。《中国共产党政治协商工作条例》提出："各级党委应当重视协商意见研究办理，可以结合实际建立健全政治协商成果运用和反馈制度，重要协商成果可以作为决策参考。"提高协商成果转化是体现协商民主价值的关键所在。近年来，宜春市政协积极争取中共宜春市委的支持，将市政协协商成果办理纳入市直单位年度综合考核重要内容，并制定印发《关于进一步做好市政协协商成果反馈督查落实工作的通知》，对政协协商成果登记批阅、转化办理、跟踪问效等情况实行台账管理，并与市委督查室、市政府督查室协同开展督查督办，做到了事事有交代、件件有着落。通过建立完善协商建议案、调研报告、委员意见综述、社情民意信息一并报送党委和政府的协商结果综合报送机制，原汁原味反馈委员和群众建议，让党委和政府主要领导不参会但能听到委员和群众的声音，能看到委员和群众的建议，更加全面综合地了解协商成果。丰城市依托"剑言邑政·赣出丰采"协商平台、营商环境政协委员感受平台，创设政协协商成果转化专项资金，从 2023 年部门预算中安排政协协商成果转化专项资金 600 万元，助力解决了一批民生实事落地见效，形成了一批贴民意、暖民心、可操作的协商成果，充分彰显了政协制度优势。

（五）"有位"，解决形成协商氛围的问题，让协商文化、协商理念、协商精神深入人心，成为自觉行为。中共中央《关于新时代加强和改进人民政协工作的意见》指出，要培育与时代和任务相适应的中国特色社会主义协商文化，形成既畅所欲言、各抒己见，又理性有度、合法依章的良好协商氛围。人民政协作为专门协商机构，要推进协商民主实践更好发展，离不开深厚协商文化的滋养和支撑，大力弘扬协商文化，民意充分地表达，真正地实现全过程人民民主，打通协商在基层的"最后一公里"，推动政协协商民主优势转化为基层社会治理效能，营造全社会关心、支持、参与基层协商的良好氛围。宜春市政协开展"十县十先""十委十优"工作竞赛，积极推动政协履职与品牌创建相结合，提升全市政协工作整体水平，构建了机关围绕委员转、委员围绕履职转、履职围绕群众转的工作新格局，真正让委员在履职中"挑大梁""唱主角"。2022 年共开展 1042 次"专题＋自主"调研，提交 491 件提案和 550 篇社情民意信息，督办 25 件重点提案，组织开展 100 多人次民主监督活动。2022 年盛夏高温酷暑，久旱无雨，高安市蓝坊镇农民群众通过"赣事好商量——相协相安"基层协商平台找到政协委员，组织乡镇党委政府和农民群众走进田间地头，现场对农田灌溉用水开展调研协商，积极制订抗旱应急方案，投入资金 153 万元，新打机井 5 口、大口井 12 口，为抗旱增收发挥了重要作用，得到群众一致认可；万载县政协委员通过"赣事好商量，万事微协商"平台，开展"化解群众烦心事"活动，推动"酒宴减负"写进村规民约，大力倡导社会主义文明新风尚。

坚持"四个强化"
打造"饶"有特色的"赣事好商量"品牌

◎政协上饶市委员会

2020 年以来，上饶市政协坚持以搭建"赣事好商量"协商议事平台为基础，以推行"党建＋好商量"工作机制为保障，以开展"好商量"协商议事活动为抓手，以协商解决百姓的"身边难事""关键小事"为重点，积极探索"有事好商量、众人的事情由众人商量"制度化实践，着力打造多元多层、有序有效的基层协商民主建设新格局，为全省推进"赣事好商量"品牌建设提供了上饶模式。

一、强化党的领导，把牢正确政治方向

坚持在党委的统一领导下组织实施，是推进基层协商民主建设的根本要求。市县两级政协党组在基层"好商量"工作中把方向、管大局、促落实，经常性听取情况汇报、研究解决问题，重大问题及时向党委请示汇报。

（一）出台高规格实施意见。中共上饶市委对推进基层协商民主建设高度重视、高位推动，专门研究出台了《关于充分发挥人民政协专门协商机构作用推进全市基层协商民主建设的实施意见（试行）》，明确推进基层协商民主建设的总体要求、目标任务、工作重点、工作步骤和保障措施，为推进基层协商民主建设提供了有力保障。各县（市、区）委书记作为推进基层协商民主建设工作的第一责任人，亲自参加基层协商民主建设调度推进会，现场指导协商议事活动，定期听取工作情况汇报，推动各项工作有序有效开展。

（二）推行特色化工作机制。充分发挥基层党组织的政治引领、政策把关、推动落实、服务保障作用，是有效推进基层协商民主建设的组织保证。市委党建领导小组下发《关于在加强基层协商民主建设中推行"党建＋好商量"工作机制的指导意见》文件，明确把推行"党建＋好商量"纳入基层党建"三化"体系，纳入基层党建专项述职评议，纳入领导班子和干部检查考核内容。通过建立健全"党建＋好商量"

工作机制，进一步强化了各级党组织在基层协商民主中的领导作用，为推进基层协商民主建设常态化长效化提供了组织保障。

二、强化制度设计，凸显上饶特色

市政协出台《关于充分发挥人民政协专门协商机构作用推进全市基层协商民主建设工作实施方案》《关于推动"好商量"基层协商民主建设工作提质增效走深走实的实施意见》《上饶市"好商量"基层协商民主建设工作手册》等制度文件，形成了"好商量"制度规范。

（一）规范协商平台建设标准。市政协统一设计了"党建＋好商量"标识和"赣事好商量"标牌。明确各地协商议事室要有统一的标识、标语和制度，既体现全省"赣事好商量"元素，又凸显上饶"党建＋好商量"特色。坚持"融入式、共享式、开放式"，按照"一室多用"原则，依托镇（街）党群服务中心、新时代文明实践所（站）、村民理事会等现有资源，建成覆盖全市乡村两级的 3009 个"赣事好商量"协商议事室。

（二）统一全市年度协商主题。在全市范围围绕市委交办的一个议题，集中开展"好商量"活动，是我市"好商量"工作的一大亮点。去年夏季，学生溺水事件频发，根据市委主要领导点题，市政协随即在全市范围集中开展了"严防学生溺水"专题"好商量"协商议事活动 1657 次，得到社会各方面一致好评。其中，信州区茅家岭街道周田村通过"好商量"协商议事，打好了防溺水"组合拳"，2022 年实现暑期"学生溺水"零事故的发生。今年，市委主要领导点题"构建和美乡村"，作为全市"好商量"协商议事的主题。

（三）规范协商运行程序。《上饶市"好商量"基层协商民主建设工作手册》明确规定了"好商量"协商四步法流程，即确定协商议题、开展调查研究、召开协商会议、督促结果落实。

三、强化委员作用，充分彰显政协力量

市、县两级政协委员下沉到基层一线，当主力、唱主角，全过程组织、全流程参与"好商量"协商议事，在有效服务基层治理过程中凸显政协元素，彰显政协力量。

（一）实施委员"挂乡联村、入站进点"。按照"就地、就近、就便、就熟、就愿"的原则，将全市 3307 名市县政协委员全部分配到乡镇（街道）、村居（社区）和园区，实行"挂乡联村、进站入点"机制。乡镇（街道）、园区成立"政协委员工作站"，村居（社区）成立政协委员联络点，确保每个乡级"政协委员工作站"不少于 5 名委

员，每个村级政协委员联络点有 1 名委员。明确"挂乡联村"政协委员每季度要至少一次深入所挂的乡、所联的村，组织参与基层"好商量"工作。

（二）推动委员"全过程参与协商活动"。 挂乡联村的政协委员全程参与确定协商议题、开展调查研究、召开协商会议、督促结果落实的"好商量"四个步骤。协商议题一般由政协委员提出，议题协商前的调查研究由政协委员牵头实施，乡级协商议事会议主持人一般为政协工作联络组组长，村级协商议事会议主持人原则上由政协委员担任；协商结果报送乡镇（街道）党（工）委后，政协委员主动协调、督促乡镇（街道）党（工）委及有关方面及时研究实施。比如，广信区华坛山镇樟涧村，在牵头政协委员的努力下，经过 8 次"好商量"协商议事，樟涧村民宿产业蓬勃发展，实现了"望仙游、樟涧留、百姓富"的目标。

四、强化为民履职，做到协商于民、协商为民

坚持协商于民、协商为民，聚焦百姓"身边难事""关键小事"协商议事，不断提高协商质效，助力增进民生福祉，真正做到"人民政协为人民"。

（一）深入听取群众呼声，精准选定协商议题。 坚持"不调研不协商"原则，深入基层广泛听取群众意见建议，有针对性地收集群众需要解决的问题，按照时间急缓、可行性原则进行认真筛选、分类管理，建立议题库，并就议题相关事项在适当范围进行公示。围绕公共设施、公共秩序、公共服务、公共管理等重点事项，聚焦百姓"身边难事""关键小事"，采取"领导出题、公开征题、乡贤荐题、群众点题"的方式，有针对性地选择切口小、影响大的事项，精准确定每一次协商议题。

（二）广泛动员群众参与，合理确定协商主体。 根据不同的协商议题，合理确定参与协商议事的协商主体，注重吸收有不同意见的对象参与。协商主体主要包括同级党政负责人、政协委员、利益相关方代表、与协商议题有关的专家和部门负责人。在协商议事活动中，政协委员、有关专家、利益相关方代表、党员干部、普通群众，人不分贵贱，官不分大小，一律平等协商、充分交流，理性合法地表达意见和诉求，真正做到"有事好商量，众人的事情由众人商量"。

（三）主动接受群众监督，推动协商成果转化。 协商结果上报同级党组织作为决策依据，经党组织研究审议后安排实施，由相关责任单位、部门进行办理、反馈、公示，接受群众监督和评判。同时，明确凡是"好商量"协商成果当年没有办结的，必须列入县（市、区）政协下年度民主监督范围，特别重大协商事项，由市政协领导领衔督办。

信息化赋能
"赣事好商量 + 吉事广议"品牌建设

◎政协吉安市委员会

党的二十大报告指出，要加快建设网络强国、数字中国。吉安市政协深入学习贯彻党的二十大精神，2022 年率先在全省完成市县政协信息一体化建设，信息化赋能"赣事好商量 + 吉事广议"品牌建设成效明显，使互联网这个最大变量成为齐众心、汇众力、聚众智的最大增量。

一、信息化赋能"赣事好商量 +"品牌建设的重要意义

习近平总书记指出，"从社会发展史看，人类经历了农业革命、工业革命，正在经历信息革命""信息化为中华民族带来了千载难逢的机遇"。我们要立足党和国家事业大局，锚定人民政协职责使命，在信息化时代中抢抓历史机遇、把握战略主动，以信息化赋能"赣事好商量 +"推进政协协商民主建设。

（一）这是贯彻落实习近平总书记重要要求的实际行动。党的十八大以来，以习近平同志为核心的党中央牢牢把握全球信息化发展与数字化转型的重大历史机遇，高度重视、全面布局、统筹推进网络强国、数字中国建设。习近平总书记强调，人民政协要探索网络议政、远程协商等新形式，提高协商实效。2019 年 10 月，《中共中央关于新时代加强和改进人民政协工作的意见》对此作出部署要求。2020 年 9 月，政协第十三届全国委员会第四十三次主席会议审议通过了《全国政协信息化智能化建设规划（2020—2025）》，积极推动委员履职、政协工作与信息化有机融合。信息化赋能"赣事好商量 +"品牌建设，运用互联网技术和信息化方式，积极推进政协协商向基层延伸，是全面贯彻落实习近平总书记关于加强和改进人民政协工作的重要思想、推动相关重要要求落地落实的有力举措。

（二）这是践行全过程人民民主的内在要求。习近平总书记指出，全过程人民民主是全链条、全方位、全覆盖的民主，是最广泛、最真实、最管用的社会主义民主。

党的二十大首次把"全过程人民民主"写入党代会报告，为进一步发展全过程人民民主指明了方向。人民政协是我国政治生活中发扬社会主义民主、实践全过程人民民主的重要形式。信息化赋能"赣事好商量+"品牌建设，为各界别群众在政协协商搭建了方便快捷的线上平台，增强了协商的代表性和广泛性，有效扩大了社会公众有序政治参与，将社会多元化诉求表达纳入理性化、程序化的轨道，使"众人的事情由众人商量"这一人民民主的真谛落地落细，能够更好地实现全链条、全方位、全覆盖的人民民主。

（三）这是加强政协自身建设的现实需要。习近平总书记指出，人民政协是国家治理体系的重要组成部分，要适应全面深化改革的要求，以改革思维、创新理念、务实举措大力推进履职能力建设，努力在推进国家治理体系和治理能力现代化中发挥更大作用。信息化赋能"赣事好商量+"品牌建设，推动了广大政协委员、政协机关干部线上线下倾听民声、反映民意，提高政治把握、调查研究、联系群众、合作共事的能力，充分发挥委员主体作用，锻造政治、能力、作风过硬的政协干部队伍；不仅是一项技术应用，更是一个从改革设想到实现路径、从明确方向到细化举措的重塑过程，有利于规范政协协商机制，推进协商民主制度化、规范化、程序化。

二、信息化赋能"赣事好商量+"品牌建设的具体实践

吉安市政协按照"重实际、讲实用、求实效"的原则，突出抓好精心规划、精致建设、精细管理、精确利用四个环节，切实抓好信息化赋能"赣事好商量+"品牌建设，做实"吉事广议"协商平台，为推进政协协商向基层延伸插上"智慧翅膀"。

（一）高标准规划是信息化赋能"赣事好商量+"品牌建设的前提。我们充分考虑信息化赋能"赣事好商量+"品牌建设的实际需要，抓好规划设计，切实解决建什么、怎么建的问题。一是深化改革启动规划。2021年初，结合市委全面深化改革要求，将"创新协商机制，打造智慧政协"作为市政协深化改革重点，由此启动市政协机关信息化建设。二是全员参与商议规划。组织市政协机关干部紧密结合政协协商向基层延伸所需，讨论市政协信息化建设总体构架、具体模块、相关指标，形成了打造集学习、办公、服务、宣传于一体智慧政协平台的共识。三是学习经验完善规划。派出调研组到省政协、南昌和九江市政协学习先进经验做法，厘清信息化建设方向、思路。邀请省政协办公厅信息化建设方面专家实地指导、现场交流，具体商议建设方案。四是制订方案落实规划。制订市政协机关信息化建设工作方案，经市政协机关党组会议审议并经市政协主要领导同意后启动实施。

（二）高质量建设是信息化赋能"赣事好商量+"品牌建设的关键。规划既定，

重在执行。我们以对政协事业高度负责的态度，严把项目质量关，切实解决怎么建好的问题。一是抓好调度推进。市政协主要领导做到重要工作亲自部署，重大问题亲自过问，重点环节亲自协调。市政协秘书长负责牵头抓总，具体协调推进。二是抓好沟通协调。及时与省政协、市大数据中心等单位沟通，争取技术指导。邀请驻市委办纪检组全程参与智慧政协建设，主动接受监督，做到公开透明。三是抓好公开招标。项目设计完成后，面向社会公开招标，全程公开透明，合理合规。四是抓好检测调试。无论是视频会议室硬件安装，还是委员履职服务平台相关模块开发，及时进行检测、调试，实时反馈问题，不断完善升级。

（三）高水平管理是信息化赋能"赣事好商量+"品牌建设的保障。建好只是开始，管好才是关键。我们多措并举，狠抓管理，持续推进信息化建设常态化、长效化，切实解决如何长期管好的问题。一是健全机构。设立市政协委员履职服务中心，将智慧政协建设划归委员履职服务中心具体负责，确保有机构管事。二是建强队伍。明确委员履职服务平台各模块、视频会议室管理人员，定职责、明要求、提标准。三是出台制度。把制度建设作为推进市政协信息化建设的基础工作，就维护管理好市政协委员履职服务平台、市政协网站、微信公众号等，出台相关制度，落实"三审三校"等要求，提高管理水平。四是强化保障。加大经费保障力度，做到优先保障、及时足额拨付，保障信息化建设顺利推进。

（四）高效率运用是信息化赋能"赣事好商量+"品牌建设的根本。推进政协信息化建设，目的是充分运用好。我们多次组织培训，让广大市政协委员、机关干部了解、熟悉、运用信息化建设成果，解决怎么用好的问题。一是在线上联系。通过委员履职APP，实现网上收发通知、扫码签到等，联系方便快捷，实现了委员思想在线、智慧连线、联系不断线。二是在线上学习。结合委员读书活动建设"书香政协"，聚焦履职开展线上学习。如，2022年4月市政协农业和农村委员会围绕"做大做强绿色食品产业"协商课题，邀请江西农业大学教授以远程视频方式作辅导报告。又如，今年4月27日，吉安市政协首次以视频连线形式，设市政协主会场和13个县（市、区）政协分会场，举办全市政协系统宣传信息工作培训班暨社情民意信息工作调度会，既扩大了培训受众面，又提高了工作效率，反响很好。三是在线上履职。委员在指尖上履职，打开手机，进入吉安市政协网站、"吉安政协"微信公众号，全市政协的工作动态、履职资讯一览无余；轻敲键盘，进入委员履职APP，随时提交提案、社情民意信息，查看办理状态；视频连线，即可实时互动、远程协商。如，市县政协委员下沉到委员工作室、社情民意信息联系点、界别群众，听取群众意见，通过委员履职服务平台快速报送社情民意信息。今年第一季度，市县政协报送社情民意信息得分在全省排名靠前。四是在线上考核。通过委员履职服务平台，实现委员履职要求、情况、分数可视可查，更直观知道要做什么、做了什么，增强了委员履职的责任感和使命感。

三、信息化赋能"赣事好商量+"品牌建设的发力方向

我省信息化赋能"赣事好商量+"品牌建设取得积极进展，但也面临一些困难和问题，主要表现在省政协信息化平台容量不大，难以满足全省所有市县政协接入；有的政协委员对相关数字技术接受能力较弱，影响了参与"赣事好商量+"的积极性；相关职能部门参与线上协商反馈和回应不及时、不充分，协商意见建议有效采纳、办理有差距；制度规范不健全，亟待出台制度化、常态化的办法，推进信息化赋能"赣事好商量+"品牌建设。针对这些问题，建议在以下方面重点发力：

（一）以加快建设步伐夯实信息化赋能"赣事好商量+"品牌建设的基础。一是统一思想认识。深入学习贯彻习近平总书记关于加强和改进人民政协工作的重要思想，深刻把握新时代人民政协新方位新使命，提高信息化赋能"赣事好商量+"品牌建设的思想认识，高度重视，快速推进，为人民政协发挥专门协商机构作用拓展新路径，为建言资政和凝聚共识双向发力注入新动力。二是做好顶层设计。学习湖南省政协建设"政协云"、浙江省政协打造"数字政协"做法，从加强社会主义协商民主建设的高度和推进网络政治参与的角度，省政协优化建设方案，召开推进大会，在现有基础上，设计与全国政协兼容、将市县政协一体纳入的信息化平台，各市县政协作为子模块加入其中，做到标准统一、整体联动、业务协同和数据共享。三是列入年度考核。将信息化赋能"赣事好商量+"品牌建设纳入年度考核内容，调动市县政协工作积极性、主动性和创造性，推动数字化政协建设，更好服务政协协商民主。

（二）以提高委员能力增强信息化赋能"赣事好商量+"品牌建设的动力。一是强化学习提能力。加强信息化建设成果培训，让更多委员熟练掌握使用技能，成为行家里手，增强参与"赣事好商量+"积极性。结合主题教育活动开展，落实委员学习系列制度，引导委员聚焦网上协商加强学习，更好地"懂政协、会协商、善议政"。二是深入调研建真言。引导委员围绕协商课题，深入调查研究，尤其是充分利用信息化建设成果，开展网络问卷调查、线上征求群众意见，广纳群言、广聚共识，网上协商时建有用之言、献务实之策，提高"赣事好商量+"协商质效。三是联系群众转作风。充分利用政协信息化建设成果，引导委员走好网上群众路线，深入到网民中，问计于民、问需于民，引导群众、服务群众，把履职答卷写进群众心坎里。

（三）以抓实协商活动彰显信息化赋能"赣事好商量+"品牌建设的价值。一是尽力及时反馈，深化协商互动。通过"赣事好商量+"平台开展网络议政、远程协商时，尽可能邀请与协商主题密切相关的职能部门参与互动交流，并有针对性地做好相应

准备，对一些问题和意见及时给予答复和反馈，避免"只听不理"。二是反复修改完善，形成高质量成果。活动时，安排专人收集整理委员和群众提出的意见建议，快速梳理汇总，形成协商成果及时转送有关部门办理，并把办理结果及时反馈给委员和群众，提高其建言献策的热情。同时，还可以将一些切实可行的建议融入相应的调研报告，形成提案、大会发言、社情民意信息等。三是强化后续跟进，促进成果转化。对协商课题进行持续关注，通过开展调研、提交提案、反映社情民意信息、大会发言等多种形式，深度建言，推动协商成果转化为政策文件内容、部门工作举措等。

（四）以完善制度机制规范信息化赋能"赣事好商量+"品牌建设的发展。一是出台实施意见。厘清网络议政、远程协商等网上协商的实质内涵、性质定位、功能作用、参与主体、特点优势、技术路径、组织运行、管理维护等问题，科学制定信息化赋能"赣事好商量+"品牌建设实施意见，明确目标任务、原则要求、操作程序、保障措施等，为市县政协提供指导和示范。二是制定操作流程。明确开展网上协商活动的程序、频率和具体要求，并设置委员和群众意见建议、部门反馈、满意度评价以及互动情况等具体指标，实现协商效果和成果量化。三是完善工作机制。建立健全组织协调、技术保障、信息互通、宣传推广等工作机制，不断提高信息化赋能"赣事好商量+"品牌建设制度化、规范化、程序化水平。

共建共享　共商共用
高质量持续打造中共党员委员工作站

◎政协抚州市委员会

近年来，抚州市政协认真学习贯彻党的二十大精神，坚持以党建为引领，根据省政协"赣事好商量"协商平台建设文件，在充分学习借鉴中共抚州市委开展基层党建"三化"建设经验的基础上，通过整合资源、一体推进、共建共享、共商共用的方式，全面推进了市政协8个专委会结合自身特色打造的中共党员委员工作站，实现了标准化、规范化、制度化，有力破解了市县政协"年委员、季常委""有亮点、没看点"的履职难题。《人民政协报》头版对中共党员委员工作站建设情况作了重点报道，《江西日报》头版头条刊发《抚州创新打造履职品牌提升政协委员履职成效》，属全省首例。

一、找准定位：建设中共党员委员工作站"干什么"

在广泛调研的基础上，明确中共党员委员工作站三方面的定位。

（一）建成具有鲜明政协元素的工作站。 统一悬挂"政协抚州市委员会中共党员委员工作站"铭牌，委员名单、协商计划、工作制度等全部上墙，旗帜鲜明地彰显政协党建、协商民主、建言资政、凝聚共识等元素。

（二）建成具有浓厚专委会特色的工作站。 采取"中共党员委员＋非中共党员委员＋界别＋专委会特色工作"模式，做到党建工作与专委会工作统筹推进，各具特色。

（三）建成具有五方面重要功能的工作站。 充分发挥中共党员委员先锋模范作用，团结带动其他委员发挥好主体作用，把工作站打造成为政治引领的重要阵地、凝心聚力的重要平台、协商议政的重要渠道、反映民意的重要途径、界别活动的重要载体。

二、整体推进：如何建好中共党员委员工作站

（一）统一标准。 聚焦"作示范、勇争先"目标要求，出台《市政协中共党员

委员工作站创建方案》，明确"六有"创建标准（有场地、有标识、有制度、有计划、有记录、有成果），实现党的组织对党员委员的全覆盖、党的工作对政协委员的全覆盖。

（二）**高位推动**。市政协主席会议牵头抓总，8 位副主席负责抓好自己分管专委会的建站工作，强力攻坚推进，加强调度指导，全力开展创建。目前，市政协 8 个专委会充分凸显特色，与中共党员委员工作站工作有机结合，形成了"模拟政协提案""文史故事汇""委员讲堂""委员话生态""民生面对面·主题沙龙""微协商""我们的节日""委员和农民同坐一条板凳"等"一委一特色"协商品牌。

（三）**精选场地**。在最方便委员履职、最直接联系界别、群众最需要协商的地方建站。如，市政协人口资源环境委将中共党员委员工作站设立在江西三松律师事务所，拓宽了政协了解民意、听取民声、汇聚民智、解决民生的途径。

（四）**合作共建**。利用专委会对口联系部门或委员单位现有资源，共同建设工作站。如，市政协社会和法制委与团市委在青创空间共建的中共党员委员工作站，开展了"政协委员与青创会员面对面""企业合规"法治大讲堂、"聚焦创业贷、共圆创业梦"等系列微协商活动，推动工作站整体呈现深度融合、相互学习、共同提高、合作共赢局面。

（五）**比学互鉴**。定期开展比学互鉴、现场点评活动，互查互评找不足、互学互比促提高。

三、提质增效：依托中共党员委员工作站履职平台"干出彩"

中共党员委员工作站建是基础，用是关键。我们按照"场地设施共用、开展活动共为、履职成果共享"的思路，推动由点连成线、由线串成面，纵横交汇，使政协工作的覆盖面越来越广，委员履职的路越走越宽，达到使用效率最大化。

（一）**实现委员履职常态化**。把 366 名市政协委员分别编入 8 个专委会，让原来"散养"的委员有了一个可以经常性开展履职活动的家。今年被全国政协单篇采用的《基层医院医保定额存在六大困惑》等多篇社情民意信息，就是委员在中共党员委员工作站履职平台开展活动时总结提炼的。

（二）**推进"一委一特色"出新出彩**。全力推动每个专委会依托中共党员委员工作站这一平台，聚焦专委会性质和特点，创新开展一项特色工作。如，市政协提案委在抚州开放大学中共党员委员工作站创新开展的"模拟政协"活动，成功入选 2023 年全国青少年模拟政协提案首批十大创新案例。

（三）**提振干事创业精气神**。创建中共党员委员工作站的过程中，我们全员出动、共同发力，在学中干、干中学，干部精神状态焕然一新，工作作风明显改善。2022

年，抚州政协单项考核指标进入全省高质量发展考核第一方阵，市政协机关先后荣获2022年度全省政协系统反映社情民意信息工作先进单位、全省离退休干部"示范党支部"、全市综合考核"第一等次"、十一届抚州市文明单位、全市模范党支部称号等。

（四）县（区）政协比学赶超。一级带着一级干。在市政协的示范带动下，各县（区）政协因地制宜创建中共党员委员工作站，打造"一县一品牌"特色工作，如，宜黄县政协的"文史驿站"、黎川县政协的"黎事好协商"、乐安县政协的"乐事安商"、金溪县政协的"心"事有约等等。全市政协系统争创新时代"第一等的工作"的氛围越来越浓，形成了你追我赶、整体提升的喜人局面。2022年9月，省政协组织中央和省内近20家主流新闻媒体在抚州开展"喜迎党的二十大·红土地上看变化"基层政协行活动，浓墨重彩地宣传报道了抚州政协中共党员委员工作站创建的成效和经验。

·市辖区政协·

推动基层政协协商民主
接地气　聚民意　促发展

◎政协东湖区委员会

习近平总书记在党的二十大报告中明确指出：人民民主是社会主义的生命，是全面建设社会主义现代化国家的应有之义，强调要发展全过程人民民主，保障人民当家作主。东湖区政协深刻领会"协商民主是实践全过程人民民主的重要形式"的内涵，牢牢把握市县政协主要工作是协商，主要工作方式是"搭台"的定位要求，立足城区实际，以开展基层民主协商"有事多商量、有事好商量、有事会商量"活动（以下简称"三有"活动）为抓手，搭平台、建机制、重协商、求实效，以生动的基层协商民主实践推进全过程人民民主在东湖落地见效。

一、把握政协协商与基层协商的结合点

2016 年，习近平总书记到东湖区光明社区考察，强调"社区工作很重要。一要抓好党的建设，使党组织真正成为社区的领头人，各个方面工作带动起来。二要抓好服务，人民群众的事情就是我们的牵挂，要以问题为导向，力争实现各种服务全覆盖，不断满足百姓提出的新需求"。总书记的重要讲话，为基层政协组织加强协商民主建设，推动政协协商向基层延伸指明了方向、提供了遵循。东湖区政协深入贯彻落实总书记重要指示精神，积极探索政协协商与基层协商相衔接、与基层社会治理相结合的路径方法，着力推动工作下沉、力量下沉、服务下沉，使政协协商更接地气。

（一）**强化顶层设计，为推进基层民主协商工作打造载体、搭建平台**。从制度设计入手，区委常委会会议专题研究制定了《东湖区开展基层民主协商"三有"活动的实施方案》《东湖区基层民主协商建设领导小组》《"三有"协商议事工作规则》《东湖区基层民主协商"三有"年度工作安排》等制度性文件，通过建立党领导的组织推进体系，搭建政协指导的基层协商民主平台，构建适用可行的运行机制，确保"三有"

活动有章可循、有规可依，带动形成了"党委领导、政府支持、政协牵头、基层有为、各方协同、群众参与"的工作格局。

（二）整合工作力量，推动协商议事从试点试行到全面推进。坚持融合共享的理念，在不增加基层负担的基础上，整合党群服务中心、新时代文明实践站等平台资源，按照"有阵地、有标识、有制度、有人员、有计划、有活动"的"六有"建设标准，指导推动乡镇、街道（村、社区）建立了一批协商议事室，将协商平台搭建到群众家门口。按照"先试点再示范后推广"的工作思路，在每个镇、街道选取 2—3 个点进行先行先试，围绕筛选协商议题、确定协商计划、开展专题调研、组织协商议事、督促成果转化的五个环节，边实践边探索、边总结边提升，不断丰富协商内容、拓展协商形式、健全协商机制、提高协商质效，逐步构建起完整的工作"闭环"。全区"三有"活动已全面铺开，向提质增效的深化阶段迈进。

二、找准协商议事与基层治理的发力点

习近平总书记指出："涉及人民群众利益的大量决策和工作，主要发生在基层，要大力开展基层协商民主，重点在基层群众中开展协商。"对区政协而言，开门就是基层，出门就是群众。我们始终聚焦广大群众最关心最直接最现实的问题，直面基层社会治理之难，把"有事好商量，众人的事情由众人商量"的政协协商理念融入基层治理，抓好选题、议题、破题三个关键环节，使协商成为解决问题和矛盾的有效方式。四年来，共收集到群众反映的城市管理、社区建设、民生工程等有关社会治理问题 613 件，开展协商议事 650 场，推动解决问题 597 个。

（一）精准选题。始终以群众需求为导向，通过群众提、委员荐、党政点、多方征等方式，选取切口小、关联广、与群众切身利益密切相关的议题，作为协商的重要内容，推动协商议事嵌入基层治理，发挥听民声、汇民意、献良策、办实事、聚共识、助发展的作用。比如，在老旧小区微改造工作中，光明社区坚持问需于民、问计于民，充分依托"三有"协商有效解决公共晾晒、管道渗漏问题，把工作做到群众心坎上。实践证明，紧盯党政工作要事、民生改善实事、社会治理难事，聚焦老旧小区电梯加装、开放小区围合管理、充电停车棚安装、红色物业管理、农村人居环境整治等问题开展协商，不仅有效提高了协商议事的靶向性和准确性，使决策更加科学合理、更加贴近群众需求，也充分调动了群众有序参与基层社会治理的积极性、主动性、创造性，取得了理顺情绪、化解矛盾、凝聚人心的工作成效。

（二）深入议题。在明确协商主体时，充分考虑议题复杂程度和参与对象的广泛性、代表性，既组织政协委员、相关利益方、基层群众、党员代表参加，又邀请党

政职能部门有关方面人士、行业专家等共商共议，努力寻求民意的最大公约数，画出最大同心圆。在协商形式上，秉承灵活、便捷、高效的原则，深入社区庭院、楼宇门前、项目现场，实地"看"、现场"说"，使协商更加直观有效。在工作机制方面，坚持先调研后协商、不调研不协商，注重围绕议题沉到一线察实情、听民声，做足协商会前功。区政协班子、各专委会分别挂点联系一个镇、街道，定期下沉村、社区参加指导"三有"活动，提升协商议事规范化、专业化水平。209 名区政协委员依托委员联络小组就近就便下沉至 100 个协商议事室，发挥协商智库作用，提出体现民意、符合民生、增进民祉的"金点子"，努力为补齐民生工作短板、助力提升基层治理效能提供政协方案。

（三）**积极破题**。协商议事重在求实效、出实绩，让群众看到协商带来的变化、享受到协商带来的实惠，才能更好推动"三有"活动行稳致远。我们着力在规范协商成果转化上下功夫，做深做细做实协商成果转化的"后半篇文章"：对协商一致的民生事项，督促及时公示，组织实施，让群众看到实实在在的成果。对协商过程中群众反映的具有代表性、普遍性或需要持续关注的重要问题，通过政协提案、社情民意信息等及时向上反映；对协商建议中的重难点问题，通过组织委员开展民主监督、调研视察等跟踪办理情况，推动协商议事成果更好转化为党委政府决策、民生实事项目、改进社会治理方面的内容。比如，聚焦老旧小区电梯加装难题有效协商，成功破解居民意见不统一、资金筹措难等问题，让居民享受"一键直达"的幸福。2020 年至今，全区累计受理和审批既有住宅加装电梯 83 台，已完成电梯加装 48 台，正在安装 33 台，还有 30 台有加装意向的已协商一致，正在申请加装。

三、紧扣有的放矢与务求实效的关键点

实践使我们深刻认识到，"三有"活动在广大群众中彰显了人民政协制度的优势和效能，赢得了群众口碑，在基层具有广阔发展空间和旺盛生命力。但实际工作中，也还存在协商质量不高、协商力量薄弱等问题，一定程度上影响着"三有"活动的质效，影响了基层群众参与协商的积极性。为此，区政协着力补短板、强弱项，不断提高"三有"活动质量水平，更好地服务中心大局。

（一）**锚定实践之需，夯实能力之基**。做好新时代政协工作，优势在委员，潜力在委员，活力在委员。我们坚持以学促干强担当，提升委员履职新动能。每年开展"书香政协"读书活动，定期举办委员履职能力培训，邀请专家学者授课、座谈，引导委员深入学习贯彻习近平总书记关于加强和改进人民政协工作的重要思想，进一步提高理论把握能力、协商组织能力和建言资政能力，调动委员充分运用好"看家本领"，

切实履行"协商"主责主业。大力报道"三有"活动，积极展示委员担当有为的履职风采，激发委员履职干劲。细化服务强管理。进一步健全建立委员激励与退出机制，"奖""惩"结合，促使委员履职从"要我干"向"我要干"转变。针对乡镇、街道（村、社区）对政协工作、基层协商议事理解不透彻、掌握不全面、工作不规范等情况，坚持每季度召开工作推进会，每年举办观摩现场会，发放优秀协商议事室奖补资金 31 万元，培养锻造一支基层组织协商骨干队伍，以点带面示范引领，推动基层比学赶超。

（二）坚持上下联动，擦亮工作品牌。"三有"活动既关注老百姓身边事烦心事，又聚焦区域性重大问题，是区政协唱响做优"赣事好商量 +"品牌的生动实践。为有效缓解协商力量不足，我们坚持上下联动，积极整合市区政协资源、委员力量，把市政协熟悉政策、了解全局、资源丰富的优势与区政协贴近基层、直面群众、工作灵活的优势结合起来，以高质量的协商助推东湖高质量发展。比如，在南昌市排水单元雨污分流管网改造、助推扬子洲镇乡村振兴等工作，市区两级政协委员一线调研摸实情，深入交流促真知，线上线下开展多形式、多层次的协商，极大提高了政协服务大局、委员服务群众的能力。

党建引领"幸福圆桌会"
深耕协商为民"责任田"

◎政协西湖区委员会

"幸福圆桌会"是"赣事好商量"在西湖走深走实的生动实践。它"接地气、效率高、效果好"，先后得到省委、省政协和市委主要领导批示肯定；华东六省一市第二十八次提案工作座谈会现场观摩；荣获全省党史学习教育"我为群众办实事"三十佳典型事例表彰；成功入选民政部"2021年度全国基层治理创新典型案例"。今年5月，省委、省政府、省政协首次联合表彰，区政协被授予"十二届江西省政协工作先进履职单位"称号。《人民日报》《光明日报》《人民政协报》等中央主流媒体以及江西省委研究室、南昌市委研究室联合调研组来区调研后，一致认为："幸福圆桌会"行得通，关键在于"党建引领全过程"。

一、固守"圆心"，始终坚持区委想什么、政协抓什么

服从服务大局是政协强化担当、积极作为的必然选择。西湖是南昌市的中心城区，人口密度大、老旧小区多、老龄化程度高，基层社会治理工作复杂繁重。着眼党政所急、基层所难，坚决扛起政协担当，全力打造"幸福圆桌会"。

（一）**学在先，突出思想政治引领把关定向**。深入学习习近平总书记关于"全过程人民民主"的重要论述；安排到井冈山神山村研读习近平总书记著作《摆脱贫困》，邀请老政协人解读中央政协工作会议精神，前往浙江诸暨实地感悟"枫桥经验"，走访榜样人物听取初心故事，不断增强政协上下"党的意识""一线观念"和"责任情怀"。

（二）**严对表，及时把党委的主张和意图变为自觉行动**。区委先后印发、批转指导性文件7份，"幸福圆桌会"落地生根、良好运行、迭代升级，党委领导始终贯穿于各环节全过程。特别是在"一个平台，全区共用"打造"幸福圆桌会"2.0新阶段，区委成立领导小组，区委书记负总责，区长任组长，区委副书记任"幸福圆桌会"理

事会理事长，工作专班实行集中办公。规定每月第一周的星期六，区党政主要领导带头，所有区领导和党政机关负责人到挂点社区参加"圆桌会"。

（三）抓关键，实现"党建＋履职"双轮驱动。着力推动"两个全覆盖"从无形到有形，哪里有政协委员哪里就有党的工作，哪里有党员哪里就有党的组织，哪里有协商活动哪里就有党组织和党员作用充分发挥。10个街道党工委副书记既是政协联络组负责人，也是"幸福圆桌会"召集人；163处协商议事场所既是委员履职阵地、"书香政协"委员读书阵地，也是政协党建工作阵地；83名中共党员委员学在先、干在前。涌现出阿卜杜拉·吾拉西木"烤囊拌粉一样亲"、曾结东"连年资助贫困大学生不留名"等一大批履职故事。

二、拉长"半径"，始终坚持群众盼什么、政协帮什么

坚持人民立场，是全过程人民民主的核心要义。协商于民、协商为民是新时代县区政协协商民主的担当使命。2021年4月以来，全区累计召开"幸福圆桌会"2587场，都是围绕让人民群众过上美好生活来展开。

（一）对准焦，坚持"三紧扣、三不议、三机制"。紧扣"党政重点、群众难点、治理焦点"，不议"有悖于公序良俗、法规明文规定、个体利益纠纷"的事，构建"群众诉求收集、分拣、引导"机制。截至5月，"幸福圆桌会"汇总群众诉求三千六百多个，聚焦公共事务、公共管理、公共安全事务进行分拣，"合理引导"五百余件，"小事快议"一千二百多件，需要上级支持和群众配合的"三公"事项纳入"幸福圆桌会"议题一千九百多件。

（二）访群众，问需于民、问计于民、问绩于民。高手在民间，拜人民为师、向人民群众学习。朝阳洲街道南烟小区改造坚持全过程人民民主，改什么、怎么改、怎么样，参与权、话语权、决策权交给社区居民，20个改造项目都是"幸福圆桌会"引导630户居民群众参与讨论、决策，最后一致确定的。过去，小区是"天上蜘蛛网、地上污水流、满眼脏乱差"；如今，干干净净、整整齐齐、清清爽爽，旧貌换新颜。

（三）聚共识，既听得进赞美、更容得下批评。庭院里、树荫下，现场讲、微信聊，人员插花坐，碰上也能说，宽松和谐的环境既"通气""顺气"，还"出气"。桃源街道远东社区协商"院内樟树绿植被损坏"问题，居民代表言辞犀利、不留情面，现场街道干部很"脸红"、社区干部有"哽咽"，新闻媒体很"惊诧"。临时休会，区领导面对面倾听、一对一说服，一起因"新建社区邻里中心宣传不到位"而引起的矛盾得到妥善化解。会后，大家还聚拢合影。

三、绘好"圆弧"，始终坚持履职缺什么、延链补什么

只有将以人民为中心的发展思想树得更牢、落得更实，才能依靠人民群众提升履职能力。"幸福圆桌会"既推动区政协工作围绕党政中心工作"公转"，也倒逼"自转"。

（一）见效果，力求"议得好"与"办得好"相互促进。只有"说了不白说"，才能保证"都想来""还想说"。"幸福圆桌会"始终坚持问题导向，弘扬致用原则，实行"领导挂点调度、'三办'全程监督、建立台账销号、及时反馈公布"闭环管理。目前推动解决群众反映问题 2985 个，正在加快解决 397 件，对于不能解决的 89 个，都及时进行反馈并获得理解。如今，还设立"幸福圆桌会"专项资金 500 万元，用于解决聚焦的民生事项。

（二）转作风，不搞作秀式调研、盆景式协商。作风就是对人民群众的感情，关乎事业成败。既有住宅加装电梯，有"刚需"，更有"利好"。但实际"好事难办""一梯难装"。如何助推？深调研、细商量、聚共识，先后召开"幸福圆桌会"120 多场次。今年 1—5 月，全区既有住宅加装电梯，已完工 13 台，正在施工 25 台，已确定加装点位拟于近期开工 18 台，全市排名第一。全市第一部老旧小区电梯最先在丁公路街道金茂小区完成加装。

（三）用真情，把"委员作业"写进群众心田。既要"身入"基层，更要"心到"基层。"书香政协·幸福大讲堂"《千年南昌看西湖》文史丛书编纂、"十佳文明高德老人"评选等一批履职新项目全面推动委员立德、立言、立功"三不朽"。委员联合发起的"幸福圆梦"捐资项目，从 2022 年 3 月开始，对 9 名家庭贫困、品学兼优的学生进行一对一的每月资助，直到大学毕业。去年 8 月，受助对象官鑫梅同学以 591 分的好成绩被华中科技大学录取，她妈妈激动地说:"政协委员比亲人还要亲！"

"青云协商·赣事有谱" 推动"赣事好商量"走深走实

◎政协青云谱区委员会

近年来，青云谱区政协在省政协的关心指导下，始终坚持发挥人民政协专门协商机构作用，在协商中发展全过程人民民主，按照凝聚共识和"协商于民、协商为民、协商利民"的原则，通过打造"青云协商·赣事有谱"基层协商品牌，拓展全方位、多层次、立体式的基层协商平台，持续推动"赣事好商量"走深走实，形成了"党委领导、政府支持、政协牵头、委员参与、各方协同、服务群众"的浓厚协商文化。主要在"四个一"方面做了一些具体的实践探索。

一、协商心连心，同唱"青云"一首歌

习近平总书记强调："人民政协在协商中促进广泛团结、推进多党合作、实践人民民主，既秉承历史传统，又反映时代特征，充分体现了我国社会主义民主有事多商量、遇事多商量、做事多商量的特点和优势。"青云谱区政协通过打造"青云协商·赣事有谱"基层协商品牌，不断深化"赣事好商量"品牌内涵。

（一）**区委真心重视**。打造党委政协"直通车"平台，区委定期听取区政协党组工作汇报，区委书记定期走访政协机关、慰问政协委员、参与政协活动、指导政协工作。成立了由区委书记任组长的全区基层民主协商建设领导小组，区财政拿出100万元预算用于支持基层协商平台搭建、场所建设、氛围营造和工作开展。着力破解"两个薄弱"问题，设立副科级的委员履职服务中心，配备党外专职副秘书长，分设秘书长和办公室主任，选强配齐各专委会主任。近两年来，区政协有5位同志得到提拔和交流，有6位同志从党委政府部门提拔和交流到政协工作。

（二）**政协真抓实干**。区政协坚持把党的领导作为协商民主的根本保证，在"青云协商·赣事有谱"基层协商活动中进一步凝聚共识、汇聚力量，引导全体政协委员和界别群众在协商实践中同唱一首歌、共下一盘棋、拧成一股绳，深刻领悟"两个确立"

的决定性意义，增强"四个意识"、坚定"四个自信"、做到"两个维护"，始终同党中央保持高度一致，在协商中把党的主张通过民主程序转化为各方面的共同意志，确保政协协商始终沿着正确的政治方向前进。

（三）委员真情参与。区政协 187 名委员全体下沉社区（村）参与"喜迎二十大　委员在一线"和"贯彻二十大　奋进新征程　委员新风采"主题协商活动，完成"六个一"履职作业，推进基层民主协商规范化、实效化、常态化。近年来，共开展"青云协商·赣事有谱"基层民主协商"三有"活动 472 场次，参与协商 5470 人次，解决了 476 件群众的操心事、烦心事、揪心事，让群众切实感受到政协离自己很近，委员就在身边，以实际行动践行人民政协为人民。

二、协商面对面，多方"协商"一起谋

习近平总书记强调："众人的事情由众人商量，找到全社会意愿和要求的最大公约数。"青云谱区政协以"青云协商·赣事有谱"基层协商品牌建设为抓手，在建言资政和凝聚共识上双向发力。

（一）谋之有依。切实强化基层协商组织机构和机制建设，按照"不建机构建机制"原则建立了 7 个街道、镇集聚"协商议事会"和 91 个社区（村）"协商议事分会"，精心打造了"老宅议事""解忧铺子""广而议之"等富有界别特点、地域特色的基层协商品牌。创新区政协"四联"制度，经常性携手区各民主党派、工商联、无党派人士组织联席会议、加强联系对接、开展联商工作、进行联合考核，切实把全区各方面的智慧和力量凝聚到建设"生态人文都市区、产业创新未来城"上来。

（二）谋之有方。坚持"不学习不调研，不调研不协商"，将学习专业知识、掌握相关政策作为调研的第一环节，以高质量的学习支撑高质量的协商。每月开展"书香青云·委员读书"活动，每季度组织"书香青云·政协大讲堂"，切实提高委员能力水平。大兴调查研究之风，把深入调查研究作为协商议政的前置条件，做到先调研后建言。每个协商课题实行项目化运作，建立"一位主席会议成员牵头，一个专委会承办，邀请一个界别的委员参与"的协商机制。

（三）谋之有益。科学确立协商选题，坚持从党政所需出发，围绕"青云谱区如何在全市发展格局中提升形象、彰显地位"、双"一号工程""盘活低效用地""做大做强青云谱冷链物流产业"等本地经济社会发展的重大问题部署选题，确保政协协商民主工作与党政工作合力合拍。坚持在群众所盼中选题，注重从社情民意、走访调查中捕捉发现新矛盾、新动向，选择"补齐幼有所育民生短板""老旧小区改造""网店食品安全监管"等与群众生产生活密切相关的议题开展协商，促进群众关心关注的

热点难点问题得到解决落实。

三、协商手拉手，疑难"赣事"一块议

习近平总书记强调，"要着力提高深度协商互动、意见充分表达、广泛凝聚共识水平，更好地为实现新时代新征程的目标任务汇聚智慧和力量"。青云谱区政协在全面落实"赣事好商量"议事品牌建设各项要求的基础上，结合区情实际，在每年年初出台当年的《"赣事好商量·三有在洪城——青云协商 赣事有谱"工作安排》，搭建了"委员区长、委员主席、委员群众面对面"三级协商体系。

（一）"委员区长面对面"议举措。区委、区政府主要领导带头参加"委员区长面对面"协商会，与政协委员、基层群众、职能部门齐聚一堂，就"数字经济发展""低效用地再开发""老旧产业楼宇活化利用"等议题进行深度协商，拿出实实在在的工作举措，议出共同发展的广泛共识。2022年，共组织召开"委员区长面对面"协商会15场，形成调研报告、建议案21份，建言资政品牌更加彰显。

（二）"委员主席面对面"听意见。主席会议成员每人挂点一个街道、镇（集聚区）政协工作联络组，围绕"阳光驿道"服务企业平台丰富"协商通道"，定期走访委员企业，今年以来协商解决企业诉求31条。对征集上来的问题进行梳理汇总，将其中的共性问题、重大问题整理出来，召集相关委员、政府部门、专家学者进行协商研讨，将问题厘清、原因找明、方向找准，如针对企业资金流转较困难、企业贷款难的问题，依托区首贷续贷服务中心，为43户中小微企业发放贷款2.1亿元。

（三）"委员群众面对面"汇民情。推进政协联络工作组（站）标准化、规范化、制度化建设，出台《关于进一步加强和改进新时代街道、镇（集聚区）政协工作联络组工作的实施意见》，在全区各街道、镇（集聚区）打造集委员工作室、"青云协商·赣事有谱"协商议事厅、社情民意联络站于一体的"委员之家"协商议事平台。全体委员定期下沉社区听民情、访民意，将群众最迫切、最急需解决的问题征集上来。2022年共反映社情民意信息300余篇，其中85篇被省市政协采用，1篇被省委采用。

四、协商肩并肩，心中"有谱"一同干

习近平总书记强调："协商就要真协商，真协商就要协商于决策之前和决策之中，根据各方面的意见和建议来决定和调整我们的决策和工作，从制度上保障协商成果落地，使我们的决策和工作更好顺乎民意、合乎实际。"青云谱区政协积极争取党委政府支持，多措并举保障"青云协商·赣事有谱"协商成果"能落地、真落地、落实地"。

（一）**以协商促民生**。融合区委"民情家访"工作要求，建立"委员进家门 带头促民生"基层协商工作机制，用情用力化解矛盾堵点：如围绕"老有所需"，在江东小区协商加装楼道扶手；聚焦"幼有所乐"，在博学社区协商盘活闲置空地修建儿童乐园；着眼"民有所需"，在水榭花都社区协商修缮小区道路，在何坊南社区协商新建电动车充电站。充分发挥联系广泛的优势，将干部群众反映强烈的"BRT 快速通道不快速"问题整理为建议案和提案上报，引起市委主要领导高度重视，促使全市路中式 BRT 站台全面拆除。

（二）**以协商促"三风"**。建立"委员进社区 带头促'三风'"基层协商工作机制，委员带头参加"孝谦和风进村（社区）"活动。将"三风"点位打造、"三风"宣传内容融入基层协商议事点建设，定期开展"'三风'大家说"专题协商会，带动居民群众围绕家风社风、社会治理、城市管理、乡村振兴等议题"谈砣"、交心，构建新时代新风尚。在协商中发掘群众身边人、身边事，选树更多群众基础坚实的"三风"榜样人物。在文明创建、疫情防控等工作中充分发挥委员主体作用，以委员风采带动"三风"建设，全区政协委员参加文明创建、疫情防控服务 2000 余次，通过各种途径累计捐款捐物超 100 万元。

（三）**以协商促发展**。青云谱区政协坚持"一手抓协商，一手抓招商"，建立"委员进企业 带头促发展"基层协商工作机制。主动融入"项目为先、实干奋进，争分夺秒拼经济"的主题主线，坚持"发展所需、政协所向"，"搭台"助力招商引资，2022 年引入企业 6 家。及时报送协商建议，通过调研协商每年形成 20 篇左右的高质量调研报告，形成的《推动村级产业发展》《养老服务产业发展》等建议案，获得区委、区政府主要领导的高度肯定。跟踪协商成果转化，聚焦"重点项目建设"、基层医疗体制改革和义务教育优质均衡发展等工作开展协商式监督和协商式视察，促进协商成果"落地生根"。

做到"四个突出"
推动"三有"活动走深走实

◎政协青山湖区委员会

政协协商是我国社会主义协商民主的重要渠道，在实践全过程人民民主、推动社会主义协商民主广泛多层制度化发展等方面具有独特优势和地位。近年来，青山湖区政协深入贯彻落实习近平总书记关于加强和改进人民政协工作的重要思想，精准把握新时代市县政协新方位新使命，认真践行"协商于民、协商为民"要求，广泛搭建协商议事平台、积极探索协商议事工作机制、持续聚焦群众关心关切、加快推动协商成果转化，主动推动政协协商与基层协商有效衔接、向基层延伸，基层协商民主"有事多商量、有事好商量、有事会商量"活动（"三有"活动）的良好氛围进一步浓厚。

一、突出党的领导，推动谋划部署全方位

坚持把党的领导作为根本政治原则，确保政协协商与基层协商有效衔接工作方向不偏、推进有序。自2020年开展"三有"活动以来，中共青山湖区委印发了《青山湖区关于开展基层民主协商"三有"活动的实施方案》，并连续三年出台"三有"活动年度工作安排等文件，从明确协商议事组织、完善政协协商议事阵地、规范协商议事程序、推进协商民主向基层延伸等方面着手，解决了政协基层协商抓手不强、阵地不足、机制不全的问题，以党委顶层设计强化政协基层协商民主的制度性安排，为开展好"三有"活动指明了方向、明确了规范、营造了环境、提供了保障。发挥区政协党组领导作用，制定出台《青山湖区基层协商民主"三有"活动阵地建设标准化实施细则》《青山湖区基层协商民主"三有"活动优秀案例评选办法》等配套文件，班子成员分别联系至少一个镇街（园区），下沉指导"三有"协商议事室建设及协商活动开展，确保党的领导体现在协商过程的每一个环节。

二、突出平台搭建，推动协商阵地全覆盖

坚持把协商平台建设作为"三有"活动的重要着力点，按照"有牌子、有场所、有制度、有安排、有记录、一室多用"的原则，采取"1+10+N"模式在全区建设了 157 个基层协商议事室，同时按照就近就便原则，将全体区政协委员编入协商议事室，推动委员下沉为基层协商的重要参与主体之一，在阵地建设全覆盖的基础上构建了完善的协商网络。为避免"三有"议事室建好不用，主动将协商内容、议事流程、议事会成员名单等公示上墙，要求各地每月至少开展 1 次协商活动，真正将协商议事室打造成为共建共享的上下联动平台、充分沟通的开放包容平台、建言献策的综合履职平台。截至目前，共开展了协商议事活动两千余场次，四万余人次参与，协调解决了一千三百余件群众身边的烦心事、揪心事，有力地提升了群众的幸福感、获得感、安全感。

三、突出机制建设，推动协商议事全规范

坚持按照"不建机构建机制"原则，依托"三有"活动平台形成了"党政交办 + 委员提出 + 社会征集"的议题选定机制、"党政领导 + 政协委员 + 职能部门 + 群众 + 利益相关方"的人员确定机制、"专题协商 + 线上协商 + 微协商"等综合运用的活动组织机制，探索"五访六亮"工作法（入户式"走访"协商、会议式"面访"协商、书面式"询访"协商、调研式"专访"协商、网络式"约访"协商，亮标识、亮功能、亮计划、亮制度、亮身份、亮风采），总结提炼了协商"六由"模式（即议题由属地提出、协商由基层主导、讨论由多方参与、智慧由委员凝聚、成果由部门转化、效益由群众评议）。

实践中，通过一整套的规范流程，确保了议题更聚焦党政中心工作、更切合基层群众诉求、建议更富有代表性和操作性，推动"三有"活动日常化运作、常态化开展，也形成了很多基层协商经典案例。比如，围绕农村"两整治一提升"、城镇老旧小区改造、社区物业化管理、文明城市创建等民生期盼热点和基层治理重点，政协委员、区直部门、群众代表和相关利益方分别开展协商议事、凝聚共识，探索出了一条以基层协商民主服务居民群众、化解矛盾纠纷、促进社会治理的新路子。

四、突出成果转化，推动难题破解全过程

把抓落实、见成效作为检验"三有"活动成果的标尺，通过"定期访、回头看"，

有效推动协商从"协商了什么问题"向"解决了什么问题"转变。按照"谁负责、谁执行""谁受益、谁监督"的原则，督促基层党组织逐项明确责任主体、工作措施和完成时限，组织政协委员、党员群众代表和利益相关方进行事前、事中、事后全程监督，及时反馈协商成果，并通过宣传栏等渠道进行公示，形成协商议事的完整闭环。对重要协商成果，区政协还以专报的形式报送区委、区政府，同时按事权分级交办，要求能办速办、能快不慢，并以视察、再协商等方式跟进监督，将协商成果转化纳入高质量考核，确保协商事项件件有回音、事事见成效。

基层协商民主"三有"活动已经成为党委政府"好帮手"、人民群众"连心桥"、委员履职"新平台"，得到了党委政府认可、基层群众点赞、政协委员欢迎。我们也深刻体会到，通过推进政协协商与基层协商有效衔接，做到了与基层群众面对面协商、心连心沟通，促进了决策需求和群众诉求的高效对接，助推了基层社会治理现代化进程，彰显了人民政协协商民主的强大凝聚力和生命力。

突出"四新"协商民主
打造"四季"协商品牌

◎政协新建区委员会

近年来，新建区政协深入学习贯彻习近平总书记关于加强和改进人民政协工作的重要思想，切实发挥专门协商机构作用，在省政协的有力指导和新建区委、区政府高度重视下，突出"四新"协商民主，打造"四季"协商品牌，大力推动基层民主协商，努力实现全过程人民民主。

一、推出协商新举措，让基层民主协商更多样

牢固树立人民主体观，落实协商于民、协商为民的要求，切实发挥好协商民主重要渠道的作用。建立健全了"新建协商·委员区长面对面"工作机制，搭建政协委员与区委、区政府领导面对面协商平台，拓展协商内容、丰富协商形式、规范协商程序、增加协商密度、提高协商成效，广泛凝聚各党派团体、社会各界人士的智慧和力量。去年，举行了"新建协商·委员书记面对面"——优化乡贤返乡创业营商环境专题协商会、"新建协商·委员区长面对面"——发展数字经济专题协商会等四次专题协商会，邀请了区委、区政府主要领导参加民主协商，传递新建声音，提振发展信心，助推经济发展。召开了学前教育普及普惠、居家养老服务等议政性常委会会议。通过广泛协商，推动了新建城嵌入式养老机构的建设，推进了学前教育普惠化发展，更好满足群众学前教育和居家养老需求。

今年，区政协再次确定4场"新建协商·委员区长面对面"专题协商会，于5月24日举行了首场"推动世纪万象城广场商业繁荣"专题协商会，取得了良好的效果。

党委政府"出题"，政协"答题"。今年以来，由区委、区政府点题，区政协组织政协委员和相关职能部门对"提升礼步湖公园周边功能品质""盘活世纪万象广场商业""缓解城区学校周边交通拥堵"等多个课题进行了广泛深入调研，积极撰写了《关于礼步湖公园周边功能品质提升的调研报告》《关于对创建名优大米品牌，助

力新建乡村振兴的调研报告》《关于对优化乡贤返乡创业服务机制，助力我区经济社会发展的调研报告》等多篇高质量调研报告，向区委、区政府提出了更多、更好、更有效的意见建议，并得到了采纳实施，政协的"智囊库"作用越来越得到彰显。

二、搭建协商新平台，让基层民主协商更常态

一张圆桌，三块牌子（有事会商量、有事好商量、有事多商量），几十条板凳，组成了社区居民协商议事的主要场所。近年来，新建区政协贴近基层，大力推进协商议事室建设，坚持融入式、共享式、开放式，在不增加基层负担基础上，依托党群服务中心、新时代文明实践站（所）等现有资源建设协商议事室，把涉及群众切身利益的协商送到村、社区。截至目前，全区共建立协商议事室三百余个。

与此同时，新建区政协在各乡镇（园区、街道）成立了16个乡镇政协工作联络组，积极组织政协委员深入基层、深入群众，围绕中心开展履职活动。去年以来，共组织开展了调研视察、协商议政、民主监督等履职活动八十多次，提交提案六十余件。开展了"美丽新建人"系列评选表彰、"文明创建我先行，党员干部当先锋""垃圾分类，从我做起"网络知识竞赛、"我是河小青，环保赣江行"志愿服务等活动，打造了"三风"示范点23个，选树了"三风"典型近百人。同时，广泛开展委员"六进"（进社区、进乡村、进机关、进学校、进企业、进医院）活动一百二十余场，四千余人次参与。

三、创建协商新品牌，让基层民主协商更独特

因时因势，因地制宜，方能实现最大限度的共商共议。新建区政协不拘泥于具体形式，积极打造基层民主协商新品牌，按照春夏秋冬四季特点，创新建立了"春季辞旧迎新圆桌会""夏季纳凉消暑板凳会""秋季左邻右舍谈砣会""冬季凝心聚力围炉会"等接地气、有实效的"四季"基层民主协商品牌，把协商议事的活动开展到群众家门口、田间地头、村社楼宇商圈、线上云端，更大范围内汇聚人心和力量，助推全区经济社会高质量跨越式发展。去年，围绕群众普遍关心的热点、难点问题，广泛开展了防溺水、老旧小区改造、"做文明人 创文明城"等基层民主协商"三有"活动80余场次。

今年，新建区政协充分发挥乡镇政协工作联络组作用，在全区16个乡镇（经开区、街道）组织举行了上百场基层民主协商会。如利用春节假期，由区政协主席带头，在各乡镇召开春季辞旧迎新圆桌会，与乡贤共话友谊，共商发展大计。在大塘坪乡献忠村开展的"夏季纳凉消暑板凳会，助力乡村振兴走出新路子"协商会上，邀请委员、

村民、企业家、村干部等围坐在一起，积极探索集休闲娱乐、农耕文明体验于一体的共享式、开放式新型农业项目，助力乡村振兴工作走出新路子。在铁河乡木莲村举行的秋季左邻右舍，把协商全过程搬进基地、农企，调研在一线、协商在一线、聚力在一线，以充满"泥土味""接地气"的民主协商，提出大力推动产业转型升级，促进一、二、三产业融合发展。在长垵、欣悦湖两个街道开展五十余场冬季凝心聚力围炉会，与群众进行面对面、心贴心的交流，你一言我一语地共话乡村社区的建设，形成了别开生面的围炉畅谈群众身边事的生动景象。

四、创新协商新机制，让基层民主协商更长效

人民政协作为专门协商机构，进一步健全和完善自身建设，是区政协重要的课题。切实制定了乡镇政协工作联络组工作规则，建立健全了乡镇政协工作联络组工作机制，把区政协对乡镇政协工作联络组的联系指导机制上升为常态化、拓展为系列化加以落实，推动两级政协工作贯通起来、协同起来、联动起来。各乡镇政协工作联络组作为协商主体，在开展基层民主协商活动中，既组织政协委员、利益相关方、基层群众和有关方面代表人士参与，又邀请党政部门负责同志、专家学者等共同商议。各乡镇政协工作联络组开展民主协商活动每年一般两到四次，行政村（社区）、企事业单位、界别根据实际情况确定；重大事项列入年度计划，应急突发或基层迫切需求事项，简化程序"一事一议"。

充分发挥委员主体作用，进一步健全委员履职制度，完善委员履职考评档案，制定和落实委员履职考核办法，引导督促委员认真履职，落细落实"委员作业"。评选表彰了一批优秀政协委员、优秀提案和提案承办先进单位、优秀调研报告及"三有"工作先进单位，展示了委员履职风采，激发了委员履职热情。加强与党政部门的制度衔接。通过建立"新建协商·委员区长面对面"工作机制，确立了与党政部门协同的公共决策前的协商制度和决策实施中的跟踪制度。同时，改进了政协内部运行机制，规范专委会工作操作程序和运作流程，沟通相应界别的委员和相关专家、社会人士等，建立经常性的对话问政制度，根据社会、民意的诉求，及时启动对话问政程序，为科学决策、民主决策提供参考和依据。

政协委员通过调研、视察、协商、监督等方式，提出了"完善城区功能""推进颐养之家建设""加快社区微改造"等一百余条建议，得到区委、区政府采纳落实，推动建成城区邮票绿地十余处、颐养之家十所、公益性停车场十余处、完成背街小巷改造五十条，有效促进教育、住房、交通、养老、托幼等民生领域问题化解，提升基层治理水平，助推社会和谐稳定。

"商"出民心　"量"出实效
全力以赴干出新样子

◎政协红谷滩区委员会

近年来，红谷滩区政协深入学习贯彻习近平总书记关于加强和改进人民政协工作的重要思想，将基层民主协商工作作为实践全过程人民民主的重要形式，"商"出民心，"量"出实效，努力让人民政协专门协商机构的品牌更响、更靓。

一、强基础，在优化协商机制上下实功夫

红谷滩区政协作为全省最年轻的基层政协组织，成立伊始，就着力推动各项工作规范化、制度化。

（一）**建立平时工作"三联系"机制**。出台《政协主席会议成员联系常务委员、常务委员联系委员、委员联系界别群众工作制度》，通过建立顺畅和谐的建言沟通渠道，营造良好的履职环境，增强委员对政协组织的认同感和归属感，使政协机关真正成为"委员之家"，乐于参与到协商工作当中来。

（二）**高标准打造协商"连心桥"**。全区各级协商平台统一协商标志标识，做到"议题征集到位、调研学习到位、筛选确定到位、协商方案到位、协商会议到位、结果落实到位、汇总上报到位"七个到位，并将协商活动开展情况纳入全区年度考核之中。截至5月底，全区搭建各类协商议事平台141个，特别是投资500余万元，高标准、高起点规划打造生米街道、流湖镇、厚田乡等9个委员履职服务站，力争成为全省乡镇街道政协工作的样板站、旗舰站。

（三）**所有委员在基层全落地**。为让群众切实感受到政协在身边，在社区搭建协商平台，将189名委员编入村、社区，亮身份、明职责，定期组织政协委员深入基层开展协商和调研活动，聚焦群众身边"烦心事、揪心事"问题进行协商。

二、定思路，在精选协商议题上下真功夫

在协商议题的选择方面，立足政协的工作性质，科学制订协商计划，以"一个汇报""两个紧扣""三个对接"方式选题目、做文章。

（一）"一个汇报"：年度协商计划报区委常委会确定，全年协商"路线表"和"施工图"一目了然，清晰呈现。以 2022 年为例，除议政性常委会会议协商外，区政协开展了 4 场主席会议协商、2 场重点民主监督协商、5 场对口协商和 75 场"红谷连心会"系列协商活动。

（二）"两个紧扣"：紧扣党政中心工作和人民群众的意愿研究确定协商议题。

（三）"三个对接"：选题前与党政职能部门对接，与各民主党派和界别对接，与政协委员对接。同时，注重协商形式的多样化，专题协商、监督性协商、"红谷连心会·三有来协商"等多种方式充分运用。

三、求实效，在践行协商为民上下足功夫

区政协深入践行"人民政协为人民"理念，把人民群众的利益摆在首位。

（一）**交心交流，协商聚民意**。为建好红谷滩绿道系统一期工程，市、区两级政协委员和区政府分管领导与当地村民面对面协商，真诚交心。对村民提出的十几个具体问题，建设单位做到认真倾听、积极吸纳，政府有关部门建设单位积极协调处置，使村民放下了思想顾虑，有力促进了项目的顺利实施。

（二）**紧盯焦点，协商暖民心**。针对老百姓反映意见强烈的区政数局周边交通出行不便的问题，区政协与区政数局一道，在反复与百度、腾讯、高德公司、区交通局、区交警大队、市轨道交通集团、市公交运输集团等"面对面"协商的基础上，推出了增加公交站点、方便就近停车等"硬核"举措，彰显了协商力度。

（三）**发挥优势，协商解民忧**。各乡镇街道以社区（村）"协商议事会"为载体，围绕与群众切身利益密切相关的议题，鼓励委员们发挥专业特长，积极提出建议和意见，发挥出"1+1>2"的作用，切实解决了南师附小红谷滩校区一部上下学高峰交通拥堵、长江路综合改造提升、生米镇山图村留守儿童上学等群众身边的"急难愁盼"事，充分彰显了政协作用、政协作为。截至 5 月底，全区共开展基层协商 532 次，参加协商人数 4000 余人次，解决各类问题 525 件。

四、树品牌，在助推发展大局上下硬功夫

区政协始终以服务全区经济社会高质量发展大局为主线，着力打造三大品牌。

（一）打造"政协进校园"品牌。与教育部门联手，在全区教育系统积极开展"关注民生传民意·模拟政协传统美德"主题教育实践活动，将"我学政协会协商"列为三大主题之一，让学生们更加关注社会发展、了解民生问题，培养家国情怀。

（二）打造"委员进企业"品牌。围绕"服务企业、服务群众、服务基层"，促全区机关事业单位"转作风、优环境"，大力开展"委员进企业·协商助发展"主题活动，鼓励委员与企业沟通交流，共同探讨解决企业发展中的难题，2022年，先后帮助企业解决各类问题22件，为企业平稳健康发展保驾护航。

（三）打造"委员进机关"品牌。在全市率先推动政协协商融入区直部门职能工作，帮助区政数局设立"办不成事"的"疑难杂症"协商专窗，让难事不仅在政策范围内能办，而且办好。在南昌西站综合服务中心设立委员服务站，开展让遗失证件"回家行动"，并作为一项便民利民制度长期坚持；区委信访局搭建议事平台，邀请委员不定期参与信访工作，为化解疑难复杂问题把脉问诊，并为委员掌握普遍性的社情民意信息提供了渠道。

持续深入推进"有事先商量"
基层协商民主建设彰显政协制度优势

◎政协柴桑区委员会

"商"以求同聚共识,"协"以成事促发展。近年来,柴桑区政协适应政协工作向基层延伸新态势,积极策应省政协"赣事好商量"协商民主和九江市政协"有事先商量"基层协商民主建设工作要求,积极探索全过程人民民主基层实践模式,常态化开展基层协商民主议事活动,人民政协助力高质量发展和参与基层治理优势充分彰显。

一、主要做法

柴桑区在"有事先商量"基层协商民主建设方面进行了一些有益探索,取得了一些成效,主要做法如下。

（一）探索平台互补融合点。探索推进"委员工作站""委员之家""有事先商量"基层协商平台、委员履职小组、"书香政协"五位一体建设,互补共进,做到协商于民、协商为民、融合发展。依托"有事先商量"协商议事平台,充分挖掘委员履职闪光点,开展协商议事活动,汇聚同心同行的政协力量。目前,区"站家"建设已在乡（镇、街道）、园区等地全面铺开,并在教育、医疗卫生、文旅、农业等行业系统建设特色"站家",真正将"有事先商量"平台与"委员站家"有机融合,推动各项协商议事活动高质量开展。

（二）把握改革发展关键点。充分发挥"有事先商量"平台在产业提升、项目建设、"亲清"政商关系养成等方面的积极作用,在推动政协协商向基层延伸过程中,更好地协调关系、汇聚力量、推动发展。在深入园区企业、行政服务单位调研协商基础上,我们研究制定了《助力营商环境"一号改革工程"工作方案》,聚焦营商环境堵点难点,重点助力工业园区审批赋权事项落地、工程建设审批事项接入工改系统全程办理等涉企服务事项,有效保障了工业项目和工程建设快速推进。

（三）找准社会治理切入点。三年的疫情防控和近六年的全国文明城创建工作,使我们深切体会到用好协商议事"小平台",凝聚基层治理"大合力"的重要性。为此,我们把协商议事精准嵌入基层社会治理工作中,依托城区 24 个村(社区)"有事先商量"平台,探索在城镇社区党工委领导下,建立各小区党支部,组建或改建业主委员会,就近就便发动政协委员参与,将基层治理议题引入协商议事平台,助力创文(全国文明城)巩卫(全国卫生城)、小区物业管理等工作;在乡镇行政村推行"有事先商量"平台与村民理事会等主体互通,结合"为民办实事",解决群众"急难愁盼"问题,切实抓住基层民生"小切口",协商解决基层治理"大实事"。

(四)挖掘委员履职闪光点。委员协商能力是"有事先商量"基层协商民主建设不断深化的内在条件。我们牢牢把握"懂政协、会协商、善议政"要求,把提升委员协商能力作为履职基石,组织课堂学习培训,强化现场沉浸体验,开展多层交流研讨,协同参加调查研究,带动委员更好地树立协商理念、培育协商文化、掌握协商方法,不断提高协商建言的科学性、成果转化监督的有效度,以更闪光的作为赋能"有事先商量"基层协商民主实践。

二、主要成效

重点从协商主体选择、协商主题确定、协商过程规范和协商共识落地等四个方面入手,层层推进,环环相扣,形成了"有事先商量"基层协商民主议事的完整闭环。通过积极探索不断尝试,柴桑区已基本实现乡(镇、街道)、村(社区)、园区等协商平台"全覆盖",共搭建平台一百余个,开展协商议事活动五百余场次。同时,成功承办了全市"有事先商量"基层协商民主建设现场会,狮子街道龙岗村荣获民政部"全国村级议事协商创新实验试点单位"殊荣。

(一)协商主体更加广泛。广泛的人员参与才能彰显基层协商的强大活力。在"有事先商量"协商主体选择上,明确政协委员、利益攸关方、党员代表、群众(企业)代表为四方固定参与人员,并根据协商内容邀请职能部门、专家人士、乡贤能人等参加。在协商"城门街道联盟村钻机停放"问题中,委员、群众、老党员及国土、环保等单位积极对口协调,解决了四十余户乱搭乱建钻机停放点问题,得到群众充分认可。谁有发言权、谁有责任、谁有好点子是决定"谁来议"的关键,有助于最大限度吸收和包容各方面有协商意愿、专业和能力与协商主题匹配的代表,便于引导各界人士参与协商。

(二)协商议题更加务实。科学的选题理念才能彰显基层协商的正确导向。通过组织开展议题征集、集中筛选、可行性评估、会议定题等多个环节,形成协商议事议题建议方案,报请同级党组织会议审定,明确协商议题,有利于准确把握基层协商重点。在协商"岷山乡金盘村民宿经济"过程中，委员们深入村集体调研，研究发展的必要性、可行性，从源头上保证了协商主题确有必要议、议后可落实、成果可推广，报经岷山乡党委会议研究通过，确定协商议题，避免了"为了协商而协商"的现象。

（三）协商过程更加规范。规范的协商过程才能彰显基层协商的严谨务实。始终做到协商前充分准备，即充分做好人员遴选、地点确定、调研组织、沟通协调等；协商中充分调研，结合协商事项，选择性召开议事会、听证会或恳谈会，努力实现在主持人不先入为主的前提下，在包容理解中寻求对协商结果多方认同，在交流探讨中力争解决方案务实可行。在"城门街道金桥村发展大棚蔬菜产业"议事中，组织委员深入村组、田间地头调研，与群众代表、街道和村干部现场协商形成初步意见，对需进一步协商的，由街道政协联络组或者委员履职小组召集人牵头，开展正式协商，保证了协商过程的透明规范，提高了协商质效。

（四）协商成果更有实效。有力的问效监督才能彰显基层协商的求真务实。坚持协商成果落实情况向当地党委政府、相关部门、利益攸关方群众、委员履职小组成员四方报告机制，并在成果落实之后组织委员履职小组成员开展专题视察，一年后对成果巩固情况开展民主监督，同时对整个协商活动开展"回头看"。在沙城工业园召开的"中小微企业融资难"协商座谈会上，有 11 家企业代表提出融资需求问题，"有事先商量"平台连线了 10 家商业银行，最终 6 家企业享受了"财园信贷通"融资政策，5 家企业与银行达成新增放贷意向，并有 2 家企业被授信 800 万元。"议后督"有效解决了"协商成果难落实"问题，通过多层密集有力的跟踪问效，防止议而不为、为而不实现象。

三、几点启示

通过几年的实践，我们深切体会到，只有坚持党的领导，做到民主与决策、民主与发展、民主与民生有机统一，基层协商议事方向才能把得准，专门协商机构定位才能立得牢，全过程人民民主追求才能落得实。

（一）坚持党的领导是发展基层协商民主的基本前提。区委对"有事先商量"基层协商民主平台建设给予高度重视和大力支持，及时成立了"有事先商量"基层协商民主建设领导小组，并召开专门会议研究部署有关重大事项和重要活动，相继印发了"有事先商量"工作实施方案及考评办法，把平台打造和议事成效等作为高质量考评事项，一体布置、综合考核；区政协党组对场所标准、协商规程、考评细则等进行具体研究、把关，发挥把方向、管大局、促落实功能；乡（镇、街道）及园区等党组织积极响应，打造阵地，开展活动，广泛宣传。党组织的坚强领导为"有事先商量"

基层协商民主建设有序推进提供了有力保障。

（二）**强化指导调度是发展基层协商民主的客观基础**。及时编印"有事先商量"基层协商民主建设工作实施细则和协商议事程序图等，实现了"有事先商量"工作的制度化、规范化。建立挂点指导工作机制，主席会成员均挂点指导单位，带领各自分管的委（室）同志，对协商工作进行点对点督促指导，并经常性组织各平台工作同志和履职委员交流学习，分享经验，探讨短板，提升质效。重点打造了城区街道 5 个社区和乡镇 27 个村（社区）示范点，通过以点带面，实现乡（镇、街道）、园区全面铺开，推动基层协商民主议事工作持续巩固提升。

（三）**服务经济建设是发展基层协商民主的题中之义**。工业园区是高质量发展的主战场，营商环境是关乎发展的先行要素。我们将"有事先商量"平台作为与"政协会商""营商直通车""电视问政"并驾齐驱的四大平台之一，全面助力营商环境"一号改革工程"。在工业园区搭建了"有事先商量"协商议事室，发挥委员主体作用，摸排梳理营商环境症结，甘当企业与政府部门之间的"润滑剂"。例如，针对园区通信信号弱的问题，走访调研，座谈协商，促成新增移动信号塔顺利选址、建成；针对园区企业反映编制水土保持方案费用过高的问题，协调水利部门，邀请政协委员、企业代表协商后，统一编制园区总体水土保持方案，帮助企业节约审批成本；促成了园区污水管网衔接、公租房漏水维修、金融网点布局等事项落地见效。

（四）**关注民生实事是发展基层协商民主的永恒初心**。坚持践行人民政协为人民天职，紧扣民生改善实事和社会治理难事组织协商。及时将相关社情民意信息摆上"有事先商量"议事平台，紧盯协商成果转化，积极推动工作下沉，履职触角延伸，既积极回应群众与企业的利益关切，又有效唤醒广大群众的民主意识。近四年来，全区共确定 300 余项协商主题，90% 以上与群众息息相关。例如，新塘乡四华村自来水改造、涌泉乡高标准农田改造、狮子街道长新路增设路灯等为民办实事协商议题，群众关注度高、涉及利益面广，通过"我的事情我来议""大事小事商量着办"，不仅有利于协商成果转化，而且让协商更有"温度"。

深入开展"有事先商量"
助推基层治理现代化

◎政协浔阳区委员会

浔阳区深入贯彻习近平总书记关于加强和改进人民政协工作的重要思想，充分发挥政协作为社会主义协商民主重要渠道和专门协商机构作用，深入推进"有事先商量"基层协商民主建设，将政协协商向基层延伸，赋能基层治理，及时化解矛盾，有效促进和谐，助力形成共建共治共享现代化治理新格局。

一、主要做法

（一）强化组织建设。浔阳区把"党委领导、政府支持，政协搭台、委员参与"作为"有事先商量"工作的组织原则和根本方法，成立了区协商民主建设领导小组，由区委书记担任第一组长，并对基层协商工作进行了责任分工，在全区形成了思想共识，纳入全区年终高质量发展考评。基层协商议事室实行政协领导包挂，全区 45 个协商议事室分别由区政协党组成员包挂指导，专委会对口联系服务。定期召开"有事先商量"现场推进会、培训会、调度会，对全区 5 个街道政协工作负责人、81 名相关社区（村）党支部书记和企业负责人进行了基层协商民主专题培训，明确基层协商的议事规则和实施程序。

（二）完善协商机制。在具体实践过程中，不断完善协商议事程序和协商考评机制，推进协商民主建设在实操中更加完善、合理。在不断总结经验的基础上，形成确定议题、专题调研、协商议事、组织回复、成果转化"五步工作法"，为"有事先商量"在基层推进从协商程序、协商主体、协商规则上进行了规范；建立协商考评机制，把委员参与基层协商纳入《委员履职考评细则》，从制度上激励和引导委员广泛联系群众，深入开展调研，积极参与协商，提高议政建言能力和水平。

（三）拓宽协商主体。充分发挥委员的主体作用，将 64 名市政协委员、218 名区政协委员、34 名智库专家网络化到社区、园区和企业，参与基层协商议事活动。市、区两级政协委员和智库专家的参与在更大范围内组建了参与基层治理协商主体，把治理中的热点问题从专家的视角进行深入浅出地分析和解答，发挥了政协联系范围广的优势，拓宽了参与基层治理参与面，将各行各业的优势资源聚集起来，在提供社会服务、化解社会矛盾、维护和谐稳定、弘扬核心价值等方面发挥了主体作用。

二、主要特点

（一）**多渠道征集议题**。始终遵循党政重视、群众期盼、政协能做的宗旨，采取党政出题、委员荐题、群众征题多渠道相结合的方式，不固定时间，随时随地都可以形成议题。党政出题的"步行街电动车规范停放"议题聚焦区委区政府创建文明城市的中心任务，加强了政策的宣传和引导，实现了建言资政和凝聚共识双向发力；方建南委员荐题的安置房小区物业管理问题下沉到白水湖街道，倾听基层呼声、汇聚群众意愿，用准物业管理模式集中解决了安置小区自治管理存在的共性问题；群众征题启动"有事先商量"二维码扫码，引导居民扫码反映"急难愁盼"事项，定期从扫码后台调取浔阳区群众反映的线索。截至目前，通过扫码反映居民诉求 67 件，协商解决 52 件，居民足不出户就可以反映诉求，寻求解决问题的方案，提高了群众的获得感和幸福感。

（二）**以问题为导向开展调研**。开展调查研究坚持问题导向，有的放矢，精准调研。坚持"不调研，不建言"，要求召开协商议事会前必须建立在充分调研的基础上，实事求是反映问题，条理清晰提出建议，做到言之有策、言之有物。新京九市场征迁遇到征迁户久拖不搬的难题后，区政协发挥政协委员人才、智力的优势，既做征迁政策的宣传员，又当征迁户的贴心人，多次开展项目征迁调研，为征迁工作提供了"注入新经济，以繁荣市场促进市场搬迁"的政协方案。在"有事先商量"进社区的工作推进中，把小区治理过程中出现的业主委员会成立难、业主物业双向选择难、下沉小区执法难作为调研重点，有效解决了金鸡坡街道曹家山小区引进新物业、甘棠街道香榭丽舍小区非机动车停放、人民路街道邮政小区自治管理问题。

（三）**督查督办促成果转化**。有效推动协商成果转化落实，最关键的是要解决好成果转化落实"最后一公里"问题，切实做好"有事先商量"成果转化。积极会同区委、区政府督查部门追踪推动协商意见的落实，形成督办机制，促进协商成果的深层次转化。在开展文明城市创建"步行街电动车规范停放"基层协商时，以《关于大中路步行街与庚亮北路交会路口电动车规范停放的建议》社情民意信息专刊呈报区委、区政府，区委书记批示："拿出切实可行的办法和举措，改善四码头交通堵点和违停现象。"区政协协同区政府、市交警一大队、区城管局、区大中路步管办进行点对点协商督办，通过相关部门齐心协力地整改，落实具体举措，步行街终于通畅了，城市文明形象得到了有效提升。

三、工作体会

浔阳区地处九江市中心城区，基层治理是城区工作的重点和难点，推进"有事先商量"以来，政协协商向基层延伸，共开展协商活动 217 次，各级党组织采纳议事成果 213 件，委员参与 405 人次，党的领导得到彰显，协商理念深入人心，协商制度日趋成熟，协商文化充满活力，为基层治理注入了新动能，为助力形成共建共治共享的现代化治理模式贡献了政协智慧。

（一）坚持党的领导，为基层治理现代化提供根本保证。习近平总书记强调，要推进以党建引领基层治理。明确了基层治理过程中，基层党组织统领全局的核心作用。坚持党的全面领导，是人民政协这一具有中国特色制度安排的根本保证。浔阳区政协"有事先商量"工作把党委领导作为首要的政治原则，一方面，在区、街道、社区三级分别建立以区委书记、街道党工委书记、社区支部书记为第一组长的协商民主建设领导小组组织架构；另一方面，在协商议事程序的确定议题、专题调研、协商议事、组织回复、成果转化"五步工作法"中，从议题的确定要经基层党组织审定，到形成共识后，要有同级党组织的回复，形成一个有始有终的闭环，把坚持党的领导贯穿始终。"有事先商量"让党的领导在基层治理中发挥引领带动作用，确保协商议事活动组织有力、推进有序、落实有效，为基层治理始终坚持正确的方向提供了根本保障。

（二）融入协商理念，为基层治理现代化提供多元价值依规。基层社会分工多样、利益群体复杂、价值追求多元，客观上治理需求呈现多样性特征。实现基层治理现代化，要尊重并适应基层社会的多元需要，实现基层治理多元共治。人民政协作为专门协商机构，协商民主贯穿于政协履职全过程，有深厚的协商意识和丰富的协商经验，浔阳区政协通过搭建"有事先商量"平台，将政协协商的触角延伸到基层，把"有事多商量，遇事多商量，做事多商量"的协商理念融入基层治理。在溢浦街道莲花池小区、甘棠街道香榭丽舍小区治理过程中，鼓励居民参与自治，从"要我整治"转变成"我要整治"，一些群众迫切需要破解的停车难、非机动车无序摆放、小区物业管理难题得到了有效解决。在这个过程中，城管、住建、民政等多个职能部门的力量得到广泛调动，第三方服务机构、施工单位积极参与，"协商于民、协商为民"的理念深入基层、融入民心，为基层治理构建了"人人有责、人人尽责、人人享有"共同体。

（三）完善协商制度，为基层治理现代化提供制度保障。新时期基层治理涉及的内容广、头绪多，是一个系统工程。政协协商进基层，要有制可依，有章可循，才能有效推进政府治理、社会调节、居民自治良性互动、协同发力。2020 年以来，浔阳区政协通过下发《关于发挥政协专门协商机构作用推进协商民主建设的实施意见》《浔阳区"有事先商量"基层协商民主建设实施方案》《"有事先商量"工作考评办法》等一系列文件，从协商内容上看，实现了从针对地方发展的大事要事向围绕涉及群众利益的小事难事的转变；从协商主体上看，实现了从各界代表人士向基层党组织、政府部门、群众代表、各界代表人士共同参与的转变；从协商成果上看，实现了从通过建言献策助推问题解决，向倾听各方意见形成共识、直接解决问题的转变。从协商内容、协商主体、协商成果几个方面入手，市、区两级政协委员全部下沉到社区，完善"有事先商量"组织制度、队伍建设、考评办法，政协协商发挥协商组织构架完备、程序规范、渠道畅通等优势，为基层治理现代化提供制度保障。

（四）培育协商文化，为基层治理现代化提供内生动力。基层治理解决的是新形势下人民内部矛盾，需要激发人民群众的内生动力，依靠人民群众的智慧和创造力实现民事民管、民事民议、民事民办、民治民享。政协文化的核心是协商文化，有着对社会主义先进文化和中华民族传统文化的自觉认同，具有团结合作、平等相待、兼容并蓄、求同存异、体谅包容的精神内涵。县区政协"开门就是群众，出门就是基层"，处于人民政协的一线和前沿，也是传播协商文化的一线和前沿。浔阳区政协通过搭平台的方式把协商议事会开到居民家门口，营造平等、自由、公正、宽松的协商文化环境，让各种意愿充分表达，激活群众的聪明才智，激发基层治理创新活力。政协委员们作为参与者和推动者，发挥自身优势，制作"有事先商量"活动小视频、创作《扬帆时代》《共创辉煌》《党派来的人》等政协协商歌曲、话剧小品，以群众喜闻乐见的形式在基层潜移默化地传播协商文化，引导协商文化深入人心。

彰显专门协商制度优势
实现协商民主更大作为

◎政协濂溪区委员会

近年来，在省政协的关心指导下，濂溪区政协持续深化"赣事好商量"品牌建设，全力推动"有事先商量"基层协商民主实践，目前已实现全区各乡镇（街道）和村（社区）协商议事全面覆盖，同时辐射 3 个工业园区和 2 个区直系统，为助推经济发展和维护社会稳定凝聚了"政协智慧"、贡献了"政协力量"。

一、注重顶层科学设计与基层具体实践的有机融合

习近平总书记指出，社会主义协商民主是党领导人民有效治理国家、保证人民当家作主的重要制度设计，有事好商量，众人的事情由众人商量，是人民民主的真谛。中共濂溪区委深刻领会"中国式民主"内涵要求，全力推进"有事先商量"协商民主建设，按照"党委领导、政协搭台、各方参与、服务群众"的工作思路，确立了政协组织牵头抓总、基层单位具体落实、政协委员广泛参与的三级联动工作格局。

区政协科学规划协商过程，合理设计协商流程，制定出台《协商议事平台建设规范》《协商民主议事规则》《协商民主工作流程》等系列文件，对协商主体、协商内容、协商形式、协商程序提出具体要求，对议事频次、议题筛选、参与人员、协商方式、成果反馈等作出具体规定，确保协商议事有规可循、有据可依，协商效率和质量得到有效保障。

各乡镇（街道）、村（社区）作为实施主体，按照有阵地、有标识、有制度、有流程、有活动、有实效的"六有"标准，打造既规范有序又各具特色的议事平台。区政府将平台建设经费列入财政预算，拨付专款 93 万元，建成协商议事中心 9 个，基层协商议事室 84 个。各级协商议事会持续擦亮工作品牌，重点聚焦区委、区政府中心工作，针对群众身边的麻烦事、忧心事，灵活运用会议协商、对话协商、书面协商等多种形式，积极组织开展议事活动，推动协商零距离、活动经常化。

二、注重委员作用发挥与社会广泛参与的有机融合

"众力并则万钧举，人心齐则泰山移。"协商工作的开展，政协委员只是主导，人民群众才是主体。区政协认真选派市区政协委员，分别担任各级协商民主议事会议成员，积极引导基层群众广泛参与，运用协商的观念凝聚思想、达成共识。

69名市政协委员和180名区政协委员合理分配至9个乡镇（街道），再按照每名委员挂点两三个村（社区）、每村（社区）配置两三名委员的原则，充实到各级协商议事会，负责甄选议题、调查研究、组织协商、解读政策、跟踪问效等协商工作的具体落实。同时建立健全落实、反馈、考核等各项工作机制，委员参与情况纳入年度履职考核。政协委员的积极参与和主体作用的充分发挥，为基层协商民主注入了智力，增添了动力，激发了活力。

议事会其他成员由各单位采取"8+x+y"方式，广泛吸纳各方人士、村居干部、乡贤代表参与，形成"横向到边、纵向到底"的工作网格。同时，根据不同协商议题，邀请利益相关方代表、职能部门和专家学者参加，各次协商议事会群众代表均占50%以上。公众参与面的有效扩大，推进了社会治理和群众自治的良性互动，传播了"好声音"、形成了"金点子"、画出了"同心圆"。

三、注重议题合理选择与成果落实转化的有机融合

习近平总书记指出："民主不是装饰品，不是用来做摆设的，而是要用来解决人民要解决的问题的。"那么，具体要解决什么问题，问题最终到底解决得怎么样，必然成为开展协商民主的出发点和落脚点。带着这样的问题靶向，区政协进一步完善会前准备、会中建言、会后问效的闭环管理，协商民主更加科学、合理、有效。

各级协商议事会重点聚焦民生实事和社会热点，广泛通过群众出题、社会征题、委员荐题、党政点题等多种方式，收集议题线索，把好审查关口，切实找准群众意愿和委员所能的最大公约数，让协商既紧扣党政所需，又切合群众所盼。三年来，各级协商议事会积极组织开展各类协商议事活动463次，基层协商民主真正走进基层、贴近群众、更接地气。

"件件有回音，事事见成效"，是协商民主的终极目标。每次协商结束后，协商议事会都会精心筛选具有针对性、前瞻性和可操作性的协商建议，形成清单，及时报送党组织。为确保协商成果真正落地、转化落实，区政协专门把"跟踪督办问效"列入协商流程，切实做好"后半篇文章"，同时配套建立反馈、考核机制，由主席会

议成员分别挂点乡镇（街道），深入跟踪问效，了解落实情况，力促议事成果真正转化为为民服务实效。十里街道聚焦安置住房分配，协商探索出行之有效的工作方案并推广应用；威家镇协商破解农村农民饮水用水问题，帮助三百余户拆迁户顺利取得房屋不动产权证；莲花镇着眼民生，为社区高龄老人开设"幸福食堂"，为中小学生开设假期"七彩课堂"，以协商为民的实际成效，赢得了社区群众的真心点赞。

经过几年来的实践探索，我们积累了一些经验，也形成了一些认识和思考，主要体现在以下几个方面。

（一）党委的坚强领导，是坚持协商民主的根本保证。中共濂溪区委高度重视"有事先商量"基层协商民主建设，主要领导部署，常委会会议专题研究，积极推动协商民主建设扎实开展。实践证明，只有在党委的坚强领导下，基层协商民主工作才能思路清、方向明、效果好，才能形成高位推动、高度协同的良好格局。

（二）委员的积极参与，是开展协商民主的坚强支撑。市区政协委员的积极参与，为区基层协商民主建设贡献了丰硕的履职成果，赢得了人民群众的高度认可。实践证明，只有充分发挥政协委员的智慧担当，人民政协的独特优势和重要作用才能更好体现。

（三）议题的合理选择，是做好协商民主的前提条件。协商议事能否成功，议题的选择是关键，选择合理恰当的议题，议事活动的开展才能行稳致远。在实践过程中，我们体会到，既要保护群众的权利，尊重他们的意愿，又要充分论证把关，注重可行性，要多在切口小、接地气、关联广的议题上做选择，尽力而为，量力而行。

（四）成果的转化实施，是实现协商民主的最终目的。出成果、见成效，真正解决实际问题，是协商民主议事的最终目的。协商成果只有得到采纳和落实，才能真正体现价值和作用。对于协商成果，不能局限于一报了之，重点要在推动落实和成果转化上下功夫，形成闭环。

在围绕中心服务大局中
擦亮"赣事好商量"品牌

◎政协昌江区委员会

在上级政协精心指导及区委坚强领导下，昌江区政协坚决落实中办《意见》、省委办公厅"二十条措施"、省政协《实施意见》精神，科学谋划，精心布局，持续打造，发挥"赣事好商量"基层协商议事平台作用，助力营商环境优化升级"一号改革工程"，助力昌江区与高新区"两区融合"，取得一定成效。昌江区在 2022 年全省高质量发展考核中位列一类县区第一等次，营商环境全省排名第 57 位。

全区现有"赣事好商量·畅快办"委员工作室 6 个，实现了每个乡（镇、街道）有 1 个委员工作室的目标。在高新区企业打造"赣事好商量·两区融合"委员工作室 1 个。2022 年开展协商议事活动 20 余次，推动居民小区电动车集中充电、垃圾分类等 30 多个问题落实解决，得到区委、区政府和基层群众的广泛点赞。

一、坚持高站位，建好平台阵地

区委、区政府高度重视协商平台建设，拨付 30 多万元支持区政协打造委员工作室。全区 7 个委员工作室按照统一 LOGO 标识、统一装修风格、统一硬件配置"三统一"的标准进行建设，突出党建引领理念，凸显三个聚焦、三个角色、四个原则、四个程序的"三三四四"特色。"三个聚焦"就是委员工作室的协商议事活动要聚焦党委和政府工作重点、聚焦群众关心的焦点、聚焦社会治理的难点；"三个角色"就是委员要当好党的政策宣传员、思想政治引领者、界别群众贴心人；"四个原则"是：紧扣主题围绕中心、平等议事充分民主、互动交流体谅包容、有效表达诤言真话；"四个程序"是制订协商计划、深入开展调研、充分进行协商、推动成果转化。"畅快办"委员工作室突出打造"顺畅、舒畅、快捷""遇事畅快说、要事畅快议、实事畅快做、难事畅快解"的特色。"两区融合"委员工作室围绕昌江区和高新区"基础设施互联互通、产业发展协作协同、生态环保联建联治、改革开放共促共进、公共服务共建共享"，着力构建"跨党派、跨界别、跨市区"的协商议事格局。

二、秉持接地气，服务界别群众

全区 7 个委员工作室建在贴近基层一线群众的社区和企业里，能够"零距离"倾听群众的呼声，反映群众的意见建议，起到社情民意的"传感器"作用。区政协坚持把委员工作室协商议事活动列入年度重点工作，6 位副主席和 6 个专委会各联系 1 个乡（镇、街道）委员工作室，秘书长联系"两区融合"委员工作室，组织委员开展协商议事活动。各专委会安排委员常驻委员工作室，面对面倾听群众诉求，与所联系的界别群众交心交流，让群众感受到政协组织和政协委员就在身边。

三、聚焦"小切口"，增进民生福祉

昌江区政协坚持以民生"小切口"连接"大民生"。委员工作室将收集到的问题和群众诉求汇总，筛选出符合政策法规要求、群众迫切需要、政协可为的议题形成协商清单；组织区政府有关职能部门、乡（镇、街道）、村（社区）干部、利益方代表、居民代表协商议事，达成共识，形成解决方案。新枫街道青花社区"赣事好商量·畅快办"委员工作室围绕"共建共治旧小区、共创共享新家园"主题，就老旧小区屋顶防水改造材料使用达成一致意见，推动老旧小区改造完成。"赣事好商量·两区融合"委员工作室围绕高新区企业员工子女入学问题，积极协调"两区"有关职能部门，以高新区社会事务向昌江区整体移交为契机，促成问题圆满解决。

四、注重抓落实，推动成果转化

昌江区政协重视将委员工作室的协商成果落到实处。确定协商议题解决方案后，第一时间张榜公示，做到公开化、透明化；在议题办理过程中，将议题办理的情况和结果及时向利益相关方进行反馈；针对落实过程中遇到的困难和问题，组织委员开展民主监督，形成推动协商成果落到实处的合力。

下一步，昌江区政协要认真贯彻落实此次研讨会精神，从四个方面下功夫，推动"赣事好商量"品牌建设再上新台阶。

（一）突出问题导向。建委员工作室的目的就是为了解决问题，委员工作室的协商主体、协商形式、协商内容要始终突出坚持以问题为导向，要特别注重问题的解决。要围绕"协商什么、谁来协商、怎么协商、协商成果如何转化"这条主线，以委员工作室为载体和依托，充分凝聚各方智慧和力量，扑下身子察实情、千方百计出实招、一心一意办实事、较真碰硬求实效。

（二）**做好结合文章**。要把委员工作室的打造和政协年度协商计划、提案工作、乡（镇、街道、工业园区）政协工作联络组、社情民意信息联系点、基层网格化治理、党员"双报到"等工作结合起来，打造以协商议事室、社情民意联系点、委员工作室、履职党支部、书香政协为载体的"五位一体"协商议事平台，拓宽委员履职渠道，提升委员履职质效。

（三）**完善议事程序**。在"三三四四"协商议事原则的基础上，进一步探索建立广泛征集知事、深入调查明事、集体研究决事、分层分类办事、反馈议题晒事、跟踪结果成事的"六事"工作机制，提高协商议事的质量和效果。

（四）**强化考核激励**。建立委员工作室考核激励机制，每年评选协商议事优秀案例并予以表彰，激发各专委会和广大委员参与协商议事活动的积极性主动性创造性，使"赣事好商量"协商平台真正成为政协组织服务基层群众、助推基层治理的有力抓手和履职品牌。

打造协商平台　增强协商实效

◎政协珠山区委员会

珠山区政协坚持以习近平新时代中国特色社会主义思想为指导，认真学习党的二十大、习近平总书记视察江西重要讲话精神等，贯彻落实中央、省委、省政协有关文件精神，坚持团结和民主两大主题，按照发挥专门协商机构作用要求，全面推进区"赣事好商量＋珠事顺利"协商议事平台建设，更好地把政协制度优势转化为治理效能，为助力全面建设社会主义现代化国际瓷都先行区作出新贡献。

一、领导重视，组织有力

中共珠山区委高度重视基层协商民主建设工作，召开了区委常委会会议，对全区基层协商民主建设工作进行专题研究；下发了《中共珠山区委关于新时代加强和改进人民政协工作的实施意见》等文件；成立了街道政协工作联络组，任命了街道政协工作联络组组长。

珠山区政协学习先行，科学部署，制定印发了《区政协关于打造"赣事好商量·珠事顺利"协商议事平台的实施意见》，并以政协换届为契机，组织开展全区政协委员、政协干部培训班，加强了协商民主理论的学习，进一步统一思想、凝聚共识，组织委员开展考察学习，在充分借鉴先进经验的基础上，结合珠山实际，确定了基层协商民主建设制度模板，明确了建设标准和议事流程、工作流程、工作制度等，为基层协商民主建设打下坚实基础。

二、突出重点，带动全局

"突出重点、全面铺开、整体推进"，是珠山推进基层协商民主建设工作的原则。珠山区政协选择竟成街道、珠山街道、新厂街道、石狮埠街道作为示范进行重点推进，在重点推进的基础上，通过深入调研、反复比选，将新厂街道林荫路社区、石狮埠五龙山社区、竟成街道樊家井社区、珠山街道龙珠阁社区这四个"群众基础好、协商民主意识强"的社区确定为基层协商民主建设试点社区，以增强带动示范效应。

"完善机制、多方参与"，是珠山政协确保基层协商民主建设工作取得实效的根本。珠山区将市、区政协委员下沉到村和社区，指导服务"珠事顺利"平台开展协商议事活动。同时，通过积极推荐，成立了基层协商民主建设专家库，安排专家库成员参加协商议事会议，提供政策、法规和专业知识咨询，确保基层协商民主成果的科学性。

聚焦全区经济社会发展中的热点、难点、堵点，围绕基层公共设施、公共服务、公共秩序、公共利益等重点事项，珠山区政协在打造"珠事顺利"品牌上下功夫、花力气，积极为委员参政议政、解决群众困难做好协商平台建设工作，新厂街道林荫路社区委员工作室开展了多次活动，并正在积极对五龙山社区政协委员工作室、樊家井社区政协委员工作室、龙珠阁社区政协委员工作室进行打造。

三、注重实效，形式多样

——2022 年 11 月 2 日，珠山区政协通过"赣事好商量"协商议事平台成功调解了一起重点项目建设矛盾纠纷，协商化解了群众"烦心事"。景德镇陶阳里御窑景区位于景德镇市老城区中心地带、是景德镇国家陶瓷文化传承创新试验区建设的重点项目。但在景区周边配套停车场项目建设过程中，由于桩基施工等原因，导致征收红线外的青石街、樟树弄、侯家弄、扫帚弄等共 13 栋房屋发生不同程度开裂，给群众生活带来影响。区政协主席邵继纲带领政协委员通过现场实地查看房屋受损情况后认为，受损房屋已属"高龄"，发生这种程度的开裂，维修费用不低且难度较大，后续是否会继续开裂难以评估。考虑到当事群众征收意愿强烈，建议政府相关部门对开裂房屋进行整体征收，经过十多天的努力，13 栋开裂房屋征收工作全面完成。

——为深化"委员进社区工作"，促进委员联系群众，发挥好政协委员服务大局、服务民生的作用。2023 年 1 月，新厂街道林荫路社区政协委员工作站委员利用自身职业专长，在长虹金域中央小区开展了健康义诊活动。活动中，委员们组织的十位各科室专家把脉问诊，针对各种症状进行耐心细致的讲解，就群众关注的健康饮食、良好生活习惯等方面提出合理建议，并为他们义务发放疾病预防资料；四名医护人员为小区一百余名居民做了血压、血糖和心率检测。针对诊疗中发现的症状，医护人员为部分居民免费发放了钙片、维生素 E 乳膏、降压药等常见药品，受到广大社区居民的一致好评。委员表示，愿意在力所能及的情况下，常态化地在社区开展此类义诊活动，切实为社区居民办实事、办好事。

——2023 年 3 月，石狮埠街道五龙山社区邀请政协委员及交警、城管等部门联合进社区开展交通法规宣传教育活动，对社区内违停车辆进行了规范管理和相关解释，畅通了居民出行和社区停车规范工作，受到了居民的一致好评。

——2023 年 4 月，竟成街道樊家井社区邀请政协委员深入辖区景漂企业进行实地走访调研，了解企业发展情况，听取企业诉求，积极出谋划策，助力企业更好发展，优化营商环境。委员们详细了解企业遇到的困难，现场答复并提出意见建议，鼓励企业抱团发展，共渡难关。委员们有的链接资源，有的愿意提供场地，有的共享产业链和信息展示平台。大家纷纷表示，经济发展离不开企业的支持，感谢企业家们在经济发展与履行社会责任上作出的贡献。同时，鼓励企业抓住疫情后的商机，拓展市场，细分消费主体，做好陶瓷产品；鼓励企业坚定信心，挖掘数据分析能力，服务消费习惯。这次走访辖区企业活动，一方面发挥了政协委员联系企业的桥梁沟通作用；另一方面通过政协委员积极宣传和建言献策，致力解决企业在发展中面临的诸多问题，进一步助推辖区企业健康发展，持续优化辖区营商环境。

协商议事是方法，成果转化是目的。近年来，珠山区政协"赣事好商量＋珠事顺利"协商议事平台建设取得显著成效，成功解决创文特色街巷打造、老旧小区和无物管小区管理等民生问题一百余个，以协商为民的实际成效，赢得了群众的真心点赞。

推动政协协商与基层协商有效衔接

◎政协安源区委员会

安源区政协坚持以习近平新时代中国特色社会主义思想为指导，积极践行"全面发展协商民主，推进协商民主广泛多层制度化发展"的重要要求，持续推进"赣事好商量 协商'安'心事"协商平台建设，推动协商民主从区向乡村社区延伸，有效衔接。

一、主要做法

（一）**分类建设，提升"建"的质量。**按照"党委领导、政府支持、政协搭台、各方参与"的工作思路，创新打造三级协同互助、"既接天线，又接地气"的基层协商载体。统一使用"赣事好商量＋协商'安'心事"平台标识，以区政协履职服务中心为依托建立"委员之家"，为全区政协委员搭建思想沟通、学习研讨、履职交流平台；以镇街、村（社区）、企业为依托建立"委员驿站"，成为广大委员相互交流、协商议事、收集社情民意的重要阵地；以委员界别、委员自身专长和实体为依托，组建以委员个人名义冠名的工作室，为委员联系服务群众提供工作平台。同时，充分运用新型网络媒体技术，推进"线上协商议事厅"建设，开展"协商议题线上征集""委员线上论坛""线上协商直播"等活动，着力增加开放性、群众性、互动性，以数字化赋能基层协商工作，形成了"线上＋线下"双线互动、融合互补的基层协商体系。目前已建成 11 个各具特色的委员驿站和 1 个委员之家、4 个委员工作室、12 个线上协商议事厅。

（二）**科学谋划，提高"专"的水平。**出台《安源区"政协工作联络组建设年"实施方案》，对镇街政协工作联络组和协商平台建设制定统一标准，实现有机构、有人员、有经费、有制度、有场地、有设施，做到年初有计划、活动有方案、实施有步骤、履职有效果、年终有总结。相继印发《政协安源区委员会履职服务和管理办法》《政协安源区委员会履职考核评价办法》，依据年度重点工作任务下达《委员履职任务书》，并在各联络组建立委员履职档案，将全区 188 名委员编入各联络组，着力解决基层协商人员缺少、协商工作薄弱等问题，使区政协与各镇街政协工作联络组的工作贯通起来、协调起来、联动起来。

（三）健全机制，突出"商"的特色。 建立"主席会议成员＋专委会＋联络组"联动运行机制，区政协主席会议成员分别挂点镇街联络组，各专委会对口联系协商平台建设、协商活动开展，通过抓点示范、全面创建，形成了特色鲜明、功能丰富、优势互补的委员驿站建设格局，实现协商工作有效衔接；制订"1+11+N"协商计划，即"区政协年度协商计划＋11 个政协工作联络组工作计划＋委员自选调研课题"，推动各项协商活动规范化、常态化发展；着力把握四个关键环节，建立了征题环节群众"点单"、选题环节委员"埋单"、办理环节协商"解单"、转化环节跟进"查单"的"四单工作法"，使协商更加契合发展大局、更加贴近基层群众，保障协商议事活动的完整闭环和质效。

二、取得的成效

"赣事好商量 协商'安'心事"协商品牌建设有效激活了政协工作的神经末梢，进一步打通了委员履职"最后一公里"，取得了一定成效。

（一）协商主题更精准。 找准了"党政所需、百姓所盼、政协所能"的结合点，做到靶向协商。推动委员全员入驻委员驿站，明确每月开展一次"委员接待日"活动，倾听民声，收集民意，每季度开展一次走访调研，察民情、聚民智。依托"委员之家""委员驿站"等阵地，今年确定并开展了"加强宗教事务管理""高质量创建全省婴幼儿照护示范区""农产品加工企业发展情况"等为主题的"赣事好商量 协商'安'心事"协商活动四十余次，协商主题聚焦区委、区政府中心工作大事，改革发展要事、民生改善实事、社会治理难事，切点小、关联广、与群众切身利益密切相关。

（二）协商方式更灵活。 采取"屋场会""现场会"等形式，开展"上门协商""现场协商"，吸纳群众代表、村组社区乡贤或企业干部参加，让政协走进群众。如，就"城乡环境综合整治"工作，借助平台，组织发动委员深入农贸市场、背街小巷、老旧小区等一线察实情、听民声、收民意，召开协商座谈会，鼓励委员结合所见所感，畅所欲言、坦诚建言，相关职能部门积极回应、平等互动，实现了"问答式协商"向"互动性协商""闭门式协商"到"开放式协商"的转变，共收集形成二百多条整治建议，供政府职能部门使用。采取"固定＋移动"的协商方式，开设"委员论坛"平台，通过线上自由发言，线下邀请委员、企业代表、职能部门齐聚一堂等协商形式，围绕"推动传统产业转型升级""深入推进双'一号工程'"等课题进行广泛协商，收集意见建议一百余条，为区域经济社会发展献出委员"金点子"。

（三）委员履职更积极。 突出委员主体作用，将"委员驿站""委员工作室"工作职责与服务民生紧密结合起来，有效激发了委员履职热情，实现了"要我履职"到"我要履职"的转变。"黄卓勇委员工作室"带领经济界委员开展公益活动，捐助爱心助学金五十余万元，帮助留守儿童实现"微心愿"八十六个。"饶君华委员工作室"组织开展活水计划——关爱大龄自闭症儿童、涉罪青少年帮教服务、关爱留守儿童等公益服务项目，关爱帮助"问题青少年"二百二十余人次。"李海燕委员工作室"整合从事律师行业的政协委员力量，通过法律沙龙、普法授课等，提供法律咨询三百余人次。白源街、东大街、丹江街分别将委员驿站建在村和社区，组织委员下沉一线值班，围绕"生活污水处理、老旧小区改造、电单车充电安全隐患"等问题开展小微协商，推动生活污水处理设施建设、老旧小区提升改造工程、电单车集中充电装置建设等一批民生实事得到有效解决，得到群众高度赞许。

三、存在问题和不足

——基层政协"两个薄弱"问题还是一定程度上存在，主要体现在工作力量薄弱，保障不足，协商活动不多，形式较为单一、多方参与的局面还没有打开；委员综合素质和履职积极性有待进一步提高。

——推动政协协商与基层协商相衔接目前还处于探索阶段，当前主要形式是以政协为主体，通过委员下沉，协商活动向基层延伸的形式，推动政协协商基层化，但其工作定位还不够明晰、活动开展不够深入，主体还是以政协组织为主，同基层协商民主建设融合得不够深，缺少一定的制度机制支撑。

——政协工作联络组"系统"观念还未形成，镇街政协工作主要依靠镇街自身探索实践，工作规范化、制度化、程序化水平不高，协商意识不强、协商主体能力不足；委员参与联络组活动出席率不高，党派团体、界别委员等参与联络组活动，共同开展基层协商的方式方法、形式内容还不够丰富、有效。

四、对策和建议

（一）健全制度机制，打造"协商共同体"。 推动政协协商与基层协商有效衔接，制度机制是保障。建议省政协出台县区、乡镇（街道）两级有效衔接相关制度，确保工作自上而下有章有法、有序运行。同时，建立有效衔接的工作机制，明确政协组织、基层党委政府在推进政协协商与基层协商有效衔接工作中的职责，要把这项工作纳入基层社会治理的格局，明确党委统一领导、政协抓工作落实、部门、镇（街道）多元主体广泛参与的工作机制、责任机制，列入对镇（街道）和部门目标责任制考核的重要内容。

（二）做强协商平台，搭建有效衔接载体。建议加强对"赣事好商量"协商平台建设的指导，加快推动"赣事好商量"协商议事工作向基层延伸，为基层各类协商活动提供一个良好的阵地。通过发挥"赣事好商量"平台的积极作用，进一步探索政协协商与基层协商相衔接的有效形式，从协商内容、协商形式、协商规则等方面加强探索，完善协商机制、丰富协商形式、健全协商规则，进一步提升协商的制度化、规范化、程序化水平，突出界别群众参与协商特色，大力营造"有事好商量，众人的事情由众人商量"的良好氛围，最大限度保障协商主体的广泛性、代表性。

（三）培育协商文化，推动协商工作衔接常态化。加强基层协商文化建设，结合基层协商工作实际，加强对基层协商工作理论研究的探索，找到适合时代特点的方法路径，进一步提升基层群众、政协委员、联络组长的协商水平，增强协商主体意识，激发协商热情。强化联动协商，通过市、区级政协与基层之间的团结合作、协调配合，提高基层协商的制度化水平和规范化程度，使基层组织与政协智力结合起来，打破协商形式之间的体制机制壁垒，切实整合各级协商资源，统筹各级协商力量，形成全区域协商整体合力，有效提升各类协商能力、水平。注重协商成果运用的质量和成效，结合实际工作情况，因地制宜开展质效评估，通过党政点评、民主评议、群众评价等方式，促进协商成果运用的高质量，更好地推动协商民主广泛、多层、制度化发展。

凝心聚力　有事"湘"商
全面抓好"赣事好商量"的湘东实践

◎政协湘东区委员会

近年来，湘东区政协守正创新，积极探索，推进"赣事好商量——有事湘商"协商平台建设的基层实践，破解工作难点，突出履职重点，打造政协亮点，有力推动了政协工作提质增效。

一、突出政治属性，加强引领，充分发挥委员主体作用，让商量的底气更足

政协委员是政协工作的主体。但在履职实践中，基层政协委员的整体素质相对不高，不会履职、不敢担当的情况不同程度存在；同时，委员的知情权有待提高，导致在协商时很难提出有针对性的意见建议，等等。

（一）**坚持党的领导，完善制度机制**。坚持在区委领导、区政协党组主导下开展"商量"，着力构建"党委领导、政府支持、政协主导、部门联动、多方参与"的工作格局。区委对"商量"平台高度重视，出台文件从支持"赣事好商量"协商平台建设、完善委员推荐提名、区政府定期通报经济社会发展情况、重大决策事前征求意见制度、支持委员开展活动、加强委员学习培训履职管理等方面提出了具体要求。

（二）**加强学习培训，实现全员入委**。对新任委员开展有针对性的岗位培训，确保任期内全体委员轮训一遍。按照"对口相近、优化结构、合理布局、增强合力"的原则，将全区 189 名政协委员"全员入委"，以专委会为依托组织委员开展每年不少于 2 次的学习交流座谈。搭建平台，由专委会协同政协工作联络组组织委员开展履职活动。

（三）**制订履职清单，建立量化档案**。制订了"四个一"（每名委员每年至少撰写一件提案、反映一份社情民意信息、递交一份大会发言或稿件、参加一次联络组活动）的履职清单，年初交作业，年中抓督查，年底晒成绩。建立常委述职制度，每

届政协所有常委都要向政协常委会述一次职。制定委员履职量化考核实施细则，对履职情况动态跟踪、详细记录、量化统计，在全会期间公布，作为评优和是否提名留任的重要依据。去年，委员履职考核平均 89.15 分，优秀率达 38%。"中国好人"、区政协委员、湘东区 148 法律事务所主任夏云剑近年来共提交 7 件提案和 12 份社情民意信息，牵头成立"夏云剑委员工作室"，无偿办理法律援助案件 86 件，义务开展心理、法律、应急救护等公益课程 42 场次。

二、突出向基层延伸，搭建平台，着力打造特色品牌，让商量的活力更强

坚持在工作思路上向基层聚焦，把工作的重心向基层倾斜，在工作安排上向基层着力，在工作职能上向基层拓展，在基层协商民主中发出政协声音、贡献政协智慧、彰显政协作为。

（一）推进政协协商向基层延伸。一是明确功能定位。按照"不建组织建平台、不建机构建机制"原则，打造"11+N"（11 个乡镇街设工作站，鼓励乡镇街建立"N"个工作室、议事点）区、乡两级协商平台，明确区级平台协商内容侧重是大事、要事、难事；基层平台协商的内容则紧扣"与人民群众切身利益密切相关的问题"。二是开展"双进双联"活动。"双进"即进基层、进社区，引导委员全员下沉乡镇街、村（社区）、园区，开展"上门"协商、现场协商，运用"微协商、微建议"，助推解决群众关切的"微困难、微问题"；广泛开展送文化、送科技、送法律、送卫生、送信息等系列便民服务活动。"双联"即主席会议成员督导协调机制和专委会联系服务机制，促进基层协商制度化、规范化、程序化。

（二）坚持把平台搭建在一线。搭在工业发展主战场，以湘东产业园为平台，围绕"重塑工业辉煌"决策部署，建言献策、献计出力，在赣湘国际物流港、工业园焦玻项目、仁江科技二期项目建设中，政协工作联络组和政协委员为服务经济发展贡献了智慧和力量；设在项目建设一线，以项目为载体，成立工作专班，政协班子成员积极参与全区重大项目建设、招商引资和征地拆迁等重点中心工作，挂点"五区建设"重大项目 11 个，以商招商、外出招商 98 人次，完成签约落地项目 3 个；办到群众家门口，以服务基层群众为抓手，引导委员立足岗位发挥作用。先后创建了下埠镇"乡贤文化"、东桥镇"社会治理"、峡山口街"志愿服务"3 个特色协商平台和 18 个委员工作室。丁顶天委员工作室积极弘扬书法文化，在基层和青少年学生中培养书法后备力量，助力麻山中学、汶泉小学创建特色书法学校。

（三）着力打造"一委一品"。制定出台《关于进一步加强和改进专委会工作的实施意见》，按照市政协调查研究"十要素"要求，组织委员深入调查研究，不断

提升建言献策质量。突出履职特色，按照"一委一品"要求，创新工作机制和方式方法，发挥自身特色和优势，聚焦切口小、定位准的专项工作，着力探索有效工作模式，积极打造个性化、特色化的工作品牌。

三、突出精准助力，靶向发力，积极增强工作实效，让商量的成果更丰

树立鲜明的问题导向和结果导向，努力使政协工作从"做了什么，做了多少"向"做成了什么，做成了多少"转变。

（一）聚焦党委、政府工作的重点，积极建言资政。 依托协商平台，重点围绕产业发展、园区扩容、城市提质、乡村振兴等重大问题开展建言资政。针对市委、区委提出建设"种业大市""种业大区"的发展战略，坚持市区政协联动，持续协商建言，今年远赴海南南繁基地、湖南隆平高科等地开展调研协商，提出很多针对性意见建议。湘东镇政协工作联络组组织委员将议事点设到江口乡村振兴示范点一线，围绕打造中国乡村艺术研学第一村文旅项目建设开展协商活动 13 次，在商业性、体验性、文化性等方面积极建言献策，助推零 799 艺术区文旅产业发展，为全省旅发大会的举办贡献政协智慧和力量；等等。

（二）聚焦社会治理的难点，服务百姓民生。 充分利用基层协商"主场"优势，协商于民、协商为民，切实将"赣事好商量"协商平台优势转化为基层社会治理的效能。麻山镇横岗村在市、区政协驻村工作队开展全方位帮扶的基础上，注重将协商活动开到村组，聚焦社会治理的难点和群众关心的热点问题开展屋场贴心会二十余场，收集群众"急难愁盼"问题一百六十余条，解决问题一百余条，实现了"后进村"成"后劲村"的华丽蜕变。广寒寨乡政协工作联络组开展的"规范民宿管理，促进民宿业健康发展"协商活动，促成了大美广寒旅游发展有限公司的组建，助推了全乡民宿的整合和规范管理。峡山口街政协工作联络组组织区域内三个志愿者协会，经常性开展疫情防控、文明创建、重大活动等志愿服务，取得良好社会反响；等等。

（三）聚焦完善机制的焦点，促进成果转化。 完善"赣事好商量"协商平台成果转化机制，探索将成果转化为提案、社情民意信息、微建议等进行办理落实。比如，排上镇政协工作联络组通过协商活动将制种业发展的协商意见建议收集起来，形成《加快实现"会"制种变"慧"制种》提案，得到区委、区政府领导高度重视，被列为今年重点提案进行督办。

"借势""借智""借力"
持续擦亮"赣事好商量·渝快议"协商品牌

◎政协渝水区委员会

渝水区是新余市委、市政府所在地，1983 年撤县设区，是个典型的与市同城行政区，今年是渝水区建区 40 周年，40 年来渝水人民时刻不忘来时之路、不忘奋斗之责、不忘复兴之志，2022 年 GDP 首破千亿大关，成为全省第二个千亿县区。近年来，渝水区政协深入学习贯彻习近平总书记关于加强和改进人民政协工作的重要思想，认真落实中央、省委、市委政协工作会议精神，切实肩负起"落实下去""凝聚起来"的政治责任，围绕充分发挥政协专门协商机构作用，通过借"势"借"智"借"力"，形成了"党委领导、政府支持、政协主动、部门配合"的良好局面，推动"赣事好商量·渝快议"协商品牌不断向基层延伸，努力答好"人民政协为人民"的历史答卷。

一、善于"借势"，助推新时代协商品牌建设打开新局面

2019 年，党中央召开中央政协工作会议，这在党的历史、人民政协历史上都是第一次，具有重大意义。省、市、县各级政协工作会议的相继召开，为我们新时代人民政协事业发展提供了新动力，当前"东风正与周郎便"，我们要善于借势而为，打开县区协商品牌建设新局面。

（一）"借势"中央文件精神，加强协商力量，打开协商工作新局面。以党的二十大精神为引领，学习贯彻习近平总书记在中央政协工作会议上发表的重要讲话和《中共中央关于新时代加强和改进人民政协工作的意见》精神，坚持和加强党的全面领导，牢牢把握政协政治定位。根据中央《关于加强和改进新时代市县政协工作的意见》精神，协助区委出台《贯彻落实〈中共新余市委关于加强市县政协工作三十条实施意见〉的实施方案》，加强了政协机关建设，配备配齐专委会和人员力量，委员服务中心从无到有。目前人员配备基本到位，职能职责已经明确，服务工作全面开展，极大地提升了委员履职服务的程序化、规范化、制度化水平。

（二）"借势"上级政协，市、区政协联动，创新协商议政形式。渝水区是新余市唯一的行政区，且是市委、市政府所在地。区政府一些管理职能不够健全，"看得见却管不着""发现了解决不了""你的我的纠缠不清"等现象一直制约渝水区城市治理。人民政协协商鲜明的人民性和巨大的包容性在这时就发挥出重要作用，在市政协的重视支持下，探索了市、区政协联动机制，由市政协牵头，区政协搭台，邀请市级职能部门参与，通过政协协商渠道，协商解决群众"急难愁盼"等民生问题。2022年11月，针对暨阳世纪城小区北门广场地面破损严重影响居民出行和市容问题，区政协搭台，邀请市政协领导牵头，组织市住建局等有关部门和小区业主代表在小区委员工作站"面对面"微协商，充分听取群众意见，最终将广场完善改造项目正式摆上议事日程，目前该项目已基本完成施工建设。通过实践，我们发现市、区政协联动协商，能够有效推动协商成果落地，为高效履职提供了新途径。

（三）"借势"党委政府，推动提案办理，促进协商成果转化。党委政府高度重视政协工作，区委主要领导带头督办重点提案，带头参与重点课题协商，并多次对政协工作发表讲话，在全区营造了积极支持、参与政协工作的浓厚氛围。今年6月初，更是以史无前例的支持力度，将政协提案办理纳入纪委巡察内容。2021年委员大会发言所提意见建议开创性地由区委办、区政府办、区政协办联合发文，明确办理责任单位，要求各牵头、协办单位及时制订办理协商方案，适时跟踪督办，并将办理情况纳入年终绩效考核。"将城南美辰大酒店及工人文化宫设施整体置换给渝水区"的提案引起区委的高度重视，由一名常委挂帅，成立了项目推进领导小组，多次组织政协委员调研，协商处理方案，并将此置换项目带到了市党代会，写入了市政府工作报告。目前该项目正抓紧实施，项目建成后将有效破解区直单位办公场所分散、群众办事不便的难题，成为政治协商、委员履职的一次重要实践。

二、巧于"借智"，助推新时代协商品牌建设迈上新台阶

人民政协人才荟萃、智力密集、联系广泛的优势明显，如何把智力优势转化为推动新时代协商品牌建设的实招、良策，是我们县区政协打造新时代新征程路上协商品牌建设的一个永恒课题。

（一）"借智"兄弟县区，协商效能再上新台阶。把与兄弟县区政协交流、增进友谊、互学互鉴，作为全力推动政协工作提质增效的一个有效途径。近年来，我们紧紧围绕党委政府的重大决策部署，紧紧围绕社会关注的热点、难点、堵点、痛点，紧紧围绕群众身边的烦心事、揪心事、操心事，赴各地政协考察学习，将他乡先进经验转化为履职建言的政治优势，提升政协协商成果转化效能。去年，围绕做好原江西钢铁厂工

业遗址抢救性保护和工业旅游开发，组织委员对遗址现状进行全面摸排调研，先后赴四川等地考察，协商报告得到市、区领导的批示，并全面启动了对工业遗址的抢救性保护工作。

（二）"借智""书香政协"，协商能力再上新台阶。我们以委员活动中心为舞台，结合"书香政协"建设，大力开展委员读书活动，将读书场所扩散至广大委员的单位、公司等场所，界别和界别、党内和党外自觉组成若干读书分享小组，定期组织开展理论学习、履职培训、读书沙龙、委员讲堂、联谊交流、协商履职等活动，不断提高全体委员的政治判断力、政治领悟力、政治执行力，切实把加强思想政治引领和广泛凝聚共识贯穿政协协商工作始终，使全体委员的协商能力得到加强。最直接的体会就是，通过组织律师委员和司法、检察、法院等执法单位的委员开展每日"分享法律知识"活动，不仅提高了委员法治素养，更是为委员履职规避很多法律风险。

（三）"借智"人民群众，协商质量再上新台阶。1930 年，毛泽东在区罗坊镇召开了罗坊会议，从参会人员中找了兴国县来的 8 名农民开了一个星期的调查会，并最终写下了《兴国调查》这篇光辉著作。"没有调查，就没有发言权""不深入群众，就搞不清实际情况，就办不成群众的事情"。为此，我们突出"少而精"原则，明确每个专委会结合所联系界别委员特点，每年选准一两个课题组织相关委员离开桌子、迈出院子深入群众、深入基层开展调查研究，在此基础上开展专题协商，确保"言在需要时、议到关键处、参到点子上"。"提升产业链现代化水平，打造钢铁产业新高地""设立创新基金鼓励企业改造升级""发展消防产业""提升硅灰石产业发展水平"等一批意见建议先后转化为党委政府的决策成果。

三、勇于"借力"，助推新时代协商品牌建设再攀新高峰

随着"赣事好商量·渝快议"协商品牌建设的持续深入，搭建了协商平台，为广大委员正确协商、为民协商、务实协商、创新协商、有效协商提供了渠道，发挥好了专门协商机构作用，以接地气的政协协商实践诠释政协"是什么"。

（一）"借力"党委领导政府支持，打造协商为民新平台。依托新余经开区企业家协会，创建了"新余经开区委员工作站"，探索政协委员协商解决发展和改革问题的新途径；依托办事处政法 e 中心，设立了"办事处委员工作站"，探索政协委员协商解决群众涉法涉诉等方面的新思路；依托社区党群服务中心，设立"社区委员工作站"，探索政协委员协商解决社区现实问题和助力社区治理新模式；依托小区业主委员会和党支部，设立了"小区委员工作站"，探索政协委员与小区居民"面对面"，协商解决邻里纠纷等小区自治的新办法。

（二）"借力""智慧政协"，实现协商议事零距离。借助互联网信息技术优势，有效解决议题公开征集难、群众广泛参与难、各方资源融合难等问题，我们将"赣事好商量·愉快议"协商品牌建设与"智慧政协"建设相融合，打通数字智慧平台系统端、手机端、电脑端的数据链路，广大人民群众和广大委员，靠一部手机就可以实现协商议事"零距离"、服务群众"面对面"、反映社情"零延时"，从而构建出协商议事工作线上线下同步同时、融合互补，社会各界方便、及时、广泛参与的"赣事好商量"新模式。

（三）"借力"界别优势，激发协商履职动力。人民政协界别可以更广泛地联系群众，更广泛地凝聚共识，更广泛地倾听呼声，发扬好这一优势，以专委会为平台构建好界别委员履职舞台，在各界别中聘请了一名社情民意信息员，以更加专业的角度收集反映社情民意；通过安排界别委员到各专委会负责的委员工作站值班，以更加"感同身受"的亲切感把群众"请进来"，把矛盾"找出来"，把问题"解决掉"，在建言资政和凝聚共识上双向发力，激发委员协商履职新动力。

做到四个坚持　提升协商质效

◎政协余江区委员会

习近平总书记强调，人民政协是社会主义协商民主的重要渠道和专门协商机构，是国家治理体系的重要组成部分，以发挥专门协商机构在国家治理体系中的重要作用展现社会主义协商民主的独特优势。余江区政协深入贯彻落实习近平总书记重要讲话精神，致力打造"赣事好商量·余民同心"协商平台，大力推动政协协商与基层协商有效衔接，解决了一大批停车难、充电难、出行难、乱搭乱建、乱堆乱放、乱贴乱画等社会治理中一些难点和痛点问题，探索了"党委领导、政协搭台、各方参与、服务群众"的基层协商民主实践之路，形成了"有事多协商、遇事多协商、做事多协商"的良好氛围，总结起来主要有以下四点体会。

一、坚持党的领导是把好"好商量"方向的根本保证

"人民政协是党领导的政治组织和民主形式。"坚持中国共产党的领导，是人民政协事业发展进步的根本保证。我们始终坚持加强党的领导，站稳政治立场，把好政治方向，推进政协工作。

（一）**党组领导把方向。**充分发挥政协党组在政协工作中把方向、管大局、促落实的领导作用，每名党组成员挂点联系一个"赣事好商量·余民同心"协商工作室，统筹推进年度协商计划实施，找准协商切入点、结合点、着力点，把握好协商节奏和力度。

（二）**支部引领聚合力。**全面建立"赣事好商量·余民同心"协商工作室功能型党支部，并做到"两联系、两覆盖"，即党员委员联系党外委员、委员联系群众，实现党的组织对党员委员全覆盖、党的工作对政协委员全覆盖，充分发挥党支部战斗堡垒作用和党员委员先锋模范作用，合力推进协商议事工作。

（三）**明确职能强动力。**印发了《构建"赣事好商量·余民同心"平台深入推进协商民主建设的实施意见》，对平台的工作目标、工作职责、工作要求等予以明确，

激发委员树立一线姿态、强化一线担当、展现一线作为。

二、坚持服务大局是选好"好商量"课题的根本依据

"市县政协要把协商摆在更加重要的位置，聚焦党委和政府工作的重点、群众关心的热点、社会治理的难点开展协商。"我们坚持供需对路，采取党政交题、班子点题、界别征题与委员荐题相结合的方式精选议题，确保协商始终围绕中心、贴近民心。

（一）**聚焦党政工作重点勇担当**。紧扣党政工作重点，制订"赣事好商量·余民同心"年度协商计划。围绕"打通农村电商渠道""做强眼镜产业""优化营商环境"等重点工作，开展多层次、多形式、多界别的协商议事，提出了一些切实管用的工作思路和举措，区委书记在政协全体会议上亲自为政协点赞。

（二）**聚焦群众关心热点勤履职**。坚持人民至上、以人为本、履职为民。将委员按界别分成 15 个小组，发放调查问卷 600 多份，走街串巷征求群众意见，将"如何实现粮食安全与农民增收双赢""道路积水"等十余件与群众生产生活息息相关的民生事项列为议题，解决了一批居民的操心事、烦心事、揪心事。平定乡村民张小娥说："以前我都没听说过政协，没想到解决了这么多问题。"

（三）**聚焦社会治理难点强作为**。创造性地聘请了 7 名社区书记、12 名村委会书记为区政协社情民意信息员，及时打捞基层社会治理的难点和痛点问题。开展了"我为创建献一计""委员话宅改"等协商活动，促进了停车难、充电难、出行难等治理难题解决，使协商既接"地气"又赢"人气"。

三、坚持广集众智是提升"好商量"质效的重要支撑

"有事好商量，众人的事情由众人商量，是人民民主的真谛。"区政协坚持健全协商规则、培育协商文化，广泛协商、广集众智，提高协商的组织化程度和质效。

（一）**精心调研促协商**。坚持调研不深不协商、调研不透不议政，切实把调研作为重要基础环节。例如，"宅改中退出的土地如何使用"议题开展之前，我们召集相关委员、政府部门工作人员、理事会成员等组成 8 个联合调研组，深入基层一线，到村头巷尾、田间地头开展调研十余次，最终形成了较为完善的建言思路。

（二）**健全规则善协商**。余江区政协出台了"赣事好商量·余民同心"平台运行规则，对协商内容、协商主体、协商程序、协商频次等予以规范，让协商活动有章可循、有据可依、有条不紊。

（三）浓厚氛围好协商。提倡热烈而不对立的讨论、真诚而不敷衍的交流、尖锐而不极端的批评，营造既畅所欲言又理性有度的民主氛围。例如，协商创建工作时，将"赣事好商量·余民同心"平台搬到社区，让基层群众与党政负责同志、相关部门、界别委员等在家门口协商，真正做到面对面交流、"零距离"沟通。

四、坚持真督实办是落实"好商量"成果的重要保障

"空谈误国，实干兴邦。"再好的议案、再科学的建议，得不到落实，就是一张废纸。我们坚持多管齐下抓落实，做到件件有回音，事事有着落。

（一）健全机制抓落实。印发了《区政协政治协商成果领导批示督办落实办法》，建立了协商成果办理、反馈和督办机制，每次协商后，我们细致记录相关问题，并梳理成条，将协商达成的共识，报区委、区政府确定后反馈至有关党政部门组织实施。

（二）督察检查抓落实。坚持实施党政领导领办督办重点协商议案，区委区政府督察室做好跟踪督办，推动相关问题的解决，促进协商成果更好地转化为治理效能。例如，在助推区创建工作中，分管区领导多次召开工作调度会，并开展"回头看"，才最终促进乱堆乱放、乱贴乱画等"老大难"问题的解决。

（三）评议考核抓落实。余江区将政协工作纳入年度综合考核体系，总共 8 分，参与支持"赣事好商量·余民同心"平台工作就占到 3 分，区政协还将平台重点议案纳入民主评议内容，形成了"党委领导、政府支持、政协搭台、各方参与、服务群众"的协商大格局。

"上下同欲者胜，风雨共舟者兴。"实践证明：打造"赣事好商量"品牌，务必坚持党的领导、服务大局、广集众智、真督实办，才能真正以"小平台"反映民生"大问题"，以"小支点"撬动"老大难"问题解决，使其成为党委政府的好帮手、社会治理的新阵地、人民群众的连心桥。

创新履职尽责实践
推进政协协商与基层协商深度融合

◎政协月湖区委员会

近年来，月湖区政协深入贯彻落实习近平总书记关于加强和改进人民政协工作的重要思想和党的二十大精神，把"赣事好商量·月（约）你好商量"平台建设作为推动政协工作高质量发展的牛鼻子，着力打造"在基层一线协商，在群众身边履职"的政协履职文化，积极营造"委员走进群众，群众走进政协"的良好履职氛围，探索推进政协协商与基层协商深度融合，认真践行全过程人民民主。

一、延伸触角，搭建履职尽责新平台

充分发挥专门协商机构作用，努力在协商品牌建设和协商议政质量上发力，推动政协工作高质量发展。紧密聚焦群众盼点、民生热点、治理痛点，打造"赣事好商量·月（约）你好商量"协商品牌，推动协商向基层延伸。

（一）建立"四联"机制，让协商向一线延伸。在党委政府的大力支持下，月湖区政协建立区政协班子成员联系分管专委会、专委会联系镇（街道）联络组、镇（街道）联络组联系委员工作室、委员工作室联系服务群众的"四联"工作机制，打造12个村（社区）政协委员工作室和2个界别委员工作室，作为向基层延伸的工作平台，推进联系服务群众工作，在基层工作中发挥着越来越大的作用。

（二）打造"五用"工作室，让履职直达基层。为了积极拓展政协参与基层社会治理的实践载体，2022年以来，我们积极创建"委员工作室"，进一步彰显了政协在基层社会治理中的独特作用。为了确保工作质量，我们专门组织到新余渝水区和湖南石鼓区、南岳区调研学习考察，研究制定《月湖区政协委员工作室建设实施方案》，安排工作经费，明确建设要求，实行全区143名委员"全员入室"，以共建、嵌入、融合、联动为主要方式搭建平台，不给基层增添负担。充分发挥"委员工作室"，学习交流新园地、联系群众新桥梁、社情民意新窗口、协商议政新平台和团结联谊新载体 5 个基础性作用，组织开展学习交流、调研协商座谈会 40 次，解决群众困难、社会纠纷等问题 50 余件。

二、擦亮品牌，唱出委员为民服务好声音

区政协把"委员工作室""月（约）你好商量"基层协商平台作为凝聚共识的阵地、社情民意的窗口、联系群众的纽带，化解社会矛盾、广泛凝聚共识、推动政协协商与基层协商有效衔接的重要力量。

（一）发挥自身优势，开展"微协商"活动。月湖区政协将委员工作室和微协商有机结合，引导委员依托委员工作室收集微协商线索，对接"赣事好商量·月（约）你好商量"基层协商平台，开展微协商帮助解决群众操心事、烦心事、揪心事。在这个过程中，协商议题来自群众、协商活动群众参与、协商结果群众监督，既为人民群众有序参与社会治理提供了体制内的新渠道，推动人民当家作主不断落到实处；也帮助党委政府的决策和施策更加顺民意、惠民生、得民心，实现了党心民心同频共振、同向同力，充分体现了协商民主在全过程人民民主中的独特优势。如，胜西社区委员工作室了解到在凯翔购物广场经营的商户车辆不能在商场地下车库包月，造成了商户意见很大，通过"月（约）你好商量"基层协商平台，搭建起了商户与凯翔物业之间的沟通渠道，并邀请具有专业法律知识的委员律师参与到协商活动当中，通过几次街道组织委员们参与协商后，商户与物业之间达成了双方满意的车辆包月的协议。

（二）对接群众所需，开展"微心愿"活动。把推进协商议事与"大调研大走访""我为群众办实事"工作相结合，组织委员深入村居、了解民情、问需于民；常态化开展委员接待日活动，通过接待来访群众，加深联系。针对夏季青少年溺水事故进入高发期，区政协各社区举办"预防溺水，'协'手护苗"协商议事会活动，为做好在校生防溺水教育工作建言献策，邀请蓝天救援队为家长、学生讲解防溺水知识，提高群众对溺水等安全事故的防范意识；举办"圆梦微心愿"协商议事会活动，形成群众"微心愿"清单，帮助部分困难群众点亮"微心愿"，为民解忧做"圆梦人"，完善"微心愿"机制，确保"微心愿"能够及时有效地兑现，切实为民解难题；丰富"微心愿"内容，推动服务事项从传统的捐钱捐物，拓展到法律服务、医疗教育咨询等各类实事；加大"微心愿"宣传推广，鼓励政协委员积极认领群众"微心愿"，力所能及地为群众办实事、做好事，为增进民生福祉贡献政协智慧力量。

三、紧抓重点，探索基层协商民主多形式

围绕全区经济社会发展和民生重大问题，就农村人居环境整治和提升、规范发展专业建材市场建设、推进城市"小修小补"便民服务点建设、社区"嵌入式"居家养老、县管校聘等议题开展协商，为党委政府提供取之可用的"政协智慧"、用之有效的"政协方案"，品牌效应持续放大，群众获得感、幸福感不断提升。

（一）**创新沟通渠道，拓展协商广度**。月湖区政协建立社情民意征集平台，公布二维码向社会公开征集社情民意信息及社情民意线索，构建主体广泛、内容丰富、形式多样、群众参与的"大协商"格局。

（二）**创新网络载体，提高协商效率**。月湖区政协创新网络协商新载体，先后围绕"青少年心理健康成长""减轻义务教育阶段学生作业负担和校外培训负担"开展网络协商，选题是群众关注、话题聚焦的内容，邀请相关部门负责人、委员代表开展专题协商，构筑以单位、群众双方为主体、多方参与的协商体系，深化互动交流，提升协商效率。

深化"赣事好商量 +"
推动政协协商向基层延伸

◎政协章贡区委员会

习近平总书记多次指出:"有事好商量、众人的事情由众人商量,是人民民主的真谛。"近年来,章贡区整合资源打造"赣事好商量·虔城协商"议事新品牌,构建了"党委领导、政府支持、政协搭台、各方参与、服务群众"协商议事新格局,主要呈现出"三活一快"的新特点。

一、当前进行的探索和成效

（一）高位推动场所"活",搭建基层协商议事"新平台"。区委高度重视政协工作,将深化基层协商民主建设列为 2022 年度重大改革任务。区委书记亲自挂帅,专题研究部署推进基层协商民主建设的具体举措。成立了区、镇（街道）、村（社区、园区）三级基层协商民主建设领导小组或议事领导小组,为基层协商工作开展提供坚强领导和组织保障,有效保证了协商议事的方向不偏、力度不减。我们坚持"群众在哪里,议事室就建在哪里"和"一室多用"原则,按照"有场所、有标志、有设施、有制度、有专人负责、有活动档案"的"六有"标准,高质量建成"赣事好商量·虔城协商"议事室 54 个（其中镇、街道议事室 10 个,园区（企业）议事室 2 个、村（社区）议事室 42 个）,实现了镇（街道）全覆盖,村（社区）、企事业单位全面推行。通过搭建基层协商民主平台,推动了政协工作重心下沉、阵地前移,让委员'身入'基层、'心入'群众,让群众更加了解政协,感受协商文化。

（二）广接地气议题"活",开启传递群众心声"直通车"。我们秉持虔城之事"全程协商",协商成果"虔诚办理"理念,积极探索构建"三主、四议、五方、六步"的 3456 工作机制（"三主"即党委领导、政协主导、群众主体;"四议"即议什么、怎么议、谁来议、议的成效;"五方"即属地领导代表、群众代表或利益相关方代表、"两代表一委员"等第三方代表;"六步"即收集议题、确定议题、议前调研、组织协商、监督落实、成果转化的协商议事工作流程）。按照"群众有什么需求就商议什么样的主题"的理念，组织政协领导干部、政协委员深入开展"进企业、进社区、进学校、进乡村，联系群众"的"四进一联系"和"访党员干部、访乡贤能人、访乡村农户，问计于民、问需于民、问政于民"的"三访三问"活动，从基层反映强烈的两千多条建议中遴选了224个事关经济社会发展和群众"急难愁盼"的重要课题，开展协商二百六十余批次，协商解决和基本解决各类问题一百九十余个，走出了一条以基层协商民主服务人民群众、化解矛盾纠纷、促进基层社会治理的"活"路子。如今年6月初，我们针对"二孩政策"全面放开后首个小学一年级入学高峰现象，召集教体、公安、民政、住建等职能部门和街道（社区）干部、校长、家长、政协委员等各方代表，举办"章江新区义务教育均衡发展"基层协商座谈会，不仅如实反馈了基层群众的诉求和困惑，还通过协商的形式把当前工作中存在的实际困难和政府采取的务实举措传达下去，增进了彼此的理解认同，参会职能部门给出了"三个小时的协商比我们一个月的工作还管用"的高度评价。

（三）强化担当举措"活"，增添委员履职动力"催化剂"。为不断提升工作效能，推进政协协商向基层延伸，激发委员履职动力，我们重点在三个方面进行了尝试。

一是推动角色转变。以镇（街道）联络组为单位，将214名政协委员分成10个组，下沉镇（街道）、覆盖140多个村（社区）和企业，公开委员姓名、照片、联系方式等个人信息，开展网格化挂牌联系，以一场场协商活动，带动基层群众由'观察者'向'参与者'转变，推动政协委员由'协商者'向'推动者'转变。

二是推动部门协作。强化"一盘棋"思想，将推进基层协商民主建设情况纳入各部门（单位）支持配合政协工作考核，大力整合组织部门"党建质量过硬行动"，政法委"网格化管理改革试点"，统战部"非公经济发展领导小组"等优势资源，加强部门协作，汇聚起推进政协协商向基层协商的强大合力。

三是推动履职融合。以"虔城协商"议事室为载体，把政协调研视察、民主监督、社情民意信息、提案和专委会、界别活动等有机融入，让调研更加深入群众，监督符合群众利益，提案、信息更能反映百姓诉求，专委会、界别工作更接地气、更富活力。如围绕"加快推进国家区域医疗中心高质量发展"课题，我们组织调研组成员深入各镇（街道）、村（社区）议事室开展了一系列微调研、微协商，在与区委书记的面对面专题协商对话会上，很多意见建议都是直接转自于一线工作人员和基层群众的原话，得到了区领导的高度重视和赞扬。

（四）强化督导落实"快"，唱好协商成果转化"片尾曲"。为确保协商成果落到实处，见到实效。探索建立健全协商成果落实、反馈、监督机制，采取三种形式抓实协商成果转化。

一是现场转化。坚持先调研后协商，确定协商议题后，先深入调研了解情况并精心组织协商活动，重要议题还邀请区政府分管领导参与调研，充分听取各类协商主体意见建议，推动达成共识，及时将协商报告报送镇（街道）党（工）委或有关部门办理。

二是合力推动。对协商过程中群众反映的事关全局性的重点难点问题，我们发挥政协三大职能优势，采取民主监督、调研视察、民主评议、社情民意等"组合拳"，力促问题解决，确保协商成果落地见效。

三是监督考核。在将政协提案、社情民意、协商成果转化落实情况纳入全区职能部门年度综合考核的同时，我们还强化质效评比，由政协办联合"两办"督查室开展基层协商议事室建设推进情况流动现场会，评选出先进议事室 5 个、精品议事室 10 个，并予以扶持奖励，营造了比学赶超、争先创优的良好工作氛围。

二、工作运行的困惑与不足

（一）**工作推进不平衡**。虽然章贡区不是试点县（市、区），但我们严格按照省政协有关要求，做到了镇（街道）全覆盖，村（社区）覆盖 30%。平台载体建好后我们发现，有的议事室工作推进实，议事效果好，有的却抓不住工作重点，议事活动缺乏内涵，议事成效不够明显。章贡区作为中心城区，明显感觉街道（社区）基层治理问题比较受关注，活动开展得比较好，而镇（村）层面协商议事活动则效果不太明显。

（二）**基层协商民主建设的氛围还不够浓厚**。一方面是一线工作繁杂琐碎，基层干部工作量大、压力大，还未形成"我要政协来协商，而不是政协要我来协商"的认识，一定程度上影响了工作的积极性；另一方面是基层群众普遍还没有养成良好的协商意识，把自己放在党政部门的对立面，在工作开展中，经常出现干部委员带头干、基层群众站着看的情况，协商的文化、协商的氛围还要继续培养营造。

（三）**推进基层协商与专委会工作、界别工作结合不紧密**。专委会和界别因其组织度好、专业度高，一直以来在政协履职中发挥着不可替代的作用。但在推进基层协商民主建设中我们发现，除了微调研、微协商等小范围履职活动外，专委会和界别融入基层协商比较困难，亟须找到工作的切入点和着力点。

（四）**协商成果的落实反馈还有短板**。政协协商但求说得对，不求说了算，我们更多地只能为解决问题提供一个平等、放松的交流平台，用专业的协商理念去对参与协商的各类主体进行引导，而实际工作中容易出现协商过程中给出的承诺答复在具体办理中因种种原因被拖延打折扣的现象，特别是在意见落实的反馈环节，还没有形成像政协提案答复这样的规定和标准，容易出现重协商、轻落实的现象，既打击了委员、群众的协商积极性，又影响了政协的公信力。

三、工作的思考与建议

（一）党的领导是根本，要层层压实工作责任。政协工作是党的工作的重要组成部分，政协的一切履职都要在党的领导下合法依章地进行，推进政协协商与基层协商有效衔接同样如此。因此，各级党委要把加强基层协商民主建设摆在事关地方经济社会高质量发展的重要位置，与年度重点工作一并谋划、一体部署、一同推进，形成一套制度规范、行之有效的工作流程，层层压实工作责任。各相关职能部门（单位）要发挥优势、密切配合、通力协作，形成上下衔接、部门联动、齐抓共管的工作合力。

（二）政协搭台是基础，要着力发挥优势特点。政协作为社会主义协商民主的重要渠道和专门机构，具有成熟的协商议事规则，完备的制度体系，丰富的协商经验，在推动基层协商民主建设上有着位置超脱、专业性强、自由度高的独特优势。因此，各级政协组织要发挥牵头抓总和统筹协调的基础性作用，结合地方实际，科学完善基层协商议事平台建设工作方案，依托职能优势、组织优势、智力优势，把各方参与的平台搭好，加强对基层干部和村（社区）工作者的教育培训，加强对协商活动的具体指导，把如何参与协商的方式方法讲清楚、讲透彻，引导党政部门、社会团体、基层群众积极参与到协商中来，有序表达意见、广泛凝聚共识。

（三）各方参与是关键，要科学找准自身定位。推进社会主义协商民主建设，主体在人民；推动政协协商与基层协商有效衔接，协商的不是政协的问题，而是基层治理中存在的问题。因此，各级部门（单位）要树牢"我要政协来协商"的理念，依托政协搭建的协商平台，把利益各方召集起来，把政协委员请进来，共同为政策落实、工作推进找到共识、汇集智慧。要通过报纸、电视、网络、自媒体等多种形式，进一步加大协商民主的宣传力度，营造各方关心支持，依法表达意见的良好协商氛围。各级政协组织要树牢"既不包打天下，也不单打独斗"的理念和共识，积极探索政协工作与基层协商有机融合的务实举措，让基层协商更加专业有效，让政协工作更接地气，努力实现基层协商与政协工作优势互补、共同提升。

（四）取得实效是目的，要强化监督保障落实。协商的目的是解决问题、推动工作，取得了怎样的效果是检验一次协商成功与否的评判标准。要将政协协商成果采纳运用情况纳入县（区）、乡镇（街道）党政班子和领导干部考核内容，由政协指导各部门（单位）建立协商成果清单，由党委政府督查部门定期对清单落实销号情况开展专项督查，增强协商成果的有效性和公信力。各级政协要加大对基层协商议事平台的督促指导，在议事室人员、经费、场所等"硬件"投入和协商议事制度、频次、成效等"软件"设施方面给出指导意见，努力形成主体多元、内容丰富、形式多样、制度健全、成效显著的基层协商民主新格局。同时，要通过政情通报会、日常调研视察、提案、社情民意信息等方式，持续跟踪督促重要协商成果的办理进度，不断推进协商民主事业向纵深发展。

"康乐商"协商品牌建设的思考和实践

◎政协南康区委员会

习近平总书记指出，协商民主是党领导人民有效治理国家、保证人民当家作主的重要制度设计。南康区政协发挥协商民主重要渠道和专门协商机构的优势，坚持问题导向、目标导向、结果导向，在"赣事好商量·康乐商"品牌建设方面进行了认真思考和有益探索。

一、协商平台怎么建、建多少？南康形成了"7+25"的平台格局

南康区高度重视协商民主工作，把"赣事好商量·康乐商"协商民主建设纳入区委深化改革重要事项。区政协探索235名委员全员入委进站的协商平台建设工作机制，确立了由办公室和6个专委会各领衔建设1个片区委员工作站，建设N个协商议事室、委员工作室的工作思路。从区情实际出发明确协商议事室、委员工作室建设原则。

（一）**不求数量求质量**。按照协商工作需要，成熟一个建设一个。第一，围绕中心服务大局，哪里最需要就在哪里建。围绕五区一体化城市功能、泛家居千亿产业集群建设了协商议事室和民革工作室。第二，坚持人民至上，哪里履职为民最便捷就在哪里建。建设了市民服务中心协商议事室，在九方人才市场建设了李娟工作室。第三，发挥协商主体作用，哪里委员最集中就在哪里建。建设了工业园区协商议事室、骆振营议事室和王志坚议事室等。第四，彰显政协特色，哪里最能发挥优势就在哪里建。建设了赣州国际陆港工作室，在行业龙头企业建设了罗小康工作室等，在城市社区建设了芙蓉社区议事室等。

（二）**不求所有求所用**。既兼顾委员的界别特性、就近履职和方便群众，又坚持共建共享原则，不增加基层负担，片区委员工作站原则上与"统战之家"、商协会建在一起；议事室、工作室坚持"一室多用"，依托乡镇（街道）党群服务中心、文明实践站（所）、文化特色园等设置。芙蓉社区工作室则与人大工作站共建，谁进行

协商活动时平台就是谁的。

到目前，南康区政协已建立 7 个片区委员工作站，25 个协商议事室、委员工作室，数量占委员总数的 10% 左右。

建平台的同时，赋予品牌内涵。品牌建设守正创新，与城市 IP 打造相结合。2022 年，南康区实施双"一号工程"，区委打造优化营商环境"康乐办"品牌的同时，区政协推动"赣事好商量·康乐商"协商品牌创建。今年，又从城市 IP 中甄选"小榫小卯"为"康乐商"品牌 LOGO，代表南康家具的榫卯辨识度高、寓意融合凝聚，一经推出，就得到了广泛认同。下一步，我们将持续优化推广，"康乐商"LOGO 设在哪，政协的协商议事就跟进到哪。

二、政协协商商什么、怎么商？南康的答案是不包打天下，也不单打独斗

平台建设求质量，协商议事更求质量。协商民主既要坚持党的全面领导、取得政府的大力支持，又要商出特色、取得成效，为群众解决"急难愁盼"。

（一）**精选协商议题**。紧扣党政关注的中心大局、围绕群众关心的热点难点堵点问题，从中选择切入口小、关注度高，通过协商有望解决的议题开展协商。坚持基层社会治理的要事、人民群众获得感幸福感安全感的实事、人民群众操心烦心揪心的难事"三个优先"。公共类事务和群体性诉求，党组织、村（社区）管理权限内的其他事务"三商量"。党的政策、法律法规有明文规定的事项，党委政府有明确要求或村（居）民代表会议已审议确定的事项、涉法涉诉的事项"三不商"。

（二）**丰富协商形式**。各专委会联系指导界别和站（室），每个季度至少开展一次协商活动。基本上形成了专题协商、视察式协商、论证式协商、评议式协商和调解式协商五种方式。二次全会，区长率政府全体领导就 8 个大会发言与委员面对面协商；三次全会，书记、区长等党政领导与委员面对面开展了四个课题的专题协商。开展了优化营商环境、农村生活污水治理、精品示范村建设等视察协商。高质量完成了区委点题的太窝等乡镇区划调整、城区双水源建设等协商。

（三）**完善协商制度**。政协协商还没有形成系统完备的制度体系，缺少可操作性的程序规定，没有配套的实施细则来保证将人民政协政治协商纳入党委、政府的议事规则，在这种情况下，南康区政协主动作为，坚持"不缺位"但"不越位"，着力推动"要我协商"为"我要协商"，区委、区政府的重大事项、重大决策出台前，政协协商在先机制化。除乡镇区划调整、城区双水源建设议题外，区政协还开展了 10 多项决策前论证式协商。

三、如何保障主体作用发挥、充分履职？南康的做法是强专委会、强界别、强委员

委员强则政协强。所有委员虽然入委进站，但由于素质参差不齐、时间难以保证等原因，怎样发挥好他们的主体作用，确保充分履职、高效协商？我们扎实开展党的建设、政治协商、民主监督、参政议政、凝聚共识和机关建设"六大提升"行动，内提素质，外创协商品牌。

（一）发挥好专委会作用。专委会牵头，认真落实"康乐商"品牌建设的要求，认真选题、深入调研、强化互动，在用好专委会对口协商平台的同时，重点指导好界别协商、工作站（室）协商以及其他微协商活动，在协商参加范围、基本程序、协商方式、协商成果报送等方面探索形成规范性的机制，确保委员有序、有效通过协商履职。

（二）加强专委会联系界别工作。重视加强专委会联系界别工作，完善主席会议成员、各专门委员会联系界别工作机制，构建起"主席—专委—界别"的工作格局。强化专委会的界别活动服务保障，彰显专委会联系一界、团结一片、引领一方的重要作用。积极支持配合界别召集人开展工作，充分发挥界别召集人的作用。鼓励各界别及其委员发挥自身专业特长和优势，在协商议事中扩大社会影响力。

（三）发挥委员主体作用。鼓励委员根据界别特点以及关心的热点难点问题，自选主议题，不断拓展工作空间，做到懂政协、会协商、善议政。健全激励机制，细化评价办法，鼓励、表彰履职突出委员，激发委员的履职热情。鼓励引导委员深入界别群众和基层一线，把凝聚共识工作延伸到委员所在领域，延伸到所联系的界别群众，把他们反映的问题转变为协商的议题，增强协商建言本领。

四、如何专出质量、专出水平、专出特色？南康区政协紧抓协商的全过程各方面

政协协商较其他协商渠道而言，更有利于多数人、"一类事"的利益诉求得到兼顾，使民意的充分表达有更可靠的制度保障。在打造"康乐商"协商品牌过程中，注重协商议事的"后半篇文章"，推动成果转化。

（一）体现在特色。区政协每年确定一个履职主题，引导委员以此开展各项履职活动。2022年，区政协发出《凝聚政协委员智慧和力量·打造比肩大湾区的营商环境倡议书》，引导委员参与到"双一号工程"中。今年全会又发出《以高效能履职

助推高质量发展倡议书》，引导委员参与到"拼经济、拼发展"中。两年来，委员围绕两个倡议认真思考，深入调研，精准选题，开展了 106 次协商议事活动，助推中心大局各项工作。

（二）**与基层协商相衔接**。政协协商与基层协商的目的寻求最大公约数，画好最大同心圆。实践中，我们把政协协商与基层协商有效衔接，丰富"赣事好商量"基层实践，拓宽听民意、汇民智、聚民心渠道。通过沟通协商凝聚共识，使各项决策统筹各方利益诉求，变得更加准确科学。

（三）**推动成果转化**。注重协商议事"后半篇文章"。主要做好三件事：第一，交流成果。每次协商议事后，认真梳理总结，形成有情况有分析、有解决问题思路和举措建议的报告。第二，关注成果转化情况。重点关注建言是否得到党委、政府领导批示，是否转交相关部门研究、是否采纳或落实。第三，跟踪建言实际效果。密切跟踪相关建议建言采纳后产生了什么变化、取得了什么效果、各方反响如何，彰显建言资政价值。

擦亮"赣事好商量"品牌
提高政协工作质效

◎政协赣县区委员会

"赣事好商量"协商议事是省政协为更好地发挥专门协商机构作用，把政协制度优势转化为国家治理效能，推动政协协商与基层协商有效衔接打造的品牌。在上级政协有力指导下，赣县区于 2022 年元月起，在全区经试点到全面推开，打造"赣事好商量"协商议事平台，推进基层协商民主建设，收获、感悟、启发很多。

一、推动平台阵地的充分整合，提高"赣事好商量"的生命力

平台建设是开展"赣事好商量"协商议事的基础。要着力破解平台在哪里建、怎样全面推开建，以及平台功能单一等问题。

（一）**资源共享**。建设"赣事好商量"平台，不能在建场所、搞硬件上讲攀比、讲排场。有条件的，可按照有场所、有标志、有设施、有制度、有专人负责、有活动档案的"六有"标准，规范化建设。其他地方，可按照开放、共享的思路，依托现有的党群服务中心、新时代文明实践中心（站、所）、综治中心等基层阵地资源建设协商议事室，做到不另起炉灶、不包办代替、不增加负担，这样才能又好又快推进平台建设。按照这样的理念，赣县区仅用 1 年就建设了协商议事平台 112 个，其中乡镇协商议事室 20 个、村（社区）87 个、企事业单位 5 个，实现了 20 个乡镇（城市社区）全覆盖，村（社区）30% 以上覆盖，其中建设精品示范点 43 个。

（二）**平台共建**。打造"赣事好商量"品牌，不等于不再建设其他平台，要结合政协履职职能、委员履职形式，因地制宜，整合搭建其他类型的履职平台，如委员之家、委员工作室、委员会客厅、界别委员工作站等，充分发挥各类平台阵地功能叠加效应。通过资源共享、平台共建让"赣事好商量"平台建得下、推得开，真管用、多功能，在基层散发旺盛的生命力。

二、推动协商文化的高度契合，提高"赣事好商量"的支撑力

规范运行是开展"赣事好商量"协商议事的前提。要推动政协协商与基层协商有效衔接，要与社会主义协商民主的协商文化、协商精神高度契合，为务实有效推进基层协商民主提供强有力的支撑。

（一）坚持党的领导。要始终坚持在党的全面领导下推进基层协商民主建设，最大限度保证协商结果与党的路线方针政策相一致，最大程度把群众凝聚到党组织周围，最大力度夯实党在基层的执政基础，确保基层协商民主建设方向不偏、焦点不散。

（二）坚持规范有序。要推动协商主体精准化，科学合理确定协商主体范围，注重吸纳威望高、公道正派的老党员、老干部、群众代表、杰出乡贤和"两代表一委员"参与，更加重视利益相关方的参与，让协商结果更公平合理、群众更接受认可。要实现协商规则标准化，进一步完善"提出议题、确定议题、议前调研、开展协商、协商成果运用反馈"基层协商议事"五步法"，形成工作闭环，不断提高基层协商制度化、规范化水平。

（三）坚持注重实效。要突出协商重点，聚焦当地党政工作的要事、民生改善的实事、社会治理的难事，着力解决群众"急难愁盼"问题。要突出成果转化，对于达成共识的议题，要抓紧组织实施，确保协商结果落地生根、开花结果；对于未达成共识的议题，要集思广益、持续协商，积极寻求解决途径。要探索建立协商成果的采纳、落实、监督和反馈机制，确保协商结果落到实处。

三、推动履职活动的深度融合，提高"赣事好商量"的引领力

提质增效是开展"赣事好商量"协商议事的关键。打造"赣事好商量"品牌，不能单纯地每年在协商议事室开展几场协商议事活动，要以"赣事好商量"协商议事为引领，融合其他履职活动，推动政协履职提质增效。

（一）引领委员联系服务界别群众。在做好"赣事好商量"协商议事的同时，研究制定委员定期走访、结对联系，以及"协商议事月""委员接待日"等经常性工作机制，推动委员下沉基层，让委员联系服务界别群众更积极、更主动、更有效，更有利委员广察民情、广纳民言、广聚民心。如，区里印发《关于在全区政协委员中开展"下基层、到网格、促协商、提能力"活动的通知》，把全部政协委员落到 112 个协商议事室中挂点联系，参与"赣事好商量+"协商议事，同时到所在网格开展联系服务界别群众等工作，实现了"委员沉下去、履职活起来"，让群众更加真切地感受

到"政协很近，委员很亲"。印发《关于在全区政协委员中开展"金牌委员"创评活动的通知》，树立鲜明导向，引导委员更好参与"赣事好商量+"协商议事，更好联系服务界别群众，并从中评选、表彰"金牌委员"，以标杆示范激励和带动广大委员争当社情民意"观察员"、矛盾纠纷"调解员"、人民群众"服务员"。

（二）引领委员提高调查研究能力。 通过基层协商议事引领和倒逼委员深入基层一线，广泛开展调查研究，教育引导委员提高调查研究能力，形成更多高质量的提案、社情民意信息、调研报告等调研成果。如，印发《关于在全区政协委员中开展"三评"活动的通知》，开展以"委员自身素质评估、调研成果评级、年终履职评定"为内容的委员"三评"活动，对委员开展调查研究活动、报送调研成果提出硬性要求，并纳入委员履职档案和履职考核指标体系。此外，印发《在政协常委中开展"十带头"活动的通知》，对常委开展调查研究等工作提出更高要求，发挥"头雁"效应引领委员调查研究工作上台阶、建言资政上水平。

（三）引领民主监督职能提升。 探索建立建议、协商、监督联动机制，引导委员收集群众反映的问题和诉求，调研整理后提出建议，推动协商议事室等平台聚焦建议办理，开展协商，并对协商成果落实开展监督，帮助解决群众操心事、烦心事、揪心事，促进协商议事和民主监督双提升。

四、推动线上线下的紧密结合，提高"赣事好商量"的亲和力

线上线下结合是开展"赣事好商量"协商议事的趋势。要主动适应信息化、数字化新形势，着力推动协商议事线上线下联动、让协商民主"飞入寻常百姓家"。

（一）线下渠道要进一步拓宽。 要延伸"赣事好商量"协商议事触角，组织委员走进田间地头、农家小院、社区广场、车间工地，探索开展"田园协商""纳凉协商""广场协商""圆桌协商"等，让委员履职成效辐射更多界别群众，让协商理念深入社会、深入基层、深入群众。要综合运用委员工作室、协商议事月、委员走访日等平台机制，实现联系界别群众接访与下访结合，线索议题收集与征集相结合，意见建议办理交办督办与面对面协商办相结合，打通委员联系服务界别群众"最后一公里"，实现协商议事"零距离"。

（二）线上渠道要进一步探索。 利用信息化赋能基层协商议事、赋能政协履职。要用好"赣事好商量"品牌的成功经验，发挥智慧政协作用，走好网上群众路线，积极探索推广线上委员工作室、线上委员联系界别群众工作站、"协商议事在线"以及"民意直通车""诉求直通车""微建议""码上商量"等，构建起"线上＋线下"结合、"场内＋场外"联动的协商新格局。

"赣事好商量　画好同心'袁'"的实践探索

◎政协袁州区委员会

市县政协具有开门就是基层、出门就是群众的特点，推动基层协商民主责任重大、意义非凡。袁州区政协结合实际，对打造"赣事好商量"品牌进行了积极探索，创建了"赣事好商量　画好同心'袁'"基层协商议事平台，共开展协商议事活动 152 场，委员参与率达 80% 以上，形成调研协商报告 51 篇、社情民意信息 59 条、意见建议 46 篇、提案 6 件等，形成了一批具有政协特点的协商成果和转化成果，得到了党委政府和人民群众的点赞喝彩。

一、把握打造"赣事好商量"品牌的根本点

坚持把党对政协工作的领导贯穿打造"赣事好商量"品牌各方面、全过程，不断传递正能量、凝聚向心力，为推进基层协商议事奠定坚实根基。

（一）**着力强化政治引领**。人民政协是政治组织，旗帜鲜明讲政治是人民政协的根本要求，开展基层协商议事活动，要强化思想政治引领，把学习贯彻习近平新时代中国特色社会主义思想和党的二十大精神作为重要政治任务，利用协商议事活动、"书香政协"活动等方式，持续加强委员政治理论学习，教育引导委员讲政治、顾大局，确保"赣事好商量"基层协商活动始终保持正确政治方向。

（二）**全面加强党的领导**。党的二十大报告强调："坚持和完善中国共产党领导的多党合作和政治协商制度，坚持党的领导、统一战线、协商民主有机结合。"打造"赣事好商量"品牌，是政协工作向基层延伸的创新途径，无论是协商议事平台搭建，还是开展协商议事活动，都必须坚持党的领导，深入贯彻落实党委决策部署，始终与党委政府同心同向、同频共振，做到"党委政府工作推进到哪里，政协工作就跟进到哪里"。

（三）**提升委员履职能力**。政协工作优势在委员、活力在委员，潜力也在委员，持续打造"赣事好商量"品牌，委员的能力素质尤为重要。通过邀请专家授课、外出

学习考察、实地调研实操，开展政协业务能力、党委政府方针政策培训等，让委员吃透上情、掌握下情，不断提升委员调查研究能力、群众工作能力，着力打造一支"懂政协、会协商、善议政"的委员队伍，为发挥委员在基层协商议事中的主体作用打下坚实基础。

二、聚焦打造"赣事好商量"品牌的关键点

打造"赣事好商量"品牌，关键在于确定协商主体、选准协商内容、制定协商程序，推动协商议事制度化、规范化、程序化，不断提升协商议事成效。

（一）精心选配协商主体。要让委员更多地参与到基层协商中，并邀请相关部门参与协商，为基层协商提供帮助，同时鼓励群众代表、利益相关方有序参与，使各方的利益诉求和意见建议得到充分表达。袁州区政协采用"选、调、配、吸"方式进行委员分组，让全区346名政协委员全部下沉到33个乡镇（街道）、园区协商议事平台。"选"即委员自选活动组；"调"即根据委员自选情况，调整平衡各组人员；"配"即根据协商议题配备特长人员；"吸"即吸收人大代表、乡贤和有关部门人员等，做到科学合理选配协商主体。

（二）精准选定协商议题。协商议题要聚焦党政关注的重点、社会关切的热点、群众关心的焦点，既要充分考虑基层实际和群众呼声，又要选择与经济发展相关的议题，经过前期调研摸底后确定协商议题。今年4月，袁州区政协采取乡镇选题、区领导点题、调查研究出题、向政协委员有关部门征题的方式，确定了"加强城中村居民自建房的管理""增设小区停车位"等32个协商议题。

（三）精细制定协商程序。要制定和建立详细的协商程序，便于各活动组精心组织、周密安排协商议事活动，确保过程不乱、流程规范，保障协商议事活动高效开展。袁州区政协制定了基层协商议事活动"十步工作法"，即"调查研究、确定议题、制定方案、发布预告、走访研判、组织协商、反馈意见、成果转化、跟踪督办、评议总结"，基层一看就懂、一学就会，基层协商议事活动更加规范有序。

三、找准打造"赣事好商量"品牌的着重点

打造"赣事好商量"品牌，要着重在搭建多种协商平台、推动协商成果转化上持续发力，同时注重经验总结宣传，持续奏响"赣事好商量"最强音。

（一）协商平台有创新。打造"赣事好商量"品牌，要积极搭建基层协商议事平台、委员工作室、界别活动平台和"智慧政协"平台等多种协商议事平台，实现群众的意

见建议多渠道反馈，委员的主体作用充分迸发。在协商形式上要进行灵活创新，要更好地体现现场性和时效性，可以在企业车间、田间地头、公园小区开展协商，有事好商量、有事随地随时商量。今年 3 月，袁州区政协竹亭镇活动组在农田里开展现场协商，当场解决了高标准农田建设存在的问题，种粮大户为此纷纷点赞。

（二）协商成果有转化。要持续做好协商成果转化"后半篇文章"，加强各类协商平台形成的调研报告、社情民意信息、提案等协商成果的跟踪问效，推动解决一批群众关心的"急难愁盼"问题，让协商议事平台成为社情民意"直通车"、社会矛盾"减压阀"、凝心聚力"黏合剂"。袁州区建立了高标准办理提案、高效能办理社情民意信息、高质量重点督办等协商成果转化机制，打通了协商成果转化"最后一公里"，形成了协商议事工作闭环，委员满意率和办结率均为 100%。

（三）品牌打造有声音。要大力宣传各地"赣事好商量"协商议事活动成效，通过线上线下媒体平台，广泛深入地反映和展示基层"赣事好商量"平台的探索实践、工作成果和典型案例，讲好协商议事故事，发出政协好声音，凝聚更大社会共识，创造良好的社会舆论环境，同时打造一批可复制、可推广、可借鉴的示范标杆。袁州区政协一批协商典型案例在中央省市有关媒体刊登推介，且先后接待宜春市政协、铜鼓县政协、鹰潭市政协、重庆市渝中区政协等单位的考察活动，"赣事好商量　画好同心'袁'"品牌效应初步显现。

四、筑牢打造"赣事好商量"品牌的支撑点

一年来，袁州区政协致力于唱响做实"赣事好商量"品牌，获得了不少启示，这些启示是持续打造"赣事好商量"品牌的重要支撑。

（一）坚持问题导向。开展基层协商议事活动要做到奔着问题去，协商议题要坚持从党政关心的重点、社会关注的热点和老百姓生产生活中遇到的实际问题入手，通过"小切口"来解决"大问题"和"大民生"，避免"假大空"，防止出现"为了协商而协商"问题，使协商更贴合群众生活和经济社会发展。2022 年 9 月袁州区政协水江镇活动组围绕爱心教育捐赠无组织等问题，就成立乡镇教育基金会进行充分调研协商，今年 5 月江西省水江红爱心教育基金会正式成立，为水江乡村教育振兴注入了强大活力。

（二）坚持过程导向。打造"赣事好商量"品牌是推动政协协商向基层延伸的重要举措，开展基层协商议事活动，要围绕协商议题，到基层中去、到群众中去、到实际中去，深入开展调查研究，做到接地气、连民心，掌握基层实际情况，不得随意"打折扣"，减免相关流程，防止出现"坐在办公室里搞协商"的情形，力戒认认真

真走过场的形式主义。2022年初袁州区政协提出的"城乡一元公交"的建议案被区委、区政府采纳，于2022年底正式开通运营，开启了袁州城乡公交一元时代，老百姓欢欣鼓舞、好评如潮。

（三）**坚持结果导向**。要注重提高基层协商议事的实际成效，积极构建协商议事工作闭环，大力推动协商成果转化，避免协商议事活动成为"半拉子工程"，不让协商主体的意见建议"石沉大海"，让协商主体"说了管用""说了不白说"，同时让群众体会到协商议事的力量，感受到协商议事带来的新变化。2022年袁州区政协围绕"公务员职级晋升"开展了专题协商调研，形成的调研报告得到区委、区政府主要领导肯定和点赞，相关建议已经得到转化，解决了一大批基层公务员的晋升难题。

袁州区政协将继续推动"赣事好商量 画好同心'袁'"品牌迭代升级，为持续打造"赣事好商量"品牌，提升市县政协工作质量和水平贡献袁州实践经验。

"三圈　三室　三联动"
推动"赣事好商量"行稳致远

◎政协信州区委员会

习近平总书记指出，有事好商量、众人的事情由众人商量，是人民民主的真谛。近年来，信州区政协认真践行全过程人民民主，深入推进"赣事好商量"的信州实践，不断提升政协工作质量和水平，让社会各界切身感受到了"政协距我很近，委员就在身边，协商就在门口"。

一、"三圈"同创让宣传思想"走新"更"入心"

推进"赣事好商量"品牌建设，信州区政协始终坚持党的领导，充分发挥地处上饶市中心城区，市、区两级委员相对集中等优势，构建"学习圈"，创建"客厅圈"，扩大"朋友圈"，9次荣登《人民政协报》"政能量榜""商靓榜"，开创了政协宣传思想工作新局面。

（一）"学习圈"突出思想引领。坚持"第一议题"制度引领政治学习新常态，把学习贯彻习近平新时代中国特色社会主义思想摆在最突出位置，确保政协工作始终保持正确政治方向。创新委员学习培训新方式，连续两年组织全体政协委员参加封闭式集中培训，第一时间学习领会和准确把握党的二十大精神，加强党性修养，坚定理想信念，提升委员的履职能力和水平。

（二）"客厅圈"广泛凝聚共识。积极探索"赣事好商量＋委员客厅"工作模式，努力将委员客厅打造成群众乐往的打卡地、委员履职的新场地。全区已建成103个委员客厅，形成了15分钟"委员客厅圈"，联系界别群众近10万人，实现了"一个客厅"影响"一众人群"的蝴蝶效应，激活了联系界别群众的"一池春水"。

（三）"朋友圈"讲好政协故事。做好全媒体时代的宣传引领，发挥"朋友圈"乘数效应，制作的《遇见·信州》短视频在《人民政协报》网站发布；出品的《喜迎二十大　委员说变化！请您来点赞！》爆款短视频展播文章获《人民政协报》点赞；

组织全体委员共同录制的《领航》歌曲"快闪"视频登上学习强国平台，团结凝聚奋进新征程的政协力量！

二、"三室"同建让协商民主"出新"又"出圈"

信州区政协按照省政协文件精神，坚持从实际出发，因地制宜、守正创新，书写践行全过程人民民主的信州"新答卷"。《信州区政协：一座城一条心 "云"商量助抗疫》报道荣获第 24 届江西报刊网络新闻奖三等奖。

（一）搭建"议事室"凝聚合力。 紧扣省市政协工作要求，活用"政协委员＋网格员"，301 名市区两级政协委员与千余名网格员下沉 149 个基层协商议事室，协同发力"好商量"力促"商量好"；运用"好商量＋云商量"，创新开设"微信演播室""云上议政厅""视频微党课"，凝聚起线下线上协商合力；深化"赣事好商量＋基层社会治理"，组织开展了"严防学生溺水""构建和美乡村"等专题协商议事活动，助推 2022 年全区实现暑期"严防学生溺水"零事故发生，"协"力推进农村物业化管理，共建宜居宜业和美乡村。

（二）创建"活动室"激发活力。 探索完善委员联系界别群众制度机制，规范创建 23 个"同心圆"界别活动室，精选活动主题、彰显界别特色。中共界别充分发挥界别委员政策理论水平高的优势，联合基层党校举办中共二十大精神轮训班 8 期，联系界别群众 1100 余人次；民进界别开展"同心助企"活动，为 36 家企业牵针引线助推合作，帮助柚子传媒等企业扭亏为盈；经济界别开展税务优惠政策专题讲座，让税惠春风为小微企业发展赋能……政协工作呈现出"界别活、全盘活"的良好态势。

（三）打造"读书室"提升能力。 整合新时代文明实践中心（所、站）、基层文化活动室等资源，建设 10 个"政协委员读书室"；开展主题阅读分享活动 38 期，动员全体委员扫码"政协委员读书室"微信小程序就近就便读书借阅；把"书房"建在线上，组织政协委员录制有声书在委员群里播放分享，打造"学习随时随地、交流线上线下"的读书应用场景；吸引支持住区工作、生活的外县政协委员参与"读书室"活动，把会读书、善学习作为履职的"基本功"和协商议政的"必修课"。

三、"三联动"同步让政协履职"焕新"亦"焕彩"

信州区政协将"三维联动"纳入政协工作大局，整合资源力量、发挥特色优势，联动协作，履职尽责，以改革创新精神引领履职能力建设，推动全过程人民民主更广泛、更真实、更管用。

（一）深化"纵向"联动。坚持市县联动、上下贯通，积极参与市区政协联动开展的"提升云碧峰国家森林公园环境品质"专题"好商量"协商议事会，督促区相关单位逐项落实"增添体育健身设施器材""启动公园功能性设施修复"等共识，看得见、摸得着的云碧峰森林公园环境品质改善让社会各界有了满满的获得感。

（二）创新"横向"联动。率先探索推进政协提案与检察建议的衔接转化，成立上饶市首家公益诉讼联络站，制定出台《关于加强政协提案与检察建议衔接转化工作的暂行办法》，进一步增强政协民主监督、检察监督的工作合力，2022年检察建议转化政协提案6件，转化为社情民意信息3篇，政协提案转化为检察建议5件。

（三）拓展"内外"联动。接待省内外兄弟政协交流学习活动23批次，组织委员外出学习考察18批次，积极为各界人士来区参观交流、投资兴业牵线搭桥，加强与省内外政协友好往来。5月下旬，省政协2023"新闻媒体基层政协行"齐聚信州，"宝宝停车库""周田水库防溺水""同心助企"等协商活动获人民政协网、中国新闻网、今视频、江西新闻等央媒、省媒专题报道。

路虽远，行则将至。新时代赋予了市县政协新的使命，作为专门协商机构，我们将在省政协的有力指导下，主动学鉴兄弟市县政协的成功经验，积极践行全过程人民民主，推进"赣事好商量"的信州实践更加生动、更具特色、更富实效。

"好商量"扎根基层　汇聚民智
绘就基层治理最大"同心圆"

◎政协广丰区委员会

近年来,在上级政协的精心指导和区委的坚强领导下,广丰区政协坚持协商于民、协商为民,凝聚共识增合力、深入协商树品牌,扎实推进"好商量"基层协商民主建设工作守正创新、提质增效、走深走实,有力推动政协协商向基层延伸,在践行全过程人民民主中展现政协力量。

一、强化组织领导,发挥主体作用,推动"好商量"走深走实

始终坚持把党的全面领导贯穿于"好商量"工作始终,紧扣党政所想、政协所能、群众所盼,积极构建"党委重视、政府支持、政协主动、各方配合"的基层协商民主建设工作新格局。

(一)区委高位推动。专门成立了以区委书记任组长的推进基层协商民主建设工作领导小组。如,区委书记召开区委政协工作会暨基层协商民主建设推进会,参加了电子信息制造产业链"用工难"议题协商议事会,亲自调度"校企合作""人才交流市场建设""企业员工子女入学难"等共识落实。配齐配强乡镇(街道)政协联络组组长,并按要求优先晋升为二级主任科员。

(二)政协持续推进。实行区政协主席会议成员挂点联系机制,指导"好商量"基层协商民主建设工作。建立健全区政协领导班子成员挂点联系乡镇(街道)和高新区基层协商民主建设工作制度,每季度开展一次实地调研、每年度组织一次工作考评。建立业务培训机制,前后召开8次"好商量"推进会,分片组织25次"好商量"现场观摩会和交流会,组织委员培训635人次。

(三)委员主动跟进。按照"就地、就近、就便、就熟、就愿"的原则,将35名住区市政协委员和222名区政协委员全部下沉到各乡村协商议事室,实行"挂乡联

村"机制，并把每个月 26 日定为委员活动日，明确委员在"好商量"协商议事工作中的"职"与"责"，发挥委员主体作用，扩大各方参与，形成工作合力，大力激发乡村两级推进"好商量"工作的积极性和主动性。

二、强化基础保障，凝聚协商合力，推动"好商量"扎根基层

在推进"好商量"基层协商民主建设工作过程中，注重规范建设、因地制宜、面向群众、经费落实，促进"好商量"工作有声有色开展。

（一）确保有地方议事。按照"有阵地、有标识、有制度、有流程、有活动、有成效"等"六个有"工作标准，坚持不增加基层负担、"一室多用"的原则，依托党群服务中心、新时代文明实践所（站）、村民理事会等现有资源，规范建设"赣事好商量"协商议事平台 255 个，其中乡级平台 24 个（包括高新区），村级平台 231 个，实现了全覆盖。

（二）确保最广泛参与。在乡村两级政协联络组组长、联络员以及广大委员参与的基础上，择优选取模范党员、"五老"人员、乡贤等人员参与协商议事活动。每次协商会根据议题需要，利益相关方参会要超过半数，确保群众知情、表达和监督等权利。同时，从历届政协委员、有关部门单位、重点企业等遴选各界专家和精英 80 余人组成"好商量"专家库，切实让协商议事活动更加科学化、更具实操性。

（三）确保经费有保障。前后共安排 226 万元用于基层协商民主建设工作。前期，区委区政府安排 150 万元专项经费，确保短时间内"好商量"协商议事平台全覆盖和协商议事活动正常开展。每年通过评选先进单位、先进个人、先进案例，通过"以奖代补"的方式（2021 年 36 万元、2022 年 40 万元），促进"好商量"基层协商民主工作走深走实，让"好商量"扎根基层，成为政府的"好帮手"、群众的"连心桥"。

三、强化民生导向，规范协商流程，推动"好商量"有序有效

"好商量"基层协商民主建设工作始终坚持以人民为中心，紧扣民生主题，严把三个关口，确保整个协商议事规范有序。

（一）把好"议题选择"关。协商议题主要由政协委员通过深入基层、深入群众，一些共性的问题，通过收集社情民意信息等方式提出；也可以通过"党政领导点题、专家荐题、网络征题"等途径。每年年初，经"下沉"委员收集、基层政协工作联络组上报、挂点联系乡镇的专委会审核后，形成年度协商议题库，从源头把好议题关，当然议题库是动态的。具体操作上，协商议题坚持民生导向，贴近基层群众，坚持小

切口选题，切实解决好老百姓的操心事、烦心事、揪心事，体现党和政府的"大温暖"。2020年以来，各地围绕人居环境整治、创建文明城市、严防学生溺水、小区物业管理、生活垃圾分类、构建和美乡村等议题开展协商活动一千八百五十余次，助推解决群众"急难愁盼"事项一千六百七十余件。

（二）把好"议前调研"关。 坚持"调研于协商之前""调查不深不协商、研究不透不建言"。一般由提出协商议题的政协委员牵头，开展协商前的议题调研工作。议题调研邀请与议题相关的群众代表、党员代表、村（社区）"两委"代表、有关专家等，深入一线，和群众共把脉、同会诊，多方面寻找问题。如，永丰街道通过开展"蓝泊湾小区垃圾分类定时定点投放"议前调研活动，调研活动参与委员多达12名，时间跨度长达4个月，为开好"好商量"会议打下坚实基础，顺利通过"好商量"协商议事会破解垃圾分类难题，为其他地方解决垃圾分类中的问题提供了思路。

（三）把好"协商议事"关。 协商议题调研工作完成后，牵头政协委员应及时向乡镇、街道政协工作联络组组长报告，然后会商同级党组织负责人，确定协商议题及会议召开时间、地点、参加人员等相关事项，并在协商议事会议召开至少7天前，在适当范围内公示。协商议事会议要坚持平等协商原则，允许与会人员围绕议题畅所欲言，会议主持人要引导意见不同的利益各方群众轮流发言、各抒己见。与会人员发言讨论结束后，由主持人当众宣布协商议事结果（达成共识或未达成共识），达成共识（大多数同意）的，主持人提议鼓掌通过。

四、强化守正创新，放大品牌效应，推动"好商量"常态长效

始终把协商共识的落实作为"好商量"协商议事的生命线来抓，注重机制建设和协商方式的创新，"好商量"成果转化率逐年上升，助推了基层治理效能的提升。

（一）注重创新机制建设。 在质效评价机制方面，尤其注重共识落实等实质方面的考量，不搞花架子，不以协商次数论英雄。共识落地后要向所有利益相关方进行反馈，坚决不走过场，不让达成的共识"空转"。在完善激励机制方面，将"党建＋好商量"作为基层党建考核的重要组成部分，实现"三个纳入"。在完善政协委员履职考核方面，把委员发挥主体作用、组织参与"好商量"工作作为履职的重要内容，记入委员履职档案，让委员"下沉"实现了常态化、服务基层常态化。

（二）注重创新协商形式。 设立网上征集渠道。群众可通过手机扫二维码，随时随地发表建议，进行留言，让议题征集更加便捷、畅通、丰富。如，洋口老街改造系列协商会，就通过网上征题、网上留言等办法，广泛征求群众意见，让群众合理诉求进入协商议事，快速推动了老街改造进程。开展"云协商"。如，吴村路亭山"乡

村建设筹资"协商会,通过远程连线方式开展协商。开展流动协商。根据实际需要,不拘泥形式,协商场地可以放在祠堂民居、田间地头、仓库厂房。如,东阳乡围绕垃圾分类主题,通过走进群众家中、走进田间地头开展协商议事,环境变得更好了,群众心里更暖了,垃圾分类成了当地农民的新时尚。

通过"好商量"协商议事,破解社会治理中问题的例子有很多。如,通过一场"头脑风暴",破解改制职工养老难题;如城东全民健身中心建设,解决群众"去哪儿健身"问题;如,东街明珠小区充电桩安装,消除飞线充电安全隐患;如,"聚合力"预防溺水、"田间地头"群策群力发展油菜种植……一个个民生议题进入"好商量"平台,一个个社会治理难题在协商中得到解决,"好商量"深深扎根基层,结出累累硕果。

自推进"好商量"基层协商民主建设工作几年来,踏踏实实,一步一个脚印,从点到线再到面,实现了从解决好"一个事""一件事"向解决"一类事"延伸。"一个事",如少阳臭水塘变身休闲广场个案,不仅环境卫生变好了,群众又有了休闲的场地,解决周边群众的一个烦心事;"一件事",如洋口老街改造提升系列协商会,围绕"老街怎么改,改后怎么办"这条主线,解决了文化保护、老街修缮、停车场建设等一连串问题,解了难题、纾了民困、宽了民心,如今老街"六行五坊"样样齐全,一幅欣欣向荣景象;"一类事",如垃圾分类、防溺水、构建和美乡村等议题展开多次协商,面上剖析同类问题的"肠梗阻",找到解决同类问题办法的"金钥匙",系统合并解决问题的"同类项",为基层社会治理创造出一条新的路子。

"好商量"协商议事机制,充分发挥了群众参与积极性,聚合各方的力量,转变了群众工作的方式,由过去干部做群众工作,转变为让群众去说服群众、带动群众,从"做群众工作"到"由群众做工作"。通过互动协商的办法碰撞交融,找到符合各方利益的最大公约数,纾解了群众心中的不满,拉近了党群干群关系。"好商量"汇聚了民智,发挥了政协大团结大联合的作用,是政协协商和基层协商有效衔接的好办法,绘就基层治理最大"同心圆",是全过程人民民主在基层的重要实践。

"赣事好商量"落地在家门落实在心头

◎政协广信区委员会

广信区政协深入学习贯彻习近平总书记关于加强和改进人民政协工作的重要思想，自 2020 年试点基层协商民主建设工作以来，紧紧围绕"有事好商量，众人的事情由众人商量"，把"赣事好商量"协商议事平台搭建到乡村两级，将政协委员下沉到群众家门充实力量，以创新服务方式注入新的生机活力，实现协商成果转化的结果落在群众心头，推动"赣事好商量"从形式上"全覆盖"到内容上"全涵盖"向效果上"全有用"的美丽蝶变，"有事好商量"长效机制不断完善，群众心声的回声更加有力、更接地气，群众意愿和要求的最大公约数更加清晰具体。

一、协商议事平台建在乡村，群众有事在家好商量

"有事好商量，众人的事情由众人商量。"在哪商量？商量什么？和谁商量？怎么商量？回答上述这些问题，关键在商量的形式、内容、主体等要素。

广信区政协在全市乃至全省，率先启动基层协商民主建设试点工作，先后在乡镇（街道、园区）和村（社区）两级全覆盖式建成"赣事好商量"协商议事平台238个；明确协商议事"四步法"流程：确定协商议题、开展调查研究、召开协商会议、督促结果落实，每次协商议题、协商结果报同级党组织审定。标准化、规范化、制度化建设协商议事平台，特别是把协商议事平台建在群众家门口，协商形式、内容、主体等要素明确，群众反映身边事更加便捷、能够全流程参与。

二、委员下沉挂乡村进站点，当主力唱主角助商量

"有事好商量，众人的事情由众人商量"，协商议事平台搭建在乡村两级，形式上实现"全覆盖"，但内容不够丰富、力量不够强实，还在"有事可商量，众人的事情能众人商量"阶段，怎样让商量从"可"到"好"、从"能"到"由"，如何让"赣

事好商量"协商议事平台从"有形覆盖"向"有效覆盖"转变?

广信区政协推动委员下沉,以"挂乡联村""进站入点"的方式,不断夯实"赣事好商量"平台基础。在 21 个乡镇(街道)设立"委员工作站"、226 个村(社区)设立"委员联络点",按照"就近、就便、有利、有为"的要求,将 277 名区政协委员和 53 名市政协委员,统一安排下沉到乡镇(街道)、村(社区),进站入点履职协助组织"赣事好商量"活动,明确由委员主导协商议事四个环节,让委员当主力、唱主角,全过程组织、全流程参与协商议事,一线服务群众。同时,注重强化党建引领,在各"委员工作站"成立"下沉"委员临时党支部,引领党员委员发挥先锋模范作用,联系带动党外委员积极参与基层协商。

三、创建"委员服务日"品牌,联系服务进群众家门

"有事好商量,众人的事情由众人商量",如何更好发挥委员在"好商量"中的作用,强化委员主体意识、提升委员联系服务群众主观能动性?

广信区政协创新设立每月 20 日为"委员服务日",作为委员"下沉"履职的固定服务时间,打通联系服务群众"最后一公里"。这一天,统一组织委员进村(社区)、进楼栋、进家庭,通过"固定 + 流动"场所、"线下 + 线上"渠道、"约定时间 + 随时随刻"方式,开展政策咨询、法律援助、社情民意、问题意见和"好商量"议题征集。同时,借助互联网信息技术,倾力打造"意见'码'上提,服务马上到"议题征集 APP,群众通过手机扫一扫,就可以随时随地发表建议、进行留言,这种即时直达民意的形式,让"好商量"议题征集更加便捷、更加畅通、更加丰富。在"委员联络点"公布委员的微信二维码,方便广大村民随时扫码反映诉求,让群众感受到政协就在身边。

四、狠抓协商成果转化实效,把商量落在群众心头

"有事好商量,众人的事情由众人商量",商量出的成果怎么用?会不会有结果?商量的成果有结果,能实实在在地落地见效,就实现了"有事真的可以好商量,众人的事情真的是由众人商量",真正走进到群众的心头。

广信区政协坚持议一件办一件、办一件成一件,每次协商议事会议后,把协商成果报同级党委供决策,及时跟踪结果执行进度、听取成果转化情况报告,切实做好协商的"后半篇文章"。在樟涧村,为什么能成功召开 8 次"赣事好商量"协商议事,归根结底是在于群众真正打心眼认可了。起初,区委提出"望仙游、樟涧留"目标,

华坛山镇党委将"如何发展民宿产业，带动村民致富"作为樟涧村的协商议题，但是大部分村民思想顾虑大，担心望仙谷带动不了樟涧，住房一次性投入几十万元装修不划算。镇政协工作联络组和两位下沉委员，认真思考、用心谋划、积极动员的情况下，在樟涧村村口召开第一次"好商量"协商议事会，协商成果是：组织部分有意向发展民宿的村民外出学习考察。12天后，下沉委员带领村"两委"班子和有意向发展民宿的村民，专程到陕西省袁家村学习考察民宿产业，激发了村民发展民宿积极性，同时也让村民看到了真实的商量、具体的成果、见效的结果。没过多久，第二次"好商量"协商议事会，就有100多位村民参加。今年"五一"假期后，针对"望仙谷景区火爆，樟涧村民宿一房难求，个别民宿就自行调价揽客，服务标准也有所下降"问题，5月25日，樟涧村召开第8次"好商量"协商议事会。通过一次次协商，一件件协商成果见效，一个个问题迎刃而解，樟涧村完成了一次又一次的华丽蜕变，"赣事好商量"走进了村民心头。全村累计发展民宿58家，床位近850张，带动周边4个村1600余人创业就业，旅游综合收入超过6000万元，户均收入达到15万元以上，村集体经济从零达到113万元，真正实现了"望仙游、樟涧留、村民富"。

抓关键　建机制　重实效
协商在基层助推社会治理现代化

◎政协吉州区委员会

人民政协是国家治理体系的重要组成部分，把政协的制度优势转化为基层治理的效能，是新时代人民政协工作的主要任务。近年来，吉州区政协深入学习贯彻习近平总书记关于加强和改进人民政协工作的重要思想，把基层协商民主建设工作摆在重要位置，搭平台、建机制、强规范、重实效，打造"赣事好商量·吉事广议"平台，促进协商民主向基层拓展，让协商之花夺目绽放，使其成为党委政府"好帮手"、人民群众"连心桥"、委员履职"新平台"，为基层社会治理及经济发展赋能，助力吉州区连续 9 年获得高质量发展综合考评全省先进。

一、抓住"三个关键"，着力夯实基础

（一）**党委领导强保障**。吉州区委高度重视，召开专题会议研究制定《关于推进政协协商向基层协商延伸的实施意见》，并成立以区委书记为组长的推进"赣事好商量·吉事广议"基层协商民主建设领导小组，组织实施和统筹协调工作。为了抓总协调，更好推动政协协商议事工作，区委任命各镇（街）党委书记（党工委书记）和工业园区主任兼任政协工作联络组组长，并配备 1 名专职副组长和 1 名政协干事或联络员，负责做好本辖区的政协协商向基层延伸相关工作。

（二）**政协主导抓落实**。进一步完善领导挂点指导工作制度，由区政协领导包挂各镇（街）和工业园区政协委员联络组，按照有场所、有标志、有制度、有流程、有活动、有成效"六有"标准，指导全区 11 个镇（街）和工业园区建立了"赣事好商量·吉事广议"协商议事室 13 个、委员工作室 11 个、社情民意信息联系点 119 个，并率先依托基层协商议事室开展协商议事活动，为各联络组做示范、积经验。

（三）**委员参与全覆盖**。制定完善了《吉州区政协委员履职积分制管理实施办法》，加大参与基层协商议事活动积分占比，充分调动委员参与、配合和服务基层协商活动

的积极性。通过发挥区"一格八员、一网三色"社会治理工作法作用，177名委员按就近就便原则，联系一个相关行业领域或一个镇（街道、工业园区）、村（社区），实现委员下基层联系群众全覆盖。工作开展以来，委员参与基层协商活动500余人次，助力解决了诸如老旧小区改造、幼儿托育等一大批群众关心的民生难题。

二、健全"三大机制"，着力规范运行

（一）完善"协商选题"制度。优化"党政点题、委员荐题、群众出题"协商选题制度，坚持党委会同政府、政协共同制订年度协商计划；引导委员主动下沉基层，关注民生，通过委员"荐题"，发现群众"急难愁盼"问题及解决思路；聚焦社会治理难点，面向基层征题、群众出题等方式，征集切入口小、针对性强、关注度高的协商议题。

（二）建立"双召集人"制度。为了更好地开展协商议事活动，明确由各政协工作联络组组长和联系该镇（街道）的区政协机关专委会主任，或者民主党派负责人担任协商议事"双召集人"，召集委员、邀请部门、吸纳群众参与上门协商、现场协商等协商议事活动，推动基层协商工作从政协唱"独角戏"到和基层组织、群众"大合唱"转变。

（三）健全"便民协商"机制。注重选择关联广、与群众切身利益密切相关的议题，或者部分民生实事类提案和有针对性的民生类社情民意信息，灵活开展"现场"办理协商活动，群众在"家门口"就能协商，让群众感觉到"政协离得很近，委员就在身边"。

三、做实"三项工作"，着力提质增效

（一）助推基层协商实效落地。邀请相关职能部门单位一同参与基层协商，主动回应关切问题，面对面与群众共商共议，有效纾解群众困难，助力基层社会治理。去年一年，通过基层协商议事，共解决老旧小区改造、村民自治、园区内企业困难等问题百余件，促进了中小学校配备校医、社区嵌入式普惠托育中心等工作和项目落地。

（二）促进协商议题相互转化。对委员收集的社情民意信息中反映较为集中的问题，积极引导工作联络组和委员本人推动转化为基层协商工作议题；鼓励各工作联络组和委员将基层协商中具有普遍性、前瞻性的问题，转化成提案、社情民意信息，或政协协商议题建议，促进政协协商与基层协商有效衔接、相互促进、协同发展。通过相互转化，今年以来共收集提案九十多件、社情民意信息六十多条。

（三）鼓励探索创新路径方法。大力鼓励各镇（街道）和村（社区）因地制宜，积极探索创新更多推进政协协商与基层协商相衔接路径方法。例如，区文山街道思源社区协商议事室围绕居民关心关注的民生热点、难点、堵点，探索出"大事共商、急事简商、小事快商"的工作方式和"人员联合、平台联建、多维联系、研议联动"的"四联"工作法，协商议事赋能基层治理成效明显，"赣事好商量·吉事广议"协商品牌内涵不断得到丰富和发展。

基层好商量"青快议"　微协商连接大民生

◎政协青原区委员会

去年以来，青原区政协牢牢把握专门协商机构性质定位，深入学习贯彻习近平总书记关于全过程人民民主的重要论述，扎实推进政协协商与基层协商有效衔接，打造了"赣事好商量·吉事广议·青快议"协商品牌，初步探索构建了"党委领导、政府支持、政协搭台、委员履职、群众参与"的基层协商民主新格局。

一、找准有效衔接切入点，明确"商什么"

习近平总书记指出，有事好商量、众人的事情由众人商量，是人民民主的真谛。推动政协协商向基层延伸，是践行全过程人民民主，把人民政协制度优势转化为基层社会治理效能的有效途径。

——认知再提升，确保基层协商不偏航。推动政协委员下基层开展协商并非替代基层原有的协商组织，而是对原有形式的丰富、补充和发展，其目的是一致的。在工作开展之初，部分同志有着"基层协商已有基层政府、村居民自治组织和政法等部门参与的多种协商形式，还需要政协协商吗？会不会增加基层负担？"等诸多疑问。通过调研，我们发现之前政协协商主要停留在县以上层面，真正下基层不多，导致"政协"与"基层"之间似有一堵无形"隔墙"。实践表明，弹好政协协商与基层协商"二重奏"，才能协同发力，夯实全过程人民民主的基层根基，把基层协商平台打造成为党委政府的"好帮手"、人民群众的"连心桥"和委员履职的"新平台"。

——议题再聚焦，体现"青快议"特色。主动对接党政中心工作，突出"小、微、快"的特点，围绕切口小、关联广、与群众切身利益密切相关的事项选准议题。"青快议"的题中之义，既有"青原的事情快速商议"，也有青原的事情"轻松快乐商议"的含义，既注重协商效率，也体现协商氛围。为此，我们在开展"吉事广议·青快议"基层协商实践中，特别注重选准协商议题，聚焦老百姓普遍关注的"关键小事""突发急事""当紧难事"，致力解决群众关心的"烦心事、操心事、揪心事"。此外，在"微"协商过程中，注重协商精神培育和协商方式的多元化，努力营造"求同存异、体谅包容、平等理性"的良好协商氛围。今年以来，我们通过上级点题、基层提报、委员调研等多种形式集思广益，共征集到"青快议"微协商议题 60 余个，从中筛选确定议题 18 个，正有序开展协商活动。

二、把握基层实践着力点，细化"怎么商"

着眼于"制度化、规范化、程序化"建设，我们协商出台了《关于推进"吉事广议·青快议"民主协商工作方案（试行）》，重点围绕延伸协商触角、延伸协商平台、延伸协商活动"三个延伸"开展基层实践。

——延伸协商触角，构筑覆盖面广的基层网络体系。按照"不建机构建机制"的思路，通过完善委员联系界别群众制度，让政协组织在基层"有触角"。区政协主席会议成员和各委办分别联系指导 1—2 个乡镇（街道）的基层协商网格构建工作，全区 9 个乡镇（街道）均建立健全了政协工作联络组，由乡镇（街道）党（工）委副书记任组长，设立了政协联络专岗，选配了政协干事队伍。全区 146 名政协委员全部安排下沉至各乡镇（街道）和村（社区）基层协商网络体系，明确了下沉委员的主要工作任务，将"每名委员每季度至少下基层开展履职活动不少于一次"纳入委员履职考核的重要内容之一，引导委员主动参与基层协商活动和社情民意收集，打通了委员联系基层的"最后一公里"。

——延伸协商平台，搭建委员常态化下沉的履职阵地。积极沉下去、融进去，致力于打造老百姓家门口的委员工作室和联系点，让委员在基层商量"有平台"。各乡镇（街道）依托党群服务中心、新时代文明实践所、综治中心、乡贤馆、"杨慧芝群众工作室"等场所，均建立了"吉事广议·青快议"政协委员工作室，实现了基层协商平台全覆盖。按照"有场所、有标识、有制度、有活动、有成效"的标准，配备了必要的办公设施、学习资料、工作手册及相关制度，区政协给予一定经费补助。在全区 135 个村（社区）设立了社情民意联系点，每个联系点由村（社区）支部书记任联络员，安排委员"点对点"联系，对人口基数大、矛盾纠纷复杂多样、经济活跃度高的村（社区）重点安排委员联系，让群众感受到"委员在身边，身边有委员"。

——延伸协商活动，探索共治共享的规范化协商格局。对基层协商各环节作出程序化要求，形成完整闭环，让基层协商活动"有章法"。在协商流程上，我们注重"协商前开展调研、协商中积极互动、协商后跟踪落实"的程序设计，分为"精准定题→深入调研→充分协商→转办落实→跟踪问效"5 个阶段，明确了每阶段的具体内容，并要求各政协委员工作室每半年至少组织开展 1 次微协商活动。在协商方式上，采取委员"沉下去"、群众"请进来"、融入"智慧化"等协商模式,明确每次协商活动由乡镇(街道)政协工作联络组组长召集主持,以委员、群众代表为主体,邀请本级党(工)委、政府、相关职能部门参加,视情况吸纳乡贤能人、专技人才、法律顾问等参与,并鼓励探索创新,充分发挥灵活性、实时性、立体化基层协商平台优势。

三、注重协商为民落脚点,力求"商成事"

坚持目标导向、问题导向、需求导向,将"协商于民、协商为民"作为基层协商的出发点和落脚点,让基层群众切实感受到成果的落地和问题的解决,使之真正"科学管用、有形有效"。

——多措并举,推动成果转化。基层协商活动开展后,发挥好区政协党组把方向、管大局、促落实的作用,多元化推动落实。协商意见"及时督",由政协工作联络组负责将协商意见报至区政协和同级党组织,督促相关单位明确责任主体和完成时限,并定期向基层政协工作联络组反馈意见落实的进展,联络组采取一定方式向下沉委员、利益相关方群众公布落实情况。民生提案"现场办",年度内选择部分民生实事类提案,下基层协商平台开展提案"现场"办理协商,推动提案办理从书面"答复型"向实地"落实型"转变。社情民意"当面听",从委员下沉基层收集的社情民意信息中,选择部分党政领导批示、群众关注度高的深入基层群众开展"零距离"听取意见建议,推动转化为党委政府决策、民生实事项目、改进社会治理的实际成效。

——因地制宜,树立效果导向。在选择议题、开展协商、督促落实过程中,要求各委员工作室注重结合本地实际,确保基层协商实效。如,区东固畲族乡地处偏远山区,部分村组散落于崇山峻岭之间,委员在下沉社情民意联系点时了解到,至今还有部分村组没有通信信号,或者信号较弱,严重影响了群众生产生活,乡委员工作室将此问题作为"微"协商议题开展了基层协商,协商前,委员们深入各村组实地检测,掌握了第一手情况,协商中,邀请了区工信局等相关部门共同商议,并组织三大运营商对东固乡村组通信信号问题拿出了建设计划,推动了群众关心关注的问题得以解决。此外,区政协每年还将选择一定比例的协商议题,就落实情况开展委员视察、评议等形式的"回头看",并评选表彰一定数量的先进委员工作室、优秀"微"协商课题等。

为"赣事好商量"注入更多地方文化元素

◎政协临川区委员会

临川素有"才子之乡、文化之邦"美誉。为打造好"赣事好商量"平台，把赣事商量好，临川区政协紧密结合临川实际，紧扣临川文化特质，积极探索，大胆尝试，探索"书香政协·文润临川"政协工作品牌，以文化力提升履职力，进一步推动政协协商与基层协商有机衔接，把履职触角持续向基层延伸，不断激发政协委员活力，开展丰富多彩又颇具实效的履职活动，全力"争创新时代政协第一等工作"。

一、精心谋划，强化设计，结合临川实际创建工作品牌

"赣事好商量"首先要政协委员懂"赣事"、善"干事"。临川区政协通过持续推进"书香政协·文润临川"品牌建设工作，全面提升政协委员履职能力，是基于以下几点考虑：

一是基于临川特色。政协工作说到底是做人的工作，必须结合当地的人文特点才能有效提升。临川自古被誉为"文化之邦、才子之乡"，历史上文化名人灿若繁星，文化底蕴深厚，文化和教育是临川最大的特色，这也是临川人心里最深沉的骄傲。

二是基于临川政协工作发展需要。作为党委政府的智囊库，抓好学习是我们干好工作、安身立命的根本，是我们适应时代、增强本领的第一要求。可以说，学习的水平有多高，履职的水平才会就有多高。

三是基于提升委员素质的需要。只有提升委员素质，才能更好地提升政协工作质效。让广大委员和机关干部通过"书香政协·文润临川"活动，提升理论素养、增强使命担当，培养更强的履职能力。

为切实提升委员履职能力，我们在"书香政协·文润临川"品牌工作实践中确定了三大原则：

一是讲政治。始终把讲政治贯穿"书香政协"建设活动全过程，更好地以理论清醒保证政治坚定，以思想自觉引领行动自觉。突出学习贯彻习近平新时代中国特色社会主义思想主题主线，并把学习习近平总书记关于加强和改进人民政协工作的重要

思想作为重中之重。注重在学习中增强运用正确的立场、观点、方法观察问题、分析问题、解决问题的能力，在学习中进一步坚定文化自信。

二是重结合。推动"书香政协"建设和政协履职工作双结合、双促进，努力使活动的过程成为加强思想政治引领、广泛凝聚共识的过程，成为提高综合素养、提升履职能力、提高建言质量、助推政协工作的过程。通过深化理论学习、强化思想武装，分析查找自身存在的问题、改进工作中存在的不足，进一步推动工作提质增效、与时俱进。

三是强应用。强化学习成果转化和应用，使委员理想信念更坚定、理论功底更扎实，思维能力更强、建言质量更高。通过高质量提案、社情民意信息、理论研究等途径，使委员充分利用学到的知识维护核心、建言献策、为民代言。

2022 年，临川区政协"书香政协·文润临川"开展活动 30 余次，参加 2000 余人次；开展教育培训 6 次，参加 658 人次；读书沙龙 3 期，参加 323 人次。

二、拓宽渠道，优化机制，精心打造政协委员履职平台

为充分发挥委员的主体作用，为其履职提供助力，临川区政协在区文化馆、区图书馆、临汝书院打造委员工作站，同时不断强化政协机关软硬件配备，形成四大实体平台，成为政治引领和凝心聚力的重要阵地、协商议政的重要渠道、反映民意的重要途径、界别活动的重要载体。

在"书香政协·文润临川"品牌建设活动中，通过发挥中共党员委员的示范引领作用，不断巩固和加强政治建设。如，经济和农业农村委员会共组建了 5 个以中共党员委员为组长的活动小组。小组活动作为专委会活动、界别活动的强力补充，2022年共开展各类协商活动 12 次，参加 1000 多人次。它以机动灵活的特点，保证了委员活动的经常性、实效性，极大地调动了委员参与的积极性，中共党员委员示范引领作用不断得到体现和强化。

临川区政协还利用工作站平台与临川电视台、临川发布 APP 媒体平台等展示委员的人品、作品、产品、奖品等，以宣传、推介委员，提升政协委员履职积极性、主动性，扩大社会影响力。通过举办特色专题活动"委员讲堂"，让委员分享自己的经历经验、履职感受、疑问见解、学习心得等，提升政协委员活跃度，增强政协组织的凝聚力、战斗力。

三、深入群众，强化实践，全力提升政协委员履职质效

"书香政协·文润临川"品牌建设活动使政协委员更懂赣事、善干事，优化平

台让政协委员更近赣事，好干事。临川区以这"两板斧"为基础，组织开展调研座谈、提案督办、经验交流、圆桌协商、社情民意信息收集等丰富多彩的履职活动，让政协委员在政协工作中唱主角、在本职岗位上作表率、在界别群众中当示范，与群众面对面协商，将理论学习、实践成果转化为丰硕的履职成果。

2022 年，临川区政协先后组织委员三百余人次，紧紧围绕区第五次党代会描绘的发展蓝图，聚焦"四区"发展定位开展调研视察活动十余次，形成《开展健全社区服务体系提升基层治理能力》《加强我区非物质文化遗产保护》《上顿渡城区污水处理设施建设与运营情况》《社区物业管理情况》等调研报告十二篇，有力推动了相关工作的开展和落实。在提案工作方面，创新、完善、规范了政协委员提案交办机制和提案承办机制，开展了提案办理情况评审工作，积极进行提案协商，创建了临川区提案办理特色品牌，有效推动了一批民生和发展问题的解决。

临川区用"书香政协·文润临川"推进"赣事好商量"的落实，以好学重道提升政协素质，以凝心聚力诠释政协力量，以善谋良策彰显政协智慧，以务实肯干展现政协形象。委员的政治思想能力素质"升"了起来，更加注重形象，也更加善作善为；委员们积极深入基层，取得良好的履职成果，政协组织创新有为形象"立"了起来；充分让委员当主角，利用好委员的优势和能力，"要我履职"变为"我要履职"，委员"活"了起来。

搭建"界别连心桥"
推进委员履职常态化

◎政协东乡区委员会

东乡区政协深入贯彻落实习近平总书记关于加强和改进人民政协工作的重要思想，按照党的二十大报告提出的"完善委员联系界别群众制度机制"总要求，将"赣事好协商"工作作为实践全过程人民民主的重要形式，从去年开始着力打造"界别连心桥"履职活动平台，通过把履职平台建到界别委员集中区域，架起了党委政府和界别群众之间的"连心桥"，积极推进界别委员履职活动常态化，达到了团结一界、联系一方的效果。

主要做法一：明确创建思路，把协商平台"搭"起来。新形势下政协工作提质增效，需要委员唱"主角"，更需政协搭"舞台"。为搭好界别活动这个"舞台"，东乡区政协把创建"界别连心桥"作为省政协"赣事好商量"和市政协"中共党员委员工作站"协商平台的承接载体和有效延伸，通过在区政协19个界别单独或联合创建"界别连心桥"，致力于把各个界别的政协委员组织起来，统一思想共识，凝聚各方合力。先后制定出台《关于创建"界别连心桥"的工作方案》《政协委员联系服务界别群众制度》，按照"场地设施共用、开展活动共为、履职成果共享"的原则，制定有标识、有场地、有制度、有活动、有评价"五有标准"，精心选址、合力共建。目前，东乡区政协已初步打造了经济、医药卫生、工商联、文化等四个"界别连心桥"履职平台，基本形成了围绕中心、服务大局，建言献策、凝聚共识，面向群众、覆盖委员的履职平台新架构。

主要做法二：加强规范指导，让界别作用"实"起来。规范"界别连心桥"有序运行和长效管理，按照"学习交流的新载体、协商议政的新平台、团结联谊的新桥梁、展示风采的新窗口"的总体功能定位，明确每年至少组织一次集体学习、举办一次协商议政活动、进行一次专题性民主监督、开展一次为民服务活动、提交一件高质量集体提案、报送一篇社情民意信息等"六个一"活动。各专委会主动加强对所联系"界别连心桥"的业务指导，把该项工作列入本专委会的重要工作内容和任务，帮助制订工作计划，做到目标、任务、措施、职责"四个明确"，工作任务"细化、量化、具体化"，防止流于形式，让"界别连心桥""装满"活动、"充满"活力，从中体现政协作为，展现委员风采，从而最大限度把各方面力量团结和凝聚在党的周围。今年以来，各"界别连心桥"开展活动如火如荼，先后举行了习近平新时代中国特色社会主义思想、党的二十大精神、《中国共产党政治协商工作条例》等专题学习；承接了职业教育产教融合、加快制造业智能化改造步伐、生态康养产业高质量发展等区委主要领导点题的调研课题；开展了食品安全监管专项民主监督。通过收集群众呼声，共提交社情民意信息84件，其中有31件转报全国政协并采用2篇，4篇转报省委，以"界别连心桥"为单位的信息报送已成为区政协社情民意信息收集的重要来源。通过做实活动，内聚界别委员力量，外聚界别群众共识的效果，让界别发力更精准，进一步扩大了服务内容、服务区域、服务范围。

主要做法三：发挥各自优势，将界别特色"显"出来。要更好发挥界别在履行职能中的作用，就应该把界别所具有的优势体现出来。东乡区政协注重体现界别特色，充分发挥界别的专业优势和民意渠道功能，组织有界别特色的履职活动，支持有界别特色的集体提案，开展有界别特色的调研视察，反映有界别特色的社情民意信息。各"界别连心桥"结合各自优势创建履职子品牌，积极开展主题明确、形式活泼、内容丰富、成效明显的各类活动，做到差异化定位、一界别一特色。其中经济界别打造"委员讲堂"定期邀请委员讲授专业知识；工商联界别做实"政企协商会"优化营商环境；文化界别立足"书法培训"传承弘扬书法文化；医药卫生界别围绕"健康义诊"唱响为民服务品牌，做到各展所长、各尽其能、全方位展现各界别工作的特色与亮点。

主要做法四：提升履职水平，让界别委员"动"起来。政协工作看界别，界别活动靠委员。"界别连心桥"的创建和常态化开展活动，强化了委员界别意识，克服了单个委员履职的局限性，使委员履职的组织化程度不断提高，使他们认识到自己参政议政不是个人行为，而是代表一个群体的界别行为，进而加强与所代表群众的联系和沟通，提高为界别工作服务的水平和质量。今年以来，借助"界别连心桥"履职新平台，组织委员走基层、跑一线、听民情、解疑惑，持续深入开展各项履职活动，先后开展政策法规宣讲、上门健康义诊、文化科技下乡、助力乡村振兴、捐资捐款助学、抗击旱情疫情等委员服务基层群众活动三十余次，帮助解决人民群众生产生活难题二十余个，服务基层群众八百多人次。进一步增进了界别委员沟通交流，增强委员履职界别代表性，提高建言资政水平，更高质量完成"委员作业"，各界别参与履职活动次数有飞跃的提升，大部分委员履职档案干货满满，全区政协工作呈现出"政协工作活起来、界别委员动起来"的良好态势。

征文篇

2023 年 4 月至 7 月，在江西省人民政协理论研究会支持下，省政协宣传文史网络中心开展了"持续打造'赣事好商量'品牌提升市县政协工作质量和水平"理论与实践论文征集活动。

全省各级政协组织，政协各参加单位和政协委员，各民主党派和工商联，党校、高等院校、哲学社会科学研究单位的专家学者，省人民政协理论研究会会员，党政领导干部和政协统战工作者等积极参与，提交论文近 200 篇。这里精选 79 篇，其中，民盟江西省委会、民建江西省委会等党派团体组织推荐的 14 篇，县市政协的 8 篇，包括市县政协主席署名文章 57 篇。

·党派团体·

"零距离"协商议事
推动基层治理提质增效

◎程卓云

习近平总书记强调，要"有事多商量、有事好商量、有事会商量，通过协商凝聚共识、凝聚智慧、凝聚力量"。全面贯彻落实总书记关于政协工作的重要论述，就是要做实"赣事好商量"协商平台，推动政协协商与基层协商从有效衔接到深度融合，实现"零距离"协商议事，推动基层治理提质增效。

一、政协协商与基层协商深度融合的重要意义

政协协商和基层协商是协商民主的两种重要形式，推动政协协商向基层延伸，实现政协协商与基层协商有效衔接相融共促，对于扩大民主的覆盖面，促进广大人民群众依法管理自己的事务，推进中国特色社会主义民主政治的发展，具有特殊重要的现实意义。

厚植党的执政基础的现实需要。习近平总书记明确要求："人民政协要发挥统一战线组织功能，坚持大团结大联合，坚持一致性和多样性统一，不断巩固共同思想政治基础，加强思想政治引领，广泛凝聚共识，努力寻求最大公约数、画出最大同心圆，汇聚起实现民族复兴的磅礴力量。"人民政协作为最广泛的爱国统一战线组织，作为坚持和加强党对各项工作领导的重要阵地、用党的创新理论团结教育引导各族各界代表人士的重要平台、在共同思想政治基础上化解矛盾和凝聚共识的重要渠道，在加强思想政治引领、广泛凝聚共识、巩固共同思想政治基础方面担负着重要的政治责任。推进政协协商与基层协商深度融合，架起党委政府与群众之间协商桥梁，有利于第一时间把党的方针政策和决策部署传达到基层，用党的主张凝聚社会共识，厚植政协履职民意基础，及时解决基层普遍性、突发性的问题，把广大群众紧密团结在党的周围，

切实巩固和扩大党的执政基础。

发展人民政协事业的具体实践。政协协商和基层协商都是通过平等和理性协商、沟通、对话，增进共识，在争取团结的过程中体现民主。推进政协协商与基层协商深度融合，有利于促进各级政协组织加强联动推进，强化政协协商的整体性、协同性和系统性，实现各级政协协商的信息互通、工作联动、优势互补、成果共享，推动政协协商向纵深发展；参与基层协商使政协委员深入界别群众，有利于将委员声音与群众合理诉求有机结合起来，畅通诉求反映渠道，更有效反映社情民意，协调解决社会矛盾，协助党委政府科学民主决策，让政协协商更接地气。

推进基层治理体系和治理能力现代化的有效路径。基层是国家治理的末端，也是服务群众的最前沿。随着经济社会的快速发展，群众的民主意识、法制意识和维权意识逐步提高，参与基层协商、基层治理的需求不断上升。尤其是在网络高度发达的今天，群众参与协商的便利度得到大幅度提升，对争取自身利益的代表性、主动性和精准性有了更高要求。当前，我国处在社会转型期、改革深水区，价值取向多元、利益诉求多样，基层"治理难、难治理"问题普遍存在，基层协商缺乏完善的工作机制、规范的协商程序等，解决群众问题的能力也不够，需要推动政协协商与基层协商深度融合，充分发挥出人民政协作为国家治理体系重要组成部分的最大作用，指导、参与或联合举办基层协商活动，助力化解基层矛盾冲突，满足基层治理的需求。

二、政协协商与基层协商深度融合的现实路径

推进政协工作向基层延伸、政协协商与基层协商深度融合，就是要把牢人民政协性质定位，把握专门协商机构特点规律，将政协履职活动与基层治理相结合，将委员个体的"点"和社会的"面"相贯通，做到凝聚共识、化解矛盾、理顺情绪、增进团结。

坚持党建引领，强化协商保障。党的二十大报告强调："坚持党的领导、统一战线、协商民主有机结合。"政协既要充分发挥自身的优势，更要坚持党委统筹，将党的领导体现在协商过程的每一个环节。要科学确定协商主题。建立"多方征题、委员荐题、党委审题、政协领题"的工作机制，通过微信、公众号、来信来电等多种形式广泛征求协商议题，组织人员对议题进行甄别分类，把居民需求反映强烈的、涉及居民公共利益的议题确定下来组织协商，违背法律政策、公平正义、公共利益的事项不纳入议题，做到不求大、不求全，但求抓住矛盾、切中要害。要精准推选协商主体。秉承有

事好商量和真诚包容理性的协商文化，建立健全多方有序参与民主协商制度规则，由利益相关方、镇街干部、"两代表一委员"、相关专业人士以及其他群众代表参加，确保各主体议事协商出于公心、协商意见有代表性。群众代表要选取威望较高、奉公守法、品行良好、乐于奉献的辖区居民，确保参与者中党员占有一定的比例。要持续优化协商形式。要立足基层治理实际，推进数字赋能协商民主建设，积极发展线上线下相结合的协商民主新形式，实现"线下圆桌会"与"线上议事群"有机结合，积极探索"围炉夜话"式的夜间民主协商。要弘扬社会主义协商民主精神，遵循规则、有序协商而不各说各话，体谅包容、真诚协商而不偏激偏执，形成畅所欲言、各抒己见，又理性有度、合法依章的良好协商氛围。

注重平台建强，提升协商质效。新时代政协主要工作是协商，工作方式是搭台，工作主旨是双向发力。推进政协协商向基层延伸，要按照"赣事好商量"协商平台建设统一要求，构建多层次、标准化、完整性的协商平台体系。要搭建学习平台。知情才能明政。要完善政协主席联系常委、常委联系委员、委员联系界别群众机制，建立健全政情通报制度，多渠道举办情况通报会、形势报告会、新闻发布会、对口协商会、研讨会等，努力为委员知情明政创造条件，让委员更好"参政议政"。要加强委员培训，让委员"当专家"，锤炼委员履职的"看家本领"，发挥政协委员"说"的优势、"讲"的特点，更好发挥正面引领、凝心聚力作用。要建设履职平台。按照"不建机构建机制"原则，在县乡村三级和工业园区打造"既接天线、又接地气"的基层协商载体，打破地域限制，推动多级政协委员联动履职，常态化开展"微论坛""微讲堂""微联谊"等活动，努力把"赣事好商量"协商平台打造成委员履职的"好平台"、建言资政的"助推器"、凝聚共识的"连心桥"、收集民意的"好驿站"、服务民众的"桥头堡"。要打造线上平台。立足能用、实用、管用，积极推进传统履职方式与信息化手段相互融合，综合运用人工智能、VR、AR、MR等高新技术，加快数字政协建设，探索推行"互联网＋协商"模式，打造多种形式融合、多元载体并存、多跨场景应用的全方位、立体化"赣事好商量"线上协商平台，构建"线上＋线下"融合、"场内＋场外"联动的协商新格局。

完善协商机制，建立长效机制。政协协商向基层延伸是一项无固定模式需要探索创新的全新工作，要不断丰富制度实践，探索构建"政协协商＋基层治理"新模式。要推动力量下沉。延伸政协委员联系和服务群众的渠道，推动省市县三级政协委员就近下沉，定期到各乡镇、村（居）委员服务站或社情民意点，聚焦社区和群众身边的小事、难事、实事，选择切口小、关联广、与群众根本利益密切相关的议题开展协商，送服务到家门口。要加强调查研究。没有调查，没有发言权。坚持"不调研不发言，调研不透不发言，不调研不协商，调研不透不协商"的"四不"协商规则，协商议题确定后，引导委员围绕既定议题，学深政策规定、摸清实际情况、广听意见建议，下足调查、协商与研究的真功夫。要注重成果转化。要完善协商成果采纳、落实和反馈机制，及时形成社情民意信息、提案、建议案等上报党委政府，由党委政府进行专门研究并责成相关部门转化落实反馈；及时向涉事群众公布办理进展，接受群众监督；组织开展协商成果"回头看"，实时了解协商成果转化情况，并就新情况新问题进行再调研、再协商、再建言，形成协商议事成果办理闭环。

（程卓云，吉州区政协委员、民盟吉州区总支副主委）

用好"赣事好商量"平台
提高协商式监督实效

◎付小飞

十二届全国政协主席俞正声指出："协商式监督特色和优势突出，协商是方式和原则，监督是手段和途径，协助党和政府解决问题、改进工作、增进团结、凝心聚力是目的。"民盟宜春市委会按照《中国民主同盟章程》规定，坚持相互尊重、平等讨论、求同存异、理性包容的原则，通过在宜春政协会议上提出意见、建议以及社情民意等方式，就关乎宜春社会、经济、民生领域的一些热点、难点问题进行了有效监督，实现了加强监督、有效制约与保持集中领导、富有效率的有机统一，达到了协助党和政府解决问题、改进工作、增进团结、凝心聚力的民主监督的目的。

一、突出政治属性，同心同向是协商式监督的前提

开展协商式监督要与党委政府的大政方针一致，达成"共识"。其鲜明的"政治性"必然要求在政协、各民主党派的各项履职活动中得以体现。也就是说，政协和民主党派一切活动的首要特性就是"政治性"，要与党的方针政策高度一致，在同级党委领导下，政协组织和民主党派的所思所想、所作所为均要与中国共产党同心同向，达成共识。比如由笔者反映的《宗教对高校进行渗透值得关注》的社情民意信息，因为它体现出鲜明的"政治性"，所以被全国政协所采用。再比如由笔者执笔的《实现宜万同城，助推中心城区快速发展的调研报告》就体现了宜春市党委政府的战略意图，与宜春市党委政府同心同向，达成了共识。现在，宜万同城快速公路已经开通，宜万同城各项工作正有序稳步推进。

二、突出问题导向，凝聚共识是协商式监督的基础

马克思说过，问题就是时代的口号。政协和民主党派的调研视察活动，要从当

前社会反映强烈、群众普遍关心的问题中选择课题开展专题调研或视察活动。在调研视察活动中，要突出问题导向，以政治智慧回答问题，以实干精神推动问题的解决。报告中所提出的问题及原因分析都将依据于调研视察活动中看到的客观现实、查到的事物"真相"，做到既能引起党委政府的重视，又表达了调研视察对象及社会各界的意愿和诉求，实现社会各方一致认可，产生共鸣。教育资源不平衡问题在各地始终存在，由于宜春中心城区向北扩张，中心城区教育资源配置不合理矛盾凸显出来，宜春市秀江河以北，十年来从未新建一所义务教育学校，群众升学难的呼声日益高涨。为了逐步解决这一难题，民盟市委会和市政协带着"问题"进行了广泛深入的调研。2012 年由笔者撰写的调研报告《中心城区教育资源配置视察情况报告》得到时任市委书记的批示："这份视察报告告诉我们，办好人民满意的教育我们永远不能满足已经取得的成绩。对几点建议请深入研究并提出解决办法，提请市政府定。"为此，宜春市政府开展了一系列调整教育资源配置活动。2012 年，经过认真调研，笔者又写出了《推进宜春中心城区中小学幼儿园建设发展的调研报告》。该报告除得到市委、市政府主要领导批示外，市政府还为此召开专题会议，研究报告中"大班额"等问题，最终助推政府兴建了经都学校等 5 所学校，改扩建了宜春六小等 4 所小学，引进了百树外国语学校（含幼儿园），有效地缓解了中心城区"大班额"问题和入幼儿园难等问题。

"大班额"问题一直是老百姓所十分关心的问题，也是政府一直努力想解决的民生事情。笔者作为宜春市教育局特约教育督导员，始终关注着这件民生大事，多次跟随市政协进行调研。2008 年有一次随同市政协到宜春八小视察，看到一年级一个班 68 张桌子，行距只能大人侧身走过，而小学生坐上去连身子都转不了一下，调研组一行人的心被震撼了。回来后，笔者撰写了《关于解决宜春中心城区"大班额"的调研报告》，由于该报告数据翔实、论证充分，建议可行、文字声情并茂，引起了市政府领导、教育局及广大市民的高度"共鸣"，并促推政府先后建成了文笔峰小学新校区、黄颇小学、金桥小学、官园小学等，有效地缓解了大班额问题。"大班额"问题不仅小学存在，初高中、幼儿园同样问题严重。宜春职业技术学院由于校园面积小，学生人数多，搬迁势在必行。作为宜春市政协委员，笔者一直关心着教育问题。笔者马上想到：宜春职业技术学院虽然办一所大学土地面积小点，但办一所中学还是绰绰有余，于是他撰写了《关于在宜春职业技术学院原址上创办一所完全中学的建议》的提案。该提案因突出"问题"导向，所提建议切实可行，市政协分管教育的副主席立即带领教科文卫体部分政协委员和作为及提案人的笔者在市教育局召开了协调会议，双方就在宜春职业技术学院原址上建立一所完全中学达成共识。宜春市第十中学在 2019 年正式挂牌成立，并于当年正式招生。

殡葬改革一直是政府和老百姓共同关心的问题。民盟宜春市委会经过深入调研，由笔者执笔的《用科学发展观推进殡葬改革的发展》不仅作为宜春市政协大会的书面发言材料，而且作为民盟省委会的集体提案在省政协大会上发了言。

三、围绕中心大局，合力合拍是协商式监督的关键

宜春市委市政府 2008 年提出了建立亚洲锂都的战略目标。围绕这个中心工作，笔者和市政协教文卫体专委会同志一道，深入市工业园区、市工信委和部分企业进行调研。由笔者撰写出《关于加快发展我市锂电新能源产业的几点建议》的调研报告。由于此报告有情况、有分析、有建议，加上紧紧围绕政府中心工作，不仅市委主要领导在上面做了重要批示，而且还转化为提案在政协大会上发了言。作为一名政协委员，为了当好政府中心工作的助推器，笔者撰写了《关于进一步加快发展锂电新能源和锂电新能源学院发展的建议》的提案，由于该提案有的放矢、又符合政府中心工作，得到时任市委书记的亲自批示，不仅被评为当年的优秀提案，而且促推在宜春职业技术学院内建立了全国第一个锂电新能源学院，并于 2009 年和 2010 年率先在全国招收了锂电新能源中专班和大专班，为宜春打造千亿元锂电基地奠定了人才基础。

随着锂电事业的快速发展，作为准备打造亚洲锂都、世界新能源基地的宜春，锂电池的安全性能检测能力却是空白。当时宜春市锂能企业普遍存在着因没有权威性的认证检测，导致产品的质量用户不认可从而影响企业产品销售的情况。鉴于电池材料体系、制造过程一致性等原因，对锂离子电池及材料进行检测分析就显得非常地重要。因此，建立锂电池及材料检测分析研究中心是形势所迫，也是当务之急。为此，笔者撰写了《关于建立国家级宜春锂电池检测中心的建议》提案。由于该提案具有一定的前瞻性，又适应了企业的迫切需求，市政府成立了以市锂电能源局、宜春职业技术学院为主管单位，有关锂电企业协助的宜春锂电池及材料检测分析研究中心，并依托宜春职业技术学院锂电学院和宜春职业技术学院锂电实验室等资源，将宜春锂电池及材料检测分析研究中心放在了宜春职业技术学院。

广泛深入调研，与人民群众血肉相连是协商式监督的抓手。作为民主党派成员，作为一名公民，我们有义务时刻牢记老百姓疾苦，尤其对底层老百姓的诉求，更要设身处地为他们着想，与他们同呼吸、共命运。有一次，笔者因有关节炎去一个盲人按摩店做按摩，一边按摩，一边聊天。这个按摩师就说，我们盲人乘坐公交车很不方便，听说隔壁新余市都免费了，另外街上的盲道很多都被小摊小贩占领了，我们盲人行走很不方便。说者无心，听者有意。回家后，笔者上网查询了相关信息，国家确实有关于照顾盲人乘车的政策，同时证实新余市确实对盲人乘坐公交车实行免费。于是笔者

就撰写了两条社情民意信息：《莫让盲道变"忙道"》《中心城区盲人免费乘坐公交车亟待实施》。前者被盟省委采用，后者得到了公交公司的落实，为残疾人做了一件实实在在的好事。再比如由笔者撰写的"关于开通中心城区至温汤公交车的建议"和"中心城区市民凭身份证半票游览明月山的建议" 2 条社情民意，由于笔者在政协分组会议及联组会议等不同场合多次呼吁，这 2 条社情民意最终落到了实处，既使老百姓获得了实惠，又提升了明月山的人气。

四、促进成果转化，资政惠民是协商式监督的目的

成果转化是参政议政工作的落脚点。民主党派成员和政协委员所撰写的调研报告、提案，所反映的社情民意信息，只有转化成政府的行为，才能给老百姓带来实惠。

民生工程是政协委员需要关注的重点，只有想群众之所想，急群众之所急，为老百姓普遍关心的问题大声疾呼并使之落到实处，才能算得上一名称职的政协委员。笔者所工作的单位——宜春职业技术学院，是由原宜春师范、宜春卫校、宜春技校、宜春财校合并而成。主校区坐落在原师范、技校内，分校区坐落在原卫校内。由于历史的原因，校园内存在着"三个混杂"：即教学区与生活区的混杂；教工宿舍与学生公寓的混杂；教工家属与学生的混杂。使本来空间就狭小的校园（501 亩校园住着16000 名学生）变得更加拥挤。在笔者的建议下，学院主动邀请宜春市政协教文卫体专委会部分委员，在市政协副主席徐汉芝的带领下，于 2013 年对宜春职业技术学院进行了专题调研，笔者撰写了《发展我市高等职业教育专题调研报告》。该报告得到时任市委书记的批示，推动将该院教工宿舍纳入宜春市黄颇路棚户区改造范围，不仅为全校教职工做了一件大好事，而且最终促成了宜春职业技术学院的整体搬迁。

宜春中心城区乘车难问题，一直是老百姓关注的热点，面对炎炎烈日公交车上如火炉、四九寒天公交车上如冰窟，笔者撰写了《优先发展公交车的建议》和《关于夏、冬两季公交车上开设空调的建议》，这两条社情民意都落到了实处，起到了为民所想、排忧解难的作用。

宜春中心城区秀江上游化成水电站拦河坝桥，原桥面全部用水泥板覆盖，由于年久失修，当时大部分水泥板已破烂，桥面上每隔十米左右有一个铁板盖住的孔，很多铁板被偷掉了，加上没有安装路灯，每当夏日夜晚，很多人在桥上散步游玩，一旦掉下去，后果不堪设想。为此，笔者经过实地查看，提交了《关于把中心城区秀江上游化成水电站拦河坝桥纳入改造规划，确保通行安全的建议》提案。该提案得到了市委、市政府的高度重视，而今的秀江拦河坝桥已经成为整修一新、画栋雕梁的市民休闲桥。

此外，2012 年笔者撰写了社情民意《建议免费发放城镇居民医保卡》和《关于在国光超市和比一比超市之间架设人行天桥的建议》。由于笔者的多次呼吁，这两条社情民意最终落到了实处，为老百姓做了一件实实在在的好事。

再如民盟宜春市委会与宜春市政协港澳台侨专委会联合调研形成的《关于实施"中国药都"振兴工程、推进中医药产业大发展的调研报告》，不仅得到宜春市委、市政府的高度重视，而且助推江西省政府出台了《江西樟树"中国药都"振兴工程实施方案》。民盟宜春市委会调研报告《关于蔬菜产业发展的建议》得到市政府的高度重视，市政府专门召开会议，研究制定了《宜春中心城区"菜篮子"基地建设工作方案》；《关于宜春中心城区物业管理的调研报告》得到市委市政府的高度重视，市政府专门下发了《关于进一步加强中心城区住宅小区物业管理的通知》，并最终促推宜春市人大及其常委会制定和颁布了《宜春市住宅物业管理条例》。

（付小飞，民盟盟员，宜春职业技术学院教授）

用好"赣事好商量"平台
推动政协委员协商能力建设

◎夏丽云　祝剑真　江晓红

党的十八大以来，习近平总书记高度重视人民政协工作，对加强和改进人民政协工作提出了一系列新观点、新论断、新思想，为新时代人民政协事业创新发展指明了方向。政协委员是政协工作的主体，也是推进新时代人民政协事业的基础。提高政协委员的协商能力是提高政协履职能力的核心，是推进政协工作高质量发展的强力保障，有利于政协在推进国家治理体系和治理能力现代化中发挥更大作用。

一、加强政协委员协商能力建设的重要意义

加强政协委员协商能力建设是贯彻落实好党中央决策部署的政治要求。2019 年 10 月，党中央召开了中央政协工作会议，对坚持好人民政协制度、发展好人民政协事业作出战略部署，要求广大政协委员要坚持为国履职、为民尽责的情怀，把事业放在心上，把责任扛在肩上，认真履行委员职责。要教育引导委员懂政协、会协商、善议政、守纪律、讲规矩、重品行。同月，中共中央印发了《关于新时代加强和改进人民政协工作的意见》，指导省、市、县（区）三级政协加强联动协作。提高政协委员协商能力和水平，有利于系统全面贯彻落实习近平总书记关于加强和改进人民政协工作的重要思想和新时代对政协工作的新要求，推动政协工作在制度化、规范化建设上迈出坚实步伐。

加强政协委员协商能力建设是提升政协履职能力的重要前提。新时代对政协履职能力建设提出了新的更高要求，习近平总书记强调："人民政协要主动适应新形势新任务，全面增强履职本领，着力提高政治把握能力、调查研究能力、联系群众能力、合作共事能力。"这一重要论述明确了新时代加强政协履职能力建设的努力方向和具体要求。而协商是政协履职的基本功，提高协商能力已成为政协履职能力现代化建设的迫切任务。政协委员作为人民政协履行职能的主体，其协商能力决定着政协履职协

商水平的质量和成色。因此，加强政协委员协商能力建设是提升政协履职能力、发挥政协独特独有独到优势作用的重要前提。

加强政协委员协商能力建设是发挥人民政协效能的基础保障。政协委员作为政协工作的主体，其履职能力关涉人民政协专门协商机构作用的发挥，关乎人民政协践行全过程人民民主的制度效能。政协委员协商议政可以为执政党、政府和其他国家机关在各个领域进行的各种形式决策提供具有建设性、针对性和可操作性的意见建议，助推国家治理现代化及经济社会持续健康发展。在这一过程中，政协委员的协商能力和水平作为衡量委员履职尽责、建言献策成果的重要标尺，很大程度上影响着人民政协机构和体系在实际运行中的作用和成效。

二、"赣事好商量"平台建设助推政协委员协商能力建设有丰富的实践经验

"赣事好商量"平台建设夯实了政协委员履职基础。充分发挥政协委员的主体作用，必须为委员履行职责、建言献策建立起多方位、多层次的委员活动平台，有效扩大委员活动的参与面，才能让委员真正成为政协工作的主体，保证委员多出招、出实招。实践中，我省各级政协深入贯彻习近平总书记关于"有事好商量，众人的事情由众人商量"的重要指示精神，充分发挥"赣事好商量"平台作用，开展了丰富多彩的政协委员基层履职活动，进一步提升了政协委员的参与度，夯实了委员发挥主体作用的履职基础。

"赣事好商量"平台建设拓宽了政协委员履职渠道。近年来，我省各级政协在坚持例会、调研、提案等履职方式实现常态化的同时，积极创新机制体制，加强"赣事好商量"平台建设，把协商"圆桌会"开到了第一线，既延伸了政协委员履职触角，拓宽了委员履职渠道，又切实为基层解难题、为群众办实事。如上饶市政协近年来打造了"好商量"履职平台和"同心圆"界别活动室，大力推动市、县两级政协委员下沉到基层一线，实行委员"挂乡联村、入站进点"，积极开展委员联系服务界别群众工作，政协委员也在深入基层、深入群众中，有了更加明确的履职感受。

"赣事好商量"平台建设增强了政协委员履职实效。通过省、市、县政协三级联动，我省"赣事好商量"协商议事活动已成党委政府"好帮手"、人民群众"连心桥"、委员履职"新平台"。全省各级政协充分发挥"赣事好商量"平台作用，将政协委员的才智和当地需求、群众的期望相融合，聚焦各地社会民生、经济发展等领域的重点和难点，积极组织政协委员开展协商议政和为民办实事活动，助推了一大批群众"急难愁盼"问题在协商中得到有效解决，收集提交的群众意见建议得到了党委、政府的

高度重视，让百姓群众真切感受到了"政协委员就在身边，协商议事确实管用"，既破解了当地民生发展难题，赢得了群众口碑，又切实发挥了委员主体作用，提高了委员履职能力，增强了委员履职实效。

三、"赣事好商量"平台建设助推政协委员协商能力建设存在的困难和问题

在政治素质和思想认识上还有差距。有些政协委员政治素质不强，站位不高，对习近平新时代中国特色社会主义思想学习和理解较肤浅，对人民政协的基本理论和基本知识学习不够，对人民政协作为专门协商机构的性质定位认识不够深刻、把握不够精准，在实际工作中对自己肩负的政治使命和政治责任缺乏足够的认识，致使协商意识不强，主动担当意识不够，存在不愿协商、不想协商的现象。部分政协委员存在"重荣誉、轻履职"的心态，把当上政协委员作为拓展人脉的途径，参加政协组织的各项活动的积极性不高，甘于当挂名政协委员、"哑巴"政协委员。

在协商能力和协商方法上还有不足。部分政协委员因受教育程度、知识结构、工作岗位和所积累的实际工作经验等客观条件限制，加上主观上对履职要求理解不深，没有注重加强学习，提高协商能力和水平的主动性不强，没有全面深入地做到"懂政协"，继而难以发挥"会协商、善议政"的应有职能。从协商选题的提出，到参与协商活动，再到提出意见建议，对协商议事各环节的要求、程序和方法掌握不熟练，对老百姓盼望解决的难点热点问题关注度不够，没有站在围绕中心、服务大局和协商于民、协商为民的高度来履职尽责，协商能力和协商方法还需要进一步提升和改进。

在协商质量和协商成效上还有欠缺。部分政协委员在协商议事前选题不精，对重点焦点问题和社会舆情把握不够，没有聚焦当地经济社会发展中的热点、难点、堵点精选协商议题。再加上有的政协委员社会活动面较窄，信息来源少，调查研究又没有一定的深度和广度，不能够收集到多数群众的意见和智慧，对一些深层次的、政策性的难点问题提出解决问题的办法不多，建议空泛不具体，导致协商议事质量和成果转化率不高，协商成效不明显。

在协商覆盖面和常态化开展上还有空间。部分委员因履职时间有时不能保障、协商意识和主动性不强以及委员约束管理机制不完善等因素，存在被动等待政协组织安排协商的现象。甚至在"赣事好商量"工作开展几年以来，有些委员至今都没有参与过一次"好商量"活动，委员参与协商的覆盖面、协商频次等方面需进一步加大，做到委员参与全覆盖，从而让"赣事好商量"成为常态长效的委员履职平台。

四、用好"赣事好商量"平台，推动政协委员协商能力建设的新路径

坚持政治引领，进一步提升政协委员在"赣事好商量"活动中的政治站位和协商意识。习近平总书记强调，政协委员来自方方面面，对一些问题的看法和认识不一定相同，但政治立场不能含糊、政治原则不能动摇。提升政协委员协商能力，必须把坚持党的全面领导贯穿工作全过程各方面，始终在党的领导下组织推进各项工作，努力通过民主协商程序把党的主张转化为广大政协委员的高度共识和自觉行动，确保正确政治方向。必须组织委员深入学习领会习近平总书记关于加强和改进人民政协工作的重要思想，促进广大委员自觉站在党和国家事业发展的全局高度，深刻认识做好新时代政协工作的重要意义，自觉把协商履职工作放在改革发展稳定大局中来思考、来谋划、来推进，在"赣事好商量"活动中，做到协商选题契合党委政府中心工作，提出的意见建议符合广大群众的意愿诉求，切实把为国履职、为民尽责落到实处，让"赣事好商量"平台既是增进共识、凝心聚力的平台，又是推动党政决策部署落地落实的平台。

强化学习培训，进一步增强政协委员在"赣事好商量"活动中的协商本领和协商能力。要牢牢把握"懂政协、会协商、善议政"的要求，把对政协委员协商能力的培养作为履职基石，拓宽思路、创新方法、丰富手段，丰富健全委员学习体系，引导委员持之以恒学、与时俱进学、联系工作学，带动委员不断开阔眼界、努力提升境界、始终坚守边界，更好地运用协商规则、掌握协商方法、提高协商能力。要加强委员的专业性针对性培训，把"赣事好商量"协商平台建设工作纳入政协干部、委员培训班内容，提高其政协理论素养和协商履职能力。要把学习贯穿于"赣事好商量"活动的全过程，活动前要组织委员学习与协商议题相关的法律法规、政策规定及有关知识，为开展协商做好专业知识储备，并深入实地调研，让委员更好地把握形势、了解情况、掌握政策，把自身所长、政协所能与发展所需对接起来。

搭建数字平台，进一步实现政协委员在"赣事好商量"活动中的智能化和常态化。为适应时代发展和现代治理的需求，要让数字赋能人民政协履职现代化发展。可以积极探索"政协＋互联网＋基层治理"模式，搭建"赣事好商量"数字协商平台，将各地的协商议题、协商时间、协商地点等协商信息挂上平台，把活动开展与数字赋能相结合，做到线上线下融合，为广大委员搭建多形式、分层次、宽领域的协商议政平台，呈现叠加放大效应，实现政协委员履职数字化、智能化。政协委员可以根据各自的时间安排、专业特长和界别优势，线上选择性参加"赣事好商量"活动，打破"挂乡联村"的固定限制，既能提高委员的参与度和便利度，实现委员常态化协商履职，又能丰富协商形式、拓宽协商的渠道、提高协商质量。

推动成果转化，进一步提高政协委员在"赣事好商量"活动中的协商质量和协商实效。要充分发扬人民政协的政治协商制度优势，强化民主监督功能，进一步完善和细化协商成果转化工作机制，有重点地抓好协商成果的宣传促进转化，既要以提高委员协商能力为前提增强协商成效，又要以协商成效激发鼓舞政协委员参与协商的积极性。要坚持实效导向，重视协商质量，进一步拓宽协商成果转化的渠道，加强协商成果转化的多元性、实效性，着力推进政协委员在基层协商履职的成果落地，有效推进政府决策科学化、民主化和程序化建设。

五、结　语

新时代人民政协的新方位新使命，给各级政协组织和广大政协委员履行职能提出了新的更高要求。政协委员作为政协工作的主体，应该牢固树立"人民政协为人民"理念，增强政治意识、大局意识、核心意识、看齐意识，把提高协商能力和水平贯穿到履职全过程、各方面，聚焦我省深化改革出良计、转型发展谋新招、民生福祉献实策，交出新时代合格的"委员答卷"，为党委、政府科学民主决策提供更多有益参考，为增强人民群众的获得感幸福感安全感作出应有的贡献，在新征程中展现政协委员新担当新作为。

（夏丽云，江西省政协委员、上饶市政协副主席、民盟上饶市委会主委；祝剑真，上饶市政协常委、民盟上饶市委会副主委、弋阳县政协副主席；江晓红，上饶市政协委员、民盟上饶市委会秘书长）

用好"赣事好商量"平台
助力经济社会发展

◎谢景玉

习近平总书记指出:"人民政协是国家治理体系的重要组成部分,是协商平台。"景德镇民盟积极参与协商平台的整合、协商组织的配合、协商资源的聚合、协商机制的契合、协商渠道的融合,切实助推政策落实和建议落地,让协商之花开在最基层,把协商民主嵌入基层治理的肌理中。近年来,通过民盟界别委员工作站直接助推解决群众身边的烦心事、操心事、揪心事,协商成果高效转化,收获了参与政协委员和社区百姓的点赞,让群众和社会各界切身感受到"协商就在家门口,委员就在我身边,政协就是我娘家"。

一是"委员接待 + 网络收集"。2022 年 6 月起,每月 15 日开展一次"政协委员接待日"活动,目前共开展"接待日"活动 11 次。设置社情民意收集箱和公众号网络收集码,方便社区居民随时反映意见诉求,共收集社区反映意见建议四十多条。政协委员积极参与协商履职,变"在家坐等上门"为"进社区主动登门",激活了政协委员的履职热情,畅通了基层群众的话语心声。

二是"宣传教育 + 节庆慰问"。工作站始终将思想政治建设放在首位,积极开展中共二十大精神专题学习会、委员读书活动等学习活动共 5 次。组织陶瓷美术界别盟员开展公益书签绘制、赠送活动。开展"黄丝带帮教"活动,对社区矫正人员普及《继承法》和《婚姻法》,结合生活案例,帮助他们更好地理解中国特色社会主义法治体系。社区矫正人员也表示对未来增添了信心,将争取早日融入社会,加入到为祖国奋斗的行列中。开展春节走访慰问,为社区居民送上由盟员亲笔书写、绘画的春联、年画以及慰问品。连续两年在夏季开展送清凉文明创建活动,为社区环卫工人、贫困户送去防暑降温药品等物资。

三是"专题协商 + 基层协商"。结合社会热点、民生难点组织开展了"文明城市常态长效""严防学生溺水""防火防汛""预防网络诈骗"等专题协商议事活动。每一次"接待日",每一场"好商量",都助推解决民生突出问题。召开"赣事好商量·镇聚力"协商议事会,针对社区居民反映的公交线路少、乘车难问题邀请公交公司、社区群众进行面对面协商,协调会后公交公司立行立改,将 902 路 6 台车,间隔 30—45 分钟,调整为间隔时间 20—30 分钟,66 路 7 台车,间隔 18—30 分钟,调整为 8 台车,间隔时间 15—30 分钟。

近年来,在党的领导下,景德镇民盟积极探索实践,协商式监督工作取得显著成效,积累了一些可借鉴的经验,但实际运行也面临参政议政和民主监督专业性还不够足、参与度还不够高、特色化不够鲜明的情况,需有针对性地加以完善。

一是坚持围绕中心、以更高站位服务大局。牢牢把握"党委想什么,政协谋什么;政府干什么,政协帮什么;群众期盼什么,政协呼吁什么"的工作定位。紧紧围绕推进国家试验区建设、构建现代产业体系、推动全域旅游发展、稳固经济发展基本盘、持续释放市场活力、统筹城乡融合发展、改善人民生活品质等市委、市政府重大部署建言资政。充分发挥民主党派联系面广、智力密集、人才荟萃的独特优势,在助推景德镇的航空、陶瓷、精细化工等优势产业发展上多出"破题"的思路、多找"破冰"的办法、多提"破局"的建议。努力围绕"贸易兴市"在招商引资、招商引企、招才引智方面下功夫,多为景德镇发展作宣传、促推介,多为项目建设找信息、优环境,多为企业落户牵红线、搭桥梁,团结汇聚各方面力量,助力发展新产业、新技术、新业态、新模式,努力当好景德镇改革发展的积极参与者、实践者、推动者。要牢固树立"人民政协为人民"的发展理念,在倾听民声上下功夫,在化解民忧上求实效,在奉献社会上作表率,真正把"委员作业"写进人民群众的心坎里。

二是广泛凝心聚力,以更实举措汇聚磅礴力量。把凝聚共识作为民主党派的重要职能,进一步完善委员制度,深化落实谈心谈话、走访看望委员等机制,加快形成从常委到委员、从委员到界别群众的凝聚共识工作格局。把凝聚共识融入各项履职活动,努力把党的主张转化为社会各界的共识,把各方面的智慧和力量汇聚成助推发展的动力。要充分发挥委员在界别群众中的代表作用,努力找到最大公约数、画好最大同心圆,推动形成更广泛的大团结大联合,为改革发展稳定增助力、减阻力、聚合力,当好党的政策宣传者、群众利益维护者、社会和谐促进者。

三是发挥优势作用,以更大力度增强治理效能。进一步加强专门协商机构制度建设,建立健全以协商制度为主干,覆盖履职工作、组织管理、内部运行等各方面,更能适应治理现代化要求的制度体系。进一步完善协商议政格局,高质量开展全体会议集体协商、常委会议专题协商、主席会议重点协商,更加灵活地开展对口协商、界别协商、提案办理协商,努力形成多渠道、广覆盖、更便捷的协商议政体系。进一步深化"赣事好商量"协商议事创新实践,在广泛、多层、制度化上狠下功夫,推动协商议政面上拓展、质上提升、常态长效。持续擦亮基层协商民主"金名片",积极运用各类协商议政平台解决群众最关心的问题，不断使协商的理念融入社会生活各个方面，更好地把政协制度优势转化为政策落实效能，探索创新更多协商民主和经济社会发展相结合的新路子。

四是突出固本强基，以更好形象彰显时代风采。面对新形势新任务新使命，要以改革创新精神加强自身建设，注重练好内功，树立民主党派新形象。强化履职尽责的情怀，加强民主党派委员的服务管理，引导委员牢固树立"是荣誉、更是责任"的理念，自觉在本职岗位上建功立业、在履职工作中展现风采。进一步完善委员履职考核评价体系，不求说了算，力求说得准、说得对、说得好，以协商成果转化运用的实效，衡量委员履职的价值，以督促委员更好地完成履职"作业"、答好时代"考题"。树立担当作为的形象，加强对县（市）区委员的指导联系，强化联合联动，进一步巩固民主党派团结奋斗、担当作为的新格局。

（谢景玉，民盟景德镇市委会主委、市文联主席）

强化平台建设　推进基层协商

◎罗太法

习近平总书记强调："基层是社会和谐稳定的基础。"良好的基层社会治理能够保障国家的长治久安，有助于拉近"党干群"关系，把人民群众和党、国家更加紧密地团结在一起。江西省政协创新搭建"赣事好商量"平台，联系服务群众，推动市县政协协商工作提质增效，指导市县政协加强专门协商机构建设。各市县（区）政协积极发挥"赣事好商量+"平台作用，聚焦地方党委和政府工作的重点、群众关心的焦点、社会治理的难点开展协商，推动"赣事好商量+"不断延伸拓展，与基层协商有效衔接、与社会治理有机结合，为基层社会治理提供了又一新的思路。

一、"赣事好商量+"平台的流程作用

"赣事好商量+"平台是江西省政协推出的创新性举措南康政协的延伸和拓展，旨在将政协协商与基层协商有效衔接，推动基层社会治理。该平台的运作流程主要包括：首先，确定协商议题，确保涉及的利益方充分参与；其次，开展沟通交流，各方就议题提出自己的观点和建议；最后，总结并落实协商结果，推动问题解决。

"赣事好商量+"平台在促进政协协商与基层协商方面的作用主要体现在以下几个方面。

（一）**平台建设**。"赣事好商量+"平台为政协协商与基层协商的衔接提供了硬件保障，使得双方可以在一个固定的场所进行沟通交流。

（二）**协商议题**。"赣事好商量+"平台关注的议题主要涉及基层社会治理问题，使得政协协商能够更加关注基层实际，提高协商的针对性和有效性。

（三）**沟通交流**。"赣事好商量+"平台为各方提供了一个平等沟通交流的机会，使得政府与民众之间的信息传递更加畅通，有利于集思广益，共同解决问题。

二、基层协商存在的主要问题

政协协商作为一种民主协商形式，旨在为政府与民众提供一个沟通交流的平台。基层协商作为政协协商的延伸，主要涉及基层社会治理问题。通过基层协商，可以更好地集思广益，促进基层社会的和谐稳定。当前，基层协商存在的主要问题包括：

（一）思想认识不够。 一些基层干部的权力本位、官本位和人治思想仍然根深蒂固，对基层民主政治建设的重要性缺乏深刻理解和正确认识。一些干部习惯于行政干预，不懂得发扬民主、依靠群众，而一些城乡居民则依赖性强，习惯于组织安排，不善于自己当家作主。

（二）协商规则不明确。 缺乏明确的规则和程序，往往导致协商过程中的混乱和争议。为了解决这个问题，我们可以制定明确的协商规则，包括议题如何提出、如何讨论、如何投票等，使每个社区成员都能清楚了解并遵守。

（三）议题设置不公正。 有些议题可能涉及某些社区成员的直接利益，而其他成员的利益则被忽视。为了解决这个问题，我们需要更公正、公开地设置议题，广泛收集社区成员的意见，确保每个议题都能反映社区的整体利益。

（四）协商形式单一。 一些地方协商民主的形式比较单一，缺乏创新性和灵活性。例如，农村基层协商民主存在的主要困境就是协商的形式单一，缺乏多元化的协商形式。

（五）结果执行困难。 一些地方协商民主的结果缺乏实际效果，无法有效解决问题。例如，一些基层协商活动存在"假协商""假民主"的情况，导致协商结果缺乏实际意义，协商结果落空。

三、强化平台建设，推进基层协商的思路

为推进人民政协协商平台的品牌建设，发挥人民政协专门协商机构在国家治理体系中的重要作用，更好地把政协制度优势转化为国家治理效能，江西省政协出台了《关于发挥人民政协专门协商机构作用　推进"赣事好商量"协商平台建设的实施意见》，按照实施意见，江西省政协以全体会议为龙头，以专题议政性常务委员会会议和专题协商、对口协商、界别协商、提案办理协商等为重点，健全协商机制，明确协商频次，提高协商质量，发挥示范带动作用，夯实"赣事好商量＋"基础。在实践中，"赣事好商量＋"协商议事平台，聚焦各地党政要事、民生实事、社会难事，从切入口小、针对性强、关注度高、政协所能等议题入手，开展协商议事，着力解决群众"急难愁盼"问题，为强化平台建设提供了全新的思路。

（一）聚焦党政要事，提高协商质量。 聚焦党政要事，开展基层协商是党的群

众工作的重要方式，也是实现民主决策的重要途径。必须规范协商程序、明确协商主体、明确协商内容，才能提高基层协商的效率和质量。同时，应当结合地方实际，探索出适合自己的基层协商模式，为决策提供有效的支持。在实践中，许多地方围绕重大决策部署，聚焦党委政府中心工作，已经探索出了有效的协商议事活动。例如，在九江市柴桑区，围绕"工业强区"战略，聚焦工业发展中的痛点堵点问题，通过"赣事好商量 +"协商议事平台，汇聚各方智慧力量，积极为工业发展出谋划策。

（二）**聚焦民生实事，提倡协商民主**。协商民主是实现党的领导的重要方式，是人民当家作主的重要途径。协商民主有利于整合社会关系，减少社会矛盾，扩大社会共识。在协商民主的过程中，各种利益和诉求得到充分表达，各种意见和建议得到充分交流，这有利于促进社会和谐，增强社会团结。例如，在景德镇市昌江区，通过"赣事好商量 +"协商议事平台，成功化解了农村土地流转、陶瓷企业用工等矛盾纠纷，为当地经济社会高质量发展提供了有力保障；在抚州市南丰县，通过"赣事好商量 +"协商议事平台，就如何推进南丰蜜橘产业高质量发展，开展了一场别开生面的协商议事活动，为南丰蜜橘产业高质量发展提供了新思路、新方案。诸如此类，通过提倡协商民生改善实事中的民主，充分调动了各方面的积极性和创造性，增强了社会的凝聚力和向心力，推动社会和谐稳定发展。

（三）**聚焦社会难事，提升协商效率**。随着社会经济的快速发展，社会矛盾不断增多，给基层社会带来了很大的困扰。针对这些社会治理中的难点问题，要充分发挥政协人才优势和界别优势，通过协商民主找到最大公约数、画出最大同心圆，推动问题解决。例如，在南昌市东湖区，通过"赣事好商量 +"协商议事平台，成功解决了老旧小区改造、城市停车管理、农村人居环境整治等一系列群众"急难愁盼"问题；在赣州市南康区，通过"赣事好商量通过"赣事好商量 +"协商议事平台，"协商议事平台，针对青少年犯罪问题，提出《关于加强我区青少年法制教育的建议》，通过与政法部门协商，推动问题妥善地得到解决。提升基层协商效率是解决社会难事的重要途径。我们应该从多个方面入手，采用在线协商、加强网络平台建设、引入专业人士参与等措施，提高解决社会难事的效率和效果。同时，我们还应该继续探索更多的创新方式和方法，为解决社会难题提供更多的思路和借鉴。只有这样，我们才能更好地满足人民群众的需求，促进社会的和谐稳定发展。

总之，"赣事好商量"平台的建设，为基层协商提供了一个全新的、高效的途径，对于推进基层民主政治建设具有重要意义。不断强化"赣事好商量 +"平台建设，倡导公众参与、多边协商，让基层协商在解决实际问题、推动社区发展上发挥更大的作用，为解决基层问题、促进社区发展提供更有力的支持。

（罗太法，民盟盟员，赣州市南康区实验小学副校长）

"数字政协"赋能"赣事好商量"的思考与建议

◎明刘春

新时代,"数化万物",政协工作的数字化智能化已经是大势所趋。顺应大数据技术发展趋势,各地加快"数字政协"建设,推进履职能力现代化。2019年以来,省政协提出打造"赣事好商量"协商平台以来,"数字政协"赋能"赣事好商量"协商平台建设,已成为政协履职现代化的一项探索性、实践性工作应用,对于更好发挥专门协商机构优势作用,扎实践行全过程人民民主,真正将政协制度优势转化为基层社会治理效能,都具有十分重要的现实意义。

一、"数字政协"赋能"赣事好商量"的突出优势及其价值

"数字政协"是以数字化变革引领政协工作高质量发展的重要应用成果,综合相关信息可以这样认为:"数字政协"是指紧扣政协主责主业,兼顾多跨协同、综合集成、履职服务,实现数据采集、存储、管理、分析及可视化等数字能力的聚合的综合应用。"数字政协"是作为政协数字化的重要工具,正在多维度赋能政协工作现代化。"赣事好商量"协商平台建设借力"数字政协"应用,放大"协商之治"与"数字之治"的叠加优势,助推了政协工作提质增效,彰显了"数字政协"突出的优势及其价值。

(一)"数字政协"的精确性推动"赣事好商量"协商议题更精准。"数字政协"在跨时空中全域联动,实现海量数据自动精准采集、无损性保存。"数字政协"背景下的"赣事好商量"既契合大数据的整体性思维,又重视对基层民生实事的整体观照,全面呈现基层民生实事的整体特征。运用"数字政协"实现对"赣事好商量"各地各行业各领域数据的集成、分析和多模诊断,进而从多来源多模态数据中,对"党政关注的要事、民生改善的实事、社会治理的难事"进行精准定位。总之,依托"数字政协"平台,有利于推动"赣事好商量"协商议题向基层需求精准聚焦。

(二)"数字政协"的多样性推动"赣事好商量"参与主体更多元。从各地实践看,"2+6+N"是构成"赣事好商量"协商议事的基本主体。传统的协商议事模式偏重对

155

参与主体的组织和安排，而忽视了更广泛的成员构成。大数据时代，通过多样性智能技术和数字化活动场景应用，能够打破时空限制，随时随地关注并联结到不同类型的主体参与协商。更多元的主体参与协商，一定程度增强了协商主体的代表性和广泛性，破解了多年以来基层群众在"众人的事情"上"弱参与"的难题。

（三）"数字政协"的规模性推动"赣事好商量"成果落地更见效。"数字政协"数据宏大、数据源广阔，能够准确反映地方"赣事好商量"工作动态和发展趋势。大量实践表明，"赣事好商量"协商成果落地的有效性与信息数据的规模呈现密切相关，即过程呈现越充分，协商成果和落地见效越能从感性向理性发展。"数字政协"不仅可以对自然状态下"赣事好商量"的全过程记录，而且能够掌握基层主要矛盾的客观规律和政策取向，利于基层精准施策和协商成果落地见效。此外，"数字政协"兼具"指数"量化，既能反映委员的履职能力和素养，又有助于推动基层党委完善议事流程和规则。

（四）"数字政协"的高速性推动"赣事好商量"评价反馈更及时。评价反馈是"赣事好商量"过程的必要环节。"数字政协"数据生成、获取、分析速度极为迅速，通过对"赣事好商量"协商议事全时空、全过程以视频、音频、文字、图片形式进行全类型存储、传播，各参与主体、界别群众、基层干部、政协委员可实时浏览、阅读、观看、评论等，并形成可视化的评价反馈图谱。有效采集评价反馈转换的数据，特别是"数字政协"在线直播"云端""屏端"实时互动反馈，能够实现基层协商议事主客体在时间上的"共时"和在情感空间的"共鸣"，检验"赣事好商量"委员参与频次、协商议事的实践成效和社会反响。

二、我省及地方"数字政协"赋能"赣事好商量"的探索与实践

当前，"数字政协"视域下各地不断优化移动履职、远程协商等综合应用，为"赣事好商量"平台建设提供个性化的服务。省、市、县三级政协在"数字政协"领域进行创新实践，常态化开展"赣事好商量"线上线下基层协商议事活动，丰富了基层协商形式，提升了基层治理效能，打造了具有鲜明江西特色的民生领域政协协商的数字化样板。

（一）省级层面。大数据赋能是近年来各领域的热门话题，也是一个有待开发、前景广阔的新领域。2021 年以来，各地纷纷启动"数字政协"，推进履职能力现代化。2021 年 12 月，江西省政协印发《关于发挥人民政协专门协商机构作用 推进"赣事好商量"协商平台建设的实施意见》，要求顺应信息化时代发展趋势，积极探索"互联网＋政协"履职新途径，委员可通过移动履职平台以视频连线方式参加主题议政。

2022 年 6 月印发《江西省"数字政协"市县政协平台建设与标准》，从平台系统建设、远程协商（视频会议）系统配套建设、对接省政协数据中心、系统安全建设、平台性能要求等方面进行明确，为地方政协推进"数字政协"工作提供指导，并支持市县政协结合丰富的线下协商实践，以数字化变革推动协商制度重构、流程再造、系统重塑，打造基层协商在线子场景。

（二）**市级层面**。在唱响做实"赣事好商量"品牌建设中，南昌、吉安等地率先作为，运用"数字政协"开发智慧应用，贯通应用在"赣事好商量"基层协商民主建设工作中，实现了理念认识升级、流程整体性优化、手段系统性集成、功能综合性提升，且正向多跨场景应用跃迁。如南昌市政协依托"数字政协"搭建的全媒体立体化传播矩阵，在南昌电视台开设"'三风'大家说""'赣'事好商量——'三有'在洪城""洪城协商·委员市长面对面"电视专栏，并在掌上南昌、政协官方微信公众号等平台同步推出。首期《"赣"事好商量——"三有"在洪城》栏目在公众号上线后，单集点击量高达 26000 次，实现了用"数字政协"的"开放度"提升"赣事好商量""活跃度"。吉安市政协所辖县市区政协全面建设好"数字政协"平台，通过信息化建设，委员履职进入掌上时代，随时参与远程协商、网络议政、线上提交提案、社情民意，在指尖上履职，政协协商形式与委员履职方式有效融合，实现了委员智慧时刻连线。

（三）**县级层面**。按照江西省政协工作部署，各地不断深化对"数字政协"建设重要性认识，多地政协自觉把"数字政协"建设融入深化改革重点项目中谋划和推进，主动对接省政协数字系统及地方党政机关整体智治综合应用，推出了不少自建特色应用，面向政协委员、面向政协机关、面向社会公众，完善综合应用功能，以数字赋能政协履职现代化，进一步延伸拓展了政协协商民主的广度、深度和效度。如袁州区通过改革传统履职方式，打造"智慧政协"工作平台，探索开展网络协商、远程协商、书面协商、微协商等灵活多样的协商方式，实现了"赣事好商量"协商民主的形式与渠道多样化协商形式多样化。

三、"数字政协"赋能"赣事好商量"的技术运用与现实挑战

"数字政协"具有数字化、网络化、智能化等特征，作为一种信息化技术赋能"赣事好商量"品牌建设，其效应嵌入人民民主的全过程全领域，大大拓展了基层协商的边界和应用领域，高效助力了协商民主在基层有效运转起来。看到"数字政协"赋能的前景，也不能忽视在实际运用中对政协及基层党委的驾驭能力提出的新挑战，存在一些突出问题同样需要引起认真审视和充分注意。

发展理念方面，存在对"数字政协"的性质、作用了解不深，建设观念不强、

意识淡薄，不少地方政协相互观望，重视程度不高，工作靠前和创新改革动力不足。管理意识方面，存在基础数据收集不全、分析不够充分、省市县政协之间数据分散，数据支撑力不明显，管理水平亟待提升。运用技术方面，存在技术赋能模式创新多，适用于协商工作的个性化服务运用不够广泛，在助推协商工作提质增效及提升基层服务供给中发挥作用不明显。人才队伍方面，存在专业、专职的政协机关信息工作岗位缺少或人员普遍兼职的现象，由于没有专岗技术人才，政协机关信息技术和大数据管理工作成为办公室附属的相对次要的工作。数据风险方面，存在对大数据发展规律的管理和把握能力不强，敏感数据被违规使用，甚至引发网络舆情，对规避网络信息安全风险的重视不够。

四、"数字政协"赋能"赣事好商量"的路径与建议

习近平总书记指出："要运用大数据提升国家治理现代化水平。"面对"以数字化改革助力政府职能转变"的新任务，应将政协工作与数据工作统一起来认识与管理，加强和改进政协工作与新一代信息技术的深度结合，推动"数字政协"赋能"赣事好商量"协商平台，持续放大"协商之治"与"数字之治"叠加优势。

（一）注重理念变革。"数字政协"是政协工作与数字技术应用深度融合的一场变革，数字化技术日益融入政协工作的各领域全过程，目前全省已经初步形成了"数字政协"标准体系。实践中，要把握好"数字政协"改革发展的方向和理念思路，强化"数字政协"开发利用"一盘棋"意识，根据国家和省政协的有关标准规范，全面更新信息化办公硬件设施，横向连接党政数据信息平台，纵向无缝对接省市"数字政协"平台。要结合地方政协工作实际和"赣事好商量"品牌建设实践，以"数字政协"场景应用、机制重塑为基础，优化完善"赣事好商量"创新应用规则，构建数字示范应用场景矩阵。要发挥"数字政协"打破时空局限、交互即时畅通的特点，延伸政协工作手臂和委员履职触角，进一步丰富"赣事好商量"的制度化实践。

（二）注重精细管理。"数字政协"持续赋能"赣事好商量"提高基层治理效能，实现数据集中化管理和共享。要主动顺应数字变革大浪潮，深度把握数字技术开放性、即时性、交互性、呈现性等特点，与基层协商民主广泛性、互动性、全程性的特色结合起来，实现基层协商流程优化、协商过程可视化、履职管理智能化。要充分整合政协协商形式和委员履职方式，依托"数字政协"搭建起全天候、多层次、立体化的基层协商议事平台。要通过履职成果高度集成，全面反映政协信息化服务水平、基层协商议事活力和委员联系服务界别群众的社会效应。要管好用好数字化、信息化平台，积极推进数字资源全量归集，形成贯通的"数据流"，以便捷快速的数据采集、分类、

检索、共享，实现大数据辅助决策支持。

（三）注重技术运用。各地"赣事好商量"的组织特征和工作特点，一定程度反映了基层协商议事活动有条件、有能力运用"数字政协"场景应用和在线远程协商等新路径，未来基层协商议事活动必将是"互联网＋政协""大数据＋政协"共同发力。数字技术在"赣事好商量"中的运用不能为了创新而创新，必须围绕治理能力提升来进行，才能实现供给、需求之间的精准对接。要利用数字技术获取大量实时数据和沉淀数据，通过数据挖掘和价值分析，释放数据的生成性功能，为基层治理的决策层面提供足够的数据支撑。要提升"数字政协"全感知、全连接、全场景、全智能水平，通过5G、VR、云计算等技术集成创新融入"赣事好商量"的基层实践中，实现一体化、节约化和扁平化运作，让协商过程变得更加科学，从而提高政协独特的效能，助力解决基层难题，办好民生实事。

（四）注重人才支撑。当前技术日新月异，数字能力已经成为新时代政协组织和政协委员的必备本领。"赣事好商量"品牌建设必须紧跟数字化应用步伐，推进大数据赋能的生成性学习，把知识和技能运用到"赣事好商量"履职实践工作中。一方面要大力培养具有数据化思想、数字化能力，熟悉政协工作的复合型人才，在"数字政协"工作领域，形成事事有人干、人人干得好的良好局面。基层政协在解决"两个薄弱"中可专门设立信息中心，核增专岗编制，落实专职干部从事"数字政协"和信息化工作。另一方面要多举措提升基层政协工作联络组负责同志及政协委员的"数字政协"素养，把数字化能力纳入懂政协、会协商、善议政的年度履职培训内容中，助力"赣事好商量"搭乘数字化的"顺风车"，绘就基层治理"同心圆"。在"数字政协"综合性研究应用方面，基层政协可采取定向委托的方式购买服务，缓解基层专业人才短缺状况。

（五）注重风险管控。随着"数字政协"的充分运用，协商议题征集、协商对话、互动交流、决策落实等环节沉淀了海量的数据信息。各项数据信息一旦开放进入互联网，就具有可见度和透明度，可能会导致协商过程中的主客体的相关信息被泄露，有关意见建议可能引发新的矛盾纠纷或网络舆情。首先要加强与公安、网信和保密等多部门联合监管，提升"数字政协"的技术监督及"赣事好商量"基层协商议事活动中的隐私保障。其次要确保数据安全，严防发生服务商系统安全事故，防止涉密或敏感数据信息泄露。最后要跟踪监督评价反馈和舆情管控，地方政协和基层党委要以适当的行政干预，掌握公共信息发布主动权，及时纠偏各类失范言论。

（明刘春，民盟江西省委和文化委委员，赣州市南康区政协干部）

发挥群众作用　进一步唱响"赣事好商量"品牌

◎薛晴予

党的二十大报告指出，协商民主是实践全过程人民民主的重要形式，要健全各种制度化协商平台，推进协商民主广泛多层制度化发展。习近平总书记强调："有事好商量，众人的事情由众人商量，是人民民主的真谛。"省委书记尹弘也在省政协十三届一次会议闭幕会上的讲话提出，要更好彰显全过程人民民主的独特优势，持续打造"赣事好商量"协商品牌，紧扣人民群众的"急难愁盼"问题，深入实际察民情、听民意，协助党委政府解民忧、暖民心，切实把政协制度优势转化为治理效能。

2021 年以来，省、市政协系统全面启动了"赣事好商量"协商议事平台建设，各地积极探索有效形式和制度机制，取得了阶段性成效，积累了可复制可推广的宝贵经验，打造了具有一定影响力的江西政协履职工作品牌。但目前协商议事平台作用的发挥，离人民群众的期待还有一定差距。仍然存在议题选得不接地气、群众参与度不高，协商能力不够匹配、协商落实不到位，群众对"赣事好商量"协商议事平台不够了解等问题，急需从问题导向入手，突破障碍，巩固提升，唱响"赣事好商量"品牌。

一、在思想认识上巩固提升，以更高站位推进"赣事好商量"

（一）**提高思想认识**。习近平总书记指出："一个国家民主不民主，关键在于是不是真正做到了人民当家作主，要看人民有没有投票权，更要看人民有没有广泛参与权。"社会主义协商民主是中国共产党的群众路线在政治领域的重要体现。推进协商民主，有助于保障人民有序政治参与、促进科学民主决策、优化基层社会治理、密切党同人民群众的血肉联系。而推进"赣事好商量"基层协商民主建设，是贯彻落实习近平总书记关于社会主义协商民主重要论述的必然要求，是党委政府提升地域社会治理体系和治理能力现代化水平、促进协商民主广泛多层制度化发展作出的重要部署，是践行社会主义民主政治的有效途径、提升基层治理品质的内在要求、推动江西高质量发展的重要抓手。要真正做到"有事好商量，众人的事情由众人商量"，需要倾听人民呼声，回应人民期待，不断解决好人民最关心最现实的利益问题，凝聚起最广大人民的智慧和力量。我们要深化思想认识，优化"赣事好商量"平台，让协商民主"飞入寻常百姓家"。

（二）科学统筹谋划。坚持政协搭台，统筹谋划、分类指导，全面搭建"赣事好商量"协商议事平台，明确协商平台建设要求，全面推动基层协商民主建设工作，全力推进政协协商和基层协商有效衔接，让协商议事平台成为乡村两级党组织好用、管用的群众工作平台。

二、坚持贴近基层群众，在提质拓面上巩固提升，以更实举措建好"赣事好商量"

（一）务求"质"的提升，优化存量。各地可以因地制宜，积极探索创新，不另起炉灶，不重复建设，坚持"一室多用"，依托现有的党群服务中心、新时代文明实践中心（站、所）等基层阵地，设立基层协商议事室。并按照有场所、有标识、有制度、有组织、有活动、有成效的"六有"标准进行"回头看"，切实补短建强。同时明确协商主体，规范协商程序，着力解决"在哪协商""谁来协商""如何协商"等问题，依托这些平台，紧扣一个"活"字，组织界别委员经常性开展"特"协商、"微"协商、"泛"协商。

（二）推进"面"的拓展，做实增量。县级层面，建立"委员联络服务中心"，统筹推进全县协商议事平台建设的组织指导与服务保障工作，并做好政协委员的联络服务、管理和考核等工作。乡镇（城市社区、工业园）层面，建立"委员联络站"，将委员分别编入联络站，下沉到一线开展协商活动。界别层面，建立"委员工作室"。由具有较强社会活动能力和影响力的界别委员在其工作的单位或社会组织设立委员工作室，结合委员的职业特点，发挥所在界别、团体的优势，开展法律援助、政策咨询、团结联谊等工作，推动解决一批群众"急难愁盼"问题。

（三）做好"效"的文章，提高质量。坚持质效并举，更加注重工作创新的实际效果，更加注重提质拓面后的社会效益，做到措施扎实、作风务实、效果真实。

三、强化协商为民导向，在协商成效上巩固提升，以更大力度用好"赣事好商量"

（一）聚焦民生领域精准"选"题。采取党委政府点题、委员荐题、群众出题等方式，聚焦当地党政工作要事、民生改善实事、社会治理难事，注重选择"小强高能"议题，精准选择切口小、针对性强、关注度高、政协所能，与群众切身利益密切相关的协商议题，开展协商议事，着力解决群众"急难愁盼"问题。当前特别要聚焦"六个江西"建设、"三大战略、八大行动"重点目标任务，以及教育医疗、住房就业、城乡环境等涉及群众切身利益的实际问题，努力做到群众有所呼、有所盼，政协有所应、有所为，真正为群众排忧解难。

（二）丰富协商形式有效"议"题。 创新协商形式、拓宽议事协商范围、搭建好多方主体参与平台。从会议室到背街小巷、田间地头第一线，从重大议题协商到微协商，从线上到线下，为群众提供参与协商议事的丰富途径，让大家能有事敞开说、遇事商量办。特别是积极探索数字政协履职新途径，探索远程协商，利用线上会议手段，超越时空地域限制，将委员、村社区、群众代表、相关利益方聚集在一起，开展好各类协商，推动解决一批热点难点堵点问题。

（三）突出双向发力积极"解"题。 建立健全协商议事成果采纳、落实、反馈机制，推动协商议事成果及时转化为党委政府决策、民生实事项目，以协商为民的实际成效，赢得群众认可。对协商过程中群众反映的全局性情况、苗头性问题、建设性意见、可操作性建议，通过政协渠道及时反映。对协商建议中的重点、难点问题，组织委员通过开展民主监督、调研视察、民主评议等形式跟踪办理情况，推动协商成果落到实处。

四、着力提高履职成效，在平台功能上巩固提升，以更强担当拓展"赣事好商量"

（一）做好"专"的文章，体现平台建设专业性长效性。 要突出专门协商机构的职责定位。基层政协在工作思路上要明确，主要工作是协商、主要工作方式是搭台、工作主旨是双向发力；在功能定位上要明确，是协商平台不是协商主体，不是和政协协商，而是在政协协商。要畅通委界联动的专门协商渠道。各专委会要加强与所联系界别活动组的沟通协调，各界别活动组要把"有事好商量"协商议事与界别协商有机结合。要发挥政协委员的专业特长，各级政协组织要充分调动委员的主观能动性，拉近政协与基层、委员与群众的距离，把委员的真知灼见体现在协商成果之中。

（二）坚持"质"的导向，提升平台建设吸引力影响力。 平台建设要量质并举。在完成一定数量的同时，更要求真务实，坚决反对形式主义。活动组织要有的放矢。要选准题，聚焦党政中心工作大事、改革发展要事、民生改善实事、社会治理难题；要选对人，重点要邀请与协商内容直接相关的有关群众代表、与协商议题有关的其他人员等多元主体参加；要选好形式，根据协商内容灵活选择与之相匹配的协商形式。协商议事要有花有果。要完善协商建议办理机制和持续跟踪问效机制，建立科学协商效果评价机制，形成完整的工作闭环。

（三）弘扬"实"的作风，确保平台建设上水平争一流。做实协商议事平台，设立一批面向社会的社情民意信息采集点、建设一批协商议事平台、组织开展一系列协商议事活动，发挥示范引领作用。各县（市、区）政协压实主体责任，发挥中坚力量作用，努力打造一批富有特色和成效的基层典型。全市政协系统落实统筹联动机制，发挥整体推进作用，使"有事好商量"平台真正成为党委政府"好帮手"、人民群众"连心桥"、委员履职"新平台"。

五、健全完善体制机制，在制度建设上巩固提升，以更高标准保障"赣事好商量"

（一）构建规范运行机制。探索建立"提出议题、确定议题、议前调研、开展协商、协商成果运用反馈"五步法，形成完整的协商闭环。坚持"不调研不协商"。组织协商议事人员参加调研，努力摸清与协商议题相关的政策规定、实际情况、群众意见。坚持"众人议、真商量"。通过"请进来、走下去、联起来"，充分体现平等协商、充分听取群众意见、充分开展有效沟通。

（二）突出协商于民机制。按照"规范不烦琐、简便不简单"的要求，完善协商议事机制。在"多请群众说"中了解社情民意。建立利益相关方、基层群众和有关方面代表人士等协商议事机制，群众代表不少于1/3，体现"与民协商"要求。在"多让大家议"中形成协商共识。充分发挥召集人引领和委员骨干作用，聚焦议题促进不同观点充分表达、各方代表互动交流，在"多解百姓事"中彰显协商成效。着力解决民生突出问题，将"为民协商"的要求落到实处。建立质效评估机制，突出党政点评、委员评议、群众评价和组织者评析，使协商成果经得起检验。

（三）优化成果保障机制。坚持"促落实重实效"，协商后，形成简明扼要、简便易行的协商建议清单、责任落实清单、结果反馈清单，推动协商成果转化落实。出台协商成果督办落实工作条例，完善考评督促机制，将协商议事工作纳入市委对各县（市、区）党的建设考核指标体系，列入委员履职考核重要内容，凸显考核权重。建立督查指导机制，在典型引路、全面覆盖基础上，采取"四不两直"方式，深入一线、聚焦质效、督查调研，将重点协商成果运用、反馈情况进行台账管理，推动提质增效、常态长效。

六、夯实能力建设，在宣传动员上下功夫，以更好增强群众对"赣事好商量"认同感

（一）**提升委员协商能力**。采取省市县政协联动的方式开展协商议事室召集人专题轮训，进一步提升统筹谋划、组织协调、规则把握的能力；把"赣事好商量"纳入委员培训重要内容，引导委员联系服务群众，进一步提升参与基层社会治理、与群众打交道和基层协商议事的能力。

（二）**弘扬协商文化**。主动邀请群众代表参与商前调研和协商活动，利用协商议事直观展示协商的过程和成果；定期邀请群众代表参加政协协商议政活动，帮助他们增强协商意识、掌握协商方法，以春风化雨、润物无声的方式传播协商文化、弘扬协商精神，让"有事好商量"在基层深入人心、形成共识。

（三）**营造良好氛围**。加强发挥专门协商机构作用的理论研究，为进一步推动政协制度优势转化为治理效能提供理论指导。加强新闻报道和舆论引导，在政协门户网站、微信公众号、政协报、宣传栏、电视台等开辟"赣事好商量"专栏，及时总结推广各地探索的好经验好做法，通过线上线下双向发力，讲好"赣事好商量"协商民主故事，使群众详细了解"赣事好商量"品牌，营造群众关心关注、积极参与支持的良好氛围，增添群众对政协协商的信心，展现新时代人民政协工作新样子。

（薛晴予，民盟盟员，赣州市南康区政协干部）

精准调研　广泛交流
"赣事好商量"助推我省高质量发展

◎李　丽

今年是全面贯彻落实党的二十大精神的开局之年。中共二十大对于全面建设社会主义现代化国家、走好新的赶考之路，在全国范围内进一步统一思想、凝聚力量有着十分重要的意义。广大政协委员肩负着人民的重托，践行着参政议政的神圣使命，通过共商国是、广聚共识、同谋良策，谱写出民主、团结、求实、奋进的崭新篇章，党的二十大精神激励鼓舞着我们在全面建设社会主义现代化国家、推进中国式现代化的伟大征程上不断顽强拼搏、奋勇前进。

习近平总书记在中共二十大报告中提出的一系列深刻思想、重要论断和战略部署，具有很强的理论性和指导性，为推进全面建设社会主义现代化国家提供了理论指导和根本遵循。民建是中国共产党的好参谋、好帮手、好同事，始终心系"国之大者"，在全面建设社会主义现代化国家的新征程上，坚定不移地同共产党携手前行。在这一过程中，广大民建会员充分开展调研，收集社情民意，精准分析发展痛点，积极为推进经济社会繁荣发展建言献策。大家依托省政协平台，共同参与到国家大政方针的研讨制定、国家事务的协调管理当中，为推进中国式现代化建设贡献了十分重要的智慧力量。

一、"赣事好商量"：充分搭建协商平台

随着生产力不断进步，人民生活水平不断提升，广大群众较之前更为关注政治、经济、社会、文化、生态等各方面对自身生活带来的影响。群众诉求涉及各行各业，如何更高效地进行归纳梳理，更有针对性、有侧重性地反映并解决问题，是困扰广大政协委员许久的问题。近年来，省政协着力推动"赣事好商量"品牌建设，政协委员在"调查研究具体情况—分析总结实际问题—集中发言讨论"这一议政闭环中，能够更加精准地切入问题，常态化推动问题解决并持续跟进，更好地服务江西经济社会发

展大局。如今，该品牌在全省范围内普遍推广，已然成为我省高效开展政协工作的"金字招牌"，推动多党合作事业在体制机制创新中不断展现出新气象、新面貌。"赣事好商量"品牌是江西省政协各界别和政协委员履行职责、行使民主权利的重要形式，对提高委员协商议政水平、探索社会治理创新实践，促进新时代政协事业高质量发展有着十分突出的贡献。

二、政协委员：精准调研，共谋发展

前不久，中共中央办公厅印发了《关于在全党大兴调查研究的工作方案》，明确提出要"研究新情况、解决新问题、总结新经验、探索新规律"，使调查研究更好地为科学决策服务。调查研究是深入贯彻习近平新时代中国特色社会主义思想的必然要求，是转变工作作风、密切联系群众、提高履职本领、强化使命担当的有效途径。近年来，民建江西省委员会紧扣中共中央重要决策部署和国家重大发展战略，牢牢把握中央和全省经济工作会议精神，积极响应中共江西省委、省政府对于全省经济发展的所做出的各项工作部署，针对涉及我省改革发展大局的战略性、前瞻性、关键性、全局性问题，以及各行各业发展过程中涌现出的实际问题，进行深入调研、积极发声。在每年民主党派中央大调研活动轰轰烈烈开展的背景下，我省各民主党派人士坚持围绕中心，服务大局，就经济社会发展的一些重大问题广泛开展调查研究，收集群众对政府工作的直接反馈，充分发掘群众最集中、最深层次的需求，依托"赣事好商量"平台召集、反映、协商，充分推动多党合作制度优势转化，彰显了民主党派十分深厚的向心力、凝聚力、组织力和影响力。

在共商国是、共谋发展的过程中，深入调研是重中之重。只有摸清脉络，把握本质，才能更好地找到路径、提出方案。这中间就需要广大政协委员重谋划、摸实情、求实效，深入做好调查研究工作。

（一）重谋划：牢牢坚持问题导向。开展调研工作既要有"店小二"般为人民服务的赤诚热血和积极态度，又要有强烈的责任担当意识和"踏石留印，抓铁有痕"的实干精神。广大政协委员要从根本上培养发现问题的能力，充分发扬斗争精神，有针对性地找到问题症结。要从当前经济社会发展形势中不断发现风险点，从不同群体因利益形成的尖锐矛盾中持续寻觅疑难点，要以解决人民群众的实际问题为导向，为人民发声，为人民谋利。

（二）摸实情：精准把握群众诉求。政协委员是密切联系政策和群众的桥梁纽带，无论是问题的研究还是方案的讨论，都必须坚持"实事求是"的原则。一要多层次、多方位、多渠道地调查了解情况，努力创造条件让群众讲真话、说实情，对于群众表达的呼声、反映的愿望、提出的建议要认真分析研究；二要把脉问诊，解剖麻雀，在交流了解的过程中逐渐熟悉情况、厘清脉络，要能够抽丝剥茧地剖析现状，找到矛盾焦点，深挖问题根源，把握群众诉求。

（三）求实效：从调研落实到协商。 在充分调研了解情况的基础上，广大政协委员要把情况摸清、把问题找准，不断提出解决问题的新思路新办法，充分响应"赣事好商量"等各类专题协商活动，广泛发言交流研讨，结合工作实际，提出有针对性、可操作性的对策建议，将真知灼见转化为推动工作的实招硬招，为江西高质量发展贡献自身卓越的智慧和力量。

三、"赣事好商量"助力江西实现高质量跨越式发展

深入推进"赣事好商量"品牌建设是践行全过程人民民主，促进政协制度优势转化的集中体现，是助力我省经济社会实现高质量跨越式发展的坚实保障。在这一过程中，要着眼自身，立足实际，放眼全局，持续推动政协工作出实效。

（一）以高质量履职推动高质量发展。 广大政协委员要始终牢记初心使命，不负群众的信任与国家的期待，切实提升履职能力，从根本上促进新时代政协工作质量和水平的不断提高。一是统一思想。要在国家战略、奋斗目标、工作举措和精神状态上同中共中央对标对表，坚持在思想上和行动上积极响应国家重大决策部署，在大是大非的问题上保持头脑清醒，在涉及路线原则的问题上保持立场坚定。二是做好结合。要把政府工作报告中各项重点工作和政协年度工作要点结合起来，准确把握当前社会发展的痛点难点，以及各行各业中存在的结构性矛盾，从中找问题提建议，不断精进政协提案的主题内容，针对性地提出解决方法，进一步协助做好稳定经济增长、增强发展动力、优化生态环境、做好民生实事等各项工作。三是真抓实干。要始终牢记政协委员的身份，增强履职尽责的意识和本领，进一步将为国家、为人民服务的积极态度转化为推进事业发展的思路举措，转化为承担责任、彰显担当的实际成效。具体来看，要充分借助"赣事好商量"平台发挥参政协商作用，强化社会建设及生产运行过程中的民主管理，推动实现相关制度的补充完善；强化对事关经济发展等重大问题的民主协商，保障科学决策科学部署；强化对招商引资流程环节的民主监督，确保资金使用到位、资源配置到位。

（二）发挥优势服务经济社会发展大局。 民建江西省十届二次全会强调，广大民建会员要进一步凝聚政治共识，汇集创新智慧，紧紧围绕我省建设现代化产业体系等深入开展调查研究，为江西高质量发展献计出力。作为一名民建会员，也作为一名政协委员，于自身而言是光荣且沉重的身份。站在新的历史起点，如何破解难题，解

决问题，需要我们积极承担起责任。民生连着民心，民生稳，人心就稳，社会就稳。坚持在发展中保障和改善民生，扎实做好民生保障工作，推动人民生活持续改善，推动经济运行整体好转，就能汇聚起无坚不摧的磅礴之力，实现新征程的良好开局。从本质上来看，广大政协委员要瞄准"不断实现人民对美好生活的向往"，把事关群众利益的事项抓好，不断增进民生福祉，研究如何提高人民生活品质的具体措施，把人民对美好生活的向往变成现实。一要坚持以人民为中心的发展思想，想人民之所想，行人民之所嘱，把事关百姓切身利益的事情抓实抓好，不断把人民对美好生活的向往转变为现实，为全面建设社会主义现代化国家，全面推进中华民族伟大复兴，凝聚起各位政协委员的强大力量。二要紧紧抓住人民群众"急难愁盼"问题，借助"赣事好商量"平台机制提出更多惠民生、暖民心举措，持续增加民生投入，着力保基本、兜底线、促公平，在经济发展中增进民生福祉，在社会进步中满足人民物质精神需要，不断推动人民对美好生活的向往转变为社会繁荣的现实场景。三要增强责任感和使命感，充分发挥自身优势，汇聚各方资源，从不同身份、不同角度去观察社会热点，依托"赣事好商量"平台实现政协协商同基层治理的有效衔接，推动社会共建共治共享。

（三）集中多方力量奋力谱写中国式现代化的江西篇章。在中国式现代化的前进道路上，要牢牢把握高质量发展这个首要和关键任务。以习近平同志为核心的中共中央团结带领全党全军全国各族人民踔厉奋发、勇毅前行，各民主党派也要牢牢把握此项工作的根本政治属性，毫不动摇地坚持中国共产党的领导，永葆忠诚、纯洁、可靠的政治本色，以更加昂扬的姿态奋进新征程、建功新时代。一是全省各民主党派要更加紧密团结在以习近平同志为核心的党中央周围，充分依托政协力量，借助"赣事好商量"积极探索创新民主协商模式，讨论出更多增进民生福祉的务实思路和举措，使人民群众从生活中的一件件小事里切实感受到发展红利，从当家作主的自豪感中见证国家的繁荣富强。二是构建协同机制营造良好社会生态，推动党委政府、社会组织、公众等不同主体携手努力，共同发挥应有的作用，各民主党派成员政协委员各展所长，积极建言资政，为党委政府科学民主决策提供高质量智力支持。三是充分结合省情及经济社会发展实际，把握好协商参政与社会民生进步的内在逻辑性，把握好高质量发展与中国式现代化的内在统一性，以民主协商凝聚共识、汇集合力，以高质量发展书写中国式现代化江西篇章，努力探索体现时代特征、中国特色、江西特点的现代化建设路径。

（李丽，民建江西省委理论研究委员会委员、民建抚州市委员会会员）

放大延伸"赣事好商量"品牌效应

——基于对新余市的履职思考

◎艾磊华

习近平总书记指出，"有事好商量、众人的事情由众人商量，找到全社会意愿和要求的最大公约数，是人民民主的真谛"。协商民主在我国有根、有源、有生命力。"赣事好商量"是江西省政协创造性打造的一张协商民主名片，是广大政协委员建言议政的重要平台，是发展全过程人民民主的重要形式，得到省委、省政府和全省人民的高度赞赏。新余市政协主动融入"赣事好商量"履职实践，结合新余实际，延伸打造"余快协商"等履职平台，充分彰显"赣事好商量"新余特色。

一、突出"赣事好商量"政治站位

人民政协是在共产党领导下的多党合作、政治协商的政治组织，政治性是人民政协的本质属性，是最鲜明的特点。"赣事好商量"作为一种民主协商平台，牢牢把握协商议政的正确政治方向，落实"懂政协、会协商、善议政，守纪律、讲规矩、重品行"的重要要求，提高政治判断力、政治领悟力、政治执行力。

（一）坚持党的领导。中国共产党领导是中国特色社会主义最本质的特征，是中国最大的政治。"赣事好商量"在中共江西省委和江西省政协党组领导下开展协商活动，引导广大委员深刻领悟"两个确立"的决定性意义，增强"四个意识"、坚定"四个自信"、做到"两个维护"，不断增进对中国共产党和中国特色社会主义的政治认同、思想认同、理论认同、情感认同，始终在政治立场、政治方向、政治原则、政治道路上同以习近平同志为核心的党中央保持高度一致，推动党中央大政方针更好转化为广大委员和各界群众的思想共识和行动自觉，汇聚团结奋斗强大合力。

（二）坚持围绕中心服务大局。聚焦党和国家中心任务履职尽责，是习近平总书记对人民政协的殷切期望和重要要求，也是人民政协的一贯追求和价值所在。我们要胸怀大局、把握大势、着眼大事，充分发挥"赣事好商量"的品牌效应，瞄准省、市推进中国式现代化建设进程中的重点环节、短板弱项，注重在市委关注、人民群众关心、政协有条件做好的结合点上选取题目、开展调研，多了解新情况新问题，确保建言献策有的放矢、切中要害、具有针对性和可行性。

（三）**坚持团结民主**。习近平总书记指出："要深刻把握社会主义协商民主是中国共产党的群众路线在政治领域的重要体现这一基本定性""在人民内部各方面广泛商量的过程，就是发扬民主、集思广益的过程，就是统一思想、凝聚共识的过程，就是科学决策、民主决策的过程，就是实现人民当家作主的过程。""赣事好商量"坚持发扬民主和增进团结相互贯通、建言资政和凝聚共识双向发力，按照协商于民、协商为民的要求，更好实现人民对美好生活的向往。着力凝聚人心、汇聚力量，把加强思想政治引领、广泛凝聚共识作为中心环节，做好协调关系、理顺情绪、化解矛盾工作，不断巩固共同思想政治基础。

二、找准"赣事好商量"重点课题

一个阶段有一个阶段的重点工作，协商什么要从实际出发，既要有全年的协商课题总安排，又要与时俱进，根据变化了的情况，及时调整课题，抓住阶段性重点任务，确保政协协商议政的方向与党委、政府的工作重心同频共振。

（一）**善于从党委、政府重大决策部署中找课题**。新余市政协围绕市党代会作出的打造新宜吉合作主阵地、南昌都市圈产业承接地、中三角旅游目的地、全国民生城市知名地"四地"目标，围绕每年政府工作报告确定的重点任务，围绕省政协布置的具体工作，制定民主协商问题清单，分解工作任务，助力党委、政府重点工作落地落实。

（二）**善于从人民群众"急难愁盼"中找课题**。民有所呼，我有所应。人民群众的"急难愁盼"，是我们协商议政的风向标。我们将每年政府承诺的民生实事列为协商重点，针对养老服务、物业管理、古村落保护、疫情防控、城乡供水一体化、学位车位、老旧小区改造、就医就诊、生态环保、乡村振兴等与群众利益攸关的具体问题，逐一进行调研视察，形成工作建议，推动政府承诺及时兑现。

（三）**善于从时代发展的趋势中找课题**。拓展视野，立足当下、面向未来，协商课题既有推动力更有引领性。数智化时代，数字经济发展成为风口，省委、省政府把数字经济做优做强作为"一号发展工程"，新余市及时作出工作部署。我们敏锐把握这一发展趋势，把数字经济发展、智慧城市建设、大数据、云计算、物联网、区块链、人工智能和5G通信等内容列为协商课题，推动新余经济通过数字化赋能实现产业转型升级。

三、优化"赣事好商量"路径选择

如何协商,这就要解决好"船与桥"的问题。"赣事好商量"的前提是要做足基本功,通过深入调查研究,摸准实情,吃透政策,优化路径,做到建言有底气、有依据、有破题之策。

(一)做到提前介入。俗话说,不打无准备之仗。打好工作提前量,既是一种工作方法,也是一种工作态度。由于政协委员来自各条战线,每个人的工作阅历和知识储备不同,协商问题容易存在工作盲区,导致协商流于形式。我们每一次开展工作协商之前,都要对问题进行全面梳理,搞清问题的背景、现状和发展趋势,反复权衡比较,力求最优解,从而提出具体、精准、科学的工作对策。比如,废弃秧盘回收处置、种粮农户的期盼等协商成果,都得到了省委采纳。

(二)做到全程跟踪。对一些容易出现反弹的问题,我们不是简单地一次性协商了之,而是全程跟踪,务求实效。比如,围绕深入推进营商环境优化升级"一号改革工程",我们组织开展"大走访大调研大服务",委员走访 60 多家民营企业,收集 25 个方面问题,提出 33 条建议,市委书记专门批示,市长召开"仙女湖夜话"政协委员联系民营企业专场活动,共商解决办法。我们提出设立营商环境投诉举报中心的建议得到有关部门采纳落实,《新余市政协聚焦"一号改革工程"协商建言促发展,助企纾困解难题》得到省政协主要领导批示肯定。

(三)做到动态调整。有道是,计划赶不上变化。不确定性就是最大的确定性。原定的一些协商课题,随着改革发展的纵深推进,有的已经得到解决,有的群众不再那么热切关注,有的已偏离了中心工作轨道,而一些新的重大工作部署、新的热点难点问题却没有及时补充到协商议题,这就要求我们及时作出动态调整,以变应变,确保协商议政的方向、基调、重点始终与大局吻合、与时代同步。

四、做实"赣事好商量"履职成果

协商本身不是目的,目的是通过民主协商这种形式,促进发展、化解矛盾、达成共识、推动工作。这就要求我们在履行"赣事好商量"过程中,要有咬定青山不放松的韧劲,不达目的誓不罢休。

(一)交办到位。"两会"期间、重大调研视察活动之后,新余市政协都要会同政府有关部门将收集到的问题进行集中交办处理。市政协十届一次会议以来审查立案提案 304 件,市党政领导领办重点提案 14 件,提案办复率 100%。针对市政协十届二次会议大会发言提出的建议，市政府主要领导牵头，将 25 篇发言分解成 70 多项具体举措，建立每月调度工作机制，对重点难点问题开展跨部门协同攻关，成功破解一批久拖不决的历史遗留问题。

（二）督办到位。坚持履职项目化、工作品牌化，创新提案办理协商形式，构建提案人、承办单位、党政督查部门、提案委"四方联动"面对面协商机制，实行每周工作调度、信息通报制度，对每一件提案或建议的办理结果，都要及时反馈，确保件件有回应、有交代；对办理条件暂时不成熟或政策依据不充分的提案或建议，及时作出解释说明。新余市政协通过提案工作积极践行全过程人民民主的经验，在省政协《赣协通报》刊发。

（三）落实到位。千忙万忙，不抓落实就是瞎忙；千招万招，不抓落实就是没招；千条万条，不抓落实就是白条。新余市政协聚焦"四地"目标出实招，就"塑造仙女湖七夕文化IP，奋力打造中三角旅游目的地""优化区域发展，打造新宜吉合作主阵地"进行主席会议专题协商，相关报告获党政主要领导批示。围绕"双减"政策落实、城市交通管理提案办理情况展开专项监督，就提升颐养之家养老服务水平、婴幼儿照护服务等课题开展专题调研、自主调研，完成协商 20 项，形成政协专报、协商报告等成果 22 件，向市委、市政府提出 15 条对策建议，为建设"六个江西"和新余实现"四地"目标贡献智慧力量。

五、提升"赣事好商量"经验智慧

"赣事好商量"作为江西省政协打造的一个民主协商品牌，已在履职实践中收获累累硕果，得到社会各界和群众的普遍认可。要认真总结经验，升华理性认识，不断放大这一品牌价值的外溢效应。

（一）着力从理论上总结。理论来源于实践，又反过来指导实践。"赣事好商量"是在全面把握政协工作性质和定位基础上的一种履职探索，是践行全过程人民民主的一种参政议政渠道，是贯彻落实习近平新时代中国特色社会主义思想和习近平总书记关于加强和改进人民政协工作重要思想的创新之举，是打造"三大高地"、实施"五大战略"、奋力谱写中国式现代化江西篇章的重要建言献策平台。我们要遵循"赣事好商量"这一民主协商品牌的理论逻辑和实践逻辑，增强工作自信，丰富品牌内涵，完善运行方法，提升履职能力和水平。

（二）着力从实践中推广。围绕"赣事好商量"这一主品牌，新余市各地结合实际，推出了"余快协商""钟家山商量""企业家局长面对面""农事好商量"等九个特色履职品牌，聚焦党政工作重点、群众关注热点、社会治理难点，开展现场协商、家门口协商、民情恳谈视频会等协商活动 56 次，推动解决小区基础设施建设、道路交通整治、环境卫生问题等多件民生实事，为商户搭台，解决创业贷款、市场销售 3 亿多元资金，真正发挥全过程人民民主独特优势，《人民政协报》予以重点报道推介。

（三）着力讲好政协履职故事。做实宣传平台，发挥"一微一网一刊"作用，讲好"赣事好商量"履职故事，在各级媒体上稿 306 篇。《江西新余市政协委员工作站特色活动解民忧》等稿件在《人民政协报》刊登，《香樟树下"唠家常"群众参与敞开说》获《江西政协报》优秀作品奖。通过江西省政协"委员通道"介绍新余"党建＋颐养之家"民生品牌，8 个"委员说变化"视频在江西省政协公众号展播。2022 年以来，新余市政协委员参加社会服务活动 1028 人次，办好事实事 892 件，公益捐赠 3200 余万元，参与援饶、援昌、援沪、援吉医疗 20 余人次，《委员奋战"疫线"有力度更有温度》在《人民政协报》报道，展现政协委员应有的使命担当。

（艾磊华，民建会员、赣西教育科技集团董事长）

凝聚共识：首在引领，重在协商

◎蔡　媛

习近平总书记在全国政协 2019 年新年茶话会上的讲话中首次提出"把加强思想政治引领、广泛凝聚共识作为政协履职工作的中心环节"。在中央政协工作会议暨庆祝中国人民政治协商会议成立 70 周年大会上，习近平总书记进一步将这一论断作为新时代加强和改进人民政协工作的总体要求明确提出，并作为当前和今后一个时期人民政协尤其要抓好的三个方面工作之一进行具体部署，为人民政协更好地把握新方位新使命，在新时代不断开拓前进提供了有力指导和根本遵循。

思想在于引领，共识依靠凝聚。共识在凝聚之前，是多元的思想、多元的利益与多元的文化在认识上表现的差异，而要将这些差异融会在一起，求同存异、形成共识，首要任务是加强思想政治引领，重点在于通过民主的方式进行充分协商，关键是处理好一致性与多样性的关系。

习近平总书记深刻指出："一致性是共同思想政治基础的一致，多样性是利益多元、思想多样的反映，要在尊重多样性中寻求一致性，不要搞成'清一色'。"在人民政协 70 年的发展历程中，曾经有过"过于追求一致性"和"过于放任多样性"的历史教训。处理好一致性与多样性的关系，核心是把握住一致性的"双层内涵"：一层含义是共同思想政治基础的一致；另一层含义是在尊重多样性的基础上通过协商沟通而寻求的一致。做好凝聚共识的工作，需要把握两个"一致性"的内涵，按照"一致—多样—一致"的逻辑从"两个层面"予以展开。

凝聚共识，首在引领，主要目的是通过党的创新理论武装，打牢共同思想政治基础这个"一致性"。共同思想政治基础越牢固，凝聚的共识就越广泛，就越能汇聚起为共同目标奋斗的磅礴力量。同时，对危害中国共产党领导、危害我国社会主义政权、危害国家制度和法治、损害最广大人民根本利益的问题，必须旗帜鲜明反对，这是政治底线，共同思想政治基础的"一致性"必须守住。打铁还需自身硬。新时代人民政协共同思想政治基础能否打牢，凝聚共识的广度能否拓展，关键取决于各级政协党组领导核心作用和基层党组织战斗堡垒作用的发挥，特别是党员委员先锋模范作用的发挥。毛泽东同志曾经指出："所谓领导权，不是要一天到晚当作口号去高喊，也不是盛气凌人地要人家服从我们，而是以党的正确政策和自己的模范工作，说服和教育党外人士，使他们愿意接受我们的建议。"在人民政协这样一个非中共人士占多数的政治组织中，某种意义上讲，党员委员的思想政治觉悟和政治素质，应比其在党政工作岗位上的要求还要高。只有党员委员具有坚定的政治定力、极高的政治敏锐性，在大是大非面前，旗帜鲜明、敢于斗争，积极发挥合作共事、发扬民主、求真务实、廉洁奉公的模范作用，才能够通过自身的言行去影响带动身边的党外委员，才能够将思想政治引领做到实处，才能够真正凝聚更为广泛的共识。这是前提，也是根本。

加强思想政治引领，应强化党的创新理论武装，突出自我学习和自我教育。抓住用党的创新理论团结教育引导各族各界代表人士，就抓住了政协思想政治引领的核心要义。人民政协作为统一战线组织，搞好思想政治引领、加强理论武装，应遵循其自身的特点，关键是让委员们真正做到自觉学习，内心认同。理论学习重在研讨，贵在交流，氛围是宽松的，形式是民主的，"不打棍子、不扣帽子、不抓辫子"是搞好统一战线思想教育和理论武装的关键。应坚持"自己提出问题，自己分析问题，自己解决问题"，通过学习与讨论、交流与恳谈、批评与自我批评，不断深化潜移默化的引领，提高自我教育、自我学习的实效。

凝聚共识，重在协商，核心要义是充分发挥专门协商机构作用，在尊重多元的基础上寻求更广泛的"一致性"。人民政协存在的意义和价值，就是需要通过协商民主的方式，在多样性中寻求一致性。多样性越复杂，寻求一致性的任务越艰巨，政协性质就会表现得越突出，职能也会实现得越充分。只有真正发挥好人民政协作为专门协商机构的优势和作用，丰富协商平台，完善协商机制，涵养协商文化，凝聚共识的工作才能真正落到实处、发挥实效。

协商的真谛在于民主，关键是把准凝聚共识内涵，涵养和培育协商文化。在协商中，各党派团体、各族各界人士接受党的主张是凝聚共识；中国共产党采纳并集中大家的意见建议，体现在国家大政方针中，也是凝聚共识。在协商中，通过有效的说理说服，增信释疑，解开界别群众的"思想疙瘩"，是凝聚共识；在不同场合运用不同方式理顺情绪、化解矛盾、克服极端，也是凝聚共识。无论"凝聚共识"的内涵如何深化与拓展，依靠的根本途径在于协商。中华民族自古就有兼容并蓄、求同存异的优秀政治文化，我党始终保持着"团结—批评—团结"的优良传统，应积极吸收借鉴，努力培育和涵养"有事好商量，众人的事情由众人商量"协商文化，促进不同思想观点的充分表达和深入交流，做到相互尊重、平等协商而不强加于人，遵循规则、有序协商而不各说各话，体谅包容、真诚协商而不偏激偏执，形成既畅所欲言、各抒己见，又理性有度、合法依章的良好协商氛围。这种在打牢共同思想政治基础上，在尊重多元体谅包容前提下，依靠广泛、深入、多层次的协商求同存异、求同化异，才能真正调动一切积极因素、团结一切可以团结的力量，找到最大公约数、画出最大同心圆，凝聚起来的共识才能更坚定、更广泛、更持久。

（蔡媛，民建九江市委会柴桑区支部主委）

打造"赣事好商量"品牌
彰显政协委员主体作用

◎刘　兵

习近平总书记提出了全过程人民民主的重大理念，为党和国家保证人民当家作主、开展多种形态民主提供了理论依据。我国的根本政治制度——人民代表大会制度和基本政治制度——中国共产党领导的多党合作和政治协商制度、民族区域自治制度、基层群众自治制度，共同构建起了中国特色政治制度体系，是实现全过程人民民主的重要制度形态。作为中国特色的制度安排，中国人民政治协商会议制度是实现全过程人民民主的重要制度载体，通过专门协商机构的性质定位，通过履行政治协商、民主监督、参政议政、凝聚共识职能，保障和支持人民当家作主，充分体现协商民主的价值和理念。江西省政协打造的"赣事好商量"品牌平台，是发展人民政协协商民主、践行全过程人民民主的生动实践。"赣事好商量"协商议事平台聚焦江西本地党政工作要事、民生改善实事、社会治理难事，注重选择从切入口小、针对性强、关注度高、政协所能等议题，开展协商议事，着力解决群众"急难愁盼"问题。

一、"赣事好商量"协商平台建设的重大意义

（一）**"赣事好商量"协商平台是践行全过程人民民主的生动实践**。全过程人民民主"行得通"，关键在于真正认清"协商民主"这一独特优势。"赣事好商量"协商平台立足"小切口、办实事"，采取"自下而上"的方式确定议题，将民主参与的代表性和民主过程的协商性结合起来，利益相关方、职能部门均到场，在协商主体多元、政治参与有序的基础上，不断提高深度协商互动、意见充分表达、广泛凝聚共识水平。

（二）**"赣事好商量"协商平台是助推基层治理体系和治理能力现代化的全新探索**。发挥"委员工作站"的"两平台一桥梁"作用，探索政协协商与基层协商的有效贯通，与社会治理有效结合，形成"党委领导、政协搭台、委员履职、有序参与"

的基层协商工作格局，引导政协委员发挥自身专业优势和联系群众优势，在充分商量问题解决方案中宣传政策、澄清误会、理顺情绪、化解矛盾，巩固党的群众基础，成为各基层部门解决问题、化解矛盾的有效"金钥匙"，助力维护社会稳定。

（三）"赣事好商量"协商平台是助力解决基层民生问题的惠民举措。民事民议、民事民办、民事民管，"赣事好商量"协商议事活动，已成党委政府"好帮手"、人民群众"连心桥"、委员履职"新平台"，人居环境改善、既有住宅加装电梯、耕地改良等涉及群众的闹心事、堵心事、烦心事在协商中得到妥善解决。调研中，既深入基层一线听取意见、实地体验，也到职能单位登门拜访、请教咨询；协商时，聚焦群众最直接最现实的利益问题，求同存异、聚同化异、集思广益，真正做到了"协商于民、协商为民"。

二、协商民主实施过程中应避免的问题

（一）协商主体的意识不强。一是当前部分领导干部对人民政协的性质、地位和作用仍然存在一些模糊认识，更有甚者持错误观点。有的领导干部认为政协协商是"鸡蛋里挑骨头""不帮忙、反添乱"，对民主党派、政协委员提出的协商意见敷衍了事；有的领导干部将政协委员的不同意见、建议视为不讲政治；等等。二是政协协商对接机制还需进一步完善。如民主党派参政议政的信息渠道不够畅通、政协委员知情明政的权利缺乏保障。

（二）政协委员的履职能力不强。在思想认识上，有的政协委员认为政协履职是"副业"，本职工作才是"主业"，缺乏责任感和使命感。在履职能力上，部分政协委员对于党的理论和路线方针政策研究不深，对于社会经济发展的复杂性掌握不清，对于政协履职业务学习意愿不强。有的政协委员在本专业是行家里手，但参政议政和建言献策水平不够。在政治协商方式上，习惯于通过开会推动工作，不愿或不积极主动地开展活动，缺乏创新意识，也削弱了政协委员的参政议政热情。

（三）社会公众的协商意愿不强。一方面，目前多地召开政协常委会会议都会邀请群众参会，但热心报名参与会议协商的群众不多。一些单位和群众，不愿意配合政协委员履行职能，影响政协委员履职的积极性。另一方面，政协协商程序上存在薄弱环节，如在议题设置环节，往往单方面由政协方专门委员会或委员提出，而协商的对象群众在议题设置时参与度不够，也影响了其参与协商的积极性。

三、充分发挥"赣事好商量"协商平台作用的路径

（一）夯实协商基础，不断优化协商民主环境。1.争取党政支持。中共中央印发的《关于加强人民政协协商民主建设的实施意见》明确要求"加强政协协商与党委和政府工作的有效衔接"。各级党政干部应从推动全过程人民民主的高度深化民主协商意识，可在推动党内思想教育过程中，将社会主义协商民主内容和要求等列入党委（党组）理论学习中心组和党员日常教育内容之中。从政协组织角度，可积极主动完善请示报告制度，政协党组定期向同级党委汇报工作，对政协推进的重大事项、组织的重点活动，主动征求党委、政府意见。政协主要领导加强与党政主要领导的沟通交流，让党政领导充分了解政协各阶段、各时期的工作动态。建立联系部门机制，相关委室积极与对口部门联系，经常邀请部门负责人列席政协会议、参与政协活动，倡导合作共事、协商办事、协商解决问题的方式方法。2.把准议题方向。协商议题要制订得科学合理又要切合实际，关键是要解决协商议题"谁来提出、谁来确定、怎样确定"等问题。笔者认为，对于国家大政方针和地方的重要政策，要积极围绕党委、政府的中心工作，通过列入年度协商计划的方式，将协商议题纳入统一计划。对于一些较为经常性的政协协商形式，如专题协商会、对口协商等，可以组织政协委员结合自身工作、生活和平时调研视察时掌握的情况，紧盯群众普遍关心的热点难点问题确定议题。3.强化转化督办。为了促进协商成果贯彻落实，政协部门应成立专门的成果报送、督办机构，将协商成果及时转化为建议案、提案，转化为社情民意，根据不同的协商层次、类型，选择相应的途径将协商成果及时报送给相关领导或部门参阅办理。

（二）强化协商质效，充分彰显委员主体作用。1.强化学习培训，让委员协商有能力。把深入学习习近平总书记关于加强和改进人民政协工作的重要思想作为政协人入门之课、必修之课，进一步丰富健全中心组引领学、常委会会议集体学、学习小组交流学、读书活动深入学、网络平台线上学、委员培训研讨学的学习体系，引导委员持之以恒学、与时俱进学、联系工作学，在学深悟透中筑牢信仰之基。于长远处规划、于细微处着手，把学习培训融入履职全过程、各方面，带动委员不断开阔眼界、努力提升境界、始终坚守边界，更好地树立协商理念、培育协商文化、运用协商规则、掌握协商方法。拓宽政协委员知情明政渠道，支持委员更好地把握形势、了解情况、掌握政策，把自身所长、政协所能与发展所需对接起来，综合运用政协提案、视察调研、大会发言、反映社情民意信息等方式，不断提高建言的"靶向性"、资政的"含金量"、监督的"有效度"。2.真情服务履职，让委员协商有魅力。建立和完善主席会议成员

分工联系委员、专门委员会联系界别委员、党员委员联系党外委员、委员联络机构专职联系委员的工作机制，各级领导带头坚持每年开展走访委员活动，了解委员学习、工作和生活情况，帮助委员协调解决困难问题，联出归属感。完善委员履职成果报送、督办、反馈机制，助推履职成果落地落实，转出成就感。充分利用各种新闻媒介，坚持宣传聚焦委员、镜头对准委员，在媒体开办专题专栏专版，集中宣传委员先进事迹和履职成果，对履职能力强、成果显著的委员进行表彰，在委员中形成"我履职、我光荣"的良好氛围，彰显荣誉感。3. 创新协商形式，让委员协商有动力。进一步增强协商成效，发挥全体委员的作用，需要在做好现有会议协商、界别协商等形式基础上，结合现代科学信息技术，探索广泛建立"网上议事厅"、网络议政等民主协商新形式，建立委员移动履职平台、微信公众号等民主协商新平台，打破协商时间、空间的限制，创新形式、场景，推动协商进社区、企业等。完善协商互动机制，协商的本质就是商量，是各种不同的认识、观点、看法、意见的交流交融交锋，互动机制中注重增加"问、答、辩"等环节，使得协商氛围既畅所欲言、各抒己见，又理性有度、合法依章从而使协商真正成为集思广益、凝聚共识的过程。

（三）坚持协商为民，融合基层协商有效衔接。1. 科学选择协商主体。按照"利益涉及谁，就和谁商量"的原则，在遴选好群众代表、引导人民群众积极参与政治协商的同时，注重邀请与议题相关的行政管理部门负责人，为推动协商成果转化奠定基础。如笔者所在的九江市政协通过"赣事好商量"协商平台，推动老旧小区加装电梯事项，全市政协委员带头搞好商量、搞好宣传、搞好调研、搞好协商。在制定规划等由政府做的工作中，依法依规做到位，解决"能装"的问题；由各县（市、区）有关职能部门将辖区内所有符合加装电梯条件的小区列出单子，放到政协平台来商量，发挥各级政协和政协委员的作用，解决"装得了"的问题，最终实现了让更多居住在"老楼房"居民群众实现"电梯梦"。2. 有效完善衔接机制。注重发挥人民政协的组织和人才优势，将其与基层群众和基层社会治理有效结合，将协商主体向广大界别群众延伸，将协商议题从重大课题向群众身边具体小事延伸，将协商地点从机关、会议室向街头巷尾、社区村街延伸。文书形式上，可形成《民主协商建议书》等，并报送基层党委和政府部门，同时要密切跟踪协商成果的办理情况，及时将协商成果的落实情况反馈给参与群众，让群众"不白来、没白说"。3. 注重整合资源配置。为了从整体上推动"赣事好商量"协商平台向基层延伸，可制定规范性指导意见，推动街道（乡镇）、园区成立"政协委员工作站"，社区（村委会）成立政协委员联络点，确保每个街道级"政协委员工作站"不少于 5 名委员，每个社区级政协委员联络点有 1 名委员。明确政协委员每季度要至少一次深入所挂的街道、所联的社区，组织参与基层"好商量"工作。同时，政协协商嵌入基层社会治理不仅是机构延伸，更是工作和职能延伸，对于条件相对薄弱地区，为了便于协商活动开展，可以考虑借助党群服务中心、党员活动中心、人大代表工作站等开展活动，这既符合机构精简的原则，也保证了人民政协开展基层协商所需要的基本条件。

（刘兵，民建九江市浔阳区支部副主委）

"三个聚力"谋划选题调研
盘活"赣事好商量"品牌建设的"一池春水"

——关于发挥"赣事好商量"品牌功能，选准议题深入调查研究的几点思考

◎孙　康

党的二十大报告强调"坚持和完善中国共产党领导的多党合作和政治协商制度，坚持党的领导、统一战线、协商民主有机结合，坚持发扬民主和增进团结相互贯通、建言资政和凝聚共识双向发力"。"三个坚持"的重要论断为新时代新征程上各级人民政协全面发展协商民主、更高更快更好赋能高质量发展立定了新坐标、指明了新方向。"赣事好商量"品牌建设正是我省落实党的二十大精神和习近平总书记关于加强和改进人民政协工作的重要思想、探索推进协商民主广泛多层制度化发展"江西实践"的重要抓手。自 2020 年全省政协系统推行"赣事好商量"品牌建设试点以来，九江市政协认真落实上级政协部署要求，以"赣事好商量"及"有事先商量"品牌建设为抓手，在品牌的载体内容、平台建设、保障机制上做了大量卓有成效的工作，先后建设"有事先商量"协商平台一千三百余个，开展协商议事活动四千三百余次，推动解决各类问题四千一百五十余个，探索走出了一条"党委领导、政府支持、政协搭台、委员履职、各界参与、服务群众"的协商民主建设新路径，被省委深改办列为全省经典改革范例。笔者认为，下一步想要进一步做实做优做强品牌、推动更高质量的围绕中心、服务发展，就必须在调查研究上把好关、定好向、握好度、解好难，各级政协系统应充分发挥政治协商作用，整合各类委员代表资源，结合实际重点在选题谋划、定题调研、闭环服务上聚心聚智聚力，为更高质量赋能全过程人民民主的江西实践贡献智慧力量。

一、在选题谋划上应聚力以党建引领人民协商工作高质量发展的落地实践引领定向，把"坚持人民至上的理念"贯穿到调研始终

坚持和完善中国共产党领导的多党合作和政治协商制度是人民政协发挥协商作

用、凝聚智慧力量、更好更高质量服务经济社会发展的根本。"赣事好商量"品牌作为我省重点打造的政协协商服务品牌，在调研选题谋划上必须更加突出正确的价值导向，更加注重党建引领人民政协服务经济社会高质量发展的落地实践这一基本方向，用好调查研究这一基本功，掌握正确方向、运用正确方法、解决突出问题。

调研选题要坚持正确方向。"赣事好商量"品牌建设的根本出发点和落脚点在于实现好、维护好、发展好最广大人民群众的根本利益，不断满足人民对美好生活的向往。因此，必须坚持党的领导和人民至上的正确导向。在调研选题上，应更加注重向基层延伸、向人民群众身边的"关键小事"发力，重点围绕党建引领基层治理体系和治理能力现代化、乡村振兴发展等大方向大课题上定向，在建设现代化产业体系、实施科教兴国战略、推进共同富裕等事关经济社会发展的重大课题上定题选题，更好地服务人民群众，解决人民群众"急难愁盼"问题，让发展实绩更有温度、民生答卷更有厚度。

调研选题要注重以小见大。习近平总书记指出"群众之事无小事，一枝一叶总关情"。"赣事好商量"品牌作为全省政协系统重点推介的协商议事品牌，更应该注重从细微处发力、从群众身边的"关键小事"切入，通过线上、线下各方渠道做好调查问卷征集，梳理关系经济社会高质量发展、关系人民群众对美好生活需求的"小事清单"，用好"赣事好商量"议事平台，系统谋划、确定调研选题内容，特别是重点围绕学前教育、家政服务、老旧小区改造、城乡人居环境整治、停车难出行难等民生难题科学制订调研方案，有计划、有步骤、有节奏地稳步推动调查研究，切实把握好品牌建设过程中的"主要矛盾"和"矛盾的主要方面"，让"赣事好商量"真正化身为"干事好商量"，在服务发展、服务人民的实践中发挥应有作用。

二、在定题调研中应聚力以问题导向和守正创新思维发挥好品牌载体作用，把"解决好关键小事"的抓手抓牢抓实

习近平总书记指出要"有事多商量、有事好商量、有事会商量，通过协商凝聚共识、凝聚智慧、凝聚力量"。"赣事好商量"品牌正是从高质量落实好总书记这一重要指示要求，结合我省实际重拳推出的政协品牌。这一品牌的建设初衷在于以品牌建设为抓手，高质量搭建发挥政协专门协商机构作用、更好更高质量服务经济社会发展的平台。因此，"赣事好商量"这一品牌在向基层延伸的实践中，各级更加注重的是平台搭建和作用发挥。也正是基于协商服务、凝聚共识、服务发展这一根本出发点，品牌建设过程中的定题调研才显得尤为重要。笔者认为，各级政协工作人员在定题调研过程应更加突出问题导向，注重以守正创新思维开展调研活动，切实用好"赣事好商量"

这一载体平台，把基层群众的所思所想所急所盼调上来、研进去、解决好，才能更好地发挥好品牌建设作用，更高质量地服务人民、服务经济社会发展。

在定题调研过程中，应始终注重问题导向。习近平总书记在党的二十大报告中指出"问题是时代的声音，回答并指导解决问题是理论的根本任务"。用问题导向引领调查研究，是推动"赣事好商量"品牌向基层延伸、着力发挥好人民政协凝聚共识、共商国是作用的重要方法。因此，在定题调研过程中，应更加注重解决实际问题、善于发现根治苗头问题。具体到"赣事好商量"品牌建设实践中去，就是要围绕为委员履职搭建常态化、机制化的工作平台，破除"年委员、季常委"的弊端，指导帮助各级政协委员重点聚焦人民群众的"急难愁盼"问题开展调查研究，用好平台资源、发挥好协商作用，切实把实情调上来、活鱼摸上来、方法交上来，通过攻坚问题实现破局提效、服务提质。

在定题调研过程中，应持续强化守正创新。守正创新是党的二十大报告中明确的"六个必须坚持"的世界观和方法论之一。具体到人民政协系统、具体到"赣事好商量"品牌建设实践，守正，更加突出的是"坚持党的领导、统一战线、协商民主有机结合"；创新，则更加突出的是新平台、新载体、新方法、新手段的灵活运用。自我省开始推行"赣事好商量"平台试点以来，九江市在品牌建设中积极搭建"有事先商量"协商民主建设平台载体，为各级政协委员特别是基层政协委员发挥协商作用、精准把握民情民意提供了重要的渠道，实现了"协商议事，委员履职和协商服务"一台多能的效果。这正是定题调研重要抓手所在。在调研过程中，各级政协委员应结合自身工作实际，更加注重新手段、新平台的运用，通过与传统方式手段的融合运用灵活开展调查研究，借助群众的智慧力量积极确定相关工作建议，切实发挥好参谋作用，当好各级党委、政府的参谋员。

三、在定题调研中应聚力以坚强有力的机制保障护航政治协商，把政协委员的"主角"作用充分发挥

"赣事好商量"品牌建设是一项复杂、长期、系统的工程，必须有坚强有力的机制保障护航才能切实发挥作用。在定题调研的实践中，各级政协委员不仅是政治协商的"荐题人""主持人"和"监督员"，更是专题调研的"主力军"。因此，在品牌建设中，必须为委员履职搭建常态化、机制化的工作保障平台，建立健全"调查研究＋督办推动＋处置反馈"的闭环工作机制，切实落实"好点子"，解决好群众的急事要事困难事，才能让各级委员放开胆子调、深入细致研。

从九江市推行"赣事好商量""有事先商量"品牌试点的实践来看，自试点推

行以来，九江市政协系统坚持机制保障与规范建设并行，制定出台《"有事先商量"基层协商民主建设实施方案》，明确时间表、任务图、责任状；市政协结合实际精准确定了"提出协商议题、确定协商议题、准备协商会议、组织协商活动、报送协商成果、推动成果落实"6个关键环节，制定落实"议题选择好、商前调研好、充分协商好、转化落实好"工作流程，取得了显而易见的成效。笔者认为，下一步，市政协应重点在两个方面抓好提升：一是在闭环机制上精心雕琢，狠抓责任落实。应在建立健全"委员调研、部门参与、成果采纳、督办落实、反馈公开"等具体机制上抓提升，特别是要建立闭环工作机制，对一些有益经济社会发展的高质量成果探索实施政协挂点联系，分类指导、有序推进、联动督办，重大问题邀请市、县区党政领导协商推动的工作模式，高质量高效能推进定题调研的成果落地。二是在宣传引导上精心雕琢，聚力凝聚合力。应持续加大联动力度，比如，可采取与电视台合作联动、定点专题专栏报道等方式向大众公开调研成果的采纳及落实情况，强力推动以协商聚共识、增合力，展现议政建言、协商出力成果。

（孙康，民建九江市委委员、江西康特新能源科技有限公司董事长）

合流知禹力，同共到沧瀛

——持续打造"赣事好商量"品牌，提升市县政协高质量履职水平浅探

◎张　鹏

为深入学习贯彻习近平总书记关于加强和改进人民政协工作的重要思想和视察江西重要讲话精神，江西省政协自 2020 年 8 月开始全省推行"赣事好商量"试点工作，近三年来取得显著的成绩。各级政协机关围绕中心工作，着力助推经济社会发展、助推民生难事破解，打造了各具特色的"好商量+"品牌，建设了一些经典工作案例，得到人民群众的认可和赞誉。

但实际工作中，"好商量"工作推动仍存在一些问题：一是"好商量"机械重复基层党委政府已部署、已推进的工作，反馈结果滞后于党委政府工作的进度，得不到基层党委政府支持；二是开展"好商量"的体制机制不够健全，一些基层"好商量"工作形式大于内容，未真正与基层协商结合以解决具体问题；三是开展"好商量"工作切入点选择不当，政协委员不能深入群众，群众工作能力不足，得不到群众信任和参与；四是基层组织对"好商量"工作不够重视，对"好商量"工作协商成果采用和落实监督没有建章立制，一些基层协商与政协协商各走各的道、各唱各的调，没有发挥好各自优势和作用。

为解决"好商量"工作中存在的问题，把政协协商更好地与基层协商有效衔接，助推基层社会治理，本文尝试对学习贯彻好全过程人民民主、厘清基层协商与政协协商合作关系作一浅探。

一、基层协商与政协协商的联系和区别

党的二十大报告指出："协商民主是实践全过程人民民主的重要形式"，协商民主由政党协商、政府协商、政协协商、人大协商、人民团体协商、基层协商、社会组织协商 7 个渠道组成。

基层协商通常指：在社会组织结构和行政管理组织中与群众联系最直接、最广

泛的层面（通常理解为乡、村、社区），通过在党组织领导下开展对话、讨论、审议等方式，协商与人民群众生产生活及自身利益直接相关的具体问题，而开展的公共决策和社会管理的活动。20世纪80年代以来出现很多协商形式，如公共政策听证会、民主恳谈会、公民评议会、社区议事会和村民代表会等，协商的组织者是基层党组织。

政协协商是指在中国共产党领导下，参加人民政协的各党派团体、各族各界人士履行政治协商、民主监督、参政议政职能，围绕改革发展稳定重大问题和涉及群众切身利益的实际问题，在决策之前和决策实施之中广泛协商、凝聚共识的重要民主形式，方式是提案办理协商、专题协商、界别协商、对口协商等。

基层协商与政协协商作为社会主义协商民主的重要形式，有着天然的共同联系，但在组织方式、开展形式、方式方法上有着较多的差异。

其共同点在于二者都是为了解决面对新形势新条件下思想观念多元多样的新问题，扩大公民有序政治参与、更好实现人民当家作主的权利，促进科学民主决策、化解矛盾冲突、促进社会和谐稳定、保持党同人民群众的血肉联系、巩固和扩大党的执政基础。

二者差异在于：基层协商的组织者是基层党组织，政协协商的组织者是政协常务委员会；基层协商的涉及范围更小，政协协商的涉及范围更广；基层协商更多体现在利益分配，政协协商更多体现在利益调和；基层协商着眼在方向统一，政协协商着眼在细节磨合；基层协商通常要求在特定时间段内及时推进，政协协商通常可以在较长时间段内缓缓沟通。

二、基层协商与政协协商的沟通和衔接

习近平总书记强调："涉及人民群众利益的大量决策和工作，主要发生在基层。要按照协商于民、协商为民的要求，大力发展基层协商民主，重点在基层群众中开展协商。"人民政协是"社会主义协商民主的重要渠道和专门协商机构"，充分发挥优势作用，以适当方式介入基层协商，有利于推进基层协商民主建设，提升我国基层治理体系和治理能力现代化水平。因此，将基层协商与政协协商进行有机衔接，对于弥补不同协商形式的短板和不足，夯实社会建设基础有着积极重要的作用。

（一）两种协商形式的短板和不足。 基层协商由于缺乏健全的制度规定，缺少相对规范的流程，协商参与者的产生代表性不够强、更替机制还不够健全，个别地方的基层组织和政府存在以会议决策替代与民协商的情况，相关群众和利益相关者可能面临"协商缺位"的困境。政协协商由于委员多为专业人士或其他代表人士，不懂群众工作方法，没有足够的时间进行深入调查研究，对一些涉及群众切身利益的问题体

187

会不够深刻，提出问题针对性不强，"坐而论道"，既得不到基层组织支持，又让群众感觉作风漂浮，达不到协商目标和好的效果。

（二）两种协商形式沟通互补的基础。基层协商有党组织的领导，能更好把握工作的方向和目标，可以多种方式构建不同背景和不同利益群体多方参与机制，有更强的权威性和更广泛的代表性和均衡性，可按需召集不同政府部门、群团组织、"两代表一委员"、志愿者、专家学者、村（居）民代表、利益相关方参与协商。政协协商则有悠久的协商历史和协商方法，有专门协商机构、专人负责、专用制度，协商资源丰富，且相对更加超脱于利益之外的立场和更加广泛的社会视角，有更明显的公平性和指导能力。可以用基层协商的优势引领政协协商更接地气，用政协协商的优势助推基层协商更加规范有效，形成凝心聚力、团结发展的社会合力。

（三）形成基层协商和政协协商的有机衔接。基层协商和政协协商有效衔接不是谁替代谁，而是缺一不可的，是在基层治理中发挥党的领导和政治协商制度综合优势的政治组织行为。在实际工作中可以采取重要工作党委点题、政协调研，民生难题政协反馈、党委研究的组织方法，采取片区问题驻点调研、行业问题专家讨论的工作方法。要强化基层组织定期听取政协协商汇报、对政协成果运用反馈督查建设。加强政协协商组织者和参与者向基层组织工作者学习，避免说外行话、脱离基层工作，从下基层"帮忙"变成"帮倒忙"。

三、建好"赣事好商量"平台，推动基层协商与政协协商的共同发展

中共中央《关于加强社会主义协商民主建设的意见》指出："发挥各协商渠道自身优势，做好衔接配合。"基层协商和基层政协协商的方向相同、目标相同，可有机结合，同步推进。"在中国社会主义制度下，有事好商量，众人的事情由众人商量，找到全社会意愿和要求的最大公约数，是人民民主的真谛。"实际工作中，要以"好商量"平台建设为抓手，发挥好市县政协协商的作用，为基层党组织拾遗补阙、分担压力，为基层群众保障利益，合力推动基层社会治理，为社会发展凝心聚力。要发挥全过程人民民主的第一线作用，把政协工作往下做、与基层结合做，往群众中做，致力于通过平等的对话、沟通、协商以取得共识，在多样的社会群体和多元的价值诉求中寻求民主和团结。

（一）以制度建设推动基层政协协商的规范化运行。《政协章程》对于在乡镇（街道）设立政协组织没有明文规定，乡镇层面政协组织未正式纳入现行政治体制。虽然各地已普遍设立乡镇政协联络组，但人员也多为兼职，导致乡镇开展政协工作在组织层面上不够有力。一些基层就可以直接化解的矛盾问题，或是适合通过政协协商解决

的问题，往往需要通过市县或更高的人民政协平台才能发生作用，造成政协协商与基层协商的断层。需要在组织层面明确乡村一级基层协商和政协协商的组织形式、适用范围、流程、参与者和组织形式，推动基层协商议事室覆盖。

（二）培养政协委员的群众工作能力。 让政协委员"下沉"基层与群众协商议事时要懂方法、会调查、能组织、善协调，能良好把握政治导向和政策导向，掌握民生、稳定、生产、矛盾化解等基本工作方法、问题解决渠道和对口联系人员，与基层协商组织者建立顺畅的沟通渠道。

（三）建立协商反馈和协商成果收集渠道，建立健全协商成果的运行、转化、监督考核机制。 党政相关部门对政协有关部门的相关考察报告、视察报告、建议案等，要认真研究，并及时给予答复和反馈。政协协商结果不具有纳入决策程序的制度刚性，直接影响了政治协商的过程以及结果的法律效力，政协协商往往流于"议而不决"。

某地政协组织书记和政协委员面对面协商，委员热情高涨，提出了很多好的意见和建议，政协组织按照要求对协商会上的十余条意见建议进行了收集，并按领导要求通知相关部门单位给予答复，最终收到反馈只有少数一两条，挫伤了委员参加政协协商的积极性。

浙江一些地区的办法值得借鉴，如将政协协商的重要议题成果纳入党委政府督查目录，限期反馈、跟踪办理。

（四）根据基层要求因地制宜开展政协协商与基层协商的互补。 针对基层协商中存在基层各利益相关方意见分歧较大、阻力较大的情况，充分使用好下沉委员的人脉关系和社会影响力，做好示范表率，先行了解利益需求，进行综合研判，做好信息收集和矛盾化解，保障群众的根本利益不受损害、保障地方社会经济发展平衡运行。强化基层组织引领，弱化政协干预基层，注重"在政协协商"，而不是"和政协协商"。

一些基层党组织在工作中要求政协协商工作不要自说自话，不要做成形式化、数量化、走过场，要结合基层组织要求和地方重点工作开展阶段性的下沉驻点，有重点有目标进行调查研究，每年解决完成一两件基层组织和群众所需所盼的工作，扎扎实实做好政协协商，为基层协商提供依据，为基层组织提供参谋。

"合流知禹力，同共到沧瀛"，充分发挥好"好商量"平台作用，将政协协商真正与基层协商相结合，就能发挥"1+1＞2"的效果，促进全过程人民民主进一步走深走实，使党的事业得到人民群众的更大支持，助力社会主义现代化强国建设。

（张鹏，民建上饶市广信区支部主委）

着眼"五个坚持"
持续推进"有事先商量"基层协商民主建设

◎九江市政协理论研究会

九江市政协自 2019 年开展"有事先商量"基层协商民主试点工作以来，按照"试点先行、典型引路、巩固深化、提质增效"的思路，着眼"五个坚持"，不断推进"有事先商量"协商议事工作制度化、规范化、常态化开展，积极探索政协协商向基层延伸的方法与途径，着力政协协商与基层协商有效衔接、与基层社会治理充分融合、与委员履职有机结合，逐步实现了"先行先试"向"全面深化""单向发力"向"多方协同""有形覆盖"向"有效覆盖"的三个转变。全市共建设各类协商平台 1306 个，开展协商议事活动 4300 余次，推动解决群众"急难愁盼"问题 4000 多个，有效提升了基层政协工作质量和水平，为江西政协"赣事好商量"丰富了基层案例、提供了九江实践，被省委深改委评为经典改革案例。

一、坚持党的领导，确保"有事先商量"方向正确

市委高度重视、高位推动，全市各级政协立足专门协商机构的职能定位，聚焦协商主责主业，坚持整体部署、试点先行、示范引领、全面铺开，稳步推动"有事先商量"工作。

（一）市委指向引航。中共九江市委把"有事先商量"基层协商民主工作作为党委工作的重要内容。市委常委会会议听取市政协党组专门汇报、进行专题研究。出台《中共九江市委关于发挥人民政协专门协商机构作用进一步加强协商民主建设的实施意见（试行）》，召开市委政协工作会议进行全面部署落实。成立由市委书记任第一组长、市政协主席任组长，市委组织部部长、宣传部部长、统战部部长和市政府分管副市长，市政协副主席、秘书长任副组长的领导小组，高位推动。将"有事先商量"工作列入市委年度重要深改事项，纳入市委、市政府对各县（市、区）目标管理考核内容，并将其作为"平安九江"建设的重要平台，加大力度推进。

（二）政协导向定位。市政协党组按照市委总体要求，加强部署指导、督促检查，

着力担负起把方向、管大局、促落实的政治责任。坚持发挥"有事先商量"基层协商民主建设领导小组办公室的作用，落实办事机构，明确职责分工，构建有序推进的工作合力。坚持先易后难选好示范点，按照基础较好、积极性较高的标准，在全市各县（市、区）分别选择一个乡镇（街道）、园区、村（社区）开展三个月试点工作，在此基础上全面铺开。坚持实行市政协领导挂点指导制度，市政协主席全面负责，主席会议成员每人挂点一两个县区，加强调研指导，及时进行经验总结，推动以点带面形成示范效应。

（三）基层同向发力。 各县（市、区）党委加强领导，相应成立领导小组，并将"有事先商量"工作纳入基层党建考核内容，强化指挥棒作用。各乡镇（街道、园区）党委明确由政协联络组分工负责，具体组织实施。在实施推进中，坚持把党的领导贯穿于"有事先商量"工作的研究部署、督促检查全过程，做到从确定议题、明确主体，到报送成果、转化落实等各环节的重要事项，都向同级党组织报批，强化组织保障和工作保障。

二、坚持建好阵地，做实"有事先商量"承接载体

遵循"要大力发展基层协商民主，重点在基层群众中开展协商"的要求，以规范化、标准化、功能化为导向，推进"有事先商量"基层阵地建设。

（一）因地制宜建阵地。 市政协本着不额外增加基层财政负担的要求，从工作经费中给每个县区政协安排适当补助，指导和支持建设"有事先商量"基层协商中心（室）。按照市委统一部署，与基层党建"三化"工作同部署、同建设、共场所，集约集成、共建共享，升级增加协商议事功能，打造协商议事中心（室）。

（二）规范管理建阵地。 按照有阵地、有标识、有制度、有流程、有活动、有实效的"六有"要求，指导基层建好阵地。建立完善议事流程、操作办法、工作规则，规范运作程序，明确委员职责，确保每个"有事先商量"基层协商中心（室）有章可循、有规可依、有人管事。

（三）优化功能建阵地。 坚持以协商为主，赋予基层协商阵地建设五项功能定位，确保使其成为党委政府联系基层群众的新纽带、政协参与基层治理的新舞台、委员下沉履职的新场所、百姓反映诉求的新载体、各界凝聚共识的新渠道。目前，"有事先商量"协商议事中心（室）建设，正努力朝着实现"乡乡有阵地、重点村有延伸"目标迈进。

三、坚持搭好平台，突出"有事先商量"政协特色

遵循不建机构建机制、不建组织建平台的理念，通过市、县、乡政协组织搭建

向基层延伸的协商平台，推动与基层协商相贯通、与基层治理相衔接，着力加强组织协调，发挥委员主体作用，使"有事先商量"基层协商工作充分彰显政协特色。

（一）发挥委员主体作用。遵照籍贯回乡、住所回归、工作回流等有利条件，市政协指导各县（市、区）政协负责将住地市政协委员、本级政协委员全部编进委员履职小组，统一派驻到乡镇（街道、园区）、村（社区、界别），协助乡镇（街道）政协联络组开展协商议事工作。激励委员强化"五个角色"意识，下沉履职，着力担负起甄选议题的荐题人、调研建言的牵头人、协商会议的主持人、解读政策的宣讲人、跟踪问效的监督人等重任，认真发挥主体作用。

（二）拓展协商议题来源。坚持把协商议题作为衡量"有事先商量"工作的关键来推动，由县级政协做好相关部署，委员协助乡镇街道政协联络组抓好落实。在征题渠道上，坚持党政出题的同时，通过委员深入基层调研，以及来信来访、电视报纸、民声直通车等渠道，最大范围收集民情民意，反映群众诉求，广泛收集议题。在选题方法上，对收集的问题进行梳理，按照有利于化民怨、解民忧、聚民心、助民富的原则，聚焦党政部门顾不过来的"麻烦事"、群众身边的"琐碎事"、政策执行过程中的"梗阻事"，着力选择切入口小、针对性强、关注度高，且通过协商能够解决的议题开展协商议事。在定题程序上，政协组织将甄选出的议题呈报同级党组织，对议题的由来、可行性分析、协商应达目的等相关情况一并递交审核，待党组织审核批准后则进入协商程序。

（三）定好协商方式方法。坚持以服务协商内容和目的为导向，灵活运用集体议、个别谈、现场商等方式开展协商。从实践来看，这个协商平台的活动，有些在基层协商中心（室）进行，有的则在适合的现场开展。总之，只要有利于履行协商职能，就搭建所需形式的协商平台。同时，坚持按需邀请利益攸关方、群众代表、有关部门单位开展协商。积极邀请当地"五老"乡贤、社会组织、界别人士等代表参与协商。在确保公平公正的前提下，邀请相关行业专家参与协商，提高建议针对性、可操作性，促进共识形成。

四、坚持深化协商，促进"有事先商量"提质增效

以提质增效为导向，把开好协商会议作为推进"有事先商量"工作的重要内容、重大环节来抓，规范会前、会中、会后协商，促进协商实现共识共为。

（一）调查研究打基础。协商前，始终做到不调研不协商、先调研后协商、边调研边协商。由乡镇、街道政协联络组负责召集，政协委员、村级组织和相关人员参与，深入调查研究，摸清事情来由和问题成因，了解政策依据，为协商做好建言准备。

（二）民主和谐聚能量。遵照众人的事情众人商量的基层协商主旨，开好协商会议。由乡镇、街道政协联络组牵头组织，定好会议主持、会议秘书、议事频次等协

商议事规则，明确意见提出、互动协商、意见修订、提请确认等议事会议程序。坚持把发扬民主贯穿会议协商全过程，按照都发言、不偏激、达共识、有落实的真协商要求，为协商会议营造自由平等交流、诚恳对话协商的氛围，促进实现了观点的充分表达和意见的理性讨论。

（三）深入沟通促共识。始终做到慎终如始，着力把握协商全过程。协商后，由委员协助乡镇、街道政协联络组，对协商意见和建议进行整理汇总，形成协商纪要，及时报同级党组织决策参考。对协商分歧较大或未达成有效共识的，经党组织批准后再次开展协商。对跨乡、跨村的共性问题，由政协委员协助上一级政协机构组织会议协商，协商成果报送同级党委审定后实施。

五、坚持建好机制，保障"有事先商量"多务实功

以多务实功为导向，建立健全相关工作机制，确保协商成果落地，助推问题解决，促进"有事先商量"不断提升影响，形成特色品牌，焕发持久生命力。

（一）建立成果转化机制。加强协商成果交办督办，对政协组织报送党组织同意的协商成果，由党委、政府交办督查，纳入督查事项，推动转化落实。市、县、乡政协组织建立了协商成果转化情况台账管理制度、信息共享机制，全面掌握动态情况。对落实滞后、办理不力的，通过民主评议等履职予以推动。建立了协商成效评估机制，对涉及面较宽的议题，采取问卷调查、委员视察等方式，评价落实情况和质量成效，通过公示接受社会监督，推动问题妥善解决。

（二）建立考评考核机制。着力把"有事先商量"基层协商民主建设工作纳入各县（市、区）高质量发展考核评价内容，激励各县（市、区）推动基层协商民主建设的主动性与积极性。坚持参与基层协商工作情况纳入委员履职考评，促进政协委员提升政治把握能力、调查研究能力、联系群众能力、合作共事能力，增强协商本领，积极下沉基层履职尽责，推动"有事先商量"基层协商民主建设行稳致远。

（三）建立上下联动机制。在党委领导下，由各级政协牵头组织、加强协调，促成党政相关部门既各司其职、各负其责，又密切配合、协同作战，为工作开展提供支持和保障。在政协系统内，着力加强工作调度，强化督促检查，通过现场会、专题视察等形式，推动市县乡三级工作联动开展。同时，通过加强新闻报道和舆论引导，讲好"有事先商量"基层协商民主故事，大力宣传了"有事先商量"基层协商民主建设的重要意义，总结推广了一批好典型、好经验，营造了全社会关心关注、积极参与的良好氛围，也让群众从"不了解政协"到"观看政协协商"，再到"直接参与政协协商"，实现了线上线下互动协商、场内场外联动协商，以协商民主的形式广泛凝聚思想共识，全面汇聚发展合力，从而推动政协制度优势转化为基层治理效能。

· 县市政协 ·

搭好台　唱好戏　画好圆　议好事

——修水县推进"有事先商量"基层协商民主建设的探索和实践

◎政协修水县委员会

2019 年以来，我县深入学习贯彻习近平总书记关于加强和改进人民政协工作的重要思想，认真落实党中央和省、市工作部署，切实发挥政协专门协商机构作用，按照试点先行、典型引路、稳步推进的思路，推动政协协商与基层协商有效衔接，打造有内涵、有特色、有影响的"有事先商量"修水品牌，努力为全市试点工作提供修水经验。

一、基本情况

修水县是地域大县、人口大县，基层治理任务繁重。为推进"有事先商量"试点工作，我县在推动基层协商民主建设工作方面勇争先、作示范，通过"搭平台、建机制、增力量、展活力"，高位推动试点工作走深走实。截至 2023 年 4 月，全县 36 个乡镇、365 个村 (社区) 和县工业园按照"有组织、有场所、有设施、有标识、有制度、有活动"等"六有"工作目标，建立了"有事先商量"协商议事平台 207 个，303 名政协委员分片参与协商议事活动，实现了"委员履职平台建到一线、基层协商平台覆盖村居、协商议事活动走进群众"。四年来，以聚焦党政要事、民生实事、治理难事等内容为切入点，将"推进移风易俗""振兴乡村产业""整治人居环境""优化营商环境"等多项议题作为"有事先商量"年度重点议题，开展有效协商议事活动 852 次，解决了一批群众的揪心事、烦心事，部分活动案例被全市推广，《人民政协报》、人民政协网、《江西政协报》等媒体对我县试点工作进行了多次典型报道。在推进试点工作中，注重发出政协声音，贡献政协智慧，呈现出"党委领导、政府支持、政协搭台、委员履职、各界参与、有序推进"的良好局面，真正让协商民主"飞入寻常百姓家"。

二、主要做法

（一）**强化组织领导，突出"三个推动"。**一是党委高位推。成立了县基层协商民主建设领导小组，县委书记任第一组长，把党的领导贯穿于研究部署、推进落实、督促检查全过程。县委常委会每年定期研究"有事先商量"协商民主建设工作。二是政协主动推。县政协党组主动争取县委领导和支持，把"有事先商量"纳入年度重点工作，每半年向县委常委会专题汇报，争取县委先后批转《修水县"有事先商量"基层协商民主建设工作实施方案》《修水县"有事先商量"基层协商民主建设"规范年"活动实施方案》《修水县"有事先商量"基层协商民主建设"提升年"活动实施方案》等重要文件。制定了县政协主席会议成员、各专委会分别联系包抓各乡镇的工作机制，通过经常性参与和指导联系乡镇、村（社区）协商议事活动，使协商工作多元参与、持续发力，实现"政协班子成员领衔督导、政协专委会具体指导、政协委员深度参与"的工作新格局。三是基层整合推。各乡镇充分发挥党委总揽全局、协调各方的领导作用，把"有事先商量"工作作为推进基层协商民主建设的重要内容，明确乡镇政协联络组的主责主业是牵头推进"有事先商量"基层协商民主建设工作。

（二）**强化制度设计，突出"六个规范"。**一是规范平台。建立乡镇、村居（社区）协商民主议事会、园区（企业）协商民主议事会。坚持固定场所与流动场所相结合，对群众关注度较高的共性问题进行会议协商；对于日常性、临时性的事项，采取沟通对话协商、书面协商和网络协商等方式，灵活采用"板凳会""屋场会""网格议事会"等模式协商。二是规范议题。把"四议五不议"作为协商内容的主要遵循，按照化民怨、解民忧、聚民心、助民富的原则，选择针对性强、关注度高、操作性好的议题。三是规范主体。议事活动实施主体原则上是各级党政组织，参与对象主要包括"两代表一委员"、相关部门、群众代表、利益相关方等，让协商结果更公平合理、群众更接受认可。四是规范程序。明确"收集议题、确定代表、深入协商、成果转化、结果反馈"五个步骤。重点解决"商量什么""谁来商量""怎么商量""如何落实"四个方面的问题。五是规范频次。各协商平台每季度至少组织开展一次有效协商议事活动。六是规范台账。要求"有事先商量"工作台账规范、齐全、求实。

（三）**强化协商实效，突出"三个到位"。**一是开门谈、民意征集到位。定期安排政协委员到所联系乡村平台，听取群众意见，并建立协商议事档案，实现委员群众"心连心"、干群关系的"零距离"。二是深入访、民情调研到位。坚持"就事、就近、就地"的原则，灵活采取走访调研、面对面座谈等形式，组织群众参与议事，把发扬民主贯穿调研全程。三是聚焦问、民主协商到位。针对群众反映比较集中的民情问题，组织政协委员召开各类座谈会、民情恳谈会、板凳会等，做到协商不拘于形式、形式服从工作需要，邀请利益攸关方、当地乡贤、群众代表参与协商，做到"商量聚共识、商量能成事、商量促工作、商量兴事业"。

（四）强化创新实践，突出"三项联动"。充分发挥基层的鼓励探索创新、大胆实践，加快构建主体多元、内容丰富、形式多样的基层协商民主工作新局面。一是整合"党建＋基层协商"联动机制。积极发挥基层党组织引领作用，推动党员委员和基层党员代表参与协商、带头协商、示范协商，共同营造有事多商量、遇事多商量、做事多商量的良好氛围。二是建立上下联动机制。建立"县政协—乡镇联络组—委员履职小组"上下联动机制，把"专门协商机构"的经验和服务"送下去"，而协商中发现的一些事关更大范围、更高层次的共性问题又通过政协的渠道"带上来"，上下互动，双向发力。三是探索协商议事与纠纷化解联动机制。推出基层协商与信访维稳联动机制，准确把握个案问题与共性问题范围界限，对兼具个案和共性特征的案例，上升到公共政策角度开展协商议事，防范类型矛盾再次发生。

（五）强化成果转化，突出"三个定期"。健全协商议事成果报送、成果转化和办理跟踪机制，定期组织政协委员开展民主监督、调研视察，跟踪协商议事成果办理情况。一是定期报送。各单位每月将活动开展、成果运用等情况及时报送到县领导小组办公室，每月汇总及时向县政协党组汇报，县政协党组每季度向县委作专题汇报。二是定期监督。加强协商指导和监督，对协商过程及重要成果转化情况，定期开展跟踪调研和民主监督，实行一年一个专题电视问政。三是定期会审。涉及重大事项或急需解决的问题，通过召开政协党组会进行研究，并以政协党组名义将协商成果呈报给县委、县政府参考。

（六）坚持统筹推进，实行一张考卷。将"有事先商量"基层协商民主建设工作纳入乡镇高质量发展考核评价内容，将参与基层协商工作情况纳入委员履职考核。每年召开一次"有事先商量"基层协商民主建设工作现场推进会。每季编印一期《"有事先商量"工作简报》，大力宣传"有事先商量"基层协商民主建设的好典型、好经验。三年来，全县各级政协组织积极推荐了特色新、成果好、评价高的协商案例18个，对在协商议事中涌现出的优秀委员进行了表彰激励，进一步激发了委员履职尽责和干事创业的激情。

三、工作成效

（一）助推党政决策施策，围绕中心、服务大局更加精准。紧扣全县中心大事、改革发展要事、民生改善实事和社会治理难事，重点选择切口小、关联广、与群众切身利益密切相关的议题开展协商，让"有事先商量"成为围绕中心、问计于民的平台，成为服务大局、助力发展的平台。如修水县近年来启动绿色殡葬改革工作后，要求入公墓生态安葬达到 100%，"有事先商量"协商议事平台发挥了重要作用，部分乡镇在墓地选址建设之前组织政协委员、群众代表等召开协商议事会议，充分听取各方意见，吸纳有效建议，推动了绿色殡葬改革工作的顺利实施。

（二）解决一批民生实事，协商于民、协商为民更加具体。开展"有事先商量"的目的就是搭建向群众延伸、向基层延伸的协商平台，通过深入群众收集具体意见，走进现场商量民生实事，解决群众的揪心事、烦心事，让协商于民、协商为民更具体、更务实。如我县城区 18 个社区"有事先商量"平台，选取老旧小区改造、加强物业管理等方面议题作为协商议事的切入口，多次邀请相关部门负责人现场交流、共商对策，得到居民的广泛认可。部分乡镇聚焦集镇环境提升、农村饮水灌溉等问题开展协商议事，解决了一批久拖未决的民生问题，受到群众欢迎。

（三）收获社会各界肯定，凝聚共识、汇聚智力更加有效。"有事先商量"让不同层面的人聚在一起，共同就公共事务话题发声，促进了思想观点的交流交锋交融，使调查更深入、研究更透彻、解决问题更容易，从而最大限度地汇集民智，最大限度地凝聚共识。如 2021 年我县政协借助"有事先商量"协商议事平台召开全县"老旧小区加装电梯"专题协商会，有效助推了加装电梯工作顺利推进。2023 年我县又明确了把"推进移风易俗"作为协商议事年度专题，全力助推解决乡村陋风陋俗、人情往来事项多、负担重等民生痛点堵点问题。让全县在推进乡村治理、促进乡风文明这项工作上有了新抓手。

（四）拓宽委员履职方式，政协作用、委员风采更加显现。试点工作开展以来，我县按照"籍贯回乡、工作回流"的原则，将县政协委员统一派驻各乡镇村（居）和园区"委员履职小组"，进一步使委员"动"起来、政协工作"活"起来、履职成效"实"起来。他们认真开展调查研究，了解社会动态，收集掌握民情，积极参与"有事先商量"协商议事会，在助推社会治理中充分发挥了委员作用。同时，开展"有事先商量"协商议事活动，也加深了群众对政协的了解，扩大了政协影响力，让政协离老百姓越来越近。有群众说："以前不知道政协是干什么的，政协委员也离我们很远，自从参加了'有事先商量'协商议事活动，才知道政协是通过协商的方式帮我们办好事的，这种方式办事还蛮有效。"

四、几点启示

（一）必须坚持党委领导，政协主导推进。中国式民主重要特征不在选举民主，而在协商民主。协商民主不仅仅是政协组织、政协委员的事，而是全党全社会的事，政协一家"包打不了天下"。推进基层协商民主建设，必须由党委领导，坚持党委研究重要事项、出台重要措施、部署重要工作、批转重要文件，使政协协商向基层延伸工作有制可依、有规可守、有序可循。

（二）必须正视存在问题，提升协商质效。一是协商前缺乏充分调研，部分基层组织在协商议事前没有充分地进行前期调研，协商议事的质量不高。二是协商中缺乏参与热情，部分委员对基层工作不够熟悉，自身履职能力有限，导致在参与协商的重大议题上，建言献策的积极性不高、针对性不强。三是协商后缺乏成果反馈，对一些协商议事后形成的书面意见建议的反馈上不够及时，致使个别协商意见和建议得不到及时采纳。以上问题，我们将在今后的工作中努力加以改进。

（三）必须完善制度保障，加大督促指导。要把"有事先商量"工作纳入高质量发展考评，与全县其他重要工作同安排、同部署、同考核，一体推进。建立政协主席会成员分片联系乡镇制度，加强平时督促指导，建立跟踪问效机制来落实协商成果，确保基层协商民主有组织地开展、有步骤地实施、有计划地推进，形成齐抓共管、合力推进的良好态势。

（四）必须发挥委员作用，增强协商能力。政协委员在协商议事活动中，承担着"荐题人""知情人""主持人""撮合人""监督人"等角色定位，发挥了关键环节作用。这就要求人民政协要进一步提高履职能力建设，增强委员调查研究、协商建言和议事活动组织能力，充分调动好、发挥政协委员在民主协商中的主体作用。

（五）必须注重加强乡镇政协工作联络组建设。乡镇政协工作联络组是政协组织在乡镇进行经常性活动的工作机构，是扩大基层群众有序政治参与的重要渠道，具有重要的基础和纽带作用，有效解决了县级政协在乡镇工作没有"抓手"和工作延伸的"缺腿"问题，使"有事先商量"基层协商民主建设工作更接地气。因此，必须强化乡镇政协联络组组织机构到位、任务明确到位、工作机制到位、工作保障到位，发挥好乡镇政协联络组在"有事先商量"基层协商民主建设工作的基础性作用。

五、2023 年工作重点

（一）开展专项协商议事。在 2023 年重点选择"推进移风易俗乡风文明议题"组织开展专项"有事先商量"协商议事活动，由基层组织根据本地实际可侧重选择高价彩礼、大操大办、厚葬薄养等移风易俗领域突出问题治理方面一个至多个子议题开展协商。每一个基层协商议事平台至少开展一次推进移风易俗乡风文明议题专项协商议事，每一位政协委员至少参与一次协商议事，推动移风易俗"沁"入人心，助推形成文明新风。

（二）提升协商议事平台。按照有组织、有场所、有设施、有标识、有制度、有活动的"六个有"工作要求，2023 年拓展协商议事室至覆盖全县 45% 的村（居）。同时，协商议事室不局限于固定平台，乡镇、村（居）应当广泛应用"板凳会""屋场会"等形式进行协商议事，积极打造群众家门口的协商议事室。

（三）提升协商议事频次。除专项协商议事议题外，各地应积极围绕"四公一热"议题广泛开展"有事先商量"协商议事活动，其中在城区重点围绕优化网格化治理议题开展，确保乡镇级协商议事平台全年开展协商议事 4 次以上、村（居）级 2 次以上。

（四）提升协商议事质效。注重发挥乡贤、五老人员、创业成功人士等的引领作用，组织群众围绕"高价彩礼为哪般""厚葬薄养真不该""大操大办浪费多"等议题开展大讨论，让群众自己算账，由群众决定婚丧喜庆事宜怎么办、奖惩措施如何定等事项，让群众亲身感悟"有事好商量、众人的事情由众人商量"人民民主的真谛，引导广大群众在传承发扬优秀传统文化的基础上自觉认同和践行文明新风尚。

（五）强化组织领导。村（居）基层党组织书记要全程参与协商议事会，发挥好政治引领作用，确保协商议事活动不偏题、不偏道，不断提升各类协商议事活动工作质效。要通过专项协商议事活动，建立完善乡村红白理事会，注重发挥红白理事会在推进移风易俗乡风文明中的作用。

（六）加强统筹推进。实行领导挂点指导工作制度，县政协领导班子成员分片区指导各乡镇"有事先商量"基层协商民主建设工作，每季度至少调度一次。将开展专项协商议事活动成效纳入 2023 年度"有事先商量"基层协商民主建设工作考评重要内容。结合委员联系界别群众工作，强化委员参与"有事先商量"基层协商议事活动考核。

深入践行"全过程人民民主"
高标准推动"有事先商量"建设

◎政协共青城市委员会

共青城市政协坚持以推动协商民主建设提质增效为目标导向,立足协商常态长效、注重解决实际问题,通过强基础、补短板、聚合力,推动政协协商向基层协商延伸,打造了政协协商与基层协商相贯通、与基层治理相结合的新模式,全力打造"有事先商量"协商议事平台。

一、主要做法

(一)**强化党的领导**。切实加强党对人民政协工作的全面领导,把党的领导贯穿于"有事先商量"基层协商民主建设的研究部署、督促检查全过程,做到从议题确定、明确主体到报送成果、转化落实等各环节的重要事项,都向同级党组织报批。市委将"有事先商量"协商民主建设工作列入重要议事日程,市委常委会先后 3 次专题传达学习有关会议、文件精神,每年听取专题工作汇报,凝聚了全市共识,确保了正确政治方向。

(二)**强化组织推进**。成立了以市委书记任第一组长,政协主席任组长的共青城协商民主建设工作领导小组,设立专门办公室,选调优秀专职干部负责日常推进工作。市委主要领导认真落实第一组长职责,先后多次深入乡镇进行专题调研,对"有事先商量"工作的成效予以充分肯定,并在市政协党组《关于近期重点工作情况的汇报》中作出专门批示。市政协主要领导、分管领导多次深入乡镇(街道)、村(社区)进行调度推进,多次召开推进会、现场会,并率队外出学习考察。各乡镇(街道)也相应成立了以党(工)委书记为第一组长、政协联络组组长为组长的领导小组,形成了一级抓一级、层层抓落实的良好格局。

(三)**强化工作保障**。强化经费保障,市财政将该项工作纳入年度财政预算,每年专门列支 15 万元作为专项经费,确保工作有经费、可持续。加强制度保障,出台《共青城市"有事先商量"基层协商民主试点工作方案》，先后制定了《市政协委员参与"有事先商量"基层协商民主建设工作制度》《市政协主席会成员挂点联系乡镇（街道）协商民主建设工作制度》《"有事先商量"基层协商民主工作操作细则》《"有事先商量"基层协商规程》等系列工作制度，为进一步做好"有事先商量"工作提供了制度保障。强化人员保障，将155名政协委员划分为9个履职小组，派驻至乡镇（街道）、村（社区）；举办政协委员履职培训班，围绕"有事先商量"开展专题培训，各履职小组结合实际，通过理论学习经验交流、议事实践等形式，提升委员参与基层协商的能力。

（四）强化督查考核。试点工作以来，市政协按照有序推进、循序渐进的原则，充分运用现场会、专题视察等形式，定期开展督促检查，统筹推进"有事先商量"平台建设和开展协商议事活动。建立考核评价机制，制定了《共青城市政协"有事先商量"协商民主建设工作考核办法》，将"有事先商量"工作列入全市高质量发展考评体系，列入乡镇（街道）政协联络组组长年度述职内容，写入《政协委员履职量化考核实施办法》，作为委员履职的"必修课程"，进一步增强了乡镇（街道）组织推进、政协委员有序参与的主动性、积极性。

二、工作成效

（一）覆盖范围广泛。按照九江市政协关于"基本实现乡镇全覆盖、重点村有延伸"的目标要求，坚持自我加压，采用单建、联建等方式推进议事平台建设，在乡镇（街道）、村（社区）及园区、南湖新村、农垦集团等属地单位建成"有事先商量"协商议事平台76个，在九江率先实现了村（社区）级平台建设全覆盖，为开展基层民主协商议事提供了保障。

（二）协商成果丰富。围绕全市发展大事和群众生产生活的难点、社会治理的焦点，全市各级"有事先商量"平台先后组织政协委员对146个议题开展专题协商，推动解决了加装路灯、充电桩建设、老旧小区改造、农村基础设施建设等161件民生实事，一批协商成果和暖心故事获得群众点赞叫好。

（三）宣传推广有力。高度重视"有事先商量"协商民主建设宣传工作。三年多来，先后在国家、省、市等各层级媒体上稿107条，其中《人民政协报》《早闻政协》《江西政协报》《江西政协》微信公众号等国家、省级媒体上稿34篇（《人民政协报》6篇，《江西政协报》头版4篇），有力传播了共青城政协"有事先商量"好声音。四是协商模式多元。不断创新协商载体，丰富协商形式，联合信访、法院等部门，在"有事先商量""六议六不议"的基础上，采取"信访＋诉讼"收集议题、市政协转达议题、各乡镇（街道）开展具体协商的模式，深入协商解决群众的"急难愁盼"。我市相关工作做法获得省政协领导肯定，在全省政协工作会议上作经验交流。

三、工作启示

（一）认知站位再提升，以"小平台"做成"大事业"。更加精准地领会习近平总书记"有事好商量，众人的事情由众人商量"的重要论述和中央、省委、市委文件要求，进一步提高政治站位和协商定位。明确工作目标，立足常态长效，通过一次次协商活动，深入浅出地阐释党的路线、方针和政策，激发起基层群众的"同频共振"，使"有事先商量"平台成为聚焦中心、服务民生的平台，建言献策、凝聚共识的平台，宣传政策、推动落实的平台，化解矛盾、促进和谐的平台。

（二）议题选择再聚焦，以"小切口"解决"大问题"。坚定不移地围绕群众的操心事、烦心事、揪心事，将党政关注的要事、民生改善的实事、社会治理的难事具体分解为与群众切实利益密切相关小议题。今后，我们将继续聚焦民生事项，关注经济社会高质量发展与群众息息相关、联系紧密的议题，让协商更加贴近群众、更好服务群众，让更多群众走进协商、参与协商、协商获益。

（三）协商环节再完善，以"小人物"汇聚"大智慧"。在协商议事活动中，我们不仅要邀请政协委员、群众代表、利益攸关方参加，还要把更多的协商议事搬到基层，搬到企业，搬进"田间地头"，坚持在协商议事中让人民群众唱主角，还要注重答实答优协商议事的"后半篇文章"，切实将协商共识，转化为党委政府推进工作的具体措施，让政协协商与基层协商在成果转化中实现"有效衔接"，让群众切实感受到协商"行得通、很管用"。

坚持"四有"标准 让"协商在钤"有滋有味

◎政协分宜县委员会

近年来，分宜县政协全面贯彻落实习近平总书记关于加强和改进人民政协工作的重要思想，积极践行全过程人民民主要求，聚焦"赣事好商量"的实践探索，坚持提升政治引领力、党建融合力、为民向心力、干事担当力，全力打造"协商在钤"协商平台，推动政协协商向基层协商延伸，切实把政协的制度优势转化为基层治理的效能优势，让群众由"旁观者"变为"实践者"。自"协商在钤"协商平台建立以来，政协委员工作站由 5 个扩建到 10 个，解决各类"急难愁盼"之事 1800 余件，覆盖人数达 2 万余人，书写了委员全员下沉基层，履职更加积极主动；群众全心参与议事，协商更为广泛团结；政协全力办好实事，口碑更是越传越响的生动的民主协商文章。

一、"协"有机制，保障有规可依

县委高位推动。县委出台《中共分宜县委关于新时代加强和改进人民政协工作的实施意见》《中共分宜县委关于加强和改进新时代县政协工作实施意见》《分宜县政协协商成果办理规程（试行）》等一系列文件，明确协商民主的总体要求、目标任务、举措路径、责任时限等，为做好基层协商做足了政策支撑。

政协全面落实。县政协树立"党建＋民主协商"的工作理念，县政协主要领导亲自谋划、亲自部署、亲自推动，研究制定《分宜县政协开展"党建＋民主协商"，打造"协商在钤"协商平台实施意见》，建立清单化项目化推进机制，定期召开调度会、推进会研究解决问题，确保工作方向把得准、工作落得细。

二、"商"有阵地，保障有站可进

建好协商阵地。县政协专门组织阵地建设调研队伍下沉到街道社区召开座谈会、访谈会，广泛征求意见建议，解决"阵地建在哪""阵地为谁建""阵地怎么建"等重要问题，研究制定《关于加强社区政协委员工作站建设和指导服务的通知》，与街道社区共建联建 10 个政协委员工作站，将政协履职阵地建在离群众最近的基层一线，让居民不出小区门就能协商议事、协商解难。如，在小区收集到"小区消防通道无标识线"后，政协委员工作站委员立即通过"协商在钤"平台将群众诉求反映给相关部门，跑出了"3 小时实现消防通道标识线从无到有"的办理速度，赢得了群众的一致点赞。

管好协商阵地。把政协委员工作站纳入县政协党组、街道党工委双重领导、双重管理，实行县政协专委会对口联系指导、党员委员当站长、社区党支部书记任副站长的共建联建模式，坚持每个站点每年拨付一万元管理经费，确保政协委员工作站有人管、管得好。近年来，县政协通过政协委员工作站撬动了 18 个基层党组织参与重要协商议事活动 26 次，解决重大问题 38 个。

三、"在"有重点，保障有事可议

坚持值日商事。每周二定期开展政协委员进驻委员工作站值日活动，全体政协委员手持委员民情登记本，走进小区"唠家常式"听取、登记和反馈群众诉求，做到群众最新的"急难愁盼"问题摸清摸透，党委政府工作部署最新落实成效全面了解，基层协商更深入、更具体。比如，委员进站收集到居民反映"为何不在本小区门口建设口袋公园"的呼声后，县政协通过"协商在钤"平台部署调研协商工作，组织居民代表、相关部门开展协商论证、监督视察 8 次，推动了口袋公园的建成。同时，围绕"提高口袋公园建设政策实施满意度"这一目标，还向县委县政府相关部门提出"向社会征集布局需求""增加老旧小区口袋公园数量"等意见建议，让政策实施更加合乎群众心意、满足群众需求。

坚持调研议事。把调查研究摆在协商议事的重要前提，聚焦经济社会发展大事、群众身边民生小事，组织政协委员认真在一线做好各领域、各群体的调查研究，把问题找准、把建议提实，推动解决一批难事要事。今年，县政协结合"小区治理""城市更新"等中心工作，以"协商在钤"平台为载体，组织实施"民生微实事"系列协商活动 12 次，推动"小区晾衣杆设置""小区用地规划"等问题的协商解决，切实化解了群众的"小烦恼"。

四、"钤"有成效，保障有力可聚

督查促落实。县政协出台《政协分宜县委员会协商工作规则》，会同县委办健全"县委书记亲自督落实"的协商成果转化制度，将协商办理成效纳入对乡镇（街道）、县直部门的年度综合考核指标，全过程建立协商成果采纳、落实、反馈的成果转化工作闭环，确保协商成果见行见效。比如，在县委主要领导批示"中小学教育成果奖励机制需完善"的协商报告后，县政协会同县委办立即跟踪掌握教体部门、财政部门的落实情况，指导教体部门广泛征集教师、学校及相关部门意见，推动全县首个中小学教育成果奖励文件的出台实施。

连心汇共识。发挥政协界别的资源优势、密切联系群众的优势，将政协委员工作站"化为"连心活动场所，建立"专委会＋界别＋活动小组"的"连心桥"模式，让政协活动与委员活动、联系群众活动有效结合，引导政协委员深入群众做政策宣传、释疑解惑、纾困解难的工作，让群众在一抹抹温暖中感受到心相通、情相融、力相聚，切实维护巩固"心齐气顺、政通人和"的发展局面。今年，县政协各专委会组织驻站委员与街道社区党组织共同开展防溺水宣传、免费拍摄老人婚纱照、走访颐养之家老人等暖心活动三十余次，让群众真真切切感受到政协离自己很近、委员与自己很亲。

高标准搭台　高质量协商
打造"赣事好商量　崇我做起"金字招牌

◎政协崇义县委员会

换届以来，崇义县政协认真贯彻习近平总书记关于加强和改进人民政协的重要思想，充分发挥政协专门协商机构独特优势，打造"赣事好商量　崇我做起"协商议事平台，推动政协协商与基层协商有效衔接，打通了政协组织参与基层社会治理的"最后一公里"。

一、夯实履职基础，全力搭建协商议事"新载体"

坚持全方位搭建协商议事平台，扩大协商覆盖面，让民主协商"基层有脚""沟通有网"，构建了协商议事"党委领导、政府支持、政协搭台、各方参与、服务群众"的工作新格局。

强化顶层设计。成立基层协商民主建设工作领导小组，县委主要领导担任第一组长，县政协主要领导担任组长，县有关部门主要负责人为成员，统筹指导全县基层协商民主建设以及"赣事好商量　崇我做起"协商议事平台建设工作。制定出台《关于"赣事好商量　崇我做起"协商议事平台建设的实施意见》，明确开展协商议事平台建设的目标任务、协商程序、工作步骤等内容，为协商议事工作提供了有力支撑。

强化阵地建设。全面构建三级协商议事平台，实现委员"双岗双作为"。县级层面，建立"委员联络服务中心"，统筹推进全县协商议事平台建设的组织指导与服务保障工作，做好政协委员的联络服务、管理和考核等工作。乡镇、城市社区、工业园区和村级层面，建立"委员联络站"18 个、"协商议事室"47 个。界别层面，由具有较强社会活动能力和影响力的界别委员在其工作的单位或社会组织设立"委员工作室"5个，真正落实协商议事阵地。

拓展协商主体。组建"2+6+N"为主体的协商议事会，将全县 134 名政协委员，分别编入 18 个协商议事会。"2"即 1 名基层党组织负责人为第一召集人，1 名政协委员为第二召集人；"6"即"两代表一委员"、乡镇站所负责人、村"两委"成员代表、乡贤、社会组织负责人代表、群众或职工代表等6类固定成员；"N"即协商事项涉及的利益方代表、政府相关职能部门代表、专家学者等，确保问题找准讲透、意见针对落实。

二、创新机制方法，全面厘清协商议事"路线图"

健全完善群众有序参与协商议事的方式和程序，畅通和拓宽群众参与渠道，有效提升协商议事的实效。

规范工作流程。将政协成熟的工作机制融入基层协商，规范基层协商议事流程，紧盯"协商前调研、协商时对话、协商后落实"三个环节，建立议题收集、议题筛选、议题确定、主体确定、议前调研、开展协商、协商成果运用反馈的"七步工作法"，构建起协商议事有规可守、有章可循的完整闭环。

完善工作机制。建立健全了"三解一听一访"机制，即解思想之惑、解现实之困、解矛盾之结，听意见建议，访界别群众，做到选题从群众中来，调研到群众中去，成果由群众评判，推动协商议事由协商"谋"治理转向协商"促"治理。

创新工作方法。充分发挥政协委员界别优势和专业优势，积极推动政协协商与社会组织协商、基层协商相衔接，主动围绕社会矛盾、邻里矛盾、家庭矛盾等开展"微协商"，灵活协调解决群众关心关注的民生"小事"，以协商惠民的实际成效赢得群众真心点赞。

三、坚持问题导向，找准赋能社会治理"小切口"

牢牢把握新时代人民政协新方位新使命，主动融入高质量绿色发展大局，有效提升基层社会治理效能。

坚持精准选题。聚焦党的工作要事、民生改善实事、社会治理难事，将优化营商环境、对接融入"粤港澳"大湾区、大力发展数字经济、县城老旧小区燃气入户等重点议题，纳入年度协商工作计划，依托"崇我做起"协商议事平台开展协商议政。比如，县工业园区协商议事会针对益佳木业企业用地不足的难题，由政协副主席牵头，召集与属地乡镇、县自然资源局等单位负责人，开展现场走访调研，召开专题协商议事会，在较短时间内达成协商意见，切实让企业感受到暖心高效的服务。

坚持服务为民。始终坚持协商于民、协商为民，引导各协商主体围绕老旧老区改造、群众出行、交通安全、教育均衡发展等涉及群众切身利益的操心事、烦心事、揪心事，加强组织策划，常态化开展协商议事，比如，针对基础设施薄弱、污水管网堵塞等问题，各委员广泛收集社区居民的意见建议 21 条，有效推动了将水岸春天等几个小区的污水管网堵塞问题纳入 2022 年相关改造计划，切实提升了民生品质。

坚持成果转化。认真梳理协商意见建议，属自我转化类的，即商即办；属意见征询类的，下发协商建议清单；属组织协调实施类的，原则上由涉及协商议题所在地的乡镇和单位解决，需要县级层面解决的，由县推进基层协商民主建设工作领导小组办公室呈报县委、县政府妥善处置，真正实现"议而有效，事有回音"。目前，全县开展基层协商民主议事活动 143 场次，推动解决问题 68 个，获得社会各界一致好评。

用好用活"靖商靖量　尽责尽行"平台
引领委员联系界别群众走深走实

◎政协靖安县委员会

党的二十大报告强调"人民政协要完善委员联系界别群众制度机制"。换届以来，靖安县政协结合工作实际，积极搭建县乡（镇、园区）政协委员工作站、政协委员特色工作室三位一体的"靖商靖量、尽责尽行"协商议事服务平台，实现了委员工作站（室）这个"点"、联系界别群众这条"线"、协商议事服务平台这个"面"与界别群众这个"体"的有机统一，以开展"四进四助力"等活动为抓手，引领委员全方位联系、服务界别群众，积极探索靖安实践模式，发挥人民政协界别优势，在发展全过程人民民主中彰显政协更大作为。

一、建机制，激发委员联系界别群众的"内生动力"

研究印发了《关于第十一届县政协委员分组安排的通知》，针对靖安县各界别委员人数少的特点，采取工作联络组的模式，将第十一届县政协委员按照职责相近的原则，分为七个县直工作组和十一个乡镇工作组。根据分工，由县政协领导牵头联系工作组，各专门委员会引领工作组，工作组联系服务界别群众，对履职内容和方式进行明确规定，用责任调动委员、用活动凝聚委员，助推委员联系界别群众规范化、常态化。修订完善《靖安县政协工作考评办法》《靖安县政协委员履职考核试行办法》，把开展联系界别群众工作纳入考核，设立先进工作组、优秀政协委员、优秀政协委员工作站（室）、优秀"靖商靖量、尽责尽行"工作先进个人等，用荣誉激励委员，激发委员密切联系界别群众的内生动力，推动工作高质量、好成效。2022年度，县政协办在靖安县综合考核中取得优秀等次，据省市政协有关同志反映县政协在省、市政协综合考核中得分都为满分。

二、畅渠道，疏通委员联系界别群众的"最后一里"

为破解基层政协人员力量薄弱问题，按照平台、成员"双向选择"原则多层面选聘成员，以本届政协委员为主体，引领带动历届政协委员以及关心、关注、支持政协工作的社会各界人士积极参与，选入到1个县政协委员工作站、12个乡镇（园区）政协委员工作站、9个政协委员特色工作室，围绕把平台建成"党建引领的阵地、学习交流的场所、联系群众的桥梁、协商议政的平台、凝聚共识的渠道"五位一体融合发展的总目标，根据"政协领导牵头、专委会引领、平台实操"的原则，推进委员更好地联系、团结、引领、服务界别群众，切实当好党的政策宣传员、思想政治引领者、界别群众代言人。换届以来，依托平台大力推进委员联系界别群众工作。一是发声于群众、发声为了群众。各工作站（室）成员深入界别群众，收集有效信息1600余条，形成政协提案394件，已全部办结，满意或基本满意率达100%；促成了靖安县未成年人保护工作委员会的成立，兴建"儿童之家"23所；形成了从"一站一所一区一馆一业"五个方面发展全县娃娃鱼产业的科学决策；推动了城区街道"潮汐车位"延时停车，极大提高了群众出行购物的便利性等；形成社情民意信息850条，其中向市政协报送97条，向省政协报送111条，《警惕缩水的穿衣自由背后的文化输出》《仲裁"专业户"现象需重视》《家庭文化的现代缺失》等14条社情民意信息被采用报送全国政协或省委，县政协印发《靖安县社情民意信息》11期，促成了城东幼儿园公交专线开通、残疾人县域内免费观看电影免费乘坐公交等一批群众"急难愁盼"事得到有效解决。二是协商于群众、协商为了群众。开展了多层次、多形式的协商活动180余次，向县委、县政府报送《关于我县"两山"双向转化的建议》《关于推进我县碳汇工作的建议》《在灯火阑珊处　点亮"夜间经济"》等调研成果17篇，委员在大会上发言17篇，将群众所想、所悟、所需以调研报告、大会发言等形式反馈给县委、县政府，供科学决策参考。其中调研报告9篇得到了多位省市政协领导批示，15篇得到县委、县政府领导批示；大会发言7篇得到县委、县政府领导批示。县政协在市政协五届二次全会《扬生态优势　做大"娃娃鱼"特色产业》大会口头发言得到了市委主要领导的关注和批示。许多意见建议被吸纳采用，促成了靖安白茶街的建成、社区党工委的成立、推动机关单位干部职工担任楼栋长以及《关于支持夜间经济发展的实施意见》的出台等。三是服务于群众、服务为了群众。设立"三农服务岗""心理健康辅导岗"等九个岗位类别，开展政协委员设岗定责志愿服务活动八十余次，受益群众两万余人。

三、重学习，补足委员联系界别群众的"精神食粮"

持之以恒，着重在学习的"长"和"常"上下功夫，采取召开县政协党组（扩大）会议、主席会、常委会、工作组（联组）会以及利用"靖安政协"微信公众号等媒介开展常态化、制度化学习，及时跟进学习中央、省、市、县领导重要讲话、会议、文件等精神。用好用活"书香政协"载体，组织广大政协委员多读书、读好书、善读书，通过参加"读书会"交流思想、打开思路，努力提升委员联系界别群众能力，将读书活动贯穿到联系界别群众的调查研究、协商议政、凝聚共识、社情民意收集、宣传党的政策等履职全过程、各环节，实现读书和提升履职深度融合、相互促进，做到学用结合、学用相长，努力把读书所得转化为联系界别群众的履职本领和工作成果。换届以来，"书香政协"带领委员们就青少年心理健康、未成年人家庭教育、大健康产业发展、认知靖安白茶等企业、群众比较关注的热点话题开展了委员读书分享交流，提升了知识水平和自身修养，增强了联系、服务界别群众的履职能力。成立宣传报道工作专班，定期开展学习交流，自换届以来推动完成国家级宣传报道24篇、省级91篇、市级265篇。撰写的《深学细悟明方向 砥砺奋进促发展》《唱响"靖商靖量、尽责尽行"品牌 切实做到协商为民》《江西省靖安县政协开展"四进四助力"活动》等理论文章，分别在《江西政协报》《人民政协报》刊登，靖安政协履职经验与实践得到认可并推广。

四、出实招，激活委员联系界别群众的"一池春水"

结合市"三比三争"、县"四敢四创"活动，出实招大力开展委员"四进四助力"活动，深入界别群众做好协调关系、宣传政策、理顺情绪、化解矛盾的工作，广泛凝聚共识，增进团结，汇聚奋进力量。一是进企业，助力纾困惠企。整合资源、统筹协调、集中力量组织政协委员帮助企业解决生产经营中长期难以解决、自身无力解决或单个部门无法解决的困难和问题，破解发展难题。二是进项目，助力招商引资。各政协委员争当招商引资"智囊团""牵线人""护航员"，积极主动作为，在招商引资工作中联系界别群众、展现风采、体现价值。三是进社区，助力网格管理。结合全县开展的网格化管理，与社区开展共建活动，共同讨论为界别群众服务事项，积极为界别群众办实事、解难题。四是进乡村，助力乡村振兴。帮助村"两委"厘清发展思路，培育发展项目，壮大集体经济。结合调研走访，通过多种形式，大力宣传党的路线、方针、政策，特别是涉农政策，加大村级集体经济扶持力度，努力解决界别群众生产生活中遇到的困难和问题。自活动开展以来，各政协委员不遗余力贡献政协之力，既"动脚"，又"动口"，共收集各类信息三百余条，协助解决界别群众遇到的实际问题二百六十余件。

五、强保障，夯实委员联系界别群众的"履职根基"

县委坚持把"支持重视政协工作情况"纳入乡镇、部门综合考核体系，将考核结果与乡镇、部门干部政治荣誉、绩效奖励挂钩，与干部年度考核评优相结合；县政协结合综合考核制定考评办法，引导乡镇、部门积极支持、高度重视政协工作，为委员密切联系界别群众"保驾护航"。为保障"靖商靖量、尽责尽行"协商议事服务平台运转，县财政每年安排 80 万元专项经费，县政协按照"以奖代补""三方共担"原则，结合考评结果，综合安排平台建设和运转相关费用，保证了平台高效有序运转，夯实了委员联系界别群众的"履职根基"。平台运行以来，得到了政协委员和广大群众的充分肯定。委员们纷纷表示，联系界别群众的通道更顺畅了，自己能够更好地尽己所能服务界别群众，展现新时代政协委员风采。各界别群众大赞家门口的协商议事服务平台让自己反映信息、参政议政更便捷高效。

三把关　三着力
持续擦亮"赣事好商量"品牌

◎政协余干县委员会

有事好商量，众人的事情由众人商量，是人民民主的真谛。近年来，余干县政协深入学习贯彻习近平总书记关于加强和改进人民政协工作的重要思想，坚持"三把关、三着力"，打造"赣事好商量"协商议事平台，积极探索政协协商与基层协商的有效衔接方式，不断丰富和拓展"赣事好商量"品牌的文化内涵。

一、坚持"三项把关"，夯实"赣事好商量"协商基础

把好组织建设关。县委高度重视"好商量"基层协商民主建设工作，将基层协商民主建设工作纳入全县工作大局同步推进，将"党建＋好商量"列入干部教育和人力资源培训计划及县委党校年度教学课程。县政协按照上级部署安排，及时落实人员和场所保障，配齐配强政协工作联络组，专门负责基层协商民主建设工作，指导各地按统一风格和规范模板布设协商议事室，统一使用"党建＋好商量"标识、"赣事好商量"标牌和上墙制度模板。实行政协委员"挂乡联村""进站入点"机制，组织市、县两级政协委员"走入基层、走入群众、挂乡联村、下沉履职"，在乡镇（场）、园区成立"政协委员工作站"，村（社区）成立政协委员联络点，全县296名政协委员全部挂点到位开展工作。

把好课题调研关。每年年初制订年度协商计划时，明确年度"好商量"主题，各地紧扣统一主题，聚焦当地经济社会发展中的热点、难点、堵点，根据乡村、城镇、园区的不同情况，通过"领导出题、公开征题、乡贤荐题、群众点题"等多种渠道，建立完善议题库，精准选好议题。健全政协工作联络组组长和政协委员工作站牵头委员密切会商机制，坚持"调研于协商之前"，政协委员邀请与议题相关的群众代表、党员代表等，深入一线，开展协商前调查研究。去年夏季我省多地持续高温少雨，农业灌溉用水极其紧张，面对严峻的抗旱形势，余干县黄金埠镇政协委员工作联络站牵头委员了解到情况后，立即组织该乡村两委干部、种粮大户、党员群众等组成调研组

深入田间查旱情、找水源，掌握最直观的情况，为协商议事会的召开打好了基础。

把好会议组织关。各单位根据不同的协商议题，合理确定参与协商议事的协商主体，注重吸收有不同意见的对象参与。协商主体主要包括同级党政负责人、政协委员、利益相关方代表、与协商议题有关的专家和部门负责人。在协商议事活动中，政协委员、有关专家、利益相关方代表、党员干部、普通群众，一律平等协商、充分交流，理性合法地表达意见和诉求。比如，余干县大溪乡因建设新能源光伏电站，引起当地群众反映强烈，在牵头委员的努力下，项目施工方和群众代表围坐一起把话说开，现场提问、当即回答，顺利化解了群众的不满，使该乡光伏产业项目得以推进，继续助力乡村振兴。

二、围绕"三个着力"，提高"赣事好商量"协商质效

着力规范村级协商。鉴于村级班子队伍年龄结构较老化，知识水平较低，对协商的理解把握不够全面，组织不够规范等情况，着力规范村级协商。一是吸纳威望高、办事公道的老党员、老干部、农村群团组织负责人、社会工作者参与议事协商，培育扩大村级议事协商多元主体，在村级议事协商中发挥主力军作用。二是充分发挥县政协七个指导组督导作用，经常深入挂点乡村，实地调研指导活动开展，及时发现问题、解决问题，推动村级协商议事的标准化、规范化。

着力转化协商成果。我县"党建＋好商量"协商议事成效显著，硕果累累，形式内容也越来越灵活多样、贴合实际，从会场到现场，围绕拆墙扩路、河道垃圾清理、拆除乱搭乱建、车辆停放、村组电网架设、家禽圈养、秀美乡村长效管理等与乡村群众生活息息相关的问题开展协商议事，协商结果上报同级党组织作为决策依据，经党组织研究审议后安排实施，由相关责任单位、部门进行办理、反馈、公示，接受群众监督和评判。在党委的大力推动下，协商共识都得到了落实。同时，组织对已落实的事项实行"回头看"，公开落实情况，接受群众监督；对难以落实的事项，进行跟踪问效，积极助力基层党委政府组织实施。

着力达到群众满意。"党建＋好商量"把群众的事交给群众商量着办，为达到群众满意，我们一方面确保每次群众代表人数不少于参会总人数的二分之一；另一方面邀请群众与相关职能部门面对面协商，切实保障村民意愿充分表达，通过理性表达、达成共识，保护村民合法权益，提高决策的民主化、科学化，例如，杨埠镇枫林村废弃荒地种葛根、鹭鸶港乡暑期学生防溺水、九龙镇徐家村张家组拆墙让路等为民办实事协商议题，群众关注度高、涉及利益面广，通过"我的事情我来议""大事小事商量着办"，既赢得了群众的交口称赞，又密切了干群关系，化解了基层矛盾，是基层公共决策和基层社会治理的一种有效民主实践。

坚持铆足"五股劲" 倾力彰显"好商量"

◎政协鄱阳县委员会

党的二十大报告指出:"全面发展协商民主,推进协商民主广泛多层制度化发展。"这为我们新形势下做好人民政协工作指明了方向,提供了遵循。人民政协是专门协商机构,发挥作用靠的就是协商水平。如何才能提高协商水平,真正推进协商民主广泛多层制度化发展,鄱阳县政协在这方面做了一些有益的探索,他们坚持铆足"五股劲",倾力彰显"好商量"。

一、坚持铆足"咬定青山不放松"的扭劲,始终奋力行进在"持之以恒"的协商路上

古人云:"锲而不舍、金不可镂。"有扭劲、有恒心,才能战胜前进道路上的荆棘坎坷。在历史的长河上,古今中外的大多名人都因为持之以恒产生的:德国大诗人歌德耗了60年的心血,才完成他的长诗《浮士德》,直到临终前,这位84岁的老人仍伏在桌上呕心沥血写作。富兰克林经过30年的努力终成硕果,正确地解释了电的性质——电荷守恒定律。明代李时珍用了整整27年的时间完成了医学上的不朽之作《草本纲目》,完成时已两鬓白发。开展"好商量",打造政协亮点品牌也应如此,决不能虎头蛇尾,也不能三天打鱼两天晒网,更不能半路停滞不前。必须始终扭住协商这个轴心不放,持之以恒地开展下去。鄱阳县政协自2020年按照省市要求开展"好商量"工作以来,坚持在县委的领导下组织实施,把"好商量"列入推进基层党建"三化"建设体系,明确具体工作标准,加强标准化、规范化、信息化建设,做到基层协商民主与基层党建工作同部署、同推进、同考核、同验收,推动党建引领基层协商民主落到实处。他们始终坚持"党委领导、政府支持、政协搭台、多方参与、服务群众"的工作目标和方向,积极推进协商一刻也没放松,一步也未停歇。在以往的基础上,今年,他们又主动争取县委重视,在全县各乡镇(街道)"政协委员工作站"设立了临时党支部,由政协工作联络组组长兼任临时党支部书记,为"好商量"工作持续发力提供了更加坚强的组织保障,创造了更上一层楼的工作环境。

二、坚持铆足"不破楼兰终不还"的拼劲，始终奋力行进在"干之以成"的协商路上

楼兰，是西域一个小国，处在河西走廊通往西域要冲位置，战略地位十分重要。破楼兰的人叫赵破奴，是一位充满传奇色彩的汉朝将军，幼年曾在匈奴治下流浪，成年后跟随霍去病打败匈奴而被汉武帝封侯。公元前 108 年，汉武帝拜赵破奴为匈河将军，在大军西出阳关后，亲率七百轻骑奔袭，打了楼兰王一个措手不及，几乎兵不血刃地大破楼兰，生擒楼兰国王。唐代诗人王昌龄："不破楼兰终不还"的这一诗句，给了我们以深刻的启迪。在开展"好商量"工作中，我们就是要像赵破奴将军那样，要具有攻不破楼兰，就绝不返回家乡的决心和勇气以及那种冲锋陷阵敢打敢拼的精神。鄱阳县政协就是凭着这股攻坚克难的虎劲，在"好商量"工作中战胜一个又一个困难，立下一个又一个新功。该县是国定贫困县，虽然把戴在头上 34 年的贫困帽子甩进了历史长河，但是财政仍然处于相对困难的状况，而且鄱阳是全省人口第一多的县，地域第二大县。要搭建乡村协商平台，一缺资金、二缺场所，困难一个接着一个。面对这种实际，他们不等、不靠，始终保持一股往前冲的拼劲，以强烈的使命感、责任感，积极为"好商量"工作打基础、搭平台。有条件的单位快马加鞭迅速上，没有条件的单位千方百计想办法创造条件上。近年来，全县 31 个乡镇（街道、园区）、575 个村（社区）"好商量"协商议事室规范化建设全面达标，没有一个落下。所有协商议事室门口统一悬挂"赣事好商量"标牌，悬挂"政协委员工作站""政协委员联络站"等标牌，老百姓都知道这是政协协商议事的场所，感受到政协平等议事的氛围。三庙前乡政府，一直以来经济基础比较薄弱，为了打造好"好商量"品牌，他们与财政所商量腾出一套公房，投资了 10 万元建起了一个规范化协商议事室，老百姓都说："政协为人民群众搭建了一个公开议事的大舞台，让我们真正感受到协商民主的芬芳。"

三、坚持铆足"敢教日月换新天"的闯劲，始终奋力行进在"创之以新"的协商路上

开展"好商量"决不能没有波澜、没有涟漪，不能把协商停留在口头说说，而是要动真的来实的，决不能应了社会上的一些传言："政协是动嘴皮的言官。"我们必须敢于创新，要有勇气和决心，要有远大的目标和坚定的信念，要有创新和创造力，要有改变社会的能力，创造出更美好的未来。近年来，鄱阳县政协不唯书、不唯上，敢想、敢干、敢闯，他们以锐意进取、克服一些困难的精神，揽大事、办难事，把群众遇到的要事、难事通过协商的形式解决好。2021 年，鄱阳湖区开展禁捕退捕之后，作为濒临鄱阳湖的鄱阳县，压力之大，任务之艰巨。县政协敏锐地捕捉到这一民生课

题，以"敢教日月换新天的"闯劲，创新提出"渔事好商量"。自去年以来，他们在全县沿湖11个乡镇(街道)，依托"好商量"协商议事平台，全面开展协商。通过"说、问、议、办、评"五步工作法，实现让"办事渔民顺心，让转产渔民有业、让留守儿童有家、让渔俗文化流传"的目标。双港镇新街社区针对渔民洗脚上岸，开展转产、转业协商，成立渔民种植协会，种菜、种果喜获丰收。鄱阳镇姚公渡村针对渔民洗脚上岸后打工忙，难以顾及留守儿童读书问题，通过协商开办了下午4点半课堂。全县"渔"事协商70余场，解决退捕渔民转产就业，渔村基础性建设，渔俗文化留存等"渔"事问题30余个，为县委、县政府解决了一块"心病"，受到了湖区人民群众的高度赞扬。

四、坚持铆足"为伊消得人憔悴"的傻劲，始终奋力行进在"舍之以得"的协商路上

有舍才有得，要想搞好"协商"，必须要有一股子傻劲。因为目标很容易有，追求目标的过程，很多人都坚持不下来。成功最怕的就是坚持。在向目标奋进的道路上，有的人只有三分钟的热情，有的半途而废，有的在终点前停下了。可是真正的方式，就是对一件事死缠烂打，纵使形神消瘦也绝不后悔。只有"衣带渐终不悔"，所干的事业才能得到升华。近年来，鄱阳县政协就是凭着这股工作"傻劲"，按照"就地、就近、就熟、就便、就愿"的原则，将377名县政协委员全部下沉到乡镇（街道）委员工作站和村（社区）委员工作联络点，每个乡镇（街道）委员工作站不少于5名政协委员，全县606个协商议事室实现了全覆盖。委员们挂乡联村、下沉履职，围绕便民设施改造，改水改厕，解决边界纠纷，调处邻里关系，防溺水等老百姓关注的操心事、烦心事、揪心事，共开展协商议事活动900余场，解决问题700多个。

五、坚持铆足"一枝一叶总关情"的柔劲，始终奋力行进在"动之以情"的协商路上

人民政协根植于人民，"人民"与"政协"息息相关，"政协"与"人民"紧密相连。开展"好商量"，必须用新的思想境界来关注民生，真正体现人民政协为人民的思想情怀，以"一枝一叶总关情"的柔劲，把人民对美好生活的向往作为工作目标。近年来，鄱阳县政协建立县、乡、村、部门多层联动协商机制，深入走访了万名群众，而且围绕农田水利设施改造、基础项目建设、人居环境提升等与群众息息相关的一百多个问题，积极开展协商，评选出37个优质协商成果项目，争取县委、县政府拨款100余万元，对项目予以资金补助，使这些优质项目转化落地，许多老大难问题得到了有效解决，老百姓在家门口享受到实实在在的协商成果。

"赣事好商量·吉事广议"
协商品牌建设的实践与思考

◎政协吉安县委员会

习近平总书记指出，社会主义协商民主是党领导人民有效治理国家、保证人民当家作主的重要制度设计，有事好商量，众人的事情由众人商量，是人民民主的真谛。近年来，吉安县政协按照"党委领导、政府支持、政协搭台、各方参与、服务群众"的工作思路，探索创建"赣事好商量·吉事广议"协商品牌，在推动政协协商向基层延伸方面取得明显成效。

一、聚焦政治之基，坚持党委领导，强化协商民主底色

坚持党的领导是人民政协具有中国特色制度安排的根本保证。吉安县政协"吉事广议"工作把坚持党的领导作为首要政治原则，确保协商议事活动组织有力、推进有序、落实有效，为政协协商向基层延伸工作始终坚持正确的方向提供根本保障。

（一）机制驱动，有章可循。以吉安县委名义印发《关于建设"赣事好商量·吉事广议"协商平台　推进政协协商向基层延伸的实施意见》，将"探索建立政协协商向基层延伸并与基层协商有效衔接机制"纳入改革攻坚项目，做到与党政工作统筹部署、一体推进。发挥政协党组领导作用，印发《关于全面推进"赣事好商量·吉事广议"基层政协协商工作的通知》等"1+3+1"配套文件，将政协协商向基层延伸从机制层面细化深化，确保协商有规可循、有据可依。

（二）机构带动，压实责任。县委成立基层政协协商工作领导小组，由县委书记担任组长，县政府县长担任第一副组长。县政府将平台建设经费列入财政预算，拨付专款70万元。全县19个乡镇、园区、社区及教育、农业等行业界别参照建立领导小组，均由党（工）委主要负责同志担任工作领导小组组长，负责该项工作的统筹协调和组织实施，协调解决协商工作中遇到的困难和问题。

（三）党委推动，高效落地。坚持党的领导贯穿协商活动始终，议题的确定要

经党组织审定，组织协商形成共识后，由党组织督促制订落实方案，形成闭环管理。县委、县政府、县政协三家办公室联合印发包括"吉事广议"议题在内的年度协商计划。按照县委主要领导点题，吉安县把"一领三参与扶贫专业合作社发展"作为"吉事广议"首场协商课题，县委书记、县政府县长齐聚政协与委员面对面，会议规格之高、参与协商人员之多、协商效果之好创历年之最。县委书记回应委员建议，点赞政协工作，批示政协调研报告，要求"强化跟踪问效，做好成果应用的后半篇文章"。许多意见建议被县委、县政府吸纳编入《吉安县巩固拓展脱贫攻坚成果同乡村振兴有效衔接"秋冬冲刺"行动方案》等文件，成为推动实施乡村振兴战略的政策举措。

二、聚焦民主之力，突出政协搭台，强化协商民主特色

县政协按照"不建机构建机制"原则，单独或结合党群服务中心、综治中心等场所搭建协商平台，融政协工作联络组、政协委员工作室、协商议事室、社情民意信息联系点等功能于一体，构建多层次协商议事组织架构。

（一）**搭建平台，规范管理**。在全县乡镇、园区、社区及教育、农业等行业界别成立政协工作联络组 23 个，由党（工）委副书记任组长，配齐政协干事。按照"有场所、有标识、有制度、有活动、有成效"五有标准，建设政协委员工作室（协商议事室）23 个，明确政协工作联络组长为"吉事广议"协商议事活动第一召集人，统一 LOGO 标识，统一制作委员工作室牌，统一印制《吉事广议工作手册》，规范制度上墙。在规定动作之外，鼓励特色创新。永和镇借助互联网信息技术，推出"社情民意码上办"小程序，方便群众随时扫码反映诉求。目前收集社情民意三十余条，协调反馈二十余条。这一便民利民举措迅速在全县各政协工作联络组推广。

（二）**下沉委员，延伸触角**。县政协建立并落实委员下派基层联系界别群众机制，按照"就近就便、统筹调配"的原则，将 218 名市、县政协委员分配到各政协工作联络组，再按照每名委员挂点两三个村（社区）的原则，充实到全县 337 个社情民意信息联系点，实现全县各乡镇和村（社区）平台全覆盖。探索建立"政协委员值班日"制度，每月固定 2 天为委员接待日，每季度至少开展 1 次协商活动，推动政协工作重心下移、委员力量下沉、协商触角下延。

（三）**把握重点，规范活动**。县政协推出"确定议题、会前准备、组织协商、转办落实、反馈问效"五步工作法，要求每次协商必经"议题备案登记、议题审批、议题公示、会议记录、协商事项交办、协商成果反馈协商"六个环节，明确《吉事广议工作手册》按协商流程记录活动内容，确保协商议事规范有序。活动开展以来，吉安县围绕事关群众切身利益的公共事务、公众利益、公益事业开展协商活动四十余次，

内容涉及污水管网改造、农村环境整治、征地拆迁、厕所革命等，助推解决群众身边的一批"操心事""烦心事""揪心事"。

三、聚焦民生之盼，调动各方参与，强化协商民主暖色

县政协坚持"有事好商量，众人的事情由众人商量"的工作理念，在协商活动中突出委员作用、引导群众参与、吸纳各方意见、凝聚各方智慧，切实提升人民群众的获得感和幸福感。

（一）**政协调度，延伸服务**。印发《关于县政协领导挂点指导基层政协协商工作的通知》，实行县政协领导挂点指导政协协商向基层延伸工作制度，县政协班子成员每人挂点指导两三个政协工作联络组，经常性督促指导、定期调度，参加基层政协协商活动。县政协办公室及 5 个专委会包片联系服务，推动政协协商向基层延伸工作走深走实。

（二）**委员参与，纾解民忧**。县政协充分发挥委员专业性强、联系面广的优势，引导委员深入基层，宣传相关政策，参加协商活动，收集社情民意，一线服务群众。例如，吉安县天玑星苑小区化粪池和附近商家共用，多次淤堵导致外溢，小区居民意见很大。社区网格员多次协调皆因双方矛盾已久、现场争执不休，调解陷入僵局。泉塘社区政协工作联络组通过"吉事广议"协商平台，邀请市县政协委员、社区协商议事会成员、职能部门负责人、利益相关方代表、居民代表开展面对面协商，搭建沟通桥梁。参与协商的政协委员有委员法官、委员律师和熟悉城管工作的委员，依托自身经验提出专业建议，促成当事人双方现场握手言和，签订污水管改造协议，困扰已久的矛盾纠纷圆满解决。居民感慨"政协委员真是公平公正的'和事佬'，没想到困扰我们整个小区和小区商家的问题通过这次'吉事广议'就解决了"。

（三）**社会参与，广集民智**。在协商时，广泛吸纳各方人士、村居干部、乡贤代表、部门负责人参与，最大限度调动群众参与性，广纳群言、广集民智，让群众感受到"商量"就在身边，自己就置身"商量"。北源乡协商议事会开在田间地头，围绕"瓜塘村水渠亟须拓宽"议题，政协委员、基层群众、项目施工方来到纠纷点现场协商，达成共识。目前水渠由 0.8 米拓宽为 2 米，方便水渠清淤和农田灌溉，村民喜笑颜开。

四、聚焦政协之能，推动成果转化，强化协商民主成色

县政协探索建立健全协商成果落实、反馈、监督机制，通过优化机制、考核评价、督促检查等方式抓好落实，促进协商成果转化。

（一）**优化机制，注重实效**。县委、县政府、县政协三家办公室联合出台《政协协商批示件督办落实办法》，促进协商成果深层次转化。今年县政协以《社情民意专报》形式，将加强校园周边道路管控、加强广场游乐设施管理维护、加强吉州窑陶瓷烧制技艺人才扶持等 21 条社情民意报送县委、县政府。县政府县长批示："请县政府办下发工作提示函督办，并跟踪问效，吸纳借鉴，及时反馈县政协，做到闭环管理。"《关于推进敦厚镇高塘社区棚改的建议》呈报后，县政府下发提示函，明确责任单位、反馈时限，要求建立工作台账，实施销号管理。目前该社区列入棚改计划，184 户 407 位住户居住环境将大大改善。

（二）**深化考核，激发动力**。探索建立考核评价制度，党委将"吉事广议"协商品牌建设列入督查事项和高质量发展考核体系，优化设置协商工作指标和权重。县政协将"每名委员每季度至少下基层开展履职活动不少于一次，每季度反映社情民意信息不少于一条"纳入委员履职考核的重要内容，激励委员主动作为、勤勉履职。

（三）**以检促改，营造氛围**。今年 5 月县政协成立两个督查组，对全县协商平台建设情况组织交叉检查，通过互查互评、比学互鉴，找准薄弱环节，启发工作思路，达到以检促改、以改促升的效果。拟在 10 月召开县委政协工作会，表彰一批先进政协工作联络组和先进个人，营造"比学赶超、争先创优"的工作氛围，推动"吉事广议"协商品牌建设提质增效，行稳致远。

· 署名文章 ·

"赣事好商量"品牌制度化建设的
实践经验与发展进路

——以鹰潭市"赣事好商量·鹰有作为"品牌建设为例

◎黄　云　徐晓东　黄小明

党的二十大报告强调，要全面发展协商民主，通过完善协商民主体系，统筹推进政党协商、人大协商、政府协商、政协协商、人民团体协商、基层协商以及社会组织协商，健全各种制度化协商平台，推进协商民主广泛多层制度化发展。"有事好商量，众人的事情众人商量。"2021年，省政协在制度上规范发力，就"赣事好商量"协商平台建设出台意见，从主要内容、运行程序、组织保障等方面提出27条具体措施，为全省政协系统协商子品牌创建提供了指引，推动"赣事好商量"遍布基层一线、深入群众身边。尽管省政协已出台相关指导意见措施，但地方政协如何进一步推动"赣事好商量"品牌制度化建设落地仍存在一些值得思考的问题。本文以鹰潭市政协制度化推进"赣事好商量·鹰有作为"协商平台建设为例，通过总结梳理基层政协在打造协商平台、丰富协商形式，推动协商民主进程中的优势和经验，为政协协商向基层末梢有效延伸提供参考。

一、"赣事好商量"品牌制度化建设的作用

（一）更好发挥人民政协专门协商作用。"赣事好商量"协商平台建设探索建立省市县联动、形式多样、品牌统一的"赣事好商量"平台体系，构建多层次、广覆盖、更灵便的协商议政工作新格局，明确协商的基本原则、主要内容、运行程序和组织保障等，是进一步把政协制度优势转化为国家治理效能的一种实现或表现形式。各地按照"赣事好商量"建设要求，通过建立委员工作室、协商议事厅等方式组织引导开展基层协商，形成"赣事好商量+"品牌97个，协商形式更加丰富，协商成效更加明显，

群众反响较好，有利于政协专门协商机构优势作用在基层得到更大的发挥。

（二）更好推进政协协商向基层协商延伸。政协协商和基层协商，是社会主义协商民主体系中两个重要渠道，是全过程人民民主的两种重要实现形式，如何有效促进政协协商与基层协商有效衔接，推动人民群众参与基层治理是新时代加强和改进基层政协工作的一个重要课题。"赣事好商量"品牌建设的重要内容之一就是指导市县政协加强专门协商机构建设，推动"赣事好商量"不断延伸拓展，与基层协商有效衔接、与社会治理有机结合。进一步推动"赣事好商量"品牌制度化建设，明确"赣事好商量"在基层协商的常态化工作机制、履职形式、协商主体、协商内容等，对于进一步推进政协协商向基层协商延伸具有重要规范和促进作用。

（三）更好彰显新时代政协委员责任担当。习近平总书记在中央政协工作会议上强调，"强化委员责任担当""要发挥桥梁纽带作用，在界别群众中多做雪中送炭、扶贫济困的工作，多做春风化雨、解疑释惑的工作，多做理顺情绪、化解矛盾的工作"。推进"赣事好商量"品牌制度化建设，创新搭建联系服务群众载体，以"请进来""沉下去"等形式，为政协委员深入实际、深入基层、深入界别群众搭建平台、创造条件，把"赣事好商量"办在一线，让群众切实感受到省政协委员就在身边，充分彰显了新时代政协委员责任担当。

二、"赣事好商量·鹰有作为"品牌制度化建设的实践

近年来，鹰潭市政协牢牢把握新时代人民政协新方位新使命，立足专门协商机构的性质定位，深入贯彻落实省政协《关于发挥人民政协专门协商机构作用推进"赣事好商量"协商平台建设的实施意见》，按照省市县联动、形式多样、品牌统一要求，不断制度化推进"赣事好商量·鹰有作为"品牌建设，构建了协商形式创新、协商调查研究、协商文化培育"三位一体"协商民主新格局，为"赣事好商量·鹰有作为"品牌制度化建设贡献了智慧力量。

（一）注重协商形式创新。创新是第一位的发展理念，政协协商要与自身发展相融合，以协商形式的创新，深入开展政协协商和基层协商，形成鹰潭政协新的民主优势，让"赣事好商量"在赣鄱大地上扎根生长。鹰潭政协在坚持和完善全会协商、常委会协商、专题协商、对口协商、界别协商、提案办理协商等既有协商形式的基础上，将开展委员工作室"微协商"、协商成果回头看监督式协商、走进界别群众开展"赣事好商量·鹰有作为＋主席接待日""书记市长与委员面对面话经济""民生议事堂"等协商形式纳入"赣事好商量·鹰有作为"品牌协商形式，健全协商机制，明确协商频次，提高协商质量，发挥示范带动作用，夯实"赣事好商量·鹰有作为"品牌基础。

如市政协组织开展的"主席接待日",既注重"请上来"听取问题建议,也注重"走下去"深入基层解决问题,通过"主席接待日"这一载体,推动政协协商向基层延伸,市政协先后协调解决委员或基层群众反映的各类问题三十余个。

(二)注重协商调查研究。习近平总书记强调:"调查研究是谋事之基、成事之道,没有调查就没有发言权,没有调查就没有决策权。"调查研究亦是政协委员履职的基本功,人民政协作为专门协商机构,只有将调查研究与协商交流深度融合,高站位谋划、深层次调研,才能不断提高协商议政能力和水平,把人民政协制度优势更好地转化为国家治理效能。鹰潭政协从制度上将调查研究贯穿政协履职全过程各方面,制定《关于进一步加强和改进调查研究工作的若干规定》,根据不同协商内容,采取不同调研方法,注重"机关听"与"基层看"相结合、"键对键"与"面对面"相结合、"纵向比"与"横向比"相结合、"短平快"与"专精深"相结合、"集体谈"与"个别访"相结合、"走访式"与"蹲点式"相结合、"专家询"与"群众讲"相结合、"业内研"与"业外聊"相结合。如在开展缓解中心城区停车难调研时,调研组深入双水坑等南苑等 10 个社区蹲点调研,到 7 个调研点开展补充调研,摸排情况,掌握第一手鲜活资料,后组织社区居民、相关职能部门在社区一线开展"微协商",倾听群众掏心窝子话,提出更加精准的意见建议,助推市政府办公室印发《关于综合解决中心城区"停车难"问题的实施方案》,推动全市新建 11 个停车场,新增各类停车位 7639 个。

(三)注重协商文化培育。协商文化内含中华优秀传统文化中的"和合""中庸"思想,其作为一种无形、深层次的规范力量,不仅能有效引导规范协商主体的协商行为,而且能够为协商民主提供一种坚实的政治文化基础。鹰潭政协把协商理念融入"赣事好商量·鹰有作为"品牌制度设计,出台《关于进一步推进委员工作室建设的实施意见》,将委员工作室作为基层协商议政的载体,通过民情恳谈会、民主议事堂等面对面协商沟通方式,围绕市政协年度协商监督计划中的重点课题、人民群众关注的民生问题、委员专长领域进行议题设置,将政协委员履职重点和委员工作室活动开展有机结合,推动协商议政"下基层、进社区",发挥为群众代言、为基层排忧、为政府献策的作用,推动形成"大事、实事、难事,大家来协商"的民主协商氛围,打响了协商文化品牌,提升协商文化影响力。

三、"赣事好商量·鹰有作为"品牌制度化建设的经验启示

商以求同,协以成事。"有事好商量"是中国传统文化的积淀,更是协商民主最生动的表现形式。习近平总书记强调,要全面发展协商民主,通过完善协商民主体系,统筹推进政党协商、人大协商、政府协商、政协协商、人民团体协商、基层协

以及社会组织协商，健全各种制度化协商平台，推进协商民主广泛多层制度化发展。鹰潭市政协在制度化推进"赣事好商量·鹰有作为"品牌建设实践中，始终坚持"三点"，即坚持强化政治引领的立足点、坚持敢于深入基层的着力点、坚持促进成果转化的落脚点，为推进地方政协协商民主提供了重要的经验启示。

（一）立足点：强化政治引领，坚定民主协商。坚持党的领导，才能体现政协协商的政治性。鹰潭市政协始终坚持协商政治性，确保党的领导自上而下、自始至终贯穿于协商全过程。市政协党组就进一步推进"赣事好商量·鹰有作为"协商议事平台建设工作进行专题研究，并得到市委的充分肯定和支持。在此基础上，制定《关于推进"赣事好商量·鹰有作为"协商平台规范运行的实施意见》，明确以党的建设为引领，聚焦改革发展要事、民生改善实事、社会治理难事，深入开展协商议政，打造政协服务党政工作大局的重要载体，形成具有显著实效和广泛影响力的鹰潭政协履职工作品牌，切实把党的领导体现在"落实下去、凝聚起来"的政治责任上，体现在献计出力、攻坚克难的务实作为上，体现在建言资政、凝聚共识的现实成果上，交出政协践行初心使命、积极履职尽责的时代答卷。

（二）着力点：敢于深入基层，做好为民协商。习近平总书记强调："涉及人民群众利益的大量决策和工作，主要发生在基层。要按照协商于民、协商为民的要求，大力发展基层协商民主，重点在基层群众中开展协商。""赣事好商量·鹰有作为"协商平台是推进政协协商民主向基层延伸的重要载体和形式，如何做好基层的民主协商工作，要明确"谁来协商""在哪协商""协商什么"的问题。"谁来协商"，要始终坚持群众在协商议事会议中的主体地位和作用，突出成员在群众中的广泛性和代表性，在协商的各个环节广泛征求意见建议；"在哪里协商"，要走到群众中去，多和群众商量，利用贴近基层群众的委员工作室作为协商议事点，打通了联系群众的"最后一公里"。"协商什么"，要聚焦助力改革发展要事、民生改善实事、基层治理难事确定协商议题和内容，促进"协商为民"有效落实。深入基层，协商于民、协商为民才能提升"赣事好商量·鹰有作为"平台工作质效。

（三）落脚点：促进成果转化，实现有效协商。协商的成效最终要靠成果来检验。鹰潭市政协始终把成果转化作为"赣事好商量·鹰有作为"协商品牌制度建设的落脚点，力求使协商成果更多融入党政决策，推动经济社会更好更快发展。通过专题协商实现转化。每次召开政协常委专题协商、对口协商、界别协商，都主动邀请党政分管领导和相关部门负责人到会听取意见，让他们在与委员们协商中形成共识，把委员的意见和建议转化为工作决策或工作思路。通过跟踪问效实现转化。制定《市政协协商成果领导批示件督办落实办法》，对党政领导作出批示的调研协商成果，及时跟踪问效。如去年缓解中心城区"停车难""加快串串产业发展"调研，市党政领导对协商成果作出了肯定批示，今年市政协将此列入民主监督课题，对落实情况跟踪调研，力求让委员"说了不白说"。

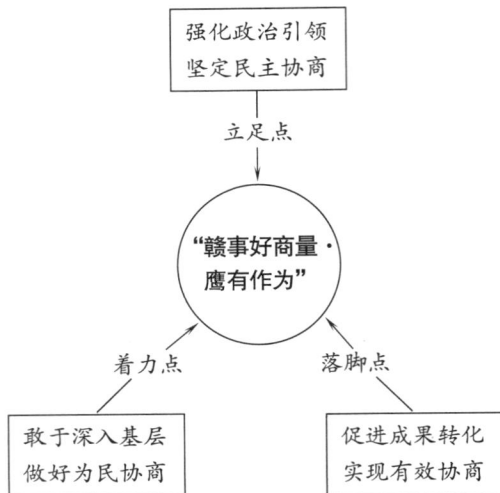

"赣事好商量·鹰有作为"品牌制度化建设经验启示图

四、"赣事好商量"品牌制度化建设的发展进路

有事好商量，众人的事情由众人商量，是人民民主的真谛。鹰潭市政协深刻领会"中国式民主"的内涵，结合"赣事好商量·鹰有作为"平台建设，推进协商民主广泛多层制度化发展，为下一步深化"赣事好商量"品牌制度化建设探索了进路。

（一）细化"赣事好商量"规范运行机制。协商民主制度化具有制度合理性的特征。制定一个公民普遍认可且兼具合理性的制度规范对于整个协商活动就显得尤为重要。明确职能职责、严格工作标准、优化环节流程，才能使工作在规范有序的轨道上平稳运行。要健全细化"赣事好商量"协商议事细则，使之形成系统完备的制度体系，从平台建设、协商议题确定、协商主体落实、商前调研、协商过程推进、协商成果转化、民主监督等各个方面完善制度设计，强化制度约束，形成制度闭环，使协商的结果更有权威性和约束力。要建立健全协商成果跟踪问效机制，通过探索建立政府与政协联合督办工作机制，推动"赣事好商量"协商成果真正转化为参与基层社会治理的效能。要突出问题导向、实践导向、效果导向，持续抓好制度执行，加强制度落实情况质效评价，紧盯实践过程中的薄弱环节，解决好政协参与基层协商越位、错位等问题，及时校正偏差，确保落实到位。

（二）构建"赣事好商量"与基层协商衔接机制。"赣事好商量"制度化实践工作是人民政协探索推进基层政协民主协商的实践载体，承载着人民政协民主协商向基层延伸的任务和使命。要坚持固化于制，进一步推动把政协协商服务基层治理纳入党委工作总体布局，纳入有关城乡基层治理、乡村振兴、法治建设等政策文件，通过制度性安排加强规划引领、促进常态长效。立足发挥政协专门协商机构作用，紧扣不断变化的形势要求，积极推进制度集成创新，着力健全覆盖平台搭建、协同联动、组织管理、队伍建设、能力提升等系统完备的制度体系，确保政协协商服务基层治理有制可依、有章可循，持续高质量发展。

（三）强化"赣事好商量"组织保障机制。建立健全"赣事好商量"协商议事工作的领导机制，紧紧依靠党委领导，在基层党组织和政协系统建立健全与委员工作室运行相配套的工作平台、工作网络和工作机制，形成上下贯通的组织体系，确保"赣事好商量"工作既能充分体现党的全面领导，又能保障政协在推进"赣事好商量"工作中的独立性、主导性。完善委员履职考核机制，通过提交年度履职报告、填报履职情况统计表等方式，对参与"赣事好商量"协商情况进行量化考核。住各地的省政协委员要按照界别、属地、专长等，深入各市区政协委员工作室等协商平台，参与协商议事，听取意见建议，协调解决群众问题。要建立常态化联系指导制度，省政协要加强对市县"赣事好商量"品牌建设的联系指导，规范提升建设质效。

（黄云，鹰潭市政协主席；徐晓东，鹰潭市政协副秘书长兼办公室主任；黄小明，鹰潭市政协办公室干部）

让"赣事好商量"品牌实起来、硬起来、响起来

◎王有金

习近平总书记指出,"我国社会主义民主是维护人民根本利益的最广泛、最真实、最管用的民主"。协商民主是实践全过程人民民主的重要形式。江西政协着力打造的"赣事好商量"品牌,充分体现了政协特质、时代特征、江西特点的践行全过程人民民主的重要探索实践。当前,鹰潭政协正在推进"赣事好商量·鹰有作为"协商平台,在前期调研过程中,深感这一协商平台不仅大有可为而且应当大有作为,如何将这一平台建好,笔者有以下思考。

一、实起来:定位要实、机制要实

改革开放四十余年,我国社会结构发生深刻变革,人民的物质生活水平飞速提升,但经济腾飞并不代表着社会的全面进步,人民群众比以往任何时候都更追求公平、正义、民主、平等。在推进基层治理体系和治理能力现代化进程中,协商民主的实践正扮演着越来越重要的角色,为全过程人民民主的发展带来新的启迪与智慧。"赣事好商量"正是在此大背景下应运而生,擦亮这一品牌,应按照协商于民、协商为民的要求,做到定位实、机制实。

定位实,就是重点解决商量什么的问题。人民性是人民政协的本质属性,为民代言、为民立言是政协委员的立身之基、履职之要。"赣事好商量"所商量之"事"首先应来自于民。重点聚焦改革发展要事、民生改善实事、社会治理难事,通过党政点题、委员荐题、群众出题、社会征题等方式建立议题库,重点选择与人民群众切身利益密切相关如老旧小区改造、城市饮用水源、义务教育均衡发展、城市养犬、环境污染、征地拆迁、高价彩礼等切口小、影响大的事项列出年度协商计划。精准确定每一次协商议题,做到应民之所需、承民之所盼。近几年来,鹰潭政协围绕缓解中心城区停车难、推动绿色出行和促进鹰潭托育服务行业发展等方面开展专项协商,将"赣事好商量·鹰有作为"打造为政协服务党政工作大局的重要载体、委员联系服务界别

群众的重要桥梁、群众参与政协协商民主的重要渠道，效果很好，受到社会各界好评。

机制实，就是重点解决怎么去商量的问题。"不建机构建机制"应成为"赣事好商量"的最大亮点。人民政协的最大优势就是通过搭建平台实现从基层群众到政协委员和相关部门的主体性融合，就各主体关心的议题进行充分有效的沟通协商，从而实现在更大范围内寻求"最大公约数"，即完成从"协商"到"共识"的转变。要形成委员为主体、党派团体为骨干、专委会为依托、界别为纽带、基层政协为补充的协商工作格局。完善议题来源、调查研究、充分协商、成果转化等各方面的工作机制。在议题来源上如前所述，应坚持把党政"点题"、改革发展和社会治理"难题"作为"赣事好商量""破题"的方向；在调查研究上应深入基层、融入群众，真实听到来自底层的声音，真正找准群众生活的痛点难点；在协商场所方面应尽量便捷，方便群众参与，按照融合开放共享的要求，在不增加基层负担的前提下，依托委员工作室、乡镇（街道）党群服务中心、新时代文明实践中心等搭建平台；协商人员方面除政协委员、有关地方负责同志、有关部门外，还应包括一定数量的群众代表。坚决不搞"关门协商""关门议政"，自弹自唱，要让基层群众在家门口"找得到人、说得上话、办得成事"；在协商流程方面应灵活高效，吸引群众参与，按照"大事大议、小事小议、急事即议"的原则，结合会议协商、现场协商、网络协商等多种形式，实现"群众喜欢什么，就选择什么方式进行协商""哪里有利于解决问题，就在哪里协商"。

二、硬起来：作风要硬、保障要硬

政协的主体是委员，委员作用发挥的程度和质量，直接影响着政协工作的力度、广度和深度。在"赣事好商量"平台建设中，政协委员发挥着不可替代的重要作用。政协委员一方面通过自身宣传，引导基层群众和治理主体，向基层输入"平等、公平、理性、审慎"的协商民主理念，提升基层参与主体维护其民主诉求和表达的权利意识；另一方面政协委员在"赣事好商量"的平台上，成为基层党委、政府各部门、群众及相关治理主体的"媒介"，各主体在委员的连接下共同着相同的议题开展民主协商活动，从而达到以协商民主实践促进基层社会治理效能的目的。如何发挥好委员主体作用，提升委员协商能力，调动委员的参与度，事关"赣事好商量"平台建设的成败，为此，委员作风要硬、协商保障要硬。

作风要硬，就是重点解决会不会商量的问题。政协委员是党和政府联系各界群众的桥梁和纽带，在发展全过程人民民主中发挥着重要作用。要提高政治能力，政协委员要做到既讲政治又精业务，首先要使习近平新时代中国特色社会主义思想融入血脉、铸入灵魂，学思践悟习近平总书记关于加强和改进人民政协工作的重要思想，并以之来指导全部工作，在把握政治原则、政治方向、政治立场中努力实现政治效果与履职效果的有机统一。比如在选题上，首先应考量是否贯彻党中央决策部署，是否坚持以人民为中心，是否呼应人民群众所思所盼。在协商过程中要强化思想政治引领，遇事善于从政治上看、从政治上办，特别是在一些敏感点、风险点、关切点上，需要强化引导，多做宣传政策、解疑释惑、化解矛盾的工作。要提高调研能力，在精心选准议题之后，坚持"调研于协商之前"。做到"调查不深不协商、研究不透不建言"。在调查研究中，要深入基层、深入一线，与群众同坐一条板凳沟通交流，既听正面的意见又听反面的意见，既听多数人的意见又尊重少数人的意见，真正了解基层群众在想什么、忧什么、盼什么，号准基层群众的脉搏。要提高履职能力，委员履职能力的高低，直接决定着政协整体工作质量，委员只有具备较强履职能力，才能参政参到点子上，议政议到关键处。要把"赣事好商量"协商平台建设工作纳入市县政协委员培训班内容、干部教育培训重要内容，通过教育培训加深对"赣事好商量"的认识和把握。定期不定期召开"赣事好商量"工作经验交流会、分享会，方便委员取长补短、交流互鉴。

保障要硬，就是重点解决如何常态化运作的问题。要坚持党的领导，人民政协是政治组织，旗帜鲜明讲政治是人民政协的本质要求，也是委员履职的第一要务。坚持把党对政协工作的全面领导贯穿"赣事好商量"协商平台建设和运行的全过程。应通过"赣事好商量"在基层的有效运行，把党的主张转化为社会各界的共识和自觉行动，厚植党治国理政和各族人民团结奋斗的政治基础和社会基础，而不只是简单地为基层群众提供一个意见表达的机会。要理顺机制，"赣事好商量"平台的成功运行，离不开政协自身的重视，更离不开各级党委、政府和有关部门的大力支持与配合。政协的主要任务是搭台，"赣事好商量"平台不是政协的派出机构，而是一种常态化的工作机制。要在运行中规范政协与其他治理主体的权责运行机制，保障全过程人民民主在实践中畅通运行。避免出现因权责边界模糊不清，而出现人民政协与基层党委政府、基层治理主体之间的合作困境。"赣事好商量"绝不能包打天下，把基层所有需要解决的问题都拿来这一平台商量，要做到到位不越位、帮忙不添乱、融合不替代。真正实现通过这一机制延伸政协链条，组织委员履职下沉，更好推动政协工作向基层延伸拓展，更好畅通基层群众有序政治参与渠道的目标。要从严管理，建立相应的考核激励机制，将政协委员参与"赣事好商量"协商平台工作情况作为年度履职报告的重要内容，记入委员履职档案。对于委员在"赣事好商量"的表现进行统计反馈，反馈对象包括委员本人、委员所在单位。积极开展优秀协商成果的评选表彰工作，充分调动委员履职的积极性和主动性。通过综合施策、强化保障，让"赣事好商量"协商平台能够常态化运作。

三、响起来：作为要响、口碑要响

习近平总书记指出："民主不是装饰品，不是用来做摆设的，而是要用来解决人民要解决的问题的。""赣事好商量"平台不能成为政协委员的"秀场"，而要多从群众的立场和角度看问题、想事情，多为群众排忧解难，不断提高深度协商互动、意见充分表达、广泛凝聚共识水平，努力使"赣事好商量"成为解决问题和矛盾的有效方式，从而得到党委政府的认可，得到人民群众的认可。

作为要响。基层群众参与政协协商议事，更多关心的是自己的合理诉求能否得到解决。"赣事好商量"要坚持为群众而建、为群众而用。要科学决策，保障全过程人民民主在实践过程中决策环节的科学性、民主性、有效性。尤其是针对党委政府出台的事关群众切身利益的方针政策，可以通过"赣事好商量"平台，实现"有事先商量"。这样不仅可以把"赣事好商量"打造成有效的全过程人民民主实践平台，也可以成为团结并维系基层各治理主体有效、有意愿参与基层社会治理各环节的"稳压计"。要建立反馈机制，协商后及时汇总整理协商意见建议，以政协专报、建议案、社情民意信息、简报纪要等形式，报送党委政府及有关部门，并建立健全跟踪落实反馈机制，推动协商成果转化为党委政府决策、民生实事项目、改进社会治理的实际成效，不断获得群众的认同度和满意度，以实实在在的作为让群众深切感受到"民主看得见、摸得着、还有用"。要拓展协商形式，当今时代，大数据、云计算、人工智能等数字技术的广泛应用，为畅通表达渠道、扩大人民群众有序政治参与提供了技术支撑。应深化"智慧政协"建设，将"赣事好商量"平台内嵌于"智慧政协"，提供"菜单式""预约式""线上云"等服务，把协商场景拓展到个人终端，使人民群众参与协商、反映意愿就像网购一样便捷。

口碑要响。要在群众中大力弘扬协商文化。主动邀请群众代表参与协商前调研和协商活动，利用协商议事直观展示协商的过程和成果，帮助他们增强协商意识、掌握协商方法，以多种方式传播协商文化、弘扬协商精神，让"赣事好商量"在基层深入人心、形成共识，让群众遇到操心事、烦心事、揪心事，第一时间就想到"赣事好商量"。要加强新闻报道和舆论引导，及时总结推广各地探索的好经验好做法，在各类媒体宣传推广，尤其注重各类新媒体平台，讲好"赣事好商量"协商民主故事，营造全社会关心关注、积极参与支持的良好氛围，展现新时代人民政协工作新样子。努力推动"赣事好商量"走出江西，走向全国，为人民政协发展全过程人民民主提供可复制、可推广的江西经验、江西做法。

（王有金，鹰潭市政协副主席）

稳步推进"赣事好商量"品牌化建设

◎张金成　傅慧平

创建"赣事好商量"品牌是近年来江西省人民政协推进政协工作创新，提升政协协商影响力、推动政协协商与基层协商有效衔接的重要举措。以"赣事好商量"品牌为引领，各地市已经有规划、有步骤地开展了基层政协协商品牌建设。虽然各地市政协协商品牌创建形势向好、成效显著，但"赣事好商量"品牌的整体影响力仍有待提升，实践中的盲目跟风现象仍然存在。值此政协协商专门机构加强制度化、规范化、程序化等功能建设，发挥更大、更重要作用之际，如何稳步推进"赣事好商量"品牌化建设，已成当务之急。

一、强化品牌意识

与普通商品品牌理念不同，"赣事好商量"品牌是"健全各种制度化协商平台，推进协商民主广泛多层制度化发展"的产物，由民主、协商、创新、服务等品牌化理念组成。将企业品牌建设理念引入协商民主，遵循政协协商规律，能够运用品牌思维、品牌定位等，提升基层政协的协商水平、服务能力、知名度以及美誉度，提高政协协商的参政议政水平，增强政协协商在群众中的影响力。当前，我国改革开放正进入深水区，人民日益增长的美好生活需要和不平衡不充分的发展之间的矛盾仍旧存在，政协协商工作面临新的挑战，亟待通过协商"末梢"改变基层政协协商现状，改变原有传统单一的协商模式，高标准创建一批叫得响、立得住、走得远的基层政协协商品牌，凸显政协协商的专门协商作用、促进政协协商与基层协商有效衔接。

二、丰富品牌意蕴

"赣事好商量"作为江西省人民政协制度化建设的创新举措，主要包含以下特征：一是民主性，协商民主是实践全过程人民民主的重要形式，而政协协商是协商民主体系的重要组成部分，是中国特色社会主义民主政治建设的关键一环。"赣事好商量"作为江西省人民政协搭建的协商平台，始终遵循"有事好商量、众人的事情众人商量"这一民主议事原则。二是协商性。政协协商作为专门协商机构，不仅要善于"求同存异"，还要努力"求同缩异"，甚至"求同化异"。"好商量"的本质就是"好好商量"，就是要平等协商、有序协商、公开协商。"好商量"的过程要公平公正、和和气气；目的是好办事、办好事、事办好。三是创新性，品牌建设的过程便是创新的过程。品牌定位应始终基于现有产品进行创造性思维活动，而非一味追求新奇而独特。"赣事好商量"作为省人民政协协商的统一识别标志，既要与政协协商的专业性特征相吻合、与政协工作理念相契合；又要突出赣鄱区域政协协商与其他省市政协协商的差异性，体现自己的风格。四是服务性，围绕党的中心工作，广泛凝聚共识，协调各方利益关系、促进社会和谐稳定，是政协的基本职能，也是政协功能优势的生动体现。"赣事"是"赣鄱事"，更强调为百姓"干事""干好事"。政协协商的专门性专业性、政协委员的来源广泛性、业务突出性，都为政协服务群众、开展各类协商活动创造了良好条件。

三、把握品牌规律

品牌建设作为一项系统性工程，有其内在发展规律。"赣事好商量"品牌化建设应在遵循规律的基础上发挥主观能动性。首先，品牌调研是品牌建设的基础环节。尽管"赣事好商量"品牌建设已历时三年，还是有必要了解品牌推进的过程中，是否还存在难点堵点；基层政协在"好商量"的实践中，有何困境和突破；其他省市政协协商品牌进展如何，可否借鉴。其次，品牌规划需要阶段性调整。品牌创建之初主要在调研的基础上确定品牌建设的目标方向、路径步骤，进行品牌定位与设计，品牌建设期间还需要根据实际情况进行及时调整，以跟进时代发展变化，使各项工作继替有序、环环相扣。再次，品牌推广有助于扩大品牌的社会影响力。新媒体时代有必要借助微信公众号、专门网站、小程序、APP 等多种媒体，以接地气、通下情的形式广泛宣传"赣事好商量"品牌建设的目的、意义、要求。可邀请社区群众广泛参与协商或直播"好商量"平台的议事过程，敢于"晒""商量"过程，积极"晒""商量"成果，扩大品牌的社会影响力，接受社会的监督，引导群众对政协协商的认同。最后，品牌评估之于品牌化建设必不可少。品牌评估主要是调研品牌在目标受众中的知名度、美誉度、信任度等，评估创建效果，及时进行总结，以更加切合实际、立足长远。"赣事好商量"品牌化建设成果不仅需要建立自上而下、自内而外的考核评估机制，还需要自下而上、自外而内吸收公众建议，完善监督体系。

四、加强品牌管理

品牌管理主要指品牌化建设中要建立相配套的调研、论证、落实、保障、监督、考核、激励等制度和机制。"赣事好商量"平台做好品牌管理,应从以下几方面入手:一是处理好全局与局部之间的关系。省人民政协以"赣事好商量"统揽全局,地方政协争相在此基础上创建自身品牌,如上饶"党建＋好商量"、九江"有事先商量"均取得较大成效。地方品牌的创建固然有助于推动"赣事好商量"品牌走深走实,但如何总结好、运用好地方品牌化建设经验,将其纳入"赣事好商量"品牌体系,使之更为丰厚、立体,值得思考。二是处理好当前与长远之间的关系。政协协商品牌建设是个长期性、系统性工程,需要在"顶层设计＋摸着石头过河"中不断重复"认识—实践—认识"的辩证过程。要兼顾当前与长远工作,将品牌化建设中的工作经验逐渐上升为制度,进而为政协协商的长远发展,以及政协协商与基层协商的有效衔接提供制度保障。三是处理好先进与后进之间的关系。这几年,"赣事好商量"品牌创建中,形成了诸多先进榜样与单位,在树立典型、总结经验、推广案例的同时,鼓励先进帮助后进,从议题选择、前期调研、协商议事、督办落实等各个环节入手,促进地方协商品牌创建间的平衡与协调。

(张金成,中共江西省委党校副研究员,江西省新时代人民政协理论与实践研究基地研究员;傅慧平,中共江西省委党校科学社会主义(政治学)教研部副主任,江西省新时代人民政协理论与实践研究基地研究员)

提高政协委员参与度和协商能力
更好发挥政协委员主体作用

◎ 陶国强

习近平总书记多次强调，涉及人民群众利益的大量决策和工作，主要发生在基层，要按照协商于民、协商为民的要求，大力发展基层协商民主，重点在基层群众中开展协商。政协委员是人民政协履行职能的主体，是联系各界群众的桥梁和纽带，要在基层做好协商工作，需紧紧依靠政协委员，强化履职担当，搭好履职平台，拓展履职空间，让委员"愿为、能为、善为"。

一、强化委员主体意识，让委员"愿为"

政协委员是地位，是荣誉，更是责任。应充分发挥政协人才荟萃、智力密集、联系广泛的优势，强化主体意识，努力在围绕中心、服务大局中体现委员的自身价值，有效地调动委员履职积极性、主动性和创造性。

建立三联工作机制。建立"主席联系常委、常委联系委员、委员联系群众"三联工作机制，政协领导班子经常性联系走访政协委员、开展谈心谈话制度，关心委员的学习、工作和生活情况，帮助解决一些实际问题，建立顺畅和谐的建言渠道，营造良好的工作环境，激发委员的工作热情，增强委员对政协组织的认同感和归属感，提升政协的向心力和凝聚力，努力把政协机关打造成"委员之家"，使委员乐于参与到协商工作当中来，不断激发政协委员的履职潜能。

深化民主协商理念。政协委员同时也是群众居民，生活在各个小区当中，氛围在一线创建，社区作为基层治理的最小单位，应注重宣传基层民主协商理念，吸纳政协委员，组建"协商议事会"，有意识地引导居民通过协商的方式解决小区治理难题。围绕切口小、关联广、与群众切身利益密切相关的议题开展协商，通过公开协商计划，提前选好协商议题，召集相关人员参与，在现场协商议事前做好充分的会前准备，鼓励委员们结合自身所长积极提出建议和意见，发挥出"1+1>2"的作用，共同推进基层民主协商活动的深入开展。可建立委员联系群众微信群，开展线上征集议题、宣传政策、解疑释惑等"微协商"活动，加强与群众之间的沟通联络，浓厚基层协商氛围。

明晰工作制度安排。建立健全协商体制机制，规范协商内容与程序。建立"收集议题、议题确定、议前调研、协商议事、公开公示、跟踪落实"基本流程，协商事项能够通过协商解决的当场予以解决；对一次无法协商成功的，可以组织多次协商；对于通过面对面协商无法解决的问题，委员可以通过撰写社情民意或政协提案，提交有关部门办理；办理结果及时反馈给委员。其中关键的是，要注重协商实效，建立"议事墙＋回音壁"制度，实现有问有答、有议有回，解决问题、形成结果。履职成果的转化是委员主体作用发挥的最终体现，是委员经常性作用发挥的动力所在，要像落实提案交办督办工作一样，落实委员协商成果，跟踪销号，让委员协商有成果，从而增强委员履职的获得感和满足感，激发委员履职积极性。

二、搭建基层协商舞台，让委员"能为"

平台是政协委员参与协商的基础，哪里有协商，哪里就应有平台。围绕省政协"赣事好商量"品牌打造要求，进一步丰富拓展协商平台建设，推动政协协商与基层协商有效衔接，为政协委员下沉基层、联系群众、参与基层社会治理搭建履职舞台。红谷滩区政协作为全国最年轻的区级政协，成立三年以来，在全市首个实现了委员"三进"基层："委员进社区""委员进机关""委员进企业"，将政协委员引入不同领域，切实推动基层民主协商全方位开展。

委员进村社，知民情解民忧。村、社区是最接近百姓的地方，是了解群众需求和诉求的最佳途径。通过建立和完善政协委员进社区的协商平台，使政协委员能更好地了解基层问题，了解百姓的需求和关切，提出针对性的建议和方案。建立政协委员挂点联系村社机制，支持政协委员有序参与基层协商，即将每位政协委员编入村、社区，定期组织政协委员深入社区开展协商和调研活动，便于委员对社区建设和社区事务管理提出意见建议，与社区居民面对面交流，真正做到为民代言、为民解忧。

委员进机关，推动民主决策。让政协委员走进政府职能部门，能充分发挥委员在政策制定和执行过程中的参与和监督作用，促进政府的科学决策和民主决策，也在实践中提高政协委员的协商能力和影响力。如，红谷滩区率先推动政协协商与区直服务型部门深入融合，在区政数局设立"办不成事"反映专窗，面向办事群众开展一线协商，使其成为"真办成事"为民服务平台；在南昌西站综合服务中心建立"红谷连心会"平台联系服务旅客，回应委员建议和群众期盼，开展暖心服务让遗失证件"回家"；区委信访局搭建议事平台服务来访群众，委员参与矛盾化解。再者，可以赋予政协委员政务服务督查体验员的身份，参与政务督查，以"办事人"身份，亲身体验式督查跟踪群众办理服务事项，从群众角度来体验办事是否方便快捷、服务质量是否优质高效、工作人员态度是否热情周到，切实站在群众角度找问题、提建议，开展协商。

委员进企业，把脉经济献良策。政协组织中积聚了一批专家、学者和各类专业技术人才，这是难得的智力资源。应重视和发挥委员的智力资源作用，使"人才"出库，"智囊"解囊，更好地服务经济建设。因此，重视发挥政协委员智囊团作用，支持委员深入企业，了解企业经营状况和发展需求，向企业提出合理的建议和意见，帮助企业解决实际问题，促进企业的科学经营和创新发展。政协组织应积极搭建企业协商平台，开展"委员进企业　协商助发展"主题活动，鼓励委员与企业沟通交流，共同探讨解决企业发展中的难题，帮助企业解决操心事、烦心事、揪心事，推动优化升级营商环境。

同时应规范平台运行。基层协商平台搭建后应行之有效，需要制度予以规范，如，红谷滩区政协专门下发文件，平台建设和运行做到"五有""七到位"：平台建设要有机构、有人员、有标识、有场所、有制度；平台运行要做到"七到位"——议题征集要到位、调研学习要到位、筛选确定要到位、协商方案要到位、协商会议要到位、结果落实要到位、汇总上报要到位，切实保障了平台建设和运行的规范性。

三、围绕中心提升本领，让委员"善为"

按照习近平总书记"懂政协、会协商、善议政"的要求，提升委员协商能力水平。学习是提高履职能力的保证，也是帮助委员克服对政协工作难有作为、难有突破的僵化观念的有效途径，应组织委员广泛学习各方面知识，培育委员协商精神，不断增强大局意识和责任意识。

坚持高站位提高政治素养。政协的一切工作都要服从和服务于党委政府中心工作，始终做到同党委政府合心、合力、合拍。因此，政协委员首先需具备较高的政治素养和理论水平，才能更好地参与基层民主协商。政协组织应引导广大委员提高政治站位，把旗帜鲜明讲政治放在首位，准确把握人民政协性质定位，坚持发扬民主和增进团结相互贯通、建言资政和凝聚共识双向发力。增强委员参政为民的意识，调动委员善于协调沟通各方面的关系的优势，引导委员多做团结群众、协调关系、理顺情绪、凝聚人心、化解矛盾、维护稳定的工作，充分发挥政协委员在党委、政府联系群众中的桥梁纽带作用，为构建和谐社会作出贡献。

常态化培训提升协商能力。建立政协委员定期培训制度，通过年度集中培训和分级分类培训。注重围绕强化委员责任担当，提高协商履职能力这一主题，进一步加强委员的专业性针对性培训。借助"书香政协"平台，推动集中培训与专题培训、交流座谈、委员讲堂、企业家委员培训和委员活动等方式有机结合起来，有计划、有主题、有目的地组织学习，开展讨论，互相交流，共同提高。如，红谷滩区首届政协成立后，立足新任委员的实际情况，对全体委员进行全面集中培训，通过加强对委员的学习培训，进一步端正了委员对政协性质、地位、作用的认识，让政协委员体悟到通过协商建言、凝聚共识的作用。

在实践中增长业务本领。知情才能献计，知情才能出力。政协组织要经常性组织召开知情明政座谈会，组织委员学习上级文件，传达有关会议精神。在开好政协例会的基础上，建立非常委委员列席常委会制度，依据会议议题，邀请部分委员列席，为委员明情知政、履行职能打好基础。同时，联合相关部门，通过开展调研、视察、考察活动，组织对口协商、专题座谈、提案督办、政风行风评议、重要工作检查等各类形式，让委员在实践中提高政协委员的业务素质和能力，从而推动委员立足实际开展协商。

（陶国强，南昌市红谷滩区政协主席）

推动政协协商进基层　助力基层治理现代化

◎周庆吾

党的二十大报告指出，"协商民主是实践全过程人民民主的重要形式""要实现国家治理体系和治理能力现代化"。人民政协是国家治理体系重要组成部分，作为基层政协，要充分发挥政协作为社会主义协商民主重要渠道和专门协商机构作用，推动政协协商进基层，赋能基层治理，实现基层治理的主导性与多样性、系统性与协同性、创新性与实效性的有机统一，及时化解矛盾，有效促进和谐，助力形成共建共治共享现代化治理新格局。

一、融入协商理念，助力基层治理的主导性与多样性有机统一

习近平总书记强调，要推进以党建引领基层治理。明确了基层治理党的全面领导和政府的主导性作用。基层社会分工多样、利益群体复杂、价值追求多元，客观上治理需求呈现多样性特征。实现基层治理现代化，既要通过加强党的领导，推动各方面协作，又要尊重并适应基层社会的多元需要，加强基层治理的民众参与和多元共治，推进基层治理的主导性和多样性有机统一。

人民政协作为专门协商机构，协商民主贯穿于政协履职全过程，有深厚的协商意识和丰富的协商经验，江西省九江市浔阳区政协通过搭建"有事先商量"平台，将政协协商的触角延伸到基层，让"有事多商量，遇事多商量，做事多商量"的协商理念融入基层治理，在湓浦街道莲花池小区、甘棠街道香榭丽舍小区治理过程中，鼓励居民参与自治，从"要我整治"转变成"我要整治"，一些群众迫切需要破解的停车难、非机动车无序摆放、小区物业管理难题得到了有效解决。在这个过程中，城管、住建、民政等多个职能部门的力量得到广泛调动，第三方服务机构、施工单位积极参与，实现建言资政和凝聚共识双向发力。"协商于民、协商为民"的理念深入基层、融入民心，为基层治理提供了在党建引领下的"人人有责、人人尽责、人人享有"共建共治共享模式。

二、完善协商制度，助力基层治理的系统性与协同性有机统一

新时期基层治理涉及的内容广、头绪多，是一个系统工程。要坚持在党的领导下，实现政府治理、社会调节、居民自治良性互动、协同发力，实现系统性与协同性的有机统一。

推动政协协商进基层，从协商内容上看，实现了从针对地方发展的大事要事向围绕涉及群众利益的小事难事的转变；从协商主体上看，实现了从各界代表人士向基层党组织、政府部门、群众代表、各界代表人士共同参与的转变；从协商成果上看，实现了从通过建言献策助推问题解决，向倾听各方意见形成共识、直接解决问题的转变。政协协商发挥协商组织构架完备、程序规范、渠道畅通等优势，助力基层治理实现系统性和协同性有机统一。从 2020 年以来，浔阳区政协通过下发《关于发挥政协专门协商机构作用推进协商民主建设的实施意见》《浔阳区"有事先商量"基层协商民主建设实施方案》《"有事先商量"工作考评办法》等一系列文件，从协商内容、协商主体、协商程序几个方面入手，64 名市政协委员、221 名区政协委员下沉到社区，完善"有事先商量"组织制度、队伍建设、考评办法，确保有制可依、有章可循，为政协协商向基层延伸提供制度保障。

三、培育协商文化，助力基层治理的创新性和实效性有机统一

基层治理创新的出发点是解决基层社会的难题，是为提升治理的实效性服务的；基层治理的实效性要依靠治理方式和方法的创新去实现，二者相辅相成、相互促进。

政协文化的核心是协商文化，有着对社会主义先进文化和中华民族传统文化的自觉认同，具有团结合作、平等相待、兼容并蓄、求同存异、体谅包容的精神内涵。县区政协"开门就是群众，出门就是基层"，处于人民政协的一线和前沿，也是传播协商文化的一线和前沿。浔阳区政协把协商议事会开到居民家门口，营造平等、自由、公正、宽松的协商文化环境，让各种意愿充分表达，激活群众的聪明才智，激发基层治理创新活力，增强基层治理的实效性。"有事先商量"平台把基层治理中的难点、痛点和堵点，如老旧小区改造、既有住宅加装电梯、污水管道安装等群众"急难愁盼"的问题，通过协商最终达成共识，直至有效解决。同时，委员们发挥自身优势，制作"有事先商量"活动小视频、创作《扬帆时代》《共创辉煌》《党派来的人》等政协协商歌曲、话剧小品，以群众喜闻乐见的形式在基层潜移默化地传播协商文化，引导协商文化深入人心。

（周庆吾，九江市浔阳区政协主席）

擦亮"渝快议"品牌，推进协商民主走深走实

◎徐徕水

近年来，渝水区政协对接区委创建的"渝快"系列党建品牌的决策部署，结合政协履职实践，从"搭好台子""定好调子""俯下身子""结好果子"四个方面致力打造"赣事好商量·渝快议"协商品牌，为奋力书写渝水发展新篇章贡献政协智慧和力量。

一、搭好"台子"，协商架构更加完整

人民政协是专门协商机构，协商民主是实践全过程人民民主重要形式。为更好地实践协商民主，在"赣事好商量·渝快议"协商品牌架构下，搭建了区级、街道、社区、小区四级委员工作站，实现了协商渠道纵向到底，同时，建立了"企业问题快速解决""涉法诉求互动解决""群众需求协商解决"的工作机制，线下委员轮流值班，线上反映渠道多元，实现了线上线下反映社情民意横向到边。一是依托新余经开区企业家协会，率先创建了区级"新余经开区委员工作站"，探索政协委员对接省委、省政府双"一号"工程，协商解决发展和改革问题的新途径；二是在仙来办设立"办事处委员工作站"，探索政协委员对接政法"e中心"互动工作模式；三是在城南街道西街社区设立"社区委员工作站"，通过社区委员入驻的模式，依托"党建＋码上办"平台，线上线下联动，收集社情民意，协商解决现实问题；四是在孔目江街道中山路社区世纪城小区率先设立了"小区委员工作站"，探索政协委员与小区居民"面对面"协商，助力小区自治自管。通过一年多的运行，得到社会各界的热切关注，打通了服务群众的最后一公里，让践行基层协商民主架构更加完整，提升了政协工作的社会影响力。

二、定好"调子"，职能定位更加精准

1930年，毛泽东在我区罗坊镇召开了罗坊会议，从参会人员中找了兴国县来的8名农民开了一个星期的调查会，并最终写下了《兴国调查》这篇光辉著作，这对擦

亮"愉快议"协商品牌，指明了方向，提供了遵循，确定了"没有调查，就没有发言权"的协商基调。渝水政协始终把调查研究作为实践协商民主、高效履职的基本功。在选题上，强调"同频共振"。把解决当前之"困"与夯实长远之"基"结合起来，采取党政领导点题、课题组领题的方式，下功夫研究解决一系列既管当前又管长远的重大问题。委员递交的《关于打造全国带钢产业新高地的建议》《关于完善配套，大力发展数字经济的建议》《关于落实"双碳"目标助推工业高质量发展》《关于设立营商环境投诉举报中心的建议》等一批提案及协商报告，为渝水区委、区政府科学决策提供了重要参考。在调研上，强调"实事求是"。以客观事实为依据，找准问题及其本质，多样化收集的信息，多角度了解情况，确保调研结果的全面性、真实性。去年，在深入全区中小学调研的基础上，撰写递交的《关于提升"小荷工程"质量的建议》得到了时任市委书记的批示，相关建议也被政府全盘吸纳。在建言上，强调"切实可行"。要基于现实情况，避免"空洞口号"和"抽象理论"更要考虑到人力、物力、财力等具体的资源限制，使建议具有实际的指导意义，提高建议被采纳实施的概率。2022 年，由区政协牵头向市政协递交的《关于将城南美辰大酒店及工人文化宫设施整体转让给渝水区的建议》（市政协提案第 130 号）得到市党代会、市政府工作报告采纳，相关工作正在加速落实之中。

三、沉下"身子"，为民服务更加具体

为了擦亮"赣事好商量·渝快议"协商品牌，广大政协委员和机关干部沉下"身子"，贴近百姓，关注民生，通过对全过程协商民主的生动实践，有效地解决问题、化解矛盾，让"愉快议"协商品牌的为民服务更加具体。用心用情用力化解矛盾堵点。渝水政协充分发挥联系广泛、凝聚共识的优势，在较短时间内使一件长达 14 年的上访积案成功息访停诉，成为全市"百案攻坚"的典范，得到省、市有关领导和信访部门的肯定，先后在市委、区委理论学习中心组集中学习会上作交流发言。"民生堵点"变"幸福起点"。去年，渝水区委为充分发挥政协机关干部和广大委员智力密集的优势，决定以政协干部为班底组建了城区农贸市场综合整治工作专班，全力配合政府将这件民生实事落地落实，完成城区 21 个农贸市场综合整治工作任务，优化了交通通行，美化了购物环境，改善了城市形象，提升了人民群众"拎篮子"的幸福感。委员主体作用发挥"新起点"。今年开春，在委员中开展"春风润心，聚力争先"大走访、大调研活动，增强委员主人翁意识，做好群众代言人，让人民群众切实感受到"政协委员就在眼前""政协履职就在身边"，使"赣事好商量·渝快议"协商品牌形象更加向上向好。

四、结好"果子"，品牌效应更加凸显

渝水区政协通过开展法律宣讲进社区、医疗服务下乡、反诈宣传入村、教育养老服务入户等一系列"组合拳"，把"愉快议"协商品牌效应转化为高效履职的实际行动。搭好了政府与群众沟通的桥梁。去年在孔目江街道办中山路社区暨阳世纪城小区建立了全市首个小区委员工作站，通过安排小区委员轮流值班，把群众"请进来"，把矛盾"找出来"，把问题"解决掉"，实现了"把协商平台搭到群众家门口"的目标，使委员工作站真正成为履职为民的重要"窗口"。业主反映的小区公共设施老化、树木修剪不及时影响光照通风及环境卫生等问题均得到快速的解决。做好了经济社会发展的"润滑剂"。据不完全统计，该委员工作站自去年成立以来，为群众办好事实事80余件，赢得群众的广泛好评。依托新余经开区委员工作站这个平台在73家企业设立营商环境民主监督点，自去年建成以来，共协助解决企业诉求11件，组织企业家开展法律知识培训2期，共200余人次；帮助8户小微企业获得贷款1350万元、2户企业延缓缴纳税费21.78万元，解决企业用工100余人；协助1户企业完成"5G全连接数字工厂"项目投资686万元；助力2户企业申请省科贷通400万元并成功申请贷款贴息4万元。当好了为民服务的"传声筒"。在"渝快议"协商品牌的引导下，广大政协委员深入一线调研，积极建言资政，2022年，组织实施了36项履职活动，报送协商调研报告25份、监督材料8份，安排14名委员大会发言，办理提案66件，编报社情民意信息80余篇，1篇被全国政协采用，41篇被省市政协采用，5篇获区领导批示。

（徐徕水，新余市渝水区政协主席）

把准时代"主动脉"上着眼
织牢党群"同心结"上入手

——关于袁州区政协"赣事好商量 画好同心'袁'"实践的几点启示

◎熊爱国 何烈浪

袁州区政协于 2021 年 11 月创建了政协委员基层协商议事平台，在实践中形成了"赣事好商量 画好同心'袁'"协商议事特色品牌。至今开展基层协商议事活动共 153 场，形成调研协商报告 51 篇、社情民意信息 59 条、意见建议 66 条、提案 6 件等履职成果，《"微协商"助推乡村产业振兴》《协商构建红色物业 解锁幸福密码》等一批典型协商案例在省市有关媒体刊登推介，得到了宜春市政协、袁州区委主要领导的高度评价和各参与单位、社会各界和广大群众的高度认可，在省内外形成了一定的影响。

一、唱响和做实"赣事好商量"品牌，必须践行好党的群众路线，顺应基层政协工作现实的需要，回应好委员的呼声、群众的期待

换届后，袁州区新一届政协班子为充分调动委员履职的积极性和创造性，发挥委员的主体作用，推动委员履职提质增效，推进政协与民心相连，实现委员与发展共融，组织开展了大调研活动，根据掌握到部分基层干部和群众对政协工作职能定位、功能作用不甚了解，政协委员与基层干部群众联系不够紧密，政协委员相互之间联系了解也不多的实际问题。为切实解决上述问题，经主席会议认真研究，更好让区政协委员走进基层、贴近群众，加强委员与群众的密切联系，协商解决群众的实际困难和问题，画好最大同心圆，广泛凝聚全区经济社会发展共识，决定在全区建立政协委员基层协商议事工作平台，打造"赣事好商量 画好同心'袁'"协商议事特色品牌。这既是落实中央、省委、市委政协工作会议精神的重要举措，更是贯彻落实习近平总书记关于加强和改进人民政协工作重要论述的袁州实践。

二、唱响和做实"赣事好商量"品牌，必须要有一套科学严谨的操作规程，才能成为构建党群关系"鱼水情"的"助推器"和"黏合剂"

袁州区政协"赣事好商量 画好同心'袁'"基层协商议事平台，能在短期内产生一定的"出圈"效应，关键在于"三个到位"。

（一）委员选配到位。 科学制定《关于建立区政协委员基层协商议事平台的实施意见》，将33个乡镇（街道）、园区（含"三区"）分成8个工作组，由8位主席会成员下沉到8个协商议事平台工作组，每个工作组联系四个乡镇、街道活动组，采用"选、调、配、吸"方式进行委员分组。通过"选"即政协委员自选活动组；"调"即根据委员自选情况，调整平衡各组人员；"配"即根据协商主题配备特长人员；"吸"即吸收人大代表、乡贤和有关部门单位人才等，既有政协委员参与又有群众代表参与，既要职能部门参与又要利益相关方参加，精准搭建好委员活动平台。

（二）要求明确到位。 每个活动组每年至少开展2次活动，通过采取多种形式协商议事活动，有效推动协商成果转化，有力助推社会经济发展。一是协商有主题。每个活动组根据群众话题、委员荐题、党政定题、基层点题、公开征题等方式确定协商主题，并将收集到的协商议题交由每个活动组委员进行集中研究，初步确定好协商议事议题，经主席会研究确定后，围绕拟协商的议事议题，深入基层、深入一线、深入群众，掌握"第一手"资料，摸准群众焦点、党政重点、发展堵点，为开展协商议事活动打下前期基础。二是活动有程序。按照"调查研究、确定议题、制订方案、发布预告、走访研判、组织协商、反馈意见、成果转化、跟踪督办、评议总结"十步工作法，开展基层协商议事活动。32个活动组根据各自实际情况，制订协商计划和每季度工作方案，确保每个活动组根据下发的方案有目标地开展活动。三是成果有转化。基层协商议事平台收集的意见建议，由各活动组梳理后交区政协办公室整理汇总，以社情民意的形式报送区委、区政府，并以"区委办""区政府办""区政协办"的名义下发转办单督促相关责任单位办理落实，办结后向相关委员和区委办、区政府办、区政协办反馈落实情况。四是汇总有资料。每个活动组对协商议事议题提出的意见建议，委员提交的提案或撰写的社情民意信息，及时进行梳理汇总，收集整理，形成协商纪要、视频及其他形式予以保存。

（三）考核激励到位。 考核采取百分制，按参加学习、联系群众、参与调研、协商议事、履职尽责、成果转化、招引项目等7个方面进行考核评分，并将评分结果作为委员履职尽责、评先评优、换届提名，以及乡镇（街道）、区政协各参加单位全区高质量跨越式发展考核权重评分等工作的重要依据。

三、唱响和做实"赣事好商量"品牌，必须坚持发扬民主和增进团结相互贯通、建言资政和凝聚共识双向发力，既要深得"党心"，更要赢得"民心"

从袁州区政协"赣事好商量 画好同心'袁'"生动实践可见，既破除了委员"单兵作战""单向沟通"，开展活动随意、临时的壁垒，又使得政协委员更有组织，协商议事更有抓手，实现了基层政协工作活起来、实起来、强起来，所以唱响和做实"赣事好商量"品牌，重点要聚焦"协商议事"谋良策、出实招。

要始终找准协商议事的靶心。"家有千口，主事一人。"习近平总书记强调，人民政协事业要沿着正确方向发展，就必须毫不动摇坚持中国共产党的领导。这既是政协成立之初的初心所在，也是政协事业发展进步的"定海神针"。只有坚持中国共产党的领导，政协事业才能固本强基、行稳致远，基层"赣事好商量"才能规范有序、方向不偏。

一方面是要牢牢坚持党的领导主心骨。基层"赣事好商量"是建言资政、聚智献策的载体，更是协商对话、引领民意的窗口。运用好、发挥好这一平台的根本保证就是要始终坚持党的领导，切实将"国之大者"转化为创新基层政协工作的科学思路和有效举措。要构建好党委统一领导、政协组织搭台、多元主体广泛参与的工作协调机制，始终把基层政协工作与党委中心工作结合起来，最大限度保证协商结果与党的路线方针政策一致，最大程度把广大人民群众凝聚到我们党的周围，像石榴籽一样紧紧抱在一起，最大力度夯实党在基层的执政基础。

另一方面是要齐声唱响参政议政主旋律。要准确把握政协的性质定位，在党委的统一领导下依法依章程履职尽责，重在搭建协商议事平台、建立机制、引导各方广泛参与，做到化解矛盾、凝聚共识，确保工作守规不逾矩、尽责不越位。要坚决做到党委中心工作推进到哪里，政协履职就跟进到哪里，正能量就汇聚到哪里，展现出政协委员应有的"一线工作状态""一线工作作风"。要争做发展践行者，聚焦招商引资、项目建设、乡村振兴等重点工作，多讲党委政府的决策部署，多说提气鼓劲、加深理解的话，多做融洽关系、凝心聚力的事，画出参政议政的最大同心圆，把各方有志之士、有识之士、有为之士组织动员起来，汇聚参政议政的最大正能量。

要始终把住协商议事的核心。要坚持团结和民主两大主题，全面加强新时代人民政协工作，充分发挥政协委员作用，广泛凝聚共识，切实把人民政协制度优势转化为治理效能。这就要求我们政协工作必须把助力经济发展作为工作之导向、把民生实事作为工作之根本、把社会治理作为工作之基础。

一是要让"赣事好商量"成为政协委员在推动经济发展中建功立业的平台。袁州区政协多次就"推进休闲农业与乡村旅游深度融合"课题开展协商议事，彬江镇党委充分吸纳委员建议，依托自然生态资源优势，组织开展油菜花文化旅游节活动，做活"花海经济"，带领群众走向乡村振兴的"诗和远方"。政协揽八方俊杰、集各界精英，是经济发展的"智囊团"和"生力军"。广大政协委员要通过基层"赣事好商量"平台，凝聚智慧和力量，推动地方经济发展和社会事业建设。要谋精准之策，围绕高质量发展，深入一线开展调查研究，形成一批有价值、有分量的调研成果和协商意见，为党委政府决策献计出力；要出务实之招，主动投身到经济发展主战场，在招商引资、招才引智上牵线搭桥，为发展注入更多源头活水；要谏真诚之言，认真开展参政议政和民主监督，及时发现反映问题，大胆提出批评建议，促进党委政府各项决策部署落地落实。

二是要让"赣事好商量"成为政协委员在增进民生福祉中担当作为的平台。"多亏了现场协商，难题当场就帮我解决了，等高标准农田建成后，我承包的 700 亩稻田再也不用担心不能机械化操作了。"袁州区竹亭镇种粮大户黄祖武对丰收信心满满。人民对美好生活的向往永远是我们的奋斗目标，人民政协要时刻为人民发声。依托"赣事好商量"平台，发动委员"全员到基层"广泛开展基层协商议事活动，通过召开协商议事会议、征集社情民意等方式，不断提高民主协商质效，做到"有事好商量、遇事会商量、做事多商量"。要积极参与乡村振兴、生态环境保护等事关全局的民生"大事"，用心用情用力协助党委政府解决好"就业岗位、托幼园位、上学座位、求医床位、养老点位、停车车位、如厕厕位"等群众关心的民生"小事"，主动跟进涉及百姓的民生"实事"，传递群众心声，反映群众诉求，把群众真真切切的建议与期盼转化为实实在在的行动和现实，进一步增强人民群众的获得感安全感幸福感。

三是要让"赣事好商量"成为政协委员在促进社会治理中大显身手的平台。袁州区柴家岭社区党委书记何绍军说，"自从采纳实施政协委员协商充实诉源治理调解力量的意见建议后，社区社会治理工作比以前更顺畅，矛盾纠纷也更少了"。政协一头连着党委政府，一头连着千万百姓。用好"赣事好商量"平台，要立足群众需要政协做什么，政协能够为群众做什么，政协为群众做了什么。用好"赣事好商量"平台，要以鲜明的议题、严谨的程序、规范的制度、充分的协商，推动政协工作重心下移、委员力量下沉、协商触角下延，围绕群众思想认识困惑点、利益冲突交织点、现实矛盾多发点，多做解疑释惑、理顺情绪、化解矛盾的工作，形成"汇集民意、表达意见、化解分歧、达成共识"闭环管理，让政协工作更贴民心、更有温度，努力成为党委政府的"好帮手"、社会情绪的"舒缓器"、人民群众的"连心桥"。

要始终扭住协商议事的重心。习近平总书记强调，要完善政党协商制度，做到言之有据、言之有理、言之有度、言之有物，参政参到要点上，议政议到关键处，努力在会协商、善议政上取得实效。政协要切实扛起主体责任，将基层"赣事好商量"平台的作用发挥得淋漓尽致，完善"议"的内容、拓展"商"的平台、拉长"协"的链条，让各方面的真知灼见充分交融，不断提升咨政的"含金量"、建言的"靶向性"。

一是要在协商制度上敢于创新。基层"赣事好商量"平台的建立是创新政协工作方式方法的一个新起点。要始终不断探索与完善、创新与出新，实现平台"从屋内走向屋外，从纸上走到地上"。在协商主体上要体现开放性，既要有从专业领域解读的政协委员、专家学者，也要有从宏观层面定向的党委政府、部门单位，更要有亲身感受体验的基层百姓、一线群众；在协商环节上要体现互动性，采取"委员问计、群众献策""群众提问、委员解惑""群众诉求，党政答复"等灵活多样、生动活泼的方式，形成"打乒乓球"式你来我往的良好局面；在协商地点上要体现现场性，不要"围墙"、不设门槛，随机随地随时召开，使协商民主由"精英协商"向"大众协商"转变，从"庙堂"向"江湖"延伸，从"请群众到政协协商"到"走出去与群众商量"，让群众真切感受到"政协就在身边、协商就在眼前"。

二是要在推进工作上广聚合力。人民政协工作是党的工作的重要组成部分，要尽力争取党委政府的重视、关心和支持政协事业发展，多为政协解难事、办实事，多给政协交任务、出题目，确保政协政治有地位、建言有机会、出力有舞台。政协要在党委领导下，加强对基层"赣事好商量"平台工作的组织推进和统筹协调，定期听取工作情况汇报，积极帮助解决协商活动中遇到的实际困难，不断提高工作的制度化、规范化、程序化水平。广大政协委员要充分用好平台，切实当好民情民意的观察员、工作推进的参谋员、敢讲真话的监督员，协助党委政府办好让人民满意的民生实事。

三要在扩大影响上多下功夫。"墙内开花墙外香。"不仅要开展好基层"赣事好商量"活动，还要宣传好基层"赣事好商量"工作，通过全面深入地反映和展示基层"赣事好商量"平台的探索实践、工作成果和典型案例，讲好协商议事故事，发出政协好声音，扩大社会影响力，创造良好的社会舆论环境。要利用抖音、微信等新媒体，组织灵活多样的宣传，开展群众喜闻乐见的活动，让基层"赣事好商量"工作刷爆"朋友圈"，打造一批可复制、可推广、可借鉴的示范标杆，以点带面推动党委政府各项工作"芝麻开花节节高"。

（熊爱国，宜春市袁州区政协主席；何烈浪，袁州区政协干部）

唱响"靖商靖量、尽责尽行"品牌
切实做到协商为民

◎曾建平

党的二十大报告指出,要推进协商民主广泛多层制度化发展。靖安县政协始终自觉把党的领导贯穿政协工作全过程各方面,认真贯彻落实习近平总书记关于加强和改进新时代人民政协工作重要思想,不断探索"赣事好商量+"协商平台建设,致力打造具有靖安特色的"靖商靖量、尽责尽行"协商议事服务新平台,切实做到协商于民、协商为民。

突出党建引领,抓住破解问题"牛鼻子"。一方面,党委高位推动,为平台创建保驾护航。县委常委会会议专题研究《关于加强新时代县政协党的建设工作,着力推进"两个全覆盖"实施方案》《"靖商靖量、尽责尽行"协商议事服务平台建设工作方案》,安排专项经费、专门场所,为平台建设提供保障。另一方面,党组积极有为,为平台创建把稳方向。成立"中共靖安县政协委员联合党委"和7个"政协委员党支部",将政协党组织与平台有效衔接,着力推进"两个全覆盖"。

创新履职平台,走活全县政协"一盘棋"。一是高标准定位。聚焦党委政府工作重点、群众关心焦点、社会治理难点,立足工作实际,发挥和挖掘政协委员专业特长和身份优势,激发和强化政协委员主体意识和责任担当,探索建立县乡村(社区)联动、形式多样、品牌统一的协商议事服务平台,致力打造"党建引领的阵地、学习交流的场所、联系群众的桥梁、协商议政的平台、凝聚共识的渠道",形成具有显著实效和广泛影响力的政协履职工作品牌。二是全覆盖搭台。按照"多层次、广覆盖、更灵便"要求搭建"1+12+N"平台。"1"即在县城建1个政协委员工作站,作为综合协调调度的总站。"12"即11个乡镇和工业园区依托商会、企业、景点等场所,各组建1个各具特色的政协委员工作站。"N"即由特色领域突出委员领衔,组建政协委员特色工作室。三是广角度组队。按照"配强、选优、广挖"要求选配成员。"配强"即高规格配备站长。总站站长由县政协党组副书记、副主席担任,乡镇(工业园区)工作站站长由党委副书记担任。"选优"即高要求选聘执行副站长。择优选聘一两名有社会影响、热心政协事业、有奉献精神的政协委员任执行副站长。"广挖"即按照平台、成员"双向选择"原则，历届政协委员和干部、热心政协事业人士等多层面选聘成员，推动解决基层政协"两个薄弱"问题。

健全工作机制，构建提质增效"助推器"。一是明确工作机构。按"领导牵头、专委会引领、平台实操"原则，成立领导小组，政协主席任组长，下设五个工作小组，由政协副主席任组长，专委会主任任副组长，负责推进平台工作。二是理顺运行机制。为保平台运转顺畅，常态化履职，采取"以奖代补"等多种方式，全面激发业主热情，按照自愿原则，由业主、乡镇、政协"三方"共担平台建设、运转费用。三是完善考核机制。县委把"支持重视政协工作情况"纳入全县综合考核体系，县政协配套制定"靖商靖量、尽责尽行"平台建设等评分细则，发挥好"指挥棒"作用，引导全县上下支持重视政协工作。

厚植为民情怀，畅通服务基层"新渠道"。一是协商于民、协商为民。发挥政协专门协商机构作用，利用平台，组织开展更广泛、更深入的协商活动。去年以来，开展协商活动一百三十余次，向县委政府报送调研报告十七篇，相关建议被吸纳进"县两山转化"工作机制等十余个实施方案。二是发声于民、发声为民。依托平台，组织政协委员开展"进企业，助力纾困惠企；进项目，助力招商引资；进社区，助力网格管理；进乡村，助力乡村振兴"的"四进四助力"活动，协调解决实际困难，化解矛盾纠纷，维护社会稳定。在平台显眼位置广设收集箱，收集社情民意信息三百多条，编辑《靖安政协社情民意信息》八期，促成了"城区潮汐车位延时停放""城东幼儿园公交专线的开通"等一批群众"急难愁盼"事有效解决。三是服务于民、服务为民。结合岗位特点和个人特长，开展政协委员设岗定责志愿服务五十余次，受益群众一万五千余人。"心理健康辅导岗"委员走进养老院、信访局开展心理辅导；"法律咨询服务岗"委员深入社区开展调解技能培训、走进校园开展拒绝校园欺凌法制讲座；"三农服务岗"委员下沉乡村开展白茶种植指导、抖音短视频拍摄与制作培训；"书法服务岗"委员开办书法公益讲堂。

（曾建平，靖安县政协主席）

上高县政协"赣事好商量＋主席微协商"
活动的实践与思考

◎晏慧珍

今年以来，上高县政协对照习近平总书记"协商于民、协商为民"的要求，贯彻落实省政协关于推进"赣事好商量"协商平台建设的文件精神，创新开展"赣事好商量＋主席微协商"活动，即由县政协组织搭台，政协主席、副主席牵头，政协委员、诉求单位（个人）、政府相关职能部门及相关专业人士参加，针对反映的问题，采取小范围、及时性、面对面协商，助力问题快速解决。采用"群众点单、委员接单、协商解单、跟进查单"的"四单闭环"协商模式，将协商阵地前移到议题发生地，推动政协协商进一步向乡镇（街道）、村（社区）延伸，打通政协委员联系服务群众、企业的"最后一公里"，取得了党委满意、政府支持、群众点赞的良好效果。截至目前，以"主席微协商"为引领，全县共开展提案办理协商、专题协商、界别协商、对口协商176场，人民网、学习强国、新华网和《人民政协报》《江西政协报》等媒体先后报道了该做法。

一、工作实践

（一）以加强和改进政协工作为出发点，搭建好协商平台。1.定制度。制定出台《上高县政协"主席微协商"活动实施办法（试行）》，对政协基层协商议事的协商主体、协商内容、协商形式、协商程序及协商成果转化作出具体的制度性设计，为推进政协协商与基层协商有效衔接提供了制度保障。2.建阵地。牢牢把握坚持党的领导、坚持服务群众、坚持双向发力、坚持注重实效、坚持因地制宜五项原则，指导推动各乡镇（街道）和专委会建立"委员工作室"暨"微协商议事点"23个，为基层协商议事提供阵地保障。3.强力量。充分发挥政协委员引领作用，推行"三个下沉"确保人员力量到位。政协委员向所在乡镇（街道）委员工作室下沉，参加协商议事活动；政协专委会向相关界别委员工作室下沉，督促开展协商议事。政协领导按分工下沉，对口指导督促开展工作。

（二）以提升政协履职能力为着力点，开展好协商工作。1.提高政治把握能力，精准选题。民心是最大的政治。选题时与群众站得近一些、看得远一些、想得深一些，注重选择人民群众身边的"麻烦"事，社会各界反映集中的"烦心"事。今年以来，我们通过提案、社情民意信息、走访群众等方式，精选了"急救知识进校园""乡镇休闲文化广场健身器材、照明灯安全隐患""调整城市洒水车作业时间""避雷设施定期检测检修"等群众"急难愁盼"问题，开展"主席微协商"活动，让广大群众真切地感受到政协就在身边、协商就在眼前。2.提高调查研究能力，深入破题。对精选的议题深入调研，察实情、建实策。如为了解新界埠镇桐山村垴上组周边500亩水田无法灌溉的原因，牵头副主席带队深入该村组实地察看3次，多次协调县农业农村局等单位开展专业论证，圆满解决了水田灌溉问题，保障了农业生产顺利进行。3.提高联系群众能力，开门议题。通过实地视察调研、了解群众诉求、梳理问题原因，再深入议题发生地开门协商。如针对群众反映强烈的"街道两侧有巷道的路口取消来车方向停车位以减少安全隐患""高速进出口连接线增加标识牌和减速带""乡村中小学门口道路交通安全隐患"等协商，注重参与的开放性与多维性，政协领导、职能部门、政协委员、界别群众一起面对面、零距离交流，协商出共识、协商出团结、协商出力量，真正把问题协商在基层、解决在基层。4.提高合作共事能力，合力解题。开展好"主席微协商"活动，党委领导是保证，政府支持是关键，政协统筹是基础。如"加强公共场所文字书写规范""推动职业教育校企合作""推动锂电产业发展存在问题"等议题涉及多个部门单位，通过细致的沟通协调、协商座谈，合力解决问题。今年以来，全县17个乡镇（街道）、36个政府职能部门、企事业单位参与活动，让"主席微协商"变成"全县大协商"，营造了"赣事好商量"的浓厚氛围，发挥了助力发展、惠及民生、化解矛盾、促进和谐的积极作用。

（三）以聚民智、增民利、顺民心为落脚点，发挥好协商作用。1."接地气"，推动基层协商更有深度。通过"主席微协商"，让民意充分表达，民情快速反映，问题快速解决，做到了"协商会开在一线，共识凝聚在一线，问题解决在一线，委员作用发挥在一线"。如急救知识进校园活动，采取"1+N"的模式（一个医疗单位或公益组织对接N个学校）让急救知识走进校园、纳入课时计划，并列入年度安全生产考评，使全县八万余师生受益，并以此为带动，让普及急救知识成为共识，形成常态；在解决敖山镇晏家村高家组水田灌溉水源问题，不仅解决了老百姓的燃眉之急，通过追根溯源，还解决了背后的局部水污染问题，提升了协商质效。2."求实效"，推动政协履职更有力度。协商活动不能"谈完了事"或"议完事了"，而是综合运用视察监督、协商监督、评议监督等手段，对协商成果转化落实开展"回头看""再监督"，并形成意见向主席会议报告，切实做到边调研、边协商、边监督、边推动问题解决，让"小活动"产生"大影响"、发挥"大作用"。如针对泗溪镇中心学校避雷设施老化的问题开展"主席微协商"后，县政协迅速成立调研专班，对全县中小学校、卫生院、农贸市场等人员密集场所避雷设施情况进行深入调研，并形成社情民意专报呈送县委、县政府，县委书记批转相关职能部门采纳意见建议，并举一反三，在全县范围内开展了重点场所的避雷设施排查、维修，以点带面，彻底解决了安全隐患。3."零距离"，推动为民服务更有温度。"主席微协商"活动以立足"零距离"服务群众的职能定位，把协商阵地前移到群众身边、前移到问题发生地，真正使群众得实惠、使"赣事好商量"品牌更亮更响，交出了一份让党委放心、让群众满意的政协答卷。如协商解决了城市洒水车作业时间与园区企业上下班时间重合的问题，小调整，大改变，让园区六万余名员工感受到了政协温度。

二、工作启示

（一）开展好"主席微协商"活动必须坚持党的全面领导。要充分发挥党总揽全局、协调各方的领导核心作用，定期向县委汇报协商工作情况，把党的领导贯穿于全过程、各方面。要探索建立"党委领导、政府支持、政协主导、部门配合"的政协基层协商保障机制，使委员发声更有"底气"，委员履职更加"硬气"。要坚持围绕中心、服务大局，聚焦凝聚共识，在根本问题、重大问题上统一认识，把各方面力量紧密团结在党的周围，推动经济社会高质量发展。

（二）开展好"主席微协商"活动必须坚持领导率先垂范。协商形式千千万，关键领导带头干。县政协领导班子要充分发挥主导作用，进一步加强协商工作的具体指导和督办推进，及时掌握情况，协调解决协商推进过程中的问题和困难，确保协商工作有序进行。同时，要始终坚持在一线领导，在一线履职，加强与群众的沟通和交流，尊重群众，贴近群众，更好地为人民群众服务。

（三）开展好"主席微协商"活动必须坚持发挥委员主体作用。政协委员是人民政协的工作主体。通过"主席微协商"活动，引导委员深入调查研究，积极建言献策，让委员全程参与，使委员的履职能力进一步得到提升，责任感和使命感进一步增强。"主席微协商"真正成了推动政协协商向基层延伸的切入点，成了政协委员为国履职、为民尽责的着力点。

（四）开展好"主席微协商"活动必须坚持"人民政协为人民"。基层群众有所呼、有所盼，人民政协有所应、有所为。通过在群众家门口搭建"主席微协商"平台，聚焦老百姓的操心事、烦心事、揪心事，在一线听取基层干部群众的意见建议，深度参与和助力基层社会治理，有力推动问题解决、矛盾化解，极大增强了群众的获得感、满意度，将人民政协制度优势转化为基层治理效能，持续唱响履职为民的"好声音"，为解决基层群众"急难愁盼"贡献政协智慧和力量。

（五）开展好"主席微协商"活动必须坚持"不调研不协商"。调查研究是谋事之基、成事之道，没有调查就没有发言权。参与委员要加强学习，熟悉相关政策和专业知识，提升解决问题的能力水平；要转变作风，实实在在地深入调研，全面、真实掌握第一手资料，找到问题症结；要善于分析解决问题，找准理论与实践的结合点，提出切实可行的意见建议，使解决问题的思路与党政思路合拍，与群众愿望相符，确保问题圆满解决，多方共赢。

（六）开展好"主席微协商"活动必须坚持凝聚共识。以共同目标寻求最大公约数，以大团结大联合画出最大同心圆。开展"主席微协商"活动就是发现问题、研究问题、解决问题、统一思想、达成共识的过程；是与群众面对面交流、心与心互换，凝聚共识的绝佳机会和优质载体。在确定协商主题时，要着眼于党政所需、群众所盼，把解决人民群众需求作为出发点和落脚点；在开展协商活动时，要做到平等协商、真诚协商，广泛吸收各方不同意见建议；在监督协商效果时，要坚持建言资政和凝聚共识双向发力，以凝聚共识推动实际问题的有效解决。

（晏慧珍，上高县政协主席）

真重视真支持　真协商真有效
德兴市政协"好商量"协商议事品牌越擦越亮

◎周　冲

习近平总书记指出："有事好商量、众人的事情由众人商量，找到全社会意愿和要求的最大公约数，是人民民主的真谛。"德兴市政协在上饶市政协的精心指导和德兴市委的坚强领导下，深入学习贯彻习近平总书记关于加强和改进人民政协工作的重要思想，以"党建＋好商量"工作为抓手，积极践行全过程人民民主的重要理念，坚持党建引领、为民务实、守正创新，不断擦亮"赣事好商量"工作品牌。

一、坚持党建引领，"好商量"工作得到了市委、市政府真重视真支持

德兴市委、市政府始终从政治高度准确认识和把握新时代政协工作的性质和定位，对政协开展"好商量"等工作给予大力支持和关心。

政治上关爱。严格落实《上饶市委关于加强和改进新时代人民政协工作的实施意见》，高度关注政协工作联络组的建设工作，去年 7 名联络组组长晋升二级主任科员，4 人晋升三级主任科员，各乡镇（街道、高新区）率先全覆盖配备安排专职联络员，精准有效破解长期以来制约"好商量"工作开展的缺人缺干劲难题。

工作上重视。将"政协工作（含政协好商量工作）"纳入对乡镇（街道）高质量发展考核指标体系，同时还将各级政协表彰表扬（含政协好商量工作）按同级党委政府表彰表扬标准予以加分，大大激发了各平台开展"好商量"工作的积极性。

资金上保障。市政府连年统筹下拨财政专项资金用于政协"好商量"平台设施建设，确保全市 152 个协商议事平台按照"六个有"的工作要求完成了标准化建设运行，有效保障、积极推进了"党建＋好商量"工作提质增效、创新发展。

二、坚持务实为民，"好商量"工作实现了真协商真有效

聚力解决党委政府关注的重点、老百姓聚焦的热点、社会治理面临的难点问题，换届后，针对委员新老更替对"好商量"工作不熟悉的普遍情况，德兴市政协化繁为简，总结推出了"33321"工作法，即做好"三个服务"、落实"三项举措"、做到"三个摸清"，取得"两个认可"，实现"一个常态"，持续推进"党建＋好商量"工作提质增效走深走实。

做好"三个服务"，让选题"有的放矢"。坚持服务中心工作、服务民生发展、服务和谐共建进行选题，让好商量接地气、聚人气。以"小切口"入手服务中心工作。围绕助推德兴市委、市政府中心工作的落实确定协商议题，做到"党委工作部署到哪里，政协工作就跟进到哪里""党委想什么、政协就议什么，政府干什么、政协就帮什么"。如，在全市农村人居环境整治工作中，各级"好商量"协商平台通过协商助力解决污水管网铺设、卫生死角治理、家禽家畜散养等问题，积极发挥"政"能量，有力助推了整治工作高质量开展。从"身边事"入手服务民生发展。坚持民生导向，贴近基层群众，聚焦老百姓"身边难事""关键小事"确定协商选题。如，2022 年，全市协商 558 件议题中有民生类议题 488 件，占 87%。其中万村乡新屋村开展"防溺水事宜"协商，提出疏堵结合兴建温泉集市儿童水上乐园项目的建议，项目资金由村委会自筹和委员企业赞助，营业收入全部归村集体所有。该项目运营仅两个月就收入近 10 万元，既解决了防溺水"难题"，又为发展村集体经济增添了动力。从"微治理"入手服务和谐共建。充分利用"党建＋好商量"平台的桥梁纽带作用，在基层"微治理"上积极发挥"政能量"。如，铜矿街道奈坑社区长期存在楼道堵塞、"飞线"充电、停车不便、争抢车位等安全和不稳定因素，群众反映十分强烈，给地矿工作带来很大的压力。经过"党建＋好商量"议事，奈坑社区共消除楼道堆积物四百余处，消防通道、停车位画线一百余处，161 栋居民楼已全部通过消防隐患治理达标验收，切实促进了社会和谐稳定。

落实"三项举措"，让履职"有章可循"。建好用好一个工作群。发动各乡镇（街道）政协工作联络组组长、村（社区）级牵头委员每人组建一个五十人左右的乡镇（街道）、村（社区）级"党建＋好商量"微信工作群，将本乡镇（街道）、村（社区）两代表一委员、辖区内经济组织和社会组织代表、德高望重公道正派的村民代表、村民小组长、法律工作者以及综治网格员纳入群中，线上线下随时听取意见建议、帮助协调解决生产生活中遇到的困难和问题，切实夯实了开展好商量工作的群众基础。广

泛深入收集一批协商议题。按照界别和"就地、就近、就便、就熟、就愿"的原则，将全市二百余名政协委员全部"挂乡联村"下沉一线，要求委员要"身入"更要"心入"，深入基层、深入群众通过走村入户、"党政领导点题、专家荐题、网络征题"等多种途径，广泛听民声集民情知民意，扎实做好"好商量"协商议题征集工作。至少主持召开一次协商会议。积极鼓励委员发挥主体作用，联村挂点委员主持协商议事会基本实现了全覆盖。

做到"三个摸清"，让成果"有效提升"。摸清实情，做到"脑中有弦"。在协商议事前，要求牵头政协委员时刻绷紧"调查不深不协商、研究不透不建言"这根弦，认真开展协商前的议题调研工作，了解事情的来龙去脉，不偏听偏信。摸清诉求，做到"心中有数"。通过调研充分掌握各方情况，了解村民提出的问题症结在哪，涉及到的利益相关方都有谁，表面诉求外还有没有更深层次的问题，之前各方有没有过矛盾或积怨等等。摸清政策法规，做到"手中有策"。不管是前期的准备，还是会议进行中的协商，以及会议后对议题的总结反馈，整个流程环节、解决的问题、达成的共识都要符合政策法规。议题调研中所涉及的政策问题、专业问题，必须咨询上级主管部门及专业机构。

"协商议题问计于民，专业问题求助专家，协商过程群众参加，协商成果服务人民"，德兴"党建＋好商量"工作得到了群众和社会各方的广泛"认可"，"党建＋好商量"基层协商走向"要我协商"到"我要协商"的常态转变。

三、坚持守正创新，"好商量"协商品牌越擦越亮

德兴市政协始终坚持创新履职，努力让好商量协商品牌拿得出、叫得响、立得住。

协商形式有创新。从"被动协商"到"主动协商"。找准定位，转变观念，变被动协商为主动协商。如，银城街道政协委员在征求群众意见的基础上，主动围绕群众关注的"电动自行车充电桩安装和使用问题"召开协商议事会，取得了很好的效果。从"会场协商"到"现场协商"。倡导把协商的地点从会场延伸到现场，把协商的台子放到田间地头。如，畈大乡定坑村在开展"高标准农田机耕道建设事宜"协商时主动将协商现场放到了农田现场，协商更深入、效果更扎实。从"定时协商"到"因时协商"。鼓励各级平台善于捕捉和分析时下的热点、难点、焦点问题，根据实际需要，科学、合理地安排协商时间。如，去年极端干旱的天气对花桥镇农村群众的饮水安全造成较大影响，虽然该议题未在年度计划中，但花桥镇决定立即召开一场"好商量"协商议事会，共同商议及时解决了茅桥村用水相关事宜。

成果转化有回音。德兴市政协积极探索建立协商议事成果提交会办、转化交办、落实反馈等机制，力求协商成果"件件有回音""事事有着落"。除要求各平台牵头人在协商结束后开展成果落实情况跟进外，还要求各专委主任每季度对各自挂点联系乡镇"党建＋好商量"协商成果落实情况进行督查，次年，由分管副主席牵头将落实情况作为当年民主监督重要内容开展督查。

品牌宣传有影响。高度重视"党建＋好商量"协商议事成果宣传，进一步扩大工作的知晓率、影响力，调动委员、群众参与协商的积极性。2022年，德兴市"党建＋好商量"工作在各级媒体上稿二十余篇，其中，"33321"工作方法获得《人民政协报》《江西省政协报》"赣事好商量"平台等国家、省、市媒体关注。

（周冲，德兴市政协主席）

聚焦"四个重点"　破解"四个问题"

——新干县"吉事广议·淦事协商"平台建设探索与思考

◎ 曾溅明

习近平总书记在党的二十大报告中指出，完善协商民主体系，统筹推进政党协商、人大协商、政府协商、政协协商、人民团体协商、基层协商以及社会组织协商，健全各种制度化协商平台，推进协商民主广泛、多层、制度化发展。近年来，新干县政协深入贯彻党的二十大精神，以"赣事好商量＋"协商平台建设为抓手，着力打造"吉事广议·淦事协商"品牌，建成县级政协"委员之家"1个，乡镇场（街道、工业园区）、县城社区委员工作室25个，村（社区）社情民意联系点158个，推动政协协商与基层协商有效衔接，努力探索全过程人民民主的新干实践。

一、阵地建起来，解决"商有平台"问题

深刻理解协商民主建设的本质，明确谁领导、谁指导、谁参与，使基层协商与政协协商深度融合。党委领导与政协指导紧密结合。县级层面，将协商民主建设置于县委领导下，制定出台了《贯彻落实〈中共江西省委办公厅关于加强和改进新时代市县政协工作的二十条措施〉责任分工方案》和《新干县政协关于推进政协协商向基层延伸的工作方案》，把建设"吉事广议·淦事协商"平台作为加强协商民主建设工作的重要内容，按照县委统一领导、县政协主抓落实原则，全力支持"吉事广议·淦事协商"平台建设。乡镇层面，每个乡镇成立协商民主建设工作领导小组，由党委书记任组长，乡镇长任第一副组长，副书记任副组长，统筹推进政协协商向基层延伸工作。政协主导和基层主体相互配合。加强基层政协工作联络组建设，由党（工）委副书记任基层政协工作联络组组长，每个联络组配备政协干事1名，组长在本单位党（工）委领导下，负责做好所在单位的平台建设相关工作，政协干事在联络组组长的领导下开展具体工作，形成"党委领导、政府支持、政协搭台、各方参与"的工作格局。现有资源和平台资源有机融合。按照"融入、开放、共享"的理念，不另起炉灶、不包

办代替、不增加负担，依托现有的党群服务中心、综治中心、新时代文明实践所（站）等现有资源，将平台建设融入基层组织规范化建设，实现平台建设三级（县、乡、村）全覆盖、平台建设"三统一"（统一标识、统一制度、统一风格）。

二、委员聚起来，解决"商有主体"问题

委员是参与协商的主体，如何让委员沉得下、稳得住、聚得拢，是确保平台发挥作用的关键，新干县政协用好政治、感情、考核"三张牌"，推动基层协商落地落实。坚持以"旗"引领。充分发挥党员先锋模范作用，按照每个委员工作室安排1至3名中共党员委员、1名以上机关党员干部的标准，将中共党员委员、县政协机关党员干部全部下沉到基层委员工作室，并分别担任委员工作室第一、二召集人，负责下沉委员政治引领、活动召集、工作对接，让党旗在基层协商工作中高高飘扬。坚持以"情"下沉。根据就近就地原则，以委员及其配偶祖籍、工作地或曾经工作地为参照，按每个委员工作室十名左右，社情民意联系点一两名的标准，将住县市政协委员、县政协委员全部安排下沉到委员工作室、社情民意联系点，既有效增强委员下沉积极性，又能避免委员因对下沉点情况不熟而影响履职，全县176名市、县政协委员全部按要求下沉到基层。坚持以"考"促动。将下沉委员参加"吉事广议·淦事协商"活动情况列入委员履职考核内容，基层政协工作联络组负责做好履职情况记录，每季度将记录情况反馈给县政协履职服务中心，作为委员履职考核依据，实行考核红黄牌亮牌机制，调动委员主动参与协商的积极性。

三、规则立起来，解决"商有流程"问题

政协协商与基层协商相衔接是新课题，既要加强引导，也要鼓励基层创新。新干县政协坚持学习借鉴与探索创新相结合，有效规范协商议事流程全过程。把准协商主题和主体。坚持"党委有关注、群众最关心、政协能作为"的原则，通过党委点题、群众反映、委员建议等渠道初步确定选题后，由同级党组织审批，县政协备案后确定选题计划。协商主体除协商议事会召集人、市县政协委员、政协机关干部、历届政协委员等固定成员外，根据协商议题邀请利益相关方代表、职能部门代表和当地社会组织、新乡贤和群众代表。对专业性、技术性较强的事项，邀请相关专家、学者、专业技术人员或第三方机构等参加协商。把握协商形式和内容。坚持大事大议、小事小议、急事快议，灵活运用会议协商、对话协商、书面协商、网络协商等多种形式，确保协商议事效率。县级重点协商涉及全县经济发展大事、人民群众关心关注急事、市域社

会治理难事等事项；乡镇（街道）、县城社区重点协商当地发展规划、公共服务、重点民生、公益事业、公共设施建设方面的事项；工业园区重点协商营造"四最"营商环境、园区平台建设、项目推进、产业发展规划等重要事项。把好协商程序和频次。坚持不调研不协商，先调研再协商，调研不精不准不深不协商，建立"三环节四步骤"（三环节：议题于调研之前，调研于协商之前，协商于决策之前；四步骤：规范"确定议题、开展调研、充分协商、成果转化"议事流程方法）协商议事流程，在每年至少开展 4 次协商议事活动基础上，可根据工作需要随时组织协商活动，使平台真正为基层协商议事的平台。

四、成果用起来，解决"商有成效"问题

新干县把协商成果落实作为检验协商民主建设成效的标尺，制订基层协商成果采纳、落实、反馈办法，建立了规范化、常态化、闭环化的协商成果督办落实机制，确保商有所应、商有所用。实行"三方"联动。认真落实关于加强和改进新时代人民政协工作相关要求，明确县委办、县政府办、县政协办及承办单位责任，根据协商主题和内容，分别确定各协商成果的承办责任单位，由县委办公室、县政府办公室会同县政协办公室，负责日常督查督办，构建起"县委领导、政府支持、政协参与、责任单位承办"的督办落实工作机制。实行闭环管理。按照操作简便、程序规范的原则，建立了协商成果呈报、转办落实、成效督查、情况反馈、资料归档等具体流程。协商成果形成之后，由县政协办负责向县委、县政府呈报协商成果，对协商成果实行即批即转、即转即办，按照批阅领导要求或成果内容，明确协商成果件的办理时限，限时办结，办理成果需向阅批领导和县政协办反馈，并将最终办理情况告知相关专委会或政协委员，形成了从协商成果到办理结果的全过程闭环管理，成果采纳、办理情况更加"透明"。实行全程监督。在政协协商成果办理期间，县委、县政府督查部门可邀请政协委员或相关专委会干部等对协商成果落实情况进行事中督办，主动征求委员对协商成果件的办理意见建议，对办理期间发现的问题，视同原协商成果件一同办理，让委员"沉浸式"参与协商成果的督办，对办理效果好、效率高的单位，在考核中给予加分，充分调动承办单位积极性，推动协商成果及时有效转化。

（曾溅明，新干县政协主席）

创新基层协商平台　提升委员履职质效

——完善基层委员联系界别群众的探索与实践

◎ 胡传清

为贯彻落实中共二十大报告和中央《关于加强和改进新时代市县政协工作的意见》，认真开展省市政协"赣事好商量＋吉事广议"活动，近年来，吉水县政协守正创新，积极搭建"吉事同心好协商"平台，加强与界别群众沟通联系，提高深度协商互动、意见充分表达、广泛凝聚共识水平。

一、坚持"两个原则"，确保改革创新正确方向

新时代人民政协作为统一战线的组织、多党合作和政治协商的机构，是全过程人民民主的重要实现形式，是社会主义协商民主的重要渠道和专门协商机构，改革创新要坚持正确方向。

（一）坚持党的全面领导。在县委坚强领导下，县政协将"吉事同心好协商"平台建设纳入全面深化改革项目，制定《吉水县政协创建"吉事同心好协商"品牌改革实施方案》，坚持紧扣"与党政同心连心，让企业、群众暖心爽心"主题，按照"党委领导、政府支持、政协搭台、乡镇（社区）主办、部门参与、多方联动、服务群众"要求，搭建县、乡（社区）、村（企业）委员三级履职平台。

（二）坚持履职服务人民。县政协建设基层协商平台，着重鼓励委员在其工作单位、居住社区（村）就近就地开展群众工作，宣传党的理论和路线方针政策，聚焦乡镇党委政府关注的发展大事和群众关心的民生实事，让群众充分表达内心期盼，让乡镇部门领导现场听取意见建议，更好体现政协的独特优势，有效发挥建言资政、团结联谊的功能作用，促进基层社会治理水平的提升。

二、实现"三个覆盖"，畅通联系界别群众渠道

按照"不建机构建机制"原则，以"工作延伸、委员下沉"形式，搭建常态化、制度化的线上线下协商平台，实现"平台、委员、网络"三个全覆盖，拓宽政协委员参与协商的渠道。

（一）实现协商平台全覆盖。按照"有平台、有人员、有场所、有制度、有成效"的"五有"标准，建成以乡镇活动室、界别工作室、村组（社区）社情民意联系点等载体的基层协商平台。目前吉水县建成 18 个"乡镇政协委员活动室"，4 个"界别委员工作室"，227 个社情民意联系点，实现了政协基层协商平台全覆盖。

（二）实现参与人员全覆盖。推动委员"零距离"接触各界群众，常态化开展履职服务，让百姓感到"政协就在身边、委员离我很近"。2022 年以来，吉水县实现了全体委员全员下沉到各委员活动（工作）室和社情民意联络点，共收集社情民意信息二百余条，提出意见建议一百二十余条，真正做到"委员联系群众在一线、协调矛盾在一线"。

（三）实现政协网络全覆盖。拓展"网上政协"功能，建立"智慧政协"平台，通过网络视频会议系统，开展远程协商、远程监督，实现"不见面"协商；通过政协委员履职系统，提供了协商会议、提案办理、社情民意信息、调研活动、学习培训等多项服务，实现了基层协商平台与委员履职平台"双网融合"。

三、完善"四个机制"，提高委员整体履职质效

建立健全了委员联系界别群众的各项制度，实现平台协商内容更加贴近民生、协商形式更加灵活多样、协商流程更加规范高效，提高委员队伍整体履职质效。

（一）完善委员联系界别群众机制。建立委员联系界别群众工作意见，出台《关于进一步做好新形势下政协委员联系界别群众工作的意见》，明确提出"建立制度""形成工作合力""创新方式方法"等重点任务。对工作的目标要求、任务内容、方式渠道、工作保障等提出明确要求。

（二）完善协商平台工作推进机制。制定《吉水县政协创建"吉事同心好协商"工作实施细则》，将委员联系界别群众与协商平台建设工作一体部署、一体推进，进一步明确牵头部门，强化专委会、界别、委员责任，形成推进合力，明确各专委会联系的界别委员，并设立工作联络组，将委员联系群众工作纳入乡镇政协委员活动室建设标准和界别工作室建设标准，作为"吉事同心好协商"履职活动的重要内容。

（三）完善履职年度考核评价机制。将委员联系群众工作纳入各专委会年度目标责任考核，将委员参与"吉事同心好协商"履职活动情况纳入委员履职档案，建立委员联系群众工作台账，实行情况通报，通过完善制度机制，确保委员联系群众常态化、规范化和实效化。

（四）完善平台协商成果转化机制。建立协商成果报送机制和督办机制，通过提案、社情民意、专题协商报告等方式及时将协商成果报县委、县政府和相关部门单位，要求承办单位将采纳和办理情况及时反馈，通过党政点评、民主评议、群众评价等方式加强质效评估，真正把"吉事同心好协商"平台打造成一个融协商、监督、参与、合作为一体的综合性、常态化、制度化的履职平台。近两年来，通过"吉事同心好协商"平台，完成协商议题 65 个，为基层解决问题三十余件，一些好的意见建议被党委政府采纳，如设立企业"宁静日"制度，为企业安心生产排除干扰提供了保障；一批群众"急难愁盼"问题得到了较好解决，如"依法整治载客三轮车"，解决了影响县城交通安全的顽疾。

（胡传清，吉水县政协主席）

用好"赣事好商量"平台
提升市县政协高质量履职水平

◎吴忠鸿

党的二十大报告强调:"全过程人民民主是社会主义民主政治的本质属性,是最广泛、最真实、最管用的民主""协商民主是实践全过程人民民主的重要形式。"全过程人民民主不仅有完整的制度程序,而且有完整的参与实践,是全链条、全方位、全覆盖的民主,是新时代我们党领导人民推进社会主义政治建设取得的重大理论和实践创新成果,充分彰显了我国政治协商制度自信。本文围绕持续打造"赣事好商量"品牌,基于对立足实践、服务基层的认识,通过探索政协工作的经验、做法,挖掘"赣事好商量"的丰富内涵,进一步提升品牌的识别度和影响力。

一、引 言

"赣事好商量"是政协"政治协商、民主监督、参政议政"三大工作职能的重要体现,也是省政协近年来着力打造重点品牌、强力推进的重点工作,创建"赣事好商量"品牌既是推进政协工作理论创新的重要抓手,也是推进政协工作实践创新的重要平台,有助于推动政协协商与基层协商有效衔接、拓展基层群众参与政协协商渠道、把政协制度优势转化为参与基层社会治理的效能。在"赣事好商量"的顶层设计下,各地市县协商品牌创建形势向好、成效显著,但"赣事好商量"品牌的整体影响力还需进一步提升,县级政协开展力度不一,实践中的盲目跟风现象仍然存在。因此,认真总结品牌创建工作中的薄弱环节和存在的问题,积极提出意见建议,努力推进政协工作的创新与发展,是必要也是必需的。

二、"赣事好商量"应延伸拓展的丰富内涵

(一)应在担当政治责任中锚定政协定位。"赣事好商量"协商议政平台要不断

265

强化政协凝聚共识的政治功能，坚持以学习筑牢初心、以初心引领协商、以协商凝心聚力。要在习近平新时代中国特色社会主义思想的指导下，始终坚持中国共产党的领导，练就不动如山的政治定力。要引导广大政协委员深刻把握国际风云变幻和国内复杂形势，紧扣党和国家中心工作，聚焦改革发展稳定的敏感点、风险点、关切点，坚持双向发力、同向给力、协以求同、聚同化异。要积极做好政策宣传、解疑释惑、引导预期和强信心、暖人心、聚民心工作，引导社会各界从"中国之治"和"西方之乱"的比较中，不断增进对中国共产党和中国特色社会主义的政治、思想、理论和情感认同。

（二）应在服务中心大局中彰显政协价值。 "赣事好商量"协商议政平台要在助力发展上展现更大作为，就要紧扣党的二十大报告作出的重大战略和省、市、区委贯彻落实的重大举措，认真履行职能，凝聚智慧力量，做到党政中心工作推进到哪里，政协履职就跟进到哪里。要立足政协组织代表性强、联系面广、包容性大的特点和优势，深度聚焦政府关心、企业操心、百姓烦心的难点痛点堵点，畅通社情民意"直通车"，搭建服务群众"连心桥"。要深入基层一线开展调查研究和专项视察，及时汇集各方面的意见建议，为党委、政府科学决策提供参考，最大限度为经济社会发展增助力、聚合力。要敢于开展民主监督，通过民主评议、专题视察、委员提案、反映社情民意等方法和途径，切实加强对重点工作的监督，推动各项政策落实落地落细。

（三）应在改善民生福祉中展现政协作为。 "赣事好商量"协商议政平台创建过程中，应牢记"人民政协为人民"的初心使命，把改善民生作为履职的第一关切，更好地顺应人民群众对美好生活的新期待，努力把"委员作业"写到群众心坎上。鼓励和支持委员心系"万家灯火"，走近"寻常百姓"，情牵"柴米油盐"，过问"家长里短"，真情关注群众的安危冷暖，征询群众的意愿诉求，让政协工作更接地气、更聚人气。要引导政协委员把社会荣誉与社会责任统一起来，积极践行社会主义核心价值观，广泛开展扶贫济困、捐资助学、志愿服务等公益活动，在创建全国文明城市、巩固拓展脱贫攻坚成果等方面发挥更大作用。

（四）应在强化履职尽责中展示政协风采。 要切实发挥委员在"赣事好商量"平台中的主体作用，增强委员主人翁意识，做好群众代言人，让人民群众切实感受到"政协委员就在眼前""政协履职就在身边"，让"赣事好商量"协商品牌形象更加向上向好。要立足于推动委员高质量履职，坚持强化服务意识，严格履职管理，扎实当好委员履职的服务员、管理员，努力把"赣事好商量"打造成"政协委员之家"。要积极发挥政协委员人才荟萃、智力密集的优势，坚持人尽其用、用尽其才、才尽其专，让政协委员在服务高质量发展的实践中，展现应有价值。

三、"赣事好商量"在基层推进过程中存在的问题

（一）工作开展意识有待提升。 主要体现在对"赣事好商量"协商平台建设的重要性认识不足，对习近平总书记关于加强和改进人民政协工作的重要思想理解不够深，领会不够透，主动作为、勇于担当不够。开展工作主要依靠政协交题、组织，存在应付应景的思想，对协商议事活动存在凑合、观望思想等等，被动、应付参与心理仍然存在。

（二）协商议政深度有待提升。 虽然市县政协在协商议政方面取得了一定的成绩，但与人民群众的期待还有一定差距。一些协商议政活动的形式主义现象仍然存在，导致协商成果的运用和落地不够充分。部分政协委员政治把握、调查研究、联系群众、合作共事等方面的能力参差不齐，对协商民主的实践把握不足，缺乏对社情民意的深入了解，导致委员协商履职的质量和实效受到了限制。

（三）品牌创建广度有待提升。 "赣事好商量"阵地建设布局不够全面、科学，协商议事工作开展不够平衡，制约"赣事好商量"推进质量和实效。主要体现"赣事好商量"协商议事平台挖掘力度不够大、覆盖面不够广。部分协商议事平台的选址存在重经济基础好、地理位置优越，轻经济基础较弱、地理位置较偏等情形，更注重"点"的打造，而忽视"面"的推广。

（四）服务大局能力有待提升。 在服务大局方面，需要更加紧密地围绕党和人民的事业，深入调查研究，为地方经济社会发展提供更加精准、务实的建议和意见。但部分"赣事好商量"协商议政平台在议题设置上与党委、政府中心工作契合不够，一定程度上存在脱节的现象，影响了政协工作的实效性。

（五）协商成果转化有待提升。 协商成果反馈不够、转化不好，形成高质量建议、提案、社情民意信息数量不多，"助发展、惠民生、聚共识、促和谐"作用不够凸显。通过协商达成共识的议题，仍然缺乏持续性跟踪督办落实，部分存在着重答复轻落实的现象，对应协商却未协商的情况缺乏约束性规定，政治协商的实效性不强。

四、进一步加强"赣事好商量"品牌创建的意见建议

（一）坚持三项原则，全面推进阵地建设。

——阵地整合集成化。应着力提升架构设计高度，按照"赣事好商量＋界别特色＋各地品牌"三位一体创建思路，全面整合政协团结对象较集中的领域，如经济、医药卫生、工商联等阵地资源，重点开展创建工作。创建过程不能搞"大跃进"，不搞"广撒网"，要做到成熟一批，挂牌一批，运行一批，进而以点带面，带动其他"赣

事好商量"协商议政平台创建。

——活动开展制度化。"赣事好商量"协商议政平台,应按照学习交流、协商议政、凝心聚力和为民服务定位,广泛开展一次界别委员集体学习、举办一次协商议政活动、进行一次专题性民主监督、开展一次为民服务活动、提交一件高质量集体提案、报送一篇社情民意信息"六个一"活动,确保每年联系界别群众不少于 500 人,切实打通联系群众"最后一公里"。

——考核激励常态化。把"赣事好商量"创建工作纳入日常履职考评内容,对机关干部和政协委员予以履职赋分,对工作成效显著的"赣事好商量"加强宣传,扩大社会影响。同时,按照考核结果保障运行经费和评定优秀委员,营造争创政协第一等工作的浓厚氛围。

(二)做到三个融合,全面拓展工作范围。

——与政协协商融合。应坚持"务实有用"工作导向,优化思路、创新举措,将"赣事好商量"协商议事与政协协商深度融合,推动协商议事成果、提案建议转化为党委政府决策、民生实事项目、社会治理成效。要完善协商成果报送机制,"赣事好商量"协商平台相关协商成果应及时报送政协审议,视情以主席会议、政协常委会等名义报送区委、区政府。要完善政协协商成果持续跟踪机制,把协商成果落实情况纳入政协民主监督、民主评议范围之中,定期跟踪协商成果的落实情况,做到事事有落实、件件有回音。进而形成"有事要协商、遇事多协商、做事得协商"的思想和行动自觉,主动推进协商民主建设。

——与界别协商融合。党的二十大报告强调:"完善委员联系界别群众制度机制",这既是人民政协全面履行职能的重要抓手,也是"赣事好商量"品牌中需要创新完善的重要环节。在"赣事好商量"品牌建设中推进界别协商,必须统筹兼顾,要强化界别协商意识,不断深化对界别协商重要性的认识,把发挥界别协商作用作为政协履行职能的重要环节,组织开展履职活动时,要自觉树立界别意识,经常鼓励和组织开展界别协商活动,确保界别协商在政协工作中的突出作用,为界别协商的开展创造良好条件。

——与基层协商融合。基层协商作为政治协商的重要形式,它协商的内容主要涉及人民群众切身利益的实际问题,如教育、文化发展、环境保护等问题。应主动把"赣事好商量"协商议事工作纳入基层协商大格局,融入基层治理具体工作之中,聚焦重点难点问题,深入协商、广集良策,不断提高社会治理现代化水平。一方面,把协商的议题和力量沉下去,把基层的需要和主体集中上来,形成有效衔接,产生共鸣效应;另一方面,通过有效衔接,更好地助推党委、政府把中心工作落实下去,把民情民意、民心民愿反映上来,形成良性闭环。

（三）聚焦三个重点，全面提升工作质效。

——体现品牌特色。应构建起多层次、立体化的协商议政格局，努力打造有内涵、有特色、有影响的"赣事好商量"品牌。在"赣事好商量"大品牌下，各县区结合各自优势创建，通过差异化定位，做到一县一品牌。创建过程应体现江西各地地域文化特色，将其融入平台建设中，从中展示江西的历史、文化和传统产业等，让广大界别群众更好地了解江西的文化底蕴。应坚持在守正、求实、创新、提升上下功夫，提高"一县一品牌"工作的层次和水平，做到履职平台各具特色、亮点纷呈。

——拓展工作范围。"赣事好商量"协商平台应制订履职计划、组织学习研讨，开展调研协商，积极履行社会责任，内聚界别委员力量，外聚界别群众共识，让工作发力更精准，进一步扩大服务内容、服务区域、服务范围。要保障知情明政，为委员履职提供有利条件。邀请委员参加工作情况通报会，让委员知情明政；定期邀请政协委员开展座谈，虚心听取、自觉接受政协委员的意见建议、民主监督。鼓励政协委员发挥个人专业特长，主动贴近群众，收集社情民意，对基层牵涉面广、影响深远的重大事项，要汇总协商意见，及时上报区政协进行协商备案。总之，要让群众听到政协的"声音"，看到政协的"身影"，感受政协的"作用"，积极引导委员多做雪中送炭、扶贫济困的工作，多做春风化雨、解疑释惑的工作，多做理顺情绪、化解矛盾的工作，从而完善共建共治共享的社会治理制度。

——增强委员意识。政协委员是政协工作的主体，要强化政协委员的界别意识。在委员的产生、管理和服务等环节上，突出界别性要求，采取多种形式，对委员进行宣传引导，不断强化委员的界别协商意识，引导他们加强与所在界别群众的联系和沟通，把委员的个体优势转化为群体优势，把界别的潜在优势转化为界别协商的现实优势。使他们认识到自己参政议政不是个人行为，而是代表一个群体的界别行为，进而加强与所代表的群众的联系和沟通，提高为界别工作服务的水平和质量。

五、结　语

团结和民主是人民政协两大主题，"赣事好商量"作为省政协工作制度化建设的创新举措，是贯彻落实党的二十大报告提出的"健全各种制度化协商平台，推进协商民主广泛多层制度化发展"重要载体。持续打造"赣事好商量"品牌，提升市县政协高质量履职水平，是新时代市县政协工作的重要任务，只有不断创新和完善"赣事好商量"协商平台，才能更好地发挥人民政协的作用，为实现中华民族伟大复兴的中国梦作出更大的贡献。

（吴忠鸿，抚州市东乡区政协主席）

高位推动　务实创新
构建提案办理协商新格局

◎高自辉

习近平总书记在党的二十大报告中强调要全面发展协商民主，对发挥人民政协专门协商机构作用提出明确要求。做好新时代人民政协提案工作，应不断加强提案办理协商的探索和实践。崇仁县政协针对当前政协提案撰写质量还不够高、提案办理还存在"重答复、轻落实"、提案答复结果还存在"被满意"等情况，确定开展提案工作"双公开、双提升"品牌创建活动，从公开提案内容、提升提案质量，公开提案办理情况、提升提案办理质量（以下简称"双公开、双提升"）入手，进行了积极探索与实践，推进提案工作制度化、规范化、程序化建设，逐步构建多层次、全方位的提案办理协商新格局。

一、高位推动，让提案办理协商有方向

提案工作是人民政协一项具有全局意义的工作。提案内容丰富、涉及面广、针对性强，必须依靠党委、政府的重视和支持。崇仁县政协高度重视政协提案工作，创建提案工作"双公开、双提升"品牌建设。县委常委会会议专题研究审议政协品牌建设工作，"三办"联合印发《关于开展提案工作"双公开、双提升"活动的实施意见》。保障充足经费，指导县政协打造以提案工作"双公开、双提升"为核心、以开展"夜访夜茶""禾场协商""提案办理协商圆桌会""仁理协商"等系列活动为载体，打出品牌建设组合拳，进一步拓展协商内容。县委书记周国华带头领办重点提案《关于强链补链延链，助推输变电产业集群发展的建议》，召开专题会议听取重点提案办理情况，并对做好政协提案工作、打造"双公开、双提升"品牌建设工作提出具体要求。今年以来，县委、县政府、县政协领导共领办督办重点提案 30 件。通过党政领导领办提案，政协领导班子成员领衔督办提案，县委督查部门将提案办理情况纳入全县督

查范畴等做法，有力提升了提案办理质量和实效。县政协把提案工作列入年度协商计划，与专题调研、对口协商、界别活动相结合，发挥提案在委员履职考核中的作用，强化各专委会的协作，从提案征集、审查、督办等方面齐抓共管、形成合力，使提案工作的全局性地位进一步凸显。

二、丰富形式，使提案办理协商有抓手

党的二十大报告提出，健全各种制度化协商平台，推进协商民主广泛多层制度化发展。崇仁县政协把沟通协商作为提案办理的必经环节，营造平等协商、民主议事的浓厚氛围。一是创新"夜访"协商。考虑到企业老板晚上相对有空闲时间，县政协领导班子成员便安排晚上空余时间到"委员夜茶"室或深入企业夜访，以喝茶聊天的方式了解企业生产经营状况，听取意见建议，帮助解决问题困难。活动开展以来，共夜访企业15家，夜茶室接访企业31家，收集到企业反映的意见建议70余条，其中转为提案30件，协助解决物流、融资、惠企政策落实等实际问题29件。二是强化"圆桌"协商。提案人、提案承办单位、政协组织及党政督查部门汇聚一堂，围桌协商，就深化办理、扩大成果畅所欲言。换届以来，县政协主席、副主席带队，开展提案办理协商圆桌会23场次，推动提案办理的有效落实。三是坚持"开门"协商。在组织提案办理活动时，邀请群众代表参加，不断扩大协商参与面。如在礼陂镇红星村建立政协委员联系点，开展"赣事好商量·禾场"协商议事活动，围绕"遏制高价彩礼，引导良性婚俗"重点提案，你来我往，热烈讨论。真正通过协商把老百姓的所想、所思、所盼摸清楚，在协商中出共识、出办法、出感情、出团结。四是打造"仁理"协商。探索发挥协商平台在参与社会治理中的重要作用，在道南社区建立以化解矛盾纠纷、加强基层社会治理为重点的委员工作站，推动建立"仁理"工作室。该工作室接待来访群众三百余人，化解纠纷九十三起，涉及赔偿金额一百八十万余元。通过"平台上的平等沟通，平台下的共同治理"，推动社会各界培养协商意识，增强协商能力，充分讨论相关政策，有序参与社会治理。委员们还通过"兴农驿站""文化驿站"等各种协商平台，推动政协协商民主进一步向群众延伸、向基层拓展。有效推进各种协商形式的有机结合，将提案办理协商与政协其他重要协商议政活动结合起来，推动成果协同转化。发挥政协各专门委员会的组织优势，进一步拓展提案协商覆盖面、增加协商密度频次，推动形成提案工作整体合力。

三、规范程序，助提案办理协商有成效

人民政协是专门协商机构，必须求真务实提高协商能力水平。崇仁县政协以提案办理质量的提升推动政协工作质量的提升。着眼提案的制度化、常态化，制定提案工作"双公开、双提升"《工作流程》，完善提案工作"提、审、交、督、评"全程协商机制，一是抓好选题协商。在提案提出环节，抓好"了解实情"的选题协商。如开展"夜访夜茶"活动和启动崇仁高新区"模拟政协提案"工作，引导提案者提出提案前深入调查研究，广泛听取意见，突出针对性和可行性；二是抓好交办协商。在提案立案和交办环节，抓好"精准高效"的交办协商。提案审查过程中广泛听取各方意见、加强与提案者沟通、征求提案承办单位意见，协商确定立案提案及提案承办单位；三是抓好办理协商。在提案督办环节，抓好"落实见效"的办理协商。推动承办单位把沟通协商作为办理工作的必经环节，通过多种方式听取提案者的意见和建议。使提案办理由"提、办"双方协商，向"提、办、督"及权益人多方协商演变；四是抓好反馈协商。在提案评议环节，抓好"凝聚共识"的反馈协商。加强协商督办和成果转化的协商，在提案督办环节完善成果反馈机制。广泛营造"有事好商量，众人的事情由众人商量"的良好氛围。与此同时，借助新闻媒体的监督渠道，深入挖掘、大力宣传提案故事，开设"提案办理成效电视访谈"专题节目，使政协的民主监督与媒体监督有机地结合起来，如重点提案《关于强链补链延链，助推输变电产业集群发展的建议》《关于新建人民广场地下智慧停车，缓解中山路停车难题的建议》等协商的整个过程媒体全程全面参与，对现场"协商"、集中"协商"、部门落实等各个环节跟踪记录，录制电视专题片定期在崇仁电视台黄金时段播出，以提案办理协商推动形成更广泛的社会共识。

四、健全机制，促提案办理协商有保障

构建提案工作"双公开、双提升"，制度建设是基础。崇仁县政协对提案工作进行全面梳理、流程再造。一是优化提案工作操作流程。出台《关于开展提案工作"双公开、双提升"活动的实施意见》《2023 年县政协提案工作"双公开、双提升"重点提案督办工作安排》《2023 年度崇仁县政协提案质量及提案办理质量"双向评议"工作方案》等，细化了提案征集、审查立案、公开内容和办理协商流程。二是规范重点提案公开程序。精心遴选 40 件质量较高、有代表性的提案作为重点督办提案，将承办提案数量较多的 10 家单位列为提案承办重点单位。规定公开内容、规范公开形式、明确公开频次，将提案内容、承办单位、责任人、办理进度等内容在电子显示屏滚动

播放、每月动态更新，发挥公开的社会监督作用，推动办理质效提升。目前，累计公开提案及办理情况 355 件次。三是完善提案工作激励机制。制定《优秀提案、提案承办先进单位和提案办理工作先进个人评选表彰暂行办法》，将提案承办单位和从事提案办理工作的人员纳入表彰范围。四是建立"双向评议"制度。制定出台《政协提案质量及提案办理质量"双向评议"工作方案》，由承办单位对主办的提案质量评议等次；提案人对主办单位提案办理质量评议等次；选取部分主办单位由政协常委会进行现场评议，构建起提案者评议提案办理质量、承办单位评议提案质量的"双向评议"机制。倒逼委员提高提案质量、承办单位提高提案办理质量。

（高自辉，崇仁县政协原主席）

嵌入视角下政协党建引领协商的思考

——基于鹰潭市政协"党建＋协商"的实践探索为例

◎杨亮太　蔡春生

东西南北中，党是领导一切的。十八大以来，党建引领在实践上逐渐扩展至各个领域并取得了诸多实践成果。党建引领的实践发展推动了理论研究的深入。目前学术界主要聚焦于党建引领在社会治理中的引领作用、实践路径、实践逻辑、政治逻辑等方面，开展了大量的案例研究和理论分析，取得了丰硕的研究成果。但党建引领政协协商的实践机制不同于党建引领社会治理。党的二十大报告指出："协商民主是实践全过程人民民主的重要形式。"政协是专责协商的平台，在实现协商民主中具有制度优势。政协协商民主是拓宽基层各类群体有序参与基层治理的重要渠道。那么，在党的二十大提出的"推进以党建引领基层治理"要求中，党建如何引领政协协商，既是一个实践问题，也是一个理论问题。本文以鹰潭市政协"党建＋协商"实践探索为案例，探讨党建引领政协协商民主、将政协的制度优势转化为治理效能的实现路径，为健全政协协商民主制度化提供经验参考和理论参考。

一、嵌入视角下政协"党建＋协商"的理论分析框架

（一）党建引领政协协商的嵌入过程分析。嵌入并非简单的结合，嵌入双方或多方之间的有机联系、互动耦合是嵌入的核心。

在党建引领的嵌入研究中，主要从价值引领、组织嵌入、资源整合三个维度阐述引领的机制，并阐释政党如何组织动员、生产培育并团结凝聚起内外部的力量。从行动诉求的动力因素、党建引领协商民主共同体的主体因素、将政协协商民主制度优势转化为治理效能的目标因素来解析基层治理中党建引领政协协商民主的过程。

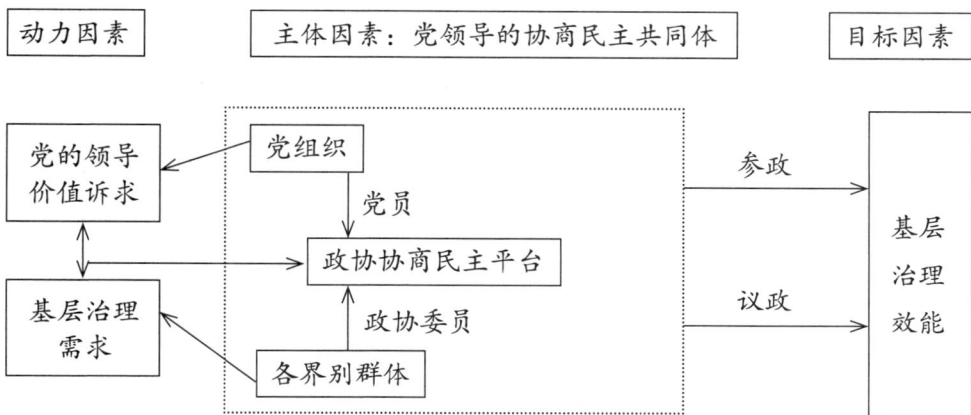

党建引领政协协商的嵌入过程

首先，从动力因素来看，党的领导的价值诉求与基层治理的需求要能够实现耦合。加强对政协协商民主的领导是必然的因素，在政协推进协商民主过程中更好地体现党的领导作用需要将党建引领嵌入政协履职履责工作中，从而避免党建引领的"悬浮化"。作为各界别群体代表的政协及其委员的履职场域，与党建引领的作用发挥场域，在基层治理中发生了重叠，从而表现为党的领导作用与协商民主的功能发挥在基层治理过程中实现价值诉求与治理需求的耦合，推动了党建引领嵌入政协协商民主过程中。其次，从行动主体来看，党建引领的嵌入是以党员为核心的协商民主共同体构建，表现为党员引领政协委员参与各级各类协商民主平台，瞄准基层治理需求，形成多方行动的共同目标。最后，从目标因素来看，无论是党的领导还是政协的协商民主的成效最终都要体现为基层治理效能的提升，但是与一般的党建引领基层治理不同，党建引领下的政协协商民主的制度优势转化为治理效能主要是通过参政和议政的方式，发挥出政协作为各界别群体和政府之间的桥梁功能，从而推动基层治理问题的解决和治理效能的提升。

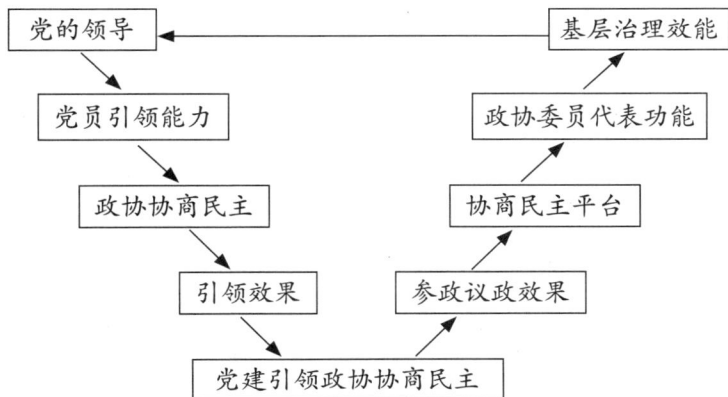

（二）两次嵌入：政协"党建＋协商"过程的理论建构。与党建引领基层治理的嵌入过程相比，在政协的协商民主中党建的嵌入不是直接嵌入基层治理中，而是先嵌入政协的协商民主中，通过党建的政治势能推动政协协商民主嵌入基层治理中。在这两次嵌入中，党员和政协委员是两个关键的主体性因素。首先，党建引领政协协商民主的效果集中体现为党员引领能力提升，即政协系统内的党员，尤其是党员干部能否在实际工作中把党的主张转化为社会各界的共识，同时又把社会各界的意见建议及时反映上来，在"一上一下"的有序互动中，筑牢以坚持和发展中国特色社会主义为主轴的共同思想政治基础，真正把各党派团体、各族各界人士团结在党的周围。其次，政协协商民主嵌入基层治理的效果取决于政协委员的代表性作用发挥。政协委员代表性作用发挥主要有两种形式，一是政协委员的引领作用，即政协委员通过自身行为示范来引领群众行为，形成基层治理的治理协同；二是政协委员主动成为民意的代表，代表部分群众参与基层治理实践中。习近平总书记指出：政协委员作为各党派团体和各族各界代表人士，由各方面郑重协商产生，代表各界群众参与国是、履行职责。政协委员的各界代表身份是政协协商民主能够嵌入基层治理实践的关键要素，政协委员代表性发挥作用如何也是政协协商民主在基层治理实践中嵌入成效的决定性影响因素。最后，两次嵌入是一个整体，两次嵌入是"1+1＞2"的协同治理过程，这种整体性和协同性集中表现为政协系统党组织和党员队伍的战斗堡垒作用。政协系统内党员的双重身份属性，要求政协系统内党员要将党建的过程和成效体现为政协协商民主的制度优势和治理效能转化中，体现为探索充分发挥专门协商机构作用的新途径，推动委员下沉基层、深入群众开展协商议政，在促使社会各界群众不同思想观点在协商过程中充分表达、深入交流中，推动社会治理实现共建共治共享，从而把人民政协的制度优势转化为社会治理的强大效能。

二、鹰潭市政协以党建引领协商民主的路径探索

党建引领的嵌入是一个整体性治理的过程，要求实践上予以回应。近年来，鹰潭市政协认真贯彻落实"赣事好商量"协商平台建设要求，以党建为引领，以"赣事好商量·鹰有作为"协商平台为载体，推动政协协商与基层协商相衔接，深入融入基层治理，从而在社会治理的场域中建构了党建引领政协协商民主的实践机制。

（一）嵌入思想建设，巩固协商民主思想政治基础。人民政协是政治共同体，协商议政首要在强化思想政治引领。实践过程中，鹰潭市政协坚持以习近平新时代中国特色社会主义思想为指导，市政协党组引领学，及时跟进学习习近平总书记重要讲话和重要指示批示精神，党组成员带头深入基层宣讲党的二十大精神，成立习近平新

时代中国特色社会主义思想学习座谈小组，"党内＋党外"开展交流研讨、读书分享。同时"走出去比较学"，市政协党组牵头，带领区（市）政协、部分政协委员先后到抚州、福建学习委员工作站、文史馆建设等方面的做法，在"比较＋碰撞"中开阔视野，凝聚共识共为，更好地把党的主张和路线方针政策转化为思想共识，团结带领各族各界人士建言献策、协商成事。

（二）嵌入组织建设，建强协商民主工作平台。着力构建"党建引领作用＋专委会基础性作用＋委员主体作用＋区（市）政协协同作用"的协商工作格局。全面落实"全员入委"，建立专委会功能型党支部，推进党建与协商、专委会工作与界别工作深度融合。全域一体建设16个委员工作室，实现委员工作室、专委会功能型党支部、基层协商平台一体推进，推动政协协商与基层协商深度融合。市区两级政协党组搭建"书记（市长）与委员面对面话经济"专题议政会，邀请区（市）政协委员作主题发言，邀请区（市）政协主席和部分专委会负责同志参会，会议广泛凝聚了用好政协"话语权"，"说得对"就是"说了算"的新共识。

（三）嵌入队伍建设，推动协商组织有效开展。习近平总书记强调，深入推进新时代党的建设，要始终抓好党员队伍建设这一基础工程，深刻认识加强党员队伍建设的现实意义，不断把党建设得更加坚强有力。实践过程中，鹰潭市政协一方面注重发挥好党员领导"关键少数"作用，市政协党组成员带领界别委员，深入基层社区开展"主席接待日"活动，与基层群众就"民生小事"开展协商，先后协调解决基层群众反映的问题二十余个。另一方面在专题调研中成立临时党支部，强化党员委员先锋模范作用。如在开展"缓解中心城区停车难"等民生课题调研，与民主党派联合调研，组建临时党支部，党员副主席、党员委员带头，党外委员踊跃参与，分小组深入社区调查问卷、听取群众意见。

三、健全"党建＋协商"的全周期管理，提升政协协商工作质效的思考

政协党建引领嵌入协商是全过程的，从鹰潭市政协的探索实践来看，"党建＋协商"工作要树牢"全周期管理"意识，突出抓好党建融合嵌入，及时补齐短板、弱项及缺陷，从源头到末梢实现全流程、全要素管控，建构多方参与、协同高效的工作体系。

（一）织密建强组织体系，实现党建链委员链履职链深度融合。坚持党建引领贯穿于推进政协协商与基层协商有效衔接工作的全过程，以织密建强党的组织体系为切入点，不断强化政协各级党组织的政治功能和组织功能。市政协党组发挥把方向、管大局、促落实的作用，各区（市）政协党组和市政协各专委会功能型党支部发挥组

织协调作用，通过"功能型党支部—界别履职党小组—党员委员—党外委员—界别群众"这一链条的上下贯通、有效运行，在开展协商、民主监督、调研视察、学习培训等各项履职中采取链式工作法，以党建链引领委员链，以委员链带动履职链，不断完善委员联系界别群众制度机制，确保把党的领导贯穿到政协践行全过程人民民主的各环节各方面。

（二）推行"党建＋履职"工作模式，实现"党建阵地""履职平台"深度融合。 将委员工作站（室）年度工作计划与功能型党支部年度履职活动、主题党日活动等一体谋划，实现党建与履职联动。党员委员在工作站（室）带头开展各项履职工作，带动党外委员下沉工作站（室）履职，实现党员委员与党外委员联结。全体委员通过履职拓展与本界别群众联系交流的渠道，带动界别群众参与基层协商，实现群众与政协委员连心。通过"党建阵地"和"履职平台"深度融合，确保基层政协在党组织领导下践行全过程人民民主。

（三）开展党组织"联建共建"，实现各方工作力量深度融合。 纵向上，市政协各专委会功能型党支部与建立委员工作室的乡镇（街道）、村（社区）党组织开展联建共建。横向上，市政协各专委会功能型党支部与建立委员工作室的企事业单位、科研院所、商会、协会的党组织开展联建共建。通过跨领域、跨层级、跨地域、跨产业的党组织"联合作战"，在"握指成拳"中构建相互补充、联动互促、有效衔接的关系，形成政协协商民主实践"众人拾柴火焰高"的生动局面。

（杨亮太，鹰潭市政协秘书长；蔡春生，鹰潭市政协办公室副主任）

规范协商程序　提升协商质效

◎彭红梅　熊一峰

习近平总书记强调，在中国社会主义制度下，有事好商量、众人的事情由众人商量，找到全社会意愿和要求的最大公约数，是人民民主的真谛。党的二十大报告中指出，协商民主是实践全过程人民民主的重要形式。完善协商民主体系，统筹推进政党协商、人大协商、政府协商、政协协商、人民团体协商、基层协商以及社会组织协商，健全各种制度化协商平台，推进协商民主广泛多层制度化发展。

自 2020 年 8 月，省政协开展"赣事好商量"试点工作以来，推动政协协商向基层延伸、与基层社会治理相结合，为政协委员联系服务界别群众提供了新的平台，激活了全省政协工作"一池春水"。宜春市政协深入学习贯彻习近平总书记关于加强和改进人民政协工作的重要思想，按照省政协《关于发挥人民政协专门协商机构作用推进"赣事好商量"协商平台建设的实施意见》部署要求，积极搭建"赣事好商量＋"协商平台，推进专门协商机构建设，在实践中探索、在探索中创新，规范协商程序，逐步推动协商工作从"有形"到"有序"再到"有为""有效""有位"，有效提升了协商效果，形成了浓厚的协商氛围，协助党和政府做好协调关系、理顺情绪、化解矛盾的工作，切实增进了政治认同、思想认同、理论认同、情感认同，引导全体委员深刻领悟"两个确立"的决定性意义，增强"四个意识"、坚定"四个自信"、做到"两个维护"。

一、拓宽协商载体，创设履职阵地，让协商有平台

人民政协要充分体现专门协商机构的重要作用和价值，就要创新载体，多措并举拓宽协商工作载体，确保专门协商工作取得实效。在工作实践中，宜春市政协突出政治协商与基层协商有效衔接，积极走出去、努力沉下去、深入融进去，在实践中探索打造常态化履职载体，围绕解决"在哪协商"这一问题"靶心"，组织市县两级政

协赴四川省、湖南省学习考察基层协商工作，坚持融入、开放、共享原则，成立宜春经开区、宜阳新区、明月山温泉风景名胜区"三区"委员联络组，并探索创新依托党派工作联系点和委员企业搭建了"三农"协商议事室、委员"同心室"等委员工作室199 个、乡镇政协联络站 167 个，不断扩大委员参加调研、视察、监督等活动参与面。靖安县政协搭建"靖商靖量、尽责尽行"协商议事服务平台，探索建立县乡村（社区）联动、形式多样、品牌统一的协商议事服务体系，按照"1+12+N"架构模式，建设了 1 个靖安县政协委员工作站、12 个各具特色的乡镇政协委员工作站和 8 个委员特色工作室，做到平台在地域、领域、界别上全覆盖。丰城市政协搭建"剑言邑政·赣出丰采"协商平台，覆盖全市 33 个乡镇（街道），建立有组织机构、有固定场所、有工作经费、有品牌标识、有规章制度、有履职台账的政协委员工作站，安排 24 名住丰宜春市政协委员和 412 名丰城市政协委员全部进站活动。

二、构建协商体系，完善协商机制，让协商有制可依、有章可循

习近平总书记在庆祝中国人民政治协商会议成立 65 周年大会上的讲话中指出，必须构建程序合理、环节完整的社会主义协商民主体系，确保协商民主有制可依、有规可守、有章可循、有序可遵。发挥人民政协专门协商机构作用，需要完善制度机制，对协商的参加范围、讨论原则、基本程序、交流方式等作出规定。在工作实践中，宜春市政协紧盯"谁来协商""协商什么""怎么协商"这一核心目标，紧扣规范议事，抓实抓细"建机制"工作，制定研究了宜春市政协开展"赣事好商量"相关制度，明确提出各协商室有阵地、有标识、有机制、有活动、有实效的"五有"标准，以及协商议事工作流程等规范性要求和工作指南，引导委员参与基层协商议事活动，有效推动政协协商与基层协商紧密衔接、相互赋能，促进了协商议事工作常态长效。上高县制定出台《上高县政协"主席微协商"活动实施办法》，建立"四单闭环"（群众点单、委员埋单、协商解单、跟进查单）协商流程，对政协基层协商议事的协商主体、协商内容、协商形式、协商程序等作出制度性设计，同时指导推动各乡镇（街道）和专委会建立"委员工作室"暨"微协商议事点"23 个，为基层协商议事提供阵地保障。宜丰县政协以专委会＋乡镇政协委员联络组为基础，建立 6 个"宜事宜商"工作室，按照群众点题、委员议题、部门答题、联合督题、政协评题的操作流程，让群众到平台上去点题和说事，委员及时准确了解具体情况和群众诉求，有效拉近了政协委员和群众的距离。

三、坚持为民协商，保障协商成果落地，提高协商的有效性

习近平总书记强调，要按照协商于民、协商为民的要求，大力发展基层协商民主，重点在基层群众中开展协商。在工作实践中，宜春市政协牢固树立人民政协为人民的工作导向，坚持"开门是群众、出门是基层"，围绕事关老百姓切身利益的公共事务、公众利益、公益事业开展协商议事活动，助推解决了基层群众身边的一批"操心事""烦心事""揪心事"。2022年市政协共召开小微协商会议41次，在网格员队伍建设、背街小巷改造、村组公路改造等36个具体问题上形成共识，其中围绕中心城区"优化公交站点设置""斑马线优化整合"开展专题调研，实地察看公交站点165个、现场勘查斑马线922条，提出具体意见建议20条，市政府召开专题会议研究全部采纳落实，保障了城区群众的出行安全。袁州区依托"画好同心'袁'"协商平台，协商推动全区城乡一元公交开通，惠及几十万名偏远乡村的群众出行；樟树市打造45个各具特色的委员工作室，协商推动解决居民电改等100多个群众身边问题；奉新县打造"赣事好商量——奉心微协商"平台，开展协商议事活动36次，助力解决新能源汽车充电难、增设公交站点、小街小巷亮化等问题；铜鼓县通过"铜心·奋进"政协委员基层协商议事平台，助推解决"四幼""四小"路段交通安全等问题。

四、注重互动协同，增强协商实效，力戒形式主义

《中国共产党政治协商工作条例》提出："各级党委应当重视协商意见研究办理，可以结合实际建立健全政治协商成果运用和反馈制度，重要协商成果可以作为决策参考。"提高协商成果转化是体现协商民主价值的关键所在，要建立完善协商报告、调研报告、委员专题发言、群众意见建议一并报送党委和政府的协商结果综合报送机制，原汁原味反馈委员和群众建议，让党委和政府主要领导不参加会议但能听到委员和群众的声音，能看到委员和群众的建议，更加全面综合地了解协商成果。在工作实践中，宜春市政协积极争取中共宜春市委的支持，将市政协协商成果办理纳入市直单位年度综合考核重要内容，并制定印发《关于进一步做好市政协协商成果反馈督查落实工作的通知》，对政协协商成果登记批阅、转化办理、跟踪问效等情况实行台账管理，并与市委督查室、市政府督查室协同开展督查督办，做到了事事有交代、件件有着落。丰城市依托"剑言邑政·赣出丰采"协商平台、营商环境政协委员感受平台，创设政协协商成果转化专项资金，从2023年部门预算中，安排政协协商成果转化专项资金600万元，助力解决了一批民生实事落地见效，形成了一批贴民意、暖民心、可操作

的协商成果，充分彰显了政协制度优势。

五、弘扬协商文化，让协商理念、协商精神深入人心，成为自觉行为

中央《关于新时代加强和改进人民政协工作的意见》指出，要培育与时代和任务相适应的中国特色社会主义协商文化，形成既畅所欲言、各抒己见，又理性有度、合法依章的良好协商氛围。党的二十大报告中讲到民族的科学的大众的社会主义文化，就包括政协的协商文化。政协协商文化是中国特色社会主义文化和民族传统文化的一部分，继承和发展了中国从古至今求同存异的协商文化传统以及以民为本的管理思想。人民政协作为专门协商机构，要推进协商民主实践更好发展，离不开深厚协商文化的滋养和支撑，大力弘扬协商文化，通过协商方式充分地表达民主，真实地实现民主、实现全过程民主，打通协商在基层的"最后一公里"，推动政协协商民主优势转化为基层社会治理效能，营造全社会关心、支持、参与基层协商的良好氛围。在工作实践中，宜春市政协开展"十县十先""十委十优"工作竞赛，积极推动政协履职与品牌创建相结合，提升全市政协工作整体水平，构建了机关围绕委员转、委员围绕履职转、履职围绕群众转的工作新格局，真正让委员在履职中"挑大梁""唱主角"。2022 年共开展 1042 次"专题 + 自主"调研，提交 491 件提案和 550 篇社情民意信息，督办 25 件重点提案，组织开展 100 多人次民主监督活动。2022 年盛夏高温酷暑，久旱无雨，高安市蓝坊镇农民群众通过"赣事好商量—相协相安"基层协商平台找到政协委员，组织乡镇党委政府和农民群众走进田间地头，现场对农田灌溉用水开展调研协商，积极制订抗旱应急方案，投入资金 153 万元，新打机井 5 口、大口井 12 口，为抗旱增收发挥了重要作用，得到群众一致认可；万载县政协委员通过"赣事好商量，万事微协商"平台，开展"化解群众烦心事"活动，推动"酒宴减负"写进村规民约，大力倡导社会主义文明新风尚。

（彭红梅，宜春市政协秘书长；熊一峰，宜春市政协办公室干部）

坚持履职为民
借力"赣事好商量"画出基层治理同心圆

◎罗贤明

"有事好商量，众人的事情由众人商量。"为深入贯彻习近平总书记这一重要思想，红谷滩区政协切实强化"赣事好商量"落实在基层协商议事工作，着力打造党委政府的"好帮手"、人民群众的"连心桥"、委员履职的"新平台"。

一、提升协商品质，营造浓厚氛围

（一）拓展提升协商平台，实现协商有平台。在巩固拓展原有基层协商议事平台基础上，按照"资源整合、一站多用、实用管用、共建共享"的原则，对区、乡镇（街道）、村（社区）三级协商平台建设进行提升打造，进一步完善协商渠道，为实现政协委员"零距离"服务群众搭建履职平台。

（二）联合委员开展活动，实现协商有人员。通过开展"红谷连心会""委员群众心连心"等活动，将全区首届189名第一届委员会委员编入村、社区，组织委员常态化参与基层民主协商，通过委员特色履职活动加强与群众心连心的沟通联络，促进解决实际问题。

（三）强化宣传注重总结，实现协商有声音。一方面总结一批突出典型、务实管用的精品案例，为全区"赣事好商量"工作提供样本和有益启示；另一方面深入广泛传播"赣事好商量"协商理念，鼓励更多基层干部群众积极参与协商，营造商以求同、协以成事的良好氛围。

二、打造工作亮点，丰富活动形式

（一）领导带头协商。开展"红谷连心会"主席协商活动，由区政协主席和副主席带头联系群众，通过面对面倾听群众呼声、加强沟通联络、心贴心征询群众建议、反映社情民意，实打实解决群众困难、"微协商"促和谐。区政协常委积极参与基层协商民主，带动全体委员主动领任务、商对策，在全区推动形成政协委员深入群众开展协商的工作作风。

（二）网络助力协商。借助互联网民情传播迅速的优势，建立委员联系群众微信群，通过"网上"收集整理协商议题，"网下"现场协商议事等方式加强沟通联络，充分发挥网络协商的互动性和灵活性。

（三）界别带动协商。依靠界别委员、根据界别实际开展协商活动，更好地发挥委员各自领域特长和专家型委员的作用。如，组织教育界委员在"双减"、校园周边环境整治等问题联合相关职能部门开展协商；组织经济界委员围绕在疫情环境中为企业纾难解困开展协商。

三、注重活动内容，提升协商质效

（一）选好题，精选协商议题。坚持协商于民、协商为民，充分利用"赣事好商量"协商议事平台，聚焦党政关心的大事和涉及群众切身利益的"小事"，高质量开展更多接地气、展现政协作为的协商议事活动，让民意更通畅、让民声更响亮，推动民生突出问题有效协商解决。围绕"老旧小区改造与物业管理""推进数字经济一号工程"等重点难点焦点问题领域开展协商。

（二）练好拳，增强履职本领。通过组织委员活动和开展培训，建立完善委员履职信息登记、反馈制度，把委员参与"赣事好商量"活动情况纳入委员履职范畴，强化委员履职服务意识，号召全体政协委员切实担负起新时代和人民赋予的重任，履行好为改革发展而为、为群众利益而呼、为政协事业而谋的使命。

（三）聚好力，推动化解难题。把"赣事好商量"活动融入政协主责主业，在调研、收集社情民意和提案办理中深入开展协商，通过委员带动、基层联动、部门互动，构建"纵向到底、横向到边、上下联动、左右协调"的政协基层协商工作体系，推动问题在政协的协调中得到有效解决，使群众在"赣事好商量"活动中感受到政协协商的有益与有效，促进全区基层民主协商质效提升。

红谷滩区政协将紧紧围绕党政所需、群众所盼、政协所能，积极践行"懂政协、会协商、善议政"的要求，坚持协商于民、协商为民，彰显"赣事好商量"优势特色，画出基层治理同心圆。

（罗贤明，南昌市红谷滩区政协副主席）

树立目标和问题导向
推动"赣事好商量"品牌提质增效

◎张建军

"赣事好商量"基层协商民主建设工作是我省贯彻落实习近平总书记关于发展全过程人民民主重要指示的一个有形载体，也是"积极发展基层民主"的一个有效抓手。经过几年的试点和实践，完善了议事平台建设，形成了规范的议事规则，开展了大量的议事活动，解决了一大批群众身边的"急难愁盼"事，深受基层干部和群众的拥护，品牌效应逐步提升。本文就如何进一步推动"赣事好商量"品牌提质增效谈几点粗浅的意见。

一、要进一步构建党委主位、政协主动而不越位的工作格局

坚持党的领导，是做好人民政协工作的基本原则和根本保证。"赣事好商量"决不能偏离党指引的方向，要始终按照党委的部署开展协商议事活动，在协商平台搭建时，要突出党建引领这一重要原则；在议题选定时，要突出党委关注的群众身边的热点难点问题；在开展协商议事时，要突出党组织的把关作用；在成果落实时，要突出依靠党委的力量去推动。始终保持与党委目标同向、思想同心、行动同频，真正让"赣事好商量"成为党联系群众的"好桥梁"。各级政协组织和广大政协委员要深刻认识到自己身上的职责，切实把"赣事好商量"作为履职的新平台，发挥政协组织和政协委员的优势，积极作为，秉承"协商于民、协商为民"理念，主动为党委分忧，做好党委的"宣传员""调解员"，认真开展好每一项协商议事活动，做到"议事而不决策，有作为但不越位"。

二、要进一步把握"好商量"协商议事与村组干部协商议事的关系

目前，在基层"赣事好商量"协商议事活动中，普遍存在一个问题：一些村（社

区）往往以村组干部会议或群众代表会议代替"好商量"协商议事会。全年无"赣事好商量"协商议事计划，随意性比较大，临时动议的频率高，会前无调研，会中参与人员代表性不广、协商不充分，会后落实阻力重重。这些都严重影响了"赣事好商量"品牌在人民群众中的公信力。"赣事好商量"协商议事与村组干部协商议事在协商目标、协商内容、协商形式等方面有很多交融点，但绝不能等同。"赣事好商量"是"请你来协商"，协商主体更广、协商方式更活，是一种更具"亲和力"的协商议事平台。村组干部会议或群众代表会议多是为了完成上级交办任务而进行的协商议事活动，是一种更具"行政力"的协商议事平台。两种协商议事方式在效果上显然会有不同。因此，我们在实践过程中既要发挥村组干部会议"议大事、促工作"的定向作用，也要发挥"赣事好商量"协商议事会议的"商小事、解民忧"的助力作用，使基层社会治理更完善、更具活力。

三、要进一步破解政协委员不想履职、不会履职的难题

在"赣事好商量"协商议事活动中，政协委员是一个重要角色，应在各个环节发挥主体作用。换届之后，绝大多数政协委员热情高涨，履职尽力。但也有少数委员认识比较片面，认为政协委员只要开好会、写好提案就行了，对于在"赣事好商量"协商议事活动中履职兴趣不高、消极怠慢。有些政协委员想履职，也会到挂乡联村点开展一些活动，但不知道如何组织好"赣事好商量"协商议事活动，往往是"心有余而力不足"，自己反而在协商议事会上成了一个摆设。这个难题不解决，"赣事好商量"基层协商民主建设工作很难取得实实在在的效果。因此，今后要把做优"赣事好商量"品牌的重点放在强化委员的"主角"意识上，要通过专项履职考核，扎紧委员履职的"金箍棒"；通过典型引路，树立委员履职的"形象标"；通过培训会、观摩会等形式，提升委员履职的"真本领"。各政协联络组要积极把挂乡联村政协委员组织起来，经常性地开展调研活动，为他们履职创造条件，把委员主体作用发挥出来，真正让委员在"赣事好商量"这个平台上尽情展示自己的才华和力量。

四、要进一步推进从解决好"一件事"向解决好"一类事"延伸

"赣事好商量"基层协商民主建设工作开展以来，各地坚持贴近基层群众，聚焦老百姓"身边难事""关键小事"来组织协商议事活动，得到了广大群众的认可，"赣事好商量"品牌逐步深入人心。但要进一步扩大"赣事好商量"的品牌影响力，还应着重选取"切口小、关联广"的一类议题作为协商议事的重点议题，如基层普遍存在

的乡村环境整治问题、村集体经济发展问题等，"聚件成类、聚点成片"，就一类议题全覆盖进行协商议事，形成全社会共识，推动全社会共抓共落实。去年，我县围绕"严防学生溺水事件"开展重点协商议事，全县各乡镇、村（社区）迅速组织了170场次专题协商，出台了一些切实可行的水上安全保障措施，形成了浓厚的保障学生假期安全的社会氛围，学生溺水事件得到根本好转。"赣事好商量"社会影响力也进一步扩大。

五、要进一步实现"议得好"和"落得实"的双目标

"议得好"和"落得实"表面上是"赣事好商量"的两个环节，其实它们是互为统一的整体，"议得好"是"落得实"的基础，"落得实"是"议得好"的目标，忽略任何一方都是一场不成功的协商议事。因此，在"议"这个环节，就要着眼于成果落实来开展，选定的议题一定要经过细致的调查研究，必须是关乎群众公共利益的"急难愁盼"事，也必须是当地党委政府迫切需要解决或者正想解决的事，切忌过大、过空、过窄。协商议事会上"议"出来的成果，也必须是具体的、可操作性的，不能不符合实际，更不能空洞不着边际。"议"的形式可以多样、地点可以灵活，参与的人员可以更广，但根本的是要朝着如何能"落得实"这个目标去组织。"落得实"是检验一场协商议事活动成败的关键，在这个环节，党委、政府要有"大格局"，把协商成果的转化工作当成党委、政府工作的要事、解决民生问题的大事来抓。政协组织和政协委员要有"大作为"，配合、监督、推动协商成果的转化，坚决把议好的事办好，真正以看得见的转化成果取信于民。

（张建军，万年县政协副主席）

让委员"想法"成"做法"
变群众"呼声"为"掌声"

◎杨智清

在庆祝中国人民政治协商会议成立 70 周年大会上，习近平总书记深情回望了政协光辉灿烂的历史，总结了其在政治协商、参政议政、民主监督、凝聚力量等方面发挥的巨大作用，深刻指出："人民政协是中国共产党把马克思列宁主义统一战线理论、政党理论、民主政治理论同中国实际相结合的伟大成果，是中国共产党领导各民主党派、无党派人士、人民团体和各族各界人士在政治制度上进行的伟大创造"的这个根本论断，同时聚焦新时代下政协工作面临的困点难题，着重提出了"市县政协基础工作薄弱、人员力量薄弱"的"两个薄弱"问题，对政协工作做了全面梳理和深刻把握，对于我们在新时代下开展政协工作提供了理论依据和根本遵循。

近年来，上高县深入贯彻落实习近平总书记关于政协工作的重要讲话和指示批示精神，紧紧围绕政协政治协商、参政议政和民主监督的主体职能，明确了"坚决维护核心、倾力服务中心、坚守为民初心、广泛凝聚人心"的总体工作思路，依托"赣事好商量"品牌建设，坚持党委、政府工作进展到哪里，政协工作就跟进到哪里，不断推动政协治理与社会治理的有效结合，在联群联情、纾解民困、搭建桥梁上发挥积极作用，真正协商与民、协商为民，让群众"呼"得出声音，"听"得到回应。

但面对新的工作形式，在创建"赣事好商量"品牌的过程中，还存在政协委员作用发挥不够显著、联系群众不够紧密、反映问题不够切实、群众对于协商议事等制度认识不足、模糊不清等现象，深究问题背后原因，主要在于，一是政协委员"一员多岗""一岗多职"情况普遍存在，让委员不能全身心投入政协工作，"年委员、季常委"现象不同程度存在；二是调研内容不够专精，政协委员在基层走访调研过程中，习惯于做结合文章，往往将多头工作汇总处理，导致调研协商的主题不清、内容不一；三是履职手段不够丰富，不论是进社区街道还是乡村里舍，抑或是企业园区，通常都是政协委员、政协干部一个人讲，数个群众代表听，协商会、座谈会往往简化为办公会、问答会，委员听取群众意见建议渠道过窄，工作抓手不多；四是对群众协商工作的认识还不全面，面对动辄数十人参加、多头调研主题的群众座谈会，在县乡村（街道）各级干部的合力"围攻"下，无形中增加群众的心理负担、放大了群众的焦虑紧张情绪，群众对上级来访目的不了解，不能准确区分政协议事和政府工作的异同，导致表达和反映问题不准确，将政协和党委、政府的工作混为一谈。

以上种种，有些是历史留存问题，有些是近年来的新生产物，无论何种问题、何种原因，做好新时代下政协工作，打响做优"赣事好商量"品牌，把"赣"事干好，以工作"实际"赢得群众"实誉"，核心一点就是要坚持好"党委领导、政府支持、政协搭台、各方参与、服务群众"的议事理事制度，抓好政协领导、委员和干部这些主体，充分调动和发挥工作积极性、主动性和创造性，传递"赣事好商量"品牌声音，引导广大社会人士和群众知晓协商、了解协商、参与协商，真正让委员"想法"变成"做法"，变群众"呼声"为"掌声"。

一、围绕"谁来协商"的问题坚持党的领导，选育培优"赣事好商量"人员力量

习近平总书记在中央政协工作会议暨庆祝中国人民政治协商会议成立 70 周年大会上，从八个方面全面总结回顾了十八大以来政协工作的经验成果，其中首要一点就是要加强党对于人民政协工作的领导。党的全面领导是我们政协开展工作、认领职能、发挥作用、服务群众的核心力量和方向指引。没有了党的领导，政协工作犹如孤雁南飞、舟行大海，失去了主心骨、丧失了依靠，必将带来思想上、方向上、行动上和精神上的困惑。因此在新时代下做好政协工作，首要是要坚持党的全面领导，不断加强党对于政协工作的牵引，密切党同政协的思想联系、工作联系和情感联系，把党的领导贯彻到政协工作的始终，强化政协领导、委员和干部的思想理论教育，坚持按照"大团结大联合"这个主题，广泛凝聚人心力量，坚持政治协商为人民，铸牢中华民族共同体意识，做到思想上同党同心、政治上同党同向、行动上同党同行、理念上同党同力，画好政协工作最大同心圆。其次要做好政协委员的界别引入工作，根据全国政协最新确定的 34 个政协界别，积极从中国共产党、各民主党派、无党派人士、人民团体、各少数民族和各界代表、港澳台代表等群体中选优育良，推举优秀人士进入政协，依法担任委员等职务，不断提高政协队伍的纯洁性、先进性和创新性。最后是组织保障，积极向同级党委、政府寻求支持，向上级政协机构寻求指导帮扶，定期向党委、政府汇报协商工作，争取从党委、政府获取对政协工作的直接指导和帮助，推进政治协商同基层协商的融合，不断健全政协基层协商保障机制，让委员发声有底气、有力量。

二、围绕"协商什么"的问题坚持问题导向，充实丰富"赣事好商量"内容支撑

牢固树立协商与民、协商为民的理念，工作中多留意民情民意，多从热点新闻、政策实事等民众关心关切的烦心事、闹心事、身边事入手，提高协商内容的敏锐性、及时性和准确性，围绕企业发展、民生实事和社区治理几个方面同向发力。一是聚焦困扰企业发展壮大的困难堵点问题。依托"三比三争三赛"活动，大力开展入企调研活动，深入倾听企业发展困境，同企业家座谈交流，面对面探讨发展，实打实寻找问题，实地查看企业在用工需求、技术转型、产品销售等方面的情况，针对企业反映强烈的问题，集中收集整理，汇总成册。二是聚焦群众反映强烈的民生热点问题。针对群众生产生活中依存度、关联度高的教育医疗、住房保障、交通出行、养老育儿等问题，加强同卫健委、医院、行政服务中心、交通局、运输局、住房保障和服务中心等职能部门的联系，建立相关的联系协调机制，充分发挥政协独特的政治优势，多方凝聚力量，共同推动问题的快速反映、快速受理、快速解决。三是聚焦社区治理的老旧长烦问题。社区作为社会的最基本组成单元，历来是各类群众意见、纠纷矛盾的集中爆发区，开展政协协商工作，社区是主阵地，要充分激发社区的基层自治能力，以社区为单位，集中受理老旧小区改造、道路改造、消防安全、邻里纠纷等长期性、历史性问题，疏通盘桓在社区和谐治理上的梗阻顽疾，真正将社区治理难题变为政协协商问题，予以重视、积极解决。

三、围绕"怎么协商"的问题坚持平台建设，健全拓宽"赣事好商量"品牌创建

充分发挥政协委员的主体作用，因地制宜，积极探索新时代下政协工作的新机制、新章程、新平台，为委员"为国履职、为民尽责"提供舞台。一是推进"赣事好商量"品牌建设工作。成立由县政协主席、副主席牵头，政协委员、诉求单位（个人）、政府相关职能部门及相关专业人士参加的"主席微协商"平台，采用"群众点单、委员接单、协商解单、跟进查单"的"四单闭环"协商模式，将协商阵地前移到议题发生地，推动政协协商进一步向乡镇（街道）、村（社区）延伸，小范围、及时性、面对面协商，助力问题快速解决。二是建章立制，规范协商工作。下发《关于在全县政协委员中开展"履职为民一起来"活动实施方案的通知》，对活动的原则、主要内容、要求等作出具体的制度性设计，从制度上保障政治协商工作的有效开展。三是扩宽阵地，

开设"十大为民服务岗"。建设上高县政协新时代协商民主实践中心，作为上高县政协委员服务群众、政协机关联络服务委员的窗口。依托现有的党群服务中心、新时代文明实践中心（站、所）等基层阵地建立协商议事室，在县、乡、村居（社区）三级设立委员工作室47个，实现委员与群众面对面、零距离。同时，结合委员、界别特点、优势和资源，创新履职平台，设立若干个界别工作室和委员特色工作室。设立"党员委员示范岗""营商环境民主监督岗""生态环境民主监督岗""就业创业服务岗"等十大县政协委员为民服务岗，组织全体政协委员结合本职工作特点全部下沉到各服务岗，每个服务岗设牵头委员一名、常驻委员若干名、联络员一名。

四、围绕"协商效果"的问题坚持正面引导，积极推动"赣事好商量"作用发挥

针对协商工作中效果发挥问题，坚持以"大宣传"带动"大协商"，对协商工作经进行积极报道，鼓励、引导和支持政协委员多写协商工作的人和事，坚持提高广大社会群体、人民群众对协商工作的认知和认可。其一是及时汇报协商工作。积极向党委政府和上级政协汇报工作，将"赣事好商量"协商过程中解决的问题、遇到的情况及时向领导反馈，既汇报经验做法，也谈不足短板，争取支持。其二是多加宣传，引导全社会关注。向全国、省市县各级政协媒体进行约稿、投稿，宣传协商工作中好经验、好做法、好故事，坚持传递政治协商正能量，不断扩大"赣事好商量"的品牌声音。

五、结 语

人民政协诞生于新中国成立前夕，在漫长的历史进程中，始终同党、同人民血脉相通、心心相系，在建立新中国和社会主义革命、建设、改革各个历史时期发挥了十分重要的作用，是党领导全国人民，践行全过程人民民主的真实写照，历史的实践证明，人民政协制度具有多方面的独特优势，在中国行得通、干得好、走得远。

（杨智清，上高县政协副主席、县工商联主席）

"五子"工作法
让"赣事好商量"在基层落地生根

◎王　芳

　　随着时代的快速发展，人民群众的诉求日趋多元，协商民主成为基层化解矛盾、理顺情绪、凝聚共识、增进团结的重要方式。习近平总书记指出："协商民主是中国社会主义民主政治中独特的、独有的、独到的民主形式。"人民政协作为国家治理体系的重要组成部分，把政协协商的触角伸向基层，是履职为民的重要举措。进贤县政协积极发挥"赣事好商量"平台作用，围绕"协商什么、谁来协商、怎么协商、协商成果如何转化"这条主线，开展"搭台子""定调子""明路子""出点子""有方子"的"五子"协商议事工作法，推动政协协商与基层协商有效衔接，让"赣事好商量"在进贤落地生根，积极助力进贤治理体系和治理能力现代化建设。

一、健全制度机制保运行

　　房子有了四梁八柱，主体结构就有了，基础支撑就稳了。推进政协协商与基层协商有效衔接，需要进一步强化顶层设计，建立固本强基的"四梁八柱"，为政协协商向基层延伸提供可靠的制度保障。

　　（一）探索"赣事好商量"协商平台召集人制度。 在全县范围内设立 23 个政协工作联络组，积极探索建立"党建＋协商"，由各乡镇党委副书记担任组长，负责组织开展"赣事好商量"协商活动。各乡镇党委政府在人员配备、办公场所等方面予以大力支持，正在逐步落实兼职工作人员，乡镇政协联络组实现了从无到有、从初步探索到逐步规范的转变，进一步延伸了基层协商触角，打通了委员履职"最后一公里"，激发了广大政协委员履职的参与率和活跃度。

　　（二）健全"赣事好商量"协商平台指导机制。 依托专委会成立了工作指导组，建立挂点联系工作制度，坚持县乡联动、分类指导、有序推进，成立县、乡两级推进协商工作领导小组，统筹协调和组织本区域相关工作，形成"党政领导、政协搭台、多方参与、服务群众"的新格局，确保乡镇（社区）"有事好商量"协商平台全覆盖，切实把"三有"活动工作室打造成"党委政府'好帮手'、人民群众'连心桥'、委员履职'新平台'"。

二、夯实履职阵地促落实

（一）建好阵地"搭台子"。依托各乡镇现有活动场所和平台，融协商议事室、委员工作室、社情民意联系点"三位一体"，打造了23个各具特色、亮点纷呈的基层"三有"协商议事站，162个居民"三有"协商议事室，面对面收集群众意见建议，建立群众需求导向台账，形成了"收集—协商—办理—反馈"的工作机制，为协商议事"在哪议"搭好台子。

（二）畅通渠道"定调子"。成立以村（社区）党支部书记为组长，政协委员、党员、村民代表等为成员的"协商议事委员会"，依据村级"小微权力"事项清单、群众需求导向台账，建立健全议事协商目录，为协商议事"议什么"定好调子。

（三）规范程序"明路子"。坚持"先易后难、先急后缓"的原则，采取线上线下相结合的方式，规范议事程序，推动"三有"协商议事走快走新。"在线协商"有速度，积极探索县政协"三有"协商与县纪委监委"'码'上监督"平台相互融合促进，以整合资源和力量为切入点，变"各自为战"为"资源共享"，依托其四百多个监督工作微信群、十五万余户群众入群的全域覆盖的巨大优势，快速收集并解决群众反映的"急难愁盼"问题。"现场协商"有温度，鼓励委员走进田间地头、街头巷尾，推动议事协商更加灵活、更接地气、更有实效，切实拓宽了解决群众疑难问题的新途径，切实解决群众"有话无处说、有苦无处诉"的问题，为协商议事"怎么议"明确路子。

（四）激发群众"出点子"。按照"协商在一线"的要求，以"民情夜访""板凳课堂""议事会"等形式开展"小微协商"，通过入户走访、微信群推送、乡村"大喇叭"等形式，倡导、鼓励村民为议事协商建言献策，提升村民参与议事协商的热情，为协商议事"广泛议"出好点子。

（五）成果转化"有方子"。坚持效果导向，形成协商决议或高水平提案、高质量报告、高价值社情民意信息等成果报送同级党委政府和有关部门，建立健全协商议事成果采纳、落实、反馈、公开、评估等长效机制，形成协商议事的完整闭环，确保成果转化落实见效，为协商议事"见成效"开出方子。

三、积蓄政协能量扬优势

（一）"尽职不越位"。在推进政协协商向基层延伸的过程中，一方面县政协充分发挥政协自身的优势，尽职尽责；另一方面又始终坚持党委统筹，坚持党对协商民主建设工作的领导地位不动摇，什么时候都不"越位"，努力推动让"三有"协商工作纳入地方党委、政府的中心工作，充分调动一切积极因素，形成强大的工作合力，真正推动政协协商与基层协商的有效衔接。

（二）"搭台不唱戏"。在开展"三有"协商工作中，县政协始终明确主要任务是搭台，而不是唱戏，"三有"协商向基层延伸，不是要用政协协商取代基层协商，而是通过政协去推动基层协商的开展，对之进行指导，使之更加完善。因此，我们坚持按照"谁负责、谁执行""谁受益、谁监督"的原则，督促基层党组织逐项明确责任主体、工作措施和完成时限，组织群众代表和利益相关方进行事前、事中、事后全程监督，及时反馈协商成果，并以村规民约、会议决议等形式，通过公开栏、微信平台等渠道进行公示，形成协商议事的完整闭环，确保协商事项件件有回音、事事见成效。

（三）"指导不主导"。始终坚持政协组织和政协委员下沉基层，其主要任务是"指导"而不是"主导"，否则"不仅耕不好别人的田，还会荒了自己的地"。一方面指导基层干部群众如何开展协商，围绕群众关心关切的问题，积极组织各个层面广泛参与协商，理性表达诉求，推动形成了群众"善议事、议成事、不找事"的良好社会氛围，形成了多路径收集议题、分层次协商议事、按流程逐步落实的协商民主新格局；另一方面县政协积极指导基层党组织建立符合本地区实际情况、行之有效的基层协商制度和规范，让"赣事好商量"在基层落地生根。

（作者单位：进贤县政协）

深化"龙安协商"
打造沾满泥土芬芳的"赣事好商量"品牌

◎帅式财

近年来，安义县政协贯彻落实习近平总书记关于发展社会主义协商民主重要论述精神，按照全国、省、市政协工作要求，坚持问题和效果导向，发挥专门协商机构优势，结合本县实际，打造了"龙安协商"品牌，推进了协商民主广泛多层制度化发展，为持续拼争"四个第一"，建设"五个新安义"作出了应有贡献。

一、涵养协商文化，让"龙安协商"更有"温度"

广泛宣传协商民主实践，普及协商民主知识，开展协商民主专题培训，推动协商民主进党校、机关、企业、学校、社区，营造有序、有理、有度，相互尊重、平等协商的浓厚氛围，构建"党委领导、政府支持、政协搭台、各方参与、服务群众"的协商民主新格局。坚持协商于民、协商为民，开展有温度的协商，延伸政协协商触角，打造基层协商的"最后一公里"，真诚协商、务实协商，让群众真切感受到政协离自己很近，委员和自己很亲。

二、丰富协商形式，让"龙安协商"更有"广度"

把协商贯穿于履职全过程，积极探索搭建融协商、监督、参政、为民于一体的"龙安协商"平台。构建起县政协全体会议、常委会、委员县长面对面、专委会以及基层"有事来说"协商的"1+1+4+5+N"多层次立体化协商体系。强化各类协商平台间的协同联动、互联互通，增强协商实效。

一是"龙安协商＋大会发言"，坚持全会全面协商，每年大会期间安排6个专委会，精选6篇调研报告作发言，其他4个专委及各参加单位作书面发言。

二是"龙安协商＋常委会议政性重点协商"，每年召开一次，邀请县委书记参加，先后就品牌建设、人才引育等重点议题进行了协商。

三是"龙安协商 + 委员县长面对面",每季 1 次,每年召开 4 次,邀请县长及县政府其他在家领导参会,委员与县长面对面协商。

四是"龙安协商 + 协商式监督",每年安排 5 个专委会,开展 5 次对口协商式民主监督。五是"龙安协商 + 提案办理协商",每年精选 26 件重点提案,由县委、县政府、县政协三套班子领导领衔督办,开展提案办理协商。

六是"龙安协商 + 社情民意微协商",委员及政协各参加单位,为准确反映社情民意开展若干次微协商。

七是"龙安协商 + 有事来说",为推进政协协商与基层协商有效衔接,建立"有事来说"基层民主协商机制,按乡镇(处)每月一次、村(社区)每季一次开展。

八是"龙安协商 + 重要关切通报",为委员履职知情明政,搭建平台。

三、精选协商主题,让"龙安协商"更有"精度"

县委想什么,政协就议什么;政府干什么,政协就帮什么。满足需求侧供给才是有效的供给,按照"党政交题、委员荐题、各方征题、政协选题"思路,围绕县委"四大区域,十大突破行动"战略,制订实施年度协商计划,实现县委中心工作推进到哪里,政协协商就跟进到哪里。先后就"创建一流营商环境品牌""数字经济发展路径探析""破解要素保障难题""促进园区产业转型升级""发展农业特色产业""完善森林防灭火常态化管理体系"开展"龙安协商·委员县长面对面"六余次,提出有价值的意见建议一百余条。围绕"园区企业用工情况""园区企业税收征管情况""古村运营'扭亏为盈'情况""乡村振兴示范村建设与运营情况"开展专项监督活动,指出问题 19 个,并与相关单位深入交流,提出建议 36 条,形成 4 期民主监督专报报送县委,得到了县委主要领导的高度肯定。今年以来,开展"有事来说"协商活动400 次,解决问题 350 件。

四、开展协商调研,让"龙安协商"更有"深度"

"坐在办公室碰到的都是问题,下去调研看到的全是办法。"调查研究是我们党的传家宝,是政协工作的"压舱石",也是政协履行职能的基本功。县政协规范协商流程,要求先调研再协商,不调研不协商,协商课题确定后,首先抽调特长委员和专家组建课题调研组,设立临时党支部,强化党对协商工作的领导,召开课题调研启动会,明确调研方向、方法和路径,奔赴省内省外、县内县外开展调研活动,解剖麻雀，掌握第一手资料，形成调研报告初稿，经课题组多次围读，反复打磨抛光后定稿。先后深入浙江临安、余杭，芦溪、青山湖、铜鼓及县内各乡镇、相关单位开展调研活动 40 余次，提交高质量的调研报告 36 篇，并由县政协班子在县委常委会上 2 次分享外出学习考察报告，真正做到不熟不揭锅、不好不上桌，确保参政参到点子上、议政议到关键处。

五、转化协商成果，让"龙安协商"更有"亮度"

县政协争取县委重视，在全省创新出台了《关于推进政协履职成果转化的实施意见》。要求承办单位对县委、县政府批转的政协协商成果要进行专题研究，明确专人分管，落实专人负责，并在接到承办任务后 90 日内办结。从制度层面，对推进政协履职成果转化的制度、程序、规范进行了统一固化，建立健全了保障机制。"县政协协商有温度、建言有分量、资政有价值，展现的是新作为、新风采，赢得的是好评价、好口碑……"在县政协十一届一次会议上，县委书记谭伯乐对县政协工作进行了高度评价。"课题组把脉问诊开良方，森林防火调研做得实、灭防地图建议提得好，精准点出了当前我县森林防火中的短板不足，听后很受启发，也很有收获"。4 月 28 日，县长罗国栋在县政协"完善森林防灭火常态化体系"委员县长面对面协商会上，对县政协委员发言进行了充分肯定。老百姓呼吁多年的老大桥维修改造、龙津镇花园路和向阳路断头路的打通，期盼已久的文峰历史文化街区的建设，"崇安重义、敢为人先"安义精神的征集、提炼，乡镇教育基金会的设立，无一不彰显了县政协协商成果转化的魅力。

六、提升协商能力，让"龙安协商"更有"力度"

政协工作活力在委员，潜力也在委员。按照"懂政协、会协商、善议政"要求，采取"走出去、请进来"方式，加强委员学习培训，不断提升委员协商能力。通过"政协开讲""书香政协"，拓展新知识新领域，赋能委员协商。开展"潦河之星"人民满意政协委员评先，完善委员履职考核，健全委员管理、联络、考核和奖惩机制，建立委员履职档案，用体制机制倒逼委员参与协商。

（作者单位：安义县政协）

激发基层协商民主的治理效能

◎杨松文

党的二十大报告指出，"协商民主是实践全过程人民民主的重要形式"，要"拓宽基层各类群体有序参与基层治理渠道"。推进政协协商与基层协商有效衔接，要把协商议事平台搭在群众"家门口"，拓宽普通民众、相关利益群体参与协商的渠道，促进协商参与主体的多样化，有效解决基层管理难题，在优化基层社会治理中开辟人民政协新的履职空间。

一、协商内容要回应群众需求

协商内容的确定是整个协商过程的开始，影响着协商的方向和效果。解决群众要解决的问题，是协商民主的根本魅力所在。要坚守人民政协的初心和使命，聚焦群众切身利益，在城乡建设、经济发展、公共服务、民生保障、居民自治、公益事业等方面充分听取群众意见、与群众协商，最大限度将群众关心关注和事关切身利益的事项全部纳入协商范围，从而真正调动和激发群众参与协商的内生动力。一是走访调研常态化。调查研究是党的传家宝，也是政协工作的"压舱石"。要充分发挥政协委员主体作用，提升委员调研能力，开展暗访式、解剖式、沉浸式、立体式调研，让"无调研不协商、先调研后协商"成为委员履职信条。通过走访调研，进一步提升"一叶知秋"的敏锐性，从群众的家长里短、衣食住行、生活环境的细微之处发现问题、了解实情，从而精准聚焦群众"急难愁盼"的问题开展协商。二是意见征集机制化。通过委员活动站、界别联络站等有效载体，让委员走近群众，用真情真意打开群众的"话匣子"，推动察民情、访民意、听民声从"单向被动"转变到"立体互动"。如通过民情沟通会、恳谈会集中听取群众意见；通过征求意见表、问卷调查、信函等形式专题听取群众意见；通过设置征求意见箱、热线电话等随时听取群众意见；等等，畅通基层群众参与公共事务的渠道和途径。三是症结分析根源化。政协人才荟萃，委员大多是各领域的专家，要发挥委员专业特长，定期整理、总结分析各方民意，坚持以"问题导向"引领"协商导向"，在具体问题中由表及里、从浅入深地全面分析，摸准问题的症结根源。要在选题定题上下功夫，挖掘问题背后的共性和深层次原因，坚持与时代发展合辙、与党政决策同步、与民生福祉共振，让小议题凝聚大智慧，通过协商"小切口"解决民生"大问题"。

二、协商主体要汇聚群众力量

要确保"众人的事由众人商量"，谁来协商议事，是基层协商成功与否、效果大小的又一关键。要把协商问题涉及的所有利益相关方都整合进来，还要灵活选择政府相关职能部门代表和相关专家、学者及专业技术人员参加，充分发挥不同代表的政治优势、专业优势、法律优势，由此才能够保证协商问题能充分反映不同参与主体的利益诉求，才能够最为广泛地集中群体智慧，让协商的结果更加符合人民群众的利益。一要突出广泛性和多元性。要扩大社会各界代表和普通群众在基层协商民主活动中的参与面，把基层党组织相关负责人、两代表一委员、经济组织和社会组织代表、志愿者、网格员、居民代表等作为固定成员，建立协商议事会成员库。在此基础上，根据协商议事需要确定相关利益代表、政府相关职能部门代表参与，不限人数和范围，尽量让协商议题中涉及的不同背景、不同利益群体都参与进来，鼓励各方提供多元意见建议。二要突出代表性和均衡性。要发挥基层党组织在协商议事中的领导作用，构建以村（社区）党组织为引领，物业企业、驻区单位、群团组织、社会组织、志愿组织等聚合环绕的组织矩阵，组织动员群众参与民主协商。按照代表性、公认性、稳定性原则，通过党组织指定、提名、邀请，人民群众代表推荐或自荐等多种方式，统筹考虑协商代表的民意基础和协商能力，确定协商人数和范围。三要突出专业性和行业性。基层协商事关民生热点、难点、焦点问题，涉及面广，对协商的专业性和行业性提出了一定要求。要统筹推进人才库建设，通过选聘具有专长的委员、党派成员，以及不是委员的专家学者、资深人士，建立富有政协特色的专家智库团队，为开展协商活动做好人才储备。适应不同专业、不同领域协商任务的需要，分门别类成立智库小组，根据不同议题邀请相关的专家学者和具有实践经验的行家里手参与协商，确保协商科学有效。

三、协商形式要方便群众参与

基层协商的优势在于亲民，拉近了老百姓之间的距离，连接了政府与群众的沟通桥梁，有力推进了基层社会治理的新发展。让群众的积极性、主动性、创造性更加充分地涌流，是基层协商治理的关键。要注重探索群众参与基层社会治理实践的协商场景的建设，建立健全议事规则和决策程序，创新基层协商议事的形式，更好塑造实现基层治理现代化的协商治理浓郁氛围。一是"哪里议"。要通过打造委员工作室、协商会客厅，将平台建设成为学习宣传、了解民意、凝聚共识、服务群众的新阵地，把协商平台搭建到田间地头、百姓家门口，打通委员服务基层、服务群众"最后一米"。此外，还可以充分利用社区党群服务中心和户外活动场所，没有主席台，不设发言席，居民群众团团坐，心里怎么想就怎么说，接地气地解决问题。议事场所的丰富，创新的是形式，增强的是实效。二是"怎么议"。如果没有形成完整的制度程序和参与实践，基层协商就容易流于形式，还会造成资源浪费。要完善基层协商运行程序机制，明确协商的程序、方法、时间、地点等，制订协商参与人发言时间、顺序和要求等规则，给予所有参与者平等发言的机会，鼓励开放性讨论，确保协商"有章法"。还要建立协商过程与协商结果的公开程序，增加协商的透明度和公信力。三是"随时议"。积极探索远程协商、网络议政新形式，构建网上网下同心圆。要坚持线上、线下两条腿走路，在基层协商活动中引导群众尤其是青年群众的参与。组织远程协商会、网络主题议政、线上读书平台等各类协商活动，推动大事小事"云反馈""云互动""云商议"。引导支持政协委员运用"两微一端"关注民生问题，汇集群众意见，打造正能量"大 V"。

四、协商成效要符合群众期望

协商的结果在于应用，应用的结果在于实效。对基层协商民主成效的直接体现，就是对协商成果的转化落实，只有协商成果落到实处，才能及时化解矛盾纠纷。要健全完善协商议事成果转化转办、落实反馈机制，保证协商议事有结果、能落地、见实效，让参与协商议事的委员和群众有被重视的感觉，充分认识到自己建言献策的价值。一是重点在落实。说一千、道一万，协商的成效和价值最终体现在协商成果的转化上，要坚持协商是过程、成果是关键的根本理念，由基层党组织牵头抓总，制订议事协商成果落实方案，逐项明确责任主体、工作措施和完成时限，积极推动相关责任人落实，让议题找得到人、落得下去、成得了事，力争把好事办好、实事办实。二是关键在反馈。要建立协商成果落实反馈机制，对顺利办结的及时总结经验、归档留存，对暂不能办的做好政策解释，不回避问题、不回避矛盾，着力提升群众满意度。并且通过"线上＋线下"的方式，告知群众协商结果及落实情况，接受群众监督，形成协商议事完整闭环，确保协商事项"件件有回音，事事见成效"，鼓励更多的人民群众参与议事协商。三是抓手在评价。按照"服务谁、谁评价"的原则，开展协商成果落实情况评价。

对成效不好、满意度不高的问题，要回炉再办。通过制订明确的评估指标，包括参与者的满意度、协商结果的实施程度、协商议题的相关性等，将基层协商民主建设纳入年度综合考核评价内容，定期评估协商效果，从制度上、程序上保证基层协商"说了不白说"。

（杨松文，青云谱区政协委员，青云谱区岱山街道党工委副书记）

"有事先商量"
是践行全过程人民民主的生动样本

◎刘　凯

人民政协作为专门协商机构，是发展全过程人民民主的重要制度安排。习近平总书记指出："人民政协在协商中促进广泛团结、推进多党合作、实践人民民主，既秉承历史传统，又反映时代特征，充分体现了我国社会主义民主有事多商量、遇事多商量、做事多商量的特点和优势。"

全过程人民民主坚持与时俱进，积极适应形势需要，丰富了政治民主的内容和形式，创新了活动内容和实践途径，譬如协商民主，其包括政治协商等多种形式。人民政协立足自身的性质定位，可以更好发挥专门协商机构在全过程人民民主中的独特优势和重要作用。九江市政协充分发挥人民政协专门协商机构作用，着力探索的"有事先商量"协商民主建设新路径，推进协商民主建设。这是全过程人民民主在地方的一次具体实践，让老百姓看到了民主，参与了过程，得到了实惠。

2019年人民政协成立70周年之际，在省政协试点安排下，九江市就"有事先商量"工作在全市进行了动员部署。三年来，经过全市上下不懈努力，共建设"有事先商量"协商平台1306个，实现全市所有乡镇（街道、园区）和部分重点村（社区）等建有协商议事中心（室）；全市各级协商平台开展协商议事四千三百余次，推动解决问题四千一百余个，形成了"内容丰富、形式多样、程序规范、制度健全、成效显著"的协商民主建设新格局，被江西省委深改委评为全省经典改革案例之一，为省政协"赣事好商量"提供了九江案例。

三年来的实践探索，九江市政协协商民主经验愈加丰富，协商形式不断拓展，制度体系更加完备，为实现全过程人民民主提供了有力途径。"有事先商量"协商民主建设，成了践行人民至上理念的具体实践；成了落实全过程人民民主的重要抓手；成了"赣事好商量"重要组成的工作品牌之一。

一、"沉浸式"的民主体验，彰显全过程人民民主的本质特征

全过程人民民主是一切为了人民、依靠人民、造福人民、保障人民当家作主的民主。"有事先商量"工作作为协商民主的重要渠道和专门协商机构，政协委员作为党联系人民群众的桥梁和纽带，把实现好、维护好、发展好最广大人民根本利益作为一切工作的出发点和落脚点。

"有事先商量"的前提在于有事，即由党委、政府作出的经济社会发展战略决策在推进实施中，事关高质量跨越式发展的大事、要事、重点事，涉及老百姓的难事、烦事、揪心事；核心在于商量，关键在于事先，重点在于基层，坚持大力发展基层协商民主。

"有事先商量"工作中，政协委员、人民群众和利益相关方积极参与，摸索出了一系列经验、形成一整套制度、流程，总结了"提出协商议题、确定协商议题、准备协商会议、组织协商活动、报送协商成果、推动成果落实"的六步协商关键流程等。各界别群众全程参与、了解、分享了民主协商过程，可以通过发表建言、提出意见，与党政部门同志面对面，推动解决普遍关注的社会问题。

实践表明，"有事先商量"工作是在党统一领导下，充分听取群众意见和建议的过程，是广泛达成共识的过程，可以有效克服利益矛盾冲突、政策脱离实际、政策执行偏离等弊端，这是社会主义协商民主的优势，也是全过程人民民主的优势。

二、"制度化"的协商过程，体现全过程人民民主的丰富内涵

习近平总书记在党的二十大报告中指出："健全各种制度化协商平台，推进协商民主广泛多层制度化发展。"总书记的讲话就推进协商民主制度化发展做了明确安排和科学部署。几年来，九江市政协围绕"赣事好商量"品牌打造，提升"有事先商量"层级，坚持"协商于民、协商为民"主基调，不断健全协商民主阵地，持续完善"有事先商量"协商议事制度，因地制宜，建立完善顺民心、合民意的协商制度，稳步推进协商民主向基层延伸。

坚持党的领导。在探索推进"有事先商量"协商民主建设过程中，坚持把加强党的领导落实到工作的各个环节。坚持"建机制不建机构"的原则，各级党委相应成立"有事先商量"协商民主建设领导小组，由党委书记任第一组长，政协主席任组长，党委组织、宣传、统战部门负责同志和政府分管领导为副组长，确保"有事先商量"协商工作始终在党的领导下，由各级政协"主动负责、协调一致地开展"。

注重顶层设计。九江市委研究出台系列专门文件，对"有事先商量"工作做出系统细致的规定，推动政协协商与基层社会治理有效衔接。印发了《关于发挥人民政

协专门协商机构作用进一步加强协商民主建设的实施意见》《"有事先商量"基层协商民主建设实施方案》《"有事先商量"基层民主建设工作手册》等文件。这些文件对试点工作中探索的经验、做法、政策等做了很好提炼，形成了制度规范，为推动这项工作发挥了积极作用。

规范协商程序。坚持"政协搭台为基础、委员参与为特征、规范开展为导向"的工作路径。政协搭台体现在搭建协商议事平台、委员履职平台和协商服务平台。委员参与体现在政协委员是"有事先商量"工作的重要参与者、引领者和推动者，主要角色是"荐题人""主持人"和"监督员"。规范开展体现在突出"议题选择好、商前调研好、充分协商好、转化落实好"的流程标准，做到商量出办法、出共识、出感情、出团结。

为把协商民主贯穿履行职能全过程，九江市政协正完善协商工作规则，提升协商于决策之前和决策实施之中的落实机制，探索政协协商制度化实践的新经验新做法，助推社会主义协商民主的制度效能进一步彰显。

三、"创新性"的平台建设，契合全过程人民民主的时代要求

在全市上下共同努力下，"有事先商量"协商民主建设工作试点目标全面完成，为推进协商民主建设贡献了"九江实践"，为省政协"赣事好商量"提供了九江案例，正在形成"有事先商量"的九江范本，充分书写了"有事先商量"工作的创新价值和时代意义。

成为优化社会治理新抓手。通过深入持续开展"有事先商量"工作，推动了政协协商与社会治理相结合，扩大了基层群众在政协组织平台的有序参与，让基层群众的合理诉求得到了充分表达，既有效地释放了社会压力，促进了社会各方的沟通协调，使党委政府的决策更加贴近群众的愿望。通过这一平台着力解决好了群众的操心事、烦心事、揪心事，更好地为党政分忧、为群众解难，厚植了党执政的群众基础、社会基础。

拓宽反映社情民意新渠道。通过"有事先商量"工作这一独特的、制度化的民意通道，让各界别群众充分表达了自己的利益诉求，让党和政府得到从其他渠道不易听到的意见建议。"有事先商量"工作推动政协工作重心下移、委员力量下沉、协商触角下延，将汇集民意、表达意见、化解分歧、达成共识纳入制度渠道，进一步畅通党和政府的社情民情反映渠道，有效巩固和扩大了党的执政基础。

搭建促进委员履职新平台。政协委员是政协工作的主体，是政协密切联系群众、推动协商活动开展的骨干力量。协商议事工作，在专题协商、对口协商、界别协商和提案办理协商的基础上，为委员打开了一扇"融入基层、融入群众、融入人心"的履

职之门，为委员联系界别群众提供了制度化平台。同时，通过接地气的调研协商，委员能够从中汲取养分、积累素材、提炼观点，有效转化为了高质量的建议、提案和社情民意信息。

形成凝聚各界共识新途径。基层民主协商议事活动，是走好新时代群众路线的创新举措，能够充分反映各党派、团体、阶层和社会各界的愿望诉求，扩大公民有序政治参与，聚合党派、团体、行业、系统等社会各界方方面面的力量，实现社会政治资源的有机整合。同时，协商议事过程成了增进了解、加深理解、消除误解的过程，更有利于凝聚各方共识、推动问题解决。

对照党的二十大精神关于"全面发展协商民主"新要求，下一步"有事先商量"工作将围绕制度化、规范化、标准化的"三化"建设，打造智慧赋能、完善功能、提升效能的"三能"平台，实现为民履职的好渠道、好平台、好载体的"三好"目标，把政协的制度优势转化为基层治理的效能。

四、"聚共识"的工作目标，贯通全过程人民民主的初心追求

在当今信息时代，党和政府依据全过程人民民主要求，需要广泛听取群众利益表达，精确识别群众的利益需求，快速提供可操作的解决路径。在"有事先商量"平台上可以真实反映各界诉求和群众呼声，可以更好实现坚持发扬民主和增进团结相互贯通、建言资政和凝聚共识双向发力。

人民政协作为专门协商机构，是发展全过程人民民主的重要制度安排。坚持和发展中国特色社会主义民主政治，需要不断地推动实践创新和实践进步，同时也需要不断地推动理论探索和理论概括。广大政协工作者的辛苦努力，为深化思想理论认知提供了源源不竭的内容和启示。

"有事先商量"实践探索生动诠释，协商民主是实现党的领导的重要方式，是我国社会主义民主政治的特有形式和独特优势。"有事先商量"工作的深入推进，是中共九江市委把方向、定措施、提要求、保落实的结果。"有事先商量"工作把坚持党的全面领导贯穿工作全过程、各环节，确保正确政治方向。市政协通过发挥好专门协商机构作用，把加强思想政治引领、广泛凝聚共识作为"有事先商量"工作的中心环节，使政协真正成为坚持和加强党的全面领导的重要阵地。

"有事先商量"实践探索生动诠释，"有事先商量"工作是把政协制度优势转化为基层治理效能，推进国家治理能力现代化的有效途径。"有事先商量"的前提在于有事，核心在于商量，关键在于事先，重点在于基层，其工作本质与国家治理现代化的要求高度契合。通过推进协商民主制度化、规范化、程序化建设，使群众通过协

商议事平台"沉浸式"感受民主，实现自我管理，享受协商惠民的良好成效。

"有事先商量"实践探索生动诠释，人民政协立足自身的性质定位，可以更好地发挥专门协商机构在全过程人民民主中的独特优势和重要作用。市政协充分发挥专门协商机构作用，勇于开拓"有事先商量"工作新路径，积极探索政协协商制度化实践的新经验新做法，推进协商民主建设。这是全过程人民民主在地方的一次具体实践，让老百姓看到了民主，参与了过程，得到了实惠。

"有事先商量"实践探索生动诠释，"有事先商量"协商民主建设，有力促进了委员联系界别群众制度机制建设。"有事先商量"工作要求全市政协委员下沉到基层网格，常态化联系界别群众，一方面向群众传递党和政府的声音，另一方面深入开展调查研究，为高质量发展建言献策。在协商议事过程中，委员们很好地了解界别群众思想状态，反映诉求，排忧解难，团结界别群众跟党走。

事实证明，在中国共产党领导下人民政协政治协商工作贯彻落实发展全过程人民民主要求，坚持大团结大联合，坚持一致性和多样性相统一，人民政协协商民主的巨大优势和强大活力必将为全面建设社会主义现代化国家、实现中华民族伟大复兴凝聚起共同奋斗的磅礴力量。

五、结　语

政治协商是中国共产党领导的多党合作和政治协商制度的重要组成部分，是社会主义协商民主的重要形式，是凝聚智慧、增进共识、促进科学民主决策的重要途径。去年，中央审议通过并下发了《中国共产党政治协商工作条例》(以下简称《条例》)。《条例》贯彻新时代发展全过程人民民主要求，进一步明确了政治协商的基本方式、遵循原则、组织领导和协商内容。《条例》把政治协商的基本方式分为政党协商和政协协商。政协协商民主具有政治性、人民性、合作性以及巨大包容性等多方面的特点和优势。当前改革发展稳定任务重、矛盾风险挑战多，人民政协可以充分发挥"有事先商量"协商民主建设的优势作用，坚持和加强党对各项工作的领导，团结教育引导各族各界代表人士，成为在共同思想政治基础上化解矛盾、凝聚共识的重要渠道。

党的二十大报告明确了到二〇三五年我国发展的总体目标。全过程人民民主是中国式现代化的本质属性和重要部分，"有事先商量"工作贯彻发展全过程人民民主要求，坚持大团结大联合，坚持一致性和多样性相统一，坚持与时俱进，积极适应形势需要，丰富了政治民主的内容和形式，创新了活动内容和实践途径。

（作者单位：九江市政协）

加强"赣事好商量"平台建设
推动协商民主深入基层

◎吴　笋

基层工作包罗万象，如何践行全过程人民民主，推动政协协商与基层协商有效衔接、与基层社会治理有机结合，值得探讨。

新农村建设，既要做到巷道统一、楼层统一、坐向统一、排污统一、风格统一"五个统一"，又要因地制宜，突出地方特色，保护古村落群和古建筑；既要求规划设计考虑周全，又要求施工建设规范可靠，更要求后期维护人人参与……村民们不免牵肠挂肚，村干部也是一筹莫展。

革命老区常住人口仅剩百余户，但是当地"红色""古色""绿色"旅游事业发展如火如荼。老房子长期无人居住，有人提议开发民宿。民宿建在哪？怎么建？如何管理？收入怎么分配……难点重重。又有人担心空投入，宁愿房屋闲置，省心又稳妥。村民们意见不一，村集体心有余而力不足，形不成合力……村里干部揪心，老百姓也烦心。

街道开展征地拆迁，给人这样一种印象，就好像不对抗一下这个工作就不能完成，群众不反抗一下合法的利益就拿不到手。基层的同志们都认可这样一个观点，过去计划生育是个挺艰难的事，如今，征地拆迁、清表拆房也成了大家最为头痛的事情。

面对这些基层工作中常见的难题，人民政协作为"专门协商机构"，如何通过加强基层协商民主建设参与基层社会治理，如何通过协商，让人民群众感知公共服务效能和温度的"神经末梢"？是值得深思的问题……

江西省政协积极开展"赣事好商量"协商平台建设，通过政协搭台推进基层协商民主建设，运用好人民政协的优势，调动一切可以调动的积极因素，聚合发展之力、激发昂扬之志，为经济社会高质量发展凝聚强大合力。开展广泛、多层、制度化的民主协商，既能化解矛盾、理顺情绪，又有利于资政建言、凝聚共识，可以做到把人民政协的制度优势，转化为在国家治理体系中参与基层治理的效能。

只是受现实治理的掣肘，"赣事好商量"平台进一步发挥作用与新时代提升国家治理现代化水平中关于人民政协治理作用的需求仍然存在差距，具体存在困境如下。

一、委员作用发挥不足，限于"规定动作"

政协委员是人民政协的主体，政协履行职能的质量高低、作用大小和工作的成效以及在人民群众中的威望如何，在很大程度上取决于委员的素质和参政议政的水平。江西省政协则有 30 个界别，近六百名委员。委员人数乍看比较多，但在实际履职过程中，不乏委员履职不力的情况。

（一）**存在"躺平式"委员**。部分委员或因主观客观原因不积极履职，组织纪律观念比较淡薄、作风散漫等现象。参与协商过程有人到了、思想未到；鲜有提案、更缺乏深度提案；"规定动作"按要求完成了，"自选动作"自动"屏蔽"的情况。

（二）**委员"精英化"程度高**。政协委员除党政机关部分领导外，大都为行业精英。"精英委员"局限性在于群众代表性较弱、非专业领域受限等，并有着自我高人一等意识，很难融入基层中去。

（三）**缺乏"接地气"委员**。政协委员代表的是所在界别，人大代表代表的是所在区域。所以政协委员具有界别性、行业性特点，人大代表具有区域性特点。从贴近基层"接地气"这一角度来看，政协委员中乡镇委员数量少，农村委员更是不足。现实中更需要熟悉基层生活的委员。

（四）**重视委员程度不够**。有些委员所在单位没有很好地落实委员参加政协活动方面的有关权利，致使委员的履职作用难以发挥，打击了委员参政议政的积极性。有些部门单位不够重视委员的履职成果，敷衍塞责，甚至不受理、不答复。

二、下沉田间地头不够，协商"组织架空"

政协委员要深入基层、深入农村，调查研究，建言资政，围绕群众的烦心事、揪心事、要紧事提出议题，广泛开展协商议事，解决乡村治理难题。

作为基层人民政协的生命力在于参与国家治理现代化建设中联系界别群众，起到上传下达、聚集民意的功能。在这一过程中，组织间信任至关重要，一旦组织之间，或个体与组织之间处于不信任状态，就会出现"组织架空"的情况。基层政协治理实践、开展民主协商建设中也存在类似问题。

政协组织在开展"赣事好商量"等协商实践之前，如若深入基层展开调查力度不够，对当地党政中心工作展开调查深度不够，提案缺乏深度和聚焦，会致使商议事项得不到党政支持，反映不了百姓的心声及需求。久而久之，协商机构成为可有可无的存在，出现"组织架空"问题。从而导致出现更多的困境。如，地方党委、政府不重视，失去协商治理的意义，反映事项得不到落实。群众敬而远之，失去聚集民意渠道，协商事项非民之所需。基层政协呈现的"组织架空"现象，会大幅度降低基层政协在国家治理现代化建设中的治理效能。

委员们要专心，将履职触角延伸到人民群众中间，将协商议事会议延伸到田间地头，让群众真正感受到政协委员就在身边、政协协商就在家门口，真正发挥民生议事在基层治理中的作用。

三、协商成果转化不佳，缺乏"闭环问效"

协商成果转化的过程就是协商民主机制建设的深化和完善过程，政治协商成果转化落实得好，更有利于发挥人民政协的优势和作用，更有利于倒逼参加政治协商的主体提出高质量、有水平的协商意见和建议。

基层协商民主建设达到了良好的协商成效，有力推动了政协更好地发挥专门协商机构作用。有效推动协商成果转化与运用，前提是要提高协商建言的"含金量"。协商活动按照精选协调课题、精心组织安排、精细调查研究、精准协商论证的方式，以精细化督办确保协商成果转化落地。

但在实践中也发现，协商的"后半篇文章"是协商链条中的短板，不少协商活动出现虎头蛇尾、一商了之的现象。政治协商"只说不做"的情况时有发生。部分单位推动协商成果转化的积极性不高，往往对协商成果"一报了之"。此外，在成果转化机制建设上存在报送机制不健全、采纳和转办机制不完善等问题，客观上影响了协商成果的有效转化。对协商过程到结果再到群众认可度的闭环问效的缺失，出现在政协"议完了事"、党政领导"一批了事"的情况。

基层政协处于与群众接触的最前沿和第一线，应结合基层工作实际，认真总结基层政协在推进协商民主进程中存在的问题，搞清楚基层政协工作的薄弱环节，充分发挥人民政协在基层协商民主体系中的作用。

（一）精准定位课题，确保基层协商"有事商"。做到协商议题精准，要紧扣实际，回应群众的关切，顺应社会发展趋势，符合党委、政府战略决策的要求；需要提前进行结果评估，判断是否具有广大民意基础，是否能够提出可行性的意见，是否具有采纳落实协商成果的基本条件。

坚持精准协商、靶向议政，确保中心工作推进到哪里、协商工作就深入到哪里，群众诉求集中在哪里、政协履职就跟进到哪里，实现商以求同、协以成事。做到件件有着落，事事有交代，形成闭环管理，扎扎实实做好协商议政"后半篇"文章。

应建立协商议题选择确定的科学机制，综合采取群众选、公开征等办法进行选择。如柴桑区岷山乡通过开展"问需于民、问计于民、问效于民"三问活动，广泛收集意见建议，梳理出道路拓宽改造、河坝护砌、水库清淤扩容、景点打造等项目需求 37 个，参与协商的群众代表踊跃发言，提出了很多可操作性的建议。

（二）完善组织建设，明确基层协商"谁来商"。就目前各地开展基层协商情况来看，政协协商的主体主要包括政协委员、各方面相关单位部门代表、议题相关的群众代表。在协商民主规范性、操作性、针对性、实效性上下功夫，积极促进"协商议事厅"走向科学化、民主化，推动政协协商与基层协商有效衔接，政协协商和基层社会治理有机结合。

强化委员学习培训，教育引导委员不断提高思想水平和认识能力，把事业放在心上，把责任扛在肩上。组织开展政策宣讲、视察调研、协商建言、民主监督、服务群众等活动，推动政协委员强化责任担当，成为基层协商和社会治理的重要一方。

建议协商过程应该邀请与协商议题有直接关系、属于其职责范围、能够也应该解决存在问题的单位部门参与协商。坚持"有事好商量，众人的事情由众人商量"，这有利于了解工作进展情况、存在问题及原因、国家相关政策，为协商提出的建议符合客观实际提供必要保证。委员们要聚焦"急难愁盼"问题，与民协商、为民协商、做到把握内涵能协商、聚焦民生多协商、双向发力善协商。

还应从各行各业发现人才、聚集人才，建立协商专门人才库，加强"精英委员"互联互通互享，邀请专业人才参与协商，增强协商成果的科学性、可行性。

（三）规范议事流程，明确基层协商"怎么商"。进一步健全完善协商议事工作规程，对协商议事的讨论原则、基本程序、交流方式等作出规定。建立完善闭环协商议事流程图，形成"选题、调研、协商、监督"环环相扣的协商体系。

紧扣党政中心重点、群众痛点难点、社会热点焦点选题，基层初筛、部门审核、政协审议后方可定题，做好"确定人员、商前调研"的协商准备，协商中遵循"介绍情况、组织讨论、汇总意见"步骤，事后送成果、监督落实，形成一套完整协商流程体系。鼓励委员聚焦区域发展重点、基层治理难点和群众关心热点，在日常履职中发现协商议题，参与街道社区、乡村收集协商议题，从联系群众中获得选题，并在集思广益基础上确定议题。

把协商议事会开到群众的生产生活一线，引导群众通过协商表达诉求，提升基层社会服务水平，形成了"人人参与、人人治理"的基层社会治理新格局。

（四）拓宽议事平台，明确基层协商"在哪商"。基层协商大部分还是以闭门开会的形式进行，还应不断延伸履职触角，拓宽协商平台。一方面可以打破常规，将协商现场搬到基层、搬到群众当中，邀请政协委员、部门负责人、群众代表一起来协商，政府部门直接倾听群众心声，群众直接了解政府的工作部署和推进情况，促进协商民主更加贴近基层、贴近群众。

因地制宜，议题在哪儿产生，协商议事厅就搭建在哪儿，委员协商建言就跟进到哪儿，坚持广泛参与，体现开放性，注重"遇事多商量"。按照"大事大议，小事小议"的思路，采取"广场协商""田间协商""庭院协商"等方式，让群众就近就地参与协商。

另一方面，可运用新兴媒体，构建信息技术载体，使专门协商机构的作用发挥向网络社会广泛拓展。依托主流网络，拓宽宣传教育路径。依托统战网络，拓宽利益表达路径。依托社会化媒体，拓宽网络协商参与路径。

（五）实行闭环监督，确保基层协商"有效商"。为了从根本上改变协商"只说不做"的局面，进一步增强政治协商成果转化实效，更好助推党委、政府解决问题，必须对协商全过程进行闭环监督，监督的形式主要有四种：一是报送协商纪要，及时了解协商进度；二是函询采纳落实情况，初步了解协商成效；三是组织开展监督性视察，实地具体了解协商成效；四是报送监督性视察报告，对协商成效进行总结。通过跟踪问效，要确保协商"事事有回音""件件有落实"。

习近平总书记指出："涉及人民群众利益的大量决策和工作，主要发生在基层。要按照协商于民、协商为民的要求，大力发展基层协商民主，重点在基层群众中开展协商。""赣事"要商量、"赣事"多商量、"赣事"好商量，充分发挥好政协在基层治理中的重要作用，认真践行"协商于民、协商为民"要求，推动政协协商进一步向基层延伸，在践行全过程人民民主中夯实基层基础、搭建协商平台、发挥委员作用等方面开展有益实践和探索，促进共建共治共享的社会治理联动机制的形成，不断夯实基层社会治理这个根基。

（吴笋，九江市政协委员，民建九江市委会副主委）

推进"有事先商量"基层协商民主建设
化政协制度优势为基层治理效能

◎钟翼有

政协章程指出,人民政协是国家治理体系的重要组成部分。这一论述进一步明确了新时代人民政协在社会治理中的重要地位。近年来,都昌县政协以"有事先商量"基层协商民主建设为切入点,构建协商民主向基层延伸的新机制,探索政协协商同社会治理相结合的新渠道,努力把人民政协制度优势转化为基层治理效能。

一、推进"有事先商量"基层协商民主建设的探索实践

(一)搭建三类平台,打造协商阵地。协商议事是政协协商与基层社会治理有机结合的重要渠道,是推动政协协商与基层协商有机衔接的重要抓手。搭建协商议事平台。按照有场地、有人员、有经费、有制度、有标识、有记录台账"六有"标准,在乡镇、园区和村(社区)建设"有事先商量"基层协商民主议事室 190 个,实现乡镇、园区全覆盖,村(社区)覆盖面达到 53.4%。搭建委员履职平台。推进委员下沉,按照"籍贯回乡、住所回归、工作回流"原则,将住县市政协委员和县政协委员统一派驻乡镇、园区成立"委员履职小组",把"有事先商量"打造成委员履职的舞台。搭建组织协调平台。成立由县委书记任第一组长的"有事先商量"基层协商民主建设领导小组,在乡镇、园区构建了党委统一领导、政协工作联络组协调组织、政协委员示范带头、社会各方积极参与的基层协商民主议事框架,为基层社会治理注入了新活力。

(二)激活三方力量,凝聚协商合力。选好协商参与人,是保证协商参与广泛性、协商议事民主性、协商意见建议可行性的重要一环。立足基层协商力量整合,县政协明确主要由"三类人"参与协商。一是协商议事会议成员。包括联络组成员、派驻委员履职小组成员、"五老"乡贤、群众代表、党员代表、乡镇和村(社区)干部代表、党派团体代表、企业代表、界别人士代表。二是利益相关方代表。坚持"和谁有关的

事就和谁商量"，邀请利益相关方代表参与协商。三是与协商议题有关的专家学者、部门负责人等人员。协商主体来源广泛，体现了广泛参与、多元多层的基本原则。乡镇、园区和村（社区）通过自我推荐、组织引荐、群众举荐等方式，建立相应层级的协商议事人员名单库。协商议题确定后，召集人根据议题需要统筹安排，从名单库中选择人员参加协商议事。

（三）突出三个关键，把牢协商方向。围绕中心、服务大局是政协最基本的履职原则。县政协树立"一线"意识，突出政协工作"议大事、促全局、惠民生"的价值取向，始终把党政所需、群众所盼、政协所能的问题作为协商议事的总要求，力求协商内容对经济社会发展具有战略性、前瞻性的参考价值。一是突出"议"什么事，合理确定协商主题。基层治理所涉范围广，可供选择的议题多而具体。乡镇、村（社区）居民生产生活需求多样、诉求不一，要广泛听取群众心声，着眼群众关心的问题，合理确定协商主题，切实做到与群众谈谈热点事、与群众说说烦心事、与居民议议民生事。比如，万户镇长岭村桥梁衔接问题、周溪镇贝壳加工废料再利用问题、三汉港镇道路急弯死角安装凸透镜问题等，都与群众利益密切相关，通过"有事先商量"得到了圆满解决。二是突出怎么选"题"，拓宽议题来源渠道。基层协商民主议事会的重点在于议，而议事的关键在于选题，科学选定协商议题是协商议事会成功的一项重要前提。乡镇党委、村（社区）党组织可以向协商议事会议压担子，就涉及本区域的改革发展重大事项向协商议事会议交题。可以根据村（居）民来信、群众意见等渠道征题，还可以由派驻委员通过调查、走访荐题，力求议题征集多元化，使协商议题更能反映群众心声。广泛宣传市政协基层协商民主建设工作平台，通过群众扫码提交议题等形式拓宽议题来源，不断拉近协商平台与群众的距离。三是突出"不议"什么事，把准协商议事边界。协商是基层社会治理手段的补充和丰富，应在符合相关政策的前提下开展工作。县政协明确提出"五不议"，即凡有违党的政策、国家法规和政协章程的事项，须村（居）民代表会议审议的事项，属个体矛盾和纠纷的事项，涉法涉诉的事项，现阶段条件下无法破解的事项不列入协商议事范围。除"五不议"之外，凡有利于化民怨、解民忧、聚民心、助民富的事项，均可列入基层协商议事范围。

（四）建立三项程序，规范协商机制。程序和机制是协商民主制度得以实现的重要保证。在工作实践中，要着力在提高协商工作的制度化、规范化、程序化水平上下功夫，认真落实议前调研、会议协商和议后办理程序，推动协商制度更加成熟更加定型，更好地发挥协商民主重要渠道和专门协商机构作用。一是议前调研。"没有调查就没有发言权"。为保证协商效果，在确定议题后、协商议事前，协商民主议事会召集人组织协商人员进行现场调研，把握问题实质、分析研判对策，在协商前做到胸有成竹；与利益相关方沟通，了解双方诉求，排查化解矛盾点，为协商议事做好铺垫。

在调研过程中注重咨询政府部门，为协商意见办理提供政策支持。二是会议协商。会议议程按照提出议题、互动协商、意见修订等步骤进行。协商会议上，联络组组长或派驻委员扮演好召集人的角色，担任会议主持人，组织与会人员就协商议题进行互动协商。会议既要形成"畅所欲言、各抒己见"的生动局面，又要打造"理性有度、合法依规"的良好氛围。尽可能让不同意见充分表达，广泛听取各方意见，形成一致的协商成果。协商频率上，各协商民主议事室原则上每季度开展一次协商议事活动，如遇特殊情况，可随时召开会议。协商未达成共识的议题，经同级党组织批准，可安排再次协商，同一议题协商次数一般不超过两次。三是议后办理。坚持商以求同、协以成事，不能一"商"了之、"说了白说"。协商议事会议协商形成的成果，以协商纪要、建议案形式及时报送同级党组织研究实施。对报送的协商成果，同级党组织要专题研究，提出办理意见，明确办理措施，做到件件有落实、事事有回音。对因政策、客观因素制约暂时难以落实的事项，要及时向有关方面反馈，充分沟通，释疑解惑。县政协会同有关部门，采取视察、调研、座谈、走访等方式对协商成果转化进行跟踪监督评议，促进协商成果"落地生根"，切实做好基层协商的"下半篇文章"，让群众感到协商行得通、很管用。

二、推进"有事先商量"基层协商民主建设的成效及启示

总体而言，2019 年市委政协工作会议召开以来，都昌县政协充分发挥专门协商机构制度优势，推动多元参与、促进协商共治，取得了较好效果。一是浓厚了基层民主协商的氛围。以协商为纽带，引导党政领导深化"充分协商"理念，使"有事多商量、遇事多商量、做事多商量"成为基本工作方式和常态化治理模式，有利于推动基层社会治理在浓厚的协商民主氛围中走向现代化。二是架起了各方良性对话的桥梁。把各方利益诉求表达引导到协商平台之中，让多元主体商以求同、协以成事，有利于消除误解、整合利益、形成共识、汇聚力量，最大限度地减少社会治理中的阻力。三是拓宽了群众参与民主的渠道。积极搭建有效的参与决策、治理的平台和载体，满足不同阶层反映意见、发表观点的强烈愿望，有利于真正实现人民当家作主、维护人民根本利益，构建共治共建共享的开放性基层治理体系。

通过实践探索，我们对县级政协参与基层社会治理有了更深的认识和体会，主要应遵循以下原则。

（一）矢志不渝坚持党的领导。必须把党的领导植根于基层，植根于人民群众之中，在党的领导下组织群众依法管理基层社会事务、依靠群众加强基层社会治理。只有坚持党的领导，始终保持与党委同心同德、与政府同向同行、与社会同频同步，

政协参与社会治理工作才能保证与党的大政方针相一致。

（二）**牢记初心坚持履职为民**。要紧紧围绕群众关心关切，在精准掌握群众需求、健全服务群众机制上下功夫，在帮助群众解决实际困难的过程中，鼓励群众积极参与协商、理性表达观点。政协只有紧密联系群众、广泛代表群众，时刻关注民生、回应群众关切，在参与基层社会治理中才能得到人民的认可和配合。

（三）**与时俱进坚持提质增效**。时代在进步，社会在发展。县级政协参与基层社会治理也要紧跟时代步伐、紧随人民群众需求结构的变化而调整方向、改进方法。要综合运用科技手段、信息技术，丰富履职形式，拓展服务渠道，多维度参与社会治理工作。要串起履职链、成果链，使各项工作有机融合、相互赋能，政协助推社会治理才能更有成效。

（四）**胸怀大局坚持双向发力**。政协作为专门协商机构，聚的是各界精英、商的是党政大事、谋的是民生福祉、为的是广聚人心。只有以包容的姿态、开放的思维，加强与党派团体、社会各界的开门协商，坚持求同存异、聚同化异，才能最大限度增进和凝聚共识。只有加强与界别群众的联系沟通，真心面对群众，真诚关心群众，积极回应群众，才能画出参与基层社会治理的最大"同心圆"。

三、推进"有事先商量"基层协商民主建设的几点建议

（一）**加强自身建设，夯实协商基础**。县级政协工作基础较弱，人员力量不足，在推进协商民主过程中工作力量捉襟见肘。建议积极探索"不建机构建机制"，加强乡镇政协工作联络组建设，由乡镇党委专职副书记担任联络组组长，明确联络组组长为正科级实职，落实必要的工作经费，负责协调管理本辖区派驻委员履职小组，开展本辖区协商民主工作，依托身处一线、密切接触群众优势，积极参与基层治理工作。加强县政协机关建设，落实省委办公厅《关于加强和改进新时代市县政协工作的二十条措施》，适当增加基层政协行政和事业编制，加大政协干部交流力度，激发干事创业热情。

（二）**扩展多元平台，创新协商方式**。积极探索政协协商从会场到现场、从线下到线上协商方式转变，因地制宜、因时制宜搭建线上、线下协商平台，推动协商载体更加便捷、高效。在线下，本着有利于解决问题的原则，可选择在会场、广场、企业、田间地头等地开展协商。在线上，充分利用新媒体技术，探索使用智慧政协 App，开展网络议政和远程协商，组织"线上民意恳谈会""网上议事厅"等活动，以数字政协推动"指尖上的协商民主"。

（三）**推动成果转化，提高协商实效**。健全协商成果报送机制，由专人负责审

核把关协商成果的报送内容，针对调研报告、建议案、社情民意信息等不同类型的成果，对口精准报送至相关的党政领导和部门单位。建立协商成果转化落实制度，能解决的直接协调解决；涉及县级层面的事项由县政协与相关部门协调解决；需要上级层面解决的，通过提案、社情民意信息等方式向上级反映。完善协商成果监督反馈机制，加强对协商成果实效性调研，通过调研视察、访谈走访和与党委、政府督查部门联合检查等方式，及时跟踪了解协商成果落实情况，推动基层协商从"议得好"向"办得实"转变。

（四）加强学习培训，增强协商本领。切实加强委员履职能力培训，在每届开展一次全员培训的基础上，完善委员年度集中学习、常委季度专题学习、机关干部每月主题学习等学习机制，通过省市集中办班、外出考察调研等形式，不断提升委员政治把握能力、调查研究能力、联系群众能力、合作共事能力，做到懂政协、会协商、善议政。建议把新时代人民政协理论纳入各级党校培训范畴，加深各级干部对政协理论的理解，提高协商民主意识。完善委员履职考核机制，把委员参与协商活动情况纳入日常履职管理，每年对委员履职情况进行考核通报，把履职考核情况作为奖优评先、换届提名的重要依据，激发委员参与协商、履职尽责的内生动力。

（作者单位：都昌县政协）

擦亮"有事先商量"湖口品牌

◎刘淑敏

协商民主是党领导人民有效治理国家、保证人民当家作主的重要制度设计。湖口县积极探索基层群众协商议事的新方法、新形式，通过搭建平台、下沉力量、规范程序、压实成效，打造"三化三有"协商议事的湖口特色品牌，形成了"党委领导、政府支持、政协搭台、委员履职、各界参与、有序推进"的基层协商民主新格局。

一、强基础，夯实"有事先商量"平台建设

各级党委（党组）都将"有事先商量"基层协商民主建设列入重要议事日程。明确县协商民主建设领导小组负责组织领导、统筹协调和部署推进全县"有事先商量"基层协商民主建设。实行领导挂点指导工作制度，由县政协领导班子成员分别指导一两个乡（镇）的基层协商民主建设工作。加强部门联动，党委组织、宣传、统战部门协同作战，形成工作合力。坚持一季度一调度，加强督促检查，推进县、乡、村三级工作联动。建立考核考评机制，将"有事先商量"基层协商民主建设工作纳入县高质量发展考核评价内容；将参与基层协商工作情况纳入委员履职考核内容。加强新闻报道和舆论引导，大力宣传"有事先商量"基层协商民主建设的重要意义，营造全社会关心关注、积极参与的良好氛围。

二、接地气，协商在基层议题系民生

（一）**为委员施展作为提供了新平台**。通过"有事先商量"基层协商民主议事平台，委员们能够更多地了解基层实际和民生民情，了解群众关心的热点、难点问题，同时通过面对面协商、心贴心交流，鼓励委员讲真话、道实话，为委员发表意见建议畅通渠道。

（二）**为基层社会治理提供了新力量**。广大政协委员，既有许多来自党委政府

部门的领导干部，他们具有丰富的工作经验和领导水平；又有大量来自各行各业的专业人才和优秀代表，他们具备深厚的专业基础、扎实的专业知识和过硬的专业技能，能够为基层问题的解决提供智力支持。通过"有事先商量"基层协商民主议事活动，能够充分发挥好各类优势，做到广开言路、博采众谋，广泛调研、精准而谋，积极运用好政协的话语权和影响力，谋良策、求实招、建真言、出满力。

（三）为破解群众难题提供了新渠道。基层群众的许多难题，通过面对面协商，能找到有效沟通的契合点，容易达成共识，促进民生实事解决。

三、求实效，擦亮"有事先商量"品牌

"好议题"才有"好成效"。"好议题"是"先商量"的前提和关键。在议题的选定上，按照有利于化民怨、解民忧、聚民心、助民富的原则，聚焦事关湖口高质量跨越式发展的大事、要事、重点事，涉及老百姓的难事、烦事、揪心事。三年来，463 个上会协商的议题，全部实现了"切口小、针对性强、关注度高"的具体要求，确保了协商真为民、商量有组织、议事有方向，极大地促发了参与者的积极性。"先调研"才有"先商量"。湖口县坚持不调研不协商、先调研后协商、没依据不议政。选定的议题，在召集人的带领下，协商议事会成员前期通常都要进行实地察看、走访调研、听取汇报，详细了解与议题有关的情况，再上会进行协商讨论，确保协商议事活动的顺利进行和协商议事会议的成功召开。"真用心"才有"真落地"。"用心"促成每个协商议题成果的落地，成为每个政协人的最大心愿。

湖口县各地上会协商议题，协商议事落实清单全部形成，一批实际疑难问题得以有效解决。既为党委政府问政于民、问需于民畅通了渠道，也为委员融入基层、融入群众开辟了新途径，更为广大群众表达诉求、反映意愿提供了有效平台，使各级协商议事室成了党委政府"好帮手"、人民群众"连心桥"、委员履职"新平台"。

（作者单位：湖口县政协）

做好市县政协协商工作要突出群众切身利益

◎钱星明

党的二十大报告强调，坚持以人民为中心的发展思想。维护人民根本利益，增进民生福祉，不断实现发展为了人民、发展依靠人民、发展成果由人民共享，让现代化建设成果更多、更公平惠及全体人民。

习近平总书记在中央政协工作会议暨庆祝中国人民政治协商会议成立 70 周年大会上的重要讲话，对政协工作提出了明确要求，"越是在基层，党政工作的要事、民生改善的实事、社会治理的难事，与群众切身利益越密切，需要处理的人民内部矛盾也越多，这就越需要发挥协商民主的作用，市县政协越有用武之地。"

市县政协处在联系基层、联系群众、联系实际的第一线，是发挥人民政协专门协商机构作用的重要力量。加强和改进新时代市县政协工作，就是要深入学习贯彻党的二十大精神，深刻领会"两个确立"的决定意义，用习近平新时代中国特色社会主义思想教育引导广大政协委员，不断增强思想自觉和行动自觉，凝聚实现中华民族伟大复兴的强大智慧和力量。

做好市县政协工作，需要紧紧抓住人民最关心、最直接、最现实的利益问题，找准党政所需、群众所盼、政协所能的结合点，选准协商议题，凝聚社会共识，反映社情民意，强化跟进监督，推动政协协商与基层协商有效衔接，坚持尽力而为、量力而行，深入群众、深入基层，把百姓切身利益真正放在心上，着力解决好人民群众"急难愁盼"问题，切实提升委员履职协商水平。

一、找准性质定位，坚持协商在一线

党的二十大报告指出，发挥人民政协作为专门协商机构作用，加强制度化、规范化、程序化等功能建设，提高深度协商互动、意见充分表达、广泛凝聚共识水平，完善人民政协民主监督和委员联系界别群众制度机制。

市县政协作为基层社会主义协商民主的重要渠道和专门协商机构，要准确把握人民政协性质定位，充分利用好政协组织及其协商平台，围绕新时代党的中心任务，把协商民主贯穿履行职能全过程，把各方面智慧和力量凝聚起来，形成心往一处想、劲往一处使的生动局面。

协商民主要向一线扎根，把在基层、为基层、惠基层作为做实协商民主的着眼点和着力点，推动工作重心下移、协商触角下延、委员力量下沉，使政协协商更接地气、更有温度、更受欢迎，实现服务在一线、助力在一线、作为在一线，解决"在哪里协商、怎么组织协商、由谁来协商"的问题，让协商工作更有特色、富有实效。

依托乡镇政协工作联络组、工业园区政协活动组，成立委员履职小组和委员界别活动组，建设条块互补的"委员之家"，增挂"协商议事室"牌子，确定协商场所，制定协商制度，做实协商平台，破解"在哪里协商"的难题。

建立"主席会议成员—专委会—界别活动组—委员—群众"纵向联系、向上拓展、系统指导的网格化工作机制，明确牵头"责任人"，完善协商"责任制"，拉长惠民"责任链"，破解"怎么组织协商"的难题。

邀请政协委员、利益相关方代表、人大代表、党员代表、群众代表，乡镇党政"一把手"和部门负责同志、社会乡贤、农村致富带头人、乡村专业技术人员等参与，最大限度拓展协商议事参与面，推动协商主体从单向延伸走向多层次融合，破解"由谁来协商"的难题。

二、提高议事成效，坚持协调解民忧

市县政协要聚焦专门协商机构主责主业，树牢履职为民理念，守正创新，双向发力，做到协商有影响，实践出成果。无论政协协商，还是基层协商，都要为利益相关方和群众百姓创建协商的平台、畅通协商的渠道，通过完善协商内容、丰富协商形式、健全协商制度、提高协商能力、强化协商效果，鼓励引导广大群众有序参与协商活动，使百姓利益诉求得到充分表达。

尊重群众意愿，始终牢记"民之所忧，我必念之；民之所盼，我必行之"，把群众声音作为协商民主的经常性议题，灵活建立"有事先商量""有事好商量""请你来商量"等协商形式，充分运用"社区议事厅""周末协商室""围庐夜话"等议事平台，方便百姓广泛参与，把群众"大事小情"装在心里，写在履职簿上，刻在工作历程中，力所能及为人民群众办实事解难题，争取每一次协商，都有明显成效。

培植委员为民情怀，提高为民服务本领，实现好、维护好、发展好最广大人民根本利益，发挥委员来自社会各界、联系群众广泛的工作优势，坚持从群众中来、到群众中去，与百姓打成一片，在拉家常、面对面、心连心中，找到解决问题的"钥匙"，打开百姓的心结，消除工作的隔阂。

突出工作特色，彰显工作优势，建立"主席会议成员联系服务常委、常委联系服务委员、委员联系服务界别群众"的"三联系"制度，让协商民主在基层社会治理中扎下根来，实现政协力量向基层延伸，在化解矛盾、凝聚共识方面发挥特有优势，使全过程人民民主在基层落到实处。

三、解决"两个薄弱"，坚持协同补短板

习近平总书记指出，"重点解决市县政协基础工作薄弱、人员力量薄弱的问题。"解决好"两个薄弱"问题，才能更好推动基层协商民主建设，用政协成熟的协商制度，协助党委、政府组织引导群众通过协商解决身边事，让百姓在最熟悉的场合，用最舒适的表达方式，来商议最关心的事情。

解决工作薄弱问题，就是要把协商工作立起来、强起来，成为不可替代。以"不建机构建机制""不增编制搭平台"为工作方向，构建基层协商民主框架制度体系，运用丰富的协商经验、健全的协商机构、灵活的协商方式，为基层协商打造一套行之有效的议事流程和工作规则，构建"党委领导、政府支持、多方参与、群众受益"的基层协商工作格局。

坚持"议题于调研之前，调研于协商之前，协商于决策之前"的原则，站稳人民立场，把握百姓愿望，集中群众智慧，着力打造基层治理协商品牌，选准人民群众受益广、可操作性强的进行开会协商，让议题精准聚焦百姓的操心事、烦心事、揪心事，真正做到协商于民、协商为民。

发挥委员主体作用，按照"懂政协、会协商、善议政，守纪律、讲规矩、重品行"的要求，进一步优化委员队伍结构，不断增强委员政治把握能力、调查研究能力、联系群众能力、合作共事能力。争取省级层面政策支持，配齐配强市县机关工作力量，解决好县级政协"一人委"工作瓶颈，确保基层协商民主正常开展。

推进数字政协建设，立足于全省协同推进，聚焦信息共享、业务协同、工作互通，打造融通省、市、县政协的"智慧平台"。加强"书香政协"建设，开展委员读书活动，加强委员政治教育和学习培训，促进思想水平的共同进步、履职能力的持续提升，更好地服务基层、服务百姓、服务发展大局。

四、把牢政治方向，坚持协力开新局

发展全过程人民民主，保障人民当家作主。协商民主是实践全过程人民民主的

重要形式。进一步明确市县政协主要工作是协商，主要工作方式是搭台，工作主旨是双向发力。协商工作成效怎么样，重点是要党委政府满意、界别群众满意。

市县政协要坚持人民至上，把协商摆在更加重要的位置，聚焦党委政府工作的重点、群众关心的热点、社会治理的难点开展协商，确保每项协商议题选取角度准、条件较为成熟、容易达成共识，综合运用多种履职方式，不厌其烦，不畏其难，持续发力，久久为功，在助推问题有效解决中，充分发挥市县政协的协商平台作用和政协委员联系群众广泛的优势。

把畅通沟通渠道、促进思想交流贯穿基层协商全过程，在上情下达、下情上报上下功夫，增进百姓对党中央政策文件的学习和理解，反映群众所需所想所盼和社情民意信息，为党委、政府科学决策提供有益参考。把增强宣传引导力、融洽党群干群关系、解决实际问题作为协商的重要抓手，做到耐心细致、循循善诱、晓之以理、动之以情，在与群众协商交流中释疑解惑，达成共识，密切感情，增强合力。

创新方式强作风，变"下传"为"下沉"，"走近"还要"走进"，"沉入"还要"深入"，让政协委员更多参与基层协商中来，拉近人民政协与人民群众的距离，为基层协商搭建平台、提供帮助。通过基层协商民主建设，让委员履职由过去间接反映社情民意变为直接参与纠纷调处、矛盾化解，由过去的集中反映变成现在的随时随地反映，推动问题协商解决在基层。

基层协商中一些具有普遍意义，对地方发展有较大影响，或基层协商一时难以解决的协商事项，可以转化为政协协商，从而实现政协协商和基层协商在程序上的双向互动，更好推进社会主义协商民主建设。

做好新时代市县政协协商工作，就是要以党的二十大精神为指引，进一步坚守信仰，坚定信念，汲取力量，扎实履行政治协商、民主监督、参政议政职能，切实做好凝聚人心、凝聚智慧、凝聚力量等工作，认真制订好协商计划，切实保证协商频次，不断完善协商机制，把专门协商机构制度优势转化为基层治理工作成效，以协商工作的积极"有为"，赢得党委、政府重视支持，获得群众百姓满意认可，为新时代新征程强信心、聚人心、筑同心。

（作者单位：庐山市政协）

发挥界别优势　用好议政平台
积极助力"赣事好商量·镇聚力"品牌建设

◎蒋文娇

　　自 2022 年 6 月成立以来，景德镇市政协市港澳台侨和外事委员会围绕"建成用好平台、广泛协商议政、聚力服务大局、广泛凝聚共识"功能定位，做到"有场地、有人员、有活动、有制度、有台账、有展示"，实现"镇聚力标识上墙、工作制度上墙、委员照片上墙、活动情况上网、宣传报道有声"。一年来，围绕委员工作室品牌建设，着力整合委员资源，有力发挥台联侨联界别委员作用，大胆创新工作方式方法，形成了人人参与、共建共享的良好局面。

　　2022 年以来，景德镇市政协港澳台侨和外事委员会按照"一年建成平台、两年打造品牌、三年树立标杆"工作目标，着力提升委员工作室效能，指导委员工作室开展了一系列协商调研、文化交流、商务考察、撰写提案、开展学习培训、志愿服务和收集社情民意等各项履职活动，取得了较好的成效。

一、开展对口协商，聚力优化营商环境

　　2022 年 9 月至 12 月，市政协港澳台侨和外事委员会依托"赣事好商量·镇聚力"台联侨联政协委员工作室，围绕"优化台资侨资企业发展环境，助力台资侨资企业发展"协商议题，深入乐平市、浮梁县、昌江区、珠山区及高新区、昌南新区，实地走访了 23 家台资、侨资企业，召开座谈会 17 场，发现六个方面的问题，并提出了 15 条建议。调研报告得到了中共景德镇市委书记刘锋同志的亲笔批示，大大激发了界别委员履职热情。

二、开展专题协商，助力海外人才引进

　　2023 年 5 月，委员工作室围绕省政协"加大海外人才吸引力度，助力江西高质

量发展"议题，开展前期调研，并组织召集景德镇市各相关职能单位及海外人才代表就"加大海外人才吸引力度，助力江西高质量发展"开展专题协商，得到省政协领导高度肯定。调研组表示座谈会组织到位，海外代表层次高、互动强，发言深刻，会后将把景德镇市的创新举措和实践经验，以及收集到的意见建议吸纳进调研报告当中。

三、开展界别协商，促进海峡两岸交流

促进两岸同胞心灵契合和构建两岸文化共同体，是两岸同胞的共同追求。为此，"赣事好商量·镇聚力"台联侨联政协委员工作室充分吸收委员建议，进一步加强海峡两岸陶瓷文化交流。黎印华委员充分发挥委员主体作用，邀请海峡两岸中华陶瓷工艺美术主题研学营来景开展活动。研学营一行视察了市政协"赣事好商量·镇聚力"台联侨联界别协商工作室，并与界别委员座谈交流，共同探讨依托陶瓷文化资源深化两岸文化经贸交流、搭建联系台联侨联界别群众平台、开展界别活动有效协商议政的思路举措，活动得到中央、省、市级媒体关注并刊发，反响良好。

四、开展联谊磋商，助力贸易兴市

围绕景德镇市经贸兴市动员部署会精神，积极响应号召，邀请阿联酋浙江侨团联合会一行来景德镇市考察交流。侨团联合会一行首先来到景德镇市政协港澳台侨和外事委员会"赣事好商量·镇聚力"委员工作室，与界别委员座谈交流，详细了解景德镇的投资环境和政策。随后，参观了玉风陶瓷、皇窑和云知味等知名陶瓷企业，对悠久的陶瓷历史文化和精美的陶瓷赞不绝口，同时与部分陶瓷企业家进行了充分交流和探讨，并达成长期合作意向，积极助力陶瓷企业拓展海外市场。

五、下沉基层协商，助力乡村振兴

围绕委员提出的"助推乡村振兴"建言，该委与县（市、区）联动，组织市、区两级政协委员走进昌江区丽阳镇山田村调研收集基层社情民意信息，实地查看了山田书屋和山田村 350 亩智慧农田建设情况，详细了解暑期防溺水工作，并与镇、村干部及群众代表面对面进行协商议政座谈，了解丽阳镇在优化营商环境、乡村振兴及基层社会治理等方面需要政协组织和委员呼吁解决的问题。《市政协委员走进昌江访民情、听民意、解民忧》的新闻报道，在学习强国学习平台刊发。

六、开展团结联谊，打造对外交流平台

充分利用台联侨联界别"赣事好商量·镇聚力"委员工作室平台，积极开展青少年陶瓷文化研学、界别团结联谊、文化交流合作、视察考察等活动，接待了来自中央、省级政协领导和全国各地政协领导来景视察考察，如，2022年，省政协副主席谢茹带领省政协港澳委员、特邀海外侨胞代表来此视察；全国政协常委、港澳台侨委员会副主任耿惠昌率全国政协调研组来此考察调研。2023年上半年，全国台联副会长郑平率两岸文化交流研习营一行到此视察；山东省枣庄市政协考察组来此考察我市陶瓷文化情况和政协协商调研的做法。

下一步，景德镇市政协港澳台侨和外事委员会将继续加强组织领导，指导委员开展"镇聚力"履职活动。积极引导委员围绕市委、市政府中心工作和民生热点难点以及委员建言建议，利用工作室平台创新开展学习交流研讨和协商议政活动。围绕广泛凝聚共识，以皇窑台联侨联工作室为媒介，积极加强对外沟通联络，开展文化研学、展示展览、协商交流等活动，为文化交流、联络联谊、招商引资"请进来"搭好平台，提出有价值的决策参考。

（蒋文娇，景德镇市政协港澳台侨和外事委主任）

发挥委员主体作用 助推基层协商治理

◎胡 琛

习近平总书记指出,广大政协委员要坚持为国履职、为民尽责的情怀,把事业放在心上,把责任扛在肩上,认真履行委员职责,全面增强履职本领。王沪宁主席要求,切实提高专委会工作水平,更好发挥人民政协专门协商机构作用,深入开展协商议政活动,着力提高协商质量,在基层协商中增强本领。政协委员是人民政协履行职能的主体,政协履行职能的质量高低、作用的大小和工作的成效以及在人民群众中的威望如何,很大程度上取决于委员主体作用的发挥。在政协开展协商民主的工作实践中,如何充分发挥广大政协委员的主体作用,组织引导委员在各层次、各领域,更有广度、更有深度地参与民主协商的各项活动,从而把各界人士的政见、智慧和建议充分表达出来,切实增强人民政协在协商民主的重要渠道作用,创造性地开展协商民主,是一个系统工程,既涉及委员本身如何增强责任意识、自觉履行职责、积极参政议政的问题,又涉及政协组织如何组织、引导委员发挥作用的问题。

如何在"赣事好商量"品牌和平台建设实践中提高委员参与度和协商能力、更好发挥委员主体作用存在着一些问题,如协商主业意识不强,重本职轻履职的现象突出;委员被动参与活动,联系界别群众和基层一线不紧密;委员服务管理机制不健全等。这些问题解决不好,将直接影响到协商民主工作有效推进。

一、提高素质,筑牢政协委员协商议政的坚实基础

政协工作要靠政协委员来做,政协职能要通过委员参与的一系列活动来实现。政协委员素质的高低,不仅关系到自身的履职能力和水平,还关系到政协工作的质量和实效。政协工作要与时俱进,不断开拓创新,就必须让委员们把"懂政协、会协商、善议政"落到实处,切实打牢协商议政的基础。

"懂政协"的关键在于"知"。要当好政协委员,首先要弄通政协内涵,深入了解人民政协机构性质、特点、作用,弄清组织上的广泛代表性和政治上的巨大包容性、党派合作性、民主协商性。只有准确把握政协的性质定位,立足政协职能,

把握协商原则、特点优势，才能担当使命，扛牢责任。党的十八大以来，习近平总书记提出了一系列关于人民政协工作的新思想、新观点、新论断。作为一名政协委员，要充分认清新形势下做好人民政协工作的重大意义，不断增强履行职能的责任感和使命感。

"会协商"的关键在于"能"。协商能力是政协委员的内核，要增强委员协商能力，就要领悟协商方法载体。从工作特点看，政协不是权力机构，只参政不行政，只建言不决策。作为一名政协委员，不仅要提高政治把握能力，更要克服"本领恐慌"，蓄能充电，增强本领，努力做一名识大局、会协商的政协委员。近年来，乐平市政协通过印发学习资料、举办培训班、组织座谈讨论等形式，强化委员履职能力培训，使广大政协委员能够掌握运用调研、视察、提案、社情民意信息等抓手，围绕全市经济社会发展中的重大问题和人民群众关心的热点、难点问题参政议政，建言献策。与此同时，把握趋势，组织开展一系列学习辅导讲座，为政协委员学习国家大政方针、了解经济社会发展形势创造了条件，提高了委员们的履职能力和参政水平。

"善议政"的关键在于"行"。当前，各级党委、政府正广开言路、博采众谋。作为一名政协委员，要始终不忘使命担当，认真履行职责，善于从党政工作中心的全局着眼，从一件件关于民生和发展的具体问题入手，履职选题契合中心，深入研究，积极建言。近年来，乐平市政协扬优成势，依托"协商民主在基层"议事平台，组织委员围绕村级集体经济发展壮大、乡村振兴、生态富民、设施蔬菜等民生议题，开展了36场基层协商活动。系列活动的深入开展，拓展了委员和群众有序参与民主协商的广度和深度，较好地将群众的利益诉求及时反映到政府相关部门，架起了党委、政府与基层群众的连心桥。

二、拓展渠道，搭建政协委员协商议政的履职平台

知情明政是激发委员履职热情、发挥委员主体作用的前提和基础。政协委员来自各条战线、各行各业，这就要求政协组织必须积极搭建知情明政平台，让委员更多地了解和掌握全局性的情况，为政协委员多建睿智之言、多献务实之策创造条件。

完善情况通报机制，让委员建言更贴"中心"。"加强政协协商与党委和政府工作的有效衔接。健全知情明政制度，相关部门定期通报有关情况，为政协委员履职提供便利、创造条件。"首先，要明确通报内容，凡是政协委员关注的重大问题、决策部署、基层党建、政协提案、协商纪要、调研报告、视察报告、社情民意等采纳落实情况。其次，要定期通报情况。在通报形式上，可召开政情通报会、委员咨情会、形势报告会，视察调研。近年来，乐平市政协注重载体创新，积极为委员搭建知情明

政平台，探索建立了委员列席会议制，不断拓宽政协委员知情明政的渠道。

深入开展视察调研，让委员建言更加"精准"。政协委员受行业限制，隔行如隔山。因此，组织委员进行实地视察调研，能为委员客观看待问题、深入调查研究创造条件，考察调查求深求细，聚焦问题精准发力。近年来，乐平市政协坚持把组织开展视察调研作为提高委员协商水平的关键环节抓紧抓实。每年都会精心选取社会关注、群众关心的重点工作，组织委员开展专题视察。同时，市政协围绕全市发展建设中的大事要事，开展重点课题调研，调研报告有情况、有分析，有问题、有对策，意见建议中肯。近年来，市政协围绕基层治理、生态富民载体建设、历史文化名片打造、废气污染防控等议题，开展调查研究，成效显著。

认真开展基层协商，使活动载体更接"地气"。协商民主作为一种柔性民主，以平等对话、协商交流的方式化解分歧、增进共识，在扩大人民民主中具有独特优势，为基层追捧。近年来，乐平市政协在坚持完善全体会议、常委会会议、主席会议、专题协商、对口协商、界别协商、提案办理协商的同时，搭建了以政协工作联络组为主体的"协商民主在基层"议事新平台，以协商民主服务基层群众、破解群众难题，让协商在基层落实，把协商民主成果兑现给百姓，政协工作更加深入基层、深入一线、深入群众，深得社会各界和基层群众好评。

三、创新活动载体，提升委员履职质效

委员活动的质量直接决定政协履行职能的广度深度。同时，政协委员分布在各行各业，集中活动机会少、难度大。因此，要把握委员构成特点，不断创新活动载体，拓展委员履职空间，拓展委员发挥主体作用的广阔平台。

提高协商活动成效。恳谈会、听证会，是政协履行职能的重要载体，是委员基层协商治理的重要途径。因此，要注重细节，未雨绸缪，精心组织好每次协商活动。依托政协人才库、智囊团，不断创新协商载体，集思广益，提高协商质量。乐平市政协积极推广基层经验做法，就群众广为关注的热点问题举行专题民主议政会、民情恳谈会，更大范围、更深层次、更接地气地开展参政议政和民情民意调查活动。

拓展调研视察新渠道。委员参与调研视察，是委员深入实际、联系群众、反映社情民意、提出意见建议、履行协商监督职能的重要手段。未雨绸缪，视察调研前要热身，组织各类视察活动之前，相关专委会、界别组织应认真组织开展调查研究，摸清情况、分析问题，充分吸纳委员意见，提出对策建议，形成书面调研报告，留足时间让委员发言，避免视察活动走过场。要启迪思路，善借外力，拓宽委员的参与面，努力形成调研合力。当前，政协参政议政遇到的综合性、全局性、前瞻性课题很多，

仅靠专委会骨干力量难以高质量地完成课题调研。因此，在确定调研组成员时，要打破专委会、界别界限，广纳贤才开展联合调研；对一些专业性特别强、政协组织内部力量不够，推行省市政协委员"三级联动"，吸纳专家学者、机构加入。通过广泛深入细致的专业调研，力推一批高质量的视察调研成果，培育基层民主协商治理典型。

创新委员履职新思路。立足委员特长、群众基础、人脉资源，在组织视察调研、督查指导等方面用其所长，下好委员履职活动的"先手棋"。组织委员参加提案办理跟踪督查，把提案落实过程变成全程监督过程，让委员在监督中了解实情、发现问题，更好把脉切诊。深化委员进村社行动，组织全体委员贴近群众，直接了解基层社情民意，为乡村治理提供协商样本，充分展示政协委员风采。探索开展委员述职活动，以专委会、界别小组、镇街工委等为单位，试点开展双述双评活动。社会治理的重点在基层，活力在基层。镇街是国家治理、防范风险的"桥头堡"，乡村基层矛盾多、治理难，协商民主建设尤为重要。提升委员协商能力，让广大委员在参与基层协商全过程熟练掌握协商程序、议事步骤和协商议事载体，更好发挥委员在基层协商议事中的定盘星作用，提升协商议事质效，促进政协协商有效服务基层治理。

精心搭建委员奉献新平台。政协汇聚各路精英，不乏乐善好施、急公好义的委员。政协要因势利导，搭建公益活动信息交流、整合力量、对接协调、引导宣传的平台，催生政协慈善公益式品牌，并依托宣传阵地和融媒体，深度挖掘培育典型，使广大政协委员学有榜样、赶有目标，进一步扩大政协委员知名度和影响力，增强政协委员的整体社会荣誉感。

四、优化环境，激发政协委员协商议政的履职热情

营造良好的履职环境，充分调动委员的履职积极性，是做好政协工作的前提，是推进基层协商民主制度建设的需要。

强化政治激励，增强履职荣誉感。政协委员是一种政治身份。政协委员的履职活动，是一种政治活动。因政协委员参加政协活动，履行委员职责是"额外"政治任务，若缺乏有效激励，一些委员就可能作出弃责从本趋利性选择。因此，为鼓励委员积极履职，应广泛协调推优活动，对履职力强的委员应优先推荐评先评模，授予殊荣等，增强委员的政治荣誉感，使他们感到履行委员职责，既是分内责任，更是社会需要，还能获得政治荣誉。

完善考核管理，提高履职主动性。政协组织要建立完善委员履行职责管理办法，从体制上规范委员的履职行为，激发委员的履职热情。近年来，乐平市政协着力推进履行职能制度化、规范化、程序化建设，建立健全科学规范的委员工作机制、委员履

职活动绩效考评制度,每年年底对委员全年参与政协开展各项活动和履职情况进行综合考评;建立了走访委员制度,实行政协领导联系界别委员走访慰问制度,关注其工作生活情况,帮其解除后顾之忧,激发委员履职热情;建立有效激励机制,每年对履职表现突出、成绩显著的委员给予表彰奖励,营造了有为有位的履职氛围。

强化服务保障,调动履职积极性。要通过多渠道、多方式强化沟通协调,主动争取各级各部门关心、支持政协工作,为政协委员履职创造宽松环境,使其主体作用得到充分发挥。要开展常态化走访慰问、谈心通气活动,固本壮元,活血化瘀,放权松绑。拓展服务领域,努力在感情上亲近委员,在履职上保障委员,在事业上支持委员。全面提高机关政务服务能力、统筹协调能力和后勤保障能力,让委员真切感受家的温暖。

维护民主权利与促进成果转化并重,激发委员履职热情。首先,要理直气壮地维护委员的民主权利。强化宣传引导,增强协商意识,自觉主动支持政协委员依法履职,参与基层协商治理,鼓励引导政协委员在基层协商发表意见,切实保障政协委员开展视察、提出提案、反映社情民意和参与调研的权利。其次,要完善制度,强化委员履职成果转化落实。要完善提案交办、督办及协商办理机制,着力提升提案办理效果。建立完善委员履职成果交办、督办、反馈机制,保证委员意见、建议的有效采纳。将各专委会、界别小组参与乡村治理视察、调研形成的调研报告、意见建议分类梳理,发文跟踪督办,时限办结。同时,对采纳落实情况进行跟踪,及时公布结果,督促抓好落实,使其落地有声。

加强沟通联谊,增强委员凝聚力。首先要切实关心政协委员的工作、学习和生活,帮助他们解决履职过程中遇到的各种困难和问题。完善政协领导、机关干部联系、走访委员制度,坚持定期走访,了解委员在工作和生活中遇到的困难,掌握委员思想动态。建设委员之家,推行委员接待日制、预约接访制,畅通与委员的沟通联系,共同探寻履职路径,及时帮助解决委员履职和事业发展当中碰到的问题,让广大政协委员有"娘家",增强委员归属感,从而增强履职信心,担当履职重任。其次要多层次搭建委员联谊平台。定期组织委员开展多形式的联谊活动,发挥政协人才众多的优势,通过文体活动、演讲会、研讨会等形式,增进委员之间的了解和友谊。支持开展各种沙龙活动,交流事业发展和委员履职经验,寻求相互支持、共同进步的机会。

(作者单位:乐平市政协)

打造"赣事好商量"大平台
催生高质量履职新活力

◎刘新龙

2021年底，江西省政协出台了《关于发挥人民政协专门协商机构作用　推进"赣事好商量"协商平台建设的实施意见》，以"赣事好商量"品牌赋能各地政协协商工作，取得初步成效。作为基层政协，更是直接和基层群众打交道，更能够真实地感受到群众的需求和期盼，通过"赣事好商量"协商平台建设，构建省、市、县政协联动的大格局，从而把"赣事好商量"建设成为政协服务党政中心工作的新平台、委员联系服务界别群众的新载体、群众参与政协协商民主的新桥梁，全面提升政协履职能力和服务质量，促进经济和社会各项事业高质量发展。

一、聚焦群众关心的热点，协商在真

人民政协民主监督是在坚持中国共产党的领导、坚持中国特色社会主义基础上，参加人民政协的各党派团体和各族各界人士在政协组织的各种活动中，依据政协章程，以提出意见、批评、建议的方式进行的协商式监督。这就要求政协民主监督要紧扣基层党委、政府的中心工作，以及人民群众普遍关注的热点问题，积极通过提案建言献策。

（一）**拓宽联系服务渠道，身在基层，画大同心圆**。习近平总书记提出"政协委员要更好联系和服务所在界别的群众"。政协委员是所在界别的代表，广泛联系界别群众，深入了解并反映界别意愿和诉求，是委员履职的责任所在，也体现了政协组织联系群众、团结社会各界的统战性质。作为委员要立足实际、立足本职，尽可能多地联系服务界别群众，将政协凝心聚力的同心圆画大，寻求最大公约数，积极引导所联系会员和群众理解改革、支持改革、参与改革的时代浪潮之中。

（二）**了解掌握社情民意，声在基层，唱响同期声**。基层政协委员都来自基层工作一线，具有界别代表性。界别群众想什么盼什么，基层群众生活还有哪些问题，这就需要委员上接'天线'，对标对表党的二十大精神；下接'地气'，与基层实际工作相结合，倾听百姓所思所想，解决基层所需所盼。委员在界别中熟悉界别内的群众，知道界别内群众的心声，也因为能够说出行话，更容易和界别内的群众进行交流，产生共鸣，形成共识。这就要求我们首先深入基层调研要实。只有深入调查才能了解真实情况，才能言之有物、言之有据、言之有理。只有广泛调查，才能去伪存真，才能以普遍代替特例。其次协商议题要实。协商议题要以群众普遍关注的热点、难点、重点问题为出发点和落脚点，不能只追求数量，更要追求质量，才能以共性代替个性。最后建言要实。只有深入群众进行调查研究，倾听群众的心声，反复和基层群众交流、沟通、商量，才能提出高质量的协商议题和提案。协商议题和提案不能只是提出问题，还要提出解决问题的方法和途径。更不能好高骛远，提一些不切实际，或很长一段时间内无法做到的协商议题和提案。委员们只有带着真情实感用"心"融入群众中去，要"以百姓之心为心"深入界别群众中去，才能了解界别群众的真实想法和愿望，也更能够设身处地地想群众之所想、急群众之所急、干群众之所干，也只有这样，才能和界别群众同频共振，唱响同期声。

（三）汇聚各方发展动能，心在基层，汇聚同向力。 做好委员联系服务界别群众工作，归根结底还是要将政协的政治协商、民主监督、参政议政职能与县域经济发展和社会发展相融合、相促进。要始终坚持发展为了人民、发展依靠人民、发展成果由人民共享的发展理念。委员联系服务界别群众就是要紧扣县域经济这一重点，主攻社会各项事业发展这一难点，聚焦群众需求这一热点，发挥好委员这一独特的人财物等资源优势，汇聚界别广大群众的优势，让广大界别群众参与进来，增强界别群众的支持力度和参与面，凝聚界别群众的最大智慧、汇聚最大合力，团结一切可以团结的力量，使政协界别工作始终紧扣中心、服务大局、关注民生、突出特色，形成政治协商、民主监督、参政议政的良好工作格局，为全面建设中国式现代化江西贡献政协以及政协委员力量。

二、聚焦委员关注的重点，协商在广

2021 年 12 月 31 日，习近平总书记在全国政协新年茶话会上的讲话时指出，人民政协认真贯彻落实中共中央决策部署，坚持团结和民主两大主题，推进专门协商机构各项建设，围绕实现"十四五"良好开局深入协商议政和民主监督，积极反映社情民意，创新履职形式，为党和国家事业发展作出了新的贡献。习近平总书记的这一重要论述为各级政协更好地开展民主监督工作提出了工作要求和行动指南。协商议政和民主监督的重点是党和国家重大方针政策和重要决策部署的贯彻落实情况，协商与监督的目的是协助党和政府解决问题、改进工作、增进团结、凝心聚力。

为此，基层政协要切实把重点协商议题和提案作为"赣事好商量"平台建设工作的出发点和落脚点，通过强化落实和及时跟踪协商议题和提案的办理情况，确保协商议题和提案办理实效明显提高。

（一）**高位推动**。要在主席会议或政协党组会议上对重点协商议题和提案进行专题研究，提出解决方案，落实牵头负责人、专委会和部门负责人。特别重要的协商议题和提案要由主席、副主席亲自带队进行视察督办，要求县政府分管领导全程参与视察，并对协商议题和提案的办理情况进行反馈，对办理不及时、不到位的单位要通过各种途径进行通报批评，并限期整改。

（二）**部门互动**。许多重点协商议题和提案都涉及好几个部门单位，为此要建立部门联动机制，政协分管领导居中指挥，确保各部门既各司其职，又通力合作。在部门和单位中形成"赣事好商量"关系到县域经济和社会发展大局的共识，激发全民参与、全民商量的热情。

（三）**委员联动**。要拓宽监督渠道，创新监督形式，通过组织、遴选政治素质过硬、具有奉献精神的政协委员担任"五型政府"监督员、人民陪审员、特邀监督员、"扫黑除恶"督导员、纪检监督员等，让他们积极参与视察热点难点重点工作，让广大政协委员将"赣事好商量"作为履职尽责的一项重要内容，在政协委员形成"赣事好商量"人人有责任、个个负责任，为"赣事好商量"工作深入开展提供强有力的人财物支持，确保"赣事好商量"走深走实，取得实效。

三、聚焦社会发展的难点，协商在实

人民政协民主监督是我国社会主义监督体系的重要组成部分，是社会主义协商民主的重要实现形式。为此，中共中央印发了《中共中央关于加强社会主义协商民主建设的意见》《关于加强人民政协协商民主建设的实施意见》《关于加强和改进人民政协民主监督工作的意见》等重要文件，对人民政协的民主监督、民主协商等各方面的工作作出全面部署。

"赣事好商量"平台建设就是为了让基层政协工作和政协委员，紧紧围绕县域经济和社会各项事业发展的主题，深入基层，强化调研，掌握社情民意，反复商量，提出真知灼见，开展协商监督，助力全县重点工作加快推进，促进党委政府决策部署贯彻落实。

（一）**要处理好协商与办理的关系**。协商与办理是相辅相成的，缺一不可。协商是实施民主监督的重要途径，也是开展办理工作的重要方式，民主监督就是为了使协商议题和提案得到更好办理，办理的时效、质量如何，又对协商议题和提案具有更好的促进作用。因此，既要在协商议题和提案上下功夫，更要在办理上求实效。要严把办理的质量关，要让基层政协组织和委员们的协商议题和提案切实转换为政府部门解决问题、促进工作、提升质量的成果，让广大基层群众组织认识到"赣事好商量"是大家参政议政、畅通社情民意的大平台，从而激发政协委员和群众的参与热情。

（二）要处理好全部与局部的关系。要将事关经济与社会发展的重点工作作为协商与督办的重中之重，只有解决了"全部"的问题，局部的问题也会迎刃而解；只有抓住难点、重点、焦点问题的"牛鼻子"，才能找到解决问题的关键。与此同时，还要抓小抓早，要将关系到群众日常生活、学习、工作中的小事，甚至少数部分群众身边的"急难愁盼"的事情摸清摸准，提出切实可行的商量办法，让"赣事好商量"得到广大群众的认同，充分体现"赣事好商量"的价值，促使"赣事好商量"平台建设不断得到延伸和发展。

（三）要处理好主角与配角的关系。政府是主角，政协是配角。尽管政协只有政治协商、民主监督、参政议政职能，但是，政协具有各方面的人才优势，可以做到补台和搭桥的作用。只有基层政协系统将"赣事好商量"平台建设融入政治协商、民主监督、参政议政全过程之中，才能够更好地发挥政协组织和广大政协委员的主观能动性，政协组织和政协委员的作用与功能也就会得到显现，才能够促进县域经济与社会各项事业高质量发展。

（作者单位：莲花县政协）

"面对面"共话经济 "实打实"共促发展
鹰潭市政协"三好"打造市委书记（市长）
与政协委员"好商量"新平台

◎艾　程　何江波

中共中央办公厅《关于加强和改进新时代市县政协工作的实施意见》、中共江西省委办公厅《关于加强和改进新时代市县政协工作的二十条措施》明确提出：市县党政主要负责同志每年出席一两次同级政协重要协商活动，听取意见和建议。2022年，鹰潭市政协深入贯彻中央和省委关于加强和改进新时代市县政协工作的决策部署，主动争取市委领导、市政府支持，在全省率先打造"赣事好商量·市委书记（市长）与政协委员面对面话经济"协商平台，分别于2022年7月21日、12月6日邀请市委、市政府主要领导与16名政协委员"面对面"就土地整治、铜产业用电融资、政府投资项目标后管理等方面，共话经济、共促发展，委员提出的一百二十余条意见建议，已得到转化落实的有六十余条，正在转化落实的有三十余条，为推动鹰潭经济高质量发展贡献了政协智慧和力量。协商平台建设成效得到省政协充分肯定，《赣协通报》转发鹰潭市做法至各地政协学鉴。

一、立足党政所需，把好商量的议题"征集好"

（一）**着眼供给侧服务需求侧**。一是把党政所需与政协所能结合起来，就委员发言选题，主动征求市委、市政府主要领导的意见，委员发言材料有4篇来自市党政主要领导点题。二是围绕贯彻落实中央、省委、市委经济工作会议精神和市政府工作报告等，为委员提供24个发言选题参考，确保建言建在需要时、议政议在点子上。三是在坚持发言质量优先的前提下，通过加强指导、定向约稿等形式，保持委员发言主题的广泛性，兼顾数字经济、产业发展、营商环境和招商引资等各个方面，避免发言扎堆或重复。

（二）**规范发言材料报送**。征集发言材料的通知对委员拟提交的发言材料进行了明确规范，要求发言材料力求主题立意清晰，以经济形势政策分析、反映困难问题和提出意见建议为主，其中反映问题重在"见人见事"，所提建议重在"可行管用"，字数控制在 1500 字左右等，严把发言材料的"内容关""体例关"。

（三）把好"三个环节"。一是把好征稿环节，坚持委员发言材料征集"全覆盖"，并提前 5 个月以"委员作业"的形式，发出征集"市委书记（市长）与政协委员面对面话经济"发言材料的通知。二是把好约稿环节，通过"走进委员""主席接待日""配备委员履职助理"等形式和渠道，与委员"一对一"进行约稿，提升委员发言质量。三是把好审稿环节，对已提交发言材料的选题，提出的问题及对策建议进行反复协商对接、研究论证，确保发言材料主题好、问题准、建议实。

二、坚持守正创新，把好商量的事情"协商好"

（一）建言资政和凝聚共识双向发力。一是既虚心纳言，又分享发言。协商会上，市委、市政府主要领导不仅对委员反映的问题、提出的意见建议给予逐一回应，还向委员分享工作体会。比如，听取了委员关于发展数字经济的建议后，市委书记许南吉说：发展数字经济要因地制宜，一要抓存量，把铜产业数字化转型作为数字经济发展的"第一粒"纽扣，以数字化赋能狠抓铜企业技改；二要抓增量，关键是聚焦数字经济相关的制造业，做大产业规模；三要抓应用，坚持市场化的理念，培育标杆性的场景应用企业，增强群众的获得感。许南吉同志的发言，让大家产生强烈共鸣。

（二）既建言献策，又传播共识。会议邀请市政府分管领导专门向委员通报经济社会发展情况，让委员更好地知市情、明政情；中国广播电视总台、新华社、《人民政协报》《江西日报》、江西网络广播电视台、《江西政协报》等媒体纷纷关注报道协商活动，综合浏览量超过 500 万人次，有力提升了政协工作的社会影响力，广泛凝聚了用好政协"话语权"，"说得对"就是"说了算"的新共识。

（三）委员"现场问政"部门。"创新机制、落实责任、保障经费，以土地整治硬成效换取项目用地新空间""眼镜产业的招大引强确实是短板""还是我们绿色发展理念不够"……为提升协商议政质效，凝聚共识共举，协商会议根据委员发言的主题，先后邀请贵溪市、余江区政府和市发改委等 19 家单位的负责同志到会，现场与委员协商互动，逐一回应委员关切，让委员意见建议直达部门。

（四）两级政协联动协商。发挥政协协商履职的整体效能，采取市、区（市）政协联动协商的方式，推动协商平台建设，开展协商活动，先后有两名区（市）政协委员作了口头发言、一名区（市）政协委员作了书面发言，邀请区（市）政协负责同志和部分区（市）政协委员参加会议，最大限度释放了专门协商机构的潜能效能。

三、聚焦协以成事，把好商量的成果"转化好"

（一）**督查监督保障协商成果转化**。市委、市政府主要领导对委员意见建议的落实工作高度重视，要求有关单位就委员反映的问题和提出的建议，逐一列出"责任清单""任务清单""时限清单"，同时要求市委、市政府督查室对委员建议的落实情况进行跟踪督查。截至目前，委员提出的一百二十余条意见建议，已得到转化落实的有六十余条，正在转化落实的有三十余条。比如，针对委员提出的"做强做大眼镜产业"的建议，余江区政府在中童眼镜园区规划用地150亩，用于引进高端光学镜片生产企业；补齐品牌建设短板，推动注册"余江眼镜"集体商标；提升眼镜商贸业发展水平，在成功举办全省眼镜产品订货会的基础上，力争将眼镜产品订货会升级为全国性眼镜博览会。

（二）**协商监督助推协商成果转化**。市政协发挥协商式监督优势，加强与市委、市政府督察室的工作沟通，将委员建议落实情况纳入年度民主监督计划，及时掌握委员意见建议转化和落实情况，对落实不到位的建议，对落实委员建议"打折扣"的部门，开展调研式监督，统一思想、凝聚共识、督促落实，让委员"说了不白说"。

（三）**向上争取扩大协商成果转化**。发挥政协渠道畅通的优势，对委员反映的鹰潭市深化与江铜集团地企合作、峰谷电价政策不合理，以及金融机构对铜产业普遍实行审慎进入和压缩规模的贷款政策等需要省级以上层面解决的问题，市政协一方面通过住鹰省政协委员的议政建言渠道，积极向省委、省政府和省直有关部门反映情况；另一方面把委员有关建议形成社情民意信息报省政协办公厅，争取上级领导和部门的重视。

（艾程，鹰潭市政协经济委员会主任；何江波，鹰潭市政协经济委员会办公室干部）

把握"五要"推动政协协商与基层协商有效衔接

◎黄　　钰　　徐芊钰

党的二十大报告指出：协商民主是实践全过程人民民主的重要形式。基层民主是全过程人民民主的重要体现。广大政协委员来自基层、植根基层、了解基层，关注民生实事，与基层党组织和群众自治组织联系紧密。政协协商与基层协商的共同点较多，推进政协协商与基层协商有效衔接，对于发挥人民政协专门协商机构作用，完善委员联系界别群众机制，推进政协工作向基层延伸，促进基层社会治理，具有重要的理论意义和实践意义。月湖区政协以把握"五要"，全面推进"协商在基层"工作，积极探索政协协商与基层社会治理有效衔接的方式方法，推动新时代市县政协工作上台阶、上水平。

一、坚持党的全面领导，方向要"正"

中国共产党的领导是中国特色社会主义最本质的特征，也是人民政协事业发展进步的根本保证，必须毫不动摇地坚持中国共产党的领导。一是要提高政治站位。要自觉运用习近平总书记关于加强和改进人民政协工作的重要思想武装头脑、指导实践、推动履职。在增强"四个意识"、坚定"四个自信"、做到"两个维护"的同时，围绕"五位一体"总体布局和"四个全面"战略布局，努力把党的主张转化成各族各界人士的思想共识和行动自觉。二是要围绕党委领导。要坚决贯彻区委的决策部署，认真落实党委的工作要求，在履行政治协商、民主监督、参政议政三大职能中，始终保持与党委同心、同向、同行。三是要服务中心大局。采用"党政出题、政协做题、协商定题"的形式，提请党委确定年度协商计划、重大协商议题，确保党政中心工作推进到哪里，政协履职就跟进到哪里。

二、搭建协商平台，服务要"实"

《中共中央关于加强社会主义协商民主建设的意见》提出，要"发挥各协商渠道自身优势，做好衔接配合，不断健全和完善社会主义协商民主制度"。作为专门协商机构，人民政协主要工作是协商，主要工作方式是"搭台"。政协组织要聚焦专门协商机构的主责主业，围绕"搭台—协商"，聚焦搭建协商平台的"主责"，突出专门协商机构的"主业"，寓民主监督、参政议政、凝聚共识于协商之中，丰富政协协商向基层延伸，向网络拓展。

2022 年以来，月湖区政协积极创建"委员工作室"，进一步彰显了政协在基层社会治理中的独特作用。为了确保工作质量，专门组织到我省新余渝水区和湖南石鼓区、南岳区调研学习考察，研究制定《月湖区政协委员工作室建设实施方案》，安排工作经费，明确建设要求，实行全区 143 名委员"全员入室"，以共建、嵌入、融合、联动为主要方式搭建平台，不给基层增添负担。充分发挥"委员工作室"学习交流新园地、联系群众新桥梁、社情民意新窗口、协商议政的新平台和团结联谊新载体 5 个基础性作用。

月湖区政协将委员工作室和协商有机结合，引导委员依托委员工作室收集协商线索，对接"赣事好商量·月（约）你好商量"基层协商平台，开展微协商帮助解决群众操心事、烦心事、揪心事。在这个过程中，协商议题来自群众、协商活动群众参与、协商结果群众监督，既为人民群众有序参与社会治理提供了体制内的新渠道，推动人民当家作主不断落到实处；也帮助党委政府的决策和施策更加顺民意、惠民生、得民心，实现了党心民心同频共振、同向同力，充分体现了协商民主在全过程人民民主中的独特优势。举办"圆梦微心愿"协商议事会活动，形成群众"微心愿"清单，帮助部分困难群众点亮"微心愿"，为民解忧做"圆梦人"，完善"微心愿"机制，确保"微心愿"能够及时有效地兑现，切实为民解难题；丰富"微心愿"内容，推动服务事项从传统的捐钱捐物，拓展到法律服务、健康义诊、教育咨询等各类实事；加大"微心愿"宣传推广，鼓励政协委员积极认领群众"微心愿"，力所能及地为群众办实事、做好事，为增进民生福祉贡献政协智慧力量。

三、明确协商主体，调研要"深"

"无调研不建言""无调研不协商""无调研不提案"历来是人民政协的优良传统，也是走向未来的制胜法宝。习近平总书记指出："人民群众是社会主义协商民主的重点。涉及人民群众利益的大量决策和工作，主要发生在基层。要按照协商于民、协商为民的要求，大力发展基层协商民主，重点在基层群众中开展协商。"推进政协协商与基层协商有效衔接，是为基层群众搭建协商平台，在这个平台上，群众是协商主体，唱主角的是群众。基层政协委员中，大多是有影响、有威望、有专业水准和参政议政能力的代表人士，他们来自基层、来自一线，是行家里手和工作骨干，与人民群众有着天然、密切的联系。他们是参与协商的优质资源，也是引导基层群众开展协商活动的桥梁和纽带。因此，要深入学习贯彻习近平总书记关于大兴调查研究之风的重要论述和指示精神，重点围绕党委关心、群众期盼、基层关注的热点、难点、疑点问题，坚持问题导向、目标导向、效果导向，深入一线、深入基层、深入群众。"蹲下去才能看清蚂蚁"，要力戒形式主义、官僚主义，找准切入点、结合点、着力点，沉下去调查、深下去研究，在基层中寻问题，在群众中找办法，通过调研推动工作落实，察实情、建真言、谋良策、出实招、办实事，形成高质量调研报告和履职成果。

月湖区政协把推进协商议事与"大调研大走访""我为群众办实事"工作相结合，组织委员深入村居、了解民情、问需于民；常态化开展委员接待日活动，通过接待来访群众，加深联系。针对夏季青少年溺水事故进入高发期，区政协各社区举办"预防溺水，'协'手护苗"协商议事会活动，为做好在校生防溺水教育工作建言献策，邀请蓝天救援队为家长、学生讲解防溺水知识，提高群众对溺水等安全事故的防范意识。

四、突出质量导向，协商要"诚"

坚持把质量导向、效果导向放在突出位置，把提质增效贯穿协商的全过程和各方面，不断提高政协建言资政的含金量。要提高基层协商的参与面。保持"眼睛向下"的情怀，倾听各方面的呼声，营建和而不同、聚同化异、协商共治的政治文化。一方面，进一步增加政协委员中基层代表人士的比例；另一方面，邀请相关行业的专家委员参与基层协商，并加大群众参与比例，让更多群众有机会与党政部门领导、政协委员、管理及服务单位面对面，使协商更加体现基层民意。要坚持察实情、谋实策、求实效。把调查研究作为协商议政的基本功，通过实地调研全面了解情况、弄清事情原委、找准问题症结、寻求破解之道，着力提出立足客观实际、基于客观规律、能够付诸实施的意见建议。要增强政协委员协商的才干与本领。引导委员切实提高政治把握能力、调查研究能力、联系群众能力、合作共事能力，熟练运用协商方法和议政艺术，着力打造一支懂政协、会协商、善议政的队伍。

月湖区政协委员工作室设置委员接待日工作制度，定期接待群众来访，委员工作室再根据前期收集的议题，邀请相关社区居民和职能部门负责人到社区进行面对面协商解决。即使非接待日有群众来访，也可以通过社区工作者记录所反映的情况，再向政协委员们反映。把带有"泥土芳香""现场温度"的诉求收集和反映上来，是委员工作室建设以来最直观的显现。一年以来收集社情民意一百六十余篇，其中报送省、市政协社情民意63篇。如《关于农村人居环境整治和提升工作专题调研协商报告》《关于"以网络＋居家"模式打造社区"嵌入式"养老的建议》《关于加快推进"县管校聘"改革的建议》等，教育"双减"、农村人居环境整治和提升、规范发展专业建材市场建设、推进城市"小修小补"便民服务点建设等都得到了区委、区政府的高度重视，有的领办，有些要求督办，委员们提案的"金点子"都化为利民行动，收集的社情民意都得到有效解决。

五、加强制度建设，衔接机制要"紧"

中共二十大报告指出，"健全各种制度化协商平台，推进协商民主广泛多层制度化发展。坚持和完善中国共产党领导的多党合作和政治协商制度，完善人民政协民主监督和委员联系界别群众制度机制。"要让政协协商助推基层治理常态长效，需要不断丰富制度实践，探索构建"政协协商＋基层治理"新模式。

2022 年 12 月，月湖区委办公室印发了《关于贯彻落实〈加强和改进新时代市县政协工作的意见〉的实施方案》，对政协协商与基层协商有效衔接工作提出了更加细化的要求，并明确了牵头单位、责任单位和完成时限。今年以来，区政协通过创新协商方式，拓宽协商渠道，不断提升协商质效，推进基层治理工作科学化水平。加强制度建设，构建衔接机制，每名副主席包联两个委员工作室，各委办下沉联系，协调指导协商议事活动的开展。修订完善了《委员履职工作规则（试行）》《委员履职量化考评办法（试行）》，将委员参加协商议政活动纳入委员履职考核评价标准，不断提高委员履职实效。建立工作联络机制，月湖区 6 个镇、街道党委（工委）的副书记全部为区政协委员，并担任政协基层工作联络负责人和活动召集人，通过党建引领和逐步完善的协商机制，汇聚起了党委牵头、多部门积极配合、政协委员广泛参与、群众主体作用彰显的工作合力，为月湖区基层践行协商民主打下了坚实的基础。

（作者单位：鹰潭市月湖区政协）

深化"赣事好商量+"
推动政协协商向基层延伸

——关于丰富全过程人民民主的实践探索与经验启示

◎黄杨宁

党的二十大报告指出:"全过程人民民主是社会主义民主政治的本质属性,是最广泛、最真实、最管用的民主。"

习近平总书记强调:"人民群众是社会主义协商民主的重点。涉及人民群众利益的大量决策和工作,主要发生在基层。要按照协商于民、协商为民的要求,大力发展基层协商民主,重点在基层群众中开展协商。"

作为社会主义协商民主体系的重要组成部分,政党协商历史悠久,具有高层性、战略性、引领性特点,而政协协商制度化、程序化程度高,两者有着各自的优势与特点。从我国协商民主的起源来看,政党协商与政协协商有着天然的亲近与联系,其可以追溯到 1946 年 1 月 10 日召开的政治协商会议,是根据"双十协定"召开的政治协商会议。而 1949 年 9 月 21 日中国人民政治协商会议第一届全体会议的顺利召开,是政党协商与新政协协商的源头,也是良性互动的成功实践。新中国成立后,人民政协依然就国际国内问题进行广泛协商,中国共产党每有重大决策,必在决策之前或决策实施之中与民主党派进行协商,从此形成了较为稳固的政协协商与政党协商制度。

步入新时代,为适应新形势新任务,省政协自上而下创建"赣事好商量+"协商品牌,全省各市和县(市、区)积极响应,积极作为,不断在丰富协商形式上进行有益探索与实践。以赣州市章贡区为例,在丰富全过程人民民主的实践探索中形成了"三主、四议、五方、六步"的 3456 工作机制("三主"即党委领导、政协主导、群众主体;"四议"即议什么、怎么议、谁来议、议的成效;"五方"即属地领导代表、群众代表或利益相关方代表、"两代表一委员"等第三方代表;六步即收集议题、确定议题、议前调研、组织协商、监督落实、成果转化的协商议事工作流程),初步构建了"党委领导、政府支持、政协搭台、各方参与、服务群众"的协商议事新格局。

一、要拓展"协"的形式，在搭建政协协商平台上下功夫

随着城市化进程的加快，城市新居民来自五湖四海，原有的乡规民约传统被打破，乡镇（街道）、园区企业矛盾纠纷频发，社会治理面临着诸多新挑战。政协协商向基层延伸意义重大，也大有可为。

章贡区政协在区级层面经常性开展专题协商、对口协商、界别协商、提案办理协商，切实发挥政协协商平台的作用，增强建言资政的靶向性和实效性。但乡镇（街道）、园区企业政协工作相对薄弱，政协协商活动开展较少，也不够规范。为此，自2021年10月起，章贡区坚持群众在哪里，议事室就建在哪里；群众有什么需求，就商议什么样的主题。按照"一室多用"原则和"有场所、有标志、有设施、有制度、有专人负责、有活动档案"标准，依托原有的"委员之家""统战之家"等功能室搭建了"赣事好商量·虔城协商"议事平台，实现了镇（街道）全覆盖、村（社区）、企事业单位全面推行。目前，已高质量建成"赣事好商量·虔城协商"议事室54个（其中镇、街道议事室10个，园区企业议事室2个，村、社区议事室42个）。通过搭建基层协商民主平台，推动了政协工作重心下沉、阵地前移，让委员"身入"基层、"心入"群众，让群众更加了解政协，切实感受到政协协商的温度和成效。

启示：党的领导是根本。为加强和改进政协协商民主工作，章贡区政协主动向区委汇报，先后出台《关于进一步加强政协工作充分发挥政协协商民主重要作用的实施意见》《关于新时代加强和改进人民政协工作的实施意见》《章贡区贯彻落实关于充分发挥政协专门协商机构作用推进全市基层协商民主建设的实施意见（试行）工作方案》等文件，为推动"赣事好商量·虔城协商"议事室建设奠定了坚实基础。区委还将推进基层协商民主工作列为2022年度重大改革任务，并在区、镇（街道）、村（社区）三级建立基层协商民主建设领导小组或议事领导小组，党委主要领导任第一组长，为推进基层协商工作提供坚强领导和组织保障，有力保证了协商议事活动不偏航。

二、要体现"商"的精准，在突出政协协商重点上求突破

政党协商、人大协商、政府协商、政协协商、人民团体协商、基层协商以及社会组织协商这七种渠道，在明确了各自的独立性和多样性的同时，指出各种渠道应发挥自身优势，做好衔接配合。在章贡区协商议事建立初期，一度出现协商议题空泛、涉及面狭窄，甚至出现政协协商"包罗万象""包打天下"的情况。

人民政协作为专门协商机构，协商议题应以"围绕中心、服务大局"为原则，

注重从党委政府中心工作、社会发展重大命题和群众普遍关注问题的结合点上，选择综合性、全局性的课题协商议政，更好地服务党政决策，回应群众期待。为此，区级层面要通过会议协商、对话协商、网络协商、微协商等区级协商平台，围绕党政重视、社会关注、群众关切等重大问题开展协商；镇（街道）级议事室围绕本辖区内重点工作、重大项目以及人民群众反映强烈的民生问题开展协商；村（社区）级议事室围绕本村（社区）产业发展、乡风文明、基层矛盾化解等问题开展协商；企事业单位则围绕本单位重大决策、重大事项、劳动关系等问题开展协商。

2022 年 4 月起，章贡区派出 6 个"副主席＋专委会主任"分赴各协商议事会开展指导组。以镇（街道）联络组为单位，将 214 名政协委员分成 10 个组，下沉镇（街道）、覆盖 140 多个村（社区）和企业，开展政协委员网格化挂牌联系，带动基层群众由"观察者"向"参与者"转变。组织政协领导干部、政协委员"进企业、进社区、进学校、进乡村，联系群众"的"四进一联系"和"访党员干部、访乡贤能人、访乡村农户，问计于民、问需于民、问政于民"的"三访三问"活动，推动政协委员由"协商者"向"推动者"转变。从活动中收集到 2000 个建议议题，经过各协商议事会的遴选，最终选取了电梯加装、马路经济、章江新区义务教育均衡发展、乡村振兴产业扶贫、壮大集体经济等 167 个事关群众"急难愁盼"和经济社会发展重大课题作为协商议题。

启示：协商为民是前提。各议事室应遵循"大事大议、小事小议"原则，广泛深入基层，了解群众所思所盼，始终把人民群众对美好生活的向往作为协商建言的出发点和落脚点，聚焦"七个位"等民生实事做好工作，做到议题契合基层所需，也符合区域地方发展所需，才能到达"群众协商意愿强，委员参与热情高，政协协商效果佳"的目的。

三、要强化"建"的质效，在落实政协协商成果上再提升

服务全面建设社会主义现代化国家，对政协协商能力提出了新的更高要求。章贡区搭建协商议事平台的初衷是给利益各方提供一个平等对话、深入交流的平台，用专业的协商理念去对参与协商的各类主体进行引导，而实际工作中，出现协商过程中给出的承诺答复在具体办理中因种种原因被拖延打折扣的现象，特别是在意见落实的反馈环节，还没有形成像政协提案答复这样的规定和标准，容易出现重协商、轻落实的现象，既打击了委员、群众的协商积极性，又影响了政协的公信力。

为确保协商成果落到实处，见到实效。章贡区政协积极探索建立健全协商成果落实、反馈、监督机制，采取三种形式抓实协商成果转化。一是现场转化。坚持先调研后协商，确定协商议题后，组织参与协商人员围绕议题进行深入调研了解情况并精

心组织协商活动，重要议题还邀请区政府分管领导参与调研，充分听取各类协商主体意见建议，推动达成共识，及时将协商报告报送党政及有关部门办理。二是合力推动。对协商过程中群众反映的事关全局性的重点难点问题，发挥政协三大职能优势，采取民主监督、调研视察、民主评议、社情民意等"组合拳"，力促问题解决，确保协商成果落地见效。三是监督考核。以"党委加强对政协工作的领导"综合考核为契机，把政协提案、社情民意、协商成果等协商成果的落实，纳入全区综合考核之中，与全区中心工作同部署、同落实、同考核。此外，还强化质效评比，由政协办联合"两办"督查室开展基层协商议事室建设推进情况流动现场会，评选先进议事室、精品议事室，并予以扶持奖励，营造了比学赶超、争先创优的良好工作氛围。

启示：凝聚共识是基础。要在协商前，开展广泛而深入的调查研究，认真剖析矛盾焦点和问题根源，通过"一事一议"，小切口"破题"。要选派专业能力强、参政议政水平高，善于做群众工作的政协委员。要让协商主体都有话语权，只有破除了"九龙治水"，达成的协商共识才能落地，激发了基层各方的参与热情。

四、要彰显"专"的特色，在培育政协协商文化上有创新

习近平总书记指出："有事好商量，众人的事情由众人商量，是人民民主的真谛。"培育协商文化，对于营造协商氛围、提升协商质量、凝聚协商共识都有十分重要的作用。没有协商文化的滋养，专门协商机构建设就会失去根基和可持续发展动力。但在县（市、区）级政协，在乡镇（街道）、园区企业几乎没有专职机构和人员编制，绝大多数是以政协联络组的形式存在，联络组组长一般由党工委副书记或统战委员兼任。基层一线工作繁杂琐碎，基层干部工作量大、压力大，政协协商文化的构建一定程度上与联络组组长对工作的主动性、积极性有较大关联，政协协商的文化培育参差不齐，且任重道远。

如何培育与新时代新任务相适应的政协协商文化，也是当前江西省政协系统亟待强化的一项重要工作。结合全省政协实际来看，一是要培育相互尊重、平等协商的文化氛围。政协协商不是单向的灌输说教，只有通过良性互动、层层深入，才能达到以理服众、以商求同、凝聚共识的目的，保证参与者特别是少数意见的支持者能够平等发表意见建议，所提意见建议都能得到平等对待，促进不同思想观点的交流交融。二是要遵循规则、有序协商的文化。政协协商是严肃的政治生活，必须避免协商的随意性，促进协商活动活跃有序、有效规范，让"协"有依据、"商"有规矩，使协商主体既畅所欲言又依章依规表达自己的意见建议，切实提升政协协商的制度化、规范化、程序化水平。三是要体谅包容、真诚协商的文化。政协协商目的是通过协商求同

存异、聚同化异，倡导平等相待、合作共事、体谅包容、求同存异，坚持"不抓辫子、不打棍子、不扣帽子"的原则，做到增进一致而不强求一律、尊重差异而不扩大分歧、包容多样而不丧失主导，通过真诚协商，促进各党派团体和各界人士实现思想上的共同进步。

启示：健全机制是保障。一是镇（街道）政协工作机构无专职人员。江西省大部分县（市、区）虽在各镇（街道）设有政协委员联络组，但联络组组长由镇（街道）党（工）委副书记兼任，也没有配备专职干部负责联络组日常工作，不利于工作开展。二是协商议事平台保障机制不健全。省政协要加大对基层协商议事平台的督促指导，在议事室人员、经费、场所等"硬件"投入和协商议事制度、频次、成效等"软件"设施方面给出指导意见，努力形成主体多元、内容丰富、形式多样、制度健全、成效显著的全过程人民民主新气象。

（作者单位：赣州市章贡区政协）

在履职为民新实践中彰显
"赣事好商量"特色优势与品牌功能

◎易　战

习近平总书记在中央政协工作会议上强调，要坚持人民政协为人民。人民政协要把不断满足人民对美好生活的需要，促进民生改善作为重要着力点，倾听群众呼声，反映群众愿望，抓住民生领域实际问题做好工作，增进人民福祉。当前和今后一个时期，人民政协尤其要抓好发挥专门协商机构作用，加强思想政治引领，广泛凝聚共识，强化责任担当。党的二十大报告也指出"协商民主是实践全过程人民民主的重要形式"，要健全各种制度化协商平台，推进协商民主广泛多层制度化发展，完善委员联系界别群众制度机制。2021年区政协换届以来，在中央、省市政协工作会议和中办《关于加强和改进新时代市县政协工作的意见》精神指导下，作为县级基层政协组织，袁州区政协积极探索，努力实践，为政协委员联系服务基层群众、践行履职为民宗旨构建起了更加科学有效的履职平台——"赣事好商量　画好同心'袁'"政协基层协商议事平台。现就如何更好地坚持履职为民，让老百姓和各界人士积极参与，全面彰显"赣事好商量"特色优势与品牌功能，而借助"观点＋案例"进行一些思考和探索，力求进一步创新发展、丰富实践。

一、坚持履职为民，让老百姓和各界人士积极参与协商议事，是发挥"赣事好商量　画好同心'袁'"平台作用的前提条件

习近平总书记在中央政协工作会议上强调："人民政协要广泛联系和动员各界群众，协助党和政府做好协调关系、理顺情绪、化解矛盾的工作。要鼓励和支持委员深入基层、深入界别群众。"因此，在新时代下，坚持履职为民，让老百姓和各界人士积极参与政协基层协商议事，具有实践上的必要性和时间上的紧迫性。党的二十大报告提出，当前我国发展进入战略机遇和风险挑战并存、不确定难预料因素增多的时期，老百姓在就业、教育、医疗、托育、养老、住房等方面面临不少难题，改革领

域利益调整、意识领域思想多元、城乡区域矛盾凸显、各界群众诉求增强等问题频繁发生在基层、困扰着基层。

人民政协作为专门协商机构，是发展全过程人民民主的重要制度安排。不仅要健全各种制度化协商平台，搞好本渠道的全委会协商、专题协商、界别协商、对口协商和提案办理协商等经常性协商活动，而且还要推进协商民主广泛多层制度化发展，也就是要通过制度的完善创新和地方政协的基层一线实践，努力深化协商平台发生发展的规律性认识。结合近些年来中心城区各街道"有事好商量"政协委员协商室平台建设的实践经验，我们从老百姓和社会各界人士观点出发，实现"有事好商量、众人的事由众人商量"，构建起协商在基层、经常性联系渠道和好商量工作平台——"赣事好商量　画好同心'袁'——政协基层协商议事平台"。积极探索"培育公民协商意识、创建开放协商模式、提升群众等各方参与主体协商能力、有效转化落实协商成果"等路径，有效激发基层群众等协商参与者的积极性，促进从以往的"请我协商"向"我要参与协商"的快速转变。

近年来，袁州区先后设立的"政协委员协商室""党员委员工作站""区政协委员基层协商议事平台"生动地诠释了专门协商机构的独特作用。尤其是 2021 年 11 月创建的"区政协委员基层协商议事平台——乡镇街道活动站"，其具体做法是采用选、调、配、吸的方式将全区 346 名委员分组下沉到 33 个乡镇街道（园区）协商议事平台，征集选定协商议题，按照"十步工作法"程序进行活动。由于它所关注的困难和问题大多在基层乡镇村组、街道社区，在进行议题协商活动的过程中，往往要让老百姓和各界人士积极参与，通过众人都在现场开展活动来推进。"协商议事平台——乡镇街道活动站"协商由县级基层政协来搭台，它培养了基层乡镇村组、街道社区群众的协商习惯，并对基层协商形成了示范效应，从而促进了政协协商的制度化、规范化。同时，所收集的意见建议的办理、成果转化落实需要政府相关部门单位的支持和配合，需要委员、政府相关部门单位和基层群众积极参与，面对面协商、零距离交流互动以寻找最佳解决方案。其间，"赣事好商量　画好同心'袁'——区政协委员基层协商议事平台乡镇（街道）活动站"的平台作用频闪。它将政协协商、基层协商、政府协商有机地融为一体，进一步加强了政协、政府与基层群众的互动。譬如，乡镇（街道）活动站的委员们情系民生，深耕问计，下情上达，通畅渠道，使那些滞留基层、散落民间的意见建议得以充分表达，广泛凝聚了共识，形成了《"乡村振兴"要统筹建设形成合力》《乡村建设应注意"留住乡愁"》《一纸社情民意擦亮宜春全国文明城市创建底色》等协商成果，以社情民意信息、舆情反映被党政采纳，建言被《人民政协报》《江西政协》入编采用，大大提振了委员履职为民、为民发声的底气。

二、坚持履职为民，将政协协商纳入党委、政府工作总体部署，是发挥"赣事好商量　画好同心'袁'"特色优势的组织保障

党的十八大报告第一次提出了"充分发挥人民政协作为协商民主重要渠道作用"，这是历次党代会对社会主义协商民主最富有新意、最具有高度的论述。协商民主是实现党的领导的重要方式。党的二十大报告继而强调："坚持党的领导、统一战线、协商民主有机结合。"政协既要充分发挥自身作为我国协商民主重要渠道的优势，更要坚持党委统筹。只有将这项工作纳入党委、政府工作的总体部署，才能充分调动一切积极因素，形成强大的工作合力，真正推动政协协商在基层的有效开展，履职为民、参政为民也才能得到真正体现。

人民政协的协商民主是一个有机联系的制度体系。在这一制度体系之中，党委主导是前提，是保障和关键；政协主动是内功，是智慧和助推剂。坚持党的领导不是一句空话，它要通过一系列的制度安排来实现。要按照党委"把政治协商纳入决策程序"要求，将政协协商纳入党委的议事规则和政府的日常办文办事程序。要坚持做到"党政中心工作推进到哪里，政协工作就跟进到哪里，协商民主就开展到哪里，各方力量就凝聚到哪里"，始终贴牢中心，把牢政协协商的正确方向和跟进重点。

近几年，袁州区委十分重视年度协商计划的规范性建设，按照"把政治协商纳入决策程序"的总体要求，建立党委牵头协商机制。2018年以来，连续6年以区委办、政府办和政协办文件出台"年度协商（监督）工作计划"，对需要开展协商的重大事项提前作出规划部署，并转发各部门单位、乡镇街道贯彻执行。每届召开1次区委政协工作会议，号召全区各级党组织统一思想，聚焦"作示范、勇争先"目标定位，以高度的责任感和强烈的使命感推动全区政协工作高质量发展。最近，袁州区政协提请区委出台"区政协成立委员联合党委和联合党支部"相关办法，对政协党建工作存在着的"无覆盖党员委员"问题，专门出台办法加以改进，计划按"一方隶属、双重管理"的办法，将政协党员委员编入功能性党支部进行管理，实施党委委员联系功能性党支部、党员委员联系党外委员的措施办法。

通过从理论上的深入研究、实践上的大胆探索，袁州区政协在协商议事机制制度建设上实现了创新突破。一方面，坚持党的领导有了组织保障。譬如在袁州区，乡镇街道的委员履职活动小组组长由党委副书记兼任，这一制度安排保证了政协协商在基层工作在党的领导下有序开展。还将推进政协工作纳入乡镇街道工作考核，赋予协商在基层工作以强劲的动力。另一方面，党的领导在协商过程的每一个环节得到了充分体现。协商议题报基层乡镇街道党委（党工委）同意，协商议事活动邀请基层乡镇街道党委（党工委）参加或由基层党组织主持，协商议事活动结果报基层党组织批准

后组织实施，这些措施办法和制度机制为"好商量"特色优势的发挥和工作开展提供了强有力的组织保障。

三、坚持履职为民，围绕群众的"急难愁盼"层次联动开展协商，是发挥"赣事好商量 画好同心'袁'"品牌功能的重要抓手

党的十八届三中全会指出："社会主义协商民主是我国人民民主的重要形式，是党的群众路线在政治领域的重要体现。"科学阐明协商民主与群众路线的关系。党的二十大报告指出，坚持人民政协为人民。人民政协要把不断满足人民对美好生活的需要、促进民生改善作为重要着力点，倾听群众呼声，反映群众愿望，抓住民生领域实际问题做好工作，协助党和政府增进人民福祉。同时，报告强调，人民政协要广泛联系和动员各界群众，协助党和政府做好协调关系、理顺情绪、化解矛盾的工作。要鼓励和支持委员深入基层、深入界别群众，及时反映群众意见和建议，深入宣传党和国家方针政策。

县级政协作为人民政协的基层组织，直接面对基层群众，面向具体的群众工作，要发挥好作为协商民主的重要渠道作用，必须践行群众路线，坚持履职为民，围绕基层群众的"急难愁盼"问题，充分履职。层次联动开展协商于民、协商为民，在协商活动中努力扩大人民参与，充分发挥"赣事好商量 画好同心'袁'"品牌功能，让更多的普通群众和社会各界人士参与到政协协商议事活动中。实践证明，发挥好"赣事好商量 画好同心'袁'"品牌功能，就是要通过身处基层、面向群众的县级政协组织，作为县级党委政府沟通联系各界群众的桥梁纽带、基层协商民主的重要渠道，协商解决基层群众身边迫切需要解决的"急难愁盼"的具体事情。否则，没有普通群众参加的"好商量"政协协商就成了无源之水、无本之木。事实上，政协委员来自社会各界别群众，接地气、贴民心，紧密联系群众，层次联动开展协商、民主议事，以真心换真话、摸实情，以虚心换智慧、得办法，才能真正彰显"好商量"的品牌功能价值，进一步体现民意、符合民情、彰显民愿。同时，协助党委政府更好地关注民生、服务和改善民生。

在"赣事好商量"政协委员基层协商议事的过程中，我们应加强与省、市、县（区）各级政协组织之间的联动。一方面，要在推进"赣事好商量"政协协商过程中，针对不同层次的地方政协，其基层协商所发挥品牌功能、平台作用的方式应该有所差异。譬如，近年来，浙江政协在制定"民生议事堂"平台建设的指导意见时，没有"一刀切"地要求全省的各市县政协将委员直接进城乡（镇）村组社区，而是充分考虑市县基层政协组织"两个薄弱"的现实情况和历史延续性，在既有的乡镇街道多层次民生

议事堂和政协委员履职活动小组的基础上，稳步推进城乡（镇）社区层次的政协协商驿站工作。又譬如，对于乡镇街道和村组社区这两个层次的基层协商，政协的参与方式是有差别的。在乡镇街道层次，政协参与程度较深，协商议事活动站按照政协协商的要求，其参与协商议事人员以委员为主，通过委员与党委政府的相关职能部门之间的协商，就一些共性的困难和问题，凝聚共识。但在村组社区层次，则坚持基层协商，鼓励熟悉情况的委员个人参与，通过"履职为民一起来"委员参与为民服务、健康服务、爱心服务、环境监督等，提升基层协商品质，并用心用情协商解决群众的"急难愁盼"实际问题。例如，去年南庙白马村墩子组村民便道施工的提议，温汤小镇御泉风情红色物业构建加码幸福小区的民意反映等，经过邀请相关方参与协商，难题得到了妥善解决。另一方面，发挥"赣事好商量"品牌功能，各级政协组织务必要建立层次联动机制。2022年9月，宜春市协政通过组织委员赴湖南省的邵阳、怀化、湘西、娄底等的学习考察，还有袁州区赴四川绵阳涪城区、江油市等的参观学习，借鉴湖南、四川在"基层协商平台""有事好商量"及"政协委员工作室建设、两个全覆盖、智慧政协"的典型做法和有益经验，通过"智慧政协"平台打通省、市、县（区）三级政协的区隔，实现三级政协委员协商互动，力往一处使、劲往一处发，将全省政协委员的智慧和力量汇聚一堂；与此同时，对存在的困难和问题，及时沉淀为政协提案、建议、社情民意线索，从而成为提案工作、建议案、社情民意工作和专题性协商议政会议的源头活水。对在村组社区层次发现的共性问题，无力解决时，应上升到乡镇街道层次，借助乡镇街道的力量推动群众问题的解决；一些带有普遍性和前瞻性的问题，可视情上升为省、市、县（区）政协的专题协商议题，将其从个案协商转化为政策型协商，在更高的层面推动相关政策的出台。例如，在省、市政协的示范带动下，袁州区政协积极实践，依托"赣事好商量＋画好同心'袁'"协商平台，开展协商活动推动全区城乡一元公交开通，惠及几十万名偏远乡村的群众出行。概而言之，"赣事好商量"实现了省、市、县（区）各级政协组织的联动，拓展了政协协商的参与面，在协商中，职能部门负责同志、政协委员和基层群众当面锣、对面鼓，充分体现了全过程人民民主全覆盖的特点，以及政为民所议、言为民所建、策为民所献的履职为民理念。

（作者单位：宜春市袁州区政协）

关于推动"赣事好商量"
品牌建设的几点思考

◎聂正洪

习近平总书记在党的二十大报告中指出，"积极发展基层民主""拓展基层各类群体有序参与基层治理渠道"。2021年12月，江西省政协出台《关于发挥人民政协专门协商机构作用推进"赣事好商量"协商平台建设的实施意见》，探索建立省市县联动、形式多样、品牌统一的"赣事好商量"平台体系。如何借助中共二十大报告的强劲东风，积极有效地推动"赣事好商量"，这是摆在我们面前的一项光荣而艰巨的任务。如何设定协商人员和协商程序、协商形式、协商结果运用等，更是市县政协应深入探索的新课题。

一、推动"赣事好商量"协商平台建设的重要意义

"赣事好商量"是落实中共二十大强调健全各种制度化协商平台、推进协商民主广泛多层制度化发展的生动实践，是发挥人民政协专门协商机构作用的有效形式。党的二十大报告指出，要发展全过程人民民主，提高深度协商互动、意见充分表达、广泛凝聚共识水平，完善人民政协民主监督和委员联系界别群众制度机制。"赣事好商量"过程就是党和政府密切联系群众，广泛进行协商，充分发扬民主的过程，就是改进工作、凝聚共识、解决问题的过程。推进"赣事好商量"协商平台建设，不仅能构建多层次、广覆盖、更灵便的协商议政新格局，提高协商的广度和成效，还可以在工作中加强沟通协调，理顺各方关系，凝聚多方力量，推动政协协商工作提质增效。

二、推进"赣事好商量"工作存在的问题

近年来，随着人民政协事业的快速发展，政协协商议事工作逐步规范推进，但在推进"赣事好商量"协商平台建设中，仍然存在一些需要完善、亟待解决的问题。

比较突出的问题有：

（一）"赣事好商量"的氛围尚未全面形成。当前，仍有部分协商单位对"赣事好商量"认识不足、重视不够，在协商过程中不能从全局出发，真正与提议人、参与协商人员沟通协商，没有认真听取委员的意见和建议，真心诚意帮助群众解决实际问题，不是先考虑群众利益，而是先考虑小团体、本部门、本单位的利益，回应问题过于敷衍。甚至个别协商单位对"赣事好商量"被动应付、敷衍塞责。因此，造成一些"赣事好商量"不能真正发挥实效，变为"赣事多商量"，在一定程度上挫伤了提议人的履职积极性。

（二）"赣事好商量"制度不健全。当前，虽然省市县政协都在开展"赣事好商量"，特别是市县政协结合各自实情，开展形式多样的"赣事好商量"活动。如樟树市政协结合"中国药都"实际，开展"药都约商·樟事樟帮"协商议事活动。但从上到下，仍没有形成健全完善的协商制度和沟通协商机制，未对协商议事的参加范围、协商原则、基本程序、沟通方式等作出规定，缺乏规范有效的制度保障，随意性较大。

（三）"赣事好商量"协商议事程序尚未规范。个别协商单位对"赣事好商量"重视不够，吸纳意见建议不充分，不在回应关切上下功夫、解决问题上想办法，而是采取拖延战术、不想部门单位利益受损，使一些本来可以协商解决的问题没能及时有效地解决，导致"赣事好商量"停留在"好商量"上，协商议事质量不高，发挥不了应有的社会效果，让群众切实感受到委员就在身边大打折扣。

（四）"赣事好商量"成果转化还不够到位。有的重领导批示，轻跟踪落实，把获得领导批示作为"赣事好商量"的终端"产品"，在成果转化的"最后一公里"上，督办措施研究不足，跟踪落实抓得不紧，导致不少科学化建言在转化落实上流于形式。有的对部门转化政协建言的约束力不够，对政协的建言没有下真功夫吸纳转化，个别甚至石沉大海、束之高阁。有的建言成果转化机制力度不够，尤其是在承办、时限、反馈、问责等环节的要求不清、责任不明，"赣事好商量"的制度化、规范化、程序化建设有待进一步健全。

三、推进"赣事好商量"协商平台建设的意见建议

省政协出台《实施意见》，既要坚持和完善既有协商，又要夯实"赣事好商量"基础，从某种意义上说，是把"赣事好商量"作为专题协商、对口协商、界别协商、提案办理协商的拓展和延伸来打造。这就要求按照一定的程序和制度，认真做好"赣事好商量"的制度化、规范化、程序化建设。

（一）进一步强化对"赣事好商量"工作的组织领导。一要加强领导。市县政

协要把"赣事好商量"工作纳入重要议事日程，建立"主要领导负总责、分管领导具体抓、委室人员跟踪办"的协商议事工作责任制。二要落实责任。各协商单位在接到协商议事通知后，要迅速制订协商议事工作计划，明确责任领导、具体责任人。三要注重效果。协商单位主要负责明确办理协商规程和时限，任务分解到人；单位办公室负责"赣事好商量"的联络、沟通和协调，对建议问题及时协调沟通。

（二）进一步规范"赣事好商量"协商程序。 一是协商前，政协责任专委会要与协商单位面对面沟通联系，协商解决问题的办法。协商单位接到提议后，要调查摸底、弄清实情，主动同提议人沟通联系，了解具体要求，征求和听取提议人意见和建议，协商解决问题办法，为提高协商成效创造条件。二是协商中，协商单位把"赣事好商量"纳入重要议事日程，落实专人负责，选派业务能力强、工作经验丰富的人员作为经办人员，制订详细工作方案，并与提议人保持沟通联系，确保问题得到圆满解决。三是协商后，为避免出现协商时"轰轰烈烈"、报送后领导批示"认认真真"、之后"寂静无声"的现象，政协责任委室要建立相应的登记、研究、采纳和落实、反馈机制。政协组织不能简单地满足于签订协议，而是邀请提议人实地察看，征求意见，及时反馈"赣事好商量"落实情况。

（三）进一步扩大"赣事好商量"宣传覆盖面和影响力。 政协工作既要扎扎实实地做，更要大大方方地说，加强宣传、扩大影响。特别是习近平总书记在党的二十大报告中对发展全过程人民民主、保障人民当家作主进行了专题阐述，提出了许多新观点、新论断、新思想。"赣事好商量"是省政协积极倡导、市县政协紧跟大势，三级政协联动履职。但群众对此不是很了解，需要加大宣传力度，提高社会知晓率。比如在"赣事好商量"过程中，除了当地电视台进行必要的程序报道外，还要线上线下相结合、常规与特色相融合，让社会更加了解政协、支持政协、关注政协，扩大政协工作社会影响。

（四）进一步建立健全"赣事好商量"考核评价机制。 江西省政协将"赣事好商量"工作纳入市县政协综合考核体系，明确规定考核对"赣事好商量"全过程进行评价，包括市县政协组织领导的落实、制度和机构的健全、协商程序规范、意见建议的采纳、跟踪协商的后续反馈等内容，对态度认真、措施得力、效果显著的市县政协和个人予以表彰奖励，并作为干部考核评优的参考依据；对重视不够、敷衍塞责的部门和个人，进行批评教育，在一定范围内通报。健全考核机制，将进一步激发提议人和协商单位工作积极性、主动性和创造性。

（五）进一步锚定方向推进"赣事好商量"。 一方面，横向促进"三个融合"。一是政协之能与党政之为深度融合。党委政府中心工作推进到哪里，政协工作就应跟进到哪里。政协工作只有与党政工作合拍共振，围绕党政中心、服务大局，才能真正做到建言建到关键处、议政议到点子上，为实现党政各项目标任务深入建言资政、广泛凝心聚力。二是政协协商与基层协商深度融合。着眼推动政协协商向基层延伸，赋能基层治理、服务基层群众，依托乡镇（街道）党群服务中心、政协委员工作室等阵地，一室多用、开放共享，在乡镇（街道）、村（社区）、工业园区、产业委员工作室，把协商平台建到群众的"家门口"。三是政协协商与社会治理深度融合。坚持"协商于民、协商为民"，积极采取"走出去、沉下去、面对面"的方式，深入推进"调研到一线、建言在一线、协商为一线"的工作方法，把协商成效体现在"破难题、聚民意、增共识"上，为推进基层社会治理现代化发挥政协应有作用。另一方面，纵向拓展"三个广泛"。一是参与主体更广泛。"赣事好商量"涉及提议人、协商单位、市县政协、乡镇（街道）、村（社区）五个层面，协商主体涵盖党政部门、政协委员、专家学者、各界群众代表，努力实现多层级、广覆盖协商交流体系，构建"有事共商、履职共推、资源共享、成果共用"的良好工作格局。二是协商内容更广泛。不断拓宽"赣事好商量"协商课题领域，丰富协商内容，既有效地立足"小切口"、共商"大话题"，又要以点带面、解剖麻雀式的协商调研，推动市县政协协商工作提质增效。三是技术赋能更广泛。在"赣事好商量"过程中更多地借助互联网技术，如提议人、专家委员无法到场参与"赣事好商量"时，开展"远程连线"；录制"赣事好商量"微视频、微建议、微协商、微监督和举办政协委员"云培训"等，支持更多委员和群众参与协商互动，构建"线上＋线下"融合、"场内＋场外"联动的协商新格局，促进以融媒体信息技术为依托，更好地把政协协商文化融入基层治理中。

（作者单位：樟树市政协）

创新协商平台载体　赋能基层社会治理

——丰城市创建"剑言邑政·赣出丰采"协商品牌的思考

◎ 熊雷辉

习近平总书记指出："人民政协是国家治理体系的重要组成部分，要适应全面深化改革的要求，以改革思维、创新理念、务实举措大力推进履职能力建设，努力在推进国家治理体系和治理能力现代化中发挥更大作用。"实现国家治理体系和治理能力现代化，最终必须落实在基层，成效体现在基层。县级政协是最基层的人民政协组织单元，离基层群众也是所有层级政协组织中距离最近的。2022 年以来，丰城市政协创建"剑言邑政·赣出丰采"协商平台，积极探索新时代协商民主有效形式和载体，着力推进政协工作向群众延伸、协商民主向基层拓展，走出了政协汇聚民意、促进和谐、助力社会治理的新路子。

一、实践探索

（一）坚持党的领导，把牢协商活动"方向舵"。 坚持"三高"并举，着力把牢"剑言邑政·赣出丰采"协商活动的政治关、程序关、质量关。一是建立"高规格"领导体系。成立以市政协主席任组长，市政协党组成员、主席会议成员任副组长，市政协各委室负责同志为成员的工作领导小组，负责统筹协调、联系指导、督促落实全市"剑言邑政·赣出丰采"协商平台建设和活动开展，强化对乡镇（街道）的工作指导，构建起上下联动协同的组织体系。二是坚持"高要求"落实机制。将党的领导作为开展"剑言邑政·赣出丰采"协商活动的前置条件。一方面，主动争取党委支持，以市委办名义印发《丰城市政协"剑言邑政·赣出丰采"协商平台建设方案》，明确协商议事工作规则制定、协商议题确定、协商计划拟定、协商成果落实等必须报告同级党委，确保党的领导贯穿"剑言邑政·赣出丰采"协商的全过程各环节；另一方面，将"剑言邑政·赣出丰采"协商工作纳入政协系统巩固提升"两个全覆盖"和"两个薄弱"工作，成立 1 个联合党委和 7 个功能型党支部，明确政协党组成员、党员委员、功能型党支部参与"剑言邑政·赣出丰采"协商的具体要求、工作任务，压实工作责任。三是构建"高质量"联动局面。将"剑言邑政·赣出丰采"协商工作纳入全市高质量考核，并作为重要考核内容，市委书记、市长不定期到乡镇（街道）政协委员工作站、委员特色工作室调研指导工作，形成党政联动、协同推进的良性局面。

（二）延伸协商载体，拓展联动履职"新平台"。 按照"1+33+N"部署，探索建立市乡村（社区）联动、形式多样的协商平台体系，构建多层次、广覆盖、更灵便的政协履职平台。"1"就是建立一个集综合调度、开展协商活动、展示协商成果于一体的政协委员工作总站。"33"就是全市乡镇（街道）全覆盖建立有组织机构、有固定场所、有工作经费、有品牌标识、有规章制度、有履职台账的政协委员工作站，24名宜春市政协住丰委员和全市412名政协委员全部进站活动，站长由乡镇（街道）党委副书记兼任，执行副站长从有一定社会影响、热心政协事业、有奉献精神的政协委员中选配一两名，明确一名正股级政协专干。"N"就是创建若干政协委员特色工作室，由在某领域、某行业较突出的政协委员领衔，组织开展各具特色的志愿服务工作。明确政协委员工作站、政协委员特色工作室要具体做到"六个有六个一"：有组织机构、有固定场所、有工作经费、有品牌标识、有规章制度、有履职台账；每年提交一份年度活动计划、组织一次调研活动、撰写一件提案、上报一篇社情民意信息、开展一场群众协商座谈、形成一份年度工作总结。目前，全市建成委员工作总站1个、乡镇（街道）政协委员工作站33个、政协委员特色工作室20个。同时，以"固定+移动""会场+现场"等形式，增强平台间的融合度、互补度，构建高质量协商平台建设体系。

（三）聚焦协商成效，完善协商推进"全链条"。 推动政协协商与基层协商有效衔接，重在协商于民、协商为民。一是协商内容多元化。重点围绕基层党委、政府工作的要事、民生改善的实事、社会治理的难事等长期性议题，贯彻党和政府的路线方针政策、重大决策部署在乡镇（街道）、村（社区）的贯彻落实情况等惯例性议题和切口小、关联广、与群众切身利益密切相关的日常性议题开展协商。对于违反党的政策、国家相关法律法规的事项，党的政策、国家相关法律法规有明文规定和上级党委政府有明确要求必须执行的事项，带有歧视性、不公平的事项，超出乡镇（街道）职能权限的事项，存在严重分歧、缺乏协商基础的事项，不具备实施条件的事项，个体矛盾纠纷等内容不予协商，确保协商内容合理合法。二是协商形式多样化。注重协商形式和协商内容相匹配，对于大多数群众利益密切相关、关注度较高、全局性的事项，明确严格按照收集民意、确定议题、制订方案、分析研判、组织协商、结果反馈、成果转化和跟踪督办"八步法"程序开展会议协商，充分吸纳各方意见，最终达成各方都能接受的"最佳方案"，提交党委和政府研究决定。对于一些临时性事务和涉及面较小的事项，灵活运用沟通协商、对话协商、流动协商、网络协商等形式，简化程序、便于操作。三是协商成果实效化。经协商议事形成的协商成果，属于需要落实的事项，积极助力基层党委政府组织实施，公开落实情况，接受群众监督，属于受基层党委政府或相关职能部门委托的协商事项，协商结果要向基层党委政府或相关部门报告。适时组织"回头看"或开展民主评议，实行动态跟踪，促使协商成果转化。对协商过程中持不同意见的群众，协商组织者要及时做好解释说明工作。对协商过程中群众反映的全局性情况、苗头性问题、建设性意见、可操作性建议，通过政协渠道及时反映。同时，探索将"剑言邑政·赣出丰采"协商工作推进情况、重点协商成果转化情况等纳入全市高质量考核体系进行考核量化。

二、几点启示

"剑言邑政·赣出丰采"协商工作开展以来，共开展各类协商活动 227 次、收集意见建议 179 条、推动解决涉及群众"急难愁盼"等问题 398 个。一些长期困扰党委、政府的难事在政协平台得到解决，一些久久悬而未决的民生实事经过协商得到落实落地。政协制度优势持续转化为基层治理效能，并培育形成了有事好"商量"和解决事靠"协商"的生态土壤，为丰城市获评全省首批营商环境创新试点城市、全省市域社会治理现代化试点县市、名列营商环境综合评价列全省前十作出了积极贡献。"剑言邑政·赣出丰采"品牌已成为党委政府的"好帮手"、民生改善的"好抓手"、乡村振兴的"好助手"、基层治理的"好推手"。通过"剑言邑政·赣出丰采"工作实践，我们深刻体会到推动政协协商与基层协商有效衔接必须坚持"三个原则"。

（一）坚持"**党委主导、政协主推**"的原则。坚持党的领导是政协事业的"定海神针"，推动政协协商与基层协商有效衔接同样必须将坚持党的领导作为首要原则。在工作开展上，要主动争取党委支持，强化党委对协商议事工作的组织领导，将加强政协党的建设贯穿"推动政协协商向基层延伸"的全过程，在平台建设、协商活动组织中压紧压实"两个全覆盖"，发挥好政协党组、党支部、党员干部和党员委员"四方"的引领示范作用，以高质量的党建为工作开展注活力、增动力。在议题选取上，要精准"对接"党政所需，做到与党政高度契合，以"小切口"的选题协助党委政府破解经济发展难点、社会治理堵点、民生改善痛点等"大问题"，进而提升政协工作质效。在工作推进上，要厚植政协优势，充分发挥政协专业专长，依靠政协的人才、资源和工作优势，在搭平台、办活动、促转化等方面发挥职能职责作用，充分彰显政协作为利益表达重要渠道、民主协商重要平台、民主监督重要组织的独特优势。

（二）坚持"**政协搭台、群众协商**"的原则。推动政协协商与基层协商有效衔接，要处理好"搭台"与"协商"的关系。政协的首要任务是"搭台"，工作重点是做好协商"辅助"，包括为界别群众开展协商提供平台支持、做好氛围营造，为基层干部群众高效协商、基层党组织开展协商工作建立行之有效的协商制度和规范提供工作指导等。在协商活动组织实施时，要明晰群众才是"协商主体"的工作定位，按照"哪里民意最为聚集、哪里民情最为集中，哪里就要有政协协商"的理念，以灵活的协商形式、熟悉的协商场所和便捷的参与方式，最大化引导群众、利益相关方参与进来。同时要竭力营造良好的协商氛围，让基层群众与部门、社会组织沟通交流时具有"对等"地位，确保群众"协商主体"地位得以充分体现，真正达到在互动中交流思想、沟通情况、达成共识的初衷。

（三）坚持"优势互补、互融共促"的原则。 推动政协协商与基层协商有效衔接，要秉承"融合"理念，形成多方共同参与的"大合唱"格局。在"功能衔接"上，要将政协协商具有的组织架构完善、协商程序严谨、协商机制成熟等优势与基层协商紧贴群众需求的优势有机结合起来，加大"剑言邑政·赣出丰采"协商工作与行业协会、志愿服务组织、社团等社会组织的联系联动，强化优势互补、互融共促，形成相互促进、相互提升的"叠加"效应。在作用发挥上，要明晰政协协商是党委政府听民意、聚民智、汇民力的有效平台，进而增强与部门、乡镇（街道）、村（社区）的协同联动，构建资源整合、力量融合、功能聚合的共建共享机制，形成多方协力共推的良性局面。在协商质量保障上，要主动吸纳精英人士参与，组建专业协商团队，构建多元协商主体共同参加的协商机制，增强协商的专业性、实效性。

三、努力路径

"剑言邑政·赣出丰采"协商工作开展以来，虽然取得一定成效，但还存在协商活动形式比较单一、开展次数有限、不均衡，协商成果转化率还需再提升，社会认知度有待加强等问题。下一步，要聚焦问题，在以下四方面下功夫。

（一）坚持党的领导，把握正确方向和定位。 协商民主是实现党的领导的重要方式，协商民主必须在党的领导下运行。一要增强政治性。只有理论上的清醒才能保证政治上的坚定和行动上的自觉。要把强化政治理论学习放在首位，学懂弄通新时代人民政协的性质、定位，深化对"协商主业""搭台主责""双向发力工作主旨"的认识，明确政协"协商什么、与谁协商、如何协商"三个问题，从而更好地运用理论武装指导工作实践。二要争取党委支持。要深刻理解政协作为"坚持和加强党对各项工作领导的重要阵地、用党的创新理论团结教育引导各族各界代表人士的重要平台、在共同思想政治基础上化解矛盾凝聚共识的重要渠道"的深刻含义，自觉将协商工作置于党委领导之下，建立与党委高效互动的常态机制，并主动运用协商的手段、民主的程序紧扣党委的决策部署做好凝心聚力工作，确保与党委同频共振、同心同向。三要强化党建引领。要将党的领导贯穿于政协协商向基层延伸的全过程，压紧压实"两个全覆盖"责任，发挥好政协党组在工作推进中的把方向、管大局、促落实作用，党员干部的先锋模范作用，党员委员的示范引领作用，形成从党内到党外、从政协委员到界别群众良性互动、积极参与的生动格局，达到党建与协商履职"双促进、双提升"的最优效果。

（二）围绕国计民生，找准切入点着力点。人民政协要发挥专门协商机构的优势，深入践行以人民为中心的发展理念，更多聚焦事关群众切身利益的民生实事，做到协商于民、协商为民。一是协商议题确保"精准聚焦"。基层协商的焦点主要集中在群众的"急难愁盼"上。推动政协协商向下延伸，就是要践行人民至上的理念，将目光更多地聚焦到基层"议而不决、议而不解"的民生热点难点问题上，做到群众有所呼、政协有所应。一方面，要增强选题的多样性、广泛性，通过党政交题、委员荐题、走访征题、政协选题等形式，丰富协商议题来源渠道，让更多群众关心的基层议题得以呈现；另一方面，要依托政协优势，建立协商议题灵活分发机制，让超过乡镇（街道）、村（社区）协商解决范围的问题能"上报"至上一级协商平台协商，对需要基层群众广泛参与的议题可"下放"到基层一线开展，有效破解基层协商中权责不匹配问题，增强协商质效性。二是协商程序确保"商而有序"。政协协商从商前调研、协商组织到成果转化等各环节均具有完备的程序性设计。要主动将政协协商程序植入到基层协商中，强化协商过程管理，确保协商议题确定、商前调研、讨论交流、落地转化等各环节有条不紊、环环相扣，从而提升基层协商工作质效。三是协商形式确保"广泛多元"。要秉承灵活、便捷、高效的原则，丰富政协协商向基层延伸的实现形式，做到场地"就近就便"、形式"灵活多样"、频次"适量适度"，最大化引导基层群众参与进来。在协商场所上可选择群众所熟悉的生产生活环境，如田间地头、街头院落、工厂车间等；协商形式上以群众喜闻乐见、富有乡土气息的形式进行，频次应据实而定、按需开展，确保"大事大议、小事小议、急事快议"。

（三）打造协商生力军，形成工作合力。推进政协协商向基层延伸，必须充分调动政协委员、社会组织、基层群众三方力量。一要激发委员履职内生动力。要通过"书香政协"等载体加大委员协商能力培训，提高"会"履职的素质；通过建立委员履职责任落实、督导反馈、跟踪问效等机制，压实"要"履职的责任；通过优化委员履职环境，与时俱进推进工作形式创新、方法创新、实践创新，让委员乐于履职、沉浸式履职，增强"愿"履职的意愿。二要借智借力社会力量。社会贤达、精英人士是政协协商的重要力量补充。要发挥政协智力密集、联系广泛的优势，通过建立协商智库、选聘协商特派员、邀请协商嘉宾等形式，多途径吸纳社会专家、学者、乡贤等参与，壮大协商队伍力量。要加大与部门、乡镇（街道）的协同配合，共建共享开展工作。三要提高群众参与度。通过加大协商成果、协商文化宣传，强化"政协有用、协商管用"的社会意识，让"协以成事、商以求同"的理念深入人心。通过建立协商公示制度、开通掌上建言渠道等方式，着力增强协商开放度、扩大协商参与面，让基层群众广泛参与进来。

（四）加强规范化建设，建立长效机制。制度化、规范化、程序化是人民政协工作的鲜明特色和一大优势。要按照"不建机构建机制"的原则，将政协制度优势厚植到基层协商中，不断规范完善基层协商形式和参与实践，形成涵盖选题、调研、协商、转化的完整协商规则和程序，同时要健全完善群众参与协商的制度化设计，让群众能够广泛有序参与，形成"党委重视、政府支持，政协搭台、部门协同，委员主体、政协主动，群众参与、社会评价"的良好局面，以政协协商带动提升基层协商规范化、专业化水平，进而提高化解矛盾、解决问题、开展基层治理的能力。

（作者单位：丰城市政协）

协商于民 协商为民
将"赣事好商量"扎根于群众身边
打造忠诚履职为民的协商平台

◎ 魏 高

人民民主是社会主义的生命。习近平总书记在党的二十大报告中指出,全面发展协商民主,推进协商民主广泛多层制度化发展,坚持和完善中国共产党领导的多党合作和政治协商制度,完善人民政协民主监督和委员联系界别群众制度机制。江西省第十二届委员会常务委员会工作报告指出,赣事好商量,商量好赣事,之于治国理政,之于红土大地高质量发展,具有独特不可替代价值,赋能给力,作用足大。政协委员来源于社会各界,必须坚持以人民为中心,认真践行党的群众路线,做到协商于民、协商为民,更好地实现人民当家作主。发挥人民政协专门协商机构作用,推进"赣事好商量"协商平台,更需要扎根于群众身边,解决最实际的困难。

一、"赣事好商量"扎根群众存在的问题

（一）参与方式存在被动。目前在基层协商中,党委政府处于主导地位,其他各方参与主体是参与性的、辅助性的,协商的重点不是提出新问题,而是寻求解决问题,存在"想协商就协商,不想协商就不协商"的现象,主动发现协商问题少、被动等待参与多,久而久之影响了人民政协协商议政的积极性,形成了思维惯性,党委、政府需要我们做什么就做什么,而不是我们建议党委政府需要做什么。"赣事好商量"平台也存在这一"通病",主动参与未必能转化成果,被动参与难发挥主观能动性。

（二）协商方式稍显客套。《中共中央关于加强人民政协工作的意见》规定:"要尊重和依法保护政协委员的各项民主权利,为他们发挥作用提供方便。"但是,到目前为止,并没有一个实体的、可操作的法律法规可依。所以政协委员在履职过程中往往不够"自信",甚至认为是"麻烦"了他人,协商过程中听从安排的多,主动提出

意见的少，较普遍地存在协商时间、步骤、程序不规范，参与人员相对固化，协商准备不够，平等性、充分性、讨论性欠缺，协商会上领导讲话多、指示多，民主发言吸纳少、运用少。

（三）建议落实较难反馈。 对协商意见办理和协商结果反馈缺乏刚性机制，有多少协商意见进入决策，有多少建议得到落实，取得什么样的效果？很难得到答案。基于这种现实情况，"赣事好商量"平台也很难向提出意见的基层群众反馈进展和落实情况，"意见可提、结果不明"的现实导致群众参与积极性低，影响了平台的公信力。

二、"赣事好商量"扎根群众有关的思考

在庆祝中国共产党成立 100 周年大会的讲话中，习近平总书记提出"全过程人民民主"这一对中国特色社会主义民主的全新概括。"全过程人民民主"作为一种民主新类型，是中国共产党持续推进民主理论创新、制度创新、实践创新的经验总结，为新时代一以贯之地发展社会主义民主政治、建设社会主义政治文明提供了科学指引和根本遵循。

政协作为专门协商机构在协商活动中不断促进广泛团结、践行人民民主，充分体现了我国社会主义民主的特点和优势。用好"赣事好商量"，构建多层次、广覆盖、更灵活的协商议政工作新格局，能够广泛代表各党派、各团体、各民族、各阶层、各界人士的利益，有效推动实现人民民主。为保障平台真正扎根基层，建议：

（一）把握性质定位，服务社会治理。 自 2020 年省政协开展"赣事好商量"试点工作以来，推动政协协商向基层延伸、与基层社会治理相结合，为政协委员联系服务界别群众提供了新的平台。

1. 把协商理念融入社会治理。习近平总书记强调，要丰富有事好商量、众人的事情由众人商量的制度化实践。基层是国家治理体系的重要基础，群众诉求多元，矛盾更为突出。要发挥好"赣事好商量"作用，通过政协协商与基层协商有效衔接，把"坚持有事多商量，遇事多商量，做事多商量，商量得越多越深入越好"的政协协商理念有机融入基层治理，坚持建言资政和凝聚共识双向发力，规范确定协商议题、组织协商调研、开展协商讨论、促进协商成果转化程序，推动基层围绕群众"急难愁盼"问题开展协商议事，进行平等、有序、真诚的互动交流，寻求最大公约数，画好最大同心圆，促进党委政府决策更加科学民主。

2. 不断拓展协商的广度深度。按照"党委领导、政协搭台、各方参与、服务群众"的工作思路，设立乡镇、园区、社区"赣事好商量"的微协商工作平台，基层群众既能通过会场协商、祠堂协商、小板凳协商等"面对面"沟通，也能以网络协商、直播

互动等"屏对屏"交流，让基层协商形式更多样、方式更便捷。乡镇政协工作组组长、园区党工委副书记、社区党工委副书记任"赣事好商量"基层微协商会议主要召集人，负责会议组织和联络工作。委员代表、党员代表、群众代表、相关部门负责人及企事业单位代表等为成员，营造平等相待、兼容并蓄、求同存异、体谅包容的协商文化。

3. 坚持协商为群众解决问题。坚持人民政协为人民，协商于民、协商为民，始终围绕涉及群众切身利益的实际问题广泛协商，促进"赣事好商量"有效服务基层治理，助力基层围绕涉及群众切身利益的公共事务、百姓反映强烈的实际困难、党政决策在基层的落地落实等广泛开展协商，把具有普遍性或基层难以解决的事项上升为政协协商议题，让群众的事大家商量着办，以"协"成事、以"商"求同，激发基层群众主人翁意识，提高参与基层治理积极性，筑牢市域现代化治理的基础。

（二）搭建协商平台，深入行业基层。将政协协商全面深入地嵌入协商民主体系的各个部分之中，注重坚持发扬民主和增进团结相互贯通、建言资政和凝聚共识双向发力，运用好"赣事好商量"协商平台，把人民民主的要求落实到政治协商、民主监督、参政议政的各项具体工作中。

1. 完善既有协商形式。开好一年一度的全体会议，优化会议流程，提高协商质效，充分发挥这一协商履职最高形式的作用。每年定期召开 2 次专题议政性常委会会议，更加灵活更为经常开展专题协商、对口协商、界别协商、提案办理协商。顺应信息化时代发展趋势，积极探索"互联网 + 政协"履职新途径，在"赣事好商量"微协商平台开设视频连线，组织委员协商议政。充分发挥政协专家型人才库作用和联系广泛优势，组织专家参与调研协商或以"委员带着问题 + 部门带着情况 + 专家研究答案"协商座谈等方式，对战略性重大课题或年度重点协商课题进行专业研究、反复讨论、深度协商，为党委政府科学决策提供更专业、更有价值的意见和建议。

2. 坚持议题来自群众。坚持群众提、群众议、群众决，深入实践全过程人民民主的原则，协商议题聚焦党委政府中心工作、民生改善、社会治理等重要事项，紧扣群众关注的焦点、难点、痛点问题，广泛收集议题信息，反复比选，拟定切口小、立意高、关联广的协商议题。年初各部门根据政协的要求，收集好来自乡镇和社区等基层协商主题，各专委会和联系的部门研商确定至少两个协商议题。同时，上级政协机关根据各乡镇"赣事好商量"基层微协商反映强烈的问题临时增加协商议题计划。

3. 全力打造协商品牌。坚持全省"一盘棋"设计，以"赣事好商量"品牌指导各地政协协商工作，打造江西政协整体形象。各地原有协商议事应当服从于统一品牌，以"赣事好商量 +"形式呈现。尤其要充分发扬民主，平等探讨问题，不打棍子、不扣帽子、不抓辫子，以诚待人、相互尊重。同时应当坚持崇尚创新，尊重群众首创精神，鼓励各地因地制宜，探索创新更多富有界别特点、地域特色的协商履职载体，丰富政协协商制度化实践，促进"赣事好商量"不断向纵深发展。

（三）注重协商成效，激发参与热情。 增强议事协商的程序意识、规范议事协商流程是确保议事协商取得良好效果的重要制度保障，要通过规范的工作，让从群众中来的政协委员树牢更强的责任意识，引导更多群众有序、有效地参与基层治理。

1. 加强工作指导。坚持互促联动形成合力，实现上下联动、整体协调、优势互补和成果共享的局面。一方面发挥好省政协各部门在对基层政协工作指导方面的对口联系和业务指导作用，定期召开对口部门工作会议和开展联合调研，讲解"赣事好商量"的优秀案例，加强与基层政协对口部门的沟通联络和工作指导。另一方面帮助基层政协机构安排专业化指导，提升工作能力，使其高水平地参与基层协商民主制度的建设和执行。严格按照"不调研不协商"原则，组织参加协商议事活动的所有成员围绕议题，开展务实、充分的调研，掌握第一手的民情民意。协商会议按照提出意见、互动协商、意见修订、提请确认的步骤召开，为协商过程中建好言献好策打基础作铺垫。

2. 优化督办反馈。建立"赣事好商量"平台专门协商结果采纳、落实和反馈机制，把协商建议的报送与党政部门办文办事程序相衔接，健全交办督办的工作机制，对协商结果的办理情况进行跟踪督办，对协商结果及其落实情况，通过会议、书面告知等渠道及时告知参与协商的人员，让协商人员感受到参政议政的实际作用，更好地激发参与的激情和热情。

3. 加强落实考评。经过协商达成共识的议题，报同级党组织确定后迅速落实，并报政协办公室备案。经过协商未达成共识的议题，也应及时将协商结果如实向群众和议题提出人公示或反馈。对推进基层协商工作有突出贡献的个人和单位应给予一定的物质和精神奖励，并在全会期间予以表彰。对存在问题造成不良影响的要公开批评并责令整改，并将有关事项的办理情况纳入乡镇、部门年终综合考评体系，有力保障协商成果及时有效地转化运用。

（魏高，奉新县政协委员、宋埠镇党委副书记）

对推进政协协商与基层协商
有效衔接的几点看法与建议

◎戴　锋

县级政协是人民政协的基层组织，是新时代发展基层协商民主的主阵地，在实现基层社会治理体系和治理能力现代化的过程中发挥着重要作用。近年来，宜丰县政协从制度建设入手，重点就如何规范协商程序、注重议政实效等方面进行了积极的尝试和探索，协商民主工作取得了良好的成效。

一、政协协商与基层协商实践探索

（一）争取党委重视，确立协商方向。县政协每年年初向县党政领导征求议题，拟订全年的协商计划建议方案，经县委常委会审定，以县委、县政府、县政协"三办"印发文件执行。在确定的协商议题中，既有协商的"必选科目"，即县委、县政府及有关部门以固定形式和时间提交县政协协商的内容，如县委工作要点，党代会和政府工作报告等；又有协商的"可选动作"，即县委、县政府及有关部门根据年度工作安排制订计划，提交政协进行政治协商的内容，如县政府重大建设项目和关系人民群众切身利益的重大决策，县委、县政府认为有必要进行政治协商的其他经济、政治、文化和社会生活中的重大问题等，使协商议题围绕中心、服务大局，具有很强的综合性、前瞻性、针对性。如，近年来宜丰县大力发展锂电产业，含锂瓷土矿的开采量和碳酸锂产出量即将呈现几何级的增长，由此产生的尾矿尾泥锂渣也将会有巨量的增长，带来一些问题急需解决，县政协及时将"我县新能源首位产业尾矿尾渣综合利用"调研课题定为2022年政协全会重点协商议题，组织委员开展专题视察调研，并多次召开座谈会，会后形成的调研报告得到县委主要领导肯定和批示，报告中有4条建议被吸纳到全县《关于加快宜丰县锂电产业高质量跨越式发展的实施意见》中。为持续关注锂电产业新问题，县政协2023年启动建立健全锂电产业上游环保链的专题调研，围绕产业发展伴生的环保问题进行全面协商，落实采、选、冶全链条环保措施，促进锂电产业绿色发展。

（二）突出四个层面，务求协商实效。县政协进一步完善了"政协全体会议、常委会会议、主席会议、专委会会议"四个层面的政治协商和例会制度，形成了政协全体会议对政府工作报告、国民经济和社会发展中长期规划和年度计划、财政预决算报告、"两院"报告以及事关地方经济社会发展全局的重大问题广泛协商；政协常委会会议对党委、政府中心工作和涉及地方经济社会发展全局的重点、难点和热点问题专题协商，政协主席会议对党委、政府的重大决策及经济社会生活中的重大问题重点协商，政协专委会会议对党委、政府工作对口部门就共同关注的问题和人民群众普遍关心的热点问题对口协商。此外，还以书面协商形式和其他形式，就其他问题进行协商，构筑了政协协商建言的有效平台。对县委、县政府的重要工作和重点工程进行专题协商。比如，重点协商的《我县公共卫生应急管理体系建设的视察报告》议题得到书记、县长肯定和批示，提出的关于加快推进乡镇卫生院的公共卫生应急管理体系建设的建议被县卫健委采纳，今年启动县乡应急医疗体系建设项目，新建、改造全县18所卫生医疗单位。

（三）搭建多个平台，畅通协商渠道。一是强化群众的有序政治参与，扩大参与范围。开展宜事宜商活动，以"专委会＋乡镇场政协委员联络组"为基础，建立6个"宜事宜商"工作室平台。按照群众点题、委员议题、部门答题、联合督题、政协评题等流程，让群众到平台上去"点题"，去"说事"；政协委员就可以准确了解群众想法和具体情况，从而开展协商讨论；相关部门通过工作室反馈的问题及时了解并解决；县政协适时邀请"两办"督查室对部门落实的情况进行督查，落实不力将下发整改通知单；最后"宜事宜商"工作室牵头人召集政协委员、相关部门并邀请反映问题的群众对问题的落实情况进行评定。组织、指导潭山镇茶产业发展、汽运城小区设计方案、车上耕地卫片整改等活动108次，协商促成解决各类问题73件，受益群众上万人，协调资金126.5万元，着力将"宜事宜商——商出'丰'采协商平台"打造成我县政协工作品牌。二是建立选派民主监督员工作制度，提升协商质量。组织政协委员开展系列民主监督活动。县政协改"请"为"派"，统一挑选素质高、能力强、业务精、有热情的政协委员组成民主监督小组，分批次委派到司法机关和县直单位开展民主监督，积极收集反映服务对象提出的意见建议，对其履职情况进行监督。三是积极搭建协商平台，畅通协商渠道。巩固完善党政领导督办政协重点提案工作机制，每年遴选7件提案确定为年度重点提案，由县党政领导及政协领导班子成员双领衔督办，确保重点提案的跟踪问效和办理落实。其中，县委书记康健、县长王方大分别主持召开重点提案交办会，分别就"关于推进脱贫攻坚与乡村振兴有效衔接的建议"和"关于实现'绿色矿山'发展模式的建议"两件重点提案现场办公，督办落实、效果良好，真正做到了重点提案重点协商、重点办理。

（四）加强自身建设，提高协商水平。换届以来，宜丰县政协紧紧围绕议大事、促发展，进一步加快协商民主制度化、规范化和程序化建设的步伐，切实有效开展了协商议政活动。一是完善制度建设。先后出台了《政协宜丰县委员会委员管理暂行规定》《政协常委会工作规则》《政协委员活动分组安排》，强化了政协领导班子及全体委员遵规守纪意识。二是搭建全委会协商平台。全委会期间，遴选 8 位政协委员围绕新能源电池首位产业发展、打造宜丰营商环境一等县、推进脱贫攻坚与乡村振兴有效衔接等作了大会协商发言，6 位政协委员作了书面发言，历次县委全委会工作报告及大会发言都得到县委书记、县长点赞和高度评价。县委常委参加政协全会期间的分组讨论，认真听取委员们的意见建议，对委员们提出的意见给予了耐心细致的解答，获得了委员们的一致好评。三是政协领导参与重大事项协商。县委常委会邀请县政协党组书记参加，县政府重大活动、重要会议安排政协主席或副主席参加，扩大政协参与面，重视政协话语权。县委、县政府领导对政协重大活动"有请必到"、重点工作"有求必应"。县委、县政府分管领导参加政协专题常委会、专题协商会等，通报情况、听取意见，将委员意见建议纳入党政决策之中。县委、县政府下发的有关重要文件，及时抄送县政协。政协参政议政需要的资料和数据，有关部门及时提供。对政协开展的重点调研及视察课题，相关部门积极配合，做好服务工作。

二、政协协商与基层协商面临的主要问题

（一）思想认识不到位。囿于惯性思维的影响，在县级层面，一些干部群众依然认为政协是一个"养老"的地方，政协工作是一份闲差。少数政协干部在工作开展时底气不足，"想主动怕越位""想尽职怕错位""想帮忙怕添乱"的思想普遍存在。

（二）工作机制不够规范。中央文件虽然对政治协商的内容、方式、责任进行了明确规定，但是在政协对外工作机制中，哪些事项必须协商、该找谁协商，甚至在政协内部工作机制中，哪些事项需要在政协主席会议、常务会议、全体会议、专题会议上协商，以及协商成果的办理、协商主体的责任等，均缺乏细致规范的制度规定。如，中央反复强调"把政治协商纳入决策程序"，但是因为缺乏法律制度的刚性约束，导致协商在决策之前难以落实，存在一定的随意性。"视察""信息""提案"工作方式运用较多，但"建议案""民主评议"等工作方式运用较少，工作机制不够健全，作用发挥不够明显。

（三）委员作用发挥不明显。一些政协委员履职作用发挥不够，几年下来没有一件提案，会议讨论也很少发言，甚至在政协常委中也不乏其人，未能体现出其所应

有的代表性和参与性，这和委员推荐工作中个别单位的敷衍推荐、人情推荐以及平衡性、照顾性安排分不开。一些委员在任期内工作有变动，造成其所在原单位政协委员减少、所到新单位政协委员增多的情况，政协工作与实际工作联系不够紧密。

（四）组织建设存在不足。 县级政协机关行政编制普遍偏少，"一人委"问题还未完全解决，人员力量不足，基础工作薄弱。

三、对推进政协协商与基层协商有效衔接的几点建议

（一）强化协商主体能力素养。 一方面，要增强协商主体的协商意识。作为政策的执行者和推动者，党政干部要自觉增强协商意识和民主素养，从推动全过程人民民主的高度深化对政协协商民主的认识。通过理论学习、政治参与、社会实践等途径，激发政协委员的协商意识，使其不做"挂名"委员、"哑巴"委员。同时，大力培育协商文化，使人民群众认识到社会主义协商民主的优越性，形成政协协商与其他协商多层次开展、群众协商素养普遍提高的生动局面。另一方面，要增强协商主体的协商能力。要加强业务培训，持续不断地提升习近平总书记所要求的"四力"，努力成为政协工作的行家里手。要加强管理，不仅要建立健全政协委员履职档案，并将其作为日常考察与考核的依据，还要健全问责和退出机制，解决履职不力等问题。

（二）着力提升政协协商质效。 一要完善协商内容、拓宽协商领域。围绕经济社会发展过程中具有战略性、前瞻性与全局性的重大理论与实践问题，以及党委和政府工作重点、群众生产生活难点、社会治理焦点，精选议题，深入调研，形成高质量研究报告、政协提案和意见建议。二要规范协商程序、提高协商实效。首先要确保协商议题、协商活动、协商会议、协商成果等常规程序有效运转，将其细化并作出明确要求，做到有制可依、有规可循。其次要抓好协商议题的提出与确定、协商意见的实施与监督这个重点环节。在前一环节，尤其需要制定具体的操作制度，以明确各协商主体特别是各级党委的权力和责任。在后一环节，必须明确规定落实政协意见建议办理的时限要求、反馈方式等，健全协商议政质量评价体系和监督工作方法，深化评价成果运用。三要丰富协商形式、激发协商活力。完善会议协商形式，增加协商密度，拓展协商深度和广度，提高协商成效。建议由省政协主导，统一建设全省智慧政协，搭建政协云网络议政平台，完善网络议政、远程协商新型协商形式，形成省市县三级联动，利用信息化沟通交流方式，提高协商民主开放性；建立网上征求民意机制，畅通社情民意网络征集渠道，拉长凝聚共识半径；打造"网上议政厅"等"互联网+"履职新载体，疏通网络民意通道，实现互联网优势同政协协商特色有机结合，走好网上群众路线。借鉴基层治理和群众自治中涌现出的协商民主的有效制度形式，引导和

支持各市县政协在社区、乡村搭建协商平台，探索委员进部门、进企业、进学校、进社区，就群众关心的具体问题开展面对面协商，使协商更加生动活泼和快捷有效。

（三）发挥委员主体作用。习近平总书记指出："要鼓励和支持委员深入基层、深入界别群众，及时反映群众意见和建议，深入宣传党和国家方针政策。"县级政协要充分利用委员熟悉基层情况、与群众联系密切等优势，加强建言资政和凝聚共识双向发力机制和协商平台建设，利用"宜事宜商"工作室和委员之家，解决委员服务缺"抓手"、作用发挥不明显等问题，把委员履职触角深入到基层和群众一线，使协商议政成为宣传政策、凝聚共识的过程。

在委员产生过程中，要增强民主化、公开化程度，更加重视政协党组的意见，使真正有参政议政愿望、能力和条件的人成为委员，防止搞地区、部门平衡，防止降低委员的素质和要求。委员如有工作变动，应辞去委员职务，协商增补新任委员，以利于委员参政议政的连续性和稳定性。委员要抓重点议大事，抓难点出实招，抓热点献良策，多谋解决重要问题的新思路，多献破解现实难题的新方法，做到"协商不决策""监督不指责""议政不行政""建言不妄议"，提高履职的精准度和影响力。

（四）加强政协组织建设。加强政协专委会和机关建设，加强领导班子配备，增加无党派人士数量，提高政协履职保障能力。加强党对政协工作的组织领导，建立政协党组成员联系党员委员、党员委员联系党外委员的工作机制，实现党组织对党员委员的全覆盖、党的工作对政协委员的全覆盖，确保党的领导在政协工作中全面贯彻落实。延伸政协协商与基层协商有效衔接的触角，实现乡镇（场）、工业园区委员工作室全覆盖，并根据委员的"技能特点"和"职业特长"，建立特色委员工作室，推动委员更好地开展履职工作。

（作者单位：宜丰县政协）

建好用好委员工作室
擦亮基层"赣事好商量"品牌

◎ 颜昭涵

　　党的二十大报告对发展全过程人民民主作出了全面部署，指出发展全过程人民民主是中国式现代化的本质要求之一，强调协商民主是实践全过程人民民主的重要形式。人民政协作为社会主义协商民主的重要渠道和专门协商机构，是发展全过程人民民主的重要载体，也是内在要求。要准确把握人民政协的性质定位，始终将协商民主贯穿履行职能全过程，在协商中促进广泛团结。

　　近年来，省政协大力推进"赣事好商量"平台建设，明确提出要搭建好"委员工作室"等协商平台和载体。对此，全省各地方政协积极探索建设委员工作室，有力推动了政协工作重心下移、委员资源力量下沉，充分释放了政协作为专门协商机构的潜能和效能，对推动政协协商向基层延伸产生了积极作用。

一、推动政协协商向基层延伸，委员工作室独具优势、作用彰显

　　（一）有助于助推党政决策部署贯彻落实，更好地凝聚共识。习近平总书记强调："人民政协要通过有效工作，努力成为坚持和加强党对各项工作领导的重要阵地、用党的创新理论团结教育引导各族各界代表人士的重要平台、在共同思想政治基础上化解矛盾和凝聚共识的重要渠道。"通过委员工作室这一平台，进一步加强委员与界别群众的常态化联系互动，可以更加有效发挥凝聚共识的渠道作用。一方面，委员在与界别群众直接对话接触的过程中，可以更为感同身受群众的所思所想，更为直观了解到群众的意愿诉求，有效拓宽党委政府问计于民、问政于民、问需于民的渠道，夯实各项政策措施落实的民意基础；另一方面，委员通过宣传党的路线方针政策、国家法律法规以及党委政府的决策部署，让群众感受到党和政府的重视和关怀，能够更为客观、理性、平和地看待发展中遇到的一系列问题，切实做到解疑释惑、理顺情绪、化解矛盾、增强信心，在春风化雨、润物无声中，进一步增进各界群众对中国共产党

以及中国特色社会主义的政治认同、思想认同、理论认同、情感认同。广泛凝聚"听党话、跟党走"的共识和力量。

（二）有助于发挥委员主体作用，更好地激发履职积极性。习近平总书记指出："广大政协委员要坚持为国履职、为民尽责的情怀，把事业放在心上，把责任扛在肩上，认真履行委员职责。"发挥"赣事好商量"平台作用，重点在如何做好协商，关键在如何调动委员参与积极性，发挥其主体作用。现实中，由于委员分属不同行业，来自不同界别，在政协全会闭会期间往往缺乏固定的、常态化的协商平台。责任心较强的委员尚且感慨"找不到组织"，责任心稍差的委员则索性"躺平"，"年委员、季常委"现象凸显。一方面，建设委员工作室能够有效解决委员协商载体问题，为委员搭建重心向下、关口前移、面向群众、扎根基层的协商平台，使其既有固定的场所，又有工作制度、计划、台账、考核等一系列配套的制度规范，有效保障了协商工作的制度化和常态化。另一方面，通过委员工作室活动所形成的协商成果，一旦被党政采纳落实，又能反过来激发委员履职热情，让委员感受到工作成果得到重视，形成越参与成果越多，成果越多越想参与的良性循环，让委员工作室及基层协商工作焕发生机活力。

（三）有助于落实"协商于民、协商为民"要求，更好地服务界别群众。习近平总书记指出："人民群众是社会主义协商民主的重点。涉及人民群众利益的大量决策和工作，主要发生在基层。要按照协商于民、协商为民的要求，大力发展基层协商民主，重点在基层群众中开展协商。"对于县一级基层政协组织来说，"赣事好商量"品牌建设的一大重点就是如何面向群众，如何与基层协商有效衔接上面。众所周知，政协组织目前只建到县（市、区）一级，而在乡镇（街道）层面，普遍做法是设立活动组、联络组等联络机构，这些联络机构人员往往是兼职，工作场所、活动经费难以有效保障，进而造成乡镇（街道）及村（社区）层面政协工作实质上的真空。建设委员工作室，则是消除工作真空，打造协商支点的一条有效途径，由于其多是建在社区、企业、园区、社会组织场所等地段，有着"开门就是基层、出门就是群众"的天然优势。依托委员工作室，委员可以更加便捷、灵活、高效地联系服务群众，了解民情、收集民意，并围绕带有普遍性的"急难愁盼"问题开展协商，助推解决民生问题，让群众感到"政协离自己很近、委员就在身边"成为生动的工作实践。

二、在建好用好委员工作室上持续发力，让"赣事好商量"品牌在基层协商中熠熠生辉

为更好地发挥委员工作室作用，避免产生"挂牌工作室""僵尸工作室"，持

续擦亮基层"赣事好商量"金字招牌，应当做到以下几点：

（一）**要加强政治引领**。一是要坚定政治立场。习近平总书记指出："政协委员来自方方面面，对一些问题的看法和认识不一定相同，但政治立场不能含糊、政治原则不能动摇。"要依托委员工作室这一平台，定期组织委员学习习近平新时代中国特色社会主义思想以及习近平总书记关于加强和改进人民政协工作的重要思想，学习党的大政方针、时事政治和业务知识，积极开展谈心谈话、委员读书等活动，推动委员在学习交流中增进共识。要正确引导委员在开展协商、发表意见建议时，除了原则性问题不打折扣不变通，其他问题可以畅所欲言，做到理性有度、合法依章，不发表偏激偏执及不利于增进团结的言论。通过协商交流，促进不同思想观点碰撞交融，最终深化理解、消除误解，把党的主张转化各方共识。

二是要加强党的领导。要充分发挥政协党组领导核心作用，对各个委员工作室的工作思路、活动计划等进行统筹把关，及时研究解决遇到的问题，推进委员工作室规范化、常态化建设。要主动向同级党委做好请示汇报，把工作室建设纳入党委总体工作布局，重要事项、重要安排、重要成果及时向党委报告，积极争取支持。要积极探索在委员工作室建立委员履职党支部或党员小组，发挥好党员委员在委员工作室协商履职中的先锋模范作用，推动实现党的组织和党的工作对委员工作室全覆盖。

（二）**要抓好建设管理**。一要因地制宜建设。要力戒形式主义，做到界别群众在哪里，委员工作室就建在哪里；界别群众有什么需求，就建什么样主题的委员工作室。具体可以分为界别委员工作室、乡镇委员工作室、委员个人工作室三大类。界别委员工作室将行业、专业相近的委员归类纳入，根据界别特长，开展相应的协商议事、政策咨询、扶危济困等服务活动。乡镇委员工作室则可以重点围绕本地乡村振兴工作开展履职活动，着力激发农民群众依靠自身勤劳致富的信心和动力。而个人委员工作室则可以依靠委员个人影响力，开展相关履职服务活动。

二要明确标准规范。具体要做到"三有"：一有场所标识，按照方便委员联系服务群众的原则，在适宜公共服务空间等设置委员工作室，并在显眼位置悬挂委员工作室标牌，让群众看得见、找得着。二有委员负责，每个工作室要有一定数量、相对稳定的委员队伍，在委员选择上做到"专业对口""志趣相投"，才能最大限度发挥协商优势。同时还要明确一名政治立场坚定、热心政协事业、协商能力较强的委员担任负责人，牵头抓好委员工作室的建设和运行。三有工作制度，要建立完善学习调研、接待走访、协商议事、反映社情民意信息等制度，让各项工作有规可依。

三要加强考核督促。要发挥考核"指挥棒"作用，把委员参与委员工作室活动情况纳入委员年度履职情况统计范围，作为年度评先评优重要依据，充分调动委员参与积极性，避免制度挂满墙，落实"打哈哈"。要充分发挥专委会作用，把组织、指导委员工作室建设、运行情况作为专委会向主席会议汇报工作的重要内容。要研究制定委员工作室工作评价标准和评价办法，对委员工作室进行动态考评管理，每年评选若干先进委员工作室，并给予一定的奖励，正面引导激励委员工作室真干实干。

（三）要聚焦协商主业。一是职责定位要精准。委员工作室可以兼具协商议政、学习交流、联系服务群众、反映社情民意、团结联谊等多个方面的职责作用，但一定要突出政协特色，突出协商主责主业。当前，有的把委员工作室当成"委员联谊室"，工作内容放在了委员内部之间的学习交流、联络联谊等活动上，自娱自乐、闭门造车之嫌；有的把委员工作室当成"值班室""信访接待室"，虽然也能开门见群众，但是"坐等上门"而不是"主动深入"，对于群众反映的问题，重"收集"而轻"协商"。这些定位上的错位，应当极力避免。

二是协商计划要详尽。每个委员工作室在开展协商活动前，都应当制订详细可行的协商计划，避免无序协商、随意协商，以保障有充足的时间做好协商准备，提高协商效果。既可以由政协根据年度协商工作计划安排，围绕党政工作重点、群众生产生活难点、社会治理焦点，选取开口较小的议题，安排委员工作室开展协商。也可以由委员工作室根据各自的界别特点、委员专长，自主选择党政关心、群众关注、切口较小的议题开展协商。当然，计划有时赶不上变化，在实际过程中要根据需要及时增加或调整协商议题，灵活开展协商。此外，对群众的微建议、微需求，可随时开展小范围的"微协商"，满足群众"微心愿"。

三是协商组织要灵活。要坚持开门协商、开放协商，为乡镇（街道）、村（社区）和基层群众"搭好台"，可以对接社区议事会、村民议事会等已有的基层协商平台，推动政协协商与基层协商有效衔接，共同服务基层治理。要主动加强与党委、政府相关部门、乡镇（街道）、村（社区）沟通联系，根据协商需要，邀请相关部门负责人、基层群众代表、专家共同开展协商。在协商前，要提前告知，让参与者熟悉内容，做好充分准备，减少盲目性、随意性，提高协商针对性、严肃性，保障协商活动有序高质量开展。对于一些牵涉面广等重大协商课题，各委员工作室之间可以加强横向联动，按需开展协同调研、联动协商。要顺应互联网技术和应用的飞速发展，依托有关线上平台，采取网络议政、远程协商等新协商形式，增强协商活动的即时性和灵活性。

四是协商氛围要和谐。要深刻领悟"赣事好商量"的核心精髓，把事情商量好，把口碑建立好。委员工作室协商平台直面界别群众，各方都应当做到相互尊重、平等协商，而不强加于人，做到遵循规则、有序协商，而不各说各话，做到体谅包容、真诚协商，而不偏激偏执，讲有用的话，献管用的策。既让基层群众代表谈难处、提诉求，又让相关部门人员道情况、讲意见，让参与的委员安抚情绪、提出建议。让相关部门带着情况来，带着协商成果回，以"说得对"实现"说了算"。

（四）要强化成果运用。习近平总书记指出："民主不是装饰品，不是用来做摆设的，而是要用来解决人民要解决的问题的。"委员工作室组织开展的任何协商活动，无不凝聚着参与委员的智慧和汗水，如果协商成果不落地，那么前期的一切努力都沦为空谈，将会寒了委员的一片热心，进而挫伤工作积极性。因此，要切实采取措施，大力保障委员"好声音"听得到、唱得响。

一是要及时记录和报送。对每次协商成果，各委员工作室要以协商纪要、协商报告等形式记录并形成台账。对于重大协商成果，应交由政协组织整理审核后报送党委、政府并抄送相关部门，推动部门在后续工作中采纳。

二是要做好提炼和转化。对部分协商成果，视情况转化成社情民意信息、建议案、提案、大会发言等，形成一定的影响，助推党委、政府有效改进工作。

三是要加强跟踪和反馈。政协常委会要加强与党政相关部门的联系，及时掌握党政领导批示情况和部门采纳情况，并向有关委员工作室和参与协商的人员通报反馈，形成协商成果运用转化的闭环。对部分协商成果，可以由委员工作室牵头，组织相关委员和群众代表开展问题整改回头看，深入现场了解情况，与有关部门进一步交换意见，对确有需要的，可以再次组织开展协商，务求实效。

（作者单位：万载县政协）

践行全过程人民民主
做强"赣事好商量"品牌

◎余丽平

全过程人民民主是社会主义政治的本质属性,是最广泛、最真实、最管用的民主。协商民主是实践全过程人民民主的重要形式。近年来,上饶市按照"党委领导、政府支持、政协搭台、各方参与、服务群众"的要求,聚焦经济社会发展中的热点、难点、堵点问题,采取"领导出题、公开征题、乡贤荐题、群众点题"的方式,根据乡村、城镇、园区的不同情况选择相应协商议题,广泛开展协商议事活动。同时,积极探索"赣事好商量"上饶实践品牌。在各级党委、政府的重视支持下,各县(市、区)政协精心谋划,主动作为,做到哪里有事要商量,就把协商议事平台建到哪里,从乡镇到村居,从社区到园区,到处是活跃的协商,到处是实打实的议事。"赣事好商量"成为基层干部群众口中的热词。一个个群众关心的难题解决了;一件件交织在一起的烦心事化解了;一项项便民利民的工程项目落实了,好商量协商议事工作犹如春风,吹暖了赣鄱大地。

一、探索实践

(一)坚持党的全面领导,强化党建引领。始终坚持党的全面领导,充分发挥政协专门协商机构的优势,让社会各阶层凝聚在党的周围,是"赣事好商量"协商议事工作在基层爆发出蓬勃力量的源泉。一方面,注重发挥党委的"方向性"作用。在方向性问题决策上,党委必须把好方向、掌好舵,为基层协商民主工作把向定脉。另一方面,注重发挥基层党组织的"基础性"作用。强调"抓书记,书记抓"。近年来,在上饶各地开展了"党建 + 好商量"的基层协商民主实践,有效促进了党建和好商量的深度融合,取得了良好的效果。实践证明,各地"赣事好商量"工作就开展得有声有色。基层群众说,"赣事好商量"把群众的烦心事、揪心事、操心事商量好了;基层党组织说,"赣事好商量"就是党与群众的"连心桥",是新时代践行党的群众路线的又一新载体,是实现全过程人民民主的又一重要方式;政协委员们说,"赣事好商量"是他们履职尽责的新舞台。上饶的基层协商民主工作实践,正是习近平总书记"有事好商量,众人的事由众人商量"民主思想的生动写照。通过推进基层协商民主建设,有效寻求了民意最大公约数,解决了一些群众关心的痛点难点,有力推动了构建共建共治共享的基层社会治理新格局,让人民群众有了更多的获得感和幸福感。

(二)坚持政协性质定位,发挥专门协商机构作用。政协统筹谋划、整体调度。市政协按照省政协的要求和市委的部署,统筹谋划、分类指导,全面推进基层协商民主建设工作,全力推动政协协商与基层协商有效衔接。一是制定推进基层协商民主建设配套文件。制定下发了《关于充分发挥人民政协专门协商机构作用推进全市基层协商民主建设工作实施方案》等文件,为推进基层协商民主建设提供了操作规程。二是建立市政协领导挂点联系制度。市政协领导班子成员分片挂点联系,靠前指挥、现场指导,协调帮助解决实际问题,推动基商民主建设落实到位。三是规范协商平台建设标准。市政协统一设计了"党建+好商量"标识和"赣事好商量"标牌。明确各地协商议事室要有统一的标识、标语和制度,既体现全省"赣事好商量"元素,又凸显上饶"党建+好商量"特色。四是抓好基层干部协商能力培训。协调推动"党建+好商量"列入干部教育和人力资源培训计划,将"党建+好商量"工作纳入市县两级党校教学课程。五是加强"赣事好商量"工作宣传推介。全方位推介运用"赣事好商量"平台创新基层社会治理模式、推动改革发展稳定的生动实践,多角度宣传各地通过"好商量"协商于民、协商为民的鲜活故事,不断增强"赣事好商量"的影响力;重视营造协商民主氛围,统一布置、规范要求,各乡镇(街道)村(社区)通过设立宣传栏、制作标语等方式,宣传习近平总书记有关重要讲话精神,宣传基层协商民主建设工作要求,提升干部群众知晓度和参与率。

各县(市、区)政协精心策划、积极探索,以点带面、扎实推进,形成了各具特色、亮点纷呈的推进基层协商民主建设工作格局。搭建协商平台。各县(市、区)政协负责组织搭建"赣事好商量"协商议事平台,通过"室内+室外""固定+流动""线上+线下"方式,推动乡镇(街道)、村(社区)和园区"赣事好商量"协商议事室建设,做到哪里有事要商量,就把协商议事平台搭建到哪里。推动委员下沉。将所有县政协委员及住县的市政协委员,按照"就近、就便,有利、有为"的要求,统一安排下沉到乡镇(街道)、村(社区),指导搭建"赣事好商量"平台,协助组织"好商量"活动。

(三)坚持人民至上,做到协商于民、协商为民。习近平总书记指出,一个国家民主不民主,关键在于是不是真正做到了人民当家作主,要看人民有没有投票权,更要看人民有没有广泛参与权。我国全过程人民民主不仅有完整的制度程序,而且有完整的参与实践，这在上饶"党建＋好商量"实践中得到了充分体现。

深入听取群众呼声，精准选定协商议题。各地坚持"不调研不协商"原则，深入基层广泛听取群众意见建议，有针对性地收集群众"急难愁盼"的问题。采取"领导出题、公开征题、乡贤荐题、群众点题"的方式，建立议题库。按照时间急缓、可行性原则进行议题筛选、分类管理，精准确定每一次协商议题，并就议题相关事项在适当范围进行公示。同时，按照习近平总书记关于"涉及一部分群众利益、特定群众利益的事情，要在这部分群众中广泛商量"的重要要求，着重围绕与特定人群（老、幼、病、残）相关的公共设施和公益事业，如乡村幸福食堂、学生交通安全、村级幼儿园布局等事项开展协商。充分利用"赣事好商量"协商议事平台，真心实意为群众办实事、解难题。

江西省第十五次党代会明确提出，要坚持全心全意为人民服务的根本宗旨。深入践行以人民为中心的发展思想，坚持人民至上，紧紧依靠人民，不断造福人民，充分激发广大人民群众的积极性主动性创造性，为全面建设社会主义现代化江西凝聚澎湃力量。上饶深入践行以人民为中心的发展思想，根据不同协商议题，充分考虑议题类型、涉及范围、复杂程度和参与对象的广泛性、代表性，合理确定参与协商议事的协商主体，注重吸收有不同意见的对象参与。协商主体主要包括：同级党政负责人、政协委员、利益相关方代表、与协商议题有关的专家和部门负责人。在协商议事活动中，所有协商人员一律平等协商、充分交流，理性合法地表达意见和诉求，真正做到"有事好商量，众人的事情由众人商量"。为确保协商议事活动更具民主性和专业性，各县（市、区）根据不同类别的协商事项，把需要邀请吸收参加协商议事的有关方面专家学者、第三方机构专业人员、业务主管部门负责人等人员梳理出来，协调有关部门建立"专家库"，即需即请。

二、优化基层协商议事制度的对策建议

（一）积极发挥各级党组织的战斗堡垒作用。基层党组织是协商议事会的主持者和协商议事平台的管理者。基层群众希望通过平台及时反映意见，基层组织希望通过平台及时有效地解决问题，提高社会治理效能。为此，各级党组织要精心牵头开展协商民主议事活动，在议题选择上强化把关定向、在议事流程上强化组织引领、在成果运用上强化跟踪落实，最大限度保证协商结果与党政决策一致，最大程度把群众凝聚到党组织周围，最大力度夯实党在基层的执政基础。各级党组织要把"赣事好商量"当成自己的事来对待，而不只是政协的事。

（二）发挥群众监督作用，推动协商成果转化。知屋漏者在宇下，知政失者在草野。

人民群众是最强大的监督力量，千千万万的群众，就是一个个节点，能够织出一张全域监督的"天网"。协商结果要接受群众监督和评判。要发挥人民监督作用，织密群众监督之网，开启全天候探照灯，各级党组织和党员、干部的表现都要交给群众评判。

（三）选优配强一批适应基层协商民主建设需要的政协委员。 基层协商民主是政协委员履职的新舞台，然而目前委员的构成来源，还无法完全适应"赣事好商量"工作要求。因此，应与各地组织部门和统战部门对接，将县（市、区）政协委员的安排尽可能地扩大到村（社区），将村居一级在当地有较大影响力、有一定话事能力、有明显界别代表性的优秀人士列入委员建议推荐人员，确保政协委员真正能够担负起指导帮助基层协商民主的职责。

（四）协商形式应多元融合。 当前，村（居）一级设有"村民理事会""四方联席会议"等议事制度，都是实现基层治理的有效载体。"赣事好商量"不能拘泥于"形"，是"理念"但不能局限于"概念"。各级政府应将"赣事好商量"的议事流程、主体、规则等植入于"村民理事会"或"四方联席会议"之中，培育协商文化，彰显"赣事好商量"核心要义。

三、结　语

"赣事好商量"的上饶实践激发了基层创新活力。各地积极探索、大胆创新，形成各具特色的工作经验。有的地方创造性制作一单清，从最初的议题提出到最后的落实效果评议，所有流程和要求在一张表上体现，一目了然、全程留痕；有的地方鉴于条件限制，没有固定的协商议事室，就搭建流动协商平台，把协商场所放到祠堂民居、仓库厂房、大树底下、田间地头，不讲排场，只重效果；有的地方把"赣事好商量"平台建设延伸到产业链，搭建政企"连心桥"，开启企情"直通车"；有的地方形成高位推动、试点带动、三级联动、横向互动、创新驱动、以查促动"六动"工作法；有的地方对"党建＋好商量"优质协商成果项目安排经费奖补，推进基层协商民主建设规范化、程序化和常态化。

（作者单位：中共上饶市委党校）

让协商民主在基层社会
治理现代化建设中绽放光芒

◎段敏慧

十八大以来，习近平总书记和党中央多次就加强和改进新时代人民政协工作作出重要指示批示，出台系列文件。党的二十大报告再次强调"要推进协商民主广泛多层制度化发展"。作为中国特色社会主义民主政治的特有形式和独特优势，社会主义协商民主如何在国家治理体系和治理能力现代化提升上发挥优势，如何助推基层社会治理提质增效，已经成为新时代人民政协发挥职能作用的重要基点。

一、基层协商民主与基层社会治理相辅相成

中共中央印发的《关于加强社会主义协商民主建设的意见》中指出："社会主义协商民主是中国特色社会民主政治的特有形式和独特优势，是党的群众路线在政治领域的重要体现，是深化政治体制改革的内容。"人民政协作为社会主义协商民主的重要渠道和专门协商机构，是国家治理体系的重要组成部分，承担着在新时代深入推进基层协商民主，实现打通全过程人民民主"最后一公里"的使命。

协商民主具有公开性、平等性、广泛性的特征，极大地适应并满足了基层社会治理现代化发展的方向和要求。基层治理是实现国家治理体系和治理能力现代化的基础工程，推进基层社会治理现代化极大地丰富了协商民主的主要内容。将基层协商民主融入基层社会治理，充分发挥基层协商民主多元参与、广泛凝聚、化解矛盾的积极效能，将社会"活水"引入基层治理，补充并丰富基层群众自治实践，创新走好新时期党的群众路线，提供了破除制约基层社会治理效能提升问题的良好路径。

二、打造工作品牌，充分发挥协商民主优势

将协商民主的独特优势充分运用在基层社会治理中，转化为基层社会治理效能，

需要依托基层实际，打造基层协商议事工作品牌，实现广泛深入一线的基层协商，延伸基层协商民主工作触角到基层社会治理最小单元。近年来，随着我省"赣事好商量"品牌的持续打造，省内各地涌现出各式各样的基层协商民主工作品牌，为基层社会治理出谋划策，在全省上下营造了浓厚的协商民主氛围。2020年上饶市委按照"党委领导、政协搭台、各方参与、服务群众"的要求，在基层组织搭建"好商量"协商议事平台，并采取"组织延伸、委员下沉、有效衔接"形式，推动乡镇（街道）、社区（村）、园区（企业）"好商量"协商议事室建设，建立"乡镇（街道）政协工作联络组"作为协商议事协调机构，建立政协委员联系服务点，完善基层政协工作机制，打造了"好商量"基层协商民主建设工作品牌，在基层营造了协商民主的浓厚氛围。

（一）完善制度供给，强化组织链条，建设"县区—乡镇—社区—网格"四层结构的基层协商民主工作路径。深入推进基层协商民主建设，需要不断强化组织根基，在基层形成协商民主的具体落脚点。省政协"赣事好商量"品牌打造以来，各县市区结合各自实际，通过党政领导领衔协商机制、镇街设置政协工作联络组、建设政协委员工作站等，搭建起了基层协商民主工作基本组织框架，为画好"同心圆"提供渲染画笔。中共上饶市委印发《关于新时代加强和改进人民政协工作的实施意见》（饶发〔2020〕11号文）对基层协商民主机构建设、制度建设进行了强调和规范，明确规定各级党委要把人民政协工作纳入重要议事日程、健全党政领导同志参加政协会议和活动制度以及基层协商平台建设等相关内容。完善政协委员下基层参与基层社会治理的相关机制，如上饶市区各级政协单位在镇街以及设立政协委员工作站，并将各级政协委员"挂乡联村"，担任镇街、村居协商议事会议召集人，就居民群众关心的议题主持开展调研协商，将委员工作站、联络点和协商议事活动支在"田间地头"、村居门口，深入参与基层社会治理方方面面。仅2022年上饶市信州区西市街道召开政协委员主持参与的"好商量"协商议事会议达52次，落实政协委员"深入实际、深入基层、深入群众，做到知民情、解民忧、纾民怨、暖民心，多干让人民满意的好事实事"。

（二）营造协商氛围，壮大政协队伍，打造会协商善议政的高质量基层协商民主工作队伍。政协委员是基层协商的主体，是将新时代协商民主与基层社会治理链接的最小单元。高质量协商民主依靠各级政协委员履职能力的提升以及参政议政积极性主动性的发挥。因此，需要不断强化政协委员业务水平，提升委员参与基层协商议事的主动性和积极性，鼓励委员结合个人工作、职业背景推动协商议事成果落实。通过委员读书系列活动、委员客厅活动、委员业务培训会、座谈会等多渠道多途径增强委员协商议事本领，促进委员间交流学习，对在基层协商民主中表现优异的委员颁发"优秀委员"证书加以鼓励。推进委员"挂乡联村"机制常态化规范化，加强委员实地调研工作，把政协委员和田间地头的民情民意联系起来。鼓励挖掘村居中德高望重的乡

贤，发展为基层协商民主工作联络员，作为补充力量充实基层协商议事团队，在居民群众间营造协商民主氛围。

三、优化基层社会治理效能，推动协商民主走深走实

基层社会治理效能提质增效，需要不断优化基层网格综合治理体系，通过打造协商网格、议事网格，在居民单元形成众人事众人议的社会风尚，居民代表、党员代表、居民小组长等积极参与身边"关键小事"解决，实现"自治"与"他治"有机结合，在基层实现贯彻全过程人民民主。在当前各地的具体实践中，主要是通过基层网格专业化水平提升、基层社会治理多元化，以协商民主深入推进社会治理水平提质增效的例子广泛存在。

社区网格化管理在近年来基层实践中，已经被证明是基层社会治理的有效成功模式之一。通过对社区在区域位置上进行科学、合理地分化，从而形成基层治理"网格"，通过网格员微小基层的治理主体，将社区化整为零，并依托大数据平台提供精确信息，实现社会治理精准化高效化。因此提升网格化管理水平的主要方向是网格员专职化专业化水平的提升以及网格管理平台的不断更新迭代。另外，积极拓展多元社会治理，不断提升基层群众自治意识和自治能力，将社会治理和服务重心下移，刺激社会细胞，让基层群众通过接地气、聚人气的民主实践，围绕涉及自身利益的实际问题提出意见建议、进行广泛协商，是实现基层社会治理效能提升的重要目标。浙江"枫桥经验"充分发挥群防群治力量、上饶"好商量"基层协商民主建设放大网格效能引入多元主体，都是多方向推进基层协商民主，提升社会治理效能的积极有效探索。

四、基层协商民主建设实践中存在的问题及建议

（一）协商主体角色错位、角色失位的问题。在当前基层协商民主实践过程中，如何增强协商主体参与基层的"主人翁"意识是核心关键。对于协商议事的积极主动性，对基层协商的使命感，是政协委员深入一线履职尽责的重要推力。在基层"好商量"协商议事活动开展过程中，由社区书记主导，政协委员沦为"配角"，政协委员缺位错位的情况时有发生，基层协商民主的广泛落实极有可能流于表面。

（二）协商选题不够深入、流于表面的问题。在具体的基层协商议事活动会出于完成工作任务、配合工作流程而召集协商，导致出现议题涉及范围太大难以协调、议题太小协商流于表面、"形式大于内容"以及矛盾"无中生有""硬协商"等问题。归根到底在于把握不好协商议事选题关，对于基层协商民主实践活动的认识不够深

入，对于涉及群众切身利益的事情不敢议，存在畏难情绪、应付了事的情况。

（三）协商能力不足、协商本领有待提高的问题。通过协商议事解决群众的关心事，这对基层民主协商召集人的组织能力和协商本领提出了一定的要求。目前基层协商议事各环节能够大致顺利衔接，但是依旧存在选题不准、议事不规范、共识难达成、成果难落实等情况，实质上反映出基层协商民主召集人协商能力有待提高的问题。

深入推进基层协商民主建设工作，"为了谁""依靠谁"始终是基本工作遵循。广泛凝聚力量，围绕服务人民群众，调动人民群众参与基层社会治理这两大方向，以小切口服务大民生，在基层形成"众人的事由众人商量"的和谐氛围，是破除当前基层协商民主各类乱象问题的核心关键。一是要营造浓厚的基层协商氛围，完善好基层协商民主建设工作配套机制，在人力财力物力上大力支持基层协商民主建设工作到位起效。二是要鼓励政协委员深入一线收集社情民意，鼓励居民群众积极配合参与基层协商议事，以"主人翁"身份参与基层社会治理。三是要打造在田间地头、小区街巷的"好商量"。深入推进协商民主落实落细，为基层社会治理现代化发展力量。

（段敏慧，上饶市信州区特邀界别委员、信州区西市街道办干部）

让众人协商成为践行全过程人民民主的关键一招

——"赣事好商量"玉山实践启示

◎周綦姝

人民政协作为历史悠久的爱国统一战线组织，充分保证了各党派团体、各族各界人士参政议政、共商国是的民主权利，真正实现了最广泛的人民民主。如何深化建设"赣事好商量"品牌，更好地彰显人民政协专门协商机构作用，有效助推基层社会治理，上饶市玉山县进行了一系列实践探索。

一、丰硕的实践成果

自"赣事好商量"创立四年来，各市遍地开花，已形成 70 多个品牌，6000 多个基层协商平台。上饶市"党建 + 好商量"玉山实践，主要聚焦于党政工作要事、民生改善实事、社会治理难事开展协商。

围绕中心、服务大局，助力乡村产业振兴。农业产业是实现乡村振兴战略的重要基础和支撑。近年来，玉山县六都乡清溪村大力发展生态农业，经过项目可行性研究，江西炊之园农业科技有限公司计划新增 800 亩小番茄种植基地。土地流转涉及清溪桥村 365 户，其中 300 户签了协议，剩余 65 户的反对意见，成为项目推进关键"堵点"。清溪村乡村干部通过挂点联络的县政协委员，深入调研后，邀请党员代表、持反对意见的群众代表、县农业局和乡规划所有关专家等围坐在一起开展协商。专家们通过"好商量"协商议事会释疑解惑，回应了村民们最关心的土地污染、稻菜争地等方面的疑问。现场达成了租金约定、土地复原、集中安置自种地块、同意流转户优先基地就业等共识，剩余 65 户顺利签署协议，近 30 名群众还进行了基地就业的报名登记。目前，清溪桥村已建成了千亩联体智能温控小番茄种植连栋大棚，通过标准化流程种植，保证产品质量和口感，市场越做越大，已实现年亩产小番茄 1.2 万斤，总产 1000余万斤，年产值已达 7000 万元以上。

关注民生、为民尽责，助推城乡人居环境提升。玉山县东接浙江省开化县、常山县、江山市，高速通道沿线是展现地域形象的重要窗口。大力推进高速沿线环境综合整治，在着力改善辖区内高速沿线环境面貌，提升高速沿线整体景观，"好商量"发挥了重要平台作用。在临湖镇高速通道沿线竹园、竹岭、叶桥、岭山四个村的"好商量"议事会上，与会代表们基于前期调研和平时掌握的情况，充分讨论、开诚布公、畅所欲言，提出了全面落实"门前三包"责任制，加强道路清扫保洁，引导群众做好房前屋后机动车、非机动车有序停放，镇村两级加大对违法建设的查处力度等宝贵意见。后来，一场大清扫大整治"运动"在四个村掀起。坚持"无积水沟、无积存垃圾、无乱堆乱放"的"三无"标准，由纵向主干路保洁到横向的进村路、通组路整治；由庭院保洁到房前屋后清理，整治全面彻底，不留死角。在乱堆乱放、垃圾清扫收运、河边垃圾清理、绿化种植等工作上下足功夫，环境整治符合标准要求，现在的临湖村庄焕然一新。

群策群力、凝聚共识，激发基层治理活力。人民政协作为践行全过程人民民主中的重要一环，始终在基层治理领域不断进行实践探索，为我国基层社会治理提供一条有益路径。玉山县政协对此选择了一些议题，开展了针对性实践，例如如何利用好协商机制，发挥好家庭家教家风在基层社会治理中的作用，如何用心用情解决好城乡居民的"急难愁盼"问题。在玉山县双明镇下喻村，有照料残疾弟弟57载的陈怀林、有照顾瘫痪在床丈夫17年的李月枝。一村两位"江西好人"是罕见的，如何利用好这种榜样力量，如何传承"好商量"为良好的家风构建和睦家庭，促进"和美下喻"乡村建设，"赣事好商量"搭建了一个群策群力的平台。"众人的事情，众人商量"，在协商过程中，各位村民代表真正畅所欲言、各抒己见，就自身关系最紧密的相关问题建言献策。从村民意志中，总结通过了以"夫妻和睦、孝敬老人、兄妹团结、以德树人、邻里友善、勤俭持家、家庭整洁"为内容的好家风倡议书，达成了开展"张贴红黑榜，弘扬好家风"评比活动等共识。地处浙、赣两省三县交界的仙岩镇，历来是商贸繁荣、物流兴旺的"边贸重镇"。作为玉山县美丽集镇工作的试点县，改造工作极大地提升了集镇功能，但后续管护问题也日益显现。例如商家商品摆放到人行道上、家庭零售农产品占道经营、车辆乱停乱放等。玉山县仙岩镇吴家社区通过"好商量"协商议事会议反映民意，要求开展集中整治，探索建立群众参与管护的美丽集镇长效管护机制。点滴民意汇聚成为条条共识，让仙岩美丽集镇持久焕发生机。利用好"好商量"这一协商议事机制，让群众广泛参与基层社会治理，助推基层组织能力提升，不仅是基层社会主体在"共建、共治、共享"治理格局下的实践探索，更是发挥人民政协在全过程人民民主中重要作用的题中应有之义。

二、卓有成效的举措

厚植协商文化，浓厚协商氛围，在深入建设"党建＋好商量"品牌过程中，玉山县政协主要在高位推动、高标建设、提质增效三个方面精准发力。

（一）加强顶层设计。深入学习贯彻习近平总书记关于加强和改进人民政协工作的重要思想，按照省市政协要求，先后印发了《关于进一步规范"好商量"协商议事工作的通知》和《关于市、县政协委员开展"挂乡联村"工作的通知》文件，牢牢把握坚持党的领导、坚持服务群众、坚持双向发力、坚持注重实效、坚持因地制宜五项基本原则，指导推动全县设立 253 个议事室，覆盖 16 个乡镇（街道）、2 个园区和 232 个行政村（社区）。坚持把"赣事好商量"纳入党建"三化"建设同部署、同考核，三级书记为第一责任人，乡镇街道党群副书记兼政协工作联络组组长具体负责，统筹推进"党建＋好商量"工作，为把方向、树品牌提供了坚强的组织保障。

（二）强化监督指导。为推动"好商量"基层协商民主建设工作在全县所有乡镇（街道）、村（社区）和园区实现全覆盖、零盲点，推动所有"赣事好商量"协商议事平台及运行实现标准化、规范化、制度化。县政协副主席、各委（办）到挂点联络乡镇（街道）、园区对乡村两级"赣事好商量"协商议事室和政协委员工作站（联络点）建设和运行情况进行全面督导。

（三）注重提质增效。为进一步推进"党建＋好商量"工作向深向好发展，召开全县"好商量"基层协商民主建设工作推进会，各乡镇（街道）政协工作联络组组长，玉山高新区、高铁新区分管领导就"好商量"工作开展中的主要做法、存在问题、下步打算、意见建议进行交流发言。为进一步加强委员管理，努力提高协商议事成效，建立健全了乡镇（街道）政协工作联络组组长和乡镇（街道）"政协委员工作站"牵头委员密切会商机制，统筹安排、协调调度乡镇（街道）"政协委员工作站"的各位委员，组织、参与"好商量"协商议事活动。为以点带面、树立先进典型，召开"赣事好商量"协商议事平台建设及运行经验交流会，组织观摩学习，全面提升"赣事好商量"玉山实践的质量。冰溪街道召开"规范广场舞健身活动"协商议事会，各乡镇（街道）政协工作联络组组长，玉山高新区、高铁新区分管领导参加观摩，横街镇塘尾村召开"建设美丽庭院"协商议事会，挂点联络横街镇政协委员和横街镇各村（社区）支部书记参加观摩。

三、主要的实践启示

如上饶市玉山县"党建＋好商量"平台建设的实践探索，在各地如火如荼开展。

"管中窥豹""庖丁解牛"，玉山县只是"赣事好商量"品牌建设的样本之一。要认真践行党的二十大精神，全国"两会"、省"两会"精神，持续打造、深化建设"赣事好商量"品牌，彰显人民政协专门协商机构作用，有效助推社会治理创新实践、特色作为。

人民民主是关键。众人的事情由众人商量，是协商民主的真谛。群众关心的，不是我们的各地协商品牌打得响不响亮，而是协商平台够不够接地气、能不能出实效。这就要求在调研选题时更加贴近民生、倾听民意，精准切中群众"急难愁盼"问题，才能更顺利地在协商时发动群众和各界人士广泛参与。

党建引领强保障。基层治理是国家治理体系和治理能力现代化的重要组成部分，将协商议事机制和党的建设同考核，更充分地发挥基层党组织战斗堡垒和党员先锋模范作用，还原村组织"党建引领下的村民自治"的基本定位，促进政协协商和基层协商有效衔接，有效助推基层治理。

强调实效抓转化。成果转化是衡量协商议事成效的重要内容。做好协商议事"下半篇文章"，需要加强两个点工作。一是及时报送，协商活动后要及时把意见建议根据需要报送本级党委政府及相关部门研究办理，确保协商意见建议的时效性。二是及时沟通，意见建议报送后，应加强与相关职能部门的沟通联系，及时了解协商成果办理进度，促进协商成果转化。

（作者单位：玉山县政协）

落实"六个到位"确保"六个有"
精心打造"赣事好商量·铅之有理"品牌

◎余道开

近年来，铅山县政协以"好商量"协商议事为抓手，汇众智、聚共识，用实劲、出实招，充分发挥议事平台在基层协调关系、理顺情绪、化解矛盾、维护稳定的独特优势，持续推进协商议事工作常态化长效化，精心打造"赣事好商量·铅之有理"品牌，不仅落实"好商量"，更注重实现"商量好"。自 2020 年启动开展"好商量"协商议事工作以来，累计组织开展各类协商议事活动 1428 场，委员参与活动 1500 余人次，收集各类意见建议 1000 条，解决群众"急难愁盼"烦心事近千件。

一、领导重视到位，确保"协商有靠"

县委常委会专题研究"好商量"协商议事工作，将之纳入全县重大改革项目和实现全过程人民民主的重要内容，下发了《中共铅山县委关于充分发挥人民政协专门协商机构作用推进全县基层协商民主建设的实施意见》，成立了以县委书记为组长的工作领导小组，安排专项工作经费，将基层协商民主建设工作列为乡镇（中心）年度考核的重要内容，将"好商量"协商议事知识纳入县委党校培训课程；县委主要领导多次实地调研并带头参加"好商量"协商议事会，为开展"好商量"协商议事工作提供强有力的组织保障。县政协实行由党组副书记、副主席具体负责，领导班子成员分片联系，专委会挂点指导工作制度，通过组织异地学习考察、举办专题培训班、召开宣讲会等多种形式，加大业务培训，切实提升委员业务水平；同时，将委员参与议事活动情况纳入委员履职考评的重要内容，作为评选优秀政协委员的重要依据。

二、平台建设到位，确保"协商有处"

依托党群服务中心、新时代文明实践站、村民理事会等现有资源，按照有阵地、有标识、有制度、有流程、有活动、有成效"六个有"标准和"融入式、开放式、共享式"要求，统一使用"赣事好商量"名称和标识，明确协商议事规则、流程、制度等内容，配备相关硬件设施，采取"组织延伸、委员下沉、有效衔接"形式，精心搭建了204个乡镇（办事处）、村（社区）、园区（企业）"好商量"协商议事室，实现平台建设全覆盖。

三、委员履职到位，确保"协商有人"

按照"就便多元、就近下沉、就地对接"的原则，将全县225名政协委员以"挂乡联村"的形式全部下沉至各个平台组织开展议事活动。根据议题需要，每次议事活动合理确定参与协商议事的成员，主要包括当地威望较高、办事公道的老党员、老干部、群众代表、乡贤、利益相关方代表、与协商议题有关的专家和部门负责人等，确保参与协商议事对象的覆盖面，确保协商议事活动广泛凝聚共识，议在点子上、议出真成效。

四、调查研究到位，确保"协商有据"

着重围绕党委政府的中心工作、涉及当地居民切身利益的公共事务和公益事业、当地居民反映强烈迫切要求解决的实际困难和矛盾纠纷等实际问题合理确定协商内容，采取领导出题、公开征题、乡贤荐题、群众点题等形式，确定协商议题，力求做到切口小、协商好、落得实、成效显。议题确定后，由主持议事会的委员牵头组织所有参与协商议事的成员，深入开展调查研究，掌握充分的第一手资料，协商解决方案，把前期基础工作做牢做实。近年来，我们先后围绕"爱国卫生运动""城乡环境综合整治""和美乡村建设"三大主题开展了集中议事活动，取得了丰硕成果。新滩乡西坂村的"挂乡联村"政协委员汪维中在前期调研中发现村小存在教育资源匮乏、周边环境不佳等问题，通过组织召开协商议事会议，达成了加强学校基础设施建设、加强教育资源配备等共识。协商结果由新滩乡党委分别呈报市、县政协，在两级政协的共同努力下，相关职能部门为西坂小学添配了体育器材、教学用具等，给教室加装了空调，切实改善了学校办学条件，为学生营造了良好的学习氛围，得到村民一致点赞。

五、协商程序到位，确保"协商有方"

协商议事会的召开按照"八步流程"进行：人员签到、说明议题、介绍人员、宣布纪律、有序发言、形成结果、结果表决、结果公示。主持人坚持中立原则，不分主次。议事会上，各方代表依次发言，做到人人发言完整、限时限次（每人不超过 2 次，每次不超过 8 分钟）、正反轮流、文明表达。形成协商结果前先以举手表决的形式通过表决办法，无论协商达成共识或未达成共识，同意的、不同意的及弃权的均采取举手的形式进行表决并当众公布表决结果。协商共识在适当范围公示 7 天，无异议后报同级党组织批准后实施。

六、跟踪落实到位，确保"协商有效"

每次协商议事活动结束后，第一时间将协商成果报党委研究，"挂乡联村"委员负责跟踪协商结果执行情况，及时汇报成果转化情况，并将协商成果转化情况作为基层协商民主建设工作的重要考核指标，切实做好协商议事成果转化的"后半篇文章"。对达成共识的议题，抓紧组织实施，设定解决问题的时限，确保协商结果落地生根、开花结果；对未达成共识的议题，集思广益、继续协商，积极寻求解决途径，经同级党委批准后安排再次协商；对于难以达成共识的议题，也将结果及时提交同级党组织作为决策参考。

通过持续打造"赣事好商量·铅之有理"协商议事品牌，进一步发挥好政协专门协商机构的作用，切实做到"协商于民、协商为民"，涌现了规范县城河口镇汽修行业、解决稼轩乡马鞍山村民的安全饮水、促成紫溪乡农贸市场改造提升、解决工业园区企业职工乘车难等一大批卓有成效的典型案例，用实实在在的协商成效获得群众信任、赢得群众点赞，将"好商量"协商议事打造成党委政府"好帮手"、人民群众"连心桥"、委员履职"新平台"，更好地汇聚起铅山高质量发展的强大力量。

（作者单位：铅山县政协）

"弋呼百应"唱响弋阳"好商量"品牌

◎周造君

弋阳县政协坚持"党委领导、政府支持、政协搭台、各方参与、服务群众"大方向，建立"弋呼百应"工作机制，针对党政所"呼"、群众所"呼"、基层所"呼"，通过"百名委员齐参与""百个平台同协商""百位专家共献策""百件成果真落实"四大举措，推进全县基层协商民主建设，形成协商主体多元、内容丰富、形式多样、程序规范、制度健全、成效显著的基层协商民主新格局，大力唱响"好商量"弋阳品牌。

一、百名委员齐参与，让政协系统最主要的力量在最需要的地方沉淀

（一）委员人人有挂点。创新推出县政协委员"挂乡联村"机制，将 211 名政协委员按照"就地、就近、就便、就熟、就愿"的原则，分配到乡镇（街道）、村居（社区）和高新园区挂点，认真落实"建好一个委员'挂乡联村'工作群、确定一名'挂乡联村'联络员、每半年开展一次委员联村调研活动"的"三个一"工作要求，充分发挥政协委员"聚是一团火，散是满天星"的积极作用，让政协委员参与到"好商量"协商民主工作中去。

（二）委员人人有压力。制定一个委员服务管理实施细则，完善下发一个委员履职考核办法，明确"好商量"基层协商议事活动是委员履职的重要内容，突出"挂乡联村"参与"好商量"基层协商议事在委员履职中的特殊地位。实行每半年一次委员履职考核，考核结果报主席会议审定，并与评优评先、动态调整等挂钩，督促、倒逼委员沉下去、干下去，做实"好商量"工作。

（三）委员人人有参与。在基层党组织的领导下，政协委员通过"挂乡联村"机制，深入基层、深入群众，每半年做到"三个一"，即提出一个协商议题、开展一次协商活动、落实一次协商成果转化更好地参与和开展协商议事，督促协商成果转化，切实解决群众身边的"急难愁盼"事。截至目前，共有 674 人次政协委员组织或参加基层民主协商活动，切实让政协委员成了"好商量"的中坚力量。

二、百个平台同协商，让政协系统最扎实的阵地在最需要的地方生根

（一）**"因地制宜"建平台**。依托党组织，本着"因地制宜、共建共享"的建设理念，提倡怎么方便怎么建、怎么实际怎么建、怎么有效怎么建，由乡村自行选择地点，在乡镇（街道）建立委员工作站、村（居）建立委员联络点，建好基层"好商量"协商议事平台。截至目前，共建立基层议事平台 179 个，实现协商平台乡镇（街道）、村（居）等全覆盖。

（二）**"建章立制"管平台**。通过下发一本工作手册、制定一套议事流程、规范一张议事表格、推行一类主持模板、优化一种公示方式、明确一批上墙内容、编唱一个宣传口诀等"七个一"举措，标准化、规范化、制度化建设、管理、使用。同时，在打造完成后，组织人员逐一验收，并实行每半年随机督导制度，加强管理，防止一建了之。

（三）**"重效求质"用平台**。根据年度工作重点，每年明确一个基层协商重点议题，要求各基层协商平台年度至少开展 1 次重点议题专题协商。比如，2022 年明确"防溺水"专题，通过基层民主协商活动，打好了"防溺水"工作宣传战和预防战，为全县年度溺水零事故贡献了政协力量。今年明确"建设和美乡村"专题，助力乡村振兴。并明确每年的 6 月和 11 月为"好商量"相对集中协商月，其他月为灵活开展月。通过集中开展与灵活开展相结合的方式，发出基层协商"最强音"，不断提升协商议事平台在基层群众中的影响力和知名度。

三、百位专家共献策，让政协系统最鲜明的优势在最需要的地方集聚

（一）**摸清专家数**。发挥政协人才荟萃、智力密集、联系广泛的独特优势，采取基层政协联络组推、市县两级政协委员荐、政协机关干部摸、各部门各单位引等多项举措，摸清全县各领域专家基本情况。然后分门别类，建立相应专家台账，做到专家基本情况、擅长领域、时间安排等方方面面都心中有数，打好了协商议事活动专家参与、建言献策的坚实基础。

（二）**建优专家库**。在全面摸底、弄清底数的基础上，优中选优、精中选精，从台账中选取 107 名各领域专业技术突出和群众工作经验丰富的专家，建立了专门的协商议事专家人才库。同时，实行动态管理、实时更新，做到了协商专家一库管理、专家使用一库推荐，实现协商活动专家安排既有知名度、更有精准度。

（三）**用好专家智**。在基层"好商量"协商议事活动开展前，根据协商议事的内容安排相应领域专家参与，为协商活动提供专业智慧、专业力量，打破提出问题、解决问题、

建立长效机制等不专业的桎梏，不断增强协商议事的精准度和科学性。截至目前，全县共有专家 621 人次参加基层民主协商活动，切实提高了协商议事活动水准和成效。

四、百件成果真落实，让政协系统最显著的成效在最需要的地方凸显

（一）推进党委、政府工作的好帮手。自觉把政协工作放到全县中心任务中去思考、去谋划、去推进，在"好商量"协商议事活动中，通过基层协商，通过基层协商，推动工业经济、乡村振兴等全县中心工作任务落地。比如，县葛河流域乡村振兴示范带建设过程中，通过"党建＋好商量"协商议事，从产业发展、提升村庄环境等与群众密切相关的议题入手开展协商议事，完成了沿线土地、山林流转 2100 余亩用于打造大棚蔬菜、大禾谷、中药材、雷竹、油茶五大特色产业基地，建设 80 余亩"葛河之心"农产品加工园区，打通乡村振兴发展"脉络"，壮大了村集体经济，实现了沿线 1.45 万名村民收益增长，成为全市乃至全省乡村振兴示范带样板。2023 年 2 月 23 日，省委书记尹弘到葛河流域乡村振兴示范带葛溪乡大禾谷试验基地察看种子标本，与江西农业大学科研人员深入交流，与种粮大户亲切交谈。

（二）维护社会稳定发展的润滑剂。通过"好商量"对一些可能引发社会问题的事项能在萌芽状态有效地提前化解，促进社会公共事业的发展。比如，农村人居环境整治工作开展初期，因拆、清内容不明晰，各地在执行时标准不一，导致群众认为"不公平""有猫腻"，产生了一定的社会稳定隐患。在此背景下，以基层党组织领导下的"好商量"协商，议出了"五拆五清"整治新要求，即拆违建房、危旧房、废弃房、围墙、钢棚，清垃圾、淤泥、杂物、路障、杂草，为全县农村人居环境整治工作开辟了新路径、作出了新贡献。截至目前，共拆"三房"16267 户 110.15 万平方米，拆围墙、钢棚 24706 户 180.61 万平方米，"五清"13206 处，助推弋阳在省市多轮农村人居环境整治检查中获得较好成绩。

（三）解决群众"急难愁盼"事的贴心人。把解决群众操心事、烦心事，维护好群众的切身利益作为"好商量"的一项重要内容。比如，桃源街道的连胜学校附近道路狭窄，学校内外停车位紧张，每逢上下学高峰期，接送学生家长的车辆乱停乱放现象较为严重，极易造成交通拥堵，存在安全隐患，成为附近居民的烦心事。在政协委员提出这一情况后，桃源街道信化社区组织召开了协商议事会议，达成了规划车位、错峰放学、志愿者引导等多项一致意见，有效解决交通拥堵问题。截至目前，已通过"好商量"基层协商解决群众各类"急难愁盼"事 1347 件，真正让人民群众感受到了政协离自己很近、跟自己很亲。

（作者单位：弋阳县政协）

发挥委员主体作用
做优"赣事好商量"品牌

——关于在"赣事好商量"品牌建设中发挥委员主体作用的思考

◎段幼平

习近平总书记强调，政协委员作为各党派团体和各族各界代表人士，由各方面郑重协商产生，代表各界群众参与国是、履行职责，这是荣誉，更是责任，并对政协委员提出了"懂政协、会协商、善议政，守纪律、讲规矩、重品行"的重要要求。政协委员是人民政协履行职能的主体，也是联系各界群众的桥梁和纽带，其作用的发挥在很大程度上决定了政协组织履行职能的质量和政协工作的水平。同样，打造"赣事好商量"品牌，离不开委员的参与，委员主体作用发挥的程度和质量，也将直接影响着"赣事好商量"平台建设的广度、深度和效果。下面笔者就如何在"赣事好商量"品牌和平台建设中，提高委员参与度和协商能力，更好发挥委员主体作用谈些粗浅的思考。

一、进一步在增强履职意识上下功夫，让委员"想"履职

习近平总书记指出："政协委员是政协工作的主体，政协委员代表各界群众参与国事，履行职责，是一种崇高的荣誉，更是一份沉甸甸的责任。"由于政协委员身份具有双重性，即他们不仅是政协工作中的主体，同时也是本职工作中的业务骨干。双重身份的特殊性使得委员在参政议政、参与建言献策方面的积极性不高，甚至将政协委员视作一个有面子有分量的政治光环，存在"事不关己高高挂起""多一事不如少一事"等消极情绪，撰写提案的规定动作基本能够完成，但对于反映社情民意、开展调查研究等一些自选动作不够到位，致使工作效果不够理想。做优"赣事好商量"品牌，要进一步强化委员主体意识，充分调动委员履职的主动性、自觉性、创造性，延伸"赣事好商量"基层触角。一方面，要积极组织委员开展专题视

察、专题讲座、举办履职成果展等活动，激发委员的履职热情和责任感。另一方面，建立完善《关于进一步发挥委员主体作用的意见》等制度文件，建立委员履职档案和激励机制，让政协委员深入地了解自己的职责和义务，明确参与协商的重要性和必要性，切实履行协商职责。

二、进一步在提升履职能力上下功夫，让委员"会"履职

习近平总书记强调，政协委员要不断提高思想水平和认识能力，广泛学习各方面知识，准确把握政协履职方式方法，深入调查研究，积极建言献策，全面增强履职本领。在政协的各级组织里，政协委员都是来自各个领域的精英，绝大多数参政议政能力较强，善建言、能议政，但同时也存在部分委员协商能力较弱的问题。做优"赣事好商量"品牌，要按照"懂政协、会协商、善议政"的总体要求，着力提升委员的政治把握能力、调查研究能力、联系群众能力、合作共事能力，让委员"能"履职。一方面，要坚持把学习培训作为提升委员履职能力的重要抓手和关键环节，以"书香政协"为抓手，积极开展读书活动，把读书作为委员的"基本功"和协商议政的"必修课"纳入履职考核，让读书成为委员履职尽责、推动工作、促进发展的源头活水。另一方面，打造高效培训体系，构建委员培训机制，邀请高水平的专家、学者和精通政协业务的"行家里手"重点做好新任政协委员的"岗前"入门培训、委员"岗中"履职能力提升培训，加强委员思想理论武装、丰富知识储备、开阔思路视野、提升履职本领、发挥应有作用。

三、进一步在丰富履职载体上下功夫，让委员"能"履职

习近平总书记指出，以改革思维、创新理念、务实举措大力推进履职能力建设，努力在推进国家治理体系和治理能力现代化中发挥更大作用，推进履职能力现代化建设，打造"离人民很近"的协商民主平台。委员履职离不开平台，委员活动离不开载体。做优"赣事好商量"品牌，必须为委员发挥主体作用创造条件。一是搭建民生通道平台。可与"12345"政务热线联动协作，建立"一天一推送、一周一分析、一月一总结"常态化推送机制，有效助力解决群众的"急难愁盼"问题。二是搭建新媒体履职平台。举办网络视频学习研讨会、议政会，开设委员博客、委员微博、委员微信、抖音、快手等，推动委员履职向网上延伸。三是搭建"民主恳谈"平台。学习浙江温岭"民主恳谈"等先进经验，改变传统模式，善于挖掘基层群众的潜在参与意愿，引导协商民主良性发展，聚力宽阔协商民主空间、畅通协商民主渠道。

四、进一步在优化履职保障上下功夫，让委员"乐"履职

一是做好服务保障。要把了解委员学习、工作、生活情况和帮助委员解决实际困难结合起来，做到感情上贴近、工作上支持、生活上关心。同时，要保障政协委员合法权益，推动落实好政协委员的政治待遇、生活待遇，保障履职时间与必要的经费；关心委员的本职工作与生活，及时帮助排忧解难；关心政协委员健康成长，增强委员对政协组织的归属感，提升政协组织的凝聚力与感召力。二是建立完善协商成果采纳、落实、反馈机制，探索建立督查考核机制，引导培育基层干部的协商意识和习惯，使之自觉适应、推进协商民主建设，让基层协商民主果实鲜活，富有特色。三是建立委员履职档案。建立政协委员履职信息数据库，全过程记录委员参加政协会议，整理委员开展调研、视察、监督、考察、委组界别活动、社会公益活动提交的信息等履职资料，把委员履职档案作为记录委员履职情况的终身档案。

总之，政协工作的血脉在委员，潜力在委员，活力也在委员，政协委员是推动政协事业发展的力量之源。没有政协委员主体作用的发挥，政协工作就是无源之水、无本之木。只有有效发挥政协委员的主体作用，政协事业才能可持续发展，人民政协作为社会主义协商民主专门协商机构、国家治理体系重要组成部分的作用才会越来越大，"赣事好商量"的品牌才会越擦越亮。

（段幼平，吉安市政协委员，吉安幼儿师范高等专科学校党委委员、校长）

打造"赣事好商量"品牌
要"商""干"齐下

◎谢华忠

商以求同，协以成事。"有事好商量"是中国传统文化的积淀，更是协商民主最生动的表现形式。"虚心公听，言无逆逊，唯是之从"是执政党应有的胸襟；"凡议国事，惟论是非，不徇好恶"是参政党应有的担当。这两者的有效结合是打造"赣事好商量"品牌生动实践的经验依据，同时也是江西推动高质量发展的现实需要，也是展现政协担当的"会协商"内在本质属性要求。

一、全面把握"赣事好商量"品牌科学内涵和核心要义

持续打造"赣事好商量"品牌是干部改进作风，深入基层问计于民、问需于民之时代所需，特别是今年我们大兴调研之风之际，这种务实之举能更有效面对新情况、解决新问题。正如李强总理强调指出："坐在办公室里全是问题，深入基层群众全是办法，高手在民间。"如果我们从另外一个视角来解读，赣事好商量其实是探索解决人民内部矛盾的民主方法，主张要畅通民意表达渠道，引导群众以理性、合法的方式表达诉求，其本质就是不断探索创新听取民意的方式方法，畅通基层民主"最后一公里"。此外，如果我们立足政协职能来理解，政协就是一个"有事好商量"的平台，赣事好商量则是展现政协履职工作质量和服务中心工作水平的平台，检视政协工作的重要标尺。

从"学思想"的要求来看，"赣事好商量"是深入学习习近平总书记关于社会主义协商民主的重要论述的应有之义。"有事好商量，众人的事情由众人商量，是人民民主的真谛。"这一重大论断，为完善政治参与、形成广泛共识、实现科学决策提供了重要方法和基本路径。赣事好商量体现的就是推进基层协商民主建设问题，对于"赣事"提出好商量、能商量且会商量出好办法，这种引导最广泛的人民群众参与管理国家事务的重要载体或平台。推进基层协商民主建设，是贯彻落实习近平总书记关

于社会主义协商民主重要论述的必然要求。习近平总书记关于社会主义协商民主重要论述是习近平新时代中国特色社会主义思想的重要组成部分，赣事好商量就是"有事多商量、有事好商量、有事会商量"在江西的生动实践，为干好"赣事"凝聚力量，是"学思想"的应有之义。

从"强党性"的要求来看，"赣事好商量"是展现新时代广大干部担当实干敢于作为的内在要求。面对百年未有之大变局和中华民族伟大复兴大局，我们与全国一道开启建设中国式现代化新征程。赣事好商量是实现全过程人民民主的有效形式，通过这种广泛民主形式"要通过商量出办法、出共识、出感情、出团结"，以汇聚起建设社会主义现代化江西的力量。"赣事"就包含在推进现代化进程中面临的发展不平衡、不充分带来的"烦心事、揪心事、操心事"。"好商量"是一种想解决问题的主动、能解决问题的信心，是推动基层协商民主建设的可行之举，更是提升市域社会治理体系和治理能力现代化水平、促进协商民主广泛多层制度化发展作出的重要部署，是践行社会主义民主政治的有效途径、提升基层治理效能的内在要求、推动革命老区高质量发展的重要抓手。从"强党性"的要求展现的是新时代广大干部不忘初心、担当实干，敢于斗争、善于斗争的时代风貌和精神状态，是奋进新时代的内在品质要求。

从"重实践"的要求来看，"赣事好商量"是推进全过程人民民主的有效路径。习近平总书记强调："有事好商量、众人的事情由众人商量，找到全社会意愿和要求的最大公约数，是人民民主的真谛。"民主就是"人民当权"①。从现有文献来看，"全过程人民民主"理念最早是 2019 年习近平总书记在上海考察时提出。对于"全过程人民民主"的科学内涵，明确"我国全过程人民民主不仅有完整的制度程序，而且有完整的参与实践，实现了过程民主和成果民主、程序民主和实质民主、直接民主和间接民主、人民民主和国家意志相统一，是全链条、全方位、全覆盖的民主，是最广泛、最真实、最管用的社会主义民主""我们坚持有事多商量，遇事多商量，做事多商量，商量得越多越深入越好"。在人民内部各方面广泛商量的过程，就是发扬民主、集思广益的过程，就是统一思想、凝聚共识的过程，就是科学决策、民主决策的过程，就是实现人民当家作主的过程。

从"建新功"的要求来看，"赣事好商量"是提升政协服务高质量发展的重要平台。人民政协是我国发扬社会主义民主的重要形式，是国家治理体系的重要组成部分，是具有中国特色的制度安排，是"社会主义协商民主的重要渠道和专门协商机构（2018年 3 月，全国政协十三届一次会议通过了《中国人民政治协商会议章程修正案》）"。这是对人民政协性质、地位和作用的最新精准认识。首先是协商平台，重在提高组织

---

① 习近平.在庆祝全国人民代表大会成立六十周年大会上的讲话[M].中共中央文献研究室编:《十八大以来重要文献选编》（中）：60-61.

协商的实际能力，强化委员责任担当，不断激发团结奋斗的正能量。其次是聚力机关，重在进一步彰显求同存异、聚同化异，广泛凝聚各方智慧和力量。最后是建言献策机构，重在广开言路，集思广益，畅通表达诉求，扩大有效参与，促进决策科学化、民主化。这些属性有利于在实践中真正找到全社会意愿和要求的最大公约数，体现人民民主的真谛。坚持"协商于民、协商为民"，通过充分协商、有效协商、常态协商，真正始终为了人民，始终依靠人民。人民政协的本质特征就是协商民主，要"以协商有效凝心、以凝心实现聚力"，关键还要聚集现代化国家治理力量。所以，从"建新功"的要求来看，"赣事好商量"是提升政协服务高质量发展的重要平台。

二、在"商""干"齐下中做强做优"赣事好商量"品牌

"民主不是装饰品，不是用来做摆设的，而是要用来解决人民要解决的问题的。""有事好商量"是中华优秀传统文化蕴含的宝贵智慧，也是党的群众路线在政治领域的重要体现，更是协商民主最生动的表现形式。持续打造"赣事好商量"品牌，其实质是要发挥政协职能，全力推进实现全过程人民民主，特别是基层协商民主建设，正如党的二十大报告指出：协商民主是实践全过程人民民主的重要形式。人民群众能否更有效地参与国家政治生活，能否更有效地表达利益诉求、是判断一个国家政治制度是否真正民主、是否真实有效的重要标准。人民政协要为实现人民民主勇于担当，把实践全过程人民民主当作重要任务，立足"赣事好商量"品牌平台，坚持问题导向，"我们坚持有事多商量，遇事多商量，做事多商量，商量得越多越深入越好，就是要通过商量出办法、出共识、出感情、出团结"。进入新时代、开启建设现代化国家新征程，要在赣事好商量中传播"好声音"、形成"金点子"、画出"同心圆"、找出"公约数"。

（一）把航"赣事"方向：**坚持党的全面领导。**首先，赣事是中国特色社会主义事业的组成部分，中国共产党是中国特色社会主义事业的坚强领导核心。办好中国的事情，关键在党。坚持和完善党的领导，是党和国家的根本所在、命脉所在，是全国各族人民的利益所在、幸福所在。关键在于中国共产党具有强大的政治领导力、思想引领力、群众组织力和社会号召力，能够"找到全社会意愿和要求的最大公约数"，将各方面的社会力量整合起来，从而成为广大人民群众的主心骨和定盘星。其次，赣事好商量作为推进协商民主建设平台。习近平总书记深刻指出："中国共产党领导人民实行人民民主，就是保证和支持人民当家作主。"中国共产党建党一百多年来，就始终以人民为中心，坚持把发展人民民主写在自己的旗帜上。中国共产党一百多年来的历史和实践都证明，要实现人民当家作主，推进社会主义民主政治，关键就是要坚

持党的领导、人民当家作主、依法治国有机统一。其中坚持党的领导更是处于三者有机联系的最核心的位置。可以说，全过程人民民主是在党的领导下形成、发展和实现的，是党领导人民创建的新型政治文明形态。在新发展阶段，只有继续坚持党的领导、全面落实党的领导，才能确保继续有序推进全过程人民民主。

（二）搭建"商量"平台：政协履职担当彰显。"赣事好商量"是政协人参与中心工作、服务人民群众的重要方法，也是政协队伍加强作风建设、提升能力水平的重要路径。搭建好"赣事好商量"平台，铸就其品牌辉煌，体现的是新时期全新的政协思维，彰显的是新时代政协履职担当。首先，思想上重视，认识上提高，全面领会和把握人民政协是"专门协商机构"的全新定位，人民政协协商民主在社会主义协商民主体系中的独特地位作用，人民政协从"各党派的协商机关"到"民主协商机构"再到"专门协商机构"的发展进程，只有继承和发扬"有事好商量"的政治文化传统，才能使国家治理各项事业在协商中增进团结、凝聚力量、密切协作、化解矛盾、实践民主。其次，要在民主协商环节充分发挥专门协商机构作用，为人民参与充分协商搭建平台、提供渠道。创新专题协商会、资政式建言会、微协商等，关键是委员建言有"言"值。积极创新，搭建新的平台，推动协商向基层延伸，让"赣事好商量"协商议事室实现乡村全覆盖，提供广泛商量渠道。要摒弃视不同意见为添乱、把强加于人作共识、将沟通商量当麻烦等错误观念，以道交友、以诚待人、以理服众、以商求同，不断通过加强学习明共识、协商交流聚共识。最后，建立"赣事好商量"的制度。协商民主的有效开展，制度机制是根本保障。完善协商于决策之前和决策实施之中的落实机制，各级政协务必在建立健全有事好商量的系列制度上下功夫。"赣事好商量"协商议事平台搭建起政协委员与基层群众的协商渠道，促成了协商主体之间零距离沟通，要让其成为新时代人民政协工作的生动注脚。

（三）"好"要瞻前顾后：商量内容与形式并重。"商以求同，协以成事。""赣事好商量"要把不断满足人民对美好生活的需要作为重要着力点，倾听百姓呼声，聚焦"民之关切"，找准群众意愿和部门履职的最大公约数，画出最大同心圆，兼顾最大利益，"好好商量"出一致对策建议，有效解决群众"心头之患"，达到"通过商量出办法、出共识、出感情、出团结"。首要解决是"商什么"这个前提。群众利益无小事，一枝一叶总关情。强化议题选择把关定向，深入了解实情、精心找准选题，破解群众心中的难点痛点堵点，商量群众之所想商量之事，合理确定协商课题，收集、协商、解决党政关注、企业关心、群众关切的问题，特别是聚焦"六个江西"建设重点目标任务，以及教育医疗、住房就业、城乡环境等涉及群众切身利益的实际问题。其次是怎么商量问题。讲究方式，理性包容、善于协商。"每有大事，必相咨访""用人之言，若自己出。"坦率提出意见、友好化解分歧、坚持求同存异，才能让各类诉求充分表达、各种意见充分交流、各方利益充分协调。再有，如何看待商量这种解决问题方式。商量能解决问题？认为是流于形式还是实实在在的有效之举。既心怀商量热望，又具有商量才能，发扬求同存异、互谅互商的优良传统，带着责任、带着感情、带着问题，共同商量把事情办好办实。同时，在协商的内容、形式、程序上大胆创新，加强政协组织与统战部门沟通协调，注重协商成果运用，健全活动组织、成果报送、采纳落实和结果反馈等机制，真正依靠协商民主解决问题、推动工作。

（四）"干"须一以贯之：好商量不是空谈。赣事好商量，必须聚焦赣事面临的问题、真挚坦诚务实协商，关键还要在积极好好商量后，有措施有办法能解决，这才是持续打造"赣事好商量"品牌的出发点和落脚点。赣州提出的注重跟进协商成效，进一步深化完善"提出议题、确定议题、议前调研、开展协商、协商成果运用反馈"工作方法值得我们借鉴。要以"商量"的姿态做事。"你"有事，"我"来帮，有什么大事要事、烦事难事，大家一起商量，提出意见建议、对策措施，共同把大事办好、难事办妥。要把"好商量"作为开展工作、调处矛盾、建言献策、凝聚共识的思维路径，认真考虑与谁商量、商量什么、怎么商量等问题，立足想解决问题的主动，夯实赣事好商量品牌"以人民利益"为中心的价值基础。坚持"商量好"导向，要针对经济社会发展中出现的问题和矛盾，通过一起商量，找出各方利益平衡点，找到最大公约数，画出最大同心圆，凝聚起团结协作、干事创业的共识和合力。要把协商的质量和效果作为工作落脚点，重形式更重内容，重过程更重结果，这样，群众才能有获得感和幸福感。

事实发展实践表明，一个地方，商量得越多，共识也就越大，力量也就越多，人心也就越齐。遇事好商量、多商量，就一定能够调动一切积极因素，团结一切可以团结的力量，在新征程汇聚起磅礴伟力。

（谢华忠，吉安市政协委员，市委党校社会主义学院工作处处长、经济学教研室主任）

推进"赣事好商量"品牌建设的思考

◎李　洁

党的二十大报告中明确指出:"完善协商民主体系,统筹推进政党协商、人大协商、政府协商、政协协商、人民团体协商、基层协商以及社会组织协商,健全各种制度化协商平台。"人民政协是中国特色社会主义制度优势的重要体现,也是社会主义协商民主的重要渠道和专门协商机构,在发展全过程人民民主过程中具有独特的优势。"赣事好商量"是江西省推出的协商议事平台,是将政治协商与基层协商有效衔接的重要举措、实现全过程人民民主基层治理的创新性渠道。通过在省内多地开展人民政协探索政协协商向基层延伸、参与基层治理的探索实践,平台功能的有效发挥已构建起党委领导、委员下沉、科学决策、效能提升等四大基层治理运行机制,有力彰显了人民政协作为专门协商机构的功能和作用,已形成了九江市"有事先商量"、上饶市"党建＋好商量"、南昌市"'三有'在洪城"、宜春市"有事好商量"等多个试点做法和经验。为深入推进政协协商民主在时代里扎根、在实践中成长,打造好"赣事好商量"的品牌建设,推动"赣事好商量"议事协商平台正从江西省走向全国,本文将从以下六个方面进行研讨和思考。

一、完善协商机制,彰显人民政协专门协商机构作用

"赣事好商量"是政协聚焦"改革发展要事、民生改善实事、社会治理难事"、服务党政工作大局、委员联系服务群众、群众参与政协协商民主的载体、桥梁和重要渠道。协商机制的建立意味着基层民众协商议事程序的规范和基层治理压力的分解。而要实现高效化解基层治理中的冲突与矛盾,营造大团结大联合的优势,还应促进协商机制的完善。一要规范协商议题的提出机制,解决协商议题"由谁提出和确定,怎样确定"的问题;二要建构协商形式的选择机制,积极探索多元化的协商形式;三要优化协商成果的反馈机制,加强对有效建议的跟踪和落实;四要健全协商落实保障机制,发挥新闻媒介的监督作用。政协协商全过程的机制建立是践行全过程人民民主的关键所在,也是彰显人民政协专门协商机构作用的有力举措。

二、深化思想政治教育，拓展"赣事好商量"品牌文化内涵

新时代下政协履职面临着新机遇和新舞台，如何加强对群众的团结引导，把群众紧密团结在党的周围面临着新的挑战。一要进一步加强思想政治引领，广泛凝聚共识丰富和拓展"赣事好商量"品牌的文化内涵，要求全体成员一要加强学习、崇尚学习，自觉用习近平新时代中国特色社会主义思想武装头脑，深入学习贯彻习近平总书记关于社会主义协商民主、统一战线和新型政党制度的重要论述；二要保持实事求是，培养与时俱进开放性思维，在世界百年未有之大变局的背景下，品牌的建设一方面要立足于事实、保持严肃的协商风格，另一方面要及时转变工作思维，适时改变工作方法，统一品牌标识，坚持全省"一盘棋"设计；三要坚持实践出真知，以小见大，要有"一叶落而知秋"的敏感性不断提高协商水平，因地制宜、俯下身子干事而提质增效，促进"赣事好商量"不断向纵深发展。

三、提质控量，严格把控平台建设质量数量关系

"有事好商量，众人的事情由众人商量"，是中国式民主协商的特色，也是发扬民主、凝聚共识、实现人民当家作主的过程。"赣事好商量"平台的建设不要一味地追求建设数量而忽略建设质量，要确保平台建设能够充分保障好的协商议政结果、公共性与传播特性并存，努力做到：平台建设常态化，最大化协商民主的公共价值，聚焦小切口，关注大民生；结合当前的全媒体发展形势，确保协商讨论的开放性；融合媒体渠道、现场调研、群众参与、专家支招、职能部门现身说法等多维度议政载体，有效反馈协商议政成果，提高平台建设质量。力求通过高质量协商议政平台的建设实现议程沟通机制和民主协商手段的重叠融合，打造稳定、开放、包容、理性的多维公共舆论空间。

四、激发委员为民情怀，提高协商能力与参与度

政协委员对于政治协商的参与度和参与方式是我国政治协商能力的来源和动力，政协委员如何参与、怎样参与，是对政治协商成果的重要鉴定标准。政协委员是"赣事好商量"平台的主要建设者和推动者，做好新时代政协平台推动的各项工作，要高起点站位，着重提升政协委员参与政协的方式和程度。首先，要提高委员对政治协商能力重要性的认识。协商议政，是发扬民主、汇集智慧的过程，也是人民当家作主的

过程。政协委员来自不同各界，肩负着将党委政府和各界群众联系到一起的任务。这要求他们要有参政议政，以协成事、以商求同的精神，既能够宣讲政策、向群众解释疑惑，又能起到向党传递民意的作用。同时，要拓宽政协委员参与政治协商的实践途径。一方面强化学习培训，让协商委员有水平；另一方面加强功能建设，让委员协商有保障。其次，要激发委员为民情怀，把委员协商在基层常态化、制度化、成效化。既做到为党分忧有速度，又实现为民解困有温度。

五、开展协商式监督，做好"下半篇文章"

人民政协非国家权力机关，因此协商式监督并不具备强制约束力，所以它靠的是其政治影响力。要想发挥好政协的协商式监督，首先，要健全机制，不断强化制度建设，构建起上下衔接、左右配套、科学完备、管用有效的监督制度机制，这样才能给监督提供坚实的制度支撑。其次，要提高实施监督人员的思想认识和能力水平，切实提升协商式监督相关各方对该功能定位及重要价值的正确认识。因不具备强制力，因此在开展监督时会很大程度上不被重视。现实中，有的政协委员和政协工作者对于协商式监督认识上还存在偏差，"不敢监督""不愿监督"，所以各级政协要加强教育引导，提高委员的思想认识和履职能力，以便在监督过程中更好建言献策。最后，要加强联动，汇聚协商式监督的合力。政协的协商式监督作为党和国家监督制度的有机组成部分不能、也不应孤立运作，而应主动链接更多监督平台，发挥全链条监督的倍加效应。比如，与党委政府加强联系，借助更高平台，向人民政协以外的范围延伸。

六、力促线上线下相结合，走好网上群众路线

提出网上群众路线这一创新概念，是新时代中国共产党人综合研判互联网技术迅速发展状况作出的战略决策，是党的群众路线思想在信息时代的延伸和发展。"赣事好商量"作为政治协商的重要载体与渠道，一头连着党，一头连着人民群众，起到沟通桥梁的作用。充分利用互联网、数字化手段，收集民情、集中民智、改善民生是民主协商的宝贵经验，更是必须坚持的方向。上网了解民情民意，下网还需实地走访，了解最真实的情况。让网上群众路线结出硕果，需要把"线上"与"线下"结合起来，让网上网下形成同心圆。新时代新面貌，科技正在渗透生活的方方面面，政治协商工作也需要借助科技的力量，借助新媒介到群众中去。新时代践行网上群众路线，应自觉遵循客观规律，积极探索有效形式，充分利用互联网优势强化群众路线政治效能。一方面要提高广大委员践行网上群众路线的能力。通过发掘宣传关于网上群众路线的

典型案例，激励政协委员们主动学习相关知识从而不断提升走好网上群众路线的理论素养，在深入工作实际中思考和把握互联网时代的群众工作新要求。另一方面要完善网上群众路线的体制机制建设，不断增强走好网上群众路线的规范性。如围绕践行群众路线制定专门性法规。最后要制定线上线下有机衔接联动的工作原则，克服互联网虚拟性、隐匿性、开放性的特性影响。网上群众路线绝不是替代线下群众路线，广大平台履职者应始终按既定规则的要求，通过扎实做好线下的前期筹备、调查研究、综合评估等工作，健全网上群众路线相配套的基础设施，一步一个脚印，筑牢网上群众路线坚实的实践基础。

（李洁，吉安市政协委员、吉安职业技术学院科研处处长）

"政"在一线　　"协"力解忧

——做实做优"赣事好商量"品牌助力委员履职

◎罗双双

习近平总书记在党的二十大报告中指出，协商民主是实践全过程人民民主的重要形式，要健全各种制度化协商平台，推进协商民主广泛多层制度化发展。自 2021 年 12 月，省政协出台《关于发挥人民政协专门协商机构作用　推进"赣事好商量"协商平台建设的实施意见》以来，各地积极探索，打造品牌，推动了政协协商向基层延伸、与基层社会治理相结合，为政协委员联系服务界别群众提供了新的平台，激活了政协工作"一池春水"。为使"赣事好商量"品牌做实做优，助力委员履职，我们可以从以下几方面深入探讨。

一、贴近基层搭建新载体，切实发挥议事平台实效

整合现有资源建好协商议事平台，将"赣事好商量"拓展延伸到群众家门口，不仅丰富和拓展了新时期政协委员履职为民的空间，畅通群众利益诉求表达渠道，同时也体现了"协商于民、协商为民"的要求。

（一）提档升级夯基础。对已建成的"赣事好商量"协商议事平台视情进行更新改造、提档升级，推进协商议事室、委员工作室、社情民意信息联系点"三位一体"建设，开展书香政协、协商议事、志愿服务等协同履职。

（二）整合资源建阵地。坚持融入式、共享式、开放式的原则，依托村（社区）党群服务中心、网格工作室、零工驿站、调解工作室、办证服务大厅、乡贤馆、村史馆、小区服务站等现有资源，因地制宜打造特色协商议事室，培育协商品牌。

（三）创新渠道搭平台。信息化赋能，依托各级"智慧政协"数字智慧平台，在平台内设立"赣事好商量"模块，打通微信公众号、门户网站、手机 APP 等信息产品链路，建立专属于各协商议事室的二维码，通过二维码植入数据，实现扫码问政，鼓励群众随时参与协商议政活动。

二、注重建立工作新机制，切实提升调研选题成效

作为社会主义协商民主的重要渠道，人民政协只有紧紧抓住人民最关心最直接最现实的利益问题，坚持深入群众、深入基层开展广泛深入的调查研究，才能进诤言、出实招、谋良策。

（一）委员下沉网格。引导政协委员沉入网格，根植人民，深接地气，吸收更多的履职养分，更加深入地开展调查研究，真正把问题找准、把原因厘清、把建议提实，让群众切实感受到委员履职的成效，扩大政协工作的影响力。按照"个人意愿＋属地原则"，将委员编入网格，建立委员与网格员共驻共建格局。委员对网格内居民反映的痛点难点问题不仅可以点对点反映给网格员，对网格员后续问题解决也需同步督促落实。各社区定期邀请委员参与小区"三方协同"圆桌会，引导激励委员进入业委会，担任小区单元长、楼栋长。

（二）优化调研方法。调查研究是我们党的传家宝，也是人民政协履职实践的光荣传统和优良作风。围绕协商议题，组织委员到矛盾问题最集中的地方去，切实掌握真实全面的第一手资料。探索'体验式调研'在民生领域的更多运用，如开展政协委员"一日网格员""一日外卖员"及"我是办证居民"等，在沉浸式体验中发现不同行业存在的问题，从群众视角体验办事流程。此外，还可以采用小分队调研、自主式调研、蹲点调研、微调研等灵活形式，提升调研实效，准确发现问题和解决问题，进一步提高委员建言"靶向性"、增强资政"含金量"。

（三）强化精准选题。把握履职重点方向，坚持"围绕中心、服务大局"原则，聚焦党政关注的要事、民生改善的实事、社会治理的难事，实现选题选择"小切口"与"大方向"并举，做到党政决策部署到哪里、政协履职就跟进到哪里。采取党政点题、委员荐题、12345热线、吉州码上办等途径选题，确保协商议题上接"天线"、下接民情。

三、全面激发政协新活力，切实强化协商议事质效

政协作为专门协商机构，有丰富的协商经验、健全的协商机制、灵活的协商方式，要更好地赋能"赣事好商量"品牌，必须加强与基层协商的有效衔接。

（一）建立完善制度。推动政协协商与基层协商有效衔接，在用好协商平台、办好民生实事的同时，也加强了委员与界别群众的联系。建立和完善政协委员与基层群众的长效常态联系制度，包括政协委员联系群众制度、委员视察制度、社情民意反映制度等，加强政协委员与基层群众之间的双向联系。

（二）**灵活开展协商**。根据协商议题和工作需要，灵活选择场地、形式和参与对象，哪里便于协商就把协商办在哪里，需要哪些人参加就邀请哪些人参加，重在促进不同观点充分交流、交锋、交融，提高协商议政的质量，让"赣事好商量"充满烟火气，富有生机和活力。依托新媒体打造线上议事平台，探索运用网络议政、远程协商等形式，线上开展协商议事、宣传典型案例，将协商"圆桌会"开到第一线、连上互联网，实现随时随地协商议事，确保把党政关心、群众关切的热点难点事项协商好、协商成。结合"逢三说事"调解品牌，邀请政协委员"坐诊"协商。

（三）**促进成果转化**。建立协商议事成果整理、报送、采纳、落实、反馈机制。把群众的呼声、协商共识转化为协商纪要，及时反映给党委、政府，能够解决的着力推动解决，一时不能解决的列入专题协商计划确定解决时间，向参与主体反馈落实情况，让群众看到协商带来的变化、享受到协商带来的实惠。

"政"在一线，"协"力解忧。习近平总书记指出，有事好商量、众人的事情由众人商量，找到全社会意愿和要求的最大公约数，是人民民主的真谛。"赣事好商量"协商议事，不仅为委员履职打开了一扇深入基层、融入群众的履职之门，更是进一步拓展了基层群众参与政协协商渠道，走出一条将人民政协制度优势转化为社会治理效能的新路子。

（作者单位：吉州区政协）

打通政协协商向基层延伸"最后一公里"

◎蒋 芸

习近平总书记指出，要按照协商于民、协商为民的要求，大力发展基层协商民主，重点在基层群众中开展协商。近年来，各地打造了诸如"株事好商量""吉事广议""界别连心桥""荷塘夜话"等基层政协协商平台，在推进政协协商向基层延伸做了探索，让群众实实在在感受到"政协离我们很近""委员就在身边"。但笔者近日调查时发现，在推进政协协商向基层延伸的"最后一公里"中还不同程度存在"三难"现象。

一、"触角"延伸"难"

目前全国人民政协的组织机构设置于县（区）级以上，尽管在乡镇、村委分别建立了"委员工作室""社情民意信息联系点"，出台了政协协商向基层延伸的实施意见，但由于不是县政协的下设机构，加之少数领导仍存在"政协是二线""基层政协协商走过场"等误解，对基层政协协商工作采取敷衍的态度，"委员工作室""社情民意信息联系点"等组织构架作用难以发挥。乡镇党委副书记作为基层政协工作的负责人，其本身大多数肩负着征地拆迁、综治、新农村建设等乡镇重要工作，不同程度存在"多一事不如少一事"的思想，没有实现政协协商与基层协商有效衔接，基层协商"触角"延伸难，效果不明显。

二、委员协商"难"

委员履职能力参差不齐现象在基层比较突出，一些委员由于受专业、工作岗位、能力水平等限制，对基层群众提出的如种养技术、农产品营销、高标准农田建设等深层次、政策性方面的难点问题没有有效的解决办法，难以"议政议到点子上"，协商工作效果不明显。少数委员对群众提出的一些如利益受到损害、信访等社会治理方面的"老大难"问题，怕给当地党委政府添乱，要么回避，要么"不痛不痒"走过场。

三、监督管理"难"

目前，国家法律、地方性法规、政协工作制度等对委员履职进行管理监督的规定都不够明确、具体，原则性的、指向性的比较多，可操作性不强。如部分地区政协要求委员年度下基层开展履职活动不少于 4 次、基层政协协商至少 2 次，然而对没按要求下基层履职的委员没有有效的具体处置措施，导致参与的热情不高、责任心不强，乐当"挂名委员"。

为此建议：

（一）加强顶层设计，提供"保障关"。一是建立健全相关规章制度。建议根据加强和改进新时代市县政协工作的实际需要，对涉及委员履职管理监督的相关法规、制度进行必要的修改和完善，使其更加规范、具有可操作性。出台委员参与乡村振兴、社会治理等政策规划，以"政协之能"服务"发展之为"，做到帮忙不添乱，尽责不越位。二是建强建优委员队伍。出台指导性意见，优化政协界别设置、基层政协委员结构，吸纳新的社会阶层人士到政协委员队伍中来。涉及委员的提拔重用，建议组织部门听取政协的意见。明确负责政协工作的乡镇党委副书记享受正科级待遇，接受县政协的业务指导和乡镇党委双重管理，确保基层政协"有人办事""有人管事"。

（二）加强平台建设，抓好"协商关"。一是注重整合资源设立协商议事平台。注重顶层设计、规范协商过程，结合农村实际，整合党群服务中心、村文化活动中心等资源，设立"委员工作室""社情民意信息联系点""协商议事室"等平台，明确场所建设按照有机构、有人员、有办公场所等要求，建设协商平台。二是注重协商内容的针对性。收集群众在乡村振兴、社会治理等中的各种问题，增强协商内容的针对性，注重协商形式的多样性和协商成果的转化运用，推进基层协商民主建设和政协作用在农村的发挥。三是注重推进"数字政协"建设。推广使用"政协云"APP，引导基层委员学习使用"政协云"，举办网上视频协商，方便基层委员及时反映社情民意，畅通信息报送渠道，以数字化引领政协履职现代化，以数字化改革赋能新时代政协工作提质增效，实现三级政协履职高效协同。

（三）加强能力建设，把好"履职关"。一是提升履职素养。加强委员履职能力建设，提高基层政协协商质量。建议定期或不定期举办线上线下培训班、研讨班等。如 2022 年全国政协线上举办的面向省市县三级政协的专题培训班和江西省政协系统社情民意信息工作视频座谈会等，既有对中央、省委重要文件、重要会议精神等方面剖析解读，又有提高"四力"的具体指导，有利于增强基层委员做好政协工作的责任感和使命感，对于基层政协把握政协工作的时代要求、推进新时代政协工作具有很强的指导意义。二是加强各级政协的上下联动。加强中央、省、市政协和县级政协的上下联动，对于上级政协重要的视察、监督、调研活动，可邀请县级政协委员参与，通过"领、帮、带、扶"等方式给予指导，提升基层政协工作水平。三是纳入考核体系。建立委员档案，完善委员进入和退出机制，将委员履职情况纳入各地各部门年度综合考评指标体系内，提高委员履职质量。

（作者单位：吉安县政协）

传承名人文化　弘扬先贤精神
永丰县依托名人效应提升"赣事好商量"文化内涵

◎王　骞

　　我国是一个拥有博大精深、源远流长的中华文化优秀传统的国家，历经上下五千年的发展历程经过五千年的文化沉淀，形成了至今系统化的优秀文化传统。进入新时代，在全面建设社会主义现代化国家新征程中，文化的价值必将越来越凸显，文化的作用必定越来越重要，文化的意义必然越来越宏大。文化的形态、业态、价值、意义，都正在发生巨变、全面发展、迅猛提升。文化不仅在精神高地上灼灼绽放，而且更深深地厚植到了经济领域，以致在许多时候和许多地方，文化本身就既是精神，又是经济，或以精神与经济的混合体而兀然崛起、粲然出现，形成以产业为"体"、产品为"桥"、文化为"魂"的新文化产业体系，在满足人物质需求的过程中，更使人得到情操陶冶与精神享受。

　　永丰县在做实做细"赣事好商量＋"品牌的同时，积极挖掘名人文化，特别是欧阳修民本思想，推动优秀名人文化资源与"赣事好商量"协商平台建设紧密结合，推动历史名人文化传承创新，将名人效应转化为新时代文化艺术标识，让名人文化成为百姓共同的精神财富，提升人民群众对本土文化的认同感、归属感和自豪感，推动全域文化繁荣全民精神富有。

一、"赣事好商量"品牌彰显社会主义协商文化活力

　　一国的政治制度与其文化传统密切相关，不同文化孕育出的政治制度模式也不尽相同。社会主义协商民主，正是因为传承了经学所蕴含的中华民族主流文化精神与思想价值系统，成为中国社会主义民主政治的特有形式和独特优势。社会主义协商民主具有深厚的文化基础，它源自中华民族长期形成的天下为公、兼容并蓄求同存异等优秀政治文化，传承了中华民族的文化基因。《周易》是天地之道，《尚书》是先王行事的记录，《诗经》是先王之泽尚存下的无邪之思。发展社会主义协商民主，需要

深入把握其与中华优秀传统文化的内在联系，进一步借鉴、吸收中华传统协商文化精髓，继承和弘扬以民为本、天下为公、和而不同等价值观念，大力培育社会主义协商文化。

（一）"赣事好商量"传承以民为本思想，坚持协商于民，能密切与人民群众的联系。中国传统的民本思想源远流长。从盘庚的"重民"、周公的"保民"到孔子的"爱人"、孟子的"民贵君轻"、荀子的"民水君舟"，再到汉唐以来各式各样的民本论，民本思想不断得到阐发和创新，成为中国传统政治文化的重要内容。社会主义协商民主继承和弘扬中华优秀传统文化，能够真正反映人民群众声音和诉求。我们党一切为了群众、一切依靠群众，从群众中来、到群众中去的群众路线，也要求发扬协商精神，秉持有事好商量、众人的事情由众人商量的民主真谛，始终保持同人民群众的血肉联系。"知政失者在草野"，政协各级组织在开展协商活动时，要敞开大门，让社会公众在直接参与中亲身体验和了解协商民主。在具体形式上，要主动走进群众，定期与群众互动交流，将人民群众的需求真实反映出来。

（二）"赣事好商量"弘扬天下为公理念，坚持协商为民，能提升责任意识和担当精神。天下为公是自古以来中华民族追求的政治理想。从《礼记》所言"大道之行也，天下为公"，到《贞观政要》所载"君人者，以天下为公"，无不反映出中国人历代相继、以天下为己任的政治文化。天下为公与社会主义协商民主追求人民利益的价值取向相吻合。如今，政协委员、民主党派人士等参与协商均以实现人民利益为目标，要不负重托、不辱使命，努力做到知无不言、言无不尽，惟论是非，不徇好恶。"一枝一叶总关情"，要求委员肩负起为公为民的担当，围绕全面深化改革中的重大问题和群众最为关切的现实问题，深入进行调查研究，认真参与协商讨论，敢于讲真话、建净言，表达人民群众的诉求和主张；勇于提出建议和批评，帮助党和政府查找不足、解决问题，为国家和地方发展献才献智，对人民群众尽心尽责，切实推进决策科学化、民主化。

（三）"赣事好商量"吸收和合文化精华，坚持求同存异，能充分发挥凝心聚力作用。习近平总书记指出，我们的祖先曾创造了无与伦比的文化，"和""合"思想是中华优秀传统文化的重要内容。《周易》就提出"阴阳合德"的"和合"价值观。以贵和尚中、天人合一为代表的和合文化，强调和谐共存，倡导和而不同、求同存异。社会主义协商民主致力于凝聚社会共识，与传统和合文化相契合。团结与民主是社会主义协商民主的鲜明特色，也是人民政协工作的两大主题。而这也体现着和而不同、求同存异思想。"和"是团结的基础，体现合作与和谐的目的。求同存异是民主的过程，协商参与者发表意见、达成共识的过程就是发扬民主的过程。这就要为民主协商营造畅所欲言、各抒己见、理性有度、合法有序的良好氛围。"吾将上下而求索"，要充分发挥协商民主凝聚社会共识的功能，应尊重协商参与者的参与权与表达权，要有互动、有商量。同时，协商过程也应发扬求同存异、体谅包容的优良传统，寻求最大公约数，增进思想共识，加强合作共事。

二、"赣事好商量"平台生动体现欧阳修的民本思想

欧阳修（1007—1072），字永叔，号醉翁，晚号六一居士，吉州永丰（今江西省吉安市永丰县）人，北宋政治家、文学家，官至翰林学士、枢密副使、参知政事，谥号文忠，世称欧阳文忠公。与韩愈、柳宗元、苏轼、苏洵、苏辙、王安石、曾巩被世人称为"唐宋八大家"。欧阳修是宋代文学史上开创一代文风的文坛领袖，是北宋诗文革新运动的领袖。欧阳修心胸阔达，有心为民，他为官执政有着勤俭廉政、惜民爱民的高尚人格。

（一）欧阳修关心民瘼，坚持"所至民便"。 欧阳修始终遵循以民为本，以百姓满意不满意来考量政绩的指导思想，关心人民疾苦，同情人民苦难，敢于揭露批判邪恶势力。知滁之始，欧阳修发现滁州民风淳厚，百姓安于田亩，遂定下不干涉、不扰民的施政方针。他一生为官清廉，时刻心系人民，每到一处都能与民同乐，受到当地百姓的欢迎与爱戴。《醉翁亭记》中刻画了"人从太守游而乐""醉能同其乐"这样一位受百姓拥护的清官形象。

（二）欧阳修体恤民情，换来"所去民思"。 欧阳修在颍州做官时期，十分关心百姓们的生活起居，关注农业，大兴各种工程造福于人民，做到了真正体恤民情，急民之所急。如《喜雨》和《祈雨祭张龙公文》表现出欧阳修与人民共同祈雨，渴求风调雨顺、农业兴旺的美好愿望。在欧阳修滁州为官十年后回到京城，滁州的百姓还没有忘记他。滁州的山水间出现了"前者呼，后者应"太守与民熙熙而乐的动人图景。滁人在丰乐亭的山中逮到了一只毛发洁白的兔子，不远千里送给欧阳修，让他好生感动，并特意写诗，记述此事。

（三）欧阳修为政宽简，赢得"世人赞誉"。 欧阳修为官从政之道，可概括为两个字：宽、简。其核心是"为民"。欧阳修具有与民同乐的从政思想，他宽松待民，简易做事，达到了凡历数郡，不见治迹，不求声誉，宽简而不扰，故所至民便之的效果，而这种效果也就是《醉翁亭记》中太守之乐其乐的原因。他奉行的是宽而不纵，简而不略。即该管的则管，不需管的则坚决放手。欧阳修一生节俭，反对广耗财物，困扰民力，奢侈浪费。1059年农历正月，开封一带阴寒雨雪，民扰冻饿。为省费恤民，欧阳修请求皇上取消了京城"上元节"的放灯活动，深得民心。天下承平之时，欧阳修不忘居安思危，利用农闲，带领州民修筑城墙，以备不虞；还在山上开辟校场，操练民兵，

以防饥年盗寇。

正所谓发乎其心，存乎其行。欧阳修的民本思想、施政理念、从政方略、为政风范不但在当时传为佳话，也值得当今各级干部学以致用，其高尚的道德操守和为民情怀同样是留给我们的巨大精神资源。

三、"赣事好商量"与名人文化培育融合的有效路径

（一）**挖掘名人文化的协商理念**。中国的传统文化源远流长。我们应珍惜且推进其在新时代的发展。习近平总书记在各种场合强调要讲好中国故事。一个国家、一个民族如果忘记了自己是谁，往哪里去，那么他就没有生命力，就会亡国。中华民族有五千年的文明史，任何一个中国人都要牢记自己的文化底蕴。中国人一直以来都提倡和平共处，不固执己见。中国人一向都表现宽容，能容纳不同文化。金庸先生在他的文学作品中处处体现出中华民族对于少数民族不同习惯和文化的包容，唐太宗李世民的母亲就是少数民族，大清朝的历史也是中原人宽容的象征。欧阳修的民本思想体现了我国传统民生中重视民生、关注民生的富民、利民的治国之道。新时代，习近平总书记提出的以人民为中心的理念就是对古代民本思想的创造性发展。我们的人民立场：为人民谋幸福，为民族谋复兴始终是中国共产党成立以来坚持的初心和使命。深化在中国人的骨髓里的不出头、不走极端、与人友好、和平相处是协商民主文化的精髓。

（二）**弘扬名人文化的协商精神**。中华优秀传统文化历经数千年积淀，蕴含着丰厚的协商基因与治理智慧。协商民主"有事好商量、众人的事情由众人商量"的文化内涵，与独具东方哲学气质的"和为贵""和而不同""民惟邦本"等思想一脉相承。凡事商量着办，既尊重多数人的意愿，又照顾少数人的合理要求，充分体现出中国式民主兼容并蓄、求同存异的政治理性和政治智慧。欧阳修《醉翁亭记》中"忧民所忧，乐民所乐"的思想，与"人民政协为人民"的价值意蕴深度相融，为人民政协通过协商民主参与基层治理营造了氛围、凝聚了共识，进一步涵养了"协商于民、协商为民"的协商文化，也让新时代的政协协商更有温度、更接地气、更具活力。新时代中国特色社会主义协商制度的建设和实践就是继承中国共产党长期以来坚持的协商精神，大家的事大家商量着办。

（三）**打造民主协商的地方品牌**。永丰县政协扎实落实省、市关于推进政协协商向基层延伸的有关要求，积极挖掘欧阳修民本思想，探寻执政为民理念，把握好"心"系人民、"师"从人民、"身"入人民的"工作良方"，精心打造"赣事好商量+"基层政协民主协商平台，开展贴近基层群众的政协协商，引导群众参与协商，听取群众"金点子"，让协商成为化解矛盾、凝聚共识、推动工作的一座"连心桥"。注重

机制创新,夯实延伸基础。积极争取县委高度重视、大力支持,出台《实施意见(试行)》《操作细则》,明确协商主体、协商地点、协商内容、协商形式、协商实效等,为推进政协"赣事好商量+"协商向基层延伸提供坚实制度保障。24个乡镇场和县工业园区管委会建立健全政协工作联络组,构建委员联系服务群众网络。按照"不建机构建机制"和"就近就便、统筹调配"原则,建立并落实委员下沉基层联系界别群众机制,202名市县委员全部下沉一线参加协商议事活动,让群众感受到"委员在身边,身边有委员"。推进平台建设,拓宽延伸渠道。按照"有场所、有标识、有制度、有活动、有成效"的标准,坚持以"开放、共享、创新"为导向,坚持"一室多用、功能合用",单独建设或结合党群服务中心、新时代文明实践所等现有场所,全县建立25个标准化的听民声、凝民心、聚民意协商平台,方便下沉委员联系群众、征集民意,开展宣传宣讲、微协商、微监督等活动。在人口基数大、矛盾纠纷复杂多样、经济活跃度高的村设立41个社情民意信息联系点。按照"政协委员+",从党政领导、党派团体、乡贤人士、群众代表中筛选一批乐于协商、善于协商的人才,通过"线下+线上""场内+场外"等多种形式,开展"开门协商""一线协商",不断丰富专题协商、对口协商、界别协商、提案办理协商等,使"赣事好商量+"平台成为团结联谊、联动合作、合力攻坚的新载体,为群众有序参与政治生活畅通了渠道,汇聚起共谋高质量发展的强大合力。规范协商流程,提升延伸质效。各政协工作联络组通过党政交题、委员(乡贤)荐题、群众出题等方式,按照确定议题、充分调研、组织协商、转办落实、反馈问效的"五步工作法"选择针对性强、关注度高、涉及利益广泛的协商议题,每季度至少组织开展1次协商活动,助推纾解群众困难,助力基层社会治理。县政协每年安排一两个协商议题就其落实情况开展委员视察、评议等形式的"回头看"。今年以来,市县政协委员按照"有事多商量、遇事多商量、做事多商量"的原则,抓民生、提服务,围绕助力优化营商环境、城乡环境整治、交通安全、高质量发展等中心任务和协商议题,主动深入基层汇集民智、广纳良言,开展各类协商活动100余次,收集社情民意信息130条,形成可行性建议报告12篇,为县委、县政府科学决策提供依据,促进了一批参政议政成果的落地转化,把党政决策部署转化为全社会共识。

(作者单位:永丰县政协)

政协协商向基层延伸推进不力的原因和对策

◎肖才明

近年来，不少市县针对政协协商向基层延伸展开了积极探索，如吉安市政协要求各县市区政协在乡镇（园区）建立"委员工作室"，在村（社区）建立社情民意联系点，推动委员"下沉"。这些探索有利于密切县政协与广大基层群众的联系，有利于倾听民声，反映民意。但在推进政协协商向基层延伸的过程中，也会碰到一些困难和问题，导致该项工作在县级政协中出现开展不平衡、推进不力等现象。本文结合县政协工作实际，从"政协主动"维度寻求破解困境之策。

一、推进政协协商向基层延伸的理论依据

党的十八大以来，以习近平同志为核心的党中央对加强社会主义协商民主制度建设、大力发展基层协商作出了一系列决策部署。在庆祝人民政协成立 65 周年的讲话上，习近平总书记明确指出，"要按照协商于民、协商为民的要求，大力发展基层协商民主，重点在基层群众中开展协商。凡是涉及群众切身利益的决策都要充分听取群众意见，通过各种方式在各个层级、各个方面同群众进行协商。要完善基层组织联系群众制度，加强议事协商，做好上情下达、下情上传工作，保证人民依法管理好自己的事务。"这从协商内容、协商范围和协商形式等方面阐明了基层协商民主建设的主要任务。在党的十九大报告中也明确指出，"有事好商量，众人的事情由众人商量""要推动协商民主广泛、多层、制度化发展，统筹推进政党协商、人大协商、政府协商、政协协商、人民团体协商、基层协商以及社会组织协商。加强协商民主制度建设，形成完整的制度程序和参与实践，保证人民在日常政治生活中有广泛持续深入参与的权利"。这些论述阐明了推进政协协商向基层延伸的重要性和必要性。在庆祝人民政协成立 70 周年暨中央政协工作会上，习近平总书记结合新时代对人民政协的新要求，再度强调基层协商民主的重要性，提出，"要鼓励和支持委员深入基层、深入界别群众及时反映群众意见和建议，深入宣传党和国家方针政策。"这从协商主体

的角度完善了基层协商民主的实践路径。中共十九届四中全会通过的《中共中央关于坚持和完善中国特色社会主义制度、推进国家治理体系和治理能力现代化若干重大问题的决定》，明确提出，"构建程序合理、环节完整的协商民主体系，完善协商于决策之前和决策实施之中的落实机制，丰富有事好商量、众人的事情由众人商量的制度化实践。"这为新时代人民政协作为专门协商机构发挥其在国家治理体系的重要作用，指明了工作重点和努力方向，也为县级政协参与基层社会治理提供了探索路径。党的二十大报告中，再次明确提出，"协商民主是实践全过程人民民主的重要形式""健全各种制度化协商平台推进协商民主广泛多层制度化发展""完善人民政协民主监督和委员联系界别群众制度机制"。再次阐述了对推进政协协商向基层延伸的重大意义，也为我们提出了明确的要求。

上述这些强大的理论支撑不仅反映出习近平总书记对基层政协工作的高度重视，更为县级政协推进政协协商向基层延伸提供了行动指南，清晰地指明了政协的基层协商民主"是什么""怎么做""谁来做"，为县级政协发挥专门协商机构作用拓展了更加广阔的舞台。

二、政协协商向基层延伸推进不力的主要原因

（一）**思想认识不深**。少数县级政协领导对推进政协协商向基层延伸工作认识不到位，认为"这是没事找事干"。他们对习近平总书记关于基层协商民主建设的有关论述学习不多，理解不透。思想还停留在"政协举举手""政协就是歇"的层面，对新时代政协的性质、定位没有与时俱进的认知，对省政协着力解决"两个薄弱"、大力推进信息化建设体悟不深、领会不够。缺乏建立委员联系界别群众制度机制的自觉自为，对推进政协协商向基层延伸存有畏难情绪。

（二）**主动作为不足**。少数县级政协对推进政协协商向基层延伸工作抱着等待观望和被动应付态度，存在"不推不动""推一推，动一动"思想。不积极主动外出学习先进县市区工作经验，不愿认真谋划"延伸"事宜。领导沉不下心来抓点建设；委办主任引领指导基层协商工作缺乏本领。作为委员工作室第一召集人的乡镇（园区）党委副书记（副主任），大多不是政协委员，对开展基层协商工作仅当"副业"看待。他们在乡镇（园区）又是骨干力量，承担着繁重的工作任务，难以在政协工作上多用心，而且这支力量变动大。下沉委员好多为单位骨干，承担较多的基层事务，对政协工作也疲于应付。他们即便不积极参与活动，也缺乏刚性的约束措施。

（三）**争取重视不够**。推进政协协商向基层延伸，少不了党委重视、政府支持，但少数县级政协存在怕麻烦思想。对基层协商平台建设事宜向党委汇报不多，争取政

府支持不够。如推进政协协商向基层延伸的实施意见，不是以县委的名义下发，而是以县政协的文件下发；推进工作领导小组成员不涉及党委、政府领导，全部由县政协领导担任。虽然已将基层协商平台建设纳入乡镇年度目标管理考核，但由于该项工作全部由县政协"单干"，缺乏县委的高位推动，乡镇（园区）难免会在场地提供、设施配备、人员支持以及工作开展等方面打折扣。

（四）协商质效不强。委员履职能力参差不齐现象在基层比较突出，一些下沉委员由于受专业、工作岗位、能力水平等限制，对基层群众提出的如种养技术、农产品营销、高标准农田建设等深层次、政策性方面的难点问题没有有效的解决办法，难以"建言建在关键处"，协商成效不明显。少数委员对群众提出的一些如利益受损、信访等社会治理方面的"老大难"问题，怕给当地党委政府添乱，要么回避，要么"不痛不痒"走过场。

三、强力推进政协协商向基层延伸的对策措施

（一）提高思想认识。一是加强思想教育。结合即将开展的习近平新时代中国特色社会主义思想主题教育，强化县级政协领导的思想教育，督促他们深入学习习近平总书记关于基层协商民主建设的重要论述，让他们清醒认识到新时代赋予政协的新定位、新使命，强化担当意识，聚焦主责主业。二是加强督促检查。市政协可通过开展督导调研、召开流动现场会和经验交流会等形式，表彰先进，鞭策后进；通过将该项工作纳入年度目标考核，倒逼县级政协自觉自为。对无动于衷、虚以应付、推进不力的政协主官进行约谈、通报，督促其迎头赶上。

（二）强化自觉自为。一是政协主要领导要强化使命意识。要主动谋划基层协商平台的设置，积极争取党委重视，做好政协协商向基层延伸的顶层设计。要主动挂片抓点，强力解决推进过程中碰到的各种困难和问题。二是分管副职要强化主动意识。要主动靠前指挥，调度全县基层协商平台健康运行。其他副职要齐抓共管，抓好各自挂点，督促指导基层协商平台协商议事。三是委办主任要强化联络意识。要发挥参谋助手和组织协调作用，积极主动下沉，并亲自参与基层协商，引领协商议事规范有序开展。四是政协工作联络组组长要强化责任意识。作为委员工作室的第一召集人，要发挥主人翁作用。要主动抓好基层协商平台的建设和管理，主动谋划协商事项，认真开展协商活动，尽力抓好协商成果的落实落地。五是下沉委员要强化主体意识。对基层政协活动要积极参与、密切配合。要选择一个级别和威望均高、能力较强的委员作为委员工作室的第二召集人，协助联络组组长搞好协商议事。

（三）争取重视支持。一是在组织保障上争取重视支持。要摒弃怕麻烦的思想，

改变政协工作"自拉自唱"局面。如推进政协协商向基层延伸的实施方案要以党委的名义下发，工作推进领导小组成员要由党委领导，组长由县委书记兼任。全县基层协商平台建设观摩推进大会要邀请县委领导参加。二是在协商议事上要坚持党的领导。如落实协商议事会第一召集人由同级党组织书记或副书记担任；协商议事会固定成员由同级党组织审核；协商议题由同级党组织审定；协商过程由基层党组织主持；协商成果由同级党组织监督落实，等等。

（四）注重衔接融合。一是活动场所做到有效整合。如委员工作室和社情民意联系点的设置应尽可能在乡、村现有在用的房间就用。可在有条件的地方按照有场所、有标志、有设施、有制度、有专人负责、有活动档案的"六有"标准，规范化建设基层协商议事室。对条件不够成熟的地方，则可依托乡贤馆、新时代文明实践站、综治中心、村民说事室、矛盾调解室、商会等现有场所建设协商议事室。二是人员力量做到统筹兼顾。政协工作联络组组长可由乡镇党委书记（园区主任）兼任，乡镇党委副书记（园区副主任）兼任政协工作活动组组长，综治干事或人大干事兼任政协干事。同时将基层事务工作与政协协商工作进行自然有机融合。三是议题选择注重转化结合。结合基层信访、调解等工作中选择议题。基层的司法调解、信访化解、纠纷调处、基层治理等工作都可能存在协商环节，将这些工作转化成政协的协商活动，自然水到渠成。四是两类协商注重衔接融合。政协协商主要以界别委员为主体，协商主题更聚焦、建言更专业、程序更规范；基层协商则直接关涉群众权益，是优化公共政策的重要途径，协商内容更具体、互动更经常、方式更灵活。推动两者有效衔接，涵盖全面与具体，兼具广大和精微，可以提供一个广泛与多层相结合、代表性与群众性相统一的解决方案，因此在工作中要推动两者有效衔接融合。

（五）提升协商质效。一要提高委员素质。要严把委员"入口"关，摒弃"人情委员""挂名委员"，不搞"拉郎配"。要优先把委员的履职能力、写作能力放在入选委员的首位条件来考量，摒弃片面把一些所谓的地方"球星""歌星"、各种协会的"主席"拉进政协的做法。二要充实基层力量。要适当增加乡镇、村（社区）委员名额。作为只有十多万人口的小县，每个乡镇至少要配备三名委员，乡镇（园区）党委副书记（副主任）作为政协工作联络（或活动）组长应尽量当选政协委员。要把一些地方乡贤、农场主、种养大户以及新型农业经济合作组织负责人、新的社会阶层人士吸纳为政协委员。三要加强学习培训。积极组织政协工作联络组组长赴外地学习基层协商平台建设运行管理经验，学习借鉴好做法。加强届中委员能力培训，借鉴县人大做法，每年政协例会开幕前夕，举办全员培训班，邀请省市政协理论、业务专家来县授课。充分利用智慧政协云平台，加强政协专业知识培训。

（肖才明，峡江县政协教科卫体和文化文史学习委主任）

以政协文化赋能基层政协协商工作的思考

◎王茂玉

文化是一个国家、一个民族的血脉，是人民的精神家园。文化兴则国运兴，文化强则民族强。习近平总书记在文化传承发展座谈会上强调："要坚定文化自信、担当使命、奋发有为，共同努力创造属于我们这个时代的新文化，建设中华民族现代文明。"人民政协根植于中国历史文化，具有鲜明中国特色，是实现国家富强、民族振兴、人民幸福的重要力量。政协文化犹如一条血脉，渗透在人民政协方方面面，贯穿于政协履职始终。在人民政协事业迈向新征程的今天，如何打造政协文化，赋能新时代基层政协协商工作，既是一个理论课题，更是一个实践课题。作为基层政协，必须立足政协工作特色，增强文化担当，坚定文化自信，涵养"书香致远"的履职文化，厚植"和而不同"的协商文化，赓续"存史资政"的史志文化。

一、建设书香政协，涵养"书香致远"的履职文化

"最是书香能致远。"读书，是传承文化的重要方式，也是协商议政的"必修课"和"基本功"。通过读书，能增长知识、增加智慧、增强本领。涵养"书香致远"的履职文化，需坚持多读书、读好书、善读书，求同存异、聚同化异，以读书滋养初心，提升履职成效。

（一）**要多读"政治之书"**。读书学习是人民政协的优良传统，委员读书活动是弘扬这一优良传统、赋予新的时代内涵的具体体现，也是新时代政协事业发展的强大"助推器"。要构建委员"常态化"读书体系，依托基层委员读书室、委员读书角等基层协商平台，全力推进委员读书进基层，与群众"插花坐"，共读"同一本书"，共唱"同一首歌"，一体学习、一体领会习近平新时代中国特色社会主义思想，深学笃信习近平总书记最新重要讲话，聚精会神读好"思想之书""政治之书""人民之书"，学出忠诚信仰、学出责任担当、学出奋进动力。在共读共学共享中，回溯思想本源，品味真理味道，引领委员、界别群众从理论与实践、历史与现实、国内与国外的比较

中强化政治引领，增进思想共识，汲取奋进动力，同心向党、同心爱党、同心跟党，筑牢团结奋斗的共同思想基础。

（二）要读好"履职之书"。委员读书是委员政治能力、思想水平、履职能力建设的重要组成部分，是政协全面、准确、有效履职的重要支撑。要聚焦履职所需，为资政建言读书，在资政建言中读书，形成基层政协"围读"的亮丽风景。坚持突出政协特色优势、发挥委员主体作用，努力将读书成果转化形成协商选题、提案线索、理论研究课题，变成资政的"金句子"、创新的"金点子"、履职的"金钥匙"。注重弘扬平等包容精神，绵绵用力，久久为功，培育好政协协商文化，形成畅所欲言、敞开思想、各抒己见、学学互进的文化氛围，在协商交流、读学互进中分享识见、坦诚交流，相互启迪、彼此激励，实现"读书＋履职"深度融合、相互赋能，推动思想共同进步，助力委员们知情明政，以史鉴今，形成有血、有肉的履职成果。

（三）要善读"同心之书"。"书香社会"建设，关乎民族未来，在强化文化认同、广泛凝聚民心、涵养核心价值、淳化社会风气等方面，都具有重要意义、发挥重要作用。建设"书香社会"，人民政协是一支不可或缺的重要力量。要突出发挥委员主体作用，把基层政协"委员讲堂""读书分享会""委员工作室"等平台建成委员与界别群众读书的"大学校"，同心同向开展读书、荐书、讲书、评书等活动，不断扩大"书香政协"读书溢出效应，影响、带动、辐射广大界别群众参与阅读、热爱阅读，把读书当成一种生活态度、一种工作责任、一种精神追求、一种境界要求，广泛汇聚人心和力量，带动全社会在读书中陶冶情操、涵养正气、增长知识、增强本领，以"书香政协"助推"书香社会"建设，用心用力建设"文化强国"。

二、创优协商品牌，厚植"和而不同"的协商文化

人民政协强调"求同存异、兼容并包、荣辱与共、囊括一切"的理念，汲取了中华民族"和而不同、贵和执中、和衷共济"的和合文化精华。政协文化的核心是协商文化，有着对社会主义先进文化和中华民族传统文化的自觉认同。政协委员作为政协工作的主体，要在践行"和而不同"的协商文化中有事好商量、有事多商量、有事会商量。

（一）要有事好商量。习近平总书记指出："有事好商量，众人的事情由众人商量，是人民民主的真谛。"基层是国家治理的末端，也是服务群众的最前沿。习近平总书记多次强调：涉及人民群众利益的大量决策和工作，主要发生在基层。政协委员作为桥梁和纽带，要依托"委员工作室""社情民意联系点"等基层协商平台，主动深入群众，遇事多和群众好商量，建睿智之言，献务实之策，做到相互尊重、平等协商而

不强加于人，遵循规则、有序协商而不各说各话，体谅包容、真诚协商而不偏激偏执，形成畅所欲言、各抒己见，又理性有度、合法依章的良好协商氛围，通过"和风细雨"达到"润物无声"，以"高言值"凝聚"高共识"，画出基层民主"最大同心圆"。

（二）要有事多商量。人民政协作为专门协商机构，参政不行政、建言不决策、监督不强制。协商民主不是强加于人，而是以理服人。要突出"和而不同，求同存异，理性包容"，通过传承中华民族兼容并蓄、求同存异等优秀政治文化，鼓励和支持委员在界别工作和各类履职过程中讲真话、建诤言，以诚恳的态度、协商的语言、平和的语气有事多商量，在不同观点的讨论、交流、交锋中，互融共进，一次协商不行就来两次、三次、多次协商，直到问题解决、产生实效，以解决认识上的偏差和误解，使协商议题在思想互动中得到充分讨论、观点建议在相互交流中得到不断升华，真正把话讲到"点子上"，讲到群众"心坎里"，以钉钉子的精神，商以求同，协以成事，以多商量引发共鸣，激发认同，强化记忆，寻求"最大公约数"。

（三）要有事会商量。委员是协商的主体，协商是一门艺术。要落实习近平总书记"懂政协、会协商、善议政，守纪律、讲规矩、重品行"的重要要求，传播协商文化，引导委员熟悉协商规则，掌握协商方法，练就"会协商、善议政"的看家本领，释放基层协商活力，扩大议政倍增效应，永葆政协事业的生机和活力。坚持走好群众路线，激活基层协商"神经末梢"，全覆盖打造地方特色协商品牌，利用人民政协积淀深厚的协商经验、规范成熟的制度体系和平等友善的协商氛围等优势，通过"政协搭台、大家唱戏"，让协商文化融入基层共建共享的多元治理之中，形成更多可复制、可推广、可借鉴的经验典型，努力把人民政协制度优势转化为国家治理效能，最大限度为经济社会高质量发展减阻力、增动力、聚合力。

三、发挥文史优势，赓续"存史资政"的史志文化

文化是民族的血脉，历史是不朽的财富。做好文史资料工作是人民政协的看家本领。要赓续政协文化，既需要薪火相传、代代守护，更需要与时俱进、勇于创新，以史资政，以文化人，以史促旅。

（一）要以史资政。政协文史工作是一项常规又特殊的工作。新时代做好文史工作，要以史为鉴，鉴往知来，才能对得起历史，才能对得起未来。要以开放的姿态做好时代的发声者，不薄古，也不泥古，拆除书斋与现场之间的藩篱，深度挖掘文史资源，让面临湮灭的历史遗迹、历史事件、历史人物、民间艺术等重回大众视野，让现状去"寻根"，让问题去"探路"，让文史去"资政"，使古老的文化遗产在新时代绽放新的光彩。通过文化的寻根、探路，为时代存档，走向意见建设的诗和远方，

力争为历史长河中激起的每一朵浪花留下"生动写照"。

（二）要以文化人。人民政协要推动文化与人相亲，着眼群众需要解疑释惑、阐明道理，把学问写进群众心坎里。要保持应有的文史担当与文化自觉，坚持以传统文化固本培元，秉承客观、科学、礼敬的态度，以"铭记历史、感怀乡愁、传播文化"为目标，深入挖掘阐释蕴含其中的思想精髓和道德精华，让收藏在博物馆里的文化、陈列在大地上的遗产、书写在古籍里的文字都活起来，为人们提供正确的精神指引和强大的精神力量。

（三）要以史促旅。文化遗产、乡村民俗、文物古建等是老祖宗留下来的文化瑰宝，承载着民族的历史记忆、文化记忆、精神记忆。传承中华优秀文化，不仅要有静水流深的耐心，更要紧跟时代进步潮流，形成活水涌流的生动格局。基层政协要发挥文史优势，切实当好文化遗产的忠实守护者，通过开展富有文史特色的专题调研、视察、协商，留存乡村记忆，精彩绘就新时代的"诗和远方"，以高质量协商建言助推文旅高质量融合发展。

（作者单位：泰和县政协）

深化"一线好协商"平台建设的几点思考

——基于万安县政协"一线好协商"的探索实践

◎郭志锋　陈泽滨

习近平总书记指出，要按照协商于民、协商为民的要求，大力发展基层协商民主，重点在基层群众中开展协商。近年来，万安县政协勇于创新，以"赣事好商量"为品牌引领，创建"一线好协商"平台，政协协商深入一线、扎根基层、融入群众，获得广大群众的欢迎和好评。

一、"一线好协商"平台的实践意义

政协协商是社会主义协商民主的重要内容、是我国社会主义治理体系的重要组成部分、是在中国共产党的领导下的政治协商。

为此，万安县政协以"赣事好商量"为品牌引领，借鉴"吉事广议"平台建设的经验，创建"一线好协商"平台，充分发挥人民政协专门协商机构作用，协商主体下沉一线、协商事项下沉一线，协商活动下沉一线，聚焦中心工作，直面民生诉求，从而让群众有更多的获得感。

（一）协商主体下沉一线：让群众知道政协就在身边。"一线好协商"协商平台，既包含万安县所有乡镇和工业园区的委员之家、委员活动中心，也包含所有行政村（社区）的社情民意信息联系点，参与协商的以近 160 名市县政协委员为主，还包括政协各委室、县直各部门及相关的企事业单位，现已形成党委领导、政府支持、部门落实、政协监督、群众参与的协商格局。

万安县政协通过加强党的领导，充分发挥政协及政协各参加单位智力密集、联系广泛的功能，借助不同界别的政协委员和各个乡镇政协联络组的人才优势，依据"协商于民、协商为民"的理念，主动瞄准社会难点痛点堵点和群众"急难愁盼"问题等靶心，把平台建到群众家门口，让协商融入群众，积极履行协商职能，帮助群众解决困难，使群众感到政协实实在在，政协委员就在身边。2023 年 4 月，夏造镇夏造村召开"屋场协商会",县政协委员主持,并邀请乡镇干部、县直单位干部、驻村工作队、村"两委"、群众代表共计三十余人参与协商,帮助群众解决早稻育秧推动粮食生产的问题,经协商,最终提出以集中育秧的方式解决村民育秧难、育秧贵的对策。群众纷纷点赞:"政协委员在身边,就是不一样。"

(二)协商事项下沉一线:基层协商与政协协商有效衔接。借助"一线好协商"平台,万安县政协将协商事项下沉一线,让基层协商与政协协商实现有效衔接,在基层践行全过程人民民主。比如每季度至少在乡镇场(园区)或村(社区)组织开展一次以委员为主体、邀请相关部门参加、视情吸纳界别群众代表参与的上门协商、一线协商。每年选择部分民生实事类提案开展提案"一线"办理协商,推动提案办理从"答复型"向"落实型"转变。每年选择部分党政领导批示的民生类社情民意信息深入群众开展办理协商,认真听取群众意见,"零距离"服务群众。县政协委员刘绍陶在百嘉镇竹园村社情民意信息联系点牵头召开微协商,收集群众的意见和建议,尔后将该村水田灌溉缺水源的情况及时上报百嘉镇党委。通过该镇党委与农业部门沟通,申请项目建了两口机井,解决了百姓的燃眉之急。

(三)协商活动下沉一线:助力提升社会治理现代化水平。有了"一线好协商"这个好平台,万安县政协便把协商活动下沉到一线,帮助村组(社区)解决矛盾纠纷和群众困难,助力基层不断提升社会治理现代化水平。也就是做到"协商会开在一线,提案办理协商搬到现场,社情民意办理协商走进群众"。截至 2023 年 5 月底,政协委员利用"一线好协商"平台开展微协商、微调研、微监督等活动一百六十余人次,帮助群众办理实事八十余件,调解了一大批纠纷,化解了竹园村朱本良信访积案。

二、"一线好协商"平台的运行特点

政协委员各自身份不同、所在的单位和住址也不同,如何在政协工作中强化"共同体",在协商过程中形成"一盘棋"?除了运用传统方式之外,亟须探索切合新时代发展的新方式,亟须创建发挥委员作用的新平台。在省政协"赣事好商量"品牌的引领下,万安县政协创立"一线好协商"平台时,对平台的运行模式进行了科学设计,经过一年多来的探索,运行模式得到进一步完善,主要包括两大操作特点。

(一)建好三个平台。一是聚集人才建平台。面向重点工作、重要民生、重大项目,充分发挥政协人才荟萃、智力密集的优势,择优选取专家型的委员建立"政协智库"平台,为调研、视察、协商提供技术咨询和专业论断,集才汇智,邀请智库人才在一线协商议政,建有用之言、献务实之策。二是因地制宜建平台。虽然同为"一线好协商"平台,但要因地制宜,不可上下、左右一般粗。乡镇协商平台。面向广大农村,依托乡镇场政协工作组,在乡村一线分别建立 17 个乡镇场"委员之家"、161 个村(社区)和县直单位"社情民意信息联系点"。三是企业联谊平台。面向广大企业,发挥政协联系广泛优势,在县工业园区一线建立"委员活动中心",通过联谊机制,探索以"微论坛""微讲堂""微联谊"等方式,汇聚企业家、乡贤等力量。

(二)用好三个抓手。平台是基础,落实是关键,成效是根本。县政协以一线协商、一线督办、一线比拼为抓手,发挥委员作用,出发展实招,献务实之策,助推各地各单位落实政策、改善民生、改进作风。

一是一线协商要见成果。由县政协牵头,选择切口小、关联广、与群众切身利益密切相关的议题,通过屋场会、小组会、座谈会等形式,在乡镇场或村(社区)组织开展现场协商、一线协商等,把协商议事会开到群众"家门口"。2023 年 3 月,委员就群众反映"韶口乡田西村 4 组因高速公路施工,造成水沟堵塞和影响农田灌溉"社情民意信息,主动下沉到现场与施工单位协商解决维修水沟,保障农田灌溉的问题;委员下沉县工业园区与企业家就园区内闲置土地处置难题共商良策。

二是一线督办要得口碑。实行提案督办制度,对民生实事类提案要求列出问题清单、阶段成效清单、办理措施清单以及后段推进清单;对一些群众反映较强烈的民生实事类提案以及党政领导批示的民生类社情民意信息,开展上门走访督办,确保民生问题解决从"纸上"落到"地上"。2023 年 5 月中旬,县政协农业和农村委、社法委以"微协商"形式,就 4 月委员下沉芙蓉镇社区履职收集的社情民意,召集相关单位和委员现场协商解决"老旧小区改造后排污不畅"等六件民生实事,获得群众好评。截至目前,各委室下沉乡村开展此类"微协商",帮助解决民生实事一百余件。

三是一线考核要出成效。县政协创新考评方式和内容,全面实施委员履职考核、激励和约束机制,以比拼促工作落实、促服务提升。以践行"四个一"争当"四大员"活动(提一条招商信息、当好信息员,报一篇社情民意、当好参谋员,做一次宣传宣讲、当好宣讲员,办一件为民实事、当好服务员)为主题主线,健全完善"年初有目标、过程有监督、结果有运用"的闭环管理机制。每年年初下发委员履职任务书,印发履职考核办法;每月晾晒委员成绩单,下发履职提示函;年底部分政协常委口头述职、政协委员撰写书面总结;考核结果报送委员所在单位及主管部门,与评先评优等挂钩,树立鲜明导向,促进履职尽责。

三、强化"一线好协商"平台作用的路径

"一线好协商",平台虽小,作用却大。只要运用得当,不光能帮助群众解决困难,助推经济社会发展,而且能创新社会治理、凝聚百姓共识。

（一）要精准选题，让平台成为聚焦大局，服务群众的平台。发挥平台作用，重在精准选题，选好协商的事项或议题、提案是成功的第一步。既要注重"上接天线"，注重与国家方针、政策和法律法规相衔接，也要"下接地气"，顺应群众期盼，让平台成为聚焦大局、服务群众的平台。"一线好协商"平台，最重要的是把协商平台放到了田间地头、街道社区、学校医院、企业车间等一线，放在百姓家门口，群众代表参与协商全过程，做到"办理效果在一线评估"，直接倾听百姓评价，回应群众期待。通过协商，解决问题，把群众呼声变成掌声，把百姓愿望变为幸福现实。

（二）要主动对接，让平台成为政协协商与基层协商相融合的平台。要主动对接，让政协协商与基层协商有机相融，互促互进。在乡镇、村和街道、社区、企业等处，指定德才兼备、素有威望的政协委员为协商召集人，将"一线好协商"平台与基层的综治、文化、群团等服务机构有机融合，推动政协协商与基层协商有效衔接，拓展基层群众参与政协协商渠道。遇有需要，县政协委派专家型委员适时参与，全程指导协商，实现乡镇政协联络组、一线协商平台、县派专家的有机统一，增强协商的针对性、实效性和吸引力。

与此同时，借助"一线好协商"平台，在政协协商过程中广泛收集和反映社情民意，提高社情民意信息的数量和质量。2022年上半年，万安县通过"一线好协商"平台，收集社情民意信息九十余条，梳理归纳上报近三十条，其中三条被江西省政协上报给中共江西省委。

（三）要巧妙运用，让平台成为全面开放、独具特色的议事平台。按照就事就便原则，让"一线好协商"平台走起来、动起来，走向群众的客厅、走向学校的教室、走向工厂的宿舍、走向建设工地……实现政协委员在哪里，平台就在哪里，协商就到哪里。按照"小事简议、急事快议、大事多议"原则，建立走访、座谈、约定的协商流程，创立相关协商规则，构建一套操作性强的平台议事模式，打通政协协商服务基层、服务群众的"最后一米"。

四、提升"一线好协商"平台承载能力的方式

"一线好协商"，平台虽小，但要建好用好，却不容易。需要在实践的过程中，不断探索新方法、不断完善新机制，才能提升其承载能力，真正发挥作用。

（一）建好队伍，在一线闪光。一方面，要着力提升委员的综合素质和业务能力，增强委员的为民情怀和履职尽责意识。另一方面，要强化团队意识，大力弘扬心往一处想、劲往一处使的团队精神，使委员理解"一线好协商"平台靠的是团队的力量，展现的是政协的风采。要以一己之力，树团队形象；以一域之光，亮政协全局。

（二）**探索创新，在一线成长**。新时代，新要求，"一线好协商"平台，不但是新事物，更是新舞台。作为政协组织和政协委员，必须把握新方位，展现新作为。既聚焦疫情防控、民生保障、公共服务、社会治理、信访稳定等重点问题，充分发挥自身优势，在"一线好协商"平台上，协助党委政府多解百姓之忧，多办利民实事，破解时代难题、答好时代之问，让政协组织在创新中壮大，让政协委员在探索中成长。同时还要掌握新技术，创新新机制。当前，数字化浪潮汹涌澎湃，谁掌控了新媒体，谁就把握了主动权。以互联网发展为背景，把"一线好协商"平台与新媒体进行深度融合，线上线下齐进，科技与政协相合，丰富载体、创新手段，让平台更加有力、让协商更加便捷。下一步，万安县政协还将坚持走数字赋能之路，结合智慧政协建设，搭建"线上＋线下"双线互动、融合互补的"一线好协商"平台。

（三）**干出样子，在一线立功**。"一线好协商"平台，最大的特色是协商"参与面"十分广阔，参加人员不受限制，最大的优势是到一线、察实情、说真话、见实效，利于政协委员借平台聚焦民生难题真协商，探寻民生良策广协商、助力民生改善会协商，从而惠泽百姓、建功立业。

实践证明，"一线好协商"是加强和改进县级政协协商工作的有力抓手，也是委员拓展履职空间、创新基层治理的又一路径，是很活跃、很有生命力的一种履职形式，值得不断探索和实践。

（作者单位：万安县政协）

关于政协协商与基层协商有效衔接的实践与思考

——以安福县"安心议·真信服"协商平台为例

◎王玉群

近年来，江西省政协深入学习贯彻习近平总书记关于加强和改进人民政协工作的重要思想，创新打造了"赣事好商量"品牌，各地政协积极跟进，建设了70多个"赣事好商量＋"品牌、6000多个基层协商平台。其中，安福县建设了具有本地特色的"安心议·真信服"协商平台，推进政协协商向基层延伸，与基层协商有效衔接，提升基层治理效能。

一、政协协商与基层协商衔接的必然性

推进政协协商与基层协商相衔接，既是构建社会主义协商民主体系的制度需要，也是两者扬长补短的发展需要，更是提升基层治理效能的现实需要，两者衔接可实现"1+1>2"的功效。

（一）构建协商民主体系的制度需要。党的十九届四中全会将构建协商民主体系作为坚持和完善人民当家作主制度体系的重要内容。党的二十大报告指出"完善协商民主体系，统筹推进政党协商、人大协商、政府协商、政协协商、人民团体协商、基层协商以及社会组织协商，健全各种制度化协商平台，推进协商民主广泛多层制度化发展"。政协协商和基层协商两者统一于中国特色协商民主体系的框架中，都坚持"以人民为中心"的价值取向和目标追求，两者相衔接有利于提升我国协商民主体系的整体效能，更加有效地保障人民当家作主。

（二）推动两者互补互促的发展需要。政协协商与基层协商两者虽同为协商民主重要渠道，但二者各具特点。人民政协作为专门协商机构，协商组织健全、经验丰富、制度规范、流程完备，相比基层协商政治性更强、立场更超脱、建言更专业、组织程序更规范、结果运用更明确，但有时直面群众不够；基层协商主要是涉及基层群众利益的大量决策和工作，主体是当地党政机关、群众，协商内容更具体、互动更经常、

方式更灵活，但有时出现程序不够规范、协商难以决议等问题。推动政协协商与基层协商相衔接，可以促进二者扬优补短，一方面能推动政协协商进一步深入基层、深入群众，实现政协的协商民主与群众意见"零距离"，做到"协商于民、协商为民"；另一方面政协参与基层协商，能避免少数地方基层协商走过场等不规范情况，并能发挥"上情下达"与"下情上传"的桥梁纽带作用，既可引导基层群众认同理解党和政府的政策，又可向党和政府建言献策促进决策更科学、更体现民意。

（三）提升基层治理效能的现实需要。基层治理作为国家治理体系和治理能力现代化的基础，随着社会经济转型升级、利益诉求多样化、参与主体多元化，基层治理面临的困难和挑战更为严峻，这就要求基层治理主体必须多元协同，凝聚各方共识、智慧和力量。中共中央、国务院印发《关于加强基层治理体系和治理能力现代化建设的意见》中也要求"完善基层民主协商制度""注重发挥人大代表、政协委员作用"。因此，推进政协协商和基层协商的有效衔接，促进政协组织多元化与基层治理多元共治有效结合，可以广泛征集意见、凝聚共识、化解矛盾、理顺情绪，在协商中找到"最大公约数"，不断提升基层治理能力和治理水平。

二、推进政协协商与基层协商有效衔接的实践探索

安福县政协充分发挥人民政协专门协商机构作用，依托"赣事好商量"品牌，建设"安心议·真信服"协商平台，推进政协协商与基层协商有效衔接。

（一）建好阵地、联结互通，推进协商形式有效衔接。安福县政协按照依托现有场所建阵地、"不建机构建机制"的工作思路，将政协协商与基层协商形式联结、互融互通。一是"走出去"，政协协商深入基层。依托基层党群服务中心等现有场所，在各乡镇（高新区）、部分县直单位建立了26个委员活动之家（委员工作室），在206个村（社区）和银杉白水泥等4家县重点企业设立社情民意信息联系点，做到有场所、有标识、有制度、有活动、有成效。依托这些阵地，促使政协协商会开到基层、提案办理协商搬到现场、社情民意办理协商走进群众，让政协委员与基层群众面对面沟通、常态化协商。二是"请进来"，邀请基层群众参与政协协商。主动邀请群众走进政协，以旁听、列席等形式参加专题协商、对口协商、界别协商和提案办理协商等，引导群众积极发表意见建议，有效提高群众参与政协协商的深度、广度。三是"联成网"，开展"线上协商"。全面推广"江西政协"APP，政协委员可以随时随地提交社情民意等，便捷委员"移动履职"，促使政协协商与基层协商一网联通、上下互动。

（二）下沉基层、关注民生，推进协商议题有效衔接。安福县政协坚持以人民为中心，就近安排了11名市政协委员和195名县政协委员下沉委员活动之家（委员

431

工作室）和社情民意信息联系点，加强与基层群众联系，今年以来聚焦群众"急难愁盼"的问题开展协商活动 180 余次，收集形成 200 多条意见建议。一方面，聚焦县委点题开展协商。2023 年县政协制定的"推进油茶产业发展、推动金融机构支持中小企业发展、实施学生心理健康教育、推进农村养老服务体系建设、老旧小区改造与管理"5 个年度协商议题，均为县委点题。同时，也都是民生改善的实事和社会治理的难事，既接"天线"，又接地气。另一方面，选择小切口开展协商。将切口小、关注广、与群众利益密切相关的事项作为协商议题，解决"大民生"问题。如下沉委员在严田镇以"促进金兰柚培育种植"为议题开展协商，现场解决部分金兰柚培育、病虫害防治、施肥以及奖补政策方面的问题，让果农吃下产业发展"定心丸"；在寮塘乡以"烟叶药商托底保障"为议题开展协商，促成药商同意按当地烟农平均亩产值补齐收益差额，维护了烟农利益。

（三）发挥优势、规范流程，推进协商效能有效衔接。安福县政协在建设"安心议·真信服"协商平台过程中，注重发挥政协委员程序规范、专业知识、协商经验等优势，帮助提升基层协商的制度化水平和规范化程度，尤其是事前、事中、事后做到"三个坚持"。一是协商前，坚持"无调研不协商"。协商前组织政协委员围绕协商议题，认真查阅资料，深入走访交流，开展线上线下问卷调查，倾听专家意见建议等，全面摸清政策、掌握诉求，把握问题关键，了解实情民意，形成解决问题的初步预案。二是协商中，坚持广泛凝聚共识。最大限度调动各方参与协商的积极性，组织政协委员、党政机关代表、利益相关方、基层群众、专家学者及其他相关代表参与协商，引导利益相关方平等合理地表达诉求、各方代表提出意见办法，政协委员建真言聚共识，营造畅所欲言、理性合法的良好协商氛围。三是协商后，坚持跟踪问效。每季度由副主席带队，把提案、社情民意信息和大会发言建议带到基层开展"现场"办理协商，邀请相关政协委员，部门、乡镇（高新区）分管领导及界别群众代表参加，力促议事成果真正转化为为民服务实效，如《加强对体育中心体育场基础设施维护的建议》社情民意信息由文教卫体界别委员督办后，已更换破旧篮球板，正在修缮改造球场地面。

三、经验启示

安福县政协依托"赣事好商量"品牌，建设"安心议·真信服"协商平台，推进政协协商与基层协商有效衔接，在实践过程中也形成了一些经验启示。

（一）必须把坚持党的领导作为根本政治原则。党的领导是中国特色社会主义最本质的特征，也是人民政协工作的根本政治原则。安福县政协在建设"安心议·真信服"协商平台过程中，始终坚持重要事项和重要问题及时向县委请示汇报，确保在县委领导下开展；在参与基层协商时，始终坚持基层党委主导协商、政协委员积极引导、基层群众广泛参与，坚决避免出现"越俎代庖"现象。实践证明，推动政协协商与基层协商有效衔接，必须坚持在党委领导下开展，做到党委主导、政协搭台、多元参与。

（二）必须把坚持以人民为中心作为唯一价值取向。习近平总书记强调"人民政协要把不断满足人民对美好生活的需要、促进民生改善作为重要着力点"。安福县政协在推动政协协商与基层协商有效衔接过程中，主动下沉基层，多形式加强与人民群众的联系、心贴心倾听人民群众的呼声、全方位尊重人民群众的意愿、聚合力解决人民群众的诉求，积极引导群众有序参与政协协商和基层协商，更好实现人民当家作主，赢得群众一致好评。实践证明，必须始终坚持人民政协为人民，时刻把人民利益放在首位，协助党委政府破解民生难题，增进人民福祉，才能践行政协初心、永葆生机活力。

（三）必须把提高政协委员履职能力作为关键基础工程。政协委员作为政协协商主体，其履职能力高低直接影响政协协商能否更有效地与基层协商衔接。安福县政协结合"书香政协"建设，建立县级政协委员常态化学习培训制度，每年开展理论政策教育、业务能力培训、读书分享交流等活动不少于30次；强化履职考评，对全体委员进行量化考核，有效增强委员履职政治责任感和工作紧迫感，提高委员履职业务能力和水平，促使委员高质高效参与政协协商和基层协商。实践证明，政协要切实加强委员队伍建设，提高委员们的协商内生动力和履职能力，充分发挥政协委员在政协协商和基层协商相衔接中的主力军作用，不断助推基层治理取得新成效。

（王玉群，安福县政协委员、县委党校副校长）

从毛泽东塘边分田中汲取营养
提升"赣事好商量"品牌内涵

◎睦朝千

1928 年 5 月至 7 月的永新县塘边分田,是毛泽东同志在充分调查研究的基础上,亲自主导的完整而系统的分田运动。为让分田运动顺利进行,在土地普查的基础上,毛泽东起草了《分田临时纲要十七条》,为使 95% 以上的群众满意,毛泽东与贺子珍找了大量群众举行了一百多场座谈,进行了数十次修改,《分田临时纲要十七条》终于制定并予以公布。尔后,在十七条分田纲要的指导下,一场轰轰烈烈的分田运动在永新西乡展开。《分田临时纲要十七条》的出台过程,是一个细致调研的过程,是一个充分协商的过程,更是一个与群众商量办事的过程,为我们进行民主协商作出了一个完美的示范。

习近平总书记强调:"历史是一面镜子,鉴古知今,学史明智。"今天,作为红色故土的江西,我们正致力打造"赣事好商量"民主协商品牌,深入研究塘边分田这段历史,汲取其中充分的红色营养,挖掘其深刻历史内涵与现实意义,对打造"赣事好商量"协商民主品牌,具有突出的重大的历史价值和现实意义。

一、塘边调查和《分田临时纲要十七条》出台的历史背景

井冈山革命斗争时期,毛泽东同志在永新生活了 186 天,在繁忙的革命工作之余,他把大量的时间用于调查研究,仅塘边一地就用了 43 天的时间,其在永新搞调查的时间虽未能准确统计,但可以知道,永新调查是毛泽东一生中花费时间最长的调查研究。毛泽东对《永新调查》十分珍爱,在后来的岁月里曾多次提起,为它们在战乱中被丢失深表惋惜,他说:"失掉别的任何东西,我不着急,失掉这些调查(特别是衡山、永新两个),使我时常念及,永久也不会忘记。"[①]

(一)大革命失败、三大起义的挫折,急需寻找革命的新出路。国民革命

---

① 《寻乌调查》,《毛泽东农村调查文集》,人民出版社 1982 年版,第 41 页。

（1924—1927 年），也称"第一次国内革命战争""大革命"，是中国共产党和国民党联合的以反帝反封建为任务的革命斗争，席卷了中国大地。国民党在大革命中有了威望，而中国共产党更以其最为积极、奋斗和牺牲精神，在全国人民中赢得了信誉和信任。但由于国民党右派的破坏、分裂和屠杀，也由于共产国际的无原则妥协和以陈独秀为代表的党内右倾主义错误，轰轰烈烈的大革命宣告失败。在关系党和革命事业前途和命运的危急时刻，中共中央于 1927 年 8 月 7 日在湖北汉口召开紧急会议，史称"八七会议"。会议批判和纠正了陈独秀右倾机会主义错误，确定了土地革命和武装斗争的总方针，通过了《中国共产党中央执行委员会告全党党员书》等议案。"八七会议"前后，中国共产党先后发动和领导了南昌、秋收、广州三大起义以及其他各地的武装起义，以坚毅果敢的实际行动来回答国民党反动派对中国共产党和革命力量的打压。三大起义是创建人民军队的伟大开端，是中国共产党为挽救革命而领导工人、农民、兵士所采取的武装斗争的英勇尝试，开启了探索中国革命新道路的历史篇章。但由于中国共产党还处于幼年时期，加上坚持以城市为中心、战略未正确分析敌我力量对比、战术上准备不足等原因，三大起义均先后失利。面对这一形势，急需年轻的中国共产党作出回答，寻找新的出路。

（二）转战湘赣边、建立革命根据地、急需了解当地真实情况。土地革命战争时期，在毛泽东的倡导下大兴调查研究之风，为"农村包围城市，武装夺取政权"革命道路的开辟与拓展奠定了坚实的基础。正如《关于若干历史问题的决议》所指出："从他进入中国革命事业的第一天起，就着重于应用马克思列宁主义的普遍真理以从事于对中国社会实际情况的调查研究，在土地革命战争时期，尤其再三再四地强调了'没有调查就没有发言权'的真理，再三再四地反对了教条主义和主观主义的危害。"秋收起义失败后，毛泽东率部抵达井冈山，创建了井冈山革命根据地。为了在建党、建政、建军等方面制定更加科学有效、符合实际的政策，毛泽东在战争间隙进行了许多有针对性的调查研究。1927 年 10 月中旬，他在酃县水口开展社会调查，了解罗霄山脉中段周围各县的敌情、阶级状况、土地占有情况、地理环境、物产资源等。1927 年 11 月，他对宁冈县做详细调查，写下《宁冈调查》。1928 年 2 月，他率领工农革命军一部到永新县秋溪乡，开展群众工作，并对永新进行社会调查，随后写下《永新调查》。杜修经回忆自己受湖南省委派遣到井冈山时，毛泽东曾把这些调查材料给他看过，是用账簿写的，共有十多本，一尺多高，用蓝布面子装成。它们是毛泽东上井冈山后脚病期间，在农村找了贫苦农民、工人、商人、教师、区乡政府干部交谈后，把情况汇集起来而成。里面的内容有关于江西的概述，还记述了宁冈、永新的政治、经济、土地、人口、社会风俗等情况。各个时期用的东西，如搪瓷脸盆、煤油等，什么时候进口帝国主义的洋货都写上了；连农民没有文化，用代号记工，如"初"记上

"刀"字，一天记上"○"，在调查上都写了。毛泽东在井冈山革命根据地初创时期，急需了解当地的真实情况，为出台正确的政策作准备。

（三）获农民支持，搞土改分田运动，急需出台一套系统方案。中国共产党建立以来，虽然把分配土地当作民主革命的主要内容，但只是停留在口头和书面上，还没有人来得及付诸实践。以毛泽东为代表的中国共产党人，深刻地知道中国革命的基本问题是农民革命，而农民问题的核心是土地问题。1927 年 3 月 5 日，毛泽东发表《湖南农民运动考察报告》，是继《中国社会各阶级的分析》一文之后，进一步解决了无产阶级正确对待农民这个最主要同盟军的重大原则问题，成为无产阶级及其政党领导农民革命斗争的纲领性文献。但土地革命怎么进行，其中关键环节是什么，没有现成答案。"打土豪、分田地"口号标语最先出现在 1927 年的文家市，这个口号是中国共产党领导的中国工农红军在土地革命战争时期提出的主要宣传口号之一。它不仅表明了红军的政治主张，同时也深刻反映了毛泽东对中国农民问题的深刻认识和独特见解，为他领导中国革命走向胜利打下了深刻的理论和实践基础。但打土豪容易，"分田地"怎么操作，毛泽东进行了持续的探索。1928 年 2 月，毛泽东派出毛泽覃到宁冈大陇乔林进行分田试点，积累了不少经验；1928 年 3 月，毛泽东率部到湖南酃县中村时，又曾进行分田试点，但因策应湘南暴动，来去匆匆，中村分田未能成功。所以，毛泽东对分田运动这一关键性的政策没有掌握翔实第一手资料，急需补上这一课。

二、塘边调查和《分田临时纲要十七条》出台，确立协商民主制度基本原则遵循

毛泽东塘边调查和塘边分田，找到了土地革命的"启动密钥"，把土地革命由"概念图"变成了"施工图"，抓住获得广泛支持、巩固井冈山革命根据地的关键环节，为工农武装割据奠定了坚实的基础。同时，塘边调查、《分田临时纲要十七条》出台，协商民主制度最初的成功探索与实践，是协商民主制度的起源，可以也应该成为"赣事好商量"品牌的红色营养之源。

（一）党的领导与人民当家作主有机统一：土地委员会。1928 年 5 月，毛泽东率领红四军三十一团一营来到永新县西乡的塘边村亲自进行分田试点，中共永新县委、县工农兵政府也搬到塘边村办公，配合分田试点工作。为顺利进行分田试点，各级均成立分田机构，乡设土地委员会，村设分田小组。塘边村土地委员会由周安泰、徐天元、徐桂芳、李有里、徐转里、徐丹桂、徐求芳 7 人组成，徐桂芳任主任。分田小组，每村一个，每组 3 人组成。所以说，分田试点一开始就在党的领导之下开始开展，主要由贫农代表组成，体现出党的领导和人民当家作主相结合的原则。湘赣边界的各

级红色政权普遍地设有土地委员会，设委员长 1 名，委员 5—7 人，由同级工农兵代表会议选举，都是对乡域土地情况熟悉又富有斗争积极性的农民。土地委员会的职责，首先是划分阶级，以阶级成分决定是否分田，分什么样的田；然后制订分田的方案，进行土地丈量，登记田册和发给田牌。

（二）围绕中心、服务大局：**团结农民，巩固革命根据地**。工农联盟是指由工人阶级在进行无产阶级革命和社会主义建设中同劳动农民在中国共产党领导下结成的革命联合。马克思和列宁等对工农联盟都有论述和运用，但真正运用好工农联盟，并在此基础上提出统一战线理论，则是毛泽东在领导中国革命进程中发展形成的。从 1926 年 1 月《中国农民中各阶级的分析及其对于革命的态度》初步形成关于农村阶级分析的理论，到 1927 年 3 月的《湖南农民运动考察报告》明确农民是中国革命的主力军和主要依靠力量。"工农武装割据"是毛泽东提出的关于中国革命新道路理论的一个科学概念，它是指在中国共产党领导下，以武装斗争为主要形式，以土地革命为中心内容，以农村革命根据地为战略阵地的三者密切结合，这"三位一体"的武装割据思想，解决了工农联盟的核心问题。这种思想付诸实践，就是中国共产党领导的工农联盟的实际开端。而塘边分田，正是以工农武装割据思想的永新试验，这种试验的成功和湘赣边的推广，开创了井冈山革命根据地全盛时期。而井冈山革命根据地的成功开创，也是"工农联盟"思想的第一次伟大实践，从此"工农联盟"走向了更广阔的天地。

（三）全过程协商：**调查研究、广泛征求意见**。为分好田，毛泽东在永新塘边村做了一套完美的示范动作。一是调查研究，摸清实情。1927 年 5 月底，毛泽东和贺子珍一到塘边村就开始深入调查，访贫问苦走遍了全村山上的冲冲坳坳和垅里的田边地角，掌握了村情、人情、地情的资料和各阶级、阶层现状和群众的要求与呼声等情况，为分田运动开展打下良好基础。二是耕地普查，查清家底。在调查研究的基础上，毛泽东从 1927 年 6 月中旬开始在塘边村进行耕地普查，十多天的时间，毛泽东和贺子珍风雨无阻，调查耕地情况，倾听群众呼声。三是制定纲要，照章办事。在土地普查的基础上，毛泽东起草了《分田临时纲要十七条》，分田原则主要有：以乡为单位进行土地分配；按人口平均分田；抽多补少、抽肥补瘦等。为使 95% 以上的群众满意，毛泽东与贺子珍找了大量群众进行了一百多场座谈，进行了数十次修改，《分田临时纲要十七条》终于制定并予以公布。尔后，在十七条分田纲要的指导下，一场轰轰烈烈的分田运动在永新西乡展开。可以说，正是塘边分田的成功实践，开启了土地革命的序幕。这一过程，全程体现了调查研究、广泛征求意见原则，是全过程的协商民主。

（四）依法有序、积极稳妥：**广泛深入的调查和《分田临时纲要十七条》**。一是制定原则。在分田之前先制定原则，如，以乡为单位进行土地分配；按人口平均分田；

抽多补少、抽肥补瘦等。在分配土地前，毛泽东在充分调查的基础上起草了《分田临时纲要十七条》，为使 95% 以上的群众满意，毛泽东与贺子珍找了大量群众进行了一百多场座谈，进行了数十次修改，《分田临时纲要十七条》终于制定并予以公布。二是军事保障，将分田运动与军队党帮助地方党结合，以武装军事胜利保障分田运动的正常进行。边界的土地革命斗争，完全倚重于工农革命军的军事斗争；土地革命成果的巩固，也是有赖于红军军事上的胜利。三是强化宣教，有效瓦解敌人。通过插牌分田、刷写标语、走村入户等方法强化宣传教育，有不少白军士兵正是看到插在各处农田里的"分田牌"和宣传标语，不愿继续为反动派卖命，于是离开白军队伍加入红军，插在农田里的"分田牌"，在一定程度上成为插入"三座大山"胸口上的利剑。

三、塘边调查和《分田临时纲要十七条》出台，为树立"赣事好商量"品牌提供丰富营养源泉

1965 年，毛泽东重上井冈山，在与身边工作人员谈到井冈山的好制度、好作风时，特别强调"在井冈山时，我们摸索了一套好制度、好作风，现在比较提倡的是艰苦奋斗，得到重视的是支部建在连上，忽视的是士兵委员会"。可见，毛泽东的政治思想中民主占有十分重要的地位。三湾改编中，毛泽东把自己的民主思想用于部队改编，创造性地设立了士兵委员会；在塘边分田试点中，又成立了土地委员会，随后各级苏维埃政府中普遍设立了土地委员会，将民主理念以制度化的形式固定下来。可以说，毛泽东在井冈山革命斗争时期就开始探索民主建设，也对协商民主进行了初步的探索。这种探索，是毛泽东民主思想早期实践的光辉典范，是中国现代民主制度的源头，也是我们协商民主的源头，对我们做强"赣事好商量"品牌具有重要的现实意义和重要启示。

（一）坚持党的领导，是协商民主制度的关键点和支撑点。大革命失败，原因有很多，其中很重要的一条就是没有坚持中国共产党对统一战线的独立领导。土地革命之所以成功，就是坚持了党的领导，团结了广大的农民，结成了巩固的工农联盟，开创了井冈山革命根据地的新局面，播撒出革命的"星星之火"。历史已经证明并且将继续证明：中国特色社会主义制度具有多方面显著优势，其中，中国共产党的领导是最大优势，是其他方面优势得以存在和发挥作用的根本保证。中国共产党是中国特色社会主义事业的领导核心，体现在社会主义民主政治建设包括协商民主上，就是党在政治生活中居于领导地位，党的领导是协商民主健康发展的根本前提和政治保障。中国共产党始终代表最广大人民的根本利益，具有强大的利益整合功能，在协商民主建设中能够把握方向、整合民意、达成共识，确保协商民主有序高效开展。

（二）坚持融入中心，是协商民主制度的着力点和切入点。95 年前，毛泽东通

过塘边分田试点，解决了农民最关心的土地问题，为巩固工农联盟，寻找到了"工农武装割据"这一具有中国特色的革命之路。今天，我们可以看到，协商民主是党领导人民有效治理国家、保证人民当家作主的一项重要制度安排，是中国共产党的群众路线在政治领域的重要体现。协商民主的实践过程，是广泛听取各种不同声音、充分吸收有益意见建议，让广大人民了解和接受党的政治主张和路线方针政策的过程，从而使党的理论和路线方针政策来自人民，为人民所拥护和支持。另外，协商民主是发展壮大爱国统一战线的重要制度保障。协商民主作为一种多元互动机制，具有整合利益、形成共识的功能。协商民主与统一战线具有内在同一性，协商民主的不断推进，将会持续、有效地推动统一战线的发展壮大。

（三）坚持民生为要，是协商民主制度的出发点和落脚点。 据开国将军龙开富回忆，1928 年 3 月，毛泽东到湖南酃县中村主持分田运动。这天他到农民协会看见群众正在造田册、削竹牌，毛泽东随手拿起一块竹牌，深有感慨地说："古人用竹简写书，我们用竹简分田。好呀，没想到这个历史悠久的古文化竟在我们无产阶级土地革命中派上了用场。"毛泽东同志又对身边的龙开富说，"以后别的地方搞分田运动，也可以采取插牌的经验。"当时毛泽东把"插牌分田"与"汗青记史"联系起来，可见他对分田运动的重视和对中国革命的必胜信心。在塘边分田中，毛泽东和贺子珍亲自主导，全程参与，到 1928 年 7 月实行分田的时候，毛泽东更是亲自在塘边村泉水窝边的读书石上书写分田竹牌，贺子珍带领农民协会成员通过插牌分田方式把田顺利地分了下去。广大群众非常拥护，自发编唱了一首新歌谣："毛委员，搞调查，走遍田垅和山岭，为使群众能翻身；毛委员，制纲要，读书石上听民声，保障群众有田耕。"中国共产党正是通过土地革命，解决了广大农民期盼的土地问题，从而使这支队伍爆发出强大的力量，使得三湾改编后不到 700 人的部队，通过实行"工农武装割据"，开创了中国第一个农村革命根据地，找到了一条"以农村包围城市，武装夺取政权"的中国革命的正确道路。以毛泽东为代表的中国共产党人把马克思列宁主义关于人民群众是历史的创造者的原理系统地运用在党的全部活动中，形成党在一切工作中的群众路线，这是我们党长时期在敌我力量悬殊的艰难环境里，进行革命活动得到的无比宝贵的历史经验和总结，是一切工作的出发点和落脚点，也是我们"赣事好商量"品牌的基本制度遵循。

（作者单位：永新县委统战部）

"提案办理协商社区圆桌会"
探索政协协商与基层协商有效衔接新途径

◎杨利文

抚州市政协积极发挥人民政协专门协商机构作用，认真贯彻落实省政协"赣事好商量"协商平台建设要求，积极探索政协协商与基层协商有效衔接新途径，在提案工作中推出了"提案办理协商社区圆桌会"这一创新平台。

一、坚持三个原则搭平台

（一）**坚持问题导向**。涉及人民群众利益的大量决策和工作，主要发生在基层。作为基层政协，涉及人民群众切身利益问题的民生提案在 60% 以上，且有上升趋势。这些提案，承载着基层群众的愿望和呼声，表达了基层群众的利益诉求和参与社会治理的民主意愿。因此，面对社会利益日益多元化，为办好政协提案、更好凝聚共识，迫切需要开辟人民政协提案办理协商与基层协商融合发展新途径。

（二）**把握政协所能**。近几年来，抚州市政协不断加大民生提案办理力度，探索形成了"先行一步广泛征集、紧跟脚步遴选重点、与民同步协商办理、不落一步督促落实"的民生提案办理协商"四步法"，形成了一定的品牌效应，2019 年得到了"不忘初心、牢记使命"主题教育省委督导组的充分肯定，提交的《坚守人民立场打造履职品牌》文章获 2021 年江西省人民政协理论研究会优秀论文一等奖。这些实践探索为搭建"提案办理协商社区圆桌会"奠定了工作基础。

（三）**紧扣发展大势**。"专门协商机构"是习近平总书记对新时代人民政协作出的新的综合性定位，鲜明标识了人民政协的民主性质、协商特征和专门属性，综合承载了人民政协的性质定位、职能定位、制度定位和工作定位。提案工作作为人民政协的一项全局性工作，在履职中必须始终紧扣人民政协这一新的综合性定位。融合政协协商与基层协商的"提案办理协商社区圆桌会"，准确把握、深刻体现了人民政协的协商特征、专门属性和民主性质，体现了时代性，把握了规律性，顺应了新时代人民政协发展大势。

二、做好四项工作用平台

（一）选好场地。抚州市政协提案委员会与临川区政协密切合作，选择了地理位置便利、人口近十万的青云街办的芝山社区作为开展此项工作的相对固定场所，以"赣事好商量+""政协提案办理协商社区圆桌会"为醒目标识布置会场，不定期组织开展民生提案办理协商活动，把协商现场搬进街道社区、走近群众身边。

（三）定好课题。大处着眼，小处着手，小切口选题，从提案中选择人民群众关注的民生课题开展协商，既体现政协协商的高度和深度，也注重融合基层协商的广度和温度。2022 年，抚州市政协组织开展了"老旧小区改造""让社区协商'活'起来""既有住房加装电梯""国有物业进驻老旧小区"等 4 场涉及人民群众切身利益问题的提案办理协商社区圆桌会，基层居民群众参与热情高，先后有一百多人次参加协商。2023 年，将着重从社区"模拟提案"转化提案中选题，以进一步呼应群众意愿，做到提案居民提、居民议。

（三）搞好协商。一方面组织委员深入实际、深入群众，调查研究，全面客观了解实际情况；另一方面整合社会资源，引导基层群众积极参与，组织政协委员、专家学者、社区基层代表与职能部门同志圆桌座谈，在交流思想、交汇观点中化解矛盾，凝聚共识，更好集思广益，共商解决办法，推动落实落地，不断增强人民群众获得感、幸福感和安全感。如"老旧小区改造"提案办理协商社区圆桌会，座谈前组织政协委员深入居民小区实地视察、现场查找问题，再邀请职能部门、专家学者、居民代表等30 多人在工作点召开提案办理协商，取得良好成效。既现场推动具体问题的解决，又通过深入协商达成共识，形成专题协商成果获评市政协 2022 年度优秀履职成果，为市委、市政府决策提供了有益参考。"提案办理协商社区圆桌会"已成为芝山社区党建工作的重要特色，成为其创评"市级模范党支部"的重要支撑。今后，要进一步做深做实做细协商，大兴调查研究，努力推动从"做了什么"向"做成了什么"转变，在政协协商与基层协商融合发展中，更好服务基层群众，在发挥人民政协国家治理重要作用中展现基层政协提案工作的担当与作为。

（四）抓好联动。抚州市政协把"提案办理协商社区圆桌会"作为推动基层协商的一个有力抓手，坚持市县（区）联动，示范带动县（区）政协积极开展此项工作。南城、乐安、广昌等县政协在街办、社区设立了提案工作点，临川、乐安、南城、崇仁、广昌、资溪等县（区）政协广泛开展了禾场协商、社区协商、议事厅协商、办理问效协商等形式多样的提案办理基层协商活动。做到提案议题在哪里、提案办理协商就深入到哪里，打通政协联系基层"最后一公里"，让提案办理协商在基层广覆盖，推动政协提案工作更好走进人民群众身边心里，助力基层社会治理画好最大同心圆。通过市县（区）联动，共同唱响"赣事好商量＋政协提案办理协商社区圆桌会"为民履职工作品牌，努力将其打造成抚州市政协具有高辨识度、强标志性的提案办理协商市域品牌。

（杨利文，抚州市政协提案委主任）

宜黄县政协：搭建履职新平台　用好用活文史驿站

◎熊亚风

党政给平台，政协是纽带，市民进驿站，委员履好职。换届以来，宜黄县政协按照省政协推进"赣事好商量"协商平台建设的工作部署和市政协打造"一县一品牌"的工作要求，树牢"党建引领政协履职"理念，围绕"一线协商　赣事宜话"主题，创新"六个一线"协商工作法，精心打造文史驿站履职品牌，扎实推进"赣事好商量"建设在宜黄走深走实。

一、搭建履职平台，在"建"字上下足功夫

宜黄县政协按照"五新"创建标准，沿袭古代驿站具备的歇脚休息、补充给养、交流信息等功能，围绕"文化休闲的'活动所'、精神食粮的'补给站'、顺畅民意的'协商厅'"的目标定位，精心打造了文史驿站。驿站选址在风景如画、景色怡人、群众乐于聚集的休闲处，方便百姓走进驿站、走入政协、了解政协、亲近政协。文史驿站结合我县深厚的文化底蕴，通过图文并茂、互动体验的形式，分千年古邑、古邑人杰、四个打造、红色印记、书香政协、秀美宜黄、禅宗文化、非遗流金等八大板块进行集中展示，让社会各界人士更加深入地了解宜黄文化，增进文化自信、文化认同，画大凝聚共识、建言资政的同心圆，从而激励后人投身美丽幸福宜黄建设。

据不完全统计，文史驿站自正式投入使用以来，开展"文化小讲堂""文化四进""三事协商"等履职活动一百余次。先后承办了"喜迎党的二十大·红土地上看变化"国家级、省级主流新闻媒体基层政协行活动，抚州市政协系统首个"一县一品牌"工作现场会，"海峡两岸一家亲，中秋小镇话中秋"暨"我们的节日"中秋节台胞台商台属联谊话团结活动等。夏文勇（时任抚州市委书记）、陈俊卿、刘卫平等省领导先后出席活动并讲话。今年，全国政协副主席梁振英、十二届政协全国副主席齐续春、省政协副主席辜清先后莅临我县调研指导；福建省政协、广州市政协、北京市密云区政协等省内外政协先后来宜调研二十余批次。"文史驿站"中共党员委员工作站被抚州

市政协评为优秀中共党员委员工作站。

二、发挥驿站功能，在"用"字上找准重点

宜黄县政协充分发挥文史驿站"听取民情、收集民意、反映民声、汇聚民智"功能，实现凝聚共识、建言资政双向发力，为宜黄经济社会发展贡献政协智慧和力量。

一是服务中心大局。以文史驿站作为基层协商议政的阵地，大力推行"六个一线"协商工作法，开展"赣事夜话""晒场"协商、"院场"协商等一线协商活动60余次，让政协委员脚沾泥土，心装民生。同时，将"请你来协商""到站里协商"等协商形式与文史驿站履职平台深度融合，聚力聚焦改革发展要事、民生改善实事和社会治理难事，邀请委员、群众到站里开展"三事协商"活动四十余次，进一步架好党政"连心桥"，当好群众"代言人"。

二是广泛凝聚共识。以文史驿站为载体，先后举办戏曲文化、红色文化、名人文化等各类"文化小讲堂"活动四十余次，开展文化进校园、进景区、进社区、进广场等文化"四进"活动三十余次，推动文化文史"飞入寻常百姓家"，画大凝聚共识、建言资政的"同心圆"。组织政协委员开展各类读书活动三十余次，推动"读书＋履职"深度融合、相互赋能，形成"最是书香能致远，腹有诗书好履职"浓厚氛围，以文史驿站建设推动"书香政协"建设，以"书香政协"建设推动"书香社会"建设。

三是实现履职闭环。运用"五步工作法"加强协商成果转化落实，实现履职闭环，做好协商议政的"后半篇"文章。社法委以"社法连心"为主题，经济委以"营商环境话优化"为主题开展履职活动，进一步发挥了专门协商机构的作用，推动了协商成果转化。去年，宜黄县政协报送各类调研报告、专项报告、社情民意60余份，立案交办提案83件，转为"意见和建议"36件，推动成果转化28件，帮助解决群众"急难愁盼"难题30余项。

三、抓实"七个起来"，在"活"字上做优文章

文史驿站是传承宜黄文化的新平台，是政协做好文史工作的新舞台，更是收集民情、听取民意、反映民声、汇聚民智、协商议政的新阵地。我们将抓实"七个起来"，用好用活文史驿站。

一是驿站"用"起来。完善日常值班、接待群众、调研走访协商、收集反映社情民意等制度，做好驿站常态化开放工作。

二是调研"实"起来。深入贯彻落实《关于在全党大兴调查研究的工作方案》，

以文史驿站为平台，组织委员围绕党政中心、聚焦社情民意，开展"赣事夜话""晒场"协商、"院场"协商等一线协商活动，形成一批质量好、水准高的调研成果，为党委政府决策提供参考。

三是提案"督"起来。每月在文史驿站举办一次"提案督办座谈会"，选取若干件与群众利益密切相关的提案，邀请提案人、有关专业人士、办案单位负责人、县政府领导现场进行提案督办，把群众的"关键小事"办成"暖心大事"。

四是文史"活"起来。深入思考和系统谋划文史驿站文史馆（暂定名）的筹建工作，将文史馆建设作为加强政协文史工作的重要载体，不断丰富文史驿站文化文史功能。

五是活动"火"起来。在常态化举办"宜黄戏濒危曲目演出活动"的同时，以"我们的节日"为主题，在中华传统节日及职业群体节日，联合相关职能部门，组织策划各类主题活动进站开展，让更多的社会各界人士走进文史驿站。

六是声音"响"起来。一方面，加大向广大市民宣传党的二十大精神、县委县政府的决策部署的力度，画大共同奋斗的同心圆。另一方面，在文史驿站循环播放"宜黄县政协之歌"《一起来商量》MV、政协履职活动及各类政协工作宣传片，让群众随时随地能够看到政协的身影、听到政协的声音、感受政协的作为。

七是品牌"树"起来。持续服务"四个打造"、实施"十大工程"这一主线，深入开展好"文化小讲堂""文化四进""三事协商"等文史驿站品牌活动，努力将文史驿站建设成分享式委员成长阵地，接力型委员履职平台。同时，通过国家、省、市主流媒体，大力宣传文史驿站品牌建设成效，使文史驿站履职品牌更响更亮更具特色。

（作者单位：宜黄县政协）